V&R

Matthias Franz

PALME
Präventives Elterntraining für alleinerziehende Mütter
geleitet von Erzieherinnen und Erziehern

Unter Mitarbeit von Tanja Buddenberg,
Jörn Güttgemanns und Daniela Rentsch

Mit 28 Abbildungen, 3 Tabellen
und einer CD

2., ergänzte Auflage

Vandenhoeck & Ruprecht

Mit freundlicher Unterstützung der Firma Qiagen

Bibliografische Information der Deutschen Nationalbibliothek

Die Deutsche Nationalbibliothek verzeichnet diese Publikation in der Deutschen Nationalbibliografie; detaillierte bibliografische Daten sind im Internet über http://dnb.d-nb.de abrufbar.

ISBN 978-3-525-40405-8

© 2009, 2008 Vandenhoeck & Ruprecht GmbH & Co. KG, Göttingen / www.v-r.de
Alle Rechte vorbehalten. Das Werk und seine Teile sind urheberrechtlich geschützt.
Jede Verwertung in anderen als den gesetzlich zugelassenen Fällen bedarf der vorherigen schriftlichen Einwilligung des Verlages. Hinweis zu § 52a UrhG: Weder das Werk noch seine Teile dürfen ohne vorherige schriftliche Einwilligung des Verlages öffentlich zugänglich gemacht werden. Dies gilt auch bei einer entsprechenden Nutzung für Lehr- und Unterrichtszwecke.
Printed in Germany.
Gesamtherstellung: ⊕ Hubert & Co, Göttingen.

Gedruckt auf alterungsbeständigem Papier.

Inhalt

Einleitung: PALME – ein neues Präventionsprogramm für alleinerziehende Mütter 7
Matthias Franz

Die Wirksamkeit von PALME 17
Matthias Franz, Lonja Weihrauch und Stefan Haubold

Näheres zur PALME-Schulung – die Ausbildung zur PALME-Gruppenleitung 35
Tanja Buddenberg und Matthias Franz

Aufbau des Manuals und der Arbeitsmaterialien 39

Modul I: Emotionale Selbstwahrnehmung
Jörn Güttgemanns und Matthias Franz

- Sitzung 1: 43
  Einführung und Kennenlernen

- Sitzung 2: 61
  Sinn und Gefahren sozialer Rollen

- Sitzung 3: 77
  Eigene Gefühle wahrnehmen, unterscheiden und aussprechen – sich selbst näher kommen und besser spüren

- Sitzung 4: 96
  Selbstwertgefühl und Selbstvertrauen

- Sitzung 5: 112
  Negative Selbstwahrnehmung, Selbstentwertung und Selbstschädigung

Modul II: Einfühlen in das Erleben des Kindes
Tanja Buddenberg und Matthias Franz

- Sitzung 6: 131
  Grundbedürfnisse des Kindes

- Sitzung 7: 161
  Kinder und Gefühle

- Sitzung 8: 186
  Einfühlsames Zuhören

- Sitzung 9: 211
  Einfühlsames Handeln

Modul III: Wahrnehmen der Gesamtsituation in der Familie
Matthias Franz und Jörn Güttgemanns

- Sitzung 10: 233
  Die Bedeutung des Vaters

- Sitzung 11: 259
  Trennung und die Zeit danach

- Sitzung 12: 278
  Paarkonflikt und Elternverantwortung

- Sitzung 13: 300
  Die Möglichkeit einer neuen Partnerschaft

- Sitzung 14: 317
  Sinn und Gestaltung von Ritualen im Familienalltag

Modul IV: Suchen und Finden von neuen Lösungen im Alltag
Daniela Rentsch, Tanja Buddenberg und Matthias Franz

- Sitzung 15: 337
  Umgang mit Regeln im familiären Alltag

- Sitzung 16: 357
  Konflikte

- Sitzung 17: 377
  Soziale Kompetenz und Konflikte

- Sitzung 18: 397
  Umgang mit Stress und Stressabbau

- Sitzung 19: 429
  Genuss und Wohlbefinden

- Sitzung 20: 450
  Rückblick und Abschied von PALME

Literatur   463

Die Autorinnen und Autoren   466

CD
Auf der beiliegenden CD befinden sich folgende Vorlagen:
- Anwesenheitsbogen für 20 Sitzungen
- Erklärung der Teilnehmerinnen zur Einhaltung der Gruppenregeln
- Arbeitsmaterialien für 20 Sitzungen

Einleitung: PALME – ein neues Präventionsprogramm für alleinerziehende Mütter

Matthias Franz

Wenn Sie diese, nach kurzer Zeit erforderlich gewordene, zweite Auflage unseres PALME-Manuals in den Händen halten, kommen Sie in Berührung mit den Früchten einer jahrzehntelangen Arbeit, in welcher sich ein engagiertes Team der Aufgabe widmete, einer wachsenden und benachteiligten Bevölkerungsgruppe eine dringend benötigte Unterstützung anzubieten: den alleinerziehenden Müttern und ihren Kindern.

Gegenüber der ersten Auflage haben wir einige behutsame Veränderungen und Erweiterungen vorgenommen. So wurden auf der Grundlage von Empfehlungen und Rückmeldungen erfahrener PALME-GruppenleiterInnen in einzelnen Sitzungen die Übungen noch interessanter und kindgerechter gestaltet. Außerdem konnten wir den Ergebnisteil um weitere Resultate unserer Begleitforschung ergänzen. Schließlich wurden für wissenschaftlich interessierte LeserInnen Literaturhinweise angefügt.

PALME steht für „Präventives Elterntraining für alleinerziehende Mütter geleitet von ErzieherInnen" (www.palme-elterntraining.de). Es handelt sich um ein von mir und meinen MitarbeiterInnen in langjähriger wissenschaftlicher Arbeit entwickeltes bindungsorientiertes und emotionszentriertes Unterstützungsprogramm speziell für alleinerziehende Mütter und ihre Kinder im Vorschulalter. Die sozialen und gesundheitlichen Risiken in dieser Bevölkerungsgruppe sind deutlich überdurchschnittlich ausgeprägt, ein Befund, der leider erst in den letzten Jahren in den öffentlichen Blickpunkt rückte. Vor diesem Hintergrund soll das PALME-Manual einleitend auch mit einigen wichtigen Informationen zur Lebenssituation alleinerziehender Mütter beginnen.

In den letzten Jahrzehnten hat sich die Anzahl der Einelternfamilien in Deutschland immer weiter erhöht, so dass mittlerweile ungefähr jedes siebte Kind bei nur einem Elternteil aufwächst. In den allermeisten Fällen bedeutet dies bei der Mutter, denn nur circa 10 % der Alleinerziehenden sind Männer. Die finanzielle Situation alleinerziehender Mütter ist häufig sehr schwierig. Mehr als der Hälfte von ihnen steht ein monatliches Nettoeinkommen von weniger als 1300 Euro zur Verfügung und für knapp ein Drittel der alleinerziehenden Mütter stellen staatliche Leistungen wie Arbeitslosengeld I und II oder Sozialhilfe bzw. Sozialgeld die hauptsächliche Quelle ihres Lebensunterhaltes dar. Zum Vergleich: Mit einem monatlichen Familiennettoeinkommen von weniger als 1300 Euro müssen nur 6 % der Ehepaare mit mindestens einem Kind unter 18 Jahren auskommen und nur knapp 5 % der verheirateten Mütter bestreiten ihren Lebensunterhalt hauptsächlich mit Hilfe staatlicher Leistungen. Die finanzielle Situation alleinerziehender Väter ist im Durchschnitt ebenfalls deutlich besser als die alleinerziehender Mütter.

Auch wenn man die gesundheitliche Situation alleinerziehender Mütter betrachtet, zeichnet sich ein eher besorgniserregendes Bild ab. Dies unterstreichen beispielsweise die Ergebnisse des vom Statistischem Bundesamt und Robert Koch Institut durchgeführten Bundes-Gesundheitssurveys. Es zeigte sich unter anderem, dass bei allein erziehenden Müttern 44 überwiegend chronische Krankheiten signifikant häufiger waren als bei verheirateten Müttern. Alleinerziehende Mütter berichteten z. B. signifikant häufiger als verheiratete Mütter, unter Nieren- und Lebererkrankungen, unter chronischer Bronchitis und Migräne zu leiden. Auffällig war zudem, dass knapp 25 % der alleinerziehenden Mütter, aber nur etwa 11 % der verheirateten Mütter see-

Einleitung: PALME – ein neues Präventionsprogramm für alleinerziehende Mütter
Matthias Franz

lische Belastungen berichteten. Auch hinsichtlich allgemeiner Befindlichkeitsstörungen wie innerer Unruhe, Schlaflosigkeit, Reizbarkeit oder der Belastung durch Schmerzen zeigte sich die Gruppe der alleinerziehenden Mütter insgesamt signifikant stärker beeinträchtigt. Die alleinerziehenden Mütter schätzten ihre gesundheitsbezogene Lebensqualität statistisch signifikant deutlich schlechter ein als verheiratete Mütter. Vor allem gaben sie eine stärkere Beeinträchtigung durch emotionale Probleme und ein deutlich geringeres psychisches Wohlbefinden an. Diese Unterschiede blieben bestehen, wenn man in den statistischen Analysen das Alter und die Schichtzugehörigkeit der Mütter berücksichtigte. Darüber hinaus ist der Konsum von Zigaretten oder anderen gesundheitsschädigenden suchterzeugenden Stoffen in der Gruppe der alleinerziehenden Mütter deutlich erhöht.

In einer eigenen Kompletterhebung an über 5.000 fünf- bis siebenjährigen Schulneulingen während der Schuleignungsuntersuchung ("Düsseldorfer Alleinerziehendenstudie") lag der Anteil der Kinder in Ein-Eltern-Familien bei 18 %. Die alleinerziehenden Mütter wurden mit einer zufällig gezogenen Kontrollgruppe verheirateter Mütter verglichen. Der Sozialstatus der alleinerziehenden Mütter war im Vergleich zur Kontrollgruppe der verheirateten Mütter in allen Indikatoren deutlich erniedrigt: Sie hatten die niedrigeren Bildungsabschlüsse, arbeiteten doppelt so häufig vollzeitig wie verheiratete Mütter und erreichten trotzdem im Mittel nur ein wesentlich geringeres monatliches Haushaltsnettoeinkommen. Entsprechend war die subjektive Einkommenszufriedenheit der alleinerziehenden Mütter signifikant geringer, die Sozialhilferate (39 %) gegenüber der Kontrollgruppe (2,5 %) drastisch erhöht.

Die Forschung zum Zusammenhang von Sozialstatus oder Schichtzugehörigkeit und dem Gesundheitszustand alleinerziehender Mütter erlaubt noch keine abschließende Beurteilung der Frage, in welchem Ausmaß die im Durchschnitt schlechtere Gesundheit alleinerziehender Mütter sich auf ihre schwächere finanzielle Lage zurückführen lässt. Allerdings zeigen neuere Untersuchungen immer wieder, dass bei alleinerziehenden Müttern auch nach statistischer Berücksichtigung sozioökonomischer Variablen wie Schichtzugehörigkeit, Ausbildungsniveau, Einkommen usw. ein signifikant schlechterer Gesundheitszustand im Vergleich zu verheirateten Müttern bestehen bleibt. Weiterhin zeigte sich, dass alleinerziehende Mütter in soziokulturell sehr unterschiedlichen Ländern wie Kanada, den USA, Großbritannien, Schweden, China, Puerto Rico und Deutschland durchweg signifikant stärker unter Depressivität und Angst leiden als verheiratete Mütter. Dass sich auch in Ländern mit sehr tragfähigen Sozialsystemen diese Unterschiede ergeben, spricht dafür, dass die schwierige wirtschaftliche Lage vieler Alleinerziehender den hohen Grad ihrer gesundheitlichen und psychischen Beeinträchtigungen keineswegs vollständig erklären kann.

Die schwierige wirtschaftliche, gesundheitliche und psychosoziale Lage Alleinerziehender hat nicht selten auch Auswirkungen auf die Entwicklungschancen und das Wohlbefinden ihrer Kinder. Es ist seit langem bekannt, dass psychische und soziale Überforderungen sowie gesundheitliche Beeinträchtigungen von Eltern Risikofaktoren für die Entwicklung ihrer Kinder darstellen. Es gibt natürlich auch gegenteilige Verläufe. Manchen Kindern gelingt es, Entwicklungsaufgaben trotz schwieriger Voraussetzungen erfolgreich zu meistern, insbesondere, wenn dem Kind eine weitere emotional engagierte Bindungsperson sicher zur Verfügung steht. Der aktuelle Forschungsstand lässt jedoch den Schluss zu, dass dies nicht die Regel ist. Vor allem

Einleitung: PALME – ein neues Präventionsprogramm für alleinerziehende Mütter

Matthias Franz

unter Bedingungen, welche die mütterliche Fürsorge, ihre Bindungsfähigkeit und ihre Bindungsbereitschaft beeinträchtigen können, sind Kinder vergleichsweise hohen Entwicklungsrisiken ausgesetzt. Für die bei alleinerziehenden Müttern deutlich gehäuft festzustellende erhöhte Depressivität gilt dies in besonderem Maße. Dies liegt daran, dass depressive Menschen in ihren zwischenmenschlichen Fähigkeiten – und dazu gehören auch elterliche Kompetenzen – oft stark beeinträchtigt sind. So zeigen Studien, dass erhöhte Depressivität mit einem verringerten Interesse an sozialem Austausch einhergeht. Emotional positive Reize werden von Depressiven schlechter wahrgenommen, was beispielsweise auch für die Erkennung emotional positiver Gesichtsausdrücke gilt. Zudem ist bei Depressiven die Fähigkeit sich in andere – auch in ihre Kinder – einzufühlen – in der Regel reduziert. Dies zusammengenommen spricht dafür, dass bei depressiven Eltern die intuitive elterliche Empathiefähigkeit beeinträchtigt ist und dass sie deshalb kindliche Bedürftigkeitssignale weniger zuverlässig und prompt wahrnehmen, interpretieren und beantworten können. Dies erschwert für die betroffenen Kinder z. B. den Aufbau angemessener Fähigkeiten der Stress- und Emotionsregulation.

In unserer Düsseldorfer Alleinerziehendenstudie war der Gesamtwert seelischer Belastungen bei den alleinerziehenden Müttern im Vergleich zur Kontrollgruppe ebenfalls statistisch signifikant erhöht. Dies galt wiederum auch gerade für die Depressivität, die bei den alleinerziehenden Müttern deutlich stärker ausgeprägt war als bei den verheirateten Müttern der Kontrollgruppe. Besonders hohe Belastungswerte zeigten alleinerziehende Mütter ohne weitere Unterstützungsperson für ihr Kind, jüngere sowie arme alleinerziehende Mütter. Alleinerziehende Mütter mit verhaltensauffälligen Kindern wiesen die höchsten Belastungswerte auf. Bei den 30 % besonders hoch belasteten alleinerziehenden Müttern fand sich Armut in zweierlei Form: Armut an Geld und Armut an persönlichen Beziehungen (fehlende alternative Betreuungsperson für das Kind).

Berücksichtigt man neben diesen ungünstigen Entwicklungsvoraussetzungen, die sich zudem oft im Kontext unsicherer Bindungsmuster manifestieren, noch die typischerweise schwierigen wirtschaftlichen und psychosozialen Verhältnisse, dann überrascht nicht, dass Kinder, die bei nur einem Elternteil aufwachsen, im Vergleich mit Kindern, die bei beiden Elternteilen aufwachsen, in ihrer Entwicklung und in ihrem Wohlbefinden im Durchschnitt stärker beeinträchtigt sind und dass bei ihnen auch gehäuft Schwierigkeiten auf Verhaltensebene bestehen. Forschungsarbeiten konnten belegen, dass sich die Auswirkungen einer Trennung der Eltern auf die Kinder unter Umständen auch noch viele Jahre später feststellen lassen. Hier einige Beispiele zur Verdeutlichung der Schwierigkeiten von Kindern aus Einelternfamilien im Vergleich mit Kindern aus Zweielternfamilien: Sie haben gehäuft Lern- und Kommunikationsprobleme sowie aggressive Verhaltensstörungen (Letzteres gilt vor allem für Jungen). Ihr Selbstwertgefühl ist häufig geringer. Ihre kognitiven und sozialen Fähigkeiten sind weniger gut entwickelt. Sie erbringen im Mittel schwächere Schulleistungen. Im späteren Entwicklungsverlauf besteht ein erhöhtes Risiko für seelische Erkrankungen und Suchtverhalten. Zudem sind ihre eigenen Paarbeziehungen im jungen Erwachsenenalter konflikthafter und instabiler und sie haben später eine doppelt so hohe Scheidungsrate wie die Vergleichsgruppe der Erwachsenen, die als Kinder in Zweielternfamilien aufwuchsen.

Einleitung: PALME – ein neues Präventionsprogramm für alleinerziehende Mütter
Matthias Franz

Vergegenwärtigt man sich all diese Befunde, dann wird deutlich, wie sinnvoll und wichtig es ist, möglichst frühzeitig etwas zu unternehmen, um die Entwicklungschancen der Kinder alleinerziehender Mütter zu verbessern. Ein geeigneter Weg, diesem Ziel näher zu kommen, liegt darin, am Wohlbefinden und der Stabilität der Mütter selbst anzusetzen und ihre Fähigkeit zu fördern, emotional feinfühlig und angemessen auf die unterschiedlichen Entwicklungsbedürfnisse ihrer Kinder einzugehen. Ein Schlüssel hierzu ist die Förderung einer sicheren Bindungsbeziehung, in der die erwachsene Bezugsperson dem Kind einerseits Sicherheit und Schutz gibt, wenn es dies benötigt, in der sie dem Kind andererseits aber auch die nötigen Freiräume zur Erkundung seiner Umwelt lässt und ihm so ermöglicht, wichtige Lernerfahrungen zu sammeln.

Eine solche Strategie verfolgt auch das Elterntraining PALME. PALME ist ein niederschwellig konzipiertes Angebot für alleinerziehende Mütter, die sich als mittelgradig belastet erleben und die z. B. unter depressiven Verstimmungen und Überforderungsgefühlen leiden.

PALME wird als emotionszentrierte Gruppe von einem berufserfahrenen Erzieherpaar (Mann/Frau) über insgesamt 20 Gruppensitzungen mit zehn bis zwölf Müttern geleitet. Die GruppenleiterInnen werden von uns zuvor in einem mehrtägigen Training speziell geschult. Zentrale Ziele von PALME sind:

- Stabilisierung der Mutter-Kind-Beziehung

- Stärkung der intuitiven Elternfunktionen und des elterlichen Kompetenzerlebens

- Verbesserung der elterlichen Einfühlung in das Erleben des Kindes

- Verbesserte mütterliche Wahrnehmung der kindlichen Bedürftigkeitssignale und Affekte

- Trennung des Paarkonfliktes von der gemeinsamen Elternverantwortung

- Einübung sozialer und elterlicher Kompetenzen im Umgang mit Konflikten

- Bearbeitung eventuell bestehender Selbstwertprobleme und Schuldgefühle

- Bearbeitung unbewusster Delegationen (z.B. Parentifizierung des Kindes, Loyalitätskonflikte besonders der Jungen)

PALME ist keine Psychotherapie im engeren Sinne, sondern ein präventives Elterntraining für mittelgradig bis deutlich belastete alleinerziehende Mütter und ihre Kinder. Das bedeutet, dass Gruppenleiterin und Gruppenleiter bei der Auswahl der teilnehmenden alleinerziehenden Mütter eine gewisse Umsicht walten lassen sollten. Seelisch schwerst beeinträchtigte, suchtkranke oder schwer persönlichkeitsgestörte Personen oder solche Mütter, die sich in gravierenden Konflikten mit sehr akutem Handlungsbedarf befinden, sollten eher im Rahmen von Einzelberatungen oder psychotherapeutischen Angeboten aufgefangen und unterstützt werden, da sie in stark angespannten Belastungs- und Konfliktlagen nicht von der Gruppe profitieren können

Einleitung: PALME – ein neues Präventionsprogramm für alleinerziehende Mütter
Matthias Franz

und dann aufgrund akuten Handlungsdrucks auch nicht in der Lage sind dem Gruppenprogramm zu folgen.

Die Teilnahme an einer PALME-Gruppe erfordert von den Müttern durchaus eine engagierte und aktive Mitarbeit, da sich viele der vermittelten Grundlagen und Inhalte nicht ohne weiteres erschließen. Hierauf sollten die Mütter frühzeitig aufmerksam gemacht werden, um dem verbreiteten und angesichts der zahlreichen Belastungen auch verständlichen Bedürfnis vieler Mütter nach Patentrezepten, Erziehungstipps („wenn ... dann") und schneller Entlastung zu begegnen und sie dafür zu sensibilisieren, dass es bei PALME zunächst einmal um Wahrnehmung, Entwicklung und Wachstum geht. Erst auf dieser Grundlage werden nachhaltige Verhaltensänderungen möglich, die den Müttern – nachweislich – helfen anschließend besser mit sich, ihren Kindern und ihrer Lebenssituation zurechtzukommen. Im PALME-Manual wird auf diese Zusammenhänge von der ersten Sitzung an immer wieder eingegangen.

Gruppenleiterin und Gruppenleiter sollten bei der Zusammenstellung einer neuen PALME-Gruppe also auch auf die Gruppenfähigkeit der einzelnen Teilnehmerinnen achten und sich dessen bewusst sein, dass sie als Gruppenleiterpaar auch wirklich die zentrale Leitungsfunktion innehaben und diese auch mit einem entsprechenden (Selbst-)Bewusstsein für die Wichtigkeit ihrer Funktion ausfüllen. Dies vermittelt sich auch den Müttern und gibt ihnen ein Gefühl von Sicherheit und Verlässlichkeit, welches eine wichtige Arbeitsvoraussetzung für jede Gruppe darstellt.

Das bedeutet beispielsweise, dass die Gruppenleiterin und der Gruppenleiter auf die zuverlässige Einhaltung der Rahmenbedingungen, die Einhaltung der vereinbarten Gruppenregeln, einen wertschätzenden Umgang der Gruppenmitglieder untereinander sowie auf die Durchführung des PALME-Programmes achten und so die Arbeitsfähigkeit der Gruppe sicherstellen. Das kann im (seltenen) Einzelfall auch einmal bedeuten, dass überaktive „Helferinnen" unter den Gruppenteilnehmerinnen in ihrer „ko-therapeutischen" Funktion genauso begrenzt werden wie Teilnehmerinnen, die den Rahmen des Gruppenprogramms wiederholt in Frage stellen oder gar „sprengen". Auf Dauer sehr schweigsame Mütter sollten hingegen auch einmal gezielt angesprochen werden. Andererseits kann aber bei Bedarf auch einmal in Grenzen von dem Gruppenprogramm, wie es im PALME-Manual sehr differenziert ausgearbeitet wurde, abgewichen werden. Dies kann etwa erforderlich werden, wenn sich eine Mutter in einer akuten Krisensituation befindet und deshalb in der Gruppe vermehrten Gesprächsbedarf signalisiert. Diesem kann vielleicht für 10 Minuten stattgegeben werden, um dann aber doch wieder auf das PALME Programm hinzuführen. Die Gruppenleitung hat die Freiheit in solch einer Situation auch einmal eine Übung wegzulassen, um den Zeitrahmen der Gruppensitzung von 90 Minuten nicht zu überschreiten. Eine deutliche Überschreitung dieser zeitlichen Grenze ist aber nur auf den ersten Blick und nur scheinbar nützlich oder hilfreich. Unbewusst vermittelt sich eine solche Verfahrensweise den Teilnehmerinnen als Unsicherheit und fehlende Strukturierungsfähigkeit der Gruppenleitung und kann so eine latente Verängstigung und Beunruhigung der Gruppe bewirken.

Die Teilnahme zukünftiger Gruppenleiterinnen und Gruppenleiter an einer dreitägigen, intensiven PALME-Schulung (www.palme-elterntraining.de) durch unser Team ist eine wichtige Voraussetzung zum Erwerb und für die Weiterentwicklung derartiger

Einleitung: PALME – ein neues Präventionsprogramm für alleinerziehende Mütter

Matthias Franz

Leitungskompetenzen. Auch eine Supervision der PALME-GruppenleiterInnen durch eine erfahrene Psychotherapeutin bzw. einen erfahrenen Psychotherapeuten während der laufenden PALME-Gruppe kann hier hilfreich für die Erzieherinnen und Erzieher sein. Insbesondere, wenn diese zum ersten Mal eine solche Gruppe leiten. PALME-SupervisorInnen sollten ebenfalls einmal an einer PALME-Schulung teilgenommen haben, um die notwendigen speziellen Kenntnisse zu erwerben.

Viele alleinerziehende Mütter, die gerne an einer PALME-Gruppe teilnehmen möchten, können dies oft nur unter großen organisatorischen Anstrengungen, da ihr Alltag durch zahlreiche Verpflichtungen hoch verdichtet ist. Wenn dann noch etwas dazu kommt – wie etwa eine Erkrankung in der Familie, ein Sorgerechtsverfahren, die Notwendigkeit eine Arbeit anzunehmen, ein Umzug – kann es durchaus einmal geschehen, dass Grenzen überschritten werden und eine Mutter nicht mehr an der begonnenen PALME-Gruppe teilnehmen kann. Ihr sollte dann die Möglichkeit der Teilnahme an einer später neu anlaufenden Gruppe in Aussicht gestellt werden, da unserer Erfahrung nach fast alle Mütter ein vorzeitiges Ausscheiden aus der Gruppe sehr bedauern.

Als Arzt und Psychoanalytiker habe ich dieses Programm auf der Grundlage intensiver Forschungsarbeiten mit einem hervorragenden Team über viele Jahre hin weg an der Heinrich-Heine-Universität Düsseldorf entwickelt. Nach einer erfolgreichen Erprobung innerhalb der Universität wurden ab 2005 in den Kindertagesstätten der Nachbarkommunen Neuss, Hilden und später auch Dormagen die ersten PALME-Gruppen im Praxistest durchgeführt.

Eine intensive wissenschaftliche Forschung begleitete diesen „Feldversuch" unter realistischen Bedingungen. Das Ausmaß der mütterlichen Depressivität und der sonstigen psychischen Belastung sowie Verhaltensmerkmale des Kindes und viele andere Variablen wurden vor der Teilnahme der Mütter an den PALME-Gruppen und danach erhoben. Die bisher vorliegenden Ergebnisse rechtfertigen die Aussage, dass dieses vom Bundesministerium für Bildung und Forschung geförderte Projekt die hohen Erwartungen, die es von Anfang an begleiteten, mehr als erfüllen konnte. Das aufwändige und im Rahmen derartiger Wirksamkeitsstudien keineswegs selbstverständliche randomisierte Kontrollgruppendesign erlaubt dabei eindeutige Aussagen über die Wirksamkeit.

Bemerkenswert ist vor allem, dass sich im Erleben der Teilnehmerinnen die Beeinträchtigung durch psychosomatische und psychische Symptome massiv verringerte. Das Ausmaß der Beeinträchtigung wurde mit einem psychometrischen Standardfragebogen erhoben. Während die Teilnehmerinnen vor dem Training im Durchschnitt eine klinisch auffällige Beeinträchtigung aufwiesen, lag der Grad der Beeinträchtigung nach dem Training annähernd im Normbereich. Neben der statistischen Signifikanz der Effekte spricht dies auch für die klinische Bedeutsamkeit und damit die hohe Praxisrelevanz des Programms. Klare Verbesserungen ergaben sich aber auch in zahlreichen anderen Variablen. So reduzierte sich beispielsweise auch die Depressivität der Teilnehmerinnen deutlich. Es fanden sich Hinweise darauf, dass sie nach der PALME-Gruppe auch besser in der Lage waren ihre eigenen Emotionen zu akzeptieren und zu steuern. Zudem berichteten die Mütter, die das Programm bereits

Einleitung: PALME – ein neues Präventionsprogramm für alleinerziehende Mütter

Matthias Franz

durchlaufen haben, nach der Teilnahme über deutlich weniger Konflikte mit ihrem Kind als die Mütter der Kontrollgruppe.

In entsprechenden Fragebögen gaben die teilnehmenden Mütter auch eine außerordentlich hohe Zufriedenheit mit dem PALME-Training an. So berichteten über 80 % der Teilnehmerinnen, sie würden die Beziehung zu ihrem Kind durch die Gruppensitzungen als gestärkt erleben, sie seien ihrem Kind durch PALME emotional näher gekommen und sie hätten durch das Programm hilfreiche Anregungen für ihre Lebensgestaltung bekommen. Mehr als drei viertel der Teilnehmerinnen berichteten, PALME habe ihnen dabei geholfen besser zu verstehen, was in ihrem Kind vor sich geht. Und mehr als zwei drittel der Mütter stellten fest, ihnen seien durch ihre Teilnahme neue Dinge über sich selbst bewusst geworden. Diese und andere positive Rückmeldungen verdichteten sich in der Tatsache, dass die Aussage „Ich würde PALME weiterempfehlen" breite Zustimmung fand und von 95 % der Teilnehmerinnen bejaht wurde.

Welche Merkmale von PALME sind dafür verantwortlich, dass dieses Elterntraining für die mit so vielen Belastungen und Herausforderungen konfrontierte Zielgruppe so bemerkenswert erfolgreich verlaufen ist? Die langjährigen Vorarbeiten ermöglichten die Entwicklung eines passgenau auf alleinerziehende Mütter und ihre Kinder abgestimmten Konzepts, dessen wichtigste Merkmale an dieser Stelle in knapper Form vorgestellt werden sollen:

- PALME ist ein niederschwelliges Angebot. Da viele alleinerziehende Mütter die Hürde zu anderen professionellen Unterstützungsangeboten als relativ hoch erleben, erfolgt das Angebot von PALME in dem Vertrauensraum, der den Müttern mit Kindern im Vorschulalter bereits gut bekannt ist – in ihren Kindertagesstätten. Die gezielte, persönliche und vertrauensvolle Ansprache durch Erzieherinnen und Erzieher in der Kindertagesstätte macht es den Teilnehmerinnen leichter, sich für die Teilnahme an dem Training zu entschließen. Den häufig knappen zeitlichen Möglichkeiten alleinerziehender Mütter wird das Programm durch Wohnortnähe und flankierende Angebote zur Kinderbetreuung gerecht.

- PALME-Gruppen werden von speziell ausgebildeten Erzieherinnen und Erziehern geleitet. Ihnen ist die Lebenswirklichkeit alleinerziehender Mütter durch ihren Beruf bestens vertraut. Die Inhalte der von uns durchgeführten dreitägigen Schulung umfassen u. a. die Ausbildung in Grundlagen der Gesprächstechnik, die Auseinandersetzung mit gruppendynamischen Prozessen, die Erarbeitung moderner entwicklungspsychologischer und bindungstheoretischer Kenntnisse sowie eine ausführliche Vorstellung des PALME-Manuals mit praktischen Übungen. Ergänzt wird die Qualifizierung der Gruppenleiterinnen und Gruppenleiter durch Elemente der Selbsterfahrung sowie eine Supervision im Gruppenverlauf. Hervorzuheben ist zudem, dass die Gruppen stets von einem Leitungspaar, d. h. einer Frau und einem Mann, angeleitet werden. Dieses Paar dient einerseits als Modell einer „funktionierenden" Mann-Frau-Beziehung. Die teilnehmenden Mütter erleben ausserdem auch einmal einen Mann der nicht verschwindet, wenn es schwierig wird. Für das Unbewusste der Gruppe schließlich bedeutet das Leitungspaar darüber hinaus aber auch so etwas wie ein „gutes Elternpaar", eine Erfahrung, über die

Einleitung: PALME – ein neues Präventionsprogramm für alleinerziehende Mütter
Matthias Franz

viele alleinerziehende Mütter unserer PALME-Gruppen in ihren Herkunftsfamilien nicht verfügten. Diese Aspekte verdeutlichen, wie wichtig gerade ein solches Leitungspaar für eine neue, vielleicht korrigierende emotionale Erfahrung ist. Die teilnehmenden Mütter waren deshalb auch mit dieser Rahmenbedingung nach anfänglicher Skepsis außerordentlich zufrieden.

- Das komplette Programm (20 Sitzungen à 90 Minuten) liegt hier in didaktisch aufbereiteter, manualisierter Form vor. Die vorgegebene Strukturierung der Gruppensitzungen gewährleistet einheitliche Qualitätsstandards, lässt aber dennoch genügend Freiraum für individuelle Schwerpunktsetzungen. Jede Gruppensitzung folgt einer klaren Struktur und bietet eine Mischung aus klar verständlichen Informationen (jeweils angereichert durch umfassendere Einführungstexte für die Gruppenleitung) und praktischen Übungen (Brainstormings, Klein- und Großgruppenübungen, Einzelarbeitsphasen). Zur Vertiefung der Gruppeninhalte gibt es zudem abgestimmt auf jede Sitzung Übungen für zu Hause.

- Auch wenn die 20 PALME-Sitzungen ein sehr breites Themenspektrum abdecken, so ziehen sich zwei Aspekte wie ein roter Faden durch das gesamte Programm: eine Zentrierung auf die feinfühlige Wahrnehmung der (mütterlichen wie kindlichen) Affekte und eine ausgeprägte Bindungsorientierung, die eine Förderung der Mutter-Kind-Beziehung zum Ziel hat. Angesichts des empirisch gut abgesicherten gehäuften Auftretens depressiver Verstimmungen bei alleinerziehenden Müttern mit teilweise erheblichen Auswirkungen auf das Wohlbefinden ihrer Kinder, dürften diese beiden Aspekte am Zustandekommen der sehr positiven Ergebnisse des Programms ganz erheblichen Anteil haben.

- Das Programm ist in vier inhaltlich aufeinander aufbauende Module gegliedert. Im ersten Modul steht die emotionale Selbstwahrnehmung der Mütter im Vordergrund, was sich z. B. in der Auseinandersetzung mit unterschiedlichen Rollenanforderungen sowie mit eigenen Stärken und Schwächen aber auch dem eigenen biografischen Hintergrund manifestiert. Erst auf dieser Grundlage rückt im zweiten Modul die feinfühlige Wahrnehmung der unterschiedlichen Bedürfnisse des Kindes in den Mittelpunkt. Ziel ist hier der Aufbau bzw. die Festigung einer einfühlsamen Haltung der Mütter ihren Kindern gegenüber. Im dritten Modul weitet sich der Blick hin zur Wahrnehmung der Situation in der Gesamtfamilie. Hierzu gehört auch eine Auseinandersetzung mit den Themen Partnerkonflikt und Elternverantwortung sowie der Bedeutung des Vaters. Im vierten Modul schließlich geht es um den übenden Umgang mit konkreten Schwierigkeiten auf Verhaltensebene im Erziehungsalltag. All dies wird methodisch abwechslungsreich in einer Kombination aus Informationseinheiten, vielen praktischen Gruppenübungen (wie z. B. Rollenspielen, Körperübungen, Einzelreflexionen und Kleingruppenarbeiten) und kindgerechten Mutter-Kind-Übungen für zu Hause umgesetzt. PALME bietet damit viel mehr als ein rein verhaltensorientiertes Elterntraining, das vor allem auf eine schnelle und vielleicht nur vordergründige Beseitigung von Erziehungsproblemen abzielt, damit aber selten nachhaltige Erfolge erzielt. Dadurch ist PALME nicht unbedingt „leichte Kost". Die ermutigenden Erfolge, die sich bisher ergeben haben, unterstreichen jedoch die Wirksamkeit dieser langfristiger angelegten Strategie. Nicht zuletzt und auch wegen der hohen emotionalen Dichte des Pro-

Einleitung: PALME – ein neues Präventionsprogramm für alleinerziehende Mütter
Matthias Franz

gramms macht PALME den Müttern (und ihren Kindern) Spaß und fördert so auch den sozialen Zusammenhalt der Teilnehmerinnen.

Schließen möchte ich diese Einführung mit dem gebührenden Dank an alle, die dazu beigetragen haben, diese Arbeit so erfolgreich von den wissenschaftlichen Grundlagen bis zur Ankunft in der Praxis voran zu bringen. An erster Stelle zu danken habe ich meinem Team, das über viele Jahre hinweg in vorbildlicher Intensität, Kompetenz und Zuverlässigkeit diesen Erfolg möglich gemacht hat: Frau Dipl.-Psych. Tanja Buddenberg, Herrn Dipl.-Psych. Jörn Güttgemanns, Frau Dipl.-Psych. Daniela Rentsch, Herrn Dr. Ralf Schäfer, Herrn Dipl.-Psych. Stefan Haubold, Frau Dipl.-Psych. Elisa Arntzen, Frau Dipl.-Psych. Lonja Weihrauch und den studentischen Hilfskräften Frau Ingrid Rediner und Herrn Dirk Rampoldt. Die wissenschaftliche Arbeit wurde gefördert mit erheblichen finanziellen Mitteln des BMBF, letztlich also der SteuerzahlerInnen. Wir hoffen, dass wir einen Teil dieser Mittel in Form dieses Manuals denen zurückgeben können, die unsere Arbeit wirtschaftlich ermöglichten. Zu danken ist ganz besonders auch den politischen Entscheidungsträgern in den Kommunen und Jugendämtern der Städte Neuss und Hilden. Diese haben mit hohem Problembewusstsein, Sensibilität und Kompetenz in ihren Städten präventive Hilfen für alleinerziehende Mütter ermöglicht, die so früh und effektiv sicherlich nicht überall möglich geworden wären. Für die attraktive Ausstattung und die Ermöglichung des Druckes danken wir dem Verlag Vandenhoeck & Ruprecht und der Firma Qiagen, die am Standort Hilden unser Unternehmen so wohlwollend begleitete. Außerdem danken wir der Firma Janssen-Cilag für ihre Unterstützung unseres Projektes.

Last but not least: Unser großer Dank geht auch an all die alleinerziehenden Mütter sowie ihre Kinder, die sich trotz ihrer großen Belastungen den mit einer wissenschaftlichen Untersuchung einhergehenden Mühen bereitwillig unterzogen haben. Sie alle haben über Jahre hinweg etwas geschaffen, von dem wir hoffen, dass es in vielen Kindertagesstätten zu einem wichtigen Baustein für eine der wesentlichsten gesellschaftlichen Aufgaben überhaupt wird: Unsere Kinder und ihre Eltern zu unterstützen, wo immer es möglich ist.

Düsseldorf, den 16. Januar 2009   Matthias Franz

Die Wirksamkeit von PALME
Matthias Franz, Lonja Weihrauch und Stefan Haubold

Ist ein niedrigschwelliges, emotionszentriertes, bindungstheoretisch fundiertes Elterntraining wie PALME geeignet, das Wohlbefinden belasteter alleinerziehender Mütter und ihrer Kinder zu verbessern? Dies ist eine der zentralen Fragen, welche wir in unserer wissenschaftlichen Begleitforschung in Zusammenarbeit mit den Städten Neuss und Hilden untersucht haben.

„Man geht gestärkt aus der Gruppe.", war eine Äußerung einer PALME-Teilnehmerin, *„Anderen ist auch aufgefallen, dass es mir nach den Sitzungen besser geht. Mein Freund hat gefragt, ob ich nicht öfter zu PALME gehen kann"*, bemerkte eine andere. Diese Aussagen, so positiv sie sich auch anhören, sind noch kein objektiver Beleg für die Wirksamkeit des Programms, obwohl der subjektive Wert einer Intervention für die Teilnehmerinnen natürlich auch von großer Bedeutung ist.

Zur wissenschaftlich korrekten (und damit gegen Zufälle und Irrtümer in gewissem Maße abgesicherten und somit verallgemeinerbaren) Beantwortung unserer Frage wurde ein Versuchsplan eingesetzt, der durch folgende Prinzipien charakterisiert ist:

- Klare Definition der Stichprobe
  (→ Rekrutierung)
- Studiendesign mit Vorher-Nachher Messungen und zufälliger Aufteilung der teilnehmenden Mütter auf eine Interventionsgruppe bzw. Kontrollgruppe
  (→ Ablauf der Studie)
- Verwendung standardisierter und wissenschaftlich anerkannter Fragebögen
  (→ Messinstrumente)
- Statistische Analyse der Daten
  (→ Auswertung)

Rekrutierung

PALME (www.palme-elterntraining.de) ist als ein theoretisch begründetes, strukturiertes Gruppenprogramm für **mittelgradig belastete** Mütter konzipiert. Es soll und kann keine Psychotherapie bei schweren seelischen Erkrankungen ersetzen. Auf der anderen Seite ist es aber deutlich mehr als eine „Gesprächgruppe für Alleinerziehende". Aus diesem Grund wurde vor Beginn der eigentlichen Untersuchung eine orientierende Eingangsbefragung notwendig, um sicherzustellen, dass die **Stichprobe** der teilnehmenden Mütter auch tatsächlich der **Zielgruppe des Programms** entspricht. Über Informationsveranstaltungen in den beteiligten Städten und Aushänge in Kindertagesstätten wurden alleinerziehende Mütter mit Kindern zwischen drei und sechs Jahren angesprochen und mit einem Fragebogen aktuelle Belastungen und Beschwerden abgefragt. Aus 127 interessierten Müttern wurden schließlich 88 Mütter (63 Neuss, 25 Hilden) mit aktuell mittelstarker depressiver Beeinträchtigung für die Teilnahme an der Studie ausgewählt und erklärten sich zur Teilnahme bereit. Stärker belastete Mütter wurden an geeignete therapeutische Einrichtungen weiter vermittelt, Mütter ohne aktuelle Beschwerden allgemein über Angebote für Alleinerziehende informiert.

Die Wirksamkeit von PALME
Matthias Franz, Lonja Weihrauch und Stefan Haubold

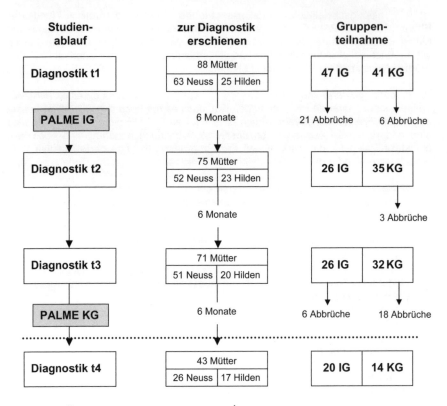

Abbildung 1: Übersicht über den Ablauf der Studie[1]
IG = Interventionsgruppe, KG = Kontrollgruppe

Ablauf der Studie

Um zu erfahren, ob durch die PALME-Gruppen ein Fortschritt erzielt wird, wurden **vor und nach der Intervention dieselben Kennwerte** gemessen und miteinander verglichen. Darüber hinaus wurde die Stichprobe aufgeteilt in eine Gruppe, welche die Intervention unmittelbar erhielt (**Interventionsgruppe**), und eine Gruppe, welche zu einem späteren Zeitpunkt (nach t3) an dem PALME-Programm teilnahm (**Kontrollgruppe**). Die Zuordnung der Personen zu den Gruppen wurde **zufällig** vorgenommen. Dies ist wichtig, damit eventuelle Unterschiede zwischen den Gruppen nach der Intervention wirklich nur auf diese zurückgeführt werden können und nicht auf andere Faktoren wie bereits vorher bestehende Unterschiede zwischen den Gruppen, besondere Motivation etc. Andernfalls kann es zu Wechselwirkungen

---

[1] Zur Diagnostik sind neben den Teilnehmerinnen der Interventions- und Kontrollgruppe auch Mütter erschienen, die aus Zeitgründen die PALME-Gruppe abgebrochen haben.

Die Wirksamkeit von PALME
Matthias Franz, Lonja Weihrauch und Stefan Haubold

zwischen der Intervention und Merkmalen der Mütter kommen, welche die Verallgemeinerbarkeit der Ergebnisse einschränken (wenn z.B. in der Interventionsgruppe vorwiegend jüngere Mütter mit geringeren Belastungen sind, kann man nicht ohne weiteres annehmen, dass die Intervention auch bei älteren Müttern mit stärkeren Belastungen wirksam ist).

Vor Beginn der PALME-Gruppen fand eine erste Befragung (t1) der teilnehmenden Mütter statt, die als Vergleichsbasis für die nachfolgenden Messungen diente. Anschließend nahmen die Mütter der Interventionsgruppe über einen Zeitraum von 6 Monaten wöchentlich an PALME-Gruppensitzungen teil. Die Mütter der Kontrollgruppe erhielten im gleichen Zeitraum keine Intervention, hatten aber die Zusicherung, diese nach Beendigung der Studie (nach t3) zu erhalten (bei unserer Kontrollgruppe handelt es sich um eine sogenannte Wartekontrollgruppe). Unmittelbar nach Beendigung der PALME-Gruppen wurde die zweite Befragung (t2) durchgeführt und die Ergebnisse wurden mit denen der ersten Befragung verglichen. Falls PALME wirksam ist, sollten die Mütter der Interventionsgruppe im Vergleich zur ersten Befragung und im Vergleich zur Kontrollgruppe geringere Belastungen aufweisen. Ein halbes Jahr später fand eine dritte Befragung (t3) statt, um zu überprüfen, ob eventuelle zum zweiten Befragungszeitpunkt beobachtete Verbesserungen nur Folge der wöchentlichen Begleitung der Mütter in den Gruppen waren oder ob sich durch die Intervention auch langfristige Veränderungen erzielen lassen (z.B. ein besserer Umgang mit Stress). Schließlich fand ein Jahr nach Ende der PALME-Gruppen (t4) eine vierte Befragung auf postalischem Weg statt.

Der Ablauf aller Befragungen – mit Ausnahme der vierten Befragung – folgte dem gleichen Schema. Vor dem eigentlichen Befragungstermin bekamen die Mütter einen Fragebogen zugeschickt, den sie zum Befragungstermin ausgefüllt abgaben. Mit allen Müttern wurde ein etwa einstündiges Interview geführt, in dem soziodemographische Merkmale und die momentane Lebenssituation erfragt wurden. Im Anschluss daran wurden Mutter und Kind in einer standardisierten Spielsituation gefilmt. Bei der zusätzlichen vierten Befragung beantworteten die Mütter der Interventionsgruppe nur den per Post zugeschickten Fragebogen. Auf das Interview und die Videoaufnahme von Mutter und Kind wurde aus Zeit- und Kostengründen verzichtet.

Messinstrumente

Wie beschrieben, standen das Ausmaß mütterlicher Depressivität und der psychischen/psychosomatischen Belastung, die möglichen Auswirkungen auf die emotionale Mutter-Kind-Interaktion und die Folgen für das kindliche Verhalten im Mittelpunkt der Studie. Um diese Zielgrößen möglichst objektiv und zuverlässig messen zu können, wurden standardisierte und erprobte Fragebögen, ein strukturiertes Interview sowie eine videogestützte Beobachtung einer Mutter-Kind-Interaktion eingesetzt. Die Zufriedenheit der Mütter mit den PALME-Gruppen wurde mit einem selbst erstellten Evaluationsbogen (fünfstufige Likert-Skalen) erhoben. Einen Überblick über die wichtigsten Messinstrumente gibt Tabelle 1.

Die Wirksamkeit von PALME
Matthias Franz, Lonja Weihrauch und Stefan Haubold

Tabelle 1: Auflistung der für die quantitativen Zielvariablen verwendeten Fragebögen

Konstrukt	Instrument	Zielperson	Was wird erfragt?
Depressivität	SCL-90-R, Skala Depressivität	Mutter	Vorhandensein und Dauer der Beeinträchtigung durch depressive Affekte, körperliche Beschwerden, motorische Hemmung und negative Denkmuster
Psychische Belastung	SCL-90-R, psych./psychosom. Belastung (GSI)	Mutter	Subjektiv empfundene Beeinträchtigung durch körperliche und psychische Symptome
Somatisierung	SCL-90-R, Skala Somatisierung	Mutter	Beeinträchtigung durch körperliche Symptome wie Kopfschmerzen, Herzklopfen etc.
Psychogene Beeinträchtigung	BSS	ExpertIn	Fremdeinschätzung der körperlichen, psychischen und sozialkommunikativen Beeinträchtigung
Gesundheitsbezogene Lebensqualität	SF-12	Mutter	Auswirkungen körperlicher und psychischer Symptome auf den Alltag (körperliche Beeinträchtigung, psychische Belastung)
Emotionale Kompetenz	SEE	Mutter	Wahrnehmung, Bewertung und Umgang mit Gefühlen
Verhalten und Erleben des Kindes	SDQ	Mutter; Erzieherin	Verhaltensauffälligkeiten (Summenwert) und -stärken bei Kindern und Jugendlichen
Qualität der Mutter-Kind-Beziehung	FbMKB	Mutter	Unterstützendes Verhalten der Mutter sowie Konflikte zwischen Mutter und Kind

Abkürzungen: SCL-90-R = Symptom-Checkliste von Derogatis (Deutsche Version, revidierte Fassung von Franke, 2002); BSS = Beeinträchtigungs-Schwere-Score (Schepank, 1995); SF12 = Fragebogen zum Gesundheitszustand (Bullinger und Kirchberger, 1998); SEE = Skalen zum Erleben von Emotionen (Behr und Becker, 2004); SDQ = Strengths and Difficulties Questionnaire (deutsche Version von Klasen, Woerner, Rothenberger und Goodman, 2003); FbMKB = Fragebogen zur Mutter-Kind-Beziehung (entwickelt in Anlehnung an das Soziale-Netzwerk-Inventar von Asendorpf und van Aken, 1993)

Auswertung

Für die eingesetzten Fragebögen gibt es jeweils eine vorgeschriebene Auswertungsanleitung. Somit lassen sich, üblicherweise über die Zusammenfassung einzelner Werte zu Mittel- oder Summenwerten, Kennwerte bestimmen, die eine Aussage über die Ausprägung der interessierenden Merkmale erlauben. Auf individueller Ebene kann dadurch ein Vergleich mit einer Normstichprobe (meist der Normalbevölkerung) erfolgen (z.B.: Ist Frau X. unzufriedener als die meisten Frauen in Deutschland?). Für die Beantwortung der Untersuchungsfragestellung war jedoch hauptsächlich von Interesse, inwieweit sich nach den PALME-Gruppen die Werte der Interventions- und Wartekontrollgruppe voneinander unterscheiden und somit Hinweise auf die Wirksamkeit des Programms geben. Das Problem sozialwissenschaftlicher Studien dieser Art liegt zum einen darin begründet, dass die ermittelten Werte lediglich Schätzungen der tatsächlichen Ausprägungen darstellen (Messungen von Eigenschaften sind schwierig und in gewissem Maße ungenau, außerdem ist niemand immer gleich depressiv). Zum anderen sind Unterschiede zwischen Gruppen eigentlich immer vorhanden, es ist jedoch fraglich, ob diese überhaupt substanziell

Die Wirksamkeit von PALME
Matthias Franz, Lonja Weihrauch und Stefan Haubold

und tatsächlich von der Intervention beeinflusst sind. Ein wichtiges Hilfsmittel zur Beantwortung wissenschaftlicher Fragestellungen bietet die Statistik mit verschiedenen Verfahren zur Analyse von Fragebogendaten. Sie basieren alle auf dem Prinzip der Prüfung, ob festgestellte Unterschiede groß genug sind (in der Fachsprache „signifikant"), um ihr zufälliges Zustandekommen als eher unwahrscheinlich anzusehen. Für die Fragestellung der PALME-Studie wurde als statistisches Prüfverfahren eine Varianzanalyse mit Messwiederholung verwendet. Dieses Verfahren erlaubt, Aussagen über den Unterschied zwischen Gruppenmittelwerten im Zeitverlauf zu treffen. Ein signifikantes Ergebnis würde bedeuten, dass es den Müttern, die an einer PALME-Gruppe (= Interventionsgruppe) teilgenommen haben, tatsächlich besser geht als denen, die nicht teilnahmen. Wenn das der Fall wäre, könnte man aufgrund der zufälligen Zuordnung der Mütter zu den Gruppen schlussfolgern, dass das so ist, **weil** sie an den PALME-Gruppen teilgenommen haben.[2]

Ergebnisse

Zunächst ließ sich feststellen, dass die Mütter, die bis zum Schluss an den Gruppen teilgenommen haben (N=26), diese ausnahmslos sehr positiv bewerteten. Im Evaluationsbogen antworteten alle zustimmend auf die Frage, ob sich die Teilnahme für sie gelohnt habe. Ebenso gaben alle Teilnehmerinnen an, dass PALME insgesamt hilfreich war. Etwa 70 Prozent schätzten ihr psychisches Befinden als verbessert ein und etwa zwei Drittel der Mütter berichten von positiven Auswirkungen auf die Beziehung zu ihrem Kind und auf dessen Verhalten. Im Durchschnitt wurden die insgesamt 36 Evaluationsfragen mit 3,27 (Skala von 0 = war sehr schlecht bis 4 = war sehr gut) beantwortet. Als Schulnote (Skala von 1–6) erhielt das Programm von den Teilnehmerinnen eine 1,8. Hat sich das Befinden der Mütter aber auch nach wissenschaftlichen Kriterien verbessert?

Bezüglich der Fragebogendaten zeigte sich ebenfalls ein erfreuliches Bild. Vor allem direkt nach der Intervention wiesen die Mütter der Interventionsgruppe in einer Reihe von Maßen Veränderungen in die gewünschte Richtung auf, wie anhand der Mittelwerte der Zielgrößen in Tabelle 2 zu sehen ist.

Die Mütter, die an PALME teilgenommen hatten, waren weniger depressiv (SCL-90-R), weniger psychisch/psychosomatisch belastet (SCL-90-R) und berichteten über eine verbesserte psychische Gesundheit (SF12). Zudem äußerten die Mütter eine vermehrte Akzeptanz eigener Emotionen (SEE 1) und fühlten sich weniger von Emotionen unkontrollierbar überflutet (SEE 2). In der von der Mutter berichteten Mutter-Kind-Interaktion gab es keine Effekte zugunsten der Interventionsgruppe, ebenso nicht im Verhalten der Kinder. Allerdings deutete sich im Erzieherinnenurteil tendenziell eine Verringerung von kindlichem Problemverhalten an, ein Befund, der sich leider nur auf wenige Beobachtungen stützt, da nur etwa die Hälfte der Fragebögen zurückgesandt wurde.

---

[2] Allerdings darf statistische Signifikanz allein nicht das ausschlaggebende Kriterium zur Bewertung sein, da unter bestimmten Bedingungen jedes Ergebnis signifikant wird. Auch die klinische Relevanz (gibt es andere Anhaltspunkte, dass es den Müttern wirklich besser geht?) und die Plausibilität der Ergebnisse vor dem Hintergrund des jeweiligen Forschungsstandes sollten in die Interpretation eines Ergebnisses einfließen.

Die Wirksamkeit von PALME
Matthias Franz, Lonja Weihrauch und Stefan Haubold

Sechs Monate nach der Intervention blieben die Effekte in der Interventionsgruppe weitestgehend stabil (Tabelle 2). Es kam in einigen Maßen zwar wieder zu einem leichten Rückgang der Werte, während sich die Werte der Kontrollgruppe von t2 zu t3 etwas verbesserten, beide Veränderungen waren jedoch nicht signifikant und sind daher als natürliche Zufallsschwankungen anzusehen.

Tabelle 2: Mittelwerte (Standardabweichung) der erhobenen Zielvariablen in den Gruppen (PALME- vs Kontrollgruppe) über 3 Messzeitpunkte

Maß	t1		t2		t3		Effekt Messzeit x Gruppe
	PALME (N=26)	Kontrolle (N=32)	PALME (N=26)	Kontrolle (N=32)	PALME (N=26)	Kontrolle (N=32)	
SCL-90-R							
Depressivität	1,42 (0,79)	1,11 (0,76)	0,69 (0,58)	0,91 (0,66)	0,78 (0,72)	0,71 (0,56)	$F(2/97) = 4,60$; $p<0,05$
GSI	1,01 (0,52)	0,75 (0,53)	0,52 (0,37)	0,65 (0,47)	0,57 (0,50)	0,52 (0,44)	$F(2/112) = 5,94$; $p<0,01$
Somatisierung	0,94 (0,59)	0,69 (0,53)	0,46 (0,29)	0,66 (0,45)	0,46 (0,50)	0,61 (0,53)	$F(2/112) = 6,79$; $p<0,01$
BSS	(N=24)	(N=27)	(N=24)	(N=27)	(N=24)	(N=27)	
7 Tage Gesamtwert	4,46 (1,38)	4,41 (1,91)	2,29 (1,94)	4,04 (2,46)	2,50 (2,02)	4,37 (2,02)	$F(2/98) = 6,21$; $p<0,01$
4 Wochen Gesamtwert	4,88 (1,23)	4,74 (1,97)	2,08 (1,47)	4,59 (2,34)	2,58 (1,89)	4,48 (2,17)	$F(2/98) = 12,08$; $p<0,001$
SF12	(N=26)	(N=32)	(N=26)	(N=32)	(N=26)	(N=32)	
Psychisches Wohlbefinden	35,49 (8,65)	40,10 (9,54)	45,82 (9,44)	41,51 (10,32)	45,80 (10,33)	44,56 (10,35)	$F(2/112) = 4,03$; $p<0,05$
SEE							
Akzeptanz eigener Emotionen	19,54 (4,88)	22,50 (4,66)	23,23 (3,49)	22,44 (4,04)	23,08 (3,95)	23,28 (4,07)	$F(2/94) = 6,37$; $p<0,01$
Erleben von Emotionsüberflutung	21,81 (5,32)	19,91 (6,66)	17,35 (4,86)	18,97 (6,73)	17,73 (5,21)	18,03 (5,62)	$F(2/95) = 2,75$; $p<0,10$
FbMKB	(N=25)	(N=31)	(N=25)	(N=31)	(N=25)	(N=31)	
Unterstützung	3,27 (0,22)	3,32 (0,31)	3,33 (0,28)	3,30 (0,32)	3,34 (0,27)	3,34 (0,33)	$F(1/108) = 1,26$; n.s.
Konflikt	2,24 (0,40)	2,21 (0,40)	2,16 (0,31)	2,40 (0,38)	2,17 (0,27)	2,31 (0,51)	$F(2/95) = 3,65$; $p<0,05$
SDQ-E	(N=11)	(N=17)	(N=11)	(N=17)	(N=11)	(N=17)	
Problemverhalten	8,33 (5,13)	7,24 (4,60)	5,64 (4,37)	7,24 (5,58)	6,09 (2,88)	8,19 (6,31)	$F(2/52) = 3,08$; $(p=0,06)$

Der Interaktionseffekt Messzeit x Gruppe zeigt Veränderungen an, die auf PALME zurückzuführen sind.

Die Wirksamkeit von PALME
Matthias Franz, Lonja Weihrauch und Stefan Haubold

In den folgenden Abschnitten werden nun die Ergebnisse detaillierter vorgestellt.

Depressivität

Nur auf den ersten Blick scheint sich bei der Betrachtung der mütterlichen Depressivität im Zeitverlauf (Abbildung 2) ein ungünstiges Bild zu ergeben, wonach die Kontrollgruppe zu t3 weniger depressiv ist als die Interventionsgruppe. Dieser Unterschied ist aber erstens so klein, dass er statistisch nicht signifikant ist, und zum zweiten ist der Verlauf der Gruppenwerte entscheidender für die Bewertung des Interventionserfolgs als die absolute Höhe (wenn beide Linien parallel verlaufen würden, gäbe es in der Varianzanalyse mit Messwiederholung keinen signifikanten Unterschied zwischen den Gruppen über den Zeitverlauf). Hier jedoch wird deutlich, dass es nach der Intervention (zu t2) nur in der Interventionsgruppe zu einem massiven Rückgang der Depressivität kam, welcher auch signifikant ist. Die Werte der Kontrollgruppe lagen zum zweiten Messzeitpunkt zwar auch auf einem etwas niedrigeren Niveau, der Unterschied zum ersten Messzeitpunkt ist jedoch bei weitem nicht so groß wie in der Interventionsgruppe und auch nicht signifikant, d.h., er kann allein durch Messfehler/zufällige Schwankungen zustande gekommen sein.

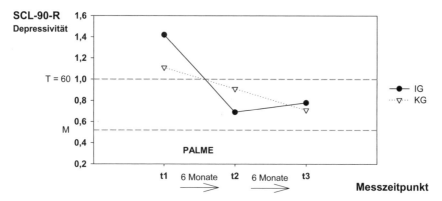

Abbildung 2: Verlauf der mit der SCL-90-R gemessenen Depressivität über 3 Messzeitpunkte, N=58

Bei 0,52 (M) liegt der Mittelwert in der weiblichen Bevölkerung, ein Wert von 1,0 (T=60) oder höher zeigt eine deutliche depressive Belastung an.

Sechs Monate nach Ende der Gruppen (t3) kommt es zwar wieder zu einer leichten Zunahme der gemessenen Depressivität in der Interventionsgruppe, diese Veränderung ist aber so klein, dass sie nicht statistisch signifikant und damit gesichert und verallgemeinerbar ist. In der Kontrollgruppe ist eine weitere Abnahme des Depressivitätswertes zwischen dem zweiten und dritten Messzeitpunkt zu beobachten, die auch statistisch signifikant ist. Dieser Befund liegt möglicherweise in der gesteigerten Zuwendung, die auch den Müttern der Kontrollgruppe zuteil wurde, sowie in der Perspektive auf die bald startende PALME-Gruppe begründet. Würde das gleiche Ergebnis auch bei anderen Studien wieder erscheinen oder sich an einer größeren

Die Wirksamkeit von PALME
Matthias Franz, Lonja Weihrauch und Stefan Haubold

Stichprobe ebenfalls zeigen, wären entsprechende Schlussfolgerungen zu ziehen. So aber bleibt die Feststellung, dass sich im Vergleich zur Ausgangsmessung t1 nur in der Interventionsgruppe ein bedeutsamer Rückgang der Werte zu t2 zeigte und dass auch zu t3 die Mütter, die eine Gruppe besucht haben, deutlich weniger depressiv sind als vor Beginn der Gruppe. Mit anderen Worten: Der Unterschied zwischen der Vorher-Nachher-Messung der Depressivität ist in der Interventionsgruppe größer als in der Kontrollgruppe, was besonders deutlich beim Vergleich von t1 und t2 zutage tritt. Die Mütter profitieren von der Behandlung, und zwar auch noch sechs Monate nach Ende der PALME-Gruppen.

Psychisch/psychosomatische Belastung (GSI)

Auch bei den Werten für die psychisch/psychosomatische Belastung lässt sich in der Interventionsgruppe eine starke Abnahme direkt nach Ende der PALME-Gruppen verzeichnen (Abbildung 3), der leichte Wiederanstieg zu t3 ist statistisch bedeutungslos. In der Kontrollgruppe dagegen wird ein eher gleichmäßiger Rückgang ersichtlich, der jedoch erst zu t3 statistisch signifikant wird. Eine mögliche Interpretation dieses Befundes wurde bereits bei der Darstellung der Ergebnisse zur Depressivität aufgezeigt (gesteigerte Aufmerksamkeit, Vorfreude auf PALME). Der Mittelwert der Interventionsgruppe lag vor der Intervention im klinisch auffälligen Bereich, zu t2 und t3 aber deutlich darunter. Die Mütter profitieren also auch hinsichtlich der Belastung durch psychische und psychosomatische Symptome nachhaltig von den PALME-Gruppen.

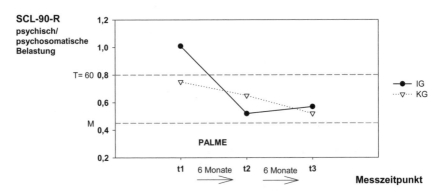

Abbildung 3: Verlauf der mit der SCL90-R gemessenen grundsätzlichen psychischen Belastung (GSI), N=58

Bei 0,45 liegt der Mittelwert in der weiblichen Bevölkerung, ab einem Wert von 0,8 (T=60) spricht man von einer gravierenderen Belastung, welche das Risiko einer psychischen Erkrankung erhöht.

Somatisierung

Besonders deutliche Unterschiede zwischen der Interventions- und Kontrollgruppe lassen sich bei den Werten für Somatisierung – also der Neigung, auf psychosoziale Belastungen mit körperlichen Beschwerden zu reagieren – erkennen. Während der

Die Wirksamkeit von PALME
Matthias Franz, Lonja Weihrauch und Stefan Haubold

Wert in der Interventionsgruppe zu t1 noch weit über dem Bevölkerungsdurchschnitt lag, war er zu t2 nur noch etwa halb so hoch und blieb anschließend stabil. In der Kontrollgruppe veränderten sich die Somatisierungswerte im Verlauf der Studie kaum, die leichte Abnahme von t1 zu t2 bzw. von t2 zu t3 ist nicht signifikant.

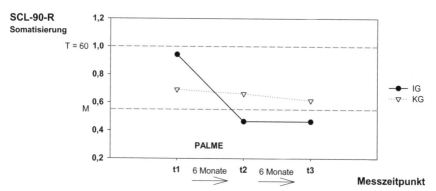

Abbildung 4: Verlauf der mit der SCL-90-R gemessenen Somatisierungswerte, N=58

Bei 0,55 liegt der Mittelwert in der weiblichen Bevölkerung, ab einem Wert von 1,0 (T=60) liegt eine klinisch auffällige Belastung vor.

Fremdeinschätzung der psychischen Belastung

Die geringere psychische Belastung der PALME-Teilnehmerinnen zeigte sich nicht nur in den Selbsteinschätzungen der Mütter, sondern auch in den Beurteilungen durch trainierte ExpertInnen. Sowohl beim über 7 Tage als auch beim über 4 Wochen gemittelten Gesamtwert aus körperlichen, psychischen und sozialkommunikativen Beeinträchtigungen war eine deutliche Abnahme in der Interventionsgruppe von t1 zu t2 zu beobachten, während der Wert in der Kontrollgruppe nahezu unverändert hoch blieb.

Die Wirksamkeit von PALME
Matthias Franz, Lonja Weihrauch und Stefan Haubold

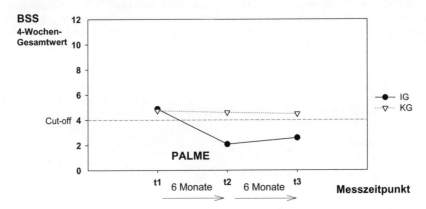

Abbildung 5: Verlauf der mit dem BSS gemessenen psychische Belastung (Fremdurteil), N=51

Ein Wert von 4-5 entspricht einer deutlichen Störung mit Krankheitswert, bei einem Wert ≥ 6 liegt eine ausgeprägte, ziemlich schwer beeinträchtigende Erkrankung vor.

Gesundheitsbezogene Lebensqualität

PALME reduziert also nachhaltig die psychische Belastung alleinerziehender Mütter. Ist damit aber auch eine Erhöhung der Lebensqualität verbunden, fällt also die Verrichtung alltäglicher Aufgaben leichter? In Abbildung 6 ist zu erkennen, dass diese Frage positiv beantwortet werden kann. Es ist eine deutliche Zunahme des Wertes (entspricht einer besseren gesundheitlichen Verfassung) von t1 zu t2 in der Interventionsgruppe zu verzeichnen, welche zu t3 stabil bleibt. In der Kontrollgruppe steigt der Wert nur allmählich an und erst zum dritten Messzeitpunkt (t3) wird der Unterschied zum ersten Messzeitpunkt (t1) innerhalb der Kontrollgruppe signifikant. Für die Beurteilung der Wirksamkeit von PALME ist jedoch der Interaktionseffekt Messzeit x Gruppe (Tabelle 2) entscheidend, während ein reiner Messzeiteffekt (wie er in der Kontrollgruppe vorliegt) einen wenig verallgemeinerbaren Spontanverlauf wiedergibt. Hinsichtlich der körperlichen Verfassung gab es erwartungsgemäß keine signifikanten Veränderungen in den Untersuchungsgruppen (Tabelle 2).

Die Wirksamkeit von PALME
Matthias Franz, Lonja Weihrauch und Stefan Haubold

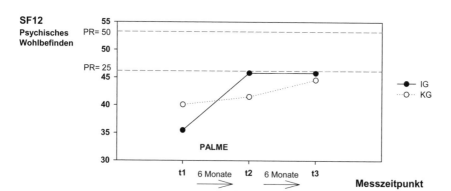

Abbildung 6: Verlauf der mittels SF12 gemessenen gesundheitsbezogenen Lebensqualität, N=58

Bei 51 liegt der Mittelwert der weiblichen Bevölkerung, einen Wert von 46 (PR=25) und darunter haben weniger als ein Viertel aller Frauen, d.h. die Mütter der Stichprobe sind auch nach der Intervention noch stärker in ihrer gesundheitsbezogenen Lebensqualität beeinträchtigt.

Emotionale Kompetenz

Verbessert PALME auch den Zugang der Mütter zu ihren eigenen Emotionen? Zur Beantwortung dieser Frage waren vor allem die Ergebnisse in zwei Unterskalen der SEE von Interesse. Positive Auswirkungen hatte PALME auf die *Akzeptanz eigener Emotionen* („ich erkenne meine Gefühle als zu mir gehörig an"), welche den Aspekt der Wertschätzung der eigenen Gefühlswelt abbildet. Dies war eines der Ziele des PALME-Programms und hat sich klinisch als bedeutsam erwiesen. Hier zeigte sich der schon bei den vorhergehenden Ergebnissen beschriebene Effekt einer deutlichen Verbesserung in der Interventionsgruppe zu t2 und relative Stabilität dieses Befundes zu t3 (leichte Verschlechterung, aber nicht signifikant). In der Kontrollgruppe kam es zu einer zwar stetigen, jedoch zu keinem Zeitpunkt signifikanten Verbesserung der Werte. Eine leichte Einschränkung dieses Ergebnisses ergibt sich dadurch, dass die Werte der Interventions- und Kontrollgruppe bereits vor Beginn der PALME-Gruppen (zu t1) signifikant voneinander abwichen ($F(1/56) = 5{,}56$; $p<0{,}05$). Der signifikante Interaktionseffekt könnte deswegen nicht nur durch die unterschiedliche Entwicklung von Interventions- und Kontrollgruppe über die Zeit zustande gekommen sein, sondern auch durch die bereits vorher bestehenden Ausgangslagenunterschiede. Gegen diese Interpretation sprechen jedoch die Ergebnisse von Kovarianzanalysen, bei denen die t2-Werte bzw. die t3-Werte der Interventions- und Kontrollgruppe um die unterschiedlichen t1-Werte bereinigt und anschließend miteinander verglichen wurden. Zumindest zu t2 konnte ein signifikanter Gruppeneffekt für die Akzeptanz eigener Emotionen festgestellt werden ($F(1/56) = 5{,}62$; $p<0{,}05$), der in diesem Fall eindeutig auf die PALME-Gruppen zurückgeführt werden kann. Schließlich spricht auch die langfristig positive Entwicklung der Werte in der Interventionsgruppe (s.u.) dafür, dass es sich um eine

Die Wirksamkeit von PALME
Matthias Franz, Lonja Weihrauch und Stefan Haubold

interventionsbedingte Verbesserung statt um einen statistischen Regressionseffekt zur Mitte handelt.

Zudem nahm das *Erleben von Emotionsüberflutung* („ich erlebe meine Gefühle als belastend") in der Interventionsgruppe von t1 zu t2 signifikant ab, nicht jedoch in der Kontrollgruppe. Beim Vergleich der Messzeitpunkte 2 und 3 ließ sich in der Interventionsgruppe keine bedeutsame Veränderung feststellen (leichte Zunahme, aber nicht signifikant); in der Kontrollgruppe kam es zu einer weiteren leichten Abnahme des Wertes, die im Vergleich zum Ausgangswert (t1) auch signifikant ist.

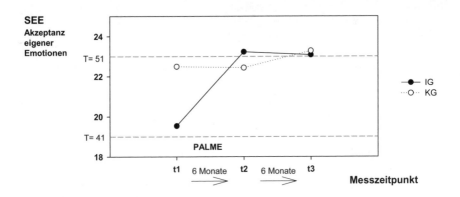

Abbildung 7: Verlauf der mit den SEE gemessenen Akzeptanz eigener Emotionen, N=58

Der Mittelwert in der Normalbevölkerung liegt bei ca. 23. Werte unter 19 gelten als unterdurchschnittlich.

Qualität der Mutter-Kind-Beziehung

Die bisher vorgestellten Ergebnisse sprechen dafür, dass das PALME-Elterntraining dazu geeignet ist, psychosoziale Belastungen alleinerziehender Mütter abzubauen. Wirken sich diese Verbesserungen auch positiv auf die Mutter-Kind-Beziehung aus? Hier lassen sich die Ergebnisse aus Sicht der Mütter berichten. Während das Ausmaß an Mutter-Kind-Konflikten in der Kontrollgruppe über die Zeit hinweg signifikant zunahm, gingen die Werte in der Interventionsgruppe sogar leicht zurück (allerdings nicht signifikant). Eine Interpretation dieses Befundes könnte sein, dass das PALME-Programm einen protektiven Effekt hat, indem es eine Zunahme an Mutter-Kind-Konflikten in der Interventionsgruppe verhindert. Grundsätzlich kam es aber in beiden Gruppen eher selten zu Mutter-Kind-Konflikten.

Die mütterliche Unterstützung des Kindes war in beiden Gruppen bereits zu Beginn der Untersuchung auf einem sehr hohen Niveau und veränderte sich im Zeitverlauf kaum. Demzufolge war der Gruppe x Messzeit-Interaktionseffekt nicht signifikant.

Die Wirksamkeit von PALME
Matthias Franz, Lonja Weihrauch und Stefan Haubold

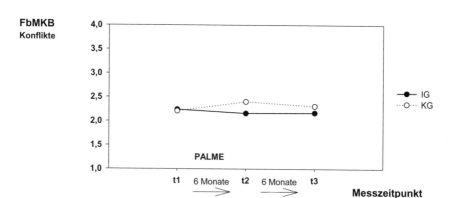

Abbildung 8: Verlauf der mit dem FbMKB gemessenen Häufigkeit von Mutter-Kind-Konflikten, N=56

Ein Wert von 2 bedeutet, dass Mutter-Kind-Konflikte selten auftreten, ein Wert von 3 zeigt häufige Mutter-Kind-Konflikte an.

Verhalten des Kindes

Beim Vergleich von Abbildung 9 mit Abbildung 10 wird deutlich, dass die Mütter ihre Kinder problematischer einschätzen als die ErzieherInnen in der Kindertagesstätte. Möglicherweise legen Mütter und ErzieherInnen andere Bewertungsmaßstäbe zugrunde (z.B. eigene Idealvorstellungen vs. Vergleich mit anderen Kindern). Eine weitere Erklärung wäre, dass sich die Kinder zu Hause tatsächlich anders verhalten als in der Kindertagesstätte.

Bei der Analyse der mütterlichen Einschätzungen des Problemverhaltens und des prosozialen Verhaltens ihrer Kinder gab es keine Unterschiede zwischen den Gruppen. In beiden Gruppen kam es zu einer Abnahme des Problemverhaltens, welche aber nur in der Interventionsgruppe signifikant war.

Bei Betrachtung des Verhaltens aus Sicht der ErzieherInnen in den Kindertagesstätten deutet sich jedoch ein Unterschied zwischen den Gruppen an (F (2/52) = 3.08; p= 0.055). Nur bei Kindern von Müttern aus der Interventionsgruppe nahm das Problemverhalten über die Zeit ab, nicht jedoch bei Kindern von Müttern der Kontrollgruppe. In der Neusser Stichprobe (N=20) war der Messzeit x Gruppe-Effekt über 3 Messzeitpunkte signifikant (F (2/36) = 3.87; p<0.05), in der Hildener Stichprobe vermutlich wegen der geringen Fallzahl (N=8) jedoch nicht. Leider sendeten nicht alle ErzieherInnen den Fragebogen zurück, so dass die Ergebnisse mit Vorsicht zu interpretieren sind, da sie auf der Analyse von nur 28 Fällen beruhen.

Die Wirksamkeit von PALME
Matthias Franz, Lonja Weihrauch und Stefan Haubold

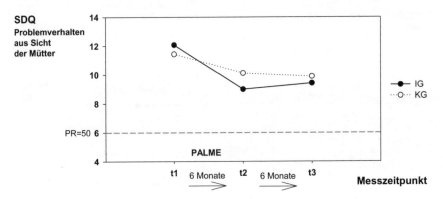

Abbildung 9: Verlauf des mit dem SDQ gemessenen Problemverhaltens des Kindes, eingeschätzt durch die Mütter, N=57

Bei 6 liegt der Prozentrang (PR) 50, d.h. es befinden sich gleich viele Fälle oberhalb und unterhalb dieses Wertes in der Normalbevölkerung. Oberhalb des Wertes 11 (PR = 77) befinden sich weniger als ein Viertel in der Gesamtbevölkerung.

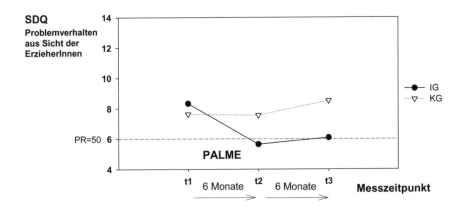

Abbildung 10: Verlauf des mit dem SDQ gemessenen Problemverhaltens des Kindes, eingeschätzt durch ErzieherInnen, N=28

Bei 6 liegt der Prozentrang (PR) 50, d.h. es befinden sich gleich viele Fälle oberhalb und unterhalb dieses Wertes in der Normalbevölkerung. Oberhalb des Wertes 11 (PR = 77) befinden sich weniger als ein Viertel in der Gesamtbevölkerung.

Die Wirksamkeit von PALME
Matthias Franz, Lonja Weihrauch und Stefan Haubold

Langzeitergebnisse

20 der ursprünglich 26 Mütter (Neuss: 12, Hilden: 8) aus der Interventionsgruppe sowie 14 Mütter aus der Kontrollgruppe (Neuss: 8, Hilden: 6) nahmen an der vierten Befragung ein Jahr nach Ende der PALME-Gruppen teil. Da die Kontrollgruppe nach dem dritten Messzeitpunkt ebenfalls die PALME-Intervention erhalten hat, war eine Auswertung nach dem beschriebenen statistischen Modell nicht möglich. Aus diesem Grund wurde nur der Verlauf *innerhalb* der Interventionsgruppe auf signifikante Veränderungen hin untersucht.

Wie aus Tabelle 3 hervorgeht, blieben die nach den PALME-Gruppen beobachteten signifikanten Veränderungen in den Zielgrößen in der Interventionsgruppe auch nach einem Jahr stabil, d.h. es gibt keine signifikante Verschlechterung von t2 bis t3 und von t3 bis t4 in den Messwerten. In den meisten Fällen haben sich die Werte zu t4 sogar nochmals geringfügig verbessert.

Tabelle 3: Mittelwerte (Standardabweichung) und Testkennwerte der Zielvariablen über 4 Messzeitpunkte in der Interventionsgruppe, N=20

Maß	t1 vor PALME	t2 nach PALME	t3 6 Mon. nach PALME	t4 1 Jahr nach PALME	Effekt Messzeit
SCL-90-R					
Depressivität	1,32 (0,74)	0,64 (0,54)	0,59 (0,54)	0,56 (0,52)	$F_{(2/32)}* = 15,53$; **p<0,001**
GSI	0,92 (0,44)	0,47 (0,36)	0,45 (0,39)	0,43 (0,37)	$F_{(2/31)}* = 15,53$; **p< 0,001**
Somatisierung	0,91 (0,59)	0,43 (0,31)	0,42 (0,48)	0,54 (0,58)	$F_{(2/37)}* = 8,68$; **p<0,01**
SF12					
Psychisches Wohlbefinden	35,89 (8,95)	47,05 (8,74)	47,87 (8,35)	48,34 (9,74)	$F_{(3/57)} = 10,23$; **p< 0,01**
SEE					
Akzeptanz eigener Emotionen	19,75 (5,22)	24,00 (3,28)	24,05 (3,83)	25,00 (4,08)	$F_{(2/34)}* = 11,16$; **p< 0,001**
Erleben von Emotionsüberflutung	21,40 (4,96)	16,55 (4,59)	16,55 (4,65)	14,05 (3,94)	$F_{(3/57)} = 10,29$; **p< 0,001**
FbMKB					
Unterstützung	3,28 (0,17)	3,35 (0,26)	3,34 (0,27)	3,38 (0,31)	$F_{(3/57)} = 1,67$; n.s.
Konflikt	2,25 (0,44)	2,18 (0,33)	2,18 (0,30)	2,10 (0,24)	$F_{(2/35)}* = 0,96$; n.s.
SDQ-E (N=6)					
Problemverhalten	7,78 (5,31)	5,83 (5,23)	6,00 (3,22)	4,00 (2,68)	$F_{(3/15)} = 2,86$; **(p<0,10)**

Darüber hinaus manifestierten sich zu t4 einige neue Effekte, die zu t3 noch nicht beobachtet werden konnten: So nimmt das Erleben von Emotionsmangel über die

Die Wirksamkeit von PALME
Matthias Franz, Lonja Weihrauch und Stefan Haubold

vier Messzeitpunkte kontinuierlich ab, erst zu t4 ist der Unterschied zum Ausgangswert jedoch signifikant. Das Gleiche gilt für das Erleben von Selbstkontrolle, hier ist eine stetige Zunahme über die vier Messzeitpunkte zu verzeichnen, die ebenfalls erst zum vierten Messzeitpunkt signifikant wird. Auch beim Erleben von Emotionsregulation und der mütterlichen Einschätzung des Problemverhaltens ihres Kindes lässt sich eine signifikante Zunahme bzw. Abnahme über die vier Messzeitpunkte feststellen. Allerdings gibt es von t1 bis t3 auch in der Kontrollgruppe entsprechende Veränderungen in diesen Maßen, welche zumindest für das Erleben von Emotionsregulation signifikant sind.

Zusammenfassend lässt sich also festhalten:

Durch die Intervention bedingt sind Mütter aus der Interventionsgruppe nach den PALME-Gruppen weniger depressiv, weniger psychisch belastet und kompetenter im Umgang mit eigenen Emotionen. In der Fremdbeurteilung durch die ErzieherInnen gibt es starke Hinweise auf ein durch PALME reduziertes Problemverhalten des Kindes. Das Ausmaß der Mutter-Kind-Konflikte erhöhte sich zudem in der Kontrollgruppe, nicht jedoch in der Interventionsgruppe. In der Katamnesephase (sechs Monate nach Ende der Gruppen) gibt es keine signifikante Verschlechterung in der Interventionsgruppe, die Werte der Interventions- und Kontrollgruppe nähern sich jedoch an.

Die Verbesserung in der Kontrollgruppe auch ohne Intervention ist ein in Studien dieser Art häufiges Phänomen und durchaus nachvollziehbar, wenn man bedenkt, dass nach t3 auch die Kontrollgruppe das Training erhält, sich also die Mütter darauf freuen, dass sie bald Unterstützung bekommen. Allein die Gewissheit einer Behandlung verbessert häufig das Befinden. Außerdem gab es zwischen t1 und t3 für die Mütter der Kontrollgruppe regelmäßige Treffen in Form eines gemeinsamen Kaffeetrinkens sowie Grußkarten und Geschenke zu Feiertagen und Geburtstagen, so dass auch die Kontrollgruppe eine unspezifische Form der Intervention erfuhr.

Die Untersuchung der Wirksamkeit der in Neuss und Hilden durchgeführten PALME-Gruppen belegt insgesamt deren förderlichen Effekt. In den zentralen Maßen (Depressivität und psychisch/psychosomatische Belastung der Mütter), auf deren Veränderung die Gruppen abzielten, lässt sich ein Unterschied zwischen Interventions- und Kontrollgruppe zugunsten der Interventionsgruppe feststellen. Durch das gewählte Studiendesign ist dieser Unterschied auch kausal interpretierbar. Weiterhin unterstützen die Ergebnisse die Annahme, dass PALME seine Wirkung über einen verbesserten Zugang zur eigenen Emotionalität entfaltet (siehe Ergebnisse zu den SEE) und auch positive Auswirkungen auf die Kinder haben kann (SDQ). Schließlich spricht die sehr positive Bewertung der Gruppen durch die teilnehmenden Mütter dafür, dass ein niedrigschwelliges, emotionsfokussiertes Präventionsprogramm wie PALME eine wertvolle Unterstützung für alleinerziehende Mütter sein kann, die über ein beeinträchtigtes psychisches Wohlbefinden klagen.

Einschränkend muss zu den berichteten Ergebnissen angemerkt werden, dass die Ergebnisse nur für Mütter, welche die Gruppen bis zum Ende besucht haben, Gültigkeit besitzen. Wie berichtet, haben 21 Mütter ihre Teilnahme an den PALME-Gruppen vorzeitig beendet, was zu einer Verzerrung der Ergebnisse führen kann

Die Wirksamkeit von PALME
Matthias Franz, Lonja Weihrauch und Stefan Haubold

(wenn z.B. vorwiegend stärker belastete Mütter aufgrund von Terminschwierigkeiten die Gruppen vorzeitig verlassen). Um dieser Bedrohung der Gültigkeit und Verallgemeinerbarkeit der Ergebnisse entgegenzuwirken, wurden auch die ausgestiegenen Mütter (Dropouts) weiterhin zu den Diagnostikterminen eingeladen und befragt. Es zeigte sich, dass auch bei den ausgestiegenen Müttern (N=13) deutliche Verbesserungen in den relevanten Zielmaßen (s.o.) aufgetreten sind. Möglicherweise haben sie bereits von den wenigen besuchten Sitzungen stark profitiert, zudem berichtete ein Großteil der ausgeschiedenen Mütter von positiven Lebensereignissen wie einer neuen Partnerschaft oder der (Wieder-)Aufnahme einer Erwerbstätigkeit, welche das Befinden natürlich auch stark beeinflussen können. Leider konnten nicht alle ausgeschiedenen Mütter befragt werden. Auf jeden Fall spricht dieses Ergebnis dafür, dass die Verbesserungen in der Interventionsgruppe tatsächlich durch die Intervention zustande gekommen sind und nicht etwa dadurch, dass stärker belastete Mütter die Gruppen verlassen haben. Auch in einer Intention-to-Treat-Analyse, bei der auch ausgestiegene Mütter ihrer ursprünglich zugeteilten Gruppe zugerechnet und fehlende Daten durch den zuletzt beobachteten Wert ersetzt wurden, konnten die meisten der berichteten Ergebnisse bestätigt werden.

Insgesamt war die Anzahl der befragten Mütter eher klein, wodurch sich starke Veränderungen bei einer Mutter z.B. aufgrund eines positiven oder negativen Lebensereignisses auf den jeweiligen Gruppenmittelwert deutlicher auswirken, als es bei einer größeren Stichprobe der Fall gewesen wäre. Durch die zufällige Zuordnung zu den Gruppen wurde zumindest einer systematische Verfälschung durch solche „Störvariablen" entgegen gearbeitet.

Zum Verständnis der Ergebnisse ist es auch noch einmal wichtig zu betonen, dass statistische Aussagen auf Gruppenmittelwerten basieren. Dass PALME allgemein hilft, heißt nicht, dass es jeder Mutter hilft. In einer Subgruppenanalyse konnten jedoch nur wenige Unterschiede zwischen Müttern, deren Belastungswerte im Laufe der PALME-Gruppen zurückgegangen waren, und Müttern, deren psychische Gesundheit sich nicht verbessert hatte, festgestellt werden. Weder das Bildungsniveau der Mütter noch die Anzahl der Kinder hatten einen wesentlichen Einfluss auf die Wirksamkeit von PALME. Offensichtlich profitierten aber in erster Linie ältere Mütter, die durch ihren ehemaligen Partner in der Kindererziehung unterstützt wurden. Zudem zeigte sich, dass Mütter, die zu Beginn signifikant schlechtere Werte (Depressivität, geringes psychisches Wohlbefinden, geringe Akzeptanz eigener Emotionen) aufwiesen, sich eher verbesserten als Mütter, denen es zu Beginn der PALME-Gruppen besser ging.

Obwohl statistisch nicht signifikant, sollte die Entwicklung der Werte von t2 nach t3 (in einigen Bereichen leichte Verschlechterung in der Interventionsgruppe, Verbesserung in der Kontrollgruppe) nicht ignoriert werden. Es ist durchaus möglich, dass der förderliche Aspekt der PALME-Gruppen nach einiger Zeit nachlässt, sobald der Alltag wieder allein bewältigt werden muss. Die Ergebnisse der vierten Befragung der Mütter ein Jahr nach Ablauf der PALME-Gruppen sprechen jedoch gegen diese Interpretation. Im Gegenteil, einige Verbesserungen stellten sich erst allmählich ein (s.o.), wobei es hier weiterer Untersuchungen bedarf, um diesen Befund zu bestätigen.

Die Wirksamkeit von PALME
Matthias Franz, Lonja Weihrauch und Stefan Haubold

Insgesamt lässt sich festhalten, dass PALME eine wirksame Intervention für die angestrebte Zielgruppe – mittelgradig belastete, alleinerziehende Mütter – darstellt, welche von den Müttern sehr gut angenommen wird und indirekt auch den Kindern zugute kommt. Im Vergleich zum Nutzen sind die Kosten gering: Selbst wenn nur bei einer einzigen Mutter durch die Teilnahme an einer PALME-Gruppe einem stationären Therapieaufenthalt vorgebeugt werden könnte, hätte sich eine PALME-Gruppe bereits gelohnt.

Näheres zur PALME-Schulung – die Ausbildung zur PALME-Gruppenleitung
Tanja Buddenberg und Matthias Franz

Um bei der Überprüfung der Wirksamkeit von PALME auch strengen wissenschaftlichen Ansprüchen zu genügen, haben wir vom PALME-Team bei der bisherigen Umsetzung des Programms auf eine umfassende Standardisierung des Programms Wert legen müssen, also unter anderem auf eine möglichst eng an den Vorgaben orientierte und einheitliche Umsetzung des PALME-Manuals in den von uns untersuchten PALME-Gruppen. Dabei ist zu bedenken, dass verschiedene Gruppen nie vollkommen gleichartig verlaufen können, denn die Dynamik einer Gruppe und das konkrete Gruppengeschehen werden zu einem guten Teil immer auch von der Persönlichkeit der Gruppenleiterinnen und Gruppenleiter, von der Persönlichkeit der Teilnehmerinnen und von anderen Faktoren abhängen. Damit sich hieraus keine systematischen Verzerrungen ergeben können, haben wir uns bei der Zuteilung der Teilnehmerinnen zu den verschiedenen Gruppen für die Methode der Randomisierung entschieden. Diese Zufallszuteilung ist zwar aufwändig, stellt jedoch den bestmöglichen Weg dar, um eventuelle Verfälschungen der Ergebnisse auszuschließen.

Nachdem wir der methodischen Pflicht – übrigens mit glänzenden Ergebnissen – Genüge getan haben, dürfen Sie davon ausgehen, dass eine von Ihnen geleitete PALME-Gruppe für die Teilnehmerinnen und ihre Kinder auch dann zu einem Erfolg wird, wenn Sie den Aspekt der Standardisierung weniger streng handhaben als wir dies bisher getan haben. Zwar ist eine genaue Analyse der Wirkfaktoren des Programms noch nicht abgeschlossen; es zeichnet sich jedoch bereits ab, dass der Erfolg des Programms auf vielen Säulen beruht. Ganz wesentlich ist, dass das zwanzig Sitzungen umfassende Programm den Teilnehmerinnen eine große Fülle wertvoller Informationen und Übungen bietet. Bei der Umsetzung des Programms kommt es deshalb nicht darauf an, dass Sie sich „Wort für Wort" an das Manual halten. So wird es z. B. die Qualität des Programms nicht beeinträchtigen, wenn Sie in Gruppensitzungen gelegentlich vom Handbuch abweichen, um dem akuten Anliegen einer Teilnehmerin mehr Raum zu geben oder um eine Übung zu vertiefen, die die Teilnehmerinnen als besonders wichtig erleben. Wir möchten Sie insofern ermutigen, sich bei der Umsetzung des Programms eine gewisse Flexibilität zu bewahren. Mit dieser Flexibilität werden Sie in der Lage sein, einerseits auch individuelle Bedürfnisse der Teilnehmerinnen bzw. der Gruppe zu berücksichtigen, andererseits aber nicht zu sehr von der Struktur des Manuals abzuweichen. Denn ohne die Halt gebende Struktur des Manuals, die den Teilnehmerinnen ein hohes Ausmaß an Sicherheit und Vorhersehbarkeit schenkt, riskieren Sie, dass die Gruppe vielleicht „ins Schwimmen gerät". Zudem ist die Reihenfolge der Themen des Programms und der einzelnen Gruppenabläufe sorgfältig durchdacht, so dass sich zu starke Abweichungen vom PALME-Manual auch aus diesem Grund nicht empfehlen.

An diesem Punkt denken Sie vielleicht: „Woher soll ich denn wissen, wie genau ich das am besten umsetzen soll? Reicht dafür das Manual?" – Sie werden sehen, dass das Manual Sie nicht nur theoretisch gut auf die einzelnen Sitzungen vorbereitet, sondern dass die Gruppenabläufe ausführlich und mit sehr praxisorientierten Handlungsanleitungen dargestellt werden. Dennoch möchten wir es nicht verheimlichen: Die Leitung einer Gruppe ist nicht immer nur eine bereichernde und leicht von der Hand gehende Erfahrung – auch anstrengende und herausfordernde Momente gehören dazu. Deshalb möchten wir Ihnen, wenn Sie sich ernsthaft mit dem Gedanken

Näheres zur PALME-Schulung – die Ausbildung zur PALME-Gruppenleitung

Tanja Buddenberg und Matthias Franz

tragen, den alleinerziehenden Müttern in Ihrer Einrichtung oder in Ihrer Kommune PALME-Gruppen anzubieten, eine zusätzliche Qualifizierungsmöglichkeit empfehlen, mit der Sie Ihre Sicherheit und Professionalität in der Gruppenleitung deutlich steigern können.

Speziell auf das PALME-Manual abgestimmt haben wir für angehende PALME-Gruppenleitungen eine dreitägige Schulungsveranstaltung entwickelt, die wir seit einigen Jahren mit großem Erfolg durchführen. Diese Schulungsveranstaltung hat neben der Vermittlung von Grundlagenwissen auch das praktische Einüben der einzelnen Sitzungen und Übungen zum Ziel. Zum Grundlagenwissen zählen wir neben allgemeinen Informationen über die Leitung von Gruppen (z. B. Vermittlung und Erprobung unterschiedlicher Gesprächstechniken, Gruppendynamik und Umgang mit schwierigen Situationen) auch ausführliche Informationen über die zentralen Konzepte, die dem PALME-Programm zu Grunde liegen. So werden Sie in der Schulung beispielsweise über aktuelle Entwicklungen in Bindungstheorie und Emotionsforschung in Kenntnis gesetzt. Dabei legen wir großen Wert auf die allgemein verständliche Vermittlung der zum Teil sehr komplexen Inhalte und beleuchten auch die Möglichkeiten ihrer praktischen Anwendung und Umsetzung in den erzieherischen Arbeitsalltag.

Genauso wichtig wie die unterschiedlichen Bausteine des Grundlagenwissens ist das praktische Einüben ausgewählter Übungen des PALME-Manuals. Methoden, die dabei zur Anwendung kommen, sind z. B. Rollenspiele, Einzelreflexionen, Phantasiereisen und Körperübungen. Teil des Schulungskonzeptes ist auch, dass wir gemeinsam mit den TeilnehmerInnen ausgewählte Sitzungen einüben und in ihrem kompletten Ablauf durchspielen. Hierdurch erleben Sie in sehr anschaulicher Weise, worauf es bei der Gestaltung der Gruppe und der Anleitung der Übungen ankommt. Nicht zuletzt trägt die Vielzahl der praktischen Übungen zum abwechslungsreichen und intensiven Charakter unserer Schulungsveranstaltung bei, in der auch die Besprechung von Fragen oder eventuell bestehenden Unsicherheiten genügend Raum erhält. Einen weiteren wichtigen Schwerpunkt bildet schließlich die themenzentrierte Selbsterfahrung, die den Abschluss der Schulung bildet und von einem Lehranalytiker durchgeführt wird. Die Schulung bereitet die TeilnehmerInnen somit optimal auf eine selbstständige Durchführung der Gruppen vor.

Um unsere Schulungen fortlaufend zu verbessern und um sie noch genauer auf die Bedürfnisse der TeilnehmerInnen abstimmen zu können, erbitten wir im Anschluss an jede Schulung von allen TeilnehmerInnen eine – natürlich anonymisierte – Evaluation der Schulung. Fast alle bisherigen Schulungsteilnehmer gaben bei dieser Gelegenheit beispielsweise an, dass sie vom speziellen Schulungskonzept rundum überzeugt gewesen seien (96,8 %) und sich sehr gut auf die Durchführung der Gruppen vorbereitet gefühlt hätten (96,8 %).

Inhalte der Schulung im Überblick

1. **Grundlagenwissen über Zielsetzungen des PALME-Programms**
   - Die Lebenssituation alleinerziehener Mütter
   - Bindungstheorie – Theorie und Praxis
   - Kindliche Emotionsentwicklung – Bedeutung der Affektspiegelung

Näheres zur PALME-Schulung – die Ausbildung zur PALME-Gruppenleitung
Tanja Buddenberg und Matthias Franz

2. **Grundlagenwissen über Durchführung von Gruppen**
   - Grundlagen der Gesprächführung
   - Gesprächstechniken
   - Gruppendynamische Prozesse

3. **Das PALME-Manual – Theoretische und praktische Einführung**
   - Vermittlung der theoretischen Hintergrundinformationen
   - Praktische Umsetzung der einzelnen Übungen

4. **Selbsterfahrung**
   - Abschließende fokussierte Selbsterfahrung (Gruppenlehranalytiker)

Der konkrete Schulungsablauf
Die PALME-Schulungen erfolgen unter der Leitung von Prof. Dr. Matthias Franz und werden von einem interdisziplinären Dozenten-Team gestaltet. Sie finden an drei aufeinanderfolgenden Tagen an jeweils circa sechs Zeitstunden statt. Die maximale Teilnehmerzahl beträgt 12 Personen, da so eine intensive praktische Umsetzung sichergestellt werden kann. Es besteht nicht die Notwendigkeit sich auf die Schulung vorzubereiten. Die ausführlich ausgearbeiteten Schulungsunterlagen werden allen TeilnehmerInnen ausgehändigt und dienen so auch während der Durchführung der Gruppen als hilfreiche Unterstützung.

Teilnahmevoraussetzungen
Die Schulung für die Qualifikation zur PALME-Gruppenleitung ist für alle gedacht, die in ihrem Arbeitsumfeld mit Alleinerziehenden und Kindern im Vorschulalter zu tun haben und die ein Elterntraining wie PALME erlernen möchten. Damit spricht die Schulung eine breite Zielgruppe an wie z. B.:
- ErzieherInnen, die in Kindertagesstätten oder Horteinrichtungen arbeiten
- SozialpädagogInnen, die in der Kinder- und Jugendhilfe arbeiten
- Alle, die mit drei- bis siebenjährigen Kindern aus Einelternfamilien arbeiten

InteressentInnen sollten mindestens 30 Jahre alt sein und über praktische Erfahrungen in der Arbeit mit Kindern und ihren Eltern verfügen. Zudem sollten grundlegende entwicklungspsychologische Kenntnisse bereits vorliegen. Nach Abschluss der Schulung erhalten die TeilnehmerInnen ein Teilnahmezertifikat.

Weitergehende Informationen über das PALME-Projekt erhalten Sie auf unserer Internetseite unter www.palme-elterntraining.de. Wenn Sie sich näher informieren oder für eine Schulung anmelden wollen, erreichen Sie uns zudem unter der folgenden Mail-Adresse: info@palme-elterntraining.de.

Aufbau des Manuals und der Arbeitsmaterialien

Alle 20 Gruppensitzungen von PALME sind inhaltlich klar strukturiert und folgen einem festen Ablaufschema. Damit Sie sich leicht im Manual zurechtfinden, gibt es oben rechts auf jeder Seite ein Kürzel, das sich aus einem Buchstaben und einer Zahl zusammensetzt. Die Zahl zeigt Ihnen jeweils an, um welche Gruppensitzung es sich handelt. Der Buchstabe verrät Ihnen, mit welchem Unterkapitel einer Sitzung Sie es zu tun haben:

„Ü" in der Kopfzeile bedeutet **„Übersicht"**. Sie informiert z. B. über Thema, Ziele und Arbeitsmaterialien der jeweiligen Stunde und erlaubt einen schnellen Überblick über den gesamten Ablauf der Gruppensitzung.

„T" steht für **„Theoretische Einführung"**. Auf diesen Seiten wird das jeweilige Sitzungsthema für die Gruppenleitung theoretisch aufbereitet. Die Texte dienen einer fundierten Vorbereitung auf die einzelnen Sitzungsthemen, sollten also vor der jeweiligen Sitzung sorgfältig gelesen werden.

Daran schließt sich in jeder Sitzung ein mit **„I"** gekennzeichneter Text an, das **„Infoblatt für Mütter"**. Diese Texte vermitteln ähnliche Inhalte wie die „Theoretischen Einführungen", jedoch in einer deutlich alltagsnäheren Sprache und unter noch stärkerer Berücksichtigung der konkreten Lebenssituation alleinerziehender Mütter. Die Texte sind als **Kopiervorlagen** gedacht und deshalb in identischer Form auch auf der beiliegenden CD enthalten. Sie sind vor jeder Sitzung in entsprechender Anzahl auszudrucken und können dann in den Sitzungen an die Teilnehmerinnen verteilt werden. Am Ende der PALME-Sitzungen verfügen die Mütter dann über einen kleinen Sammelband mit den für sie wichtigen und interessanten PALME-Themen.

„G" steht für **„Gruppenablauf"**. Auf den entsprechenden Seiten wird für die Gruppenleitung detailliert dargestellt, welche Inhalte in welcher Form die jeweilige Gruppensitzung gestalten. Dieses feste, auch zeitlich abgestimmte Gerüst erlaubt trotz seiner hohen Strukturierung eine flexible Gestaltung der jeweiligen Gruppensitzung, wenn es einmal erforderlich ist. Denn in einigen Fällen wird es nicht möglich sein, den Gruppenablauf so wie im Manual beschrieben durchzuführen. Zum Beispiel werden einzelne Mütter in schwierigen Krisensituationen auch einmal einen besonderen Gesprächsbedarf haben. Wir empfehlen, diesem Gesprächsbedarf fünf bis zehn Minuten stattzugeben, dann aber wieder auf den strukturierten Gruppenablauf zurückzukommen. Auch für die Gruppenabläufe gilt, dass sich die Gruppenleiterinnen und Gruppenleiter vor jeder Stunde die einzelnen Inhalte gut aneignen sollten.

In einigen Sitzungen bieten wir Ihnen zusätzliches **„Didaktisches Material"**. Diese Blätter sind mit dem Kürzel **„D"** (z. B. „D7") gekennzeichnet. Auch diese Abschnitte des Manuals sind auf der beiliegenden CD enthalten und dienen als **Kopiervorlage**. Kopieren Sie also auch diese Unterlagen vor der jeweiligen Gruppensitzung entsprechend der Teilnehmerzahl.

Auf den mit **„W"** gekennzeichneten Blättern ist schließlich die jeweilige **„Wochenübung"** dargestellt, also eine Hausaufgabe für die Gruppenteilnehmerinnen. Die Wochenübungen sind auf die Sitzungsthemen abgestimmte Übungen, die häufig auch die Kinder der Teilnehmerinnen einbeziehen. Auch hier handelt es sich wieder um **Kopiervorlagen**.

Aufbau des Manuals und der Arbeitsmaterialien

Abgesehen vom Manual und den Unterlagen für die Teilnehmerinnen benötigen Sie für die Durchführung des Programms in vielen Sitzungen weitere Materialien. Hierbei handelt es sich in aller Regel um verschiedene „Schreibwerkzeuge" (z. B. eine Flipchart, Filzstifte, Kugelschreiber, Karteikarten und Haftklebezettel für Notizen). In einigen Sitzungen brauchen Sie zudem weiteres Zubehör. Zwar finden sich auch vor jeder Übung des PALME-Programms Angaben über die jeweils erforderlichen Materialien. Zu Ihrer besseren Planung soll jedoch bereits an dieser Stelle ein Überblick über die benötigten Materialien erfolgen. Im Einzelnen handelt es sich dabei um:

- einen Wurfgegenstand (Sitzung 7)
- einen Karton zum Aufbewahren von Trennungssymbolen (Sitzung 12)
- eine Auswahl von Duftproben (Sitzung 19)
- einen Briefumschlag je Teilnehmerin (Sitzung 20)

Wenn Sie sich für eine genauere Erfassung der Effekte in Ihrer PALME-Gruppe interessieren, dann empfehlen wir Ihnen, die Teilnehmerinnen vor Beginn und nach Abschluss des Gruppenprogramms zwei kurze Testverfahren ausfüllen zu lassen. Zum einen ist dies die ADS (Allgemeine Depressionsskala, von M. Hautzinger und M. Bailer), die zur Erfassung des Ausmaßes der Depressivität einer Person dient. Zum anderen ist dies der SDQ (Strengths and Difficulties Questionnaire, deutsche Version für Eltern von H. Klasen et al.), der eine Einschätzung von kindlichen Stärken und Verhaltensauffälligkeiten aus elterlicher Sicht ermöglicht. Beide Verfahren nehmen nur wenige Minuten Bearbeitungszeit in Anspruch. Nähere Informationen zum Bezug der ADS erhalten Sie unter www.testzentrale.de, nähere Informationen zum Bezug des SDQ erhalten Sie unter sdqinfo.com. Für Unterstützung bei der Auswertung der Testverfahren stehen wir vom PALME-Team Ihnen gern zur Verfügung.

Modul I: Emotionale Selbstwahrnehmung

Jörn Güttgemanns und Matthias Franz

Modul I Sitzung 1: Übersicht — Ü1

Thema	Einführung und Kennenlernen
Fragen	• Was ist PALME und was kann ich von PALME erwarten?
Ziele	• Vorstellung und gegenseitiges Kennenlernen • Aufbau realistischer Erwartungen an das Programm • Klärung von Fragen
Ablauf	1. Kurze Vorstellung der Gruppenleiter und Anwesenheitsbogen 2. Vorstellung von Sitzungsthema und Sitzungsablauf 3. Zusammenfassung der Information I1 „Die Lebenssituation alleinerziehender Mütter" 4. Zusammenfassung der Information I1 „Wichtige Fragen zum PALME-Programm" 5. Zusammenfassung der Information I1 „Gruppenregeln"; Einverständniserklärung der Teilnehmerinnen 6. Übungen: • Übung 1, Paar: „Gegenseitiges Kennenlernen der Teilnehmerinnen" • Übung 2, Großgruppe: „Meine Erwartungen und Befürchtungen im Hinblick auf das PALME-Programm" 7. Erläuterung der Wochenübung W1 „Werbung für mein Kind, das PALME-Kind
Arbeitsmaterial Gruppenleiter	• Theoretische Einführung T1 „Warum ist PALME für alleinerziehende Mütter wichtig?" • Anleitung zum Gruppenablauf G1 • Anwesenheitsbogen A1 • Erklärung der Teilnehmerinnen über Teilnahmebedingungen und Schweigepflicht
Arbeitsmaterial Mütter	• Infoblatt I1 • Arbeitsblatt zur Wochenübung W1

Modul I Sitzung 1: Theoretische Einführung   T1

Warum ist PALME für alleinerziehende Mütter wichtig?

Die wachsende Gruppe der Alleinerziehenden in Deutschland (von 2,5 Millionen Alleinerziehenden sind 1,8 Millionen Mütter mit 2,5 Millionen Kindern unter 18 Jahren) ist psychosozial überdurchschnittlich belastet. Neben einem stark erhöhten Armutsrisiko stellen psychosomatische und psychische Beschwerden – vor allem Depressivität – gesundheitliche Risiken für viele alleinerziehende Mütter dar. Aus dieser Situation ergeben sich auch für die betroffenen Kinder erhöhte Risiken für die Entwicklung von Verhaltensauffälligkeiten, Schulleistungsstörungen und psychischen Beeinträchtigungen.

Zahlreiche wissenschaftliche Untersuchungen belegen, dass die Gruppe der Alleinerziehenden psychosozial überdurchschnittlich belastet ist. Neben einem stark erhöhten Armutsrisiko stellen psychosomatische und psychische Beschwerden – vor allem Depressivität – gesundheitliche Risiken für viele alleinerziehende Mütter dar. Aus dieser Situation ergeben sich auch für die betroffenen Kinder erhöhte Risiken für die Entwicklung von Verhaltensauffälligkeiten, Schulleistungsstörungen und psychischen Beeinträchtigungen.

An dieser Stelle setzt PALME an. Es handelt sich um ein **Gruppenprogramm auf bindungstheoretischer und psychodynamisch-interaktioneller Grundlage**, das unter Leitung von Prof. Franz an der Heinrich-Heine-Universität in Düsseldorf entwickelt wurde. PALME zielt darauf ab, mittelgradig depressiv beeinträchtigte alleinerziehende Mütter in der Bewältigung ihrer Lebenssituation zu unterstützen und ihnen zu helfen, die Mehrfachbelastung, der ihre Kinder ausgesetzt sind (Trennung der Eltern, Veränderung durch Kindergartenbesuch), auszugleichen. Durch die Bearbeitung emotionaler Beziehungskonflikte sollen die **intuitiven Elternkompetenzen (Affektwahrnehmung, Feinfühligkeit dem Kind gegenüber)** alleinerziehender Mütter sowie die **Qualität der Mutter-Kind-Beziehung** und damit die **Entwicklungschancen der Kinder** verbessert werden.

Ein derartiges, speziell auf die Lebenssituation und Probleme alleinerziehender Mütter und deren Kinder abgestimmtes Programm existiert in Deutschland im Bereich der Früherziehung bzw. der Kindertagesstätten bislang nicht. Insofern stellt PALME etwas Neues dar. In wissenschaftlichen Vorstudien konnten die positiven Effekte auf die Mutter-Kind-Beziehung belegt werden.

Die Lebenssituation alleinerziehender Mütter

Zahlreiche Studien belegen ein **stark erhöhtes Armutsrisiko** in dieser Gruppe (z. B. verfügen Alleinerziehenden-Haushalte im Durchschnitt nur über 64 % des mittleren Haushaltseinkommens von Zwei-Eltern-Haushalten). Ein erniedrigter Sozialstatus wiederum ist stark mit ungleich verteilten Gesundheitschancen verknüpft. Armut, soziale Randständigkeit und beeinträchtigte Qualifikationsmöglichkeiten sind bei Alleinerziehenden deutlich häufiger als bei verheirateten Müttern.

Studien zur gesundheitlichen Situation alleinerziehender Mütter belegen **generell ein erhöhtes Risiko für körperliche und psychische Erkrankungen**. Dies gilt auch in

Modul I Sitzung 1: Theoretische Einführung   T1

Ländern mit unterschiedlichen Sozialleistungen. Im Vergleich mit Müttern, die in einer Partnerschaft lebten, fand man beispielsweise in einer großen schwedischen Stichprobe über einen Zeitraum von fünf Jahren ein deutlich erhöhtes Mortalitätsrisiko für alleinerziehende Mütter (vor allem für Todesfälle durch Suizid, im Zusammenhang mit Verletzungen und Vergiftungen sowie im Zusammenhang mit Alkoholproblemen), auch nach Berücksichtigung anderer möglicherweise damit zusammenhängender Variablen wie Alter, Sozialstatus und vorbestehenden Erkrankungen.

Studien aus Großbritannien zeigen, dass alleinerziehende Mütter im Vergleich zu verheirateten Frauen trotz zwischenzeitlicher politischer und ökonomischer Veränderungen zeitstabil in stärkerem Maße gesundheitlich beeinträchtigt sind. In Großbritannien und Schweden fand man einen etwa gleich großen Unterschied in der Selbsteinschätzung der Gesundheitssituation und im Auftreten von chronischen Erkrankungen bei alleinerziehenden im Vergleich zu verheirateten Müttern, obwohl die sozialpolitischen Rahmenbedingungen in beiden Ländern sehr unterschiedlich sind (in England leben etwa 58 % der Alleinerziehenden in Armut, in Schweden nur ungefähr 10 %). Dies spricht dafür, dass neben dem sozioökonomischen Status auch andere Faktoren das Erkrankungsrisiko Alleinerziehender beeinflussen.

Eine **erhöhte Beeinträchtigung durch Depressivität** bei Alleinerziehenden im Vergleich zu Verheirateten wurde in kulturell und wirtschaftlich sehr unterschiedlichen Ländern wie Kanada, den USA, Großbritannien, China, Puerto Rico und Deutschland gefunden. Dies gilt auch dann noch, wenn man den Sozialstatus und das Ausmaß psychosozialer Ressourcen berücksichtigt. D. h. Alleinerziehende mit geringen finanziellen Mitteln und wenig sozialer Unterstützung sind beispielsweise zu einem höheren Anteil depressiv als Verheiratete mit vergleichbar geringem Sozialstatus und ebenso wenig sozialem Rückhalt.

Auch in der Düsseldorfer Alleinerziehenden-Studie war die Depressivität bei den alleinerziehenden Müttern im Vergleich zur Kontrollgruppe der verheirateten Mütter bedeutsam erhöht. Besonders hohe Belastungswerte zeigten vor allem alleinerziehende Mütter ohne weitere Unterstützungsperson für ihr Kind, jüngere sowie finanziell sehr schwache alleinerziehende Mütter.

In internationalen Studien wurde bei alleinerziehenden Müttern zudem ein **erhöhtes Risiko für Suchterkrankungen** wie Alkoholmissbrauch oder Nikotinabhängigkeit festgestellt. So ist z. B. der Anteil rauchender Mütter bei Alleinerziehenden ungefähr doppelt so hoch wie bei nicht alleinerziehenden Müttern. Insbesondere die jüngeren, schlechter ausgebildeten und ärmeren alleinerziehenden Mütter sind betroffen.

Trotz der gesicherten Erkenntnis der im Mittel stärkeren gesundheitlichen Beeinträchtigung Alleinerziehender ist die Frage nach den **bedingenden Faktoren** erst teilweise geklärt – denn natürlich sind bei weitem nicht alle alleinerziehenden Mütter von starken Gesundheitsbeschwerden betroffen. Man weiß also noch nicht abschliessend, welche speziellen Merkmale bei alleinerziehenden Müttern mit einer höheren Wahrscheinlichkeit zu gesundheitlichen Beeinträchtigungen führen bzw. umgekehrt, welche Merkmale eher eine schützende Funktion besitzen. Gesichert sind bisher die Risikofaktoren „Ausmaß der Konflikte mit dem anderen Elternteil" und „Verhaltensauffälligkeiten der Kinder". Eine bessere Ausbildung, ein gesichertes

Modul I Sitzung 1: Theoretische Einführung   T1

Arbeitsverhältnis sowie zufriedenstellende soziale Beziehungen können hingegen als Faktoren angesehen werden, die mit weniger Depressivität und besserem Wohlbefinden zusammenhängen. Funktionierende und emotional unterstützende soziale Netze sind für alleinerziehende Mütter also zur Bewältigung der geschilderten Mehrfachbelastungen von besonderer Wichtigkeit. Auch vor diesem Hintergrund erscheint der Ansatz von PALME erfolgsversprechend. Durch das regelmäßige Zusammentreffen mit anderen Betroffenen wird das wahrgenommene Ausmaß sozialer Unterstützung vermutlich deutlich erhöht.

Folgen für die Kinder

Aufgrund der Mehrfachbelastungen sind alleinerziehende Mütter in ihrer Zuwendungsfähigkeit nicht selten beeinträchtigt und berichten über ein chronisches Gefühl der Überforderung. Dies kann sich negativ auf die Entwicklung, das Wohlbefinden und das Verhalten betroffener Kinder bis in das Erwachsenenalter auswirken.

Vorliegende Untersuchungen erlauben insgesamt den Schluss, dass Einflüsse, die Mütter in ihrer mütterlichen Fürsorge und Bindungsfähigkeit bzw. Bindungsbereitschaft beeinträchtigen, zu einem erhöhten gesundheitlichen Entwicklungsrisiko des Kindes beitragen können. Von besonderer Bedeutung erscheint dabei die erhöhte Depressivität alleinerziehender Mütter aus psychosomatischer und **bindungstheoretischer Sicht**, da sie mit einer beeinträchtigten Versorgung der Kinder einhergehen kann.

Zahlreiche Studien belegen eine bei depressiven Müttern herabgesetzte Qualität elterlicher Einfühlung und Zuwendung. Depressive Störungen gehen außerdem mit einem verringerten Interesse an sozialer Interaktion und einer reduzierten Wahrnehmung emotional positiver Reize einher, was z. B. auch für das Erkennen emotional positiver Mimik gilt. Das intuitive elterliche Einfühlungsvermögen, das für eine zuverlässige und angemessene Stressregulation des Kindes durch die Mutter (und damit auch für seine Gehirnentwicklung) sehr bedeutsam ist, ist bei depressiven Müttern häufig beeinträchtigt. Eine stärker ausgeprägte mütterliche Depressivität wirkt sich folglich einschränkend aus auf elterliche Zuwendungsfunktionen wie die Wahrnehmung von und Einfühlung in kindliche Bedürftigkeitssignale. **Emotionale Wahrnehmungsfähigkeit** und **Bindungssicherheit** der Mutter stellen aber entscheidende Einflussfaktoren für die seelische Entwicklung des Kindes dar.

Die negativen Folgewirkungen einer Trennung der Eltern auf die Kinder variieren je nach Alter der Kinder. In einer Studie mit dreijährigen **Kleinkindern** wurden z. B. Kinder aus Zwei-Eltern-Familien hinsichtlich ihrer geistigen und sozialen Fähigkeiten sowie hinsichtlich Bindungssicherheit und Problemverhalten deutlich besser eingeschätzt als Kinder alleinerziehender Mütter.

Im **Vorschulalter** von fünf bis sechs Jahren ging erhöhte Depressivität alleinerziehender Mütter mit Verhaltensauffälligkeiten ihrer Kinder einher.

Im **Schulalter** zeigen sich vergleichbare Ergebnisse. Kinder alleinerziehender Mütter wiesen häufiger eine beeinträchtigte soziale Entwicklung, psychische Verhaltensauf-

 Modul I Sitzung 1: Theoretische Einführung T1

fälligkeiten und eher schwache Schulleistungen als Kinder aus Zwei-Eltern-Familien auf.

Bei **Jugendlichen und jungen Erwachsenen** aus Ein-Eltern-Familien fand man in verschiedenen groß angelegten Untersuchungen ebenfalls Belege für negative Langzeitwirkungen auf von elterlicher Trennung betroffene Kinder. Diese erreichten die schlechteren Bildungsabschlüsse und damit niedrigere Einkommen. Ihre Partnerbeziehungen schilderten sie als instabiler und konfliktreicher und sie waren selbst von einer erhöhten Scheidungsrate betroffen. Ihre Beziehungen zu den Eltern waren belasteter und ihre allgemeine Lebenszufriedenheit war geringer als die von Erwachsenen, die als Kinder in Zwei-Eltern-Familien aufgewachsen waren.

In Langzeitstudien bis ins **Erwachsenenalter** wurden wiederum ein höheres eigenes Scheidungsrisiko und eine verringerte Lebenszufriedenheit bei Scheidungskindern beschrieben. In einer Untersuchung konnte man ferner zeigen, dass elterliche Trennung zu einem erhöhten Risiko für depressive Erkrankungen im späteren Leben beiträgt. In einer Längsschnittstudie an über 1.000 Erwachsenen bestand nach elterlicher Trennung noch nach Jahrzehnten ein erhöhtes Depressionsrisiko bei den betroffenen Kindern, auch wenn die Mutter erneut geheiratet hatte. Besonders war dies bei starken elterlichen Trennungskonflikten der Fall.

Interventionsmöglichkeiten

Angesichts der Befundlage und der hohen Anzahl betroffener Kinder kann der Forschungsstand zu Präventionsprogrammen für alleinerziehende Mütter bislang nicht zufrieden stellen. Trotz der erhöhten psychischen Beeinträchtigung alleinerziehender Mütter und ihrer Kinder wurden bisher kaum Unterstützungsprogramme speziell für diese Zielgruppe entwickelt. Lediglich eine Analyse von 20 Studien zu Eltern-Trainingsprogrammen liegt vor. Hierbei zeigten sich positive Effekte auf die Depressivität der Mütter. Für einige dieser Programme wurden zudem positive Auswirkungen auch auf die Kinder (Alter: 0-3 Jahre) nachgewiesen. Für den deutschen Sprachraum lässt sich zusammenfassend sagen, dass Programme speziell für alleinerziehende Mütter bislang nicht vorliegen. Dies gilt trotz des offensichtlich hohen Bedarfs, den der vorliegende Text aufzuzeigen versucht hat.

Insgesamt besteht damit in Deutschland ein dringender Bedarf an Präventionsangeboten für die zunehmend größer werdende Zielgruppe psychosozial belasteter alleinerziehender Mütter. Wir gehen deshalb davon aus, dass ein Programm wie PALME über die Stärkung mütterlicher Erziehungskompetenzen und damit über eine Verbesserung der Beziehungsqualität zwischen Mutter und Kind einen deutlichen Beitrag zur Verbesserung der Lebenssituation alleinerziehender Mütter und ihrer Kinder leisten wird.

 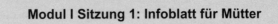

Modul I Sitzung 1: Infoblatt für Mütter   **I1**

Die Lebenssituation alleinerziehender Mütter

In Deutschland leben über 2 Millionen Alleinerziehende mit Kindern unter 18 Jahren, davon sind über 80 % Mütter. Insgesamt wachsen damit ca. 20 % aller Kinder in einer Ein-Eltern-Familie auf. Die wirtschaftliche Lage von alleinerziehenden Müttern ist meist durch ein geringes Einkommen gekennzeichnet. Ein-Eltern-Haushalte sind von allen Haushaltstypen am stärksten von Armut betroffen. Die finanziellen Begrenzungen beeinträchtigen den Lebensstandard, die Möglichkeiten zu sozialen Kontakten und häufig auch die Wohnsituation. Nicht selten gehen diese Umstände mit einem sozialen Rückzug und Gefühlen von Einsamkeit und Überforderung einher. Eine schlechte wirtschaftliche Lage ist wiederum mit erhöhten Risiken für die Gesundheit verbunden. So belegen Studien eine erhöhte Beeinträchtigung Alleinerziehender beispielsweise durch körperliche Stresssymptome und Niedergeschlagenheit sowie ein erhöhtes Risiko für Alkoholmissbrauch oder Nikotinabhängigkeit. Zudem erleben viele Alleinerziehende ihre Situation im Bereich der Kindererziehung als erschwert, da sich die Erziehungsanforderungen auf weniger Schultern verteilen als in Zwei-Eltern-Famillien.

Trotz der gerade beschriebenen Herausforderungen und Belastungen, die Alleinerziehende zu bewältigen haben, meistert ein Großteil der alleinerziehenden Mütter die an sie gestellten Anforderungen gut. Oft bestehen zwar in einzelnen Lebensbereichen (z. B. im finanziellen Bereich) Probleme, in anderen Bereichen (etwa im Freundeskreis oder in der Entwicklung von mehr Selbstständigkeit) hingegen läuft es deutlich besser.

Zu bedenken ist dabei allerdings, dass sich manchmal aus Schwierigkeiten in einzelnen Lebensbereichen „Teufelskreise" ergeben können, in denen sich die einzelnen Probleme gegenseitig verstärken. So können z. B. finanzielle Probleme so belastend sein, dass man sich vor lauter Sorgen insgesamt eher unausgeglichen fühlt und dann z. B. auch mit den Kindern weniger geduldig umgeht und keine Lust mehr dazu hat soziale Kontakte zu pflegen. Auf diese Weise kann sich manchmal eine Abwärtsspirale in Gang setzen, die eventuell dazu führt, dass sich die Schwierigkeiten nicht mehr nur auf einzelne Lebensbereiche erstrecken, sondern dass man sich insgesamt überfordert und unzufrieden fühlt.

Zudem besteht bei Alleinerziehenden ein gewisses Risiko dafür, dass sie unter der Vielzahl der von ihnen zu bewältigenden Anforderungen in ihrer Fürsorge und Zuwendung den Kindern gegenüber beeinträchtigt sein können. Eine solche Überforderung kann sich dann auch negativ auf die Entwicklung, das Wohlbefinden und das Verhalten der betroffenen Kinder auswirken.

Nimmt man all diese Überlegungen zusammen, dann erscheint es sehr sinnvoll etwas zu unternehmen, um mögliche negative Folgen sowohl für die Alleinerziehenden als auch für deren Kinder zu verhindern bzw. abzumildern. PALME möchte hierzu gerne einen Beitrag leisten.

Modul I Sitzung 1: Infoblatt für Mütter   I1

Wichtige Fragen zum PALME-Programm

Vielleicht sind Ihnen einige der folgenden Informationen zu PALME schon bekannt, aber an dieser Stelle finden Sie die wichtigsten Informationen rund um das Programm noch einmal im Überblick:

- **Wofür steht PALME?**
  PALME ist die Abkürzung für „**P**räventives **E**lterntraining für **al**leinerziehende **M**ütter geleitet von **E**rzieherinnen und Erziehern".

- **Was sind die Hauptanliegen von PALME?**
  Das Programm ist vor allem auf drei Ziele ausgerichtet. Es möchte die Beziehung zwischen Ihnen und Ihrem Kind stützen, es legt besonders viel Wert auf den emotionalen Austausch zwischen Ihnen und Ihrem Kind und es soll Sie in Ihrer Elternrolle stärken und unterstützen.

- **Wie lange dauert das Programm?**
  Vorgesehen sind 20 Sitzungen. Die Sitzungen dauern 90 Minuten und finden einmal in der Woche statt.

- **An wen wendet sich PALME?**
  Wie der ausgeschriebene Name schon verrät, wendet sich PALME speziell an alleinerziehende Mütter, deren Kind eine Kindertagesstätte besucht.

- **Wer leitet die PALME-Gruppen?**
  Die Gruppen werden von je einer Erzieherin und einem Erzieher geleitet, die in der Regel in Kindertagesstätten tätig sind. Alle Gruppenleiter sind in dem Programm besonders geschult.

- **Welche Inhalte erwarten mich denn im Einzelnen?**
  Die genauen Inhalte der einzelnen Sitzungen werden jeweils zu Beginn der Treffen besprochen und dann ausführlich bearbeitet. Die Grundstruktur des Programms soll aber jetzt schon kurz vorgestellt werden.

Das Programm gliedert sich in vier Einheiten, die als **Module** bezeichnet werden. Die Module haben unterschiedliche Schwerpunkte:

In **Modul I** (Sitzungen 1 bis 5) soll es vor allem um Ihre Selbstwahrnehmung gehen, d. h. Sie werden sich wahrscheinlich selbst ein Stück besser kennen lernen und vielleicht auch neue Seiten an sich entdecken.

Das **Modul II** (Sitzungen 6 bis 9) nimmt verstärkt die Situation Ihres Kindes in den Blick und zielt besonders auf ein einfühlsames Verständnis für die Bedürfnisse und Gefühle Ihres Kindes ab.

In **Modul III** (Sitzungen 10 bis 14) wird der Blick noch weiter und berücksichtigt die Gesamtsituation Ihrer Familie, also z. B. auch die Rolle des Vaters Ihres Kindes.

Modul I Sitzung 1: Infoblatt für Mütter I1

In **Modul IV** (Sitzungen 15 bis 20) wird es um das Erproben und Einüben von neuen Lösungen für verschiedene Alltagsprobleme gehen. Sie werden z. B. lernen, wie Sie besser mit Konflikten umgehen können und wie Sie Ihren Alltag entspannter und genussvoller gestalten können.

- **Wie läuft eine typische Sitzung bei PALME ab?**
  Alle Sitzungen von PALME folgen einem ähnlichen Muster. So erwartet Sie stets eine Mischung aus Informationen und Übungen. Am Ende jeder Sitzung werden Sie zudem eine „Hausaufgabe" erhalten, die Sie in der Woche zwischen den Sitzungen durchführen.

Modul I Sitzung 1: Infoblatt für Mütter   **I1**

Gruppenregeln

Damit PALME gut funktioniert und Sie alle von der Gruppe möglichst viel mitnehmen, müssen einige Regeln vereinbart werden:

1. Regelmäßige und pünktliche Teilnahme

Es ist wichtig, dass Sie regelmäßig an allen Sitzungen teilnehmen und pünktlich erscheinen. Wenn Sie z. B. aus Krankheitsgründen ausnahmsweise einmal verhindert sein sollten, müssen Sie sich vorher bei einem der Gruppenleiter entschuldigen. Der Grund hierfür ist, dass unentschuldigtes Fehlen bei den übrigen Gruppenteilnehmerinnen Sorge auslöst und dass ein verspätetes Erscheinen den Gruppenablauf stört. Nicht zuletzt vermitteln Sie allen anderen in der Gruppe durch Ihre zuverlässige Teilnahme Ihre Wertschätzung – und das ist ein ganz wichtiger Teil von PALME.

2. Schweigepflicht

Um eine vertrauensvolle Atmosphäre zu schaffen ist es notwendig, dass Sie alles, was Sie in der Gruppe über die anderen Teilnehmerinnen erfahren, für sich behalten. Wenn sich alle gegenseitig darauf verlassen können, dass die Schweigepflicht eingehalten wird, fällt es leichter die eigenen Gedanken und Gefühle freimütig zu äußern – und darauf kommt es an! Die strenge Beachtung dieser Regel dokumentieren alle Teilnehmerinnen zudem durch das Unterschreiben einer Schweigepflichterklärung.

3. Offenheit

Sie werden wahrscheinlich die Erfahrung machen, dass Sie hier in der Gruppe besonders gute Fortschritte erzielen, wenn Sie einfach „Sie selbst sind". Es geht also nicht darum den anderen vorzuspielen, wie toll man alles im Griff hat, wenn das nicht stimmt. Alle von Ihnen nehmen an PALME teil, weil es in manchen Lebensbereichen Schwierigkeiten gibt und alle von Ihnen wollen lernen, wie Sie zukünftig besser mit diesen Schwierigkeiten umgehen können. Das geht dann besonders gut, wenn man offen und echt über sich selbst spricht.

4. Eigene Grenzen beachten

Auch wenn Offenheit in den Sitzungen grundsätzlich erwünscht ist, besteht natürlich kein Zwang dazu, alles von sich preiszugeben bzw. auch das, was man lieber für sich behalten möchte. Achten Sie also auch darauf, was Ihnen gut tut und wann es Ihnen vielleicht zuviel wird.

 **Modul I Sitzung 1: Infoblatt für Mütter** I1

5. Gegenseitige Wertschätzung

Gehen Sie wertschätzend und verständnisvoll mit sich und den anderen Gruppenteilnehmerinnen um! Dazu gehört z. B., dass Sie sich in den Sitzungen gegenseitig ausreden lassen und anderen nicht ins Wort fallen. Zudem sollten Sie sich mit Bewertungen anderer Teilnehmerinnen zurückhalten. Sachliche Kritik ist erlaubt, persönliche oder gar verletzende Kritik hingegen hat mit Wertschätzung nichts zu tun. In den Sitzungen soll jeder die Möglichkeit haben sich angstfrei einzubringen und das kann nur bei einem verständnisvollen Umgang miteinander gelingen.

6. Was tun, wenn es Ihnen nicht gut geht?

Wenn Sie merken, dass es Ihnen während einer Sitzung aus welchen Gründen auch immer einmal nicht gut geht oder Sie dem Programm nicht mehr folgen können, dann ist es sinnvoll dies der übrigen Gruppe und vor allem der Gruppenleitung mitzuteilen. So kann man gemeinsam überlegen, was Ihnen in dem Moment helfen könnte.

Und nun viel Freude und Erfolg für Sie in der PALME-Gruppe!

Modul I Sitzung 1: Gruppenablauf   **G1**

Kurze Vorstellung der Gruppenleiter und Anwesenheitsbogen

Stellen Sie sich den Teilnehmerinnen zunächst kurz als Person vor. Nennen Sie beispielsweise Alter, Beruf, Arbeitgeber, Familienstand und Kinderzahl. Wenn Sie mögen, können Sie auch davon berichten, warum Sie sich für die Teilnahme an der PALME-Gruppe entschieden haben und welches Interesse Sie an dem Projekt haben.

Sie sollten sich zudem auch in Ihrer Funktion als PALME-Gruppenleiter vorstellen, den Teilnehmerinnen also erklären, worin Ihre Aufgaben bestehen werden – Sie führen durch die Sitzungen, stellen sichere Rahmenbedingungen und Schutz für die Teilnehmerinnen her und sorgen dafür die Arbeitsfähigkeit der Gruppe herzustellen und zu erhalten.

Im Anschluss an Ihre Vorstellung überprüfen Sie bitte die vollständige Anwesenheit aller Teilnehmerinnen anhand des Anwesenheitsbogens. Lassen Sie dazu auch den Anwesenheitsbogen herumgehen, auf dem sich alle Teilnehmerinnen mit Namen und Telefonnummern eintragen. Für die folgenden Sitzungen gibt es jeweils separate Anwesenheitsbogen, auf denen aber nicht jedes Mal gesondert die Telefonnummern eingetragen werden müssen.

Vorstellung von Sitzungsthema und Sitzungsablauf

Verwenden Sie die Übersicht Ü1, um den Teilnehmerinnen einen kurzen Überblick über das Programm der heutigen Sitzung zu geben.

Zusammenfassung der Information I1 „Die Lebenssituation alleinerziehender Mütter" durch die Gruppenleitung

Verteilen Sie an die Teilnehmerinnen die Unterlagen für die heutige Sitzung und referieren Sie anschließend die zentralen Inhalte der ersten Seite. Hierzu sollten Sie sich vor der Sitzung mit diesem Text und mit dem Text T1 vertraut gemacht haben. Wie ausführlich Sie die Einführung gestalten und welche Inhalte Sie besonders hervorheben wollen, bleibt Ihnen überlassen. Bieten Sie den Teilnehmerinnen zudem die Gelegenheit zu Rückfragen und empfehlen Sie den Müttern den Text zu Hause noch einmal gründlich zu lesen.

Teilen Sie den Müttern mit, dass sie von jetzt an zu jeder Gruppensitzung Informationsblätter zum Sammeln, Lesen und Nacharbeiten erhalten. Diese können gesammelt und in einem PALME-Ordner abgeheftet werden. Hilfreich ist es zudem, wenn die Teilnehmerinnen sich ein Notizheft anlegen, in dem sie im Verlauf des Pro-

Modul I Sitzung 1: Gruppenablauf   **G1**

gramms Dinge festhalten können, die sie beschäftigt haben und die nicht in Vergessenheit geraten sollen. So ein Notizheft ist auch nützlich, wenn die Teilnehmerinnen nach einer Sitzung feststellen, dass sie zum folgenden Termin etwas ansprechen wollen, das ihnen noch auf dem Herzen liegt.

Zusammenfassung der Information I1 „Wichtige Fragen zum PALME-Programm" durch die Gruppenleitung

Besprechen Sie mit den Teilnehmerinnen anschließend die nächste Seite der Unterlagen, die Sie verteilt haben. Hierzu sollten Sie sich vor der Sitzung auch mit diesem Text vertraut gemacht haben. Bieten Sie den Teilnehmerinnen zudem die Gelegenheit zu Rückfragen bzw. zur Klärung von Fragen, die der Text nicht behandelt.

Zusammenfassung der Information I1 „Gruppenregeln" durch die Gruppenleitung; Einverständniserklärung der Teilnehmerinnen

Der „Vortragsteil" der ersten Sitzung endet mit der Besprechung der Gruppenregeln.

Ergänzend zur ersten Regel („Regelmäßige und pünktliche Teilnahme") sollten Sie klären, unter welcher Rufnummer sich Teilnehmerinnen im Krankheitsfall (oder bei sonstigen wichtigen Gründen, die die Teilnahme an einer Sitzung verhindern) vorab entschuldigen können.

Nach der Besprechung der Regeln und der Klärung damit verbundener Rückfragen verteilen Sie bitte die „Erklärung der Teilnehmerinnen". Durch ihre Unterschrift verpflichten sich die Teilnehmerinnen zum **Einhalten der Gruppenregeln**, wozu ganz entscheidend das **Einhalten der Schweigepflicht** gehört, das heißt absolutes Stillschweigen nach außen hin über alles, was man in der Gruppe von anderen erfährt.

Sammeln Sie anschließend die unterschriebenen Formulare wieder ein.

Modul I Sitzung 1: Gruppenablauf   G1

Übung 1: Gegenseitiges Kennenlernen der Teilnehmerinnen

Material	Es wird kein gesondertes Material benötigt.
Methode	Dialog und wechselseitige Vorstellung
Form	Paarübung
Ziel	Kennenlernen der Mütter untereinander
Zeit	Ca. 15-20 Minuten

Vorgehensweise/Anleitung:

- Laden Sie die Mütter dazu ein sich zu Paaren zusammen zu tun – am besten mit einer Teilnehmerin, die sie noch nicht oder nur wenig kennen.

- In den Zweiergruppen erzählt jede Mutter ihrer Partnerin wie sie heißt, was sie macht, wer zu ihrer Familie gehört und wie sie lebt. Weiterhin sollten beide sich über ihre persönlichen Schwierigkeiten als Alleinerziehende austauschen. (Es sollen jedoch noch keine Lösungen diskutiert werden.) Insgesamt sollten die Teilnehmerinnen in dieser Übung darauf achten nur solche Inhalte zu erzählen, die die Übungspartnerin anschließend an die Großgruppe weitergeben darf. Während der Übung gehen Gruppenleiterin und Gruppenleiter von Paar zu Paar und helfen, wenn nötig.

- Nach 3-4 Minuten werden die Rollen getauscht.

- Auf Zeichen der Gruppenleitung (nach etwa 6-8 Minuten) kommt die Gesamtgruppe wieder zusammen.

- Jede Mutter berichtet nun reihum, was sie über ihre jeweilige Partnerin erfahren hat. (Hier besteht die Möglichkeit, dass man sich hinter die Mutter stellt, die man vorstellt.)

- Manche Mütter könnten befürchten, dass sie etwas von dem Gehörten vergessen oder falsch wiedergeben. Geben Sie deshalb den Hinweis, dass die vorgestellte Mutter auch Hilfestellung geben darf.

- Zu Beginn ist es wichtig, die zweifellos vorhandenen Ängste nicht noch zu verstärken, sondern im Gegenteil möglichst zu reduzieren und ein warmes Gruppenklima herzustellen (z. B. mit humorvollen „Regieanweisungen").

Modul I Sitzung 1: Gruppenablauf   **G1**

- Die zeitliche Dauer dieser Vorstellungsrunde nicht zu sehr dehnen, sondern eher kurz halten.

  Regel auch für das restliche Training:
  Zeiten für Übungen im Zweifelsfall eher zu kurz als zu lang halten.

Übung 2: „Meine Erwartungen und Befürchtungen im Hinblick auf das PALME-Programm"

Material	Gelbe und blaue Klebezettel, Flipchart, Filzschreiber
Methode	Reflexion und Diskussion
Form	Einzelarbeit, Zusammenfassung in der Gruppe
Ziel	Erwartungen und Befürchtungen der Mütter im Hinblick auf PALME eruieren Reduzieren unrealistischer Erwartungen und Sorgen
Zeit	Ca. 15-20 Minuten

Vorgehensweise/Anleitung:

Die Gruppenleitung verteilt an jede Mutter drei gelbe Klebezettel zum Notieren ihrer Erwartungen und drei blaue Klebezettel zum Notieren ihrer Befürchtungen im Hinblick auf das PALME-Programm.

Leitfragen zu den **Erwartungen** könnten z. B. sein:

- Was war Ihr persönlicher Grund für den Wunsch an PALME teilzunehmen?
- Was erhoffen Sie sich von PALME?
- Welche Wünsche haben Sie an PALME?
- Was möchten Sie hier erreichen? Welche Ziele haben Sie?

Und zu den **Befürchtungen**:

- Welche Befürchtungen haben Sie hinsichtlich der Gruppe? Haben Sie Angst vor etwas?

Modul I Sitzung 1: Gruppenablauf **G1**

- Was sollte Ihrer Meinung nach in der Gruppe auf keinen Fall passieren?

Wenn die Mütter mit ihren Notizen fertig sind (ca. 5 Minuten Bearbeitungszeit), sammeln die Gruppenleiter die Karten ein und ordnen sie auf der Flipchart an.

Doppelte Inhalte können dabei aussortiert werden, ähnliche Aspekte lassen sich dicht beieinander anordnen. Es kann auch angemessen sein, wiederholt auftauchende Inhalte nicht auszusortieren, sondern sogar intensiver auf sie einzugehen, da es sich hierbei wahrscheinlich um besonders wichtige Erwartungen und Befürchtungen handelt. Die Gruppenleiter sollten sich dabei einfühlsam auf die Karten beziehen, insbesondere bezüglich der Befürchtungen lassen sich bestehende Erwartungsängste gegebenenfalls reduzieren. In jedem Fall sollte die offene Äußerung von Ängsten und Unsicherheiten positiv kommentiert werden als Vertrauenssignal an die Gruppe.

Kündigen Sie zum Abschluss der Übung zudem an, dass Sie die Notizen der Teilnehmerinnen bis zum Ende des Programms aufbewahren werden. In der letzten Sitzung werden Sie sich dann nochmals gemeinsam mit den anfänglichen Erwartungen und Befürchtungen auseinandersetzen, um sie mit dem tatsächlichen Verlauf des Programms vergleichen zu können.

Erläuterung der Wochenübung W1 „Werbung für mein Kind, das PALME-Kind"

Die Gruppenleitung verteilt die Arbeitsunterlagen für die Wochenübung an die Teilnehmerinnen. Die Wochenübung wird anschließend kurz vorbesprochen, wobei auch Gelegenheit zu Rückfragen bestehen sollte.

Teilen Sie den Teilnehmerinnen zudem mit, dass sie ausgefüllte Arbeitsblätter und sonstige Übungsergebnisse aus den unterschiedlichen Wochenübungen immer zur folgenden Sitzung mitbringen sollen.

Modul I Sitzung 1 Wochenübung   **W1**

Arbeitsblatt zur Wochenübung W1 „Werbung für mein Kind, das PALME-Kind"

Material: Für diese Wochenübung wird kein gesondertes Material benötigt.

Zeitbedarf: Täglich wenige Minuten sowie einmalig ca. 15 bis 20 Minuten zum Abschluss der Übung.

Sinn der Übung: Häufig denkt man eher über Dinge nach, die einem nicht so gut gefallen, z. B. auch über Verhaltensweisen seines Kindes, die man ärgerlich findet oder die einem auf die Nerven gehen. Darüber vergisst man leicht die schönen Seiten, z. B. was das eigene Kind zu einem einzigartigen und liebenswerten Menschen macht, der von Ihrer Liebe abhängig ist. Diese Übung soll Ihren Blick auf die positiven Merkmale Ihres Kindes lenken und Ihr Kind in der Gruppe bekannt machen. Sie können Ihrem Kind übrigens ruhig erklären, dass Sie in eine Gruppe mit anderen alleinerziehenden Müttern gehen, um besser mit der gemeinsamen Lebenssituation zurechtzukommen. Wählen Sie dazu Worte, die Ihr Kind verstehen kann.

Übungsanleitung: Stellen Sie sich vor, Sie würden eine Werbeanzeige für Ihr PALME-Kind entwerfen (keine Sorge, Sie sollen es nicht verkaufen!). Dazu müssten Sie natürlich die Vorzüge und positiven Eigenschaften, die Ihr Kind ausmachen, beschreiben und zusammentragen. Tragen Sie hierfür jeden Tag bis zur nächsten PALME-Gruppe in die Liste auf der folgenden Seite ein, was Ihnen besonders an Ihrem Kind gefallen hat.

Nachdem Sie einige Tage auf diese Weise die Stärken Ihres Kindes herausgestellt haben, wird es Ihnen sicherlich nicht schwer fallen, Reklame für Ihr Kind zu machen. Wählen Sie dazu die positiven Eigenschaften Ihres Kindes aus, die Ihnen in den vorangegangenen Tagen besonders aufgefallen sind, und notieren Sie diese auf dem Arbeitsblatt auf der übernächsten Seite. Wenn Sie Lust haben, können Sie die „Anzeige" mit einigen gestalterischen Mitteln ein wenig persönlicher gestalten, z. B. durch die Verwendung unterschiedlicher Schriften und Farben. Vielleicht möchten Sie neben dem „Werbetext" auch eine Fotografie Ihres Kindes verwenden?

Übrigens sollen Sie die mehrtägige aufmerksame Begleitung Ihres Kindes und die Ideensammlung auch durchführen, wenn Sie eigentlich schon am ersten Tag mühelos die „Anzeige" schreiben könnten. Und scheuen Sie sich nicht, wenn Sie befürchten Ihr Kind ein bisschen zu sehr anzupreisen oder Dinge zu notieren, die einem auf den ersten Blick selbstverständlich erscheinen.

Achten Sie bei der Bearbeitung dieser Aufgabe auf die Gefühle und Erinnerungen, die durch die intensive beobachtende und gedankliche Beschäftigung mit Ihrem Kind in Ihnen geweckt werden und bringen Sie das Arbeitsblatt bitte zur nächsten Stunde mit.

Noch eine kleine Anregung: Falls Sie mehrere Kinder haben und Lust dazu haben, können Sie natürlich auch eine „Anzeigenserie" erstellen, indem Sie die Arbeitsunterlagen fotokopieren und für jedes Ihrer Kinder eine eigene Seite erstellen.

Modul I Sitzung 1 Wochenübung   W1

Wochentag	Heute fand ich an meinem Kind besonders schön:

 **Modul I Sitzung 1 Wochenübung**   **W1**

ANZEIGE

Ich präsentiere: _____

- Platz für ein Foto -

 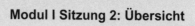

Modul I Sitzung 2: Übersicht — Ü2

Thema	Sinn und Gefahren sozialer Rollen
Fragen	• Welche Rollenerwartungen werden an mich gestellt? • Wer soll ich sein? • Wie geht es mir persönlich mit diesen Erwartungen? • Wer will ich sein?
Ziele	• Erkennen und Benennen von Rollenzuschreibungen und Rollenerwartungen in den Bereichen Familie, Beruf und Freizeit • Förderung von Selbstwahrnehmung

Ablauf	1. Blitzlicht und Anwesenheitsbogen
	2. Bearbeitung der Wochenübung W1 „Werbung für mein Kind, das PALME-Kind"
	3. Vorstellung von Sitzungsthema und Sitzungsablauf
	4. Zusammenfassung der Information I2 „Sinn und Gefahren von Rollen und Rollenidealen"
	5. Übungen:
	  • Übung 1, Großgruppe: Brainstorming „Wer sollen wir sein?"
	  • Übung 2, Kleingruppe: „Rollenerwartungen in verschiedenen Lebensbereichen"
	  • Übung 3, Einzel: „Rollenerwartungen – wer will ich sein?"
	6. Erläuterung der Wochenübung W2 „Mein Körperbild"

Arbeitsmaterial Gruppenleiter	• Theoretische Einführung T2 „Sinn und Gefahren von Rollen und Rollenidealen" • Anleitung zum Gruppenablauf G2 • Anwesenheitsbogen A2
Arbeitsmaterial Mütter	• Infoblatt I2 • Arbeitsblatt zur Wochenübung W2
Didaktisches Material	• Arbeitsblatt „Persönliche Rollenerwartungen"

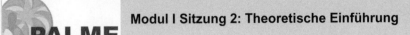

Modul I Sitzung 2: Theoretische Einführung   T2

Sinn und Gefahren von Rollen und Rollenidealen

Der amerikanische Soziologe Erwin Goffman hat einmal **soziale Rollen** mit Theaterrollen verglichen: Zu den verschiedenen Rollen, die jeder Mensch in seinem beruflichen wie privaten Alltag einnimmt, gehören genau wie im Theater eine Reihe weiterer Aspekte. So bringen nicht nur Theaterrollen in der Regel ein festgelegtes Ausdrucksrepertoire, ein Bühnenbild und Requisiten mit sich, sondern auch soziale Rollen sind gekennzeichnet durch mehr oder weniger verbindliche Verhaltensweisen, die unsere Umwelt von uns erwartet, sowie durch bestimmte räumliche Kontexte mit entsprechendem „Zubehör" (wie z. B. Büro, Supermarkt oder Küche). Fast überall dürfte gelten, dass die Erwartungen des Publikums die Gestaltung der Rolle begrenzen.

Der wissenschaftliche Begriff „soziale Rolle" wurde erst 1936 von Ralph Linton in die Soziologie eingeführt. Unter sozialer Rolle wird allgemein die Aufgabe oder die Funktion verstanden, die eine Person im gesellschaftlichen Leben wahrnimmt. Diese Aufgabe oder Funktion wird durch Verhaltensnormen definiert, die die Gesellschaft ausgehandelt bzw. festgelegt hat. Soziale Rollen sind somit zum Teil sogar gesetzlich geregelte **normative Erwartungen**, die an Menschen hinsichtlich ihrer gesellschaftlichen Aufgaben oder Funktionen gestellt werden.

Rollen erleichtern das Zusammenleben, denn sie geben Orientierung und weisen Menschen bestimmte Plätze innerhalb ihrer Bezugsgruppe zu. In einem Kaufhaus voller Menschen ist es z. B. sehr praktisch, dass es Menschen gibt, die dort die Rolle der „Verkäuferin" bekleiden. Wir müssen dadurch nicht jedes Mal, wenn wir etwas einkaufen wollen, überlegen, wie wir das überhaupt anstellen und an wen wir uns wenden sollen oder wie diese Verkäuferin reagieren wird, wenn wir sie fragen, ob es den Pullover noch in unserer Größe gibt. Ähnlich verhält es sich in vielen anderen Lebensbereichen – die Welt wird einfach ein ganzes Stück übersichtlicher und vorhersehbarer, wenn es gesellschaftliche Übereinkünfte darüber gibt, wie sich Menschen in bestimmten Positionen und Situationen zu verhalten haben.

Andererseits können Rollen aber auch einengend sein und fast zu einem Käfig werden, in den man sich eingesperrt fühlt. Dies passiert vor allem, wenn man sehr viele Rollen gleichzeitig ausfüllen muss oder die Erfordernisse, die sich aus den einzelnen Rollen ergeben, sehr unterschiedlich sind. Ist die Verkäuferin aus dem Kaufhaus beispielsweise „nebenbei" auch noch alleinerziehende Mutter, dann sind Unvereinbarkeiten zwischen den beiden Rollen leicht vorstellbar. Die Rolle als Verkäuferin verlangt von ihr flexibel in den Arbeitszeiten und immer freundlich zu den Kunden zu sein. Lange Arbeitszeiten vertragen sich jedoch oft nicht gut mit den Bedürfnissen der Familie. Kommen noch eigene hohe Leistungsansprüche der Rolleninhaberin hinzu, erwartet sie also von sich sowohl im Beruf als auch im Haushalt und bei der Familie stets Überdurchschnittliches, dann besteht auf Dauer die Gefahr der Überforderung und Erschöpfung.

Bestimmte soziale Rollen wie z. B. „Frau" oder „Mutter" sind auf Grund ihrer großen Bedeutung geschichtlich und kulturell für die gesamte Gesellschaft weitgehend festgelegt. Daneben existieren auch sozialdifferenzierte Rollen, z. B. „Kindergärtnerin" oder „Sekretärin", ferner gibt es situationsbezogene Rollen (etwa „Autofahrerin" oder

Modul I Sitzung 2: Theoretische Einführung   T2

„Augenzeugin") sowie biosoziologische Rollen (beispielsweise „die Dicke" oder „die Blonde"). In aller Regel haben Menschen in ihrem privaten wie beruflichen Leben stets mehrere verschiedene Rollen gleichzeitig inne. Wie schon oben dargestellt, können daraus Schwierigkeiten in Form von Rollenkonflikten entstehen, etwa bei fehlender Vereinbarkeit der Rollen „Mutter" und „berufstätige Frau".

Wie wir uns in unserer Rolle verhalten, wird durch unterschiedliche Aspekte beeinflusst. Zum einen beeinflussen uns **„legitime" bzw. berechtigte Normen**. Diese umfassen nach allgemeiner Meinung berechtigte bzw. gerechtfertigte Erwartungen darüber, wie ein Rolleninhaber sich in seiner Rolle zu verhalten hat. So gibt es beispielsweise für die soziale Rolle „Mutter" die Erwartung, dass eine Mutter sich ausreichend gut um ihr Kind kümmern sollte. Daneben gibt es jedoch auch eine Reihe von (eigenen und fremden) Rollenerwartungen, die nicht berechtigt sind. Eine solche **unberechtigte Rollenerwartung** ist bezogen auf die Rolle „Mutter" beispielsweise die Vorstellung, dass eine gute Mutter immer und möglichst hundertprozentig für ihr Kind da sein muss oder dass sie ohne Rücksicht auf ihre eigene Belastungsgrenze allein die ganze Verantwortung für den Erfolg der Erziehung ihres Kindes trägt.

Abgesehen von berechtigten und unberechtigten Verhaltenserwartungen bestimmen noch andere Faktoren unser Rollenhandeln. Im Falle zu starker Abweichungen von den Rollenerwartungen greifen gesellschaftliche Maßnahmen (bis hin zu juristischen Konsequenzen, wenn z. B. eine Mutter ihre Rolle vollkommen vernachlässigt), die auf den Rolleninhaber zurückwirken und sein Rollenhandeln beeinflussen.

Wichtig am Konzept der sozialen Rolle ist, dass das Erleben und Verhalten eines Rolleninhabers (z. B. einer Mutter) maßgeblich von den entsprechenden gesellschaftlichen Normen mitbestimmt wird. Solche gesellschaftlichen Normen sind jedoch weder für sich genommen „wahr" noch sind sie immer begründet, sondern sie beruhen auf **gesellschaftlichen Vereinbarungen**. Gesellschaftliche Normen werden in der Regel unbewusst verinnerlicht und bestimmen auch dadurch das eigene Handeln in einer Rolle.

Hervorzuheben ist, dass gerade gesamtkulturelle Rollen wie die der „Mutter" im Alltag oft als selbstverständlich definiert gelten und zunächst einmal nicht bewusst sind. Daher ist es wichtig, die oft impliziten (d. h. nicht ausdrücklich ausgesprochenen) Rollenerwartungen, die ein Mensch an sich selbst hat, und auch die Rollenerwartungen, die von der Gesellschaft gestellt werden, zu reflektieren und damit bewusst zu machen. Dadurch lässt sich allmählich eine individuell angemessene Distanz zu pauschalen Idealforderungen entwickeln, die auch die Erfordernisse unterschiedlicher situativer Bedingungen und individueller Lebensumstände berücksichtigt.

Gerade Alleinerziehende sehen sich mit einer Vielzahl von Rollenanforderungen konfrontiert, da sie viel häufiger als verheiratete Mütter voll berufstätig sind. In der Veröffentlichung „Frauen in Deutschland 2006" berichtet das Statistische Bundesamt beispielsweise, dass alleinerziehende Mütter im Durchschnitt täglich eindreiviertel Stunden länger erwerbstätig sind als Mütter, die sich Beruf und Familie mit einem Partner teilen. Die Mehrfachbelastung, die hieraus entsteht, kann auf Dauer sehr anstrengend und schwer zu bewältigen sein, vor allem, wenn eventuell auch noch eigene hohe Leistungsansprüche bei der Mutter bestehen. Diese Sitzung des PALME-

 **Modul I Sitzung 2: Theoretische Einführung T2**

Programms soll deshalb für die Mütter auch ein Schritt dahin sein, sich von ungerechtfertigten Rollenanforderungen und Rollenidealen zu befreien. Niemand schafft es stets allen Rollenanforderungen gerecht zu werden und das ist auch gar nicht nötig – warum sollten für Alleinerziehende also andere Maßstäbe gelten?

Modul I Sitzung 2: Infoblatt für Mütter

Sinn und Gefahren von Rollen und Rollenidealen

Jeder Mensch hat im Alltag, im Beruf und in der Familie verschiedene Rollen inne. Damit ist gemeint, dass er bestimmte Aufgaben übernimmt oder Funktionen erfüllt, die von einer Gruppe oder der Gesellschaft über so genannte **Normen** festgelegt worden sind. Auch Mutterschaft ist insofern eine Rolle, da jede Gruppe und Gesellschaft über bestimmte Normen und Vorstellungen verfügt, wie sich eine Mutter „im Durchschnitt", also den geltenden Normen entsprechend, zu verhalten hat.

Der Begriff Rolle ist durchaus in gewollter Weise dem Theater entlehnt. Auch in einem Theaterstück gibt es mehr oder weniger stark vorgegebene Rollen, die von Schauspielern übernommen und ausgestaltet werden. Dabei helfen den Schauspielern bestimmte Rollenvorgaben wie Regieanweisungen und festgelegte Texte. Ferner gibt es Requisiten, eine Bühne und das Publikum, das mit Beifall oder Buhrufen reagieren kann. Insofern sind Rollen etwas sehr Praktisches, denn nicht nur im Theater erleichtern sie den Umgang miteinander, geben Orientierung und weisen Menschen bestimmte Plätze innerhalb von Gruppen zu. In einem Kaufhaus voller Menschen ist es z. B. sinnvoll, dass es Menschen gibt, die dort die Rolle der „Verkäuferin" bekleiden. Wir müssen dadurch nicht jedes Mal, wenn wir etwas einkaufen wollen, überlegen, wie wir das überhaupt anstellen und an wen wir uns wenden sollen oder wie die Verkäuferin reagieren wird, wenn wir sie fragen, ob es den Pullover noch in unserer Größe gibt. Ähnlich verhält es sich in vielen anderen Lebensbereichen – die Welt wird einfach ein ganzes Stück übersichtlicher und vorhersehbarer, wenn es von vielen Menschen geteilte Regeln dafür gibt, wie sich Menschen in bestimmten Rollen, Situationen und Lebenslagen zu verhalten haben.

Wie eingangs schon festgestellt, „spielen" bzw. erfüllen Menschen im wirklichen Leben im Unterschied zum Theater meist **mehrere Rollen gleichzeitig**, haben etwa die Mutterrolle inne, sind aber gleichzeitig auch Tochter, vielleicht noch Schwester, Freundin, berufstätige Frau usw. Für all diese Rollen bestehen unterschiedliche gesellschaftliche Erwartungen und Normvorstellungen. Und wie im Theater können die Rolleninhaber, die ihre Rollen in besonders gelungener Weise ausfüllen, mit dem Wohlwollen des Publikums, mit Aufmerksamkeit und **Anerkennung** rechnen. Schauspieler und allgemein Rolleninhaber, die die an sie gestellten Erwartungen weniger gut erfüllen, erfahren hingegen Kritik und treffen eher auf **Ablehnung**.

Am Beispiel der Mutterrolle lässt sich dies noch einmal gut verdeutlichen: Mütter, die den entsprechenden gesellschaftlichen Normen entsprechen, erfahren in der Regel Anerkennung und Wertschätzung von ihrer Umwelt. Entsprechen sie hingegen nicht den geltenden Normen, sind sie Vorwürfen und Kritik in Form von feindseliger Behandlung durch andere Mütter, Nachbarschaftstratsch usw. ausgesetzt. Viele Menschen haben z. B. immer noch das Rollenverständnis, dass Mütter in einem ehelichen Verhältnis leben sollten. Mütter, die dieser Vorstellung nicht entsprechen, also alleinerziehende Mütter oder Mütter, die mit dem Vater ihres Kindes nicht verheiratet sind, haben bei diesen Menschen ein eher schlechtes Ansehen. Die für die Betroffenen oft sehr belastende Kritik durch andere Menschen übt einen starken Druck aus, so dass man versucht sich möglichst gemäß den Rollenanforderungen zu verhalten, um Kritik und Ablehnung zu entgehen.

Modul I Sitzung 2: Infoblatt für Mütter   **I2**

An dieser Stelle kann man gut die Nachteile erkennen, die ebenfalls mit Rollen verbunden sein können. Rollen können nämlich auch einengend sein und fast zu einem Käfig werden, in den man sich eingesperrt fühlt. Das passiert vor allem, wenn man sehr viele Rollen gleichzeitig ausfüllen muss oder wenn die Erfordernisse, die sich aus den einzelnen Rollen ergeben, sehr unterschiedlich sind. Ist die Verkäuferin aus dem Kaufhaus beispielsweise „nebenbei" auch noch alleinerziehende Mutter, dann sind Konflikte zwischen den beiden Rollen leicht vorstellbar. Die Rolle als Verkäuferin verlangt von ihr flexibel in den Arbeitszeiten und immer freundlich zu den Kunden zu sein. Lange Arbeitszeiten vertragen sich jedoch oft nicht gut mit den Bedürfnissen der Familie. Kommen noch eigene hohe Leistungsansprüche der Rolleninhaberin hinzu, erwartet sie also von sich sowohl im Beruf als auch im Haushalt und bei der Familie stets überdurchschnittliche Leistungen, dann besteht auf Dauer die Gefahr der Überforderung und Erschöpfung.

Rollen können zudem auch dann so etwas sein wie ein Käfig oder eine Hexenbotschaft, die man gar nicht bewusst bemerkt, wenn das, was andere von einem oder das, was man selbst von sich in der jeweiligen Rolle erwartet, nicht zum eigenen Leben passt oder es einfach zu schwierig zu erfüllen ist. Hier ist es gut über die Ansprüche, die andere an einen stellen oder die man selbst an sich stellt, einmal in Ruhe nachzudenken. Also etwa: **„Möchte ich mein Leben vor allem nach den Erwartungen anderer Menschen ausrichten? Oder möchte ich stärker selbst über mein Leben bestimmen? Fülle ich die Rolle nicht auch dann noch gut genug aus, wenn ich ‚nur' zum überwiegenden Teil und vielleicht nicht immer perfekt den Ansprüchen genüge? Oder muss ich das wirklich jederzeit schaffen? Weiß ich nicht selbst am besten, wie ich mich in meiner Rolle verhalten möchte?"** Dann erkennt man z. B., dass es für einen selbst sehr stimmig und sogar absolut notwendig sein kann sich von einem Partner zu trennen – auch wenn die Gesellschaft oder Teile der Gesellschaft noch immer der Ansicht sind, dass zur Rolle der Ehefrau vor allem gehört sich um Mann und Kinder zu kümmern und eigene Bedürfnisse eher zurückzustellen. Allerdings wird auch eine vollkommen gerechtfertigt erscheinende Trennung für die Betroffenen oft im Konflikt mit Ängsten vor negativer Bewertung oder mit **Schuldgefühlen** stehen, weil dem eigenen Kind dann keine „vollständige" Familie mehr geboten wird oder sich die finanziellen Verhältnisse verschlechtern werden.

Die Grundlagen solcher Schuldgefühle können u. a. in eigenen Rollenerwartungen liegen, die immer auch beeinflusst sind von den Rollenerwartungen unserer Umwelt und unserer eigenen Eltern. Ein Beispiel hierfür wäre die Vorstellung, dass man nur dann eine gute Mutter ist, wenn man dafür sorgt, dass sein Kind mit Mutter und Vater gemeinsam aufwächst. Es ist wichtig sich solche Rollenvorstellungen bewusst zu machen, denn dies erlaubt einem eher zu erkennen, dass diese Vorstellungen zwar grundsätzlich oft zutreffen, aber für das eigene Leben eventuell nicht (mehr) passend sind.

Sich der vielen (oft unausgesprochenen) Rollenvorstellungen und ihrer Ursprünge bewusst zu werden, kann deshalb einen Beitrag dazu leisten mit eventuell vorhandenen Schuldgefühlen anders umzugehen bzw. der Entstehung von unangemessen starken Schuldgefühlen entgegenzuwirken. Obwohl soziale Rollenerwartungen unser Handeln im Alltag ganz maßgeblich beeinflussen, sind sie uns also häufig nicht be-

Modul I Sitzung 2: Infoblatt für Mütter   I2

wusst. Dies dürfte auch daran liegen, dass sie von sehr vielen Menschen geteilt und deshalb als gegeben hingenommen werden, so dass man erst mal auf die Idee kommen muss, dass die in unserer Gesellschaft bestehenden Rollenanforderungen und Rollenideale durchaus für jeden Einzelnen zu hinterfragen sind. Dass viele Menschen die von außen an sie herangetragenen Rollenanforderungen bzw. die zu einem früheren Zeitpunkt aufgebauten Rollenideale für sich nicht mehr hinterfragen (und dadurch zum Teil überfordert sind), macht die Rollenvorschriften für jeden Einzelnen nicht unbedingt „richtiger" oder „besser".

Modul I Sitzung 2: Gruppenablauf   **G2**

Blitzlicht und Anwesenheitsbogen

Wie kommen Sie heute hier an? Wie geht es Ihnen?

Bearbeitung der Wochenübung W1 „Werbung für mein Kind, das PALME-Kind"

Sie sollten sich vorstellen, Sie würden eine Werbeanzeige für Ihr Kind entwerfen und dabei die Vorzüge und wunderbaren Eigenschaften Ihres Kindes beschreiben und zusammentragen. Der Sinn dieser Übung bestand darin den Blick für positive Eigenschaften Ihres Kindes zu schärfen, denn über all die kleinen Unstimmigkeiten und Ärgernisse des Alltags vergisst man viel zu leicht die schönen und besonderen Merkmale anderer Menschen. Und auch wenn unsere Gruppe sich an Sie wendet, also die Mütter, wollen wir durch diese Übung gleich zu Beginn auch Ihr Kind zum Teil der Gruppe werden lassen.

Ihre Aufgabe bestand darin, täglich das aufzuschreiben, was Ihnen besonders an Ihrem Kind gefallen hat und schließlich eine Auswahl davon in Form einer „Werbeanzeige" festzuhalten.

Zusätzlich sollten Sie auf die Gefühle achten, die durch die Beschäftigung mit Ihrem Kind in Ihnen geweckt wurden.

Wie ist es Ihnen mit dieser Aufgabe ergangen?
Wer möchte darüber berichten, was ihm an seinem Kind in der letzten Woche Schönes aufgefallen ist und uns sein Arbeitsblatt vorstellen?

Die Teilnehmerinnen sollten hierzu ihre „Anzeigenentwürfe" jeweils an der Flipchart befestigen und der Gruppe dann kurz ihre Notizen erläutern, so dass am Ende der Hausaufgabenbesprechung alle Blätter aushängen. Am Ende der Sitzung nehmen die Teilnehmerinnen ihre Arbeitsblätter wieder mit nach Hause.

Bieten Sie den Teilnehmerinnen nach Besprechung der Wochenübung zudem die Möglichkeit, noch offen gebliebene Fragen zum Infoteil I1 zu klären.

Vorstellung von Sitzungsthema und Sitzungsablauf

Verwenden Sie die Übersicht Ü2, um den Teilnehmerinnen einen kurzen Überblick über das Programm der heutigen Sitzung zu geben.

Modul I Sitzung 2: Gruppenablauf   **G2**

Zusammenfassung der Information I2 „Sinn und Gefahren von Rollen und Rollenidealen" durch die Gruppenleitung

Verteilen Sie nun an die Teilnehmerinnen die schriftlichen Unterlagen zur heutigen Sitzung und referieren Sie dann die zentralen Inhalte des Infoblatts I2. Hierzu sollten Sie sich vor der Sitzung mit diesem Text und mit dem Text T2 vertraut gemacht haben. Wie ausführlich Sie die Präsentation gestalten und welche Inhalte Sie besonders hervorheben wollen, bleibt Ihnen überlassen. Bieten Sie den Teilnehmerinnen zudem die Gelegenheit zu Rückfragen und empfehlen Sie den Müttern den Text zu Hause noch einmal gründlich zu lesen.

Übung 1: „Wer sollen wir sein?"

Material	Flipchart
Methode	Brainstorming
Form	Großgruppe
Ziel	Anleitung zur und Förderung von Selbstwahrnehmung
Zeit	Ca. 10-15 Minuten

Vorgehensweise/Anleitung:

- Bitte bearbeiten Sie folgende Fragen in Form eines Brainstormings an der Flipchart:

    1. Welche Rollenerwartungen werden an Sie gestellt?
    2. Welche Rollenerwartungen werden speziell als alleinerziehende Mutter an Sie gerichtet?
    3. Woher kommen diese Rollenerwartungen eigentlich?
    4. Wie geht es Ihnen persönlich mit diesen Rollenerwartungen?
    5. Wer sollen Sie sein?

Modul I Sitzung 2: Gruppenablauf   **G2**

- Die Gruppenleitung moderiert die Diskussion in einer Weise, die den Austausch und die Informationssammlung anregt. Zudem achtet sie darauf, dass mit Bewertungen sehr zurückhaltend umgegangen wird. Zentrale Punkte des Gesprächs sollten an der Flipchart festgehalten werden.

- Besonders sensibel sollten die Gruppenleiter auf Aspekte der Überforderung im Zusammenhang mit äußeren Rollenerwartungen und inneren Rollenidealen eingehen. Relevant wird dies z. B. wenn eine Teilnehmerin bei der Besprechung von Frage 4 andeutet, dass sie sich durch die an sie gestellten Rollenerwartungen sehr gefordert fühlt, sich aber aus Gewissensgründen nicht dazu in der Lage sieht sich von einigen dieser Erwartungen zu distanzieren. Dann empfiehlt es sich diese Teilnehmerin zu entlasten und sie dazu zu ermuntern sich zumindest auf die Suche nach Teilbereichen zu begeben, in denen sie etwas Verantwortung abgeben könnte.

Übung 2: „Rollenerwartungen in verschiedenen Lebensbereichen"

Material	Papier und Stifte
Methode	Austausch, Diskussion
Form	Kleingruppe
Ziel	Erkennen und Benennen von Rollenzuschreibungen und Rollenerwartungen in den Bereichen Familie, Beruf und Freizeit
Zeit	Ca. 15-20 Minuten

Vorgehensweise/Anleitung:

- Für diese Übung werden drei Kleingruppen benötigt, in denen die Teilnehmerinnen jeweils unterschiedliche Fragestellungen diskutieren sollen. Bitten Sie deshalb die Teilnehmerinnen sich auf drei Kleingruppen aufzuteilen.

- Die zu diskutierenden Fragestellungen lauten im Einzelnen

- Für Gruppe A: Welchen Erwartungen soll ich in der **Familie** entsprechen?

- Für Gruppe B: Welchen Erwartungen soll ich im **Beruf** entsprechen? (Auch

Modul I Sitzung 2: Gruppenablauf   **G2**

Teilnehmerinnen, die zur Zeit keine Arbeitsstelle innehaben, können sich hier einbringen, indem sie z. B. diskutieren, welche Erwartungen der Arbeitsmarkt an sie stellt oder welchen Anforderungen sie gegenüber der Agentur für Arbeit genügen müssen.)

- Für Gruppe C: Welchen Erwartungen soll ich in der **Freizeit** entsprechen?
- Am Ende der Diskussion sollen die Teilnehmerinnen ihre Ergebnisse schriftlich festhalten. Zum Abschluss der Übung kehren alle wieder in die Großgruppe zurück, in der die Ergebnisse aus den Kleingruppen vorgestellt und gemeinsam besprochen werden.

Übung 3: „Rollenerwartungen – wer will ich sein?"

Material	Arbeitsblatt D 2, Filzschreiber, evtl. Flipchart
Methode	Reflexion
Form	Einzelarbeit
Ziel	Bewusste Reflektion persönlicher Rollenzuschreibungen und Rollenerwartungen
Zeit	Ca. 10-15 Minuten

Vorgehensweise/Anleitung:

- In dieser Übung sollen sich die Mütter in einer Einzelarbeit mit den bislang zusammengetragenen Rollenzuschreibungen und Rollenerwartungen vertiefend auseinandersetzen.

- Hierfür sollen die Teilnehmerinnen zunächst die in den vorangegangenen Übungen gesammelten Erwartungen bewusst reflektieren. Dabei kann es hilfreich sein, wenn die Kleingruppenergebnisse aus Übung 2 kurz auf einer Flipchart festgehalten werden. Leiten Sie die Teilnehmerinnen dazu an, diese Erwartungen zunächst auf sich wirken zu lassen. Verteilen Sie dann an jede Teilnehmerin das didaktische Arbeitsblatt und einen Filzschreiber und regen Sie die Mütter dazu an, sich in Ruhe zu überlegen, welche Anforderungen sie annehmen möchten und von welchen sie sich eher distanzieren möchten. Dabei können Sie folgende Leitfragen stellen:

- Wie wollen Sie sein? Welchen Rollenerwartungen möchten Sie nachkommen?

 **Modul I Sitzung 2: Gruppenablauf**   **G2**

Welche sind Ihnen wichtig? Welche sind gut für Sie?

- Welche Rollenerwartungen gefallen Ihnen nicht? Welche empfinden Sie als anstrengend und belastend? Von welchen Erwartungen möchten Sie gerne Abstand gewinnen? Welche sagen Ihnen überhaupt nicht zu?

- Wenn der Zeitrahmen es zulässt, können die Teilnehmerinnen (bzw. einige der Teilnehmerinnen) ihre Notizen anschließend der Gruppe vorstellen und berichten, für welche Rollenerwartungen sie sich persönlich entschieden haben.

Erläuterung der Wochenübung W2 „Mein Körperbild"

Die Gruppenleitung verteilt die Arbeitsunterlagen für die Wochenübung an die Teilnehmerinnen. Die Wochenübung wird anschließend vorbesprochen, wobei Sie die Arbeitsunterlagen für die Teilnehmerinnen Punkt für Punkt durchgehen sollten. Bieten Sie zudem Gelegenheit zu Rückfragen.

Modul I Sitzung 2: Didaktisches Material   D2

Persönliche Rollenerwartungen

Wie Sie in den vorausgegangenen Übungen sicherlich festgestellt haben, gibt es im Alltag eine Vielzahl an Erwartungen, die an jede Einzelne von uns gestellt werden. Hier kann es wichtig sein, sich bewusst zu werden, dass man sich auch selber für oder gegen bestimmte Erwartungen entscheiden kann. Halten Sie deshalb auf diesem Bogen fest, welche Erwartungen für Sie wichtig sind und welchen Sie nachkommen möchten. Entscheiden Sie sich zudem dafür, welche Erwartungen Ihnen weniger wichtig sind oder von welchen Sie Abstand gewinnen möchten. Achten Sie dabei auch darauf, wie viel Anstrengung es Sie kostet, diesen Erwartungen gerecht zu werden und ob Sie diese Anstrengung angemessen finden.

Diese Rollenerwartungen möchte ich erfüllen:
_____
_____
_____
_____
_____

Von diesen Rollenerwartungen möchte ich Abstand nehmen:
_____
_____
_____
_____
_____

Modul I Sitzung 2: Wochenübung   **W2**

Arbeitsblatt zur Wochenübung W2 „Mein Körperbild"

Diese Übung ist in drei Abschnitte aufgeteilt, die aufeinander aufbauen. Bitte halten Sie die Reihenfolge der einzelnen Schritte bei der Durchführung ein.

Material: Zwei **Papierbogen**, die so groß sind, dass Sie und Ihr Kind sich ganz darauf legen können (Tapetenrolle, helles Packpapier oder zur Not auch aus Plakatrückseiten zusammengeklebte Flächen), außerdem **Stifte oder Farben** (Bunt-, Filz oder Wachsmalstifte; Wasser- oder Fingerfarben) und ein **Spiegel**.

Zeitbedarf: Ungefähr 30-40 Minuten.

Sinn der Übung: Sie und Ihr Kind zeichnen Köperumrisse voneinander und gehen zunächst auf eine **innere** und danach auf eine **äußere** Entdeckungsreise. Die Übung hilft Ihnen und Ihrem Kind dabei die unabhängige Selbstwahrnehmung zu schulen und beschäftigt sich mit dem Erkennen und Benennen von Gemeinsamkeiten und Unterschieden. Denn es ist gut zu wissen, was einen verbindet – aber es ist auch wichtig zu sehen, wodurch man sich von anderen abhebt.

Übungsanleitung: Wichtig ist, dass Sie sich während der ganzen Übung genug Zeit lassen, damit Sie möglichst entspannt auf Entdeckungsreise gehen können. Zudem sollten Sie sich bemühen auf die Einfälle Ihres Kindes wertschätzend einzugehen. Bei dieser Übung gibt es kein richtig oder falsch! Es reicht das Gemalte einfach zu beschreiben.

In einem **ersten Schritt** sollen Sie und Ihr Kind Körperumrisse voneinander zeichnen. Jeder legt sich jeweils einmal mit dem Rücken auf die Unterlage und verhält sich ruhig, während der andere den Körperumriss nachzeichnet. Wegen der Farben ist es gut, wenn Sie beide etwas tragen, das schmutzig werden darf und sich gut waschen lässt.

Während Ihr Kind Ihre Körperumrisse malt, gehen Sie bitte auf eine **innere Entdeckungsreise** – horchen Sie in sich hinein und achten Sie darauf, was in Ihnen gerade vor sich geht. Wenn Sie mögen, probieren Sie einmal in Gedanken Ihren Körper vom Kopf bis zu den Füßen Stück für Stück abzutasten und an den verschiedenen Körperteilen jeweils einen Moment mit Ihrer Aufmerksamkeit zu verweilen.

Wie spüren Sie Ihre Beine, Ihre Arme und Hände, Ihren Rücken ...? Liegen Sie angenehm? Oder fühlen Sie sich vielleicht an manchen Stellen verspannt? Ist Ihr Atem ruhig und gleichmäßig, wie spüren Sie Ihren Herzschlag? Vielleicht sehen Sie vor Ihrem inneren Auge auch etwas ... was ist es? Betrachten Sie es ruhig und aufmerksam. Verweilen Sie in dieser Lage so lange, wie es Ihnen angenehm ist.

Wenn Sie die Umrisse Ihres Kindes malen, sagen Sie ihm, es soll leise Ihren Bewegungen folgen und spüren, wo Ihre Hand gerade ist.

Wenn Sie beide die „Reise um Ihre Körper" hinter sich haben, tragen Sie das, was Sie gespürt haben, jeweils auf den Papierbogen ein. Sie können Ihre Empfindungen

 **Modul I Sitzung 2: Wochenübung** W2

auf den Bogen an den passenden Stellen entweder aufschreiben oder einzeichnen bzw. malen.

Im **zweiten Übungsteil** starten Sie eine **äußere Entdeckungsreise** und achten auf Ihre äußeren Eigenschaften und Besonderheiten. Treten Sie gemeinsam vor einen Spiegel oder verwenden Sie einen Handspiegel und schauen Sie genau hin: Sind die Augen blau oder braun? Ist das Haar glatt oder lockig? Nutzen Sie die Gelegenheit und sprechen Sie über Ähnlichkeiten und Unterschiede Ihrer Körper. Ähneln sich unsere Nasen? Wie sehen eigentlich unsere Füße aus? Und was an unserem Aussehen ist bei beiden besonders schön?

Bitte vervollständigen Sie anschließend beide die Körperumrisse mit dem, was Ihnen aufgefallen ist. Malen Sie dazu die Körperumrisse Ihres Kindes aus und bitten Sie Ihr Kind Ihre Körperumrisse auszumalen (Gesicht, Körper, Arme und Beine). Nutzen Sie dabei unterschiedliche Farben.

Der **dritte Übungsteil** besteht schließlich darin, dass Sie und Ihr Kind sich noch einmal über die Unterschiede und Gemeinsamkeiten Ihrer Körperbilder austauschen. Dabei geht es vor allem um Beschreibungen, nicht um Wertungen. Würdigen Sie zudem das, was Sie beide gerade miteinander erlebt haben („Das haben wir ja toll hinbekommen! Das hat Spaß gemacht!") und bearbeiten Sie später allein die Fragen auf der folgenden Seite.

 **Modul I Sitzung 2: Wochenübung**   **W2**

Haben Sie bei der Umrisszeichnung etwas gespürt und was war das?	Versuchen Sie das entsprechende Gefühl zu benennen.

Welche Gemeinsamkeiten sind Ihnen und Ihrem Kind an den Bildern aufgefallen?	Und welche Unterschiede?

Welche Gefühle hat das Zusammensein mit Ihrem Kind in Ihnen ausgelöst?

Was hat Ihnen an der Übung besonders gut gefallen?	Was hat nicht so gut geklappt?

Bitte bringen Sie dieses Arbeitsblatt und die beiden Körperbilder zur nächsten PALME-Gruppe mit.

Modul I Sitzung 3: Übersicht   **Ü3**

Thema	Eigene Gefühle wahrnehmen, unterscheiden und aussprechen – sich selbst näher kommen und besser spüren
Fragen	<ul><li>Ein Gefühl, was ist das eigentlich?</li><li>Woran erkenne ich, wie ich mich fühle?</li><li>Wie kann ich mit meinen Gefühlen umgehen?</li></ul>
Ziele	<ul><li>Erkennen und Beachten körperlicher Gefühlsäußerungen</li><li>Eigene Gefühle wahrnehmen, unterscheiden und aussprechen</li><li>Sich selbst spüren und beschreiben können</li></ul>
Ablauf	1. Blitzlicht und Anwesenheitsbogen 2. Bearbeitung der Wochenübung W2 „Mein Körperbild" 3. Vorstellung von Sitzungsthema und Sitzungsablauf 4. Übung 1, Einzel: „Meine momentane Gefühlslage" 5. Übung 2, Großgruppe: Brainstorming „Mein Hauptgefühl" 6. Übung 3, Kleingruppen: „Umgang mit Gefühlen" 7. Zusammenfassung der Information I3 „Wozu sind Gefühle da? – Die fünf Basisaffekte Angst, Wut, Ekel, Freude und Trauer" 8. Erläuterung der Wochenübung W3 „Mein Gefühlsthermometer"
Arbeitsmaterial Gruppenleiter	<ul><li>Theoretische Einführung T3 „Wozu sind Gefühle da? – Die fünf Basisaffekte Angst, Wut, Ekel, Freude und Trauer – Ihre Funktion, Entstehung und Auswirkungen"</li><li>Anleitung zum Gruppenablauf G3</li><li>Anwesenheitsbogen A3</li></ul>
Arbeitsmaterial Mütter	<ul><li>Infoblatt I3</li><li>Arbeitsblatt zur Wochenübung W3</li></ul>

Modul I Sitzung 3: Theoretische Einführung   T3

Wozu sind Gefühle da? – Die fünf Basisaffekte Angst, Wut, Ekel, Freude und Trauer – Ihre Funktion, Entstehung und Auswirkungen

Unsere Gefühle sind im Laufe der menschlichen Entwicklungsgeschichte entstanden. Sie sind ein Erbe der Evolution, also der Entwicklung des Lebens bis hin zum Menschen. Unsere Gefühle bestimmen unsere seelische Befindlichkeit, aber sie beeinflussen auch unser Verhalten, die Art unserer Beziehungsgestaltung und unterschiedliche Körperfunktionen. Zu unterscheiden sind **bewusst wahrgenommene Gefühle** von darunter liegenden, häufig **unbewussten Affekten**. Die moderne Hirnforschung hat gezeigt, dass wir von Geburt an über fünf unterschiedliche so genannte **Basisaffekte** verfügen: **Angst, Wut, Ekel, Freude und Trauer**.

Diese Affektsysteme werden unabhängig von unserem bewussten Willen immer dann automatisch aktiviert, wenn es darum geht, Situationen in unserer Umgebung möglichst schnell zu bewerten und zu bewältigen. Unsere Basisaffekte stellen uns deshalb so etwas wie eine **automatische Lagebeurteilung** zur Verfügung: Sie helfen uns – ohne dass wir lange darüber nachdenken müssen – in wichtigen Situationen mit wichtigen Menschen zusammen das zu tun, was uns als Einzelperson wie auch unserer Gruppe oder Familie am meisten nützt und dem Überleben hilft.

Unsere fünf Basisaffekte programmieren unsere Handlungsbereitschaft und unsere Verhaltenssteuerung in eine ganz bestimmte Richtung, je nachdem welcher Affekt gerade aktiviert worden ist. So steuert und begünstigt der aktivierte Basisaffekt **Angst** entweder eine **Kampf-** oder eine **Fluchtreaktion** angesichts einer bedrohlichen Situation. Der Basisaffekt **Wut** organisiert die Bereitschaft zum **Angriff** oder zur **Zerstörung** eines bedrohlichen Objektes. Der Basisaffekt **Ekel** wird dann aktiv, wenn es darum geht, ein schlechtes Objekt, das schon in uns eingedrungen ist (z. B. eine verdorbene Speise), möglichst schnell wieder **auszustoßen**. Der Basisaffekt **Freude** sorgt dafür, dass wir uns an gute Objekte oder Personen, die wichtig für unser Überleben sind, **annähern** und der Affekt **Trauer** programmiert uns und unser Verhalten in Richtung der **Wiedererlangung des Kontaktes** zu einem ersehnten Objekt oder zu einem Menschen, von dem wir uns trennen mussten.

Angst, Wut, Ekel, Freude und Trauer empfinden fast alle Menschen in Abhängigkeit von der jeweiligen Situation. Auch kleine Kinder bringen die Fähigkeit zum Ausdruck dieser Affekte mit auf die Welt, obwohl sie noch keine genaue Vorstellung vom Innenleben anderer Personen haben. Bereits in den ersten Lebensmonaten ist der Säugling in der Lage, diese Affekte mithilfe seiner **Gesichtsmimik** auszudrücken. Die Nachahmung des Gesichtsausdrucks von Erwachsenen ist sogar Neugeborenen im Alter von nur wenigen Tagen möglich.

Basisaffekte erleichtern also das Überleben des Einzelnen wie auch der Gruppe und organisieren bereits sehr früh zwischenmenschliche **Beziehungen** (z. B. zwischen Säugling und Mutter). Auch im späteren Leben besitzen sie eine große Bedeutung für die Beziehungsgestaltung. Die Zuverlässigkeit und Genauigkeit, mit der diese Affektsysteme funktionieren, kann allerdings durch eine Vielzahl seelischer Belastungen und Erkrankungen beeinträchtigt werden. Beispielsweise führt eine länger andauernde Niedergeschlagenheit dazu, dass diese affektiven Signalsysteme nicht mehr so gut funktionieren.

# Modul I Sitzung 3: Theoretische Einführung T3

Heute wissen wir, dass die Aktivierung basaler Affekte wie Furcht, Wut oder Freude zu einer Reihe von in der Regel fast gleichzeitig ablaufenden Prozessen führt, die von verschiedenen Bereichen des Gehirns gesteuert werden. Zum einen kommt es zu einer **Aktivierung unseres unbewussten Nervensystems**, was beispielsweise dazu führt, dass sich der Kreislauf beschleunigt, die Atmung schneller wird und die Verdauungstätigkeit nachlässt. Zum anderen werden bestimmte Muskelgruppen besonders angespannt, die z. B. für eine Flucht oder für eine Annäherung wichtig werden könnten. Darüber hinaus kommt es auch zu einer besonderen **Wahrnehmung des eigenen Körpers** (z. B. zur Wahrnehmung des berühmten „mulmigen Gefühls" in der Magengrube). Schließlich wird von den zuständigen Bereichen des Gehirns die Situation, die zur Aktivierung eines Affektsystems geführt hat, analysiert und automatisch **bewertet**: Handelt es sich um eine neuartige Situation? Ist die Lage gefährlich?

Dies alles geschieht innerhalb von Sekundenbruchteilen, bevor wir uns der Situation wirklich bewusst werden. Damit auch unsere **Umwelt** merkt, wie uns gerade zumute ist, aktivieren die jeweiligen Affektsysteme zudem zahlreiche Kanäle, auf denen wir anderen Menschen mitteilen können, wie es uns gerade geht. Dies erfolgt z. B. über unseren Gesichtsausdruck, den Klang unserer Stimme, unsere Körperhaltung oder unsere Gesten.

Wir nehmen die Aktivierung eines bestimmten Affektsystems also erst dann wahr bzw. spüren das betreffende Gefühl erst dann bewusst, nachdem die verschiedenen dargestellten Prozesse bereits angelaufen sind. Das bedeutet auch, dass wir erst mit diesem **„Gefühlsabdruck" in unserem Bewusstsein** dazu in der Lage sind, uns Gedanken darüber zu machen, wie wir mit dem jeweiligen Gefühl und dem zugrundeliegenden Affekt möglichst geschickt und sinnvoll umgehen können. Von außerordentlich großer Bedeutung und sehr hilfreich ist es, wenn wir imstande sind, unseren Mitmenschen diese Vorgänge bzw. die Ergebnisse dieser Vorgänge auch sprachlich mitzuteilen. Dadurch können wir den anderen helfen, besser zu verstehen, was in uns vor sich geht und warum wir in uns einer bestimmten Situation so fühlen und verhalten, wie wir es tun.

Wann lernen Menschen nun, diese unterschiedlichen Schritte in einem sinnvollen Gesamtablauf zu durchlaufen? Befunde aus der modernen Säuglingsforschung und der Hirnforschung zeigen, dass sich unsere emotionalen Fähigkeiten **sehr früh** herausbilden, wahrscheinlich schon in den ersten Lebensjahren. Dies geschieht im Übrigen im engen **Austausch** zwischen Kind und Mutter, Vater oder einer anderen zuverlässig vorhandenen und feinfühligen Bezugsperson.

Aufgrund ihrer weitgehenden Hilflosigkeit sind Säuglinge und auch noch kleine Kinder stark darauf angewiesen, dass ihre Umgebung – und besonders die Mutter – frühzeitig registriert, wenn sie sich unwohl fühlen. Da sich der Säugling noch nicht selbst helfen und auch nicht sprachlich mitteilen kann, ist es deshalb von großer Bedeutung, dass Eltern aus **kleinen körpersprachlichen Anzeichen** des Kindes heraus ein **feinfühliges Verständnis** dafür entwickeln, wie ihrem Kind innerlich zumute ist. Diese Fähigkeit zur Einfühlung ist von Natur aus bei den allermeisten Menschen vorhanden und wird auch noch vertieft und gefördert durch Aktivitäten des Kindes selbst (z. B. beim Stillen). Ist dieser erste Schritt der Einfühlung in das innere Erleben

Modul I Sitzung 3: Theoretische Einführung   T3

des Kindes gelungen, entsteht in den allermeisten Eltern genau das Gefühl, das gerade von ihrem Kind – noch ohne Worte – erlebt wird. Dass sie das jeweilige Gefühl des Kindes „verstanden" haben, verdeutlichen die meisten Eltern ihrem Kind dadurch, dass sie es ihm ihrerseits durch einen leicht „übertrieben" wirkenden **Gesichtsausdruck zurückspiegeln** und so ausdrücken: „Ich weiß, wie du dich fühlst. Ich habe verstanden und werde dir helfen." Das ist der Grund dafür, warum kleine Kinder von Natur aus sehr aufmerksam das Gesicht ihrer Mutter beobachten.

Die „Übertreibung" oder auch die so genannte Markierung des kindlichen Gesichtsausdruckes im Gesicht der Mutter dient dazu dem Kind zu verdeutlichen, dass das, was es auf dem Gesicht der Mutter sieht, nicht deren eigenes Gefühl ausdrückt, sondern das bei ihm von der Mutter wahrgenommene Gefühl wiedergibt. Das ist vor allem wichtig bei den Gefühlen Angst, Wut und Trauer. Denn wenn z. B. ein wütendes Kind im Gesicht seiner Mutter echte Wut als Antwort sähe, würde es sich vermutlich nicht verstanden fühlen, sondern sich vielmehr erschrecken. Insofern unterscheidet sich das **teilnehmend spiegelnde mütterliche Gesicht** von einem wirklichen Spiegel, der „eins zu eins" wiedergibt, was vor ihm liegt. Das teilnehmend spiegelnde Gesicht der Mutter gibt die **Gefühle des Kindes also in verarbeiteter, gewissermaßen „verdauter" Form** wieder. Insofern geht die teilnehmende Spiegelung über eine bloße Wiedergabe hinaus und ermöglicht dem Kind, sich selbst und sein eigenes Gefühlsleben allmählich immer besser kennen zu lernen. Wenn die Mutter auf die Angst ihres Kindes mit echter eigener Angst und einem ebenso ängstlichen Gesichtsausdruck antwortet, verstärkt sie die Angst ihres Kindes eher noch. Markiert sie das Angstgefühl, indem sie es in ihrem Gesicht einerseits teilnehmend spiegelt, andererseits aber tröstend abschwächt, vermittelt sie ihrem Kind: „Ich habe verstanden, wie es dir geht. Es ist zwar schlimm, aber ich bin bei dir und gleich ist es wieder gut." Das Kind lernt so, dass es z. B. Angst haben kann, dass diese aber auch wieder schwächer wird und verschwindet.

All dies ist sehr wichtig, da kleine Kinder noch nicht dazu in der Lage sind ihre Gefühle selbst zu unterscheiden und zu steuern. Insofern lernen sie über den Gesichtsausdruck der Mutter überhaupt erst, wie sie sich gerade selbst fühlen. Das mütterliche Gesicht ist also so etwas wie der **Spiegel der Seele des Kindes** und die erste Möglichkeit zu einer spiegelnden Selbsterfahrung für das Kind. Auf der Verhaltensebene schließen sich an das elterliche Spiegeln der kindlichen Gefühle in verarbeiteter Form häufig zusätzliche fürsorgliche Handlungen an, welche die Beruhigung des Kindes oder die angemessene Befriedigung seines jeweiligen Bedürfnisses zum Ziel haben.

Dabei ist es von großer Bedeutung, das **rechte Maß** zu finden und nicht zu viel oder zu wenig an Fürsorge zu geben. Auch hier gibt bereits das kleine Kind körpersprachlich Hinweise, „wenn es genug ist", z. B. durch Wegdrehen des Kopfes. Die zutreffende Gefühlswahrnehmung sowie die rechtzeitige, fürsorgliche und kindgerechte Beantwortung der kindlichen Bedürfnisse durch die Mutter sind zum großen Teil unbewusst gesteuerte Verhaltensweisen, in die Beziehungs- und Verhaltensmuster einfließen, die die Mutter in der eigenen frühen Kindheit erworben hat. Das bedeutet aber nicht, dass sich hierzu im Erwachsenenalter nicht noch etwas nachholen ließe.

Modul I Sitzung 3: Theoretische Einführung   T3

Säuglinge und Kleinkinder lesen also aus dem Gesicht enger Bezugspersonen (aber auch aus ihrer Körperhaltung, dem Klang ihrer Stimme und aus weiteren nonverbalen Anzeichen) unmittelbar ab, dass sie verstanden worden sind und reagieren mit einem beglückenden Lächeln oder Beruhigung. Wenn dieser Prozess über einen längeren Zeitraum hinweg und meistens in gelingender Weise abläuft, lernt das Kind über die Reaktionen der anderen, seine **eigenen Gefühle zunehmend genauer zu unterscheiden**. Schließlich lernt es dadurch weiterhin, seine Gefühle mithilfe des eigenen Gesichts oder mithilfe eigener Verhaltensweisen (und im weiteren Verlauf dann auch sprachlich) zum Ausdruck zu bringen. Diese Fähigkeit zur emotionalen Verständigung über Mimik, Gestik und Sprache ermöglicht es ihm später im Erwachsenenalter, im Kontakt mit sich selbst, aber natürlich auch im Kontakt mit anderen eine sichere Beziehungsregulation zu erreichen. Menschen erwerben diese wichtigen Fähigkeiten also zu einem großen Teil mithilfe elterlicher Vorbilder durch die Erfahrung der frühen Spiegelung. Deshalb ist der kindgerechte und gefühlvolle Austausch mit Kindern eine wesentliche Entwicklungshilfe für ihren weiteren Lebensweg.

Auch im Erwachsenenleben ist das schnelle Erkennen von Gefühlen im zwischenmenschlichen Austausch zum Beispiel über die Gesichtswahrnehmung von großer Wichtigkeit. Zudem ist es oft hilfreich sich klar zu machen, **welche Signale das eigene Gesicht wohl gerade an die Umwelt aussendet**. Häufig ist uns selbst gar nicht so klar, warum die Umgebung in einer für uns nicht nachvollziehbaren Weise emotional auf uns reagiert, weil uns nicht bewusst ist, wie unser Gesicht gerade für die anderen aussieht. Achten Sie deshalb ruhig auch in der PALME-Gruppe darauf, welche Botschaften die Gesichter der anderen Ihnen senden und versuchen Sie gelegentlich, Ihren Gesichtsausdruck von innen zu „erfühlen".

Modul I Sitzung 3: Infoblatt für Mütter   I3

Wozu sind Gefühle da? – Die fünf Basisaffekte Angst, Wut, Ekel, Freude und Trauer

Unsere Gefühle sind im Laufe der menschlichen Entwicklungsgeschichte entstanden. Sie bestimmen unsere seelische Befindlichkeit, aber sie beeinflussen auch unser Verhalten, die Gestaltung unserer Beziehungen und unterschiedliche Körperfunktionen.

Man unterscheidet **Gefühle**, die wir **bewusst wahrnehmen** können von darunter liegenden **Affekten**, die unabhängig von unserem bewussten Willen **automatisch aktiviert werden**.

Wir verfügen von Geburt an über fünf unterschiedliche **„Basisaffekte": Angst, Wut, Ekel, Freude und Trauer**. Diese Affektsysteme werden immer dann aktiv, wenn es darum geht, wichtige Situationen in unserer Umgebung möglichst schnell zu bewerten und zu bewältigen. Unsere **Basisaffekte** stellen uns deshalb so etwas wie eine automatische Lagebeurteilung zur Verfügung.

Die fünf Basisaffekte programmieren unsere Bereitschaft etwas zu tun und damit unser Verhalten. Hierzu einige Beispiele:

Um eine schnelle Reaktion zu ermöglichen, steuert und begünstigt der aktivierte Basisaffekt **Angst** unser **Fluchtverhalten** vor einer bedrohlichen Situation, z. B. vor einem gefährlichen Tier oder einem gefährlichen Gegner.

- Der Basisaffekt **Wut** organisiert die Bereitschaft zum **Angriff** oder zur **Zerstörung** eines bedrohlichen Objektes oder eines Gegners.

- Der Basisaffekt **Ekel** wird dann aktiv, wenn es darum geht, ein schlechtes Objekt, das schon in uns eingedrungen ist, möglichst schnell wieder **auszustoßen**, z. B. eine verdorbene Speise.

- Der Basisaffekt **Freude** sorgt dafür, dass wir uns an gute Objekte oder Personen **annähern**, die wichtig für unser Überleben sind, z. B. indem wir sie begrüßen oder verabschieden durch Umarmung, Küssen oder Händeschütteln.

- Der Affekt **Trauer** programmiert uns und unser Verhalten in Richtung der **Wiedererlangung des Kontaktes** zu einem für uns wichtigen und ersehnten Objekt oder zu einem Menschen, von dem wir uns trennen mussten, etwa indem wir zum Friedhof ans Grab gehen oder beten.

Angst, Wut, Ekel, Freude und Trauer empfinden fast alle Menschen in Abhängigkeit von der jeweiligen Situation. Auch kleine Kinder bringen die Fähigkeit zum Ausdruck dieser Affekte mit auf die Welt. Bereits in den ersten Lebensmonaten ist der Säugling dazu in der Lage, diese Affekte mithilfe seiner Mimik auszudrücken. Die Nachahmung des Gesichtsausdrucks von Erwachsenen ist sogar Neugeborenen im Alter von wenigen Tagen möglich.

 **Modul I Sitzung 3: Infoblatt für Mütter** I3

Die Basisaffekte erleichtern also das Überleben des Einzelnen wie auch der Gruppe und sie organisieren sehr früh **zwischenmenschliche Beziehungen** (z. B. zwischen Säugling und Mutter). Die Zuverlässigkeit und Genauigkeit, mit der die Affektsysteme funktionieren, kann allerdings durch eine Vielzahl seelischer Belastungen und Erkrankungen beeinträchtigt werden. Beispielsweise führt eine länger andauernde Niedergeschlagenheit dazu, dass diese Signalsysteme nicht mehr so gut funktionieren.

Heute wissen wir, dass die Affektsysteme, wenn sie im Gehirn aktiviert werden, zu verschiedenen Prozessen führen. Zum einen kommt es dazu, dass sich beispielsweise der **Kreislauf** beschleunigt oder die **Atmung** und die Verdauungstätigkeit beeinflusst werden. Zum anderen werden wichtige **Muskelgruppen** besonders angespannt, z. B. für die Flucht oder die Annäherung. Darüber hinaus kann es zu einer **besonderen Wahrnehmung innerhalb des eigenen Körpers** kommen, dazu gehört etwa das berühmte „mulmige Gefühl" in der Magengrube, das jeder von uns kennt. Schließlich wird von den zuständigen Bereichen im Gehirn die **Situation**, die zur Aktivierung eines Affektsystems geführt hat, **analysiert und bewertet**, z. B. daraufhin, ob sie neu oder gefährlich ist. Dies alles geschieht weit bevor wir uns der Situation wirklich bewusst werden und läuft innerhalb von Bruchteilen einer Sekunde ab.

Damit auch die anderen merken, wie uns gerade zumute ist, aktiviert unser Affektsystem zahlreiche Kanäle, auf denen wir den anderen mitteilen, wie es uns gerade geht: Dies erfolgt über unseren **Gesichtsausdruck**, über den **Klang unserer Stimme**, unsere **Körperhaltung** oder unsere **Gesten**. Erst wenn dies alles abgelaufen ist (wie gesagt, das alles passiert sehr schnell!), „fühlen" wir, dass ein bestimmtes Affektsystem aktiv geworden ist und gelangen zu einer bewussten Wahrnehmung wie „Ich bin wütend" oder „Ich freue mich". Mit der Entstehung eines solchen „Gefühlsabdrucks" in unserem Bewusstsein sind wir auch dazu in der Lage, uns Gedanken darüber zu machen, wie wir mit unserem Gefühl möglichst geschickt und sinnvoll umgehen können.

Von großer Bedeutung und sehr hilfreich ist es, wenn wir imstande sind, unseren Mitmenschen diese Vorgänge auch mit unserer Sprache mitzuteilen. Dadurch können wir den anderen helfen, besser zu verstehen, was in uns vor sich geht und warum wir in einer bestimmten Situation so fühlen und uns so verhalten, wie wir es tun.

Wann lernen wir nun diese unterschiedlichen Schritte in einem sinnvollen Gesamtablauf zu durchlaufen? – Nach allem, was wir heute wissen, sieht es so aus, als ob sich unsere emotionalen Fähigkeiten in den ersten Lebensjahren herausbilden und zwar **in engem Austausch zwischen Mutter und Kind** bzw. zwischen einer anderen nahen Bezugsperson und Kind.

Aufgrund ihrer weitgehenden Hilflosigkeit sind Säuglinge und auch noch kleine Kinder überwiegend darauf angewiesen, dass ihre Umgebung – und besonders die Mutter – frühzeitig bemerkt, wenn sie sich unwohl fühlen. Da sich ein Säugling noch nicht selbst helfen kann und sich auch noch nicht sprachlich mitteilen kann, ist es von großer Bedeutung, dass Eltern anhand körpersprachlicher Zeichen des Kindes ein Verständnis dafür entwickeln, wie ihrem Kind zumute ist. Diese Fähigkeit wird auch **Einfühlung** genannt und ist von Natur aus bei den allermeisten Menschen vorhan-

 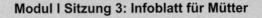

Modul I Sitzung 3: Infoblatt für Mütter   I3

den. Sie wird durch Aktivitäten des kleinen Kindes, z. B. beim Stillen, noch vertieft und gefördert.

Dieses Verstehen des inneren Erlebens ihres Kindes verdeutlichen die meisten Eltern dadurch, dass sie ihm durch ihren (oft auch etwas „übertrieben" wirkenden, also überdeutlichen und damit besonders verständlichen) Gesichtsausdruck zurückspiegeln: „Ich weiß, wie du dich fühlst. Ich habe dich verstanden und werde dir helfen." Das ist der Grund dafür, warum kleine Kinder von Natur aus sehr aufmerksam das Gesicht ihrer Mutter beobachten.

Die „Übertreibung" des kindlichen Gesichtsausdruckes im Gesicht der Mutter dient dazu dem Kind zu verdeutlichen, dass das, was es auf dem Gesicht der Mutter sieht, nicht deren eigenes Gefühl ausdrückt, sondern das bei ihm von der Mutter wahrgenommene Gefühl wiedergibt. Das ist vor allem wichtig bei den Gefühlen Angst, Wut und Trauer. Denn wenn z. B. die Mutter auf die Angst ihres Kindes mit echter eigener Angst und einem ebenso ängstlichen Gesichtsausdruck antwortet, verstärkt sie die Angst ihres Kindes eher noch. Beantwortet sie die Angst ihres Kindes in ihrem Gesicht hingegen so, dass sie diese einerseits teilnehmend spiegelt, sie andererseits aber auch tröstend abschwächt, vermittelt sie ihrem Kind: „Ich habe verstanden, wie es dir geht. Es ist zwar schlimm, aber ich bin bei dir und gleich ist es wieder gut." Das Kind lernt so, dass es z. B. Angst haben kann, dass diese aber auch wieder schwächer wird und verschwindet. Das **teilnehmend spiegelnde mütterliche Gesicht** unterscheidet sich also von einem wirklichen Spiegel, der „eins zu eins" wiedergibt, was vor ihm liegt, denn es gibt die **Gefühle des Kindes in verarbeiteter, gewissermaßen „verdauter" Form** wieder.

Kleine Kinder erfahren im Gesicht der Mutter aber nicht nur, dass die Mutter sie verstanden hat und sie unterstützt, sondern sie lernen über den Gesichtsausdruck der Mutter auch, wie sie sich gerade selbst fühlen. **Insofern ist das mütterliche Gesicht der Spiegel der Seele des Kindes** und die erste Möglichkeit für eine Selbsterfahrung des Kindes. Wenn die Eltern die Bedürfnisse des Kindes erkennen, kümmern sie sich durch angemessene Befriedigung dieser Bedürfnisses fürsorglich um ihr Kind, beispielsweise durch Beruhigung oder liebevolle Zuwendung. Wenn sie hingegen das Kind nicht beachten und ihm nicht spiegeln, dass sie sein inneres Erleben teilen können, wird sich dies auf Dauer negativ auf das Selbstwertgefühl und das Gefühlsleben des Kindes allgemein auswirken. Dabei ist es von Bedeutung, dass nicht zu wenig, aber auch nicht zu viel an Fürsorge erfolgt. Schon kleine Kinder geben körpersprachliche Hinweise, „wenn es genug ist", z. B. indem sie ihren Kopf wegdrehen. Diese Gefühlswahrnehmung und die rechtzeitige, fürsorgliche Beantwortung der Bedürfnisse des Kindes durch die Mutter sind zum großen Teil unbewusst gesteuerte Verhaltensweisen.

Das Kind liest also aus dem Gesicht der Mutter, ihrer Körperhaltung, dem Klang ihrer Stimme usw. ab, dass die Mutter es verstanden hat. Mit der Zeit lernt es Schritt für Schritt seine Gefühle genauer zu unterscheiden und sie schließlich mithilfe seines eigenen Gesichtes oder seiner eigenen Verhaltensweisen, später auch mit eigenen Worten, zum Ausdruck zu bringen. Diese emotionalen Lernvorgänge sind von großer Wichtigkeit für die spätere Entwicklung des Kindes. **Kein Fernseher und kein PC**

Modul I Sitzung 3: Infoblatt für Mütter   I3

können den Austausch mit dem Gesicht einer zuwendungsbereiten und einfühlsamen Elternperson ersetzen.

Die Fähigkeit Gefühle über Mimik, Gestik und Sprache zum Ausdruck zu bringen ermöglicht es uns auch später im Erwachsenenalter, im Kontakt mit anderen Menschen einen sicheren Umgang zu erreichen. Es ist immer hilfreich, sich klar zu machen, welche Signale das eigene Gesicht wohl gerade dem anderen aussendet. Häufig ist uns selbst gar nicht so klar, warum die Umgebung auf eine bestimmte Art und Weise emotional auf uns reagiert, weil uns nicht bewusst ist, wie ablehnend oder verschlossen unser Gesicht gerade für die anderen aussieht.

Nutzen Sie deshalb öfters die Gelegenheit, beispielsweise auch in der PALME-Gruppe, darauf zu achten, welche Botschaften die Gesichter der anderen Ihnen senden und versuchen Sie ab und zu, auch Ihren eigenen Gesichtsausdruck von innen zu „erfühlen" – und tauschen Sie sich darüber auch offen aus. Denken Sie ab und zu, wenn Sie mit Ihrem Kind zusammen sind, auch einmal daran, wie wichtig für Ihr Kind der Ausdruck Ihres Gesichtes ist.

Modul I Sitzung 3: Gruppenablauf G3

Blitzlicht und Anwesenheitsbogen

Wie kommen Sie heute hier an? Wie geht es Ihnen?

Bearbeitung der Wochenübung W2 „Mein Körperbild"

In der letzten Woche sollten Sie gemeinsam mit Ihrem Kind Körperumrisse von sich anfertigen und dabei auf eine innere und auf eine äußere Entdeckungsreise gehen, sich also zunächst mit Ihren Gefühlen beschäftigen und dann mit Ihrem Aussehen. Den Abschluss der Übung bildete die Bearbeitung eines Arbeitsblattes.

Diese Übung hatte unter anderem den Sinn, den Austausch zwischen Ihnen und Ihrem Kind zu fördern. Sie haben während der Übung Gemeinsamkeiten zwischen sich entdeckt, aber auch Unterschiede – und diese ausgesprochen und zugelassen. Beides ist für Ihr Kind eine wichtige Erfahrung. Im Vordergrund sollten Beschreibungen und der Austausch über Ihre Gefühle beim Zeichnen stehen. Eine Bewertung der Besonderheiten des anderen sollte hingegen vermieden werden.

Wir beginnen mit der Vorstellung der Körperumrisse von Ihnen und Ihrem Kind und besprechen danach Ihre Arbeitsblätter.

Wer möchte gern als Erste die Körperbilder vorstellen und uns etwas mehr dazu berichten?

Wer möchte gern etwas zur Bearbeitung seines Arbeitsblattes mitteilen?

Bieten Sie den Teilnehmerinnen nach Besprechung der Wochenübung zudem die Möglichkeit, noch offen gebliebene Fragen zum Infoteil I2 zu klären.

Vorstellung von Sitzungsthema und Sitzungsablauf

Verwenden Sie die Übersicht Ü3, um den Teilnehmerinnen einen kurzen Überblick über das Programm der heutigen Sitzung zu geben.

Modul I Sitzung 3: Gruppenablauf   **G3**

Übung 1: „Meine momentane Gefühlslage"

Material	Papier und Schreibzeug
Methode	Reflexion
Form	Einzelübung
Ziel	Erlernen eigene Gefühle wahrzunehmen, zu unterscheiden und auszusprechen
Zeit	Ca. 10-15 Minuten

Vorgehensweise/Anleitung:

In dieser Einzelübung sollen eigene Gefühle wahrgenommen und auch körperlich erspürt werden, weil viele Gefühle sich auch an Körperwahrnehmungen festmachen lassen (denken Sie z. B. an ein Angstgefühl in der Magengrube oder an hängende Schultern, gebeugten Rücken und ein Kloßgefühl im Hals bei Trauer).

Bitte laden Sie die Teilnehmerinnen zunächst dazu ein, ähnlich wie in der letzten Wochenübung noch einmal kurz auf „Gefühlsreise" zu gehen, indem sie eine bequeme Haltung einnehmen und wenn möglich für einen Moment die Augen schließen. Ein guter Weg, um ein Gefühl der Entspannung zu erreichen, besteht darin sich auf seinen Atem zu konzentrieren und sein Ein- und Ausströmen einige Atemzüge lang zu beobachten. Dabei geht es nicht darum die Atemzüge bewusst zu verlängern, sondern einfach darauf zu achten, wie der Atem ganz von selbst kommt und geht, ohne dass man sich dabei anstrengen muss – instruieren Sie die Teilnehmerinnen also in langsamem Tempo entsprechend. Wenn jemand den Kopf voller Gedanken hat, ist das nicht schlimm. Wer Lust dazu hat, kann aber probieren an den Gedanken in seinem Kopf nicht festzuhalten, sondern sie vor seinem inneren Auge vorüberziehen zu lassen, so wie die Wolken am Himmel vorüberziehen. Ein schönes Bild hierzu ist auch das eines Luftballons, den man loslässt und der dann allmählich in die Höhe steigt und immer kleiner und kleiner wird, bis man ihn kaum noch als Punkt am Himmel erkennen kann.

Stellen Sie nach einer Weile mit ruhiger Stimme die folgenden Fragen. Machen Sie dabei nach jeder Frage eine längere Pause (mindestens 30 Sekunden), um den Teilnehmerinnen Zeit zu geben die Antwort zu erspüren:

- Wie fühlen Sie sich im Moment?
- Wo in Ihrem Körper spüren Sie etwas?

# Modul I Sitzung 3: Gruppenablauf   G3

- Wie fühlt es sich genau an?

  Im Anschluss führen Sie bitte eine Feedbackrunde zu dieser kleinen „Gefühlsreise" durch, in der die Teilnehmerinnen sich darum bemühen sollen ihre „Reiseerlebnisse" möglichst differenziert darzustellen.

  Beachten Sie während dieser Übung insgesamt Folgendes:

- Wie so häufig ist auch hier Leistungsdruck kontraproduktiv. Arbeiten Sie stattdessen lieber nach dem Motto „Es ist auch okay, wenn man im Moment nichts fühlt oder sein Gefühl nicht konkret benennen kann – auch das ist eine wichtige Information."

- Erinnern Sie sich deshalb daran, dass es nicht immer einfach ist Gefühle zu erspüren und dies für manche Teilnehmerinnen recht schwierig und ungewohnt sein könnte.

- Vermeiden Sie unbedingt Bewertungen und Interpretationen. Vermitteln Sie klar, dass hier alle möglichen Gefühle erlaubt und akzeptiert sind. Es gibt keine „richtigen" und „falschen" Gefühle und auch Aussagen wie „Eigentlich fühle ich mich immer noch genauso gestresst wie vorher!" haben ihre Berechtigung.

Übung 2: „Mein Hauptgefühl"

Material	Flipchart
Methode	Brainstorming
Form	Großgruppe
Ziel	Erlernen eigene Gefühle wahrzunehmen, zu unterscheiden und auszusprechen
Zeit	Ca. 20 Minuten

Vorgehensweise/Anleitung:

Folgende Fragen sind in Form eines Brainstormings an der Flipchart zu bearbeiten:

1. Gibt es ein bestimmtes Gefühl (Hauptgefühl), das Sie besonders oft haben?

 **Modul I Sitzung 3: Gruppenablauf**   **G3**

2. Woran erkennen Sie dieses Gefühl?
3. Wie beeinflusst Sie dieses Gefühl körperlich, gedanklich und in Ihrem Verhalten?

Regen Sie als Gruppenleitung bitte den gegenseitigen Austausch der Teilnehmerinnen an und achten Sie dabei besonders auf einen zurückhaltenden Umgang mit Bewertungen.

Bei dieser Übung sollten Sie als Gruppenleiter zudem unbedingt auf die Grundstimmung der Gruppe achten! Falls etwa die Gefühle der Gruppe fast durchgehend sehr negativ oder depressiv sind, empfiehlt sich Folgendes:

- Würdigen Sie den Mut der Teilnehmerinnen, den es braucht, um negative Gefühle vor einer Gruppe so offen zu äußern.

- Betonen Sie, dass auch negative Gefühle sehr wichtig und aufschlussreich sind, da sie Signalcharakter haben und z. B. auf Schwierigkeiten hinweisen, an denen man ansetzen kann, um auf Dauer eine größere Lebenszufriedenheit zu erreichen.

Entscheidend ist also an dieser Stelle, dass Sie den Teilnehmerinnen Ihre Wertschätzung ausdrücken, unabhängig von den konkreten Gefühlsinhalten.

Übung 3: „Umgang mit Gefühlen"

Material	Karteikarten, Filzschreiber, evtl. Flipchart
Methode	Brainstorming und Diskussion
Form	Kleingruppenübung
Ziel	Erweiterung des Verhaltensrepertoires im Bereich der Emotionsregulation
Zeit	Ca. 30 Minuten

Vorgehensweise/Anleitung:

- Erklären Sie den Teilnehmerinnen einleitend, dass diese Übung verdeutlichen soll, wie stark Menschen sich im Umgang mit Gefühlen voneinander unterscheiden können und wie vielfältig dementsprechend die Möglichkeiten sind, mit ein und demselben Gefühl umzugehen. Manche Menschen leben

Modul I Sitzung 3: Gruppenablauf   **G3**

ihre Gefühle beispielsweise in temperamentvoller Weise aus und lassen dadurch ihre Umgebung stark an ihrem Gefühlsleben teilhaben. Andere sind wesentlich sparsamer im Ausdruck ihrer Gefühle und behalten lieber für sich, wie ihnen gerade zumute ist. Es gibt Menschen, die sehr feine Antennen dafür haben, wie sie selbst und andere gerade empfinden – und Menschen, die sich eher schwer damit tun, wahrzunehmen, wie es in ihrem Gefühlsleben oder im Gefühlsleben anderer Menschen aussieht.

- Menschen unterscheiden sich außerdem darin, wie gut sie bestimmte Gefühle „aushalten" können. Der eine sieht es so, dass auch eher „unangenehme" Gefühle wie Ärger, Trauer und Einsamkeit ein fester Bestandteil des Lebens sind. Der andere hingegen kann es kaum ertragen, wenn er sich auch nur einen Moment traurig oder einsam fühlt, und versucht dann möglichst rasch etwas zu unternehmen, um diese Gefühle wieder zu verscheuchen.

- Um all diese Unterschiede auf einer handlungsnäheren Ebene zu betrachten, sollen sich die Kleingruppen in dieser Übung jeweils mit einem einzelnen Gefühl beschäftigen und gemeinsam überlegen, welche Möglichkeiten es gibt, auf das betreffende Gefühl zu reagieren.

- Weil es besonders schwer sein kann, mit belastenden Gefühlen wie Trauer, Angst und Wut umzugehen, sollen diese Gefühle im Mittelpunkt stehen. Bitten Sie die Teilnehmerinnen darum, sich in drei Kleingruppen aufzuteilen – jede Kleingruppe sollte aus mindestens zwei Teilnehmerinnen bestehen. Die Aufgabe jeder Kleingruppe ist es nun zunächst, möglichst viele verschiedene Umgangsweisen mit dem betreffenden Gefühl bzw. Gefühlszustand zu sammeln.

    - Die Leitfrage für die Arbeit der ersten Gruppe lautet:
      Wie kann man damit umgehen, wenn man sich traurig fühlt?

    - Die Leitfrage für die Arbeit der zweiten Gruppe lautet:
      Wie kann man damit umgehen, wenn man sich wütend fühlt?

    - Die Leitfrage für die Arbeit der dritten Gruppe lautet:
      Wie kann man damit umgehen, wenn man sich ängstigt?

- Erklären Sie, dass es in der ersten Phase dieser Übung nicht um eine Bewertung der Einfälle geht, sondern um eine möglichst vielfältige Ideensammlung – je mehr Ideen, umso besser! Sehen Sie für diese Phase ungefähr fünf Minuten vor. Die Einfälle sind stichpunktartig auf den Karteikarten festzuhalten – ein Einfall je Karte.

- Erst in der zweiten Phase nimmt die Kleingruppe eine Bewertung bzw. Sortierung der Einfälle vor. Ziel ist es, dass die Gruppe sich auf Umgangsweisen mit dem jeweiligen Gefühl bzw. Gefühlszustand einigt, die ihr besonders angemessen erscheinen. Angemessen soll in diesem Zusammenhang so etwas bedeuten wie: „Mit dieser Umgangsweise würde ich mich wohl fühlen. Sie hat nicht nur kurzfristig, sondern auch längerfristig

Modul I Sitzung 3: Gruppenablauf   **G3**

möglichst viele aus meiner Sicht erwünschte und möglichst wenige aus meiner Sicht unerwünschte Folgen." Die Gruppe sollte sich auch Gedanken darüber machen, warum sie die von ihr bevorzugten Umgangsweisen für besonders geeignet hält. Wenn nicht vollkommene Einstimmigkeit herrscht, ist das übrigens kein Problem.

- Sie als Gruppenleitung gehen während der Kleingruppenarbeit bitte von Gruppe zu Gruppe und geben gegebenenfalls Hilfestellung.

- Zur Nachbesprechung der Kleingruppenarbeit treffen sich alle wieder in der Großgruppe. Dabei stellt jede Kleingruppe ihre Schlussauswahl vor und erläutert, was an diesen Umgangsweisen aus ihrer Sicht besonders angemessen ist. Erfragen Sie zudem, welche Ideen in der Kleingruppenarbeit verworfen worden sind, weil sie zwar kurzfristig, nicht jedoch längerfristig mit erwünschten Folgen einhergehen dürften.

- Zum Abschluss der Übung bietet sich die Diskussion folgender Fragen an:

  - Gibt es Gemeinsamkeiten in den Ergebnissen der Kleingruppen? Haben z.B. manche der bevorzugten Umgangsweisen eine Art „gemeinsamen Nenner"?
  - Welche Hindernisse könnten im Alltag auftauchen, wenn man versucht, die vorgeschlagenen Umgangsweisen umzusetzen? Was könnte einem dabei helfen, diese Hindernisse zu überwinden?

- Da schwer abzuschätzen ist, zu welchen Ergebnissen die Kleingruppen kommen, ist von Ihnen als Gruppenleitung beim erneuten Zusammenkommen in der Großgruppe eine einfühlsame Haltung besonders gefragt.

Zusammenfassung der Information I3 „Wozu sind Gefühle da? – Die fünf Basisaffekte Angst, Wut, Ekel, Freude und Trauer" durch die Gruppenleitung

Verteilen Sie jetzt an die Teilnehmerinnen die Unterlagen für die heutige Sitzung und referieren Sie die zentralen Inhalte des Textes I3. Hierzu sollten Sie sich vor der Sitzung mit diesem Text und mit dem Text T3 vertraut gemacht haben. Wie ausführlich Sie die Präsentation gestalten und welche Inhalte Sie besonders hervorheben wollen, bleibt Ihnen überlassen. Bieten Sie den Teilnehmerinnen zudem die Gelegenheit zu Rückfragen und empfehlen Sie den Müttern den Text zu Hause noch einmal gründlich zu lesen.

Modul I Sitzung 3: Gruppenablauf   **G3**

Erläuterung der Wochenübung W3 „Mein Gefühlsthermometer"

Die Gruppenleitung verteilt die Arbeitsunterlagen für die Wochenübung an die Teilnehmerinnen. Die Wochenübung wird anschließend kurz vorbesprochen, wobei auch Gelegenheit zu Rückfragen bestehen sollte.

Am besten lesen Sie hierzu den Teilnehmerinnen zunächst die Instruktion vor. Betonen Sie besonders die Wichtigkeit der Rubrik „Was war da los? Was ging Ihnen durch den Kopf?", denn auf diese Weise lassen sich Zusammenhänge zwischen Gefühlen und möglichen Auslösesituationen herstellen, was sehr aufschlussreich sein kann. Falls die Frage aufkommt, ob es auch möglich ist neben dem einen vorgesehenen „Zusatzgefühl" (siehe Arbeitsblatt zur Wochenübung) noch weitere Gefühle aufzunehmen, sollten Sie diese Möglichkeit den Teilnehmerinnen grundsätzlich freistellen, aber eher empfehlen sich auf eine begrenzte Anzahl (d. h. die vorgesehenen fünf bis sechs Gefühle) zu konzentrieren, da die Übung sonst leicht sehr unübersichtlich werden kann.

Erklären Sie zum Sinn der Übung, dass es wichtig ist seinen Gefühlen genügend Beachtung zu schenken. Durch die getrennte Erfassung mehrerer Gefühle lassen sich zudem gut Verläufe und Schwankungen des Befindens abbilden. In der Rückschau erscheint es Menschen z. B. oft so, als sei die ganze letzte Woche durchgehend negativ verlaufen und etwa von Traurigkeit geprägt gewesen. Das kann zwar im Einzelfall zutreffen, oft trügt jedoch die Erinnerung und es gab durchaus auch ganz andere Phasen. Anhand der Erfassung der den Gefühlen zu Grunde liegenden Situation und der aufgetretenen Gedanken lässt sich schließlich gut erkennen, dass Gefühle nicht „einfach so" über einen hereinstürzen, sondern dass sie meistens mit der Art und Wiese zu tun haben, in der wir mit bestimmten Situationen umgehen bzw. über sie nachdenken.

Sinnvoll ist es übrigens, wenn Sie als Gruppenleitung diese Übung bis zur nächsten Woche ebenfalls durchführen, da dies den Gesprächseinstieg in der Nachbesprechung erleichtern kann. Vielleicht kündigen Sie sogar schon an, dass Sie selbst die Übung ebenfalls durchführen werden und schon gespannt darauf sind, welche Ergebnisse sich bei Ihnen zeigen werden.

Modul I Sitzung 3: Wochenübung W3

Arbeitsblatt zur Wochenübung W3 „Mein Gefühlsthermometer"

Bestimmen Sie in der kommenden Woche bis zur nächsten Sitzung am Ende eines jeden Tages den Ausprägungsgrad Ihrer Gefühle **Angst, Wut, Ekel, Freude** und **Trauer**. Wenn es **ein weiteres wichtiges Gefühl** gab, das Sie an dem jeweiligen Tag beschäftigt hat, dann können Sie dieses in das freie Feld eintragen und ebenfalls seinen Ausprägungsgrad bestimmen. Kreuzen Sie dazu die Zahl an, die Ihrem Empfinden nach am besten passt. Die „1" steht für eine sehr schwache Ausprägung dieses Gefühls, die „10" für eine sehr starke Ausprägung. Wichtig ist zudem der Zusammenhang zwischen Ihren Gefühlen und den Situationen, in denen diese aufgetreten sind: Was war da los? Oder auch: Was ging Ihnen durch den Kopf (z. B. als Sie gerade so wütend auf jemanden waren oder als Sie sich so gefreut haben über den schönen Spaziergang mit Ihrem Kind)? Bestimmen Sie schließlich für jeden Tag Ihr **Hauptgefühl**: Das ist das Gefühl, das Sie an dem Tag am meisten und am stärksten verspürt haben. Dieses Gefühl kreisen Sie bitte ein.

Ihre Gefühle sind wichtig! Hier haben Sie die Gelegenheit Ihre Gefühle mit möglichen Ursachen einmal ganz genau unter die Lupe zu nehmen. **Viel Spaß!**

Wochentag	Gefühl	Sehr schwach									Sehr stark	Was war da los? Was ging Ihnen durch den Kopf?
	Angst	①	②	③	④	⑤	⑥	⑦	⑧	⑨	⑩	
	Wut	①	②	③	④	⑤	⑥	⑦	⑧	⑨	⑩	
	Ekel	①	②	③	④	⑤	⑥	⑦	⑧	⑨	⑩	
	Freude	①	②	③	④	⑤	⑥	⑦	⑧	⑨	⑩	
	Trauer	①	②	③	④	⑤	⑥	⑦	⑧	⑨	⑩	
		①	②	③	④	⑤	⑥	⑦	⑧	⑨	⑩	

 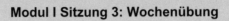

Modul I Sitzung 3: Wochenübung   **W3**

Wochentag	Gefühl	Sehr schwach							Sehr stark			Was war da los? Was ging Ihnen durch den Kopf?
	Angst	①	②	③	④	⑤	⑥	⑦	⑧	⑨	⑩	
	Wut	①	②	③	④	⑤	⑥	⑦	⑧	⑨	⑩	
	Ekel	①	②	③	④	⑤	⑥	⑦	⑧	⑨	⑩	
	Freude	①	②	③	④	⑤	⑥	⑦	⑧	⑨	⑩	
	Trauer	①	②	③	④	⑤	⑥	⑦	⑧	⑨	⑩	
		①	②	③	④	⑤	⑥	⑦	⑧	⑨	⑩	
	Angst	①	②	③	④	⑤	⑥	⑦	⑧	⑨	⑩	
	Wut	①	②	③	④	⑤	⑥	⑦	⑧	⑨	⑩	
	Ekel	①	②	③	④	⑤	⑥	⑦	⑧	⑨	⑩	
	Freude	①	②	③	④	⑤	⑥	⑦	⑧	⑨	⑩	
	Trauer	①	②	③	④	⑤	⑥	⑦	⑧	⑨	⑩	
		①	②	③	④	⑤	⑥	⑦	⑧	⑨	⑩	
	Angst	①	②	③	④	⑤	⑥	⑦	⑧	⑨	⑩	
	Wut	①	②	③	④	⑤	⑥	⑦	⑧	⑨	⑩	
	Ekel	①	②	③	④	⑤	⑥	⑦	⑧	⑨	⑩	
	Freude	①	②	③	④	⑤	⑥	⑦	⑧	⑨	⑩	
	Trauer	①	②	③	④	⑤	⑥	⑦	⑧	⑨	⑩	
		①	②	③	④	⑤	⑥	⑦	⑧	⑨	⑩	

 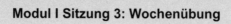

Modul I Sitzung 3: Wochenübung   **W3**

Wochentag	Gefühl	Sehr schwach									Sehr stark	Was war da los? Was ging Ihnen durch den Kopf?
	Angst	①	②	③	④	⑤	⑥	⑦	⑧	⑨	⑩	
	Wut	①	②	③	④	⑤	⑥	⑦	⑧	⑨	⑩	
	Ekel	①	②	③	④	⑤	⑥	⑦	⑧	⑨	⑩	
	Freude	①	②	③	④	⑤	⑥	⑦	⑧	⑨	⑩	
	Trauer	①	②	③	④	⑤	⑥	⑦	⑧	⑨	⑩	
		①	②	③	④	⑤	⑥	⑦	⑧	⑨	⑩	
	Angst	①	②	③	④	⑤	⑥	⑦	⑧	⑨	⑩	
	Wut	①	②	③	④	⑤	⑥	⑦	⑧	⑨	⑩	
	Ekel	①	②	③	④	⑤	⑥	⑦	⑧	⑨	⑩	
	Freude	①	②	③	④	⑤	⑥	⑦	⑧	⑨	⑩	
	Trauer	①	②	③	④	⑤	⑥	⑦	⑧	⑨	⑩	
		①	②	③	④	⑤	⑥	⑦	⑧	⑨	⑩	
	Angst	①	②	③	④	⑤	⑥	⑦	⑧	⑨	⑩	
	Wut	①	②	③	④	⑤	⑥	⑦	⑧	⑨	⑩	
	Ekel	①	②	③	④	⑤	⑥	⑦	⑧	⑨	⑩	
	Freude	①	②	③	④	⑤	⑥	⑦	⑧	⑨	⑩	
	Trauer	①	②	③	④	⑤	⑥	⑦	⑧	⑨	⑩	
		①	②	③	④	⑤	⑥	⑦	⑧	⑨	⑩	

Modul I Sitzung 4: Übersicht   Ü4

Thema	Selbstwertgefühl und Selbstvertrauen
Fragen	• Was sind meine Stärken? • Wie kann ich mich selbst wertschätzen? • Wie kann ich mich selbst wertvoll fühlen?
Ziele	• Selbstwertgefühl stärken • Erkennen und Stabilisieren des eigenen Selbstwerts
Ablauf	1. Blitzlicht und Anwesenheitsbogen 2. Bearbeitung Wochenübung W3 „Mein Gefühlsthermometer" 3. Vorstellung von Sitzungsthema und Sitzungsablauf 4. Übungen: • Rollenspiel, Gruppenleitung: „Deine Sonnenseite" • Übung 1, Großgruppe: „Deine Sonnenseite" 5. Zusammenfassung der Information I4 „Selbstwertgefühl und Selbstvertrauen" 6. Erläuterung der Wochenübung W4 „Meine Sonnenseite"
Arbeitsmaterial Gruppenleiter	• Theoretische Einführung T4 „Selbstwertgefühl und Selbstvertrauen" • Anleitung zum Gruppenablauf G4 • Anwesenheitsbogen A4
Arbeitsmaterial Mütter	• Infoblatt I4 • Arbeitsblatt zur Wochenübung W4

Modul I Sitzung 4: Theoretische Einführung   T4

Selbstwertgefühl und Selbstvertrauen

In unserem Selbstwertgefühl drückt sich aus, wie früher unsere Eltern emotional zu uns standen und wie wir heute selbst emotional zu uns stehen. Das Selbstwertgefühl kann mehr oder weniger positiv sein und mehr oder weniger stabil. Es gibt also z. B. Menschen, die sich selbst gegenüber liebevoll und wertschätzend eingestellt sind und das auch dann noch bleiben, wenn andere Menschen sie kritisieren oder sie einen Misserfolg erlebt haben (hier handelt es sich um Menschen mit einem positiven und stabilen Selbstwertgefühl). Andererseits gibt es z. B. auch Menschen, die sich selbst gegenüber negativ eingestellt sind, sich also wenig zutrauen oder unzufrieden mit sich selbst sind. Solche Menschen fühlen sich innerlich oft wertlos und unbedeutend. Kritik trifft sie entweder tief oder sie setzen andere Menschen dauernd herab (hier handelt es sich um Menschen mit einem negativen und labilen Selbstwertgefühl).

Im Zusammenhang mit dem Thema Selbstwertgefühl sind zwei weitere Begriffe wichtig: das so genannte **Realselbst** und das so genannte **Idealselbst**. Der Begriff Realselbst soll dabei einfach ausdrücken, welches Bild jemand von sich hat mit all seinen Persönlichkeitseigenschaften, Fähigkeiten, Vorlieben usw. Anders ausgedrückt: Das Realselbst bezieht sich auf den **Ist-Zustand**.

Im Unterschied dazu bezieht sich der Begriff des Idealselbst auf das häufig aus Elternerwartungen stammende und unbewusste Wunschbild eines Menschen von sich. Das Idealselbst drückt also aus, wie jemand gerne wäre und über welche Eigenschaften, Fähigkeiten usw. er aus seiner Sicht verfügen müsste, um mit sich rundum zufrieden zu sein. Anders ausgedrückt: Das Idealselbst bezieht sich auf den **Soll-Zustand**.

Bei Menschen mit einem positiven Selbstwertgefühl findet sich in der Regel nur ein vergleichsweise geringer Unterschied zwischen Realselbst und Idealselbst, d. h., das Bild, das sie von sich selbst haben, liegt relativ nah am Idealbild ihrer Person. Bei Menschen mit einem negativen Selbstwertgefühl hingegen ist dieser Abstand deutlich größer. Wenn jemand z. B. sehr gerne reich, berühmt und sehr gut aussehend wäre, jedoch nichts davon ist, dann lässt sich leicht nachvollziehen, dass es um sein Selbstwertgefühl nicht zum Besten bestellt ist.

Entscheidend ist nun, dass sich aus der Gegenüberstellung dieses Begriffspaares **zwei Stellgrößen** ergeben, über die sich das Selbstwertgefühl beeinflussen lässt. Wer also weder reich, noch berühmt, noch sehr gut aussehend ist und darauf sein negatives Selbstwertgefühl zurückführt, der kann zum einen seine Energie auf die Erlangung von Reichtum, Berühmtheit und Schönheit wenden und hoffen, sich dann selbst mehr zu mögen. Er kann aber auch an der Anspruchsseite ansetzen und überprüfen, inwieweit und warum eigentlich es für ihn tatsächlich so bedeutsam ist diese Ziele zu erreichen. Beide Wege haben Vor- und Nachteile, aber es ist gut sich daran zu erinnern, dass es beide Möglichkeiten gibt.

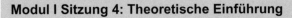

Modul I Sitzung 4: Theoretische Einführung T4

Wovon hängt es ab, ob wir ein eher positives oder negatives bzw. eher stabiles oder labiles Selbstwertgefühl haben?

Eine wichtige Quelle unseres Selbstwertgefühls sind **frühe Beziehungserfahrungen**, also Erfahrungen aus der Kindheit im Umgang mit den Eltern und anderen wichtigen Bezugspersonen. Ein Grund hierfür ist, dass Kinder sich in ihrer ersten Entwicklungsphase noch nicht deutlich als von der Mutter getrenntes und eigenständiges Wesen erleben können. Über frühe **spiegelnde Beziehungs- und Gefühlserfahrungen** verinnerlichen sie stattdessen allmählich das Bild, das sich die Mutter und andere wichtige Bezugspersonen von ihnen machen.

Damit diese Erfahrungen später in einem positiven Selbstwertgefühl münden, ist es wichtig, dass sich die Bezugspersonen im Umgang mit dem Kind einfühlsam und liebevoll verhalten – ohne jedoch dabei auf Dauer ihre eigenen Leistungsgrenzen zu überschreiten. Sie sollten sich bemühen die Bedürfnisse des Kindes angemessen zu befriedigen (weder zu schwach noch zu stark) und Frustrationszustände des Kindes zu regulieren, es also z. B. trösten, wenn es Schmerzen hat. Aus solch guten und beschützenden Erfahrungen mit der Mutter entwickelt sich das so genannte **Urvertrauen**, das die Grundlage eines späteren gesunden Selbstvertrauens und schließlich eines positiven Selbstwertgefühls bildet. Dabei ist es bedeutsam, ob die Eltern das Kind um seiner selbst willen lieben oder das Kind mit eigenen Wünschen, Ängsten und Erwartungen überfordern und so das Idealselbst des Kindes von seinem realen Lebensgefühl zu weit entfernen.

Erst in einer späteren Entwicklungsphase lösen sich die Kinder zunehmend von der Mutter und entwickeln Bestrebungen nach mehr Selbstständigkeit. Damit erwerben Kinder auch nach und nach die Fähigkeit, Zustände der Frustration zumindest ansatzweise selbst zu regulieren, d. h. sie sind beispielsweise nicht mehr stets auf die Mutter angewiesen, um sich nach einem für sie enttäuschenden Erlebnis selbst zu beruhigen.

Glücklicherweise ist es so, dass diese frühen Erfahrungen nicht ein für alle Mal darüber entscheiden, wie es in unserem späteren Leben um unser Selbstvertrauen und unser Selbstwertgefühl bestellt sein wird. Wir haben also Spielraum, z. B. können wir uns wie schon weiter oben beschrieben darum bemühen, unser Realselbst und unser Idealselbst mehr in Einklang zu bringen. Dennoch bleiben diese frühen Erfahrungen in aller Regel lebenslang bedeutsam, denn sie bilden so etwas wie den Hintergrund unseres Selbstwertgefühls, vor dem wir z. B. neue Beziehungserfahrungen mit anderen Personen sammeln, uns in Leistungssituationen mehr oder weniger gut bewähren und vor dem es uns auch mehr oder weniger leicht fällt unser Realselbst zu akzeptieren. Um weitere Möglichkeiten, wie wir zu einem besseren Selbstwertgefühl bzw. zu einer weniger negativen Selbstwahrnehmung gelangen können, wird es übrigens auch noch in der nächsten Sitzung gehen.

In der heutigen Sitzung steht die Beschäftigung der Teilnehmerinnen mit ihren **„Sonnenseiten"**, also mit ihren Stärken und mit ihren kleinen und großen persönlichen Erfolgen im Mittelpunkt. Dies ist besonders wichtig für die Teilnehmerinnen, weil die psychologische Forschung zeigen konnte, dass sich das Selbstwertgefühl von gesunden Menschen und von Menschen, die zu Depressionen neigen (aus dem ersten

 **Modul I Sitzung 4: Theoretische Einführung** T4

Kapitel wissen Sie ja, dass Alleinerziehende im Vergleich zu nicht alleinerziehenden Eltern ein relatives hohes Risiko zur Entwicklung depressiver Erkrankungen haben) in einigen Punkten deutlich unterscheidet.

Wie zu erwarten zeigte sich in Studien, dass depressive Menschen in der Regel ein negativeres Selbstwertgefühl als Gesunde haben. Bemerkenswerter ist der Befund, dass das Selbstwertgefühl von depressiven Menschen in der Regel „realistischer" ist als das Selbstwertgefühl von gesunden Menschen. Vergleicht man nämlich die dem Selbstwertgefühl zu Grunde liegenden Selbstbilder der depressiven und gesunden Personen mit Bewertungen dieser Personen durch andere Personen, dann zeigt sich häufig, dass die Selbst- und Fremdbewertungen bei den Depressiven recht dicht beieinander liegen. Die Selbsteinschätzungen der Gesunden hingegen fallen deutlich positiver aus als deren Beurteilung durch andere Menschen. Mit anderen Worten: Seelische Gesundheit hängt eher mit einem leicht überhöhten Selbstbild bzw. Selbstwertgefühl als mit einem realistischen Selbstbild bzw. Selbstwertgefühl zusammen.

Natürlich ist hiermit nicht gemeint, dass es ein Zeichen von seelischer Gesundheit ist, wenn jemand sich so weit von der Wahrnehmung anderer Menschen entfernt, dass Selbst- und Fremdbild nichts mehr miteinander zu tun haben. Aber gelegentlich eher auf die positiven Seiten der eigenen Persönlichkeit zu achten als auf die negativen Seiten oder eigene Fähigkeiten und sonstige Ressourcen besonders zu betonen, sind durchaus berechtigte Strategien, um das eigene Selbstwertgefühl zu stabilisieren bzw. zu fördern.

Die **Wahrnehmung der eigenen Stärken** ist für besonders belastete alleinerziehende Mütter, die auch an der PALME-Gruppe teilnehmen, häufig erschwert. Die Ursachen hierfür können z. B. negative Erfahrungen in der eigenen Kindheit, Überforderung durch zu hohe (Rollen-)Erwartungen oder eine länger andauernde Niedergeschlagenheit im Zusammenhang mit anhaltenden familiären Konflikten sein. Deshalb ist es von besonderer Wichtigkeit, dass Sie das Gruppenleiterpaar diese Mütter bei der Wahrnehmung eigener Stärken unterstützen, indem beispielsweise auch „kleine Schritte" angemessen gewürdigt werden.

 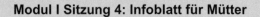

Modul I Sitzung 4: Infoblatt für Mütter   **I4**

Selbstwertgefühl und Selbstvertrauen

In unserem Selbstwertgefühl drückt sich aus, wie früher unsere Eltern gefühlsmäßig zu uns standen und wie wir heute selbst gefühlsmäßig zu uns stehen. Das Selbstwertgefühl kann **mehr oder weniger positiv** sein und **mehr oder weniger sicher**. Es gibt also z. B. Menschen, die sich selbst gegenüber liebevoll und wertschätzend eingestellt sind und das auch dann noch bleiben, wenn andere Menschen sie kritisieren oder sie einen Misserfolg erlebt haben (hier handelt es sich um Menschen mit einem positiven und sicheren Selbstwertgefühl). Andererseits gibt es z. B. auch Menschen, die sich selbst gegenüber negativ eingestellt sind, sich also wenig zutrauen oder unzufrieden mit sich selbst sind. Solche Menschen fühlen sich innerlich oft wertlos und unbedeutend. Kritik trifft sie entweder tief oder sie setzen andere Menschen dauernd herab (hier handelt es sich um Menschen mit einem negativen und unsicheren Selbstwertgefühl).

Im Zusammenhang mit dem Thema Selbstwertgefühl sind zwei weitere Begriffe wichtig: das so genannte **„wirkliche Selbst"** und das so genannte **„Wunschselbst"**. Der Begriff „wirkliches Selbst" soll dabei einfach ausdrücken, welches Bild jemand von sich hat mit all seinen Eigenschaften, Fähigkeiten, Vorlieben usw. Anders ausgedrückt: Das „wirkliche Selbst" bezieht sich darauf, wie Sie sich selbst sehen.

Im Unterschied dazu bezieht sich der Begriff „Wunschselbst" auf das häufig von den Eltern stammende Wunschbild eines Menschen von sich. Das „Wunschselbst" gibt also wider, wie jemand gerne wäre und über welche Fähigkeiten, Talente usw. er aus seiner Sicht verfügen müsste, um mit sich rundum zufrieden zu sein. Anders ausgedrückt: Das Idealselbst bezieht sich darauf, wie Sie gerne wären.

Bei Menschen mit einem positiven Selbstwertgefühl findet sich meistens nur ein eher kleiner Unterschied zwischen Realselbst und Idealselbst, d. h. das Bild, das sie von sich selbst haben, liegt ziemlich nah daran, wie sie gerne wären. Bei Menschen mit einem negativen Selbstwertgefühl hingegen ist dieser Abstand deutlich größer. Wenn jemand z. B. sehr gerne reich, berühmt und gut aussehend wäre, jedoch nichts davon ist, dann ist klar, dass sein Selbstwertgefühl eher schlecht sein wird.

Entscheidend ist nun, dass man an beiden Arten des Selbstbildes (also am „wirklichen Selbst" und am „Wunschselbst") ansetzen kann, um sein Selbstwertgefühl zu verbessern. Wer weder reich, noch berühmt, noch sehr gut aussehend ist und deshalb ein negatives Selbstwertgefühl hat, kann entweder versuchen doch noch Reichtum, Berühmtheit und Schönheit zu erlangen in der Hoffnung, sich dann selbst mehr zu mögen. Er kann aber auch an der Anspruchsseite ansetzen und überprüfen, inwieweit und warum eigentlich es für ihn tatsächlich so bedeutsam ist diese Ziele zu erreichen. Beide Wege haben Vor- und Nachteile, aber es ist gut sich daran zu erinnern, dass es beide Möglichkeiten gibt.

Modul I Sitzung 4: Infoblatt für Mütter **I4**

Wovon hängt es ab, ob wir ein eher positives oder negatives bzw. eher sicheres oder unsicheres Selbstwertgefühl haben?

Eine wichtige Quelle unseres Selbstwertgefühls sind **frühe Beziehungserfahrungen**, also Erfahrungen aus der Kindheit im Umgang mit den Eltern und anderen wichtigen Bezugspersonen. Ein Grund hierfür ist, dass Kinder sich in ihrer ersten Entwicklungsphase noch nicht deutlich als von der Mutter getrenntes und eigenständiges Wesen erleben können. Über frühe **spiegelnde Beziehungs- und Gefühlserfahrungen** verinnerlichen sie stattdessen allmählich das Bild, das sich die Mutter und andere wichtige Bezugspersonen von ihnen machen.

Damit diese Erfahrungen später in einem positiven Selbstwertgefühl münden, ist es wichtig, dass sich die Bezugspersonen im Umgang mit dem Kind einfühlsam verhalten. Sie sollten sich bemühen die Bedürfnisse des Kindes angemessen zu befriedigen (weder zu schwach noch zu stark) und unterstützend einzugreifen, wenn es dem Kind nicht gut geht, es also z. B. trösten, wenn es Schmerzen hat. Aus solch guten und beschützenden Erfahrungen mit der Mutter entwickelt sich das so genannte **Urvertrauen**, das die Grundlage eines späteren gesunden Selbstvertrauens und schließlich eines positiven Selbstwertgefühls bildet.

Erst in einer späteren Entwicklungsphase lösen sich die Kinder zunehmend von der Mutter und entwickeln den Wunsch nach mehr Selbstständigkeit. Damit erwerben Kinder auch nach und nach die Fähigkeit, sich in Situationen, in denen es ihnen nicht gut geht, zumindest teilweise selbst wieder zu beruhigen.

Zum Glück ist es so, dass diese frühen Erfahrungen nicht ein für alle Mal darüber entscheiden, wie es in unserem späteren Leben mit unserem Selbstvertrauen und unserem Selbstwertgefühl aussieht. Denn dann wäre es ja so, dass man gar nichts mehr daran ändern könnte, wenn z. B. die eigenen Eltern nicht so einfühlsam waren und man deshalb als Kind nicht so ein großes Selbstvertrauen aufbauen konnte. Wir haben also Spielraum, z. B. können wir uns darum bemühen, unser Realselbst und unser Idealselbst aneinander anzunähern. Dennoch bleiben diese frühen Erfahrungen in aller Regel lebenslang bedeutsam, denn sie bilden so etwas wie den Hintergrund unseres Selbstwertgefühls. Vor diesem Hintergrund sammeln wir in unserem späteren Leben Erfahrungen mit anderen Menschen, in der Bewältigung unseres Alltags oder auch in Prüfungs- und anderen Leistungssituationen. Um weitere Möglichkeiten, wie wir zu einem besseren Selbstwertgefühl bzw. zu einer weniger negativen Selbstwahrnehmung gelangen können, wird es übrigens auch noch in der nächsten Sitzung gehen.

In der heutigen Sitzung stehen erst einmal Ihre „**Sonnenseiten**" im Mittelpunkt, also Ihre Stärken und Erfolge. Es tut einfach gut, wenn man ab und zu mal besonders genau auf seine positiven Seiten achtet und die eigenen Fähigkeiten betont. Für viele Menschen ist das eher ungewohnt. Sie sind streng und kritisch mit sich selbst und haben wenig Übung darin sich selbst zu loben. Dies kann in negativen Erfahrungen aus der Kindheit, einer Überforderung auf Grund zu hoher (Rollen-)Erwartungen oder einer länger andauernde Niedergeschlagenheit etwa im Zusammenhang mit anhaltenden familiären Konflikten begründet sein. Aber machen Sie sich keine Sorgen: Es ist nie zu spät, um einen weniger strengen Umgang mit sich zu erlernen. Oft ist es

 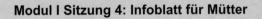 **Modul I Sitzung 4: Infoblatt für Mütter** I4

schon hilfreich, wenn man anfängt auch kleine Schritte in die richtige Richtung zu würdigen und sich nicht nur bei großen Fortschritten lobt. Sie werden sehen, dass dies einen Beitrag dazu leisten kann das Selbstwertgefühl zu verbessern und mit sich selbst freundlicher und achtsamer umzugehen.

Modul I Sitzung 4: Gruppenablauf   **G4**

Blitzlicht und Anwesenheitsbogen

Wie kommen Sie heute hier an? Wie geht es Ihnen?

Bearbeitung der Wochenübung W3 „Mein Gefühlsthermometer"

In der letzten Woche sollten Sie am Ende eines jeden Tages den Ausprägungsgrad verschiedener Gefühle bestimmen. Dazu sollten Sie die Zahl ankreuzen, die Ihrem Empfinden nach am besten zum Ausprägungsgrad des jeweiligen Gefühls passte, wobei die „1" für eine sehr schwache und die „10" für eine sehr starke Gefühlsintensität stand.

Zusätzlich sollten Sie das Hauptgefühl jeden Tages bestimmen und festhalten, in welchen Situationen die Gefühle aufgetreten sind bzw. was Ihnen jeweils durch den Kopf gegangen ist, als Sie ein bestimmtes Gefühl verspürt haben.

Wenn Sie Lust haben, können Sie als Gruppenleitung zunächst modellhaft Ihre eigenen Gefühlsthermometer vorstellen. Konzentrieren Sie sich dabei auf eher extreme, also besonders schwache und starke Ausprägungen, da diese Werte besonders aufschlussreich sein dürften. Wenn z. B. jemand die ganze Woche über kaum Wut verspürt, könnte dies ein Hinweis auf eine besonders harmonische Woche sein oder auch darauf, dass jemand allgemein eher selten wütend wird bzw. dieses Gefühl eher selten bewusst verspürt und zum Ausdruck bringt.

Beziehen Sie schließlich die Gruppe ein und fragen Sie, wer gerne sein Gefühlsthermometer vorstellen möchte. Ihre Aufgabe dabei ist es die Teilnehmerinnen miteinander ins Gespräch zu bringen und dieses Gespräch zu moderieren. Wahrscheinlich ergeben sich zudem bei jeder Teilnehmerin einige Anknüpfungspunkte aus der Vorstellung des Gefühlsthermometers, die Sie in wertschätzender Weise einbringen können:

- Insgesamt eher schwache Gefühlsintensitäten lassen sich etwa als Hinweis auf ein ausgeglichenes Temperament auffassen oder als Beleg für eine „ruhige Woche".

- Sehr schwankende Intensitäten könnten Sie als Anzeichen für eine bewegte Woche oder eine stark schwankende Gestimmtheit interpretieren.

- Das Vorhandensein vieler negativer Gefühle bei zugleich nur schwach ausgeprägter Freude kann man einfühlsam aufnehmen, indem man z. B. sagt „Ich sehe, dass Sie im Moment eine schwere Zeit haben und dass es Ihnen nicht gut geht. Ich finde es ganz toll, dass Sie das so gewissenhaft festgehalten haben und hier so offen darüber sprechen." Sie sollten in diesem Fall wie auch sonst nicht auf „positives Denken" drängen, sondern wie in der letzten Sitzung bei der Übung

 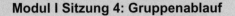

Modul I Sitzung 4: Gruppenablauf   **G4**

zum „Hauptgefühl" vermitteln, dass es in Ordnung ist auch negative Gefühle zuzulassen. Die vorschnelle Empfehlung, das Leben doch positiv zu sehen, untergräbt Ihre Glaubwürdigkeit und Professionalität. Auf der Beziehungsebene wirkt diese „Billiglösung" als Abwendung und Distanzierung, worunter viele alleinerziehende Mütter sowieso schon leiden.

Verlassen Sie sich bezüglich weiterer Anknüpfungspunkte auf Ihr eigenes Einfühlungsvermögen und Ihre persönliche Kreativität – denn dann werden die Teilnehmerinnen sich gut aufgehoben und wertgeschätzt fühlen!

Bieten Sie den Teilnehmerinnen nach Besprechung der Wochenübung zudem die Möglichkeit, noch offen gebliebene Fragen zum Infoteil I3 zu klären.

Vorstellung von Sitzungsthema und Sitzungsablauf

Verwenden Sie die Übersicht Ü4, um den Teilnehmerinnen einen kurzen Überblick über das Programm der heutigen Sitzung zu geben.

Modul I Sitzung 4: Gruppenablauf   **G4**

Rollenspiel: „Deine Sonnenseite"

Material	Es wird kein gesondertes Material benötigt.
Methode	Dialog
Ziel	Erlernen von positivem Feedback Verbalisieren von positiven Eigenschaften Annahme von positivem Feedback
Zeit	Ca. 5-10 Minuten

Vorgehensweise/Anleitung:

Gruppenleiterin A und Gruppenleiter B sitzen sich gegenüber.

1. Gruppenleiterin A beginnt damit, Gruppenleiter B ein positives Feedback zu geben, ihm also mitzuteilen, was sie an ihm mag und wofür sie ihn wertschätzt. So könnte sie ihm z. B. mitteilen, dass sie an ihm seine schönen Locken, die schlanken Hände und seine freundliche oder lustige Art mag. Zudem könnte sie ihm ihre Wertschätzung etwa für seine Geduld, Zuverlässigkeit und Ehrlichkeit ausdrücken. Die Aufgabe von Gruppenleiter B besteht darin das Gesagte in sich aufzunehmen, also lediglich zuzuhören, jedoch nichts dazu zu sagen.

2. Anschließend berichtet Gruppenleiter B an Gruppenleiterin A, wie es ihm mit diesem Feedback geht bzw. wie er sich während des Zuhörens gefühlt hat. Nun ist es für Gruppenleiterin A an der Reihe zu schweigen.

In diesem Rollenspiel soll zunächst die Gruppenleiterin A den Gruppenleiter B mittels positivem, persönlichem Feedback freundlich und liebevoll annehmen und ihm seine Wertschätzung ausdrücken für das, was er ist. Gruppenleiter B hat die Möglichkeit das positive Feedback zunächst auf sich einwirken zu lassen und erst dann Stellung dazu zu nehmen. Vielleicht besteht sein Feedback darin, dass es gut getan hat so viel Erfreuliches über die eigene Person zu hören, vielleicht war es aber auch eher „schwer" sich so viel Positives über die eigene Person anzuhören und die Situation „auszuhalten". Angesprochen werden können an dieser Stelle auch Automatismen der Selbstentwertung oder der Selbstsabotage, die bei manchen Menschen dazu führen, dass die positiven Kommentare anderer über die eigene Person rasch angezweifelt werden. Sie glauben z. B., dass die andere Person übertreibe, dass sich hinter ihrem Lob manipulative Absichten verbergen könnten, dass sie so viel Lob nicht verdient hätten usw.

 **Modul I Sitzung 4: Gruppenablauf**   **G4**

3. Zum Abschluss der Übung werden die Rollen getauscht.

Bitte geben Sie einander ein einfühlsames und vor allem wirklich ehrliches Feedback. Wichtig ist, in diesem Rollenspiel vor allem nichts Künstliches herzustellen, sondern sich einander offen positiv zu begegnen. So können Sie als „Elternpaar" den Müttern helfen, sich ebenfalls zu öffnen.

Übung 1: „Deine Sonnenseite"

Material	Es wird kein gesondertes Material benötigt.
Methode	Dialog
Form	Großgruppe
Ziel	Erlernen von positivem Feedback Verbalisieren von positiven Eigenschaften Annahme von positivem Feedback
Zeit	Ca. 30-45 Minuten

Vorgehensweise/Anleitung:

Die Übung gestaltet sich inhaltlich analog zum Rollenspiel. Erklären Sie, dass dies für die heutige Sitzung die einzige Gruppenübung ist und dass sich deshalb alle bei dieser wichtigen Übung genügend Zeit nehmen können:

1. Übungsabschnitt:
Eine Teilnehmerin nimmt auf einem Stuhl in der Mitte Platz, die anderen Teilnehmerinnen sitzen um sie herum. Nun erhält die Teilnehmerin in der Mitte der Reihe nach Feedback von den übrigen Gruppenmitgliedern. Auch in dieser Übung sollen die Rückmeldenden einfühlsam-positiv und ehrlich darauf eingehen, was sie an der Person im Fokus besonders mögen und wertschätzen. Die Mutter im Mittelpunkt dreht sich jeweils zur Sprechenden hin. Es ist nicht selten, dass Teilnehmerinnen emotional stark davon berührt sind, wenn sie die positiven Rückmeldungen von den anderen Gruppenmitgliedern erhalten, weil sie z. B. den Eindruck haben schon lange keine so freundlichen Worte mehr gehört zu haben oder auch weil es ihnen schwer fällt den Platz inmitten der anderen Teilnehmerinnen und damit im Fokus der allgemeinen Aufmerksamkeit einzunehmen. Gehen Sie als Gruppenleitung behutsam mit

Modul I Sitzung 4: Gruppenablauf **G4**

diesen emotionalen Reaktionen um – wenn eine Teilnehmerin etwa nicht inmitten der Gruppe sitzen mag, kann sie ausnahmsweise auch ihren zuvor eingenommenen Platz beibehalten.

Wenn alle ihr Feedback abgegeben haben, nimmt eine andere Teilnehmerin in der Mitte Platz. Dies setzt sich so lange fort, bis alle ihr Feedback erhalten haben. Intervenieren Sie freundlich und behutsam, wenn die Beiträge der Mütter im Verlauf der Übung zu konventionell oder standardisiert werden. Hierzu sollten Sie zunächst auf das Phänomen hinweisen und Verständnis zeigen, dann aber auch darstellen, was verloren geht und dass sich hier eventuell etwas Unechtes „von früher" wiederholt. Geben Sie schließlich stellvertretend eine modellhafte Hilfestellung.

2. Übungsabschnitt:
Zum Abschluss der Übung sollen die Teilnehmerinnen in Form eines Brainstormings darauf eingehen, wie sie sich während des ersten Übungsabschnitts gefühlt haben – und zwar sowohl in der Rolle der Empfängerin des Feedbacks als auch in der Rolle der Feedback-Gebenden. Leitfragen hierzu sind z. B.:

- Wie war das jetzt für Sie diese Rückmeldungen zu bekommen und zu geben?

- Was ist Ihnen aufgefallen? Haben Sie bei sich irgendwelche körperlichen Reaktionen gespürt? Sind Ihnen bestimmte Gedanken gekommen? Und wie haben Sie sich gefühlt? Hat Sie die Übung vielleicht an etwas erinnert?

- Was war angenehm für Sie zu hören oder zu sagen?

- War für Sie auch etwas unangenehm zu hören oder zu sagen?

Die Gesprächsatmosphäre während des Brainstormings sollte möglichst nicht bewertend sein und alle Teilnehmerinnen dazu einladen sich zu äußern. Die Gruppenleiter bemühen sich darum sensibel auf die Äußerungen der Teilnehmerinnen einzugehen, fassen inhaltliche Aspekte zusammen und achten besonders auf die positiven wie negativen Emotionen der Teilnehmerinnen.

Zusammenfassung der Information I4 „Selbstwertgefühl und Selbstvertrauen" durch die Gruppenleitung

Verteilen Sie jetzt an die Teilnehmerinnen die Unterlagen für die heutige Sitzung und referieren Sie die zentralen Inhalte des Textes I4. Hierzu sollten Sie sich vor der Sitzung mit diesem Text und mit dem Text T4 vertraut gemacht haben. Wie ausführlich Sie die Präsentation gestalten und welche Inhalte Sie besonders hervorheben wollen, bleibt Ihnen überlassen. Bieten Sie den Teilnehmerinnen zudem die Gelegenheit

 **Modul I Sitzung 4: Gruppenablauf**   **G4**

zu Rückfragen und empfehlen Sie den Müttern den Text zu Hause noch einmal gründlich zu lesen.

Erläuterung der Wochenübung W4 „Meine Sonnenseite"

Die Gruppenleitung verteilt die Arbeitsunterlagen für die Wochenübung an die Teilnehmerinnen. Die Wochenübung wird anschließend kurz vorbesprochen, wobei auch Gelegenheit zu Rückfragen bestehen sollte. Am besten gehen Sie hierzu die Arbeitsunterlagen gemeinsam mit den Teilnehmerinnen Punkt für Punkt durch.

Modul I Sitzung 4: Wochenübung   **W4**

Arbeitsblatt zur Wochenübung W4 „Meine Sonnenseite"

Bitte beobachten Sie sich in der folgenden Woche einmal ganz genau und achten Sie dabei jeden Tag auf das, was Ihnen besonders gut gelungen ist, und auf Ihre ganz persönlichen Stärken. Beantworten Sie daraufhin täglich schriftlich die Fragen auf dieser und der folgenden Seite. Nachdem Sie die Woche über verschiedene „Sonnenseiten" zusammengetragen haben, treffen Sie dann vor der nächsten Sitzung eine Auswahl aus diesen Erfolgserlebnissen und Stärken, die Ihnen besonders wichtig erscheint. Übertragen Sie die Punkte in das Arbeitsblatt am Ende der Unterlagen und bringen Sie es zur nächsten Stunde mit. Ganz wichtig: Beachten Sie gerade auch die „kleinen Schritte" und Erfolge im Alltag – auch im Zusammensein mit Ihrem Kind.

Sinn der Übung: Wie viel Selbstvertrauen wir haben und ob wir ein starkes Selbstwertgefühl haben, hängt auch davon ab, ob wir das, was wir gut können und das, was uns gut gelingt, überhaupt aufmerksam genug wahrnehmen. Viele Menschen neigen dazu ihre Aufmerksamkeit eher auf die Bereiche zu lenken, in denen es nicht so gut läuft und in denen immer wieder Probleme auftreten.

Es ist richtig diese schwierigen Bereiche nicht völlig auszublenden und auch zu seinen Schwächen zu stehen (deshalb wird es z. B. in der nächsten Sitzung auch um Ihre „Schattenseiten" gehen) – aber zu einem vollständigen Bild gelangen wir nur, wenn wir beide Seiten anerkennen: Sonnenseiten und Schattenseiten. Starten Sie also diese Woche mit Ihren Sonnenseiten und seien Sie aufmerksam für Ihre Stärken! Achten Sie dabei auch auf die Gefühle, die durch die Beschäftigung mit Ihren großen und kleinen Erfolgen in Ihnen ausgelöst werden – fühlt sich das eher ungewohnt an oder vertraut? Kommt so etwas wie Freude oder Stolz in Ihnen auf? Oder finden Sie es eher befremdlich und unangenehm sich so viel „selbst loben zu müssen"?

Wochentag	Was ist mir heute besonders gut gelungen?

 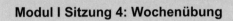

Modul I Sitzung 4: Wochenübung W4

Wochentag	Welche besondere Stärke ist mir heute an mir selbst aufgefallen?

 **Modul I Sitzung 4: Wochenübung**   **W4**

Meine Sonnenseiten

Bitte tragen Sie auf diesem Arbeitsblatt Ihre persönlichen Erfolgserlebnisse und Stärken ein, die Ihnen bei der Bearbeitung der Wochenübung in der letzten Woche aufgefallen sind.

_____

_____

_____

_____

_____

_____

_____

_____

_____

_____

 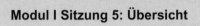

Modul I Sitzung 5: Übersicht Ü5

Thema	Negative Selbstwahrnehmung, Selbstentwertung und Selbstschädigung
Fragen	• Wie kann ich negative Gefühle erkennen und benennen? • Welche Auswirkungen haben sie auf mich? • Was sind meine wirklichen Schwächen?
Ziele	• Realistisches Erkennen eigener Schwächen • Erkennen und Benennen von übertrieben negativen Gefühlen • Erkennen und Abbau von übertriebenen Selbstvorwürfen
Ablauf	1. Blitzlicht und Anwesenheitsbogen 2. Bearbeitung der Wochenübung W4 „Meine Sonnenseite" 3. Vorstellung von Sitzungsthema und Sitzungsablauf 4. Rollenspiel, Gruppenleitung: „Schattenseiten" 5. Zusammenfassung der Information I5 „Negative Selbstwahrnehmung, Selbstentwertung und Selbstschädigung" 6. Übungen: • Übung 1, Paar: „Schattenseiten" • Übung 2, Großgruppe: „Der Eisberg" 7. Erläuterung der Wochenübung W5 „Meine Schattenseite" 8. Vorbesprechung des PALME-Ausfluges
Arbeitsmaterial Gruppenleiter	• Theoretische Einführung T5 „Negative Selbstwahrnehmung, Selbstentwertung und Selbstschädigung" • Anleitung zum Gruppenablauf G5 • Anwesenheitsbogen A5
Arbeitsmaterial Mütter	• Infoblatt I5 • Arbeitsblatt zur Wochenübung W5

Modul I Sitzung 5: Theoretische Einführung   T5

Negative Selbstwahrnehmung, Selbstentwertung und Selbstschädigung

Wir alle verfügen über die Fähigkeit uns selbst so wahrzunehmen, als würden wir uns von außen betrachten. Wir können einer Tätigkeit nachgehen und gleichzeitig oder zu einem späteren Zeitpunkt über die Art und Weise, in der wir diese Tätigkeit ausführen, nachdenken oder über die Gründe dafür, warum wir diese Tätigkeit ausführen. Mit dieser Fähigkeit können wir unser Handeln immer wieder einer Prüfung unterziehen und es gegebenenfalls ändern, falls es nicht zum gewünschten Ziel führt. Dazu müssen wir unser Handeln einschätzen. Diese Einschätzung ist jedoch nicht immer realistisch, sondern kann negativ gefärbt sein. Eine **negative Selbstwahrnehmung** entsteht oder wird verstärkt, wenn vor allem Informationen, die das eigene Selbstwertgefühl schwächen, **aus allen der Selbstbeobachtung zur Verfügung stehenden Informationen herausgefiltert werden**.

Wie kommt man zu einer negativen Selbstwahrnehmung?

Unser Selbstbild und die dazugehörige Selbstwahrnehmung entstehen im Laufe der ersten Lebensjahre und werden vor allem durch die **Rückmeldung der primären und sekundären Bezugspersonen** (Eltern, Erzieher, weitere Familienmitglieder, Freunde) geprägt. Menschen, die im Laufe ihres Lebens eher entmutigende und abwertende Rückmeldungen bekommen haben, bewerten sich selbst oft auch negativ. Sie haben nicht die Erfahrung gemacht, dass die sowohl für Kinder als auch für Erwachsene sehr wichtige Frage „Bin ich erwünscht, bin ich okay so, wie ich bin?" sicher mit „Ja!" beantwortet wurde und übernehmen auch im späteren Leben noch unbewusst die Sichtweise ihrer Bezugspersonen, wenn sie sich selbst beurteilen. Während es für Erwachsene in gewissen Grenzen möglich ist, solche Zusammenhänge zu begreifen und etwas an ihnen zu verändern, ist dies für Kinder kaum möglich. Sie übernehmen die Sicht ihrer Eltern und tun dies aus Liebe zu ihnen, um es ihnen recht zu machen und um die Beziehung zu ihnen nicht zu gefährden.

Beispiel: Ein Kind legt ein Puzzle mit fünf Teilen. Es kann drei Teile zusammenfügen, hat bei den übrigen zwei Teilen aber Schwierigkeiten. Wenn die Bezugsperson das Kind nun ausschließlich auf die nicht gelösten Teile anspricht und es nicht für die gelösten lobt (und dieses Erziehungsverhalten in vielen ähnlichen Situationen beobachtbar ist), wird das Kind sich selbst auf Dauer für unfähig halten und dieses Bild der Bezugsperson zuliebe auch in seinen Selbstwahrnehmungen immer wieder zu bestätigen versuchen. Es muss deren Sichtweise übernehmen und ihr Recht geben, weil es emotional abhängig von ihr ist und es die Beziehung zu ihr nicht gefährden darf.

Dieses Beispiel gilt nicht nur für **Leistungssituationen**, sondern wird letztendlich auf alle Situationen des täglichen Lebens (z. B. Situationen, bei denen es um **Liebe und Fürsorge** geht) übertragen. Lächelt beispielsweise ein Kind seine Mutter an und signalisiert hiermit Freude und das Bedürfnis nach emotionaler Verbundenheit, die Mutter hingegen lächelt nicht zurück (z. B. weil sie bedrückt ist), dann wird das Kind in seiner emotionalen Beziehung zu ihr verunsichert (unsicheres Bindungsverhalten) und in seiner Kontaktsuche frustriert. Das Kind glaubt in der Folge möglicherweise,

Modul I Sitzung 5: Theoretische Einführung   T5

es sei es nicht wert geliebt zu werden, und fühlt sich abgelehnt. Schuldgefühle, Selbstzweifel, leichte emotionale Verletzbarkeit und Minderwertigkeitsgefühle kommen deshalb nicht ursprünglich aus uns selbst, sondern werden durch **automatisiert ablaufende, verinnerlichte Beziehungs- und Bewertungsmuster aus der Kindheit** in unser erwachsenes Leben mitgenommen, also vor allem von außen an uns herangetragen.

Wie erkenne ich negative Selbstwahrnehmung?

Wer in seiner Kindheit häufig derartige Ablehnungserfahrungen machen und verinnerlichen musste, verhält sich als Erwachsener mit einer gewissen Wahrscheinlichkeit häufig so, dass er wieder auf Erfahrungen der Ablehnung „wartet" und diese sammelt oder sich auch selbst mit Ablehnung und Selbstzweifeln kritisiert. Beispielsweise könnte ein übertrieben unterwürfiges und „überfreundliches" Verhalten (es immer allen recht machen wollen, um gemocht zu werden) beim Gegenüber oft zu einer ablehnenden Reaktion führen, da dieser das Verhalten des anderen als unangenehm, unecht oder bedrängend empfinden dürfte. Das Verhalten des Interaktionspartners wird also durch die negative Selbstwahrnehmung beeinflusst. Deshalb kann man auch am Verhalten des anderen seine eigene (unbewusste) Selbstwahrnehmung überprüfen.

Eine negative Selbstwahrnehmung kann auch an einfachen Schlüsselsätzen erkannt werden, die die betreffende Person häufig denkt, etwa an **Selbstvorwürfen** wie „Jetzt habe ich doch schon wieder ...", „Ich kann das (wieder) nicht ...", „Das ist ja wieder typisch für mich!", „Geschieht mir recht, dass mir das jetzt passiert!" usw. Die meisten Menschen haben eine solch innere Stimme, die kritisch ihr Verhalten kommentiert. Dieser **innere Kritiker** wird manchmal sogar zu einem inneren Saboteur und ist dann **sehr anspruchsvoll**, verursacht Selbstzweifel oder stellt überzogene und **viel zu hohe Anforderungen**. Auch beleuchtet er oftmals unsere Schwächen und Fehler und stellt sie somit als viel stärker dar, als sie eigentlich sind.

Auch beeinflusst unsere innere kritische Stimme die **Ursachenzuschreibungen**, die wir vornehmen, d. h. wie wir uns das Eintreten bestimmter Ereignisse erklären. Es macht z. B. einen Unterschied, ob wir einen Erfolg darauf zurückführen, dass wir hart dafür gearbeitet haben und diesen Erfolg deshalb auch verdienen, oder ob wir einfach „noch mal Glück gehabt" haben. Und auch ob wir einen Misserfolg als zufälligen Schicksalsschlag werten oder als persönliches Versagen, vielleicht gar als verdiente Strafe für in der Vergangenheit begangene Missetaten, sagt viel aus über das Bild, das wir von uns selbst haben.

Personen mit einer negativen Selbstwahrnehmung schreiben Erfolge häufig äußeren Umständen zu („Glück gehabt", „war ja auch leicht") und Misserfolge sich selbst („ich bin unfähig", „ich habe mich nicht genug angestrengt"). Zudem sehen Menschen mit einer negativen Selbstwahrnehmung Erfolge häufig als etwas, das zeitlich nicht stabil sein wird („Na gut, dieses eine Mal hat es geklappt, aber wenn ich daran denke, was nächstes Mal alles schief laufen könnte ..."). Misserfolge hingegen werden häufig als zeitstabil betrachtet („War ja klar, dass die Prüfung schiefgeht, bei mir klappt doch nie etwas!").

Modul I Sitzung 5: Theoretische Einführung T5

Schließlich kann ein schlechtes Selbstwertgefühl auch an **selbstschädigendem Verhalten** erkannt werden. Wenn ich als Kind die Botschaft verinnerlicht habe, dass ich so, wie ich bin, nicht erwünscht bin und dass ich mit meinen kindlichen Bedürfnissen nicht ernst genommen werde, dann ist die Wahrscheinlichkeit hoch, dass ich mich später auch nicht ernst nehme, meine Bedürfnisse ablehne und mich schlecht behandle. Eine ungesunde Lebensweise, Rauchen oder Drogen mögen kurzfristig von „entspannender" Wirkung sein, ziehen aber längerfristig in aller Regel gravierende gesundheitliche Folgen nach sich und stellen im Grunde selbstschädigende Angriffe auf die eigene Person dar und damit eine Fortsetzung der früher erlittenen Angriffe.

Wie komme ich zu einer realistischeren Selbstwahrnehmung?

Hierbei geht es nicht darum, unsere weniger positiven Eigenschaften bzw. Schattenseiten zu verleugnen oder zu ignorieren. Es ist gut, wenn man sich eigene tatsächliche Fehler offen eingestehen kann. Man sollte sich jedoch nicht dafür verurteilen oder selbst an den Pranger stellen, auch wenn eine eigene kritische Stimme dazu drängt. Manchmal hilft es sich vorzustellen, dass eine uns **wohlgesonnene Person (und das sollten wir uns selbst gegenüber ja sein) unser Handeln beobachtet**. Eine wohlgesonnene Person ignoriert die Schwächen und Schattenseiten des anderen nicht, sondern nimmt diese um der Beziehung willen an, ohne sie zu dramatisieren oder zu verurteilen. Zudem beachtet sie natürlich auch die Stärken und positiven Seiten und fügt all diese Beobachtungen zu einem **Gesamtbild**. Wenn man sich bei einer negativen Selbstwahrnehmung ertappt, kann es auch hilfreich sein, sich leise oder laut „Stopp!" zu sagen. In einem zweiten Schritt kann man dann die Ursachen, die von außen zu der jeweiligen Situation beigetragen haben, mit in seine Überlegungen einbeziehen und somit ein vollständigeres Bild der Gründe für die momentane Unzufriedenheit gewinnen. Wenn man beispielsweise nach dem Einkaufen bemerkt, dass man etwas im Supermarkt vergessen hat, liegt dies vermutlich zum Teil tatsächlich in mangelnder Konzentration begründet. Erinnert man sich allerdings daran, dass es im Supermarkt besonders voll und hektisch war und man dann auch noch eine Nachbarin an der Kasse getroffen hat, mit der man sich beim Verstauen der Einkäufe angeregt unterhalten hat, wird deutlich, dass es für den im Laden vergessenen Joghurt noch andere Ursachen als die eigene Vergesslichkeit gab.

Warum ist das wichtig für alleinerziehende Mütter?

Zahlreiche alleinerziehende Eltern leiden an einer überzogen negativen Selbstwahrnehmung, erkennbar an Selbstzweifeln, Selbstvorwürfen und selbstschädigendem Verhalten. Die Gründe hierfür sind vielfältig. Viele Schuldgefühle und Selbstvorwürfe beziehen sich auf die falsche oder zu konfliktträchtige Partnerwahl, darauf, dem Kind den zweiten Elternteil genommen zu haben oder den Erwartungen der Umgebung nicht gerecht zu werden (Mutterrolle, unzureichender Verdienst, Betreuungsengpässe für das Kind). Das häufig unausweichliche Gefühl der Überforderung lasten sich viele Mütter selbst an und werfen sich vor, „komplett versagt" zu haben. **Derarti-**

 **Modul I Sitzung 5: Theoretische Einführung T5**

ge übertrieben negative Selbstbilder verhindern dann oft eine realistische Wahrnehmung tatsächlich vorhandener Schwachpunkte, die durchaus zu überwinden wären, wenn man sie gezielt anginge.

Modul I Sitzung 5: Infoblatt für Mütter   I5

Negative Selbstwahrnehmung, Selbstentwertung und Selbstschädigung

Wir alle können unser eigenes Handeln und Erleben so wahrnehmen, als würden wir uns von außen betrachten. Wir können uns etwa sagen: „Gestern habe ich gute Arbeit geleistet, heute waren meine Leistungen schlecht." Mit dieser Fähigkeit können wir unser Verhalten beurteilen und es ändern, falls das nötig ist. Diese Selbsteinschätzungen entsprechen jedoch nicht immer der Wirklichkeit, sondern sind oft in negative Richtung verzerrt. Wenn jemand eine **negative Selbstwahrnehmung** hat, dann bedeutet dies, dass er sich selbst immer wieder in ein schlechtes Licht stellt und sich oft klein oder schuldig fühlt. Er wird sich häufig entmutigt fühlen und denken er sei weniger wert als andere. Wenn man sich so fühlt, nimmt man sich im täglichen Leben oft zurück. Man möchte es anderen immer recht machen und ist dann leicht verletzbar, wenn man von anderen (manchmal ja auch zu Recht!) kritisiert wird. Andere Menschen mit einem schlechten Bild von sich selbst sind extrem empfindlich und schnell gekränkt oder versuchen sich aufzuwerten, indem sie andere heruntermachen oder schlecht über sie reden.

Wo kommt das her?

Eine solche Einstellung zu sich selbst übernehmen viele Menschen aus **Erfahrungen, die sie in der Kindheit und im Laufe des weiteren Lebens im Umgang mit nahestehenden Bezugspersonen** (Eltern, Lehrern, Mitschülern, Vorgesetzten, Kollegen usw.) gemacht und dann **für sich selbst übernommen** haben, in der Regel ohne dies zu merken.

Wir haben in der Kindheit häufig schlechte Erfahrungen mit unseren Eltern gemacht, oft ohne dass diese das immer so wollten. Zum Beispiel wenn wir weggeschickt wurden, obwohl wir gerne bei unserer Mutter sein wollten, oder ausgeschimpft wurden, wenn wir von uns verlangte Aufgaben nicht erfüllen konnten. Passiert das häufig, dann denken Kinder sie wären schlecht und die Mutter würde sie nicht mehr lieben. **Dieses Gefühl kann sich im Kind festsetzen.** Deshalb verhalten wir uns im späteren Leben oft schlecht gegen uns selbst, schädigen unsere Gesundheit z. B. durch Rauchen oder eine ungesunde Lebensweise und betrachten uns in einem schlechten Licht. Oftmals wirkt unser Verhalten deshalb auf andere merkwürdig und unangebracht und sie lehnen uns ab. Dadurch werden wir noch zusätzlich in unserem schlechten Selbstbild bestätigt.

Eine negative Selbstwahrnehmung kann auch aufrechterhalten werden durch so genannte **negative Selbstbotschaften**. Mit Selbstbotschaften ist gemeint, wie man innerlich mit sich umgeht, wie man also zu sich selbst spricht. Und diese Selbstbotschaften können mehr oder weniger freundlich, mehr oder weniger streng sein. Sie sind gar nicht so einfach zu erkennen, weil wir bestimmte Überzeugungen über uns selbst schon vor langer Zeit erworben und immer wieder verfestigt haben, so dass uns diese Gedanken in den entsprechenden Situationen **sehr schnell und fast automatisch** kommen. Beispiele hiefür sind etwa bei einer schwierigen und herausfordernden Aufgabe die Überzeugung „Das schaffe ich sowieso wieder nicht, so etwas kann ich einfach nicht!" oder die Überzeugung „Ich muss das auf jeden Fall

Modul I Sitzung 5: Infoblatt für Mütter   I5

perfekt erledigen, sonst zeigt das mir und allen anderen mal wieder, dass ich zu nichts zu gebrauchen bin!" Bei Auseinandersetzungen mit andern Menschen könnte die Überzeugung lauten „Das war ja klar, dass das so kommen musste, der konnte mich doch von Anfang an nicht leiden. Ich habe mich aber auch wieder einmal besonders dumm angestellt. Warum klappt bei mir nie etwas? – Das ist einfach nicht fair!" Die meisten Menschen haben eine solch innere Stimme, die kritisch ihr Verhalten kommentiert. Dieser **innere Kritiker** ist oftmals **sehr anspruchsvoll** und stellt überzogene und **viel zu hohe Anforderungen**. Auch beleuchtet er oftmals unsere Schwächen und Fehler und stellt sie somit als viel stärker dar, als sie eigentlich sind.

Zusammengefasst sieht es also so aus, das viele Menschen die negativen Botschaften und Entwertungen, denen sie in der Kindheit ausgesetzt waren, verinnerlichen und dann später sich selbst gegenüber in Form einer **inneren kritischen Stimme** fortsetzen. Sie nehmen sich nicht wirklich ernst oder lehnen sich sogar ab und greifen das eigene Wohlbefinden mit Selbstvorwürfen und ungesundem Verhalten an. **Hieraus können sich weitere Probleme ergeben. Denn eine sehr negative Haltung sich selbst gegenüber, bei der man sich insgesamt als Person abwertet, trübt oft den Blick für tatsächlich vorhandene Schwachpunkte, an denen man sehr wohl etwas ändern könnte, wenn man sie klar erkennen würde und sich aktiv darum kümmern würde sie zu überwinden.**

Warum ist das wichtig für mich?

Viele alleinerziehende Eltern haben ein **zu negatives Bild** von sich selbst, was sich beispielsweise in häufigen Selbstzweifeln und Selbstvorwürfen äußert oder auch in Form von selbstschädigendem Verhalten (z. B. Konsum von Nikotin oder anderen Drogen, ungesunder Lebensstil). Abgesehen von den ungünstigen gesundheitlichen Folgen für die Eltern hat selbstschädigendes elterliches Verhalten in der Regel auch ungünstige Folgen für die Gesundheit der Kinder, sowohl kurzfristig (z. B. Folgen des Passivrauchens und Folgen ungesunder Ernährung) als auch längerfristig (denn Kinder neigen dazu sich am Vorbild der Eltern auszurichten, weshalb z. B. die Kinder rauchender Eltern im Vergleich mit Kindern von Eltern, die nicht rauchen, später mit einer höheren Wahrscheinlichkeit selbst rauchen).

Die Selbstzweifel und Selbstvorwürfe des inneren Kritikers beziehen sich vielleicht auf die falsche Partnerwahl, darauf dass das Kind nicht bei beiden Elternteilen aufwächst oder dass man den Erwartungen der Umgebung nicht gerecht wird. Manche Alleinerziehende werfen sich sogar vor „komplett versagt" zu haben. Das Problem an so einem umfassend und übertrieben negativen Selbstbild ist, dass es eine realistische Wahrnehmung tatsächlich vorhandener Schwachpunkte verhindern kann. Und die Wahrnehmung dieser Schwierigkeiten wäre eine erste wichtige Voraussetzung, um genau diese Schwachpunkte aktiv anzugehen und zu überwinden.

Modul I Sitzung 5: Infoblatt für Mütter   I5

Wie kann ich daran etwas ändern?

- Sagen Sie sich: „Jeder hat schlechte Seiten, aber auch gute!" Man kann es üben **den bekannten schlechten Seiten bewusst seine guten Seiten gegenüber zu stellen.** Es geht nicht darum, die schlechten Seiten zu verstecken, sondern zu ihnen zu stehen und sich nicht dafür zu verurteilen – denn es ist normal und bei jedem Menschen so, dass er auch seine Schattenseiten hat.

- Stellen Sie Ihrer inneren kritischen Stimme auch eine wohlwollende, liebevolle Stimme gegenüber. Richten Sie den Blick immer wieder gezielt und freundlich auf sich und Ihre guten Seiten. Denn nur so behandeln Sie sich fair und beachten **alle Seiten** von sich und nicht nur einen Teil.

- Machen Sie sich auf die Suche nach möglichen **negativen Selbstbotschaften** und **überprüfen** Sie, inwieweit diese wirklich zutreffen. Sie enthalten z. B. häufig Wörter wie „immer" oder „nie" und ähnliche **Verallgemeinerungen**, die meistens nicht wirklich zutreffen. Oft schließt man gedanklich auch von einem einzelnen Misserfolg darauf, dass man insgesamt wenig leistungsfähig, erfolgreich usw. ist. Hier ist es hilfreich genau zu unterscheiden zwischen Bereichen, von denen man tatsächlich wenig Ahnung hat, und Bereichen, in denen man sich normalerweise gut auskennt und vielleicht nur wegen schlechter Tagesform etwas nicht hinbekommen hat.

- Gönnen Sie sich selbst auch mal eine kleine **Belohnung**, wenn Sie in beruflichen oder ganz alltäglichen Dingen des Lebens etwas hinbekommen haben. Schätzen Sie dabei auch die **kleinen Schritte**. Viele Menschen sind schnell selbstkritisch und vergessen darüber sich zumindest gelegentlich selbst auf die Schulter zu klopfen.

- Versuchen Sie **bei Misserfolgen realistisch die Ursachen des Scheiterns auszumachen** und suchen Sie die Gründe für den Misserfolg nicht ausschließlich bei sich selbst oder ausschließlich bei anderen. Es ist sehr selten, dass man ganz allein für einen Misserfolg verantwortlich ist, denn in der Regel spielen viele Umstände für das Zustandekommen eines bestimmten Ereignisses eine Rolle.

- Versuchen Sie zudem auch, die **ruhigen und angenehmen Momente des Lebens zu genießen** und sich hierfür im Alltag kleine Ruheinseln ohne Fernsehen oder andere Ablenkungen zu schaffen. Es gibt keinen Grund ein schlechtes Gewissen zu haben, wenn man sich auch einmal wohlfühlt.

 **Modul I Sitzung 5: Gruppenablauf** G5

Blitzlicht und Anwesenheitsbogen

Wie kommen Sie heute hier an? Wie geht es Ihnen?

Bearbeitung der Wochenübung W4 „Meine Sonnenseite"

In der letzten Woche hatten Sie die Aufgabe auf Ihre persönlichen Stärken zu achten und auf all das, was Ihnen gut gelungen ist. Dabei sollten Sie auch häufig übersehene „kleine Schritte" nicht unbeachtet lassen.

Ihre Beobachtungen haben Sie dann auf einem Arbeitsblatt festgehalten.
Wer möchte gern seine „Sonnenseite" zeigen und uns etwas mehr darüber berichten?

Die Teilnehmerinnen sollten hierzu ihre Arbeitsblätter an der Flipchart befestigen und der Gruppe dann kurz ihre Notizen erläutern, so dass am Ende der Hausaufgabenbesprechung alle Arbeitsblätter aushängen. Sie können dort bis zur Übung 2 ausgehängt bleiben, in der sie durch einen „Eisberg" ersetzt werden.

Die Gruppenleitung schafft ein positives und ermutigendes Klima, in dem die Rückmeldungen der Teilnehmerinnen positiv gewürdigt werden können.

Bieten Sie den Teilnehmerinnen nach Besprechung der Wochenübung zudem die Möglichkeit, noch offen gebliebene Fragen zum Infoteil I4 zu klären.

Vorstellung von Sitzungsthema und Sitzungsablauf

Verwenden Sie die Übersicht Ü5, um den Teilnehmerinnen einen kurzen Überblick über das Programm der heutigen Sitzung zu geben.

Modul I Sitzung 5: Gruppenablauf **G5**

Rollenspiel: „Schattenseiten"

Material	Es wird kein gesondertes Material benötigt.
Methode	Dialog
Ziel	Verbalisieren von negativen Gefühlen Einfühlsames Zuhören Wahrnehmung von eigenen und fremden negativen Eigenschaften
Zeit	Ca. 5-10 Minuten

Vorgehensweise/Anleitung:

Gruppenleiterin A und Gruppenleiter B sitzen sich gegenüber.

1. Gruppenleiter B beginnt damit, Gruppenleiterin A etwas über seine Schattenseiten anzuvertrauen, indem er ihr etwas über seine negativen Gefühle und Schwächen erzählt. Als einleitenden Satz äußert er: „Ich vertraue dir etwas über meine Schattenseiten an." Danach könnte er ihr z. B. davon berichten, dass er eine Schwäche hat für Cheeseburger, Chips und ähnlich „gesundes" Essen, dass er manchmal viel später als verabredet nach Hause kommt, wenn er mit seinen Kumpels unterwegs war oder dass er sich manchmal sehr erschöpft und ausgepowert fühlt und sich Sorgen macht, wie sich dieses Gefühl mit zunehmendem Alter entwickeln wird. Die Aufgabe der Gruppenleiterin A besteht darin aufmerksam und einfühlsam zuzuhören. Sie kann zu dem Gesagten entweder schweigen oder an einigen Stellen Fragen stellen und ihren Rollenspielpartner dazu ermuntern mehr zu erzählen. Auf jeden Fall sollte sie sich darum bemühen nonverbal ihre Wertschätzung für die Offenheit des Gegenübers zu vermitteln, sich ansonsten mit Bewertungen aber zurückhalten.

2. Nun vertraut Gruppenleiterin A dem Gruppenleiter B einige ihrer Schwächen an, ebenfalls mit der Einleitung: „Ich vertraue dir etwas über meine Schattenseiten an." Sie könnte z. B. erzählen, dass sie häufig mehr fernsieht als sie eigentlich möchte, dass es ihr manchmal richtig Spaß macht mit ein paar Freundinnen über ihren Partner zu lästern oder dass sie sich in letzter Zeit kaum noch dazu aufraffen kann mit ihrer Mutter zu telefonieren, obwohl sie weiß, dass diese sich über einen Anruf freuen würde. Nun ist es an Gruppenleiter B den Part des Zuhörers zu übernehmen. Auch er hat die Wahl, inwieweit er auf das Gesagte eingehen möchte, für ihn gelten zudem ebenfalls die obenstehenden Ausführungen.

Modul I Sitzung 5: Gruppenablauf   **G5**

3. In diesem Rollenspiel geben sich die Gruppenleiter kein Feedback, stattdessen beenden sie es in einer Art, die ihnen beiden angenehm ist (wie bei den Rollenspielen generell ist es also auch hier besonders wichtig, dass sich die beiden Gruppenleiter vorher genau darüber besprechen, wie sie das Rollenspiel gestalten wollen.)

Bitte teilen Sie einander wirklich echte und persönliche „Schattenseiten" mit. Wichtig ist, dass Sie hier nichts Künstliches herstellen, sondern das Rollenspiel nutzen, um einander ehrlich und offen zu begegnen. So können Sie für die Gruppe eine entängstigende Modellfunktion ausüben. Achten Sie jedoch darauf, inwieweit Sie einander (bzw. Sie Ihrem Publikum!) vertrauen, aus diesem Rollenspiel soll kein „Seelenstriptease" werden, mit dem Sie sich im Nachhinein nicht wohlfühlen!

Zusammenfassung der Information I5 „Negative Selbstwahrnehmung, Selbstentwertung und Selbstschädigung" durch die Gruppenleitung

Verteilen Sie jetzt an die Teilnehmerinnen die Unterlagen für die heutige Sitzung und referieren Sie die zentralen Inhalte des Textes I5. Hierzu sollten Sie sich vor der Sitzung mit diesem Text und mit dem Text T5 vertraut gemacht haben. Wie ausführlich Sie die Präsentation gestalten und welche Inhalte Sie besonders hervorheben wollen, bleibt Ihnen überlassen. Bieten Sie den Teilnehmerinnen zudem die Gelegenheit zu Rückfragen und empfehlen Sie den Müttern den Text zu Hause noch einmal gründlich zu lesen.

Übung 1: „Schattenseiten"

Material	Es wird kein gesondertes Material benötigt.
Methode	Dialog
Form	Paarübung
Ziel	Verbalisieren von negativen Gefühlen Einfühlsames Zuhören Annahme von eigenen und fremden negativen Eigenschaften
Zeit	Ca. 10-15 Minuten

Modul I Sitzung 5: Gruppenablauf **G5**

Vorgehensweise/Anleitung:

Die Übung gestaltet sich analog zum vorausgegangenen Rollenspiel. Bitten Sie die Teilnehmerinnen sich zu Paaren zusammenzufinden und sich dann gegenüber zu platzieren, so dass leicht Blickkontakt gehalten werden kann.

Nun beginnt eine Teilnehmerin damit ihrer Übungspartnerin von zwei oder drei ihrer Schattenseiten zu erzählen. Die Einleitung lautet auch hier: „Ich vertraue dir etwas über meine Schattenseiten an." In der Instruktion sollten Sie als Gruppenleiter einerseits betonen, dass es in dieser Übung um das Mitteilen echter Schwächen geht, man sich also nicht einfach etwas ausdenken, sondern möglichst wirklich bestehende Schattenseiten auswählen sollte, die tatsächlich persönlich bedeutsam sind. Andererseits sollten Sie darauf hinweisen, dass die Teilnehmerinnen in dieser Übung über nichts sprechen müssen, von dem sie nicht glauben, dass es bei ihrer Übungspartnerin gut aufgehoben sein wird. Es empfiehlt sich also den Grad der Selbstöffnung auf das Vertrauen, das man dem Gegenüber entgegenbringt, abzustimmen.

Die andere Teilnehmerin bemüht sich um aufmerksames und einfühlsames Zuhören in der Art, wie sie es zuvor bei den Gruppenleitern gesehen hat.

In einem zweiten Durchgang werden die Rollen getauscht.

Wie im Rollenspiel der Gruppenleiter gibt es auch für die Teilnehmerinnen keine feste Anweisung für das Ende der Übung. Ermuntern Sie die Teilnehmerinnen dazu die Übung in einer Weise zu beenden, mit der sich beide wohlfühlen.

Zum Abschluss der Übung kommen alle wieder in der Großgruppe zusammen. Besprechen Sie, wie es den Teilnehmerinnen während der Übung ergangen ist, sowohl in der aktiven Rolle als auch in der Rolle der Zuhörerin. Wie war das, jemandem etwas über seine eigenen Schwächen anzuvertrauen? Und wie war es umgekehrt so etwas Vertrauliches hören zu dürfen? Achten Sie als Gruppenleitung besonders auf einen respektvollen Umgang der „Zuhörerinnen" (bezogen auf die Übungssituation) mit den „Sprecherinnen". Es ist nicht erforderlich, dass die „Zuhörerinnen" die Schattenseiten, die ihnen anvertraut wurden, inhaltlich wiedergeben, wenn sie von ihren Eindrücken berichten. Wenn sie dies tun wollen, sollten sie vorher Erlaubnis bei der „Sprecherin" einholen und respektieren, wenn die Erlaubnis nicht gegeben wird.

Übung 2: „Der Eisberg"

Material	Flipchart, Stifte, gelbe und blaue Klebezettel

Modul I Sitzung 5: Gruppenablauf   **G5**

Methode	Gruppengespräch
Form	Großgruppe
Ziel	Verbalisieren von negativen Gefühlen Einfühlsames Zuhören Annahme von eigenen und fremden negativen Eigenschaften
Zeit	Ca. 15 Minuten

Vorgehensweise/Anleitung:

Diese Übung soll dazu dienen die Inhalte der vorigen Sitzung mit den Inhalten dieser Sitzung zu verbinden, d. h. zunächst noch einmal einige Sonnenseiten in den Blick zu nehmen, sich dann aber auf die Schattenseiten zu konzentrieren.

Zeichnen Sie hierzu skizzenhaft einen Eisberg an die Flipchart, indem Sie zunächst im oberen Drittel eine horizontale Linie ziehen, die den Meeresspiegel symbolisiert. Dann zeichnen Sie den Eisberg ein, der sich zu etwa einem Drittel oberhalb des Meeresspiegels und zu etwa zwei Dritteln unterhalb der Wasseroberfläche erstreckt.

Erklären Sie nun den Teilnehmerinnen, dass der sichtbare Teil des Eisberges für unsere Sonnenseiten steht, die wir gerne anderen präsentieren und mit denen wir uns auch selbst gerne beschäftigen. Der untere Teil des Eisberges hingegen steht für unsere Schattenseiten, die im Verborgenen liegen und die wir auch anderen eher ungern zeigen. Dass der untere Teil viel größer ist als der obere drückt aus, dass gerade dieser Teil sehr gewichtig ist und uns mit großer Kraft nach unten ziehen kann.

Nun bitten Sie die Teilnehmerinnen zunächst noch einmal einige der Sonnenseiten zu nennen, die ihnen in der letzten Sitzung und bei der Wochenübung an sich aufgefallen sind. Sie als Gruppenleitung notieren bitte jeweils eine Sonnenseite auf einem gelben Klebezettel und kleben ihn auf den oberen Teil des Eisbergs. Jede Mutter sollte ein bis zwei eigene Sonnenseiten nennen.

Danach geht es um die Schattenseiten, hier notieren Sie je Teilnehmerin zwei bis drei Einfälle und halten diese auf blauen Klebezetteln fest. Kleben Sie sie „über Kopf" auf den unteren Teil des Eisbergs. Wenn Sie alle Einfälle der Teilnehmerinnen gesammelt haben, drehen Sie den Bogen um, so dass der zuvor unterhalb der Wasseroberfläche liegende Teil des Eisbergs die obere Hälfte bildet – jetzt lassen sich auch die blauen Notizzettel wieder lesen.

Modul I Sitzung 5: Gruppenablauf **G5**

Diese Übung verdeutlicht sehr anschaulich, um was es in dieser Sitzung geht – die Schattenseiten, mit denen wir uns häufig ungern beschäftigen und die wir eher versuchen vor unserer Umwelt zu verbergen, einmal genau anzuschauen und sich über sie auszutauschen. Dabei lässt sich die Erfahrung machen, dass diese Seiten an uns nichts sein müssen, was uns „runterzieht" und für das wir uns schämen, sondern dass es gut sein kann zu ihnen zu stehen, sowohl vor sich selbst als auch vor anderen Menschen. Dieses Sichtbarmachen nimmt ihnen auch ihren unter Umständen bedrohlichen und zerstörerischen Charakter und macht sie zu etwas, das selbstverständlich zu jedem Menschen gehört.

Wenn der Zeitrahmen es zulässt, können Sie anhand der bisher erarbeiteten Schattenseiten in der Gruppe noch einige Punkte vertiefend diskutieren, z. B.:

- Wozu ist es Ihrer Meinung nach noch gut negative Gefühle bzw. Schattenseiten zu kennen und sie benennen zu können? (Einige Antworten hierzu sollten Sie in der Gestaltung dieser Übung bereits gegeben haben.)

- Welche negativen Selbstbotschaften könnten hinter Ihren Schattenseiten möglicherweise stecken? (Betonen Sie als Gruppenleitung, dass man hierzu aus der Außenperspektive nur Vermutungen anstellen kann, schließlich weiß jeder Mensch nur für sich, wie er innerlich mit sich spricht.)

- Aus welchen alten Erfahrungen könnten sich diese Schattenseiten entwickelt haben? (Vorsicht, schürfen Sie hierbei nicht zu tief, sondern betonen Sie eher den beispielhaften Charakter einer individuellen biographischen Bemerkung.)

- Welche Auswirkungen können Schattenseiten auf verschiedenen Ebenen (körperliche, gefühlsmäßige, gedankliche und verhaltensbezogene Ebene) haben?

- Wie sieht für Sie ein angemessener Umgang mit Ihren eigenen Schattenseiten aus?

Die Gruppenleitung achtet auf ein wertungsfreies Gesprächsklima, so dass sich alle Teilnehmerinnen dazu eingeladen fühlen an der Diskussion teilzunehmen. Wichtige Punkte sollten zudem von der Gruppenleitung an der Flipchart festgehalten werden.

Erläuterung der Wochenübung W5 „Meine Schattenseite"

Die Gruppenleitung verteilt die Arbeitsunterlagen für die Wochenübung an die Teilnehmerinnen. Die Wochenübung wird anschließend kurz vorbesprochen, wobei auch Gelegenheit zu Rückfragen bestehen sollte. Am besten gehen Sie hierzu die Arbeitsunterlagen gemeinsam mit den Teilnehmerinnen Punkt für Punkt durch.

Modul I Sitzung 5: Gruppenablauf   **G5**

Vorbesprechung des PALME-Ausfluges

Reservieren Sie am Ende der heutigen Stunde ca. 5-10 Minuten für die Vorbesprechung des PALME-Ausfluges. Diesen Ausflug sollen die Teilnehmerinnen zusätzlich zur Wochenübung W8 in der Woche nach Sitzung 8 selbständig, das heißt nicht in Begleitung der Gruppenleitung, unternehmen. Rechnen Sie zur Erleichterung der Terminabstimmung bitte vorab aus, in welche Kalenderwoche der Ausflug fallen sollte und teilen Sie der Gruppe den entsprechenden Zeitraum mit. Wünschenswert ist, dass möglichst viele Teilnehmerinnen es einrichten können, bei diesem Ausflug gemeinsam mit ihren Kindern dabei zu sein.

Erklären Sie den Teilnehmerinnen, dass so ein Ausflug eine gute Gelegenheit ist, um sich gemeinsam mit den Kindern einmal in einem ganz anderen Rahmen kennen zu lernen. Vielleicht entsteht daraus ja sogar ein Interesse, sich auch über die feste PALME-Gruppe hinaus gelegentlich zu treffen? Viele verschieden Wünsche unter einen Hut zu bekommen, fördert zudem die Organisations- und Kompromissfähigkeit der Teilnehmerinnen.

Um die Organisation zu erleichtern ist es sinnvoll, wenn Sie die Phase der Termin- und Zielfindung moderieren. Ein Termin, an dem alle Teilnehmerinnen und ihre Kinder Zeit haben, wird sich vermutlich nicht finden lassen. Regen Sie deshalb eine Kompromissfindung an, die den Wünschen möglichst vieler Teilnehmerinnen entgegenkommt. Ähnliches dürfte auch für die Zielbestimmung gelten. Mögliche Unternehmungen wären ein gemeinsamer Spaziergang im Wald, ein Schwimmbadbesuch, ein Besuch im Streichelzoo, Eisessen usw. Seien Sie offen für Anregungen der Teilnehmerinnen, achten Sie aber darauf, dass die Vorschläge nicht zu kostspielig ausfallen, damit niemand finanziell überfordert ist.

Modul I Sitzung 5: Wochenübung   **W5**

Arbeitsblatt zur Wochenübung W5 „Meine Schattenseite"

Bitte beobachten Sie sich in der folgenden Woche wieder genau und achten Sie dieses Mal dabei jeden Tag auf Ihre innere kritische Stimme. Beobachten Sie, wie diese ihre „Schwächen" und das, was Ihnen nicht so gut gelungen ist kommentiert und vielleicht in Schuldgefühle oder Gewissensbisse verwandelt. Überlegen Sie gleichzeitig, was eine wohlwollende, liebevolle Stimme dazu sagen würde. Beantworten Sie daraufhin täglich schriftlich die Fragen auf dieser und der folgenden Seite. Nachdem Sie die Woche über verschiedene „Kommentare" zusammengetragen haben, treffen Sie dann vor der nächsten Sitzung eine Auswahl der Schattenseiten, die Ihnen besonders wichtig erscheinen. Übertragen Sie die Punkte in das Arbeitsblatt am Ende der Unterlagen und bringen Sie es zur nächsten Stunde mit.

Sinn der Übung: Es ist normal, dass Menschen nicht nur positive Eigenschaften haben und jeden Tag gleich erfolgreich sind, sondern dass wir auch manches nicht gut hinbekommen und Eigenschaften haben, mit denen wir unzufrieden sind. Wenn man sowohl seine Sonnenseiten als auch seine Schattenseiten kennt, dann ergibt dies zusammen die Möglichkeit sich vollständiger und damit auch eher der Wirklichkeit entsprechend wahrzunehmen. Wie im Infotext beschrieben ist es zudem wichtig zu erkennen, wann unsere innere kritische Stimme mal wieder viel zu hart zu uns ist. Hier kann es hilfreich sein, sich zu überlegen, was eine wohlwollende, liebevolle Stimme dem entgegensetzen würde.

Wochentag	Was hat meine innere kritische Stimme heute bemängelt? Welche Schwäche ist meinem inneren Kritiker aufgefallen?	Was kann eine wohlwollende, liebevolle Stimme dazu sagen?

 **Modul I Sitzung 5: Wochenübung**   **W5**

Meine Schattenseiten

Bitte tragen Sie auf diesem Arbeitsblatt Ihre persönlichen Misserfolgserlebnisse und Schwächen ein, die Ihnen bei der Bearbeitung der Wochenübung in der letzten Woche aufgefallen sind. Versuchen Sie dabei diese „Schattenseiten" nicht zu streng und kritisch zu betrachten.

_____

_____

_____

_____

_____

_____

_____

_____

_____

Modul II: Einfühlen in das Erleben des Kindes

Tanja Buddenberg und Matthias Franz

Modul II Sitzung 6: Übersicht   Ü6

Thema	**Grundbedürfnisse des Kindes**
Fragen	• Welche Grundbedürfnisse hat mein Kind? • Was braucht mein Kind und woran erkenne ich das?
Ziele	• Bedürfnisse des Kindes wahrnehmen • Bedürfnisse des Kindes verstehen • Die unterschiedlichen Bedürfnisse von Jungen und Mädchen wahrnehmen und verstehen • Die Wichtigkeit einer sicheren Bindung verstehen

Ablauf	1. Blitzlicht und Anwesenheitsbogen
	2. Bearbeitung der Wochenübung W5 „Meine Schattenseite"
	3. Vorstellung von Sitzungsthema und Sitzungsablauf
	4. Übung 1, Einzel: „Woran merkt mein Kind, dass ich es lieb habe?"
	5. Zusammenfassung der Information I6 „Bindung ist lebenswichtig"
	6. Übungen:
	  • Übung 2, Kleingruppe: „Schwierigkeiten im Umgang mit den Bedürfnissen meines Kindes"
	  • Rollenspiel, Gruppenleitung: „Männliche und weibliche Bedürfnisse"
	  • Übung 3, Kleingruppe: „Typisch Mädchen, typisch Junge"
	7. Erläuterung der Wochenübung W6 „Der kleine rosa Elefant" und „Woran merkst du, dass ich dich lieb habe?"
	8. Vorbereitung auf Sitzung 7 „Einfühlung in das Erleben des Kindes"

Arbeitsmaterial Gruppenleiter	• Theoretische Einführung T6 „Entwicklungspsychologische und bindungstheoretische Grundkenntnisse" • Anleitung zum Gruppenablauf G6 • Anwesenheitsbogen A6
Arbeitsmaterial Mütter	• Infoblatt I6 • Arbeitsblatt zur Wochenübung W6

PALME Modul II Sitzung 6: Theoretische Einführung T6

Entwicklungspsychologische und bindungstheoretische Grundkenntnisse

Die Bindungstheorie

Der englische Kinderpsychiater John Bowlby entwickelte Ende der sechziger Jahre die Bindungstheorie. Der Begriff **Bindung** steht bei Bowlby für die **tiefe emotionale Beziehung eines Kindes zu seinen engsten Bezugspersonen**, die sich im Laufe seiner ersten Lebensjahre herausbildet. Zu diesen engsten Bezugspersonen gehört fast immer die Mutter, aber auch andere Personen, wie z. B. der Vater, eine Großmutter oder ältere Geschwister können solche engen Bezugspersonen sein. Auf Grund der besonderen familiären Situation in Ein-Eltern-Familien ist der zweite Elternteil, der sich üblicherweise als enge Bezugsperson anbietet, in der Regel weniger präsent. Damit kommt dem alleinerziehenden Elternteil als Bezugsperson eine noch höhere Bedeutung zu.

Das Bindungsbedürfnis

Bowlby geht davon aus, dass das Verhalten eines Kindes vom ersten Tag seines Lebens an darauf ausgerichtet ist, sich an eine Bezugsperson zu binden, d. h. an einen erwachsenen Menschen aus seinem näheren Umfeld. Das angeborene Bedürfnis nach Bindung ist evolutionsbiologisch begründet, denn die Schutzbedürftigkeit des Neugeborenen macht für ihn die Beziehung zu einer starken, erwachsenen Person überlebenswichtig.

Deshalb verfügen schon Babys über **angeborene Verhaltensweisen**, um die Nähe der Mutter aktiv zu suchen und aufrechtzuerhalten und so die Befriedigung ihrer lebenswichtigen Bedürfnisse zu sichern. Zum entsprechenden **Bindungsverhalten** des Kindes gehören z. B. Lächeln, Anschmiegen und Festklammern, aber auch Unruhe, Weinen und Schreien. Aktiviert wird das Bindungsverhalten durch Auslöser wie Schmerz oder Müdigkeit, die Trennung von vertrauten Personen bzw. das Auftauchen fremder Personen. Beendet wird das Bindungsverhalten, wenn die Bindungsperson für das Kind verfügbar ist und sich feinfühlig und angemessen um die Bedürfnisse des Kindes kümmert. Das Bedürfnis nach Bindung lässt sich also auch als ein Bedürfnis nach Sicherheit verstehen.

Das Explorationsbedürfnis

Neben dem Bedürfnis nach Bindung gibt es bei Kindern auch ein angeborenes Bedürfnis nach Exploration. **Explorationsverhalten** ist darauf ausgerichtet, die Umwelt selbstständig zu erkunden und die Neugier des Kindes zu befriedigen. Genau wie das Bindungsverhalten ist es eine wichtige Voraussetzung für eine gelingende und umweltangepasste Entwicklung.

Bindungsverhalten und Explorationsverhalten stehen zueinander in einer wechselseitigen Beziehung und schließen sich in der Regel gegenseitig aus: Wenn ein Kind

 **Modul II Sitzung 6: Theoretische Einführung T6**

sich beispielsweise unwohl oder unsicher fühlt, dann ist sein Bindungsverhalten aktiviert. Es wird also die Nähe der Bindungsperson suchen und nicht seine Umwelt erkunden. Wenn es sich hingegen sicher fühlt, dann ist sein Explorationsverhalten aktiviert, d. h. es bewegt sich von der Bezugsperson weg und erkundet seine Umgebung. Die Bezugsperson dient währenddessen als „sichere Basis", zu der das Kind im Bedarfsfall jederzeit zurückkehren können muss.

Bindungsmuster

Abhängig davon, wie eine Mutter auf die wechselnden Bedürfnisse ihres Kindes eingeht und wie gut sich das Kind auf die **Erreichbarkeit und Verfügbarkeit** der Mutter verlassen kann, entwickelt es im Laufe der Zeit ein bestimmtes Bindungsmuster. In Forschungsarbeiten zu diesem Thema bedient man sich häufig einer bindungsrelevanten Trennungssituation, in der sich Mutter und Kind zunächst gemeinsam an einem nicht vertrauten Ort aufhalten, an dem dem Kind reizarmes Spielzeug (Bauklötze o. Ä.) angeboten wird. Die Mutter wird dann gebeten für kurze Zeit wegzugehen, stattdessen kommt eine dem Kind fremde Person hinzu. Die Situation lässt sich je nach Alter des Kindes abwandeln, z. B. mit unterschiedlichem Spielzeug oder einer unterschiedlich langen Abwesenheit der Mutter.

Über die Beobachtung einjähriger Kinder in dieser Situation und aus der Analyse des mütterlichen Zuwendungsverhaltens konnten **vier verschiedene Bindungsmuster** ausfindig gemacht werden. Je nach Alter des Kindes stellen sich die Bindungsmuster etwas anders dar, in ihren Grundzügen bleiben sie jedoch im Entwicklungsverlauf deutlich erkennbar.

1. Die sichere Bindung

Kinder, die sicher gebunden sind, benutzen ihre Mutter als „sichere Basis" und zeigen ein **angemessenes Wechselspiel zwischen Bindungs- und Explorationsverhalten**. In Anwesenheit der Mutter beschäftigen sie sich mit dem dargebotenem Spielzeug und lassen ihre Mutter am Spiel teilhaben (Explorationsverhalten). Verlässt die Mutter den Raum, drückt das Kind sein Unbehagen aus und versucht die Nähe zur Mutter wiederherzustellen, indem es ihr nachkrabbelt oder weint (Bindungsverhalten). Kehrt die Mutter zurück, so nimmt es freudig Kontakt zu ihr auf, beruhigt sich schnell wieder und wendet sich dann rasch erneut dem Spielzeug zu (Explorationsverhalten).

Die Analyse des mütterlichen Verhaltens zeigt, dass die Mütter sicher gebundener Kinder **feinfühlig und angemessen auf die Bedürfnisse ihrer Kinder eingehen**. Sie nehmen die Bedürfnisse ihrer Kinder wahr, interpretieren sie richtig und reagieren angemessen und prompt. Somit befriedigen sie nicht nur das kindliche Bedürfnis nach Nähe, sondern gewähren auch notwendige Freiräume zur Erforschung und Erkundung der Umwelt.

Modul II Sitzung 6: Theoretische Einführung   T6

2. Die unsicher-vermeidende Bindung

Kinder mit diesem Bindungsmuster zeigen ein **deutliches Überwiegen des Explorationsverhaltens**. In Anwesenheit der Mutter konzentrieren sie sich auf ihr Spielzeug und scheinen sich nicht für die Mutter zu interessieren (Explorationsverhalten). Bei der Trennung von der Mutter zeigen sie kein offensichtliches Bindungsverhalten, sondern spielen einfach weiter und verstärken sogar das Explorationsverhalten. Bei der Rückkehr der Mutter wird diese aktiv vermieden, ignoriert oder abgelehnt. Es kommt in der Regel zu keinem Körperkontakt, die Kinder möchten nicht auf den Arm genommen oder getröstet werden. Forschungsstudien belegten jedoch, dass die Kinder in der Trennungssituation stark belastet sind. So lassen sich bei diesen **nur äußerlich ruhig wirkenden Kindern** in der Trennungsphase verschiedene **körperliche Anzeichen von Stress** nachweisen, z. B. eine erhöhte Herzschlagfrequenz und erhöhte Werte des Stresshormons Cortisol.

Die Analyse des mütterlichen Sorgeverhaltens macht deutlich, dass die Mütter unsicher-vermeidend gebundener Kinder ihren Kindern gegenüber **ebenfalls ein vermeidendes Verhalten** an den Tag legen. So weisen sie häufig ihre Kinder ab, wenn diese versuchen Kontakt mit ihnen aufzunehmen und viele Mütter berichten, dass sie Berührungen mit ihren Kindern als unangenehm empfänden. Als Ursache für ein unsicher-vermeidendes Bindungsmuster beim Kind dürfte folglich der Erfahrung, in kummervollen Situationen von der Mutter zurückgewiesen zu werden, große Bedeutung zukommen. Um den Schmerz der Zurückweisung zu verringern, entwickeln sie Strategien der Kontaktvermeidung.

3. Die unsicher-ambivalente Bindung

Im Gegensatz zum unsicher-vermeidenden Bindungstyp zeigt sich bei unsicher-ambivalent gebundenen Kindern ein **starkes Überwiegen des Bindungsverhaltens**. So verhalten sie sich bereits in einer fremden Umgebung oder bei Anwesenheit einer fremden Person stark bindungsorientiert. Sie suchen ständig und bereits vor der Trennung von der Bezugsperson deren Nähe (Bindungsverhalten). Während der Trennung sind die Kinder sehr belastet und zeigen extremes Bindungsverhalten (Schreien, Toben). Bei der Rückkehr der Mutter wird die **ambivalente Seite** dieses Bindungstyps deutlich. Einerseits suchen sie die Kinder engen Kontakt zur Bezugsperson, andererseits drücken sie gleichzeitig Wut und Ärger aus. So laufen sie z. B. auf die Mutter zu und strecken die Arme aus, stoßen sie dann aber weg, wenn diese sie auf den Arm nehmen will. Andere Kinder verhalten sich sehr passiv und weinen trotz der Nähe der Mutter. Unsicher-ambivalent gebundene Kinder sind nach der Rückkehr der Mutter in der Regel stark mit ihr beschäftigt und sind nur schwer dazu in der Lage sich wieder zu beruhigen und sich erneut dem Spiel zuzuwenden. Das Bindungsverhalten ist also ständig aktiviert und unterdrückt jegliches Explorationsverhalten.

Die Analyse des mütterlichen Verhaltens ergibt, dass die Mütter dieser Kinder vor allem durch ein **nicht vorhersehbares, d. h. stark schwankendes Eingehen auf die Bedürfnisse ihrer Kinder** gekennzeichnet sind. Sie gehen manchmal sehr intensiv auf die Bedürfnisse des Kindes ein, dann jedoch ignorieren sie die Bedürfnisse

 **Modul II Sitzung 6: Theoretische Einführung   T6**

des Kindes, reagieren verzögert oder in nicht angemessener Weise. Sie verhalten sich also unberechenbar und unbeständig, so dass die Kinder sich ihrer Verfügbarkeit nicht sicher sein können. Aus Angst die Nähe zur Bezugsperson zu verlieren bemühen sich die Kinder daher ständig um die Aufmerksamkeit der Mutter und vernachlässigen die Erkundung der Umgebung und anderes Explorationsverhalten – schließlich können sie sich nicht sicher sein, dass die Mutter bei Bedarf als sichere Basis zur Verfügung stehen wird, bei der sie Trost und Schutz erfahren können.

4. Die desorganisierte Bindung

Das Muster der desorganisierten Bindung findet sich vor allem bei Kindern, die **sehr negative oder traumatische Erfahrungen** (frühe Trennungen über längere Zeit, Vernachlässigung, Missbrauch) gemacht haben. Die Kinder dieser Gruppe fallen durch Phasen auf, in denen sie **weder Bindungs-, noch Explorationsverhalten** an den Tag legen. So zeigen sie z. B. in Anwesenheit der Mutter stereotype Verhaltens- und Bewegungsmuster, tranceartige Zustände (Erstarren) oder ähnlich wie beim unsicher-ambivalenten Bindungsstil widersprüchlich wirkendes Verhalten (etwa kurz aufeinanderfolgend zunächst Kontaktsuche und dann Kontaktablehnung).

Die Mütter dieser Kinder haben **zumeist selbst traumatische Erfahrungen gemacht, sind sehr ängstlich oder auch psychisch krank**. Sie sind oft nicht in der Lage, ihr Kind zu schützen und angemessen zu versorgen, sind beispielsweise selbst ängstlich in Situationen, in denen das Kind eigentlich ihre Hilfe und ihren Schutz bräuchte. Aus diesem Grund werden die Kinder nicht nur durch äußere Reize wie fremde Personen oder Situationen geängstigt, sondern auch durch die Mutter selbst. Dadurch geraten sie immer wieder in die paradoxe Situation, dass sie die Nähe der Mutter suchen, wenn sie Angst haben, sich zudem aber auch vor der Mutter fürchten.

Fazit zu den verschiedenen Bindungsmustern

Insgesamt zeigt sich, dass Kinder je nach Verhalten der Mutter verschiedene Strategien entwickeln und ihr Bindungs- und Explorationsverhalten entsprechend anpassen. Insofern kann man davon ausgehen, dass die Notwendigkeit eine Bindungsbeziehung zu entwickeln genetisch festgelegt ist. Die Art dieser Bindungsbeziehung ist hingegen primär durch die **Art des Bindungsverhaltens der Bezugsperson** geprägt. In der Zusammenfassung von verschiedenen deutschen Studien zeigte sich folgende Verteilung: **Ca. 45 % der Kinder wurden als sicher gebunden klassifiziert, 28 % als unsicher-vermeidend, 7 % als unsicher-ambivalent und 20 % als desorganisiert.**

Wie in der theoretischen Einführung zur ersten Sitzung (T1) dargestellt, belegen zahlreiche Studien ein erhöhtes Depressivitätsrisiko bei alleinerziehenden Müttern. Hierdurch können Betroffene in ihrem Einfühlungsvermögen und damit auch in ihrer Bindungsfähigkeit und Bindungsbereitschaft beeinträchtigt werden. Insofern ist davon auszugehen, dass bei Kindern alleinerziehender Mütter gehäuft ein nicht sicherer Bindungsstil anzutreffen ist. Es handelt sich aber natürlich nicht um einen ein-

Modul II Sitzung 6: Theoretische Einführung   T6

deutigen Zusammenhang in dem Sinne, dass alle Kinder alleinerziehender Mütter immer unsicher gebunden sind. Sollte jedoch ein nicht sicheres Bindungsmuster vorliegen, dann ist es wichtig und möglich, diesem entgegenzusteuern. Die Bindungsorientierung von PALME bezieht sich genau auf diesen Sachverhalt.

Die Entwicklung der sicheren Bindung

Für die Entwicklung emotionaler Sicherheit bei einem Kind reicht die bloße körperliche Anwesenheit eines Erwachsenen nicht aus. Es ist vielmehr wichtig, dass sich die Bezugsperson dem Kind gegenüber feinfühlig verhält. **Feinfühligkeit** ist die Fähigkeit:
- die Signale des Kindes **wahrzunehmen**,
- sich in das Erleben des Kindes hineinzuversetzen und somit seine Signale **richtig zu interpretieren** sowie
- **prompt und angemessen zu reagieren**.

Mangelnde Feinfühligkeit könnte sich z. B. darin äußern, dass die Bezugsperson mit dem Kind spielt, wenn es müde ist, es füttert, wenn es Kontakt sucht oder obwohl es schon satt ist oder auch darin, dass sie auf die Bedürfnisse des Kindes gar nicht eingeht.

Für die Ausbildung eines sicheren Bindungsmusters ist es günstig, wenn die Bindungsperson **nicht mehr, aber auch nicht weniger tun, als das Kind von ihr verlangt**. Dies kann sie dadurch erreichen, dass sie ihre Handlungen auf die Bedürfnisse und Handlungen des Kindes abstimmt. Hierdurch merkt das Kind, dass es sich auf seine Bezugsperson verlassen kann und wird in der Folge zunehmend selbstsicherer. Es erkennt zum einen, dass es mit seinem Verhalten bei einer anderen Person etwas bewirken kann und zum anderen, dass es über eine sichere und schützende Basis verfügt.

Inneres Arbeitsmodell und Auswirkungen des Bindungsmusters

Durch die ständigen Bindungserfahrungen mit der Bezugsperson bildet das Kind allmählich sein eigenes Bindungsmuster aus, das man sich in Form eines so genannten inneren Arbeitsmodells (ein meist unbewusstes Bild davon, wie menschliche Beziehungen „funktionieren") vorstellen kann. Die wichtigste **Funktion** eines solchen Arbeitsmodells ist es, **Ereignisse in der äußeren Umwelt vorwegzunehmen**. Innere Arbeitsmodelle können sich auf die verschiedensten Lebensbereiche beziehen und befähigen Menschen zu vorausschauendem Verhalten. Sie sind über die gesamte Lebensdauer hinweg bedeutsam und ermöglichen uns (mit mehr oder weniger großer Sicherheit) abzuschätzen, was z. B. geschehen wird, wenn wir unfreundlich auf eine harmlose Nachfrage reagieren oder wie unsere ältere Nachbarin reagieren wird, wenn wir ihr anbieten die Einkäufe in die Wohnung zu tragen. In unserem Zusammenhang bündelt das innere Arbeitsmodell des Kindes seine **Erwartungen über das Verhalten der Bezugsperson in bestimmten Situationen**: Wird sie sich um mich kümmern, wenn ich traurig bin oder mir wehgetan habe? Wird sie mich ans andere Ende des Sandkastens krabbeln lassen, wenn die Kinder dort ein Spielzeug

 **Modul II Sitzung 6: Theoretische Einführung T6**

haben, das ich mir gerne ansehen würde? Wird sie nur manchmal oder regelmäßig für mich da sein, wenn ich sie brauche? Wird ihre Reaktion von meinen Bedürfnissen abhängen oder von ihrer jeweiligen Stimmung?

Zusammengefasst geht es hierbei also um Vorstellungen des Kindes, inwieweit es Nähe und Sicherheit, aber auch gewisse Freiheiten von seiner Bindungsperson erwarten kann. Die große Bedeutung des Bindungsmusters erklärt sich zudem daraus, dass das Kind seine **frühen Bindungserfahrungen in aller Regel auch auf andere Bezugspersonen überträgt wird** (z. B. auf den späteren Liebespartner oder die eigenen Kinder) und dass andere Menschen ihr Verhalten meistens auf das Verhalten des Interaktionspartners abstimmen. Deshalb ist es wahrscheinlich, dass das Kind mit seinem Verhalten bei anderen Menschen häufig das von ihm erwartete Verhalten auslösen wird. Erwartet es etwa, dass andere Personen sich nicht zuverlässig um seine Bedürfnisse kümmern werden, dann wird es vielleicht aus Angst vor Ablehnung und Enttäuschung versuchen, anderen Menschen seine Bedürfnisse nicht zu offenbaren. Dies wiederum erhöht in der Tat die Wahrscheinlichkeit dafür, dass andere Menschen sich wenig nach seinen Bedürfnissen richten werden.

Die Arbeitsmodelle entwickeln sich vor allem vor dem Hintergrund von Erfahrungen im Kleinkindalter, aber **auch einschneidende (sowohl positive wie negative) Erfahrungen im höheren Kindes- und Jugendalter können das Bindungsmuster noch beeinflussen**. Ergeben sich im Entwicklungsverlauf positive Veränderungen wie ein verändertes, feinfühligeres Verhalten der Mutter oder das Auftauchen einer neuen, feinfühligen Bezugsperson, dann kann z. B. ein ursprünglich unsicher gebundenes Kind doch noch ein sicheres Bindungsmuster entwickeln. Auch für Trainingsprogramme wie PALME ist davon auszugehen, dass sie einen **Beitrag zur Veränderung ungünstiger Bindungsmuster** leisten können. Ohne solche korrigierenden Erfahrungen ist hingegen zu erwarten, dass ein Bindungsmuster, wenn es nicht durch gravierende Ereignisse verändert wird, bis ins Erwachsenenalter konstant bleibt.

Die in der Kindheit erworbenen Beziehungsvorstellungen beeinflussen nicht nur den Umgang mit den Bezugspersonen, sondern auch den Aufbau und die Entwicklung von Beziehungen (z. B. Freundschaften und Paarbeziehungen) im späteren Leben. Dies erklärt sich dadurch, dass über das Bindungsmuster auch die **Regulation von Gefühlen in bindungsrelevanten Situationen** (Phasen der Trennung oder sonstiger Belastungen) vermittelt wird. Nicht zuletzt steht das Bindungsmuster mit der **Ausbildung von Rollenerwartungen** (sowohl an die eigene Person als auch an andere Menschen) in Zusammenhang. Aufgrund der Verknüpfungen des Bindungsmusters mit vielen anderen Verhaltensbereichen lässt sich festhalten, dass das Bindungsmuster eine wesentliche Rolle in der gesamten Persönlichkeitsentwicklung spielt.

Bindung im Kindergartenalter

Kinder im Kindergartenalter haben viel **mehr Verhaltensmöglichkeiten** als jüngere Kinder, um das Verhalten ihrer Bindungsperson zu beeinflussen. So können sie zum einen auf Grund ihrer besser entwickelten **motorischen** Fertigkeiten (sie können laufen, allein das Bett verlassen, Türen öffnen usw.) selbstständig die Nähe der

Modul II Sitzung 6: Theoretische Einführung T6

Bezugsperson suchen und aufrechterhalten und zum anderen ihr Bedürfnis nach Freiheit oder Nähe auch immer besser **verbal** ausdrücken. Hierdurch können sie sich mit ihrer Bezugsperson über Vorstellungen und Wünsche austauschen und in „Verhandlungen" treten, um z. B. für Zeiten der Trennung bestimmte Absprachen zu treffen.

Auch werden Kontakte außerhalb der Familie (z. B. im Kindergarten) wichtiger, so dass die Kinder Bindungsbeziehungen zu neuen wichtigen Bezugspersonen (z. B. zu Erzieherinnen und Erziehern) aufbauen können. Sie sind zunehmend besser dazu in der Lage auch länger andauernde Trennungen zu tolerieren, wenn sie ein stabiles, positives Erinnerungsbild der elterlichen Bezugsperson verinnerlicht haben („Urvertrauen"). Sie benötigen zumeist nicht mehr die ständige körperliche Anwesenheit der Mutter, sondern können auf eine „verinnerlichte Basis" zurückgreifen. Je älter das Kind wird, desto weniger wird das Bindungsverhalten durch die direkte Suche nach körperlicher Nähe bestimmt, sondern eher durch die Suche nach emotionaler Nähe oder Gesprächen.

Im Kindergartenalter zeigen sich die zu Beginn dieses Textes beschriebenen Bindungsmuster in **altersentsprechend veränderter Form**. So suchen **sicher gebundene Kindergartenkinder** in belastenden Situationen Nähe, Trost und Unterstützung und greifen dabei kompetent auf ihre Bindungsperson zurück, um aus der Unsicherheit herauszukommen. Sie können über ihre Wünsche und Bedürfnisse nach Nähe oder Erkundung verhandeln, ohne dabei Angst zu haben von ihrer Bezugsperson verlassen zu werden, wenn sie den Wünschen des Kindes nicht nachgehen kann. **Unsicher-vermeidend gebundene Kinder** wirken oft sehr selbstständig und unabhängig und zeigen ihr Bedürfnis nach Nähe nur selten. Sie suchen in belastenden Situationen weder Trost noch Unterstützung. In Spielsituationen richten sie ihre Aufmerksamkeit stärker auf das Spielzeug oder sachbezogene Aktivitäten als auf die Beziehung. Da sie die Erfahrung gemacht haben, dass die Äußerung negativer Gefühlszustände nicht zu Unterstützung führt, zeigen sie Gefühle wie Angst, Trauer oder Ärger kaum. **Unsicher-ambivalent gebundene Kinder** wirken im Kindergarten oft sehr anhänglich und kleinkindhaft. Sie versuchen über hilfloses, anhängliches oder ärgerliches Verhalten Bezugspersonen an sich zu binden und sind oft nur schwer in der Lage einen Kompromiss für Trennungen auszuhandeln. **Kinder mit desorganisiertem Bindungsmuster** zeigen häufig eine Rollenumkehr gegenüber den Eltern und versuchen mit überfürsorglichem oder stark kontrollierendem Verhalten die Kontrolle über ihre Bezugsperson zu erlangen.

Modul II Sitzung 6: Infoblatt für Mütter   I6

Bindung ist lebenswichtig

Bindung ist die besondere Beziehung eines Kindes zu seiner engsten Bezugsperson. Das ist meistens die Mutter, aber auch andere Personen, wie z. B. der Vater, die Großmutter oder ältere Geschwister, können solche engen Bezugspersonen sein. Das Verhalten eines Kindes ist vom ersten Tag seines Lebens an darauf ausgerichtet, sich an einen erwachsenen Menschen zu binden, denn diese Bindung ist für das Kind überlebenswichtig.

Deshalb verfügen schon Babys über bestimmte Verhaltensweisen, um die Nähe der Mutter zu suchen und aufrechtzuerhalten. Dieses so genannte **Bindungsverhalten** umfasst bei sehr kleinen Kindern z. B. Lächeln, Anschmiegen und Festklammern, aber auch Weinen und Schreien. Es wird durch bestimmte Bedingungen wie z. B. Trennung, Müdigkeit oder Krankheit aktiviert und durch die Nähe der Bindungsperson beendet. **Bindung dient also der Herstellung eines Sicherheitsgefühls** beim Kind. Wenn dieses Sicherheitsgefühl gegeben ist, kann das Kind einem **weiteren zentralen Bedürfnis** nachgehen: der **Entdeckung und Erkundung seiner Umwelt**. Im günstigsten Fall stellt die Mutter so etwas wie eine **sichere Basis** dar, von der aus das Kind seine Erkundungstouren starten und zu der es immer wieder zurückkehren kann.

Je älter das Kind wird, desto weniger zeigen sich seine Bindungswünsche in der Suche nach **körperlicher Nähe**. In den Vordergrund rückt nun stattdessen zunehmend das Bedürfnis nach **geistiger und gefühlsmäßiger Nähe** und nach **Gesprächen**. Das Kind hat gelernt zu sprechen und hat daher nun viel mehr Möglichkeiten als der Säugling, um das Verhalten seiner Bindungsperson zu beeinflussen. Zudem werden Kontakte außerhalb der Familie (z. B. im Kindergarten) wichtiger und das Kind lernt immer besser, auch längere Trennungen zu akzeptieren.

Durch die wiederholten Bindungserfahrungen mit seiner Bezugsperson gelangt das Kind bereits sehr früh zu Erwartungen darüber, wie sich Mutter oder Vater in einer bestimmten Situation verhalten werden. Abhängig von den Erfahrungen mit seiner Bezugsperson entwickeln sich folglich beim Kind ganz unterschiedliche Beziehungsvorstellungen. Grob kann man hierbei eine sichere von einer unsicheren Bindung unterscheiden.

Eine **sichere Bindung** wirkt sich sehr positiv auf die Entwicklung eines Kindes aus. Ein Kind, das sich in einer sicheren Bindung aufgehoben fühlt, ist in der Regel unternehmungslustig und erforscht neugierig seine Umwelt. Es zeigt im Trennungsfall seine Trauer, lässt sich aber gut trösten. Es entwickelt rascher eine größere Selbstständigkeit als unsicher gebundene Kinder, denn es weiß, dass es im Zweifelsfall einen sicheren Zufluchtsort hat. Kinder mit sicherer Bindung nehmen leichter Kontakt zu Gleichaltrigen auf und zeigen auch später weniger Verhaltensprobleme. Insgesamt stärkt eine sichere Bindung das Kind und schützt es bei belastenden Ereignissen.

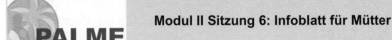

Modul II Sitzung 6: Infoblatt für Mütter — I6

Wie kann ich zur Entwicklung einer sicheren Bindung bei meinem Kind beitragen?

Damit Ihr Kind sich im Umgang mit Ihnen sicher gebunden fühlt und sich ausgehend von dieser sicheren Basis immer wieder neugierig der Erkundung der Umwelt zuwenden kann, reicht es natürlich nicht aus, dass Sie einfach körperlich anwesend sind oder zusammen fernsehen. Wichtiger ist, wie aufmerksam und zugewandt Sie miteinander umgehen und wie Sie auf die Bedürfnisse ihres Kindes eingehen.

Der Schlüssel zu einer sicheren Bindung liegt darin, dass Sie als Bezugsperson sich Ihrem Kind gegenüber möglichst feinfühlig verhalten. Ihr Kind lebt von der Aufmerksamkeit und Wertschätzung, mit der Sie seine Signale aufnehmen. Deren Missachtung erlebt das Kind genauso wie eine nicht an seinen eigenen Bedürfnissen ausgerichtete materielle Verwöhnung letztlich als Desinteresse und Abschiebung.

Es gibt verschiedene Möglichkeiten Feinfühligkeit zu beschreiben. Wir von PALME möchten im Zusammenhang mit den Bedürfnissen Ihres Kindes dann von Feinfühligkeit sprechen, wenn Sie sich gemeinsam mit uns um folgende miteinander zusammenhängende Fähigkeiten bemühen:

- Sie sind bereit dazu, die **Signale Ihres Kindes** überhaupt **wahrzunehmen** (und übersehen sie nicht etwa regelmäßig, weil Sie andauernd so stark mit sich selbst oder mit anderen Dingen beschäftigt sind, dass für Ihr Kind kaum Aufmerksamkeit übrig bleibt).

- Sie versuchen sich **in das innere Erleben Ihres Kindes hineinzuversetzen** und seine **Signale richtig zu deuten**. Hierzu gehört vor allem die Fähigkeit zu unterscheiden, wann Ihr Kind eher „sicherheitsbedürftig" ist und Ihren Schutz oder Trost braucht und wann es im Gegensatz dazu eher seiner natürlichen Neugier und seinem Erkundungsdrang folgen möchte, also Ihre fürsorgliche Begleitung nur im Hintergrund braucht. Wichtig ist außerdem, dass Sie darauf achten die Bedürfnisse Ihres Kindes nicht mit Ihren eigenen Bedürfnissen zu verwechseln (etwa das Füttern des Kindes, wenn <u>Sie</u> Hunger haben, nicht aber Ihr Kind).

- Sie versuchen **rechtzeitig und angemessen auf Ihr Kind zu reagieren**, d. h. nicht mehr, aber auch nicht weniger zu tun als Ihr Kind von Ihnen verlangt und Ihre Handlungen auf seine Bedürfnisse abzustimmen.

Kaum jemand wird es schaffen, diesen Ansprüchen an Feinfühligkeit im Umgang mit seinem Kind immer zu genügen, auch nicht die liebevollste Mutter oder der bemühteste Vater. Dennoch ist es wichtig immer wieder zu versuchen, dem „Feinfühligkeitsideal" möglichst nahe zu kommen. Gelegentliche Beeinträchtigungen des Idealzustandes werden die meisten Kinder ohne ernstere Folgen für die Bindungsbeziehung bewältigen, aber wenn sich solche Beeinträchtigungen häufen, dann stellen Sie als engste Bezugsperson für Ihr Kind nicht länger den beruhigenden und unterstützenden „sicheren Hafen" dar. **Sicherheit braucht Beständigkeit und Vorhersehbarkeit.**

Modul II Sitzung 6: Infoblatt für Mütter**I6**

Gelingt es Ihnen jedoch meistens, die Signale Ihres Kindes wahrzunehmen, richtig zu deuten und angemessen auf sie zu reagieren, dann merkt Ihr Kind mit der Zeit, dass es sich auf Sie verlassen kann und wird selbstsicherer. Es erkennt zweierlei: Zum einen, dass es mit seinem eigenen Verhalten bei einer anderen Person die von ihm erwünschten Reaktionen hervorrufen kann. Dadurch erlebt es sich nicht als dem Willen einer anderen Person hilflos ausgeliefert, sondern als jemand, der selbst mitgestalten kann, was in seiner Umwelt vor sich geht und auch, wie es sich selbst fühlt. Und zum anderen, dass es eine sichere und schützende Basis hat, auf die es sich verlassen kann und dass ihm deshalb nichts wirklich Bedrohliches zustoßen kann.

Ein wichtiger Punkt noch an dieser Stelle: **Eine sichere Bindung zeichnet sich nicht dadurch aus, dass Ihr Kind ständig an Ihrem Rockzipfel hängen muss. Vielmehr geht es um das richtige Maß zwischen Halten und Loslassen.** Wichtig ist, dass Ihr Kind weiß: Ich kann mich auf meine Mutter verlassen. Wenn ich Nähe und Trost brauche, dann finde ich das bei ihr.

Modul II Sitzung 6: Gruppenablauf G6

Blitzlicht und Anwesenheitsbogen

Wie kommen Sie heute hier an? Wie geht es Ihnen?

Bearbeitung der Wochenübung W5 „Meine Schattenseite"

In der letzten Woche hatten Sie die Aufgabe – ohne dabei zu übertreiben – auf Ihre „Schattenseite", d. h. auf Misserfolgserlebnisse und auf persönliche „Schwächen" zu achten. Gemeinsam mit der Wochenübung zur vorhergehenden Sitzung, in der Ihre „Sonnenseite" im Mittelpunkt stand, ergibt sich dadurch ein vollständigeres und wirklichkeitsnäheres Abbild Ihrer Person bzw. Ihrer Selbstsicht. Das konkrete Benennen eigener Schwachpunkte erlaubt es zudem viel eher sich neue Wege zu überlegen, wie man mit diesen umgehen könnte, als wenn man sich – so wie viele Menschen das tun – „im großen Stil abwertet". Wer z. B. über sich sagt „Ich bekomme eh nie etwas richtig auf die Reihe und habe schon so oft total versagt!", der wird es schwerer haben einen angemessenen Umgang mit seinen Problemen zu finden als jemand, der etwa feststellt: „In der letzten Woche habe ich mich erneut mit meinen Eltern gestritten, weil sie sich immer wieder in die Erziehung meiner Tochter einmischen. Damit bin ich unzufrieden und ich möchte daran etwas ändern."

Ihre Beobachtungen zur „Schattenseite" haben Sie schließlich auf einem Arbeitsblatt festgehalten. Wer möchte gern seine „Schattenseite" zeigen und uns etwas mehr darüber berichten?

Die Teilnehmerinnen sollten hierzu ihre Arbeitsblätter an der Flipchart befestigen und der Gruppe dann kurz ihre Notizen erläutern, so dass am Ende der Hausaufgabenbesprechung alle Blätter aushängen. Am Ende der Stunde nehmen die Teilnehmerinnen ihre Arbeitsblätter wieder mit nach Hause.

Die Gruppenleitung schafft ein positives und ermutigendes (durchaus auch wertschätzend-humorvolles) Klima, in dem die Rückmeldungen der Teilnehmerinnen positiv gewürdigt werden können. Unterstützend kann es z. B. sein, wenn Sie als Gruppenleitung bei sich ähnelnden „Schattenseiten" verschiedener Teilnehmerinnen auf die Überschneidungen hinweisen, denn dies verdeutlicht, dass man mit bestimmten Schwachpunkten und Misserfolgen nicht allein dasteht.

Bieten Sie den Teilnehmerinnen nach Besprechung der Wochenübung zudem die Möglichkeit, noch offen gebliebenen Fragen zum Infoteil I5 zu klären.

Modul II Sitzung 6: Gruppenablauf   G6

Vorstellung von Sitzungsthema und Sitzungsablauf

Verwenden Sie die Übersicht Ü6, um den Teilnehmerinnen einen kurzen Überblick über das Programm der heutigen Sitzung zu geben.

Modul II Sitzung 6: Gruppenablauf **G6**

Übung 1: „Woran merkt mein Kind, dass ich es lieb habe?"

Material	Papier und Schreibzeug
Methode	Entspannung und Reflexion
Form	Einzelübung
Ziel	Einfühlung in das Erleben des Kindes
Zeit	Ca. 5-10 Minuten

Vorgehensweise/Anleitung:

- Verraten Sie bei dieser Übung vorab nicht den Titel, denn die Teilnehmerinnen sollen sich erst während der Entspannung mit der Beantwortung der Titel gebenden Frage auseinandersetzen.

- Einer der Gruppenleiter erteilt die Instruktionen für diese Übung. Zunächst leitet er die Entspannungsphase an, für die sich im folgenden Abschnitt ein Formulierungsvorschlag findet. Sie können die Anleitung aber natürlich auch abwandeln und in eine Form bringen, mit der Sie gute Erfahrungen haben. Wichtig ist, dass Sie den Teilnehmerinnen genügend Zeit lassen. Legen Sie deshalb zwischen den einzelnen Sätzen längere **Pausen** ein – wenn Ihnen die Pausen selbst zu lang erscheinen, sind sie für die Teilnehmerinnen wahrscheinlich gerade richtig.

- Hier der **Formulierungsvorschlag**: Nehmen Sie eine bequeme Haltung ein. – Wenn Sie mögen, schließen Sie die Augen. – Achten Sie ganz bewusst auf Ihre Atmung. Versuchen Sie nicht Ihren Atemrhythmus absichtlich in die Länge zu ziehen, sondern achten Sie einfach darauf, wie Ihr Atem ein- und ausströmt. – Einströmt und wieder ausströmt (x2). – Lassen Sie Ihre Gedanken vorüberziehen wie Wolken an einem weiten, blauen Himmel. Sie können sie gehen lassen, wie sie kommen. – Es gibt nichts zu erledigen, Sie haben hier und jetzt keine Pflichten, keine Aufgaben. – Genießen Sie es einfach so dazusitzen und sich immer tiefer zu entspannen. – Immer tiefer. – Und tiefer.

- Wenn Sie den Eindruck haben, dass die Teilnehmerinnen ein Gefühl der Entspannung erreicht haben (achten Sie hierzu auf die Körperhaltung, den Gesichtsaudruck und die Atemfrequenz der Teilnehmerinnen), dann bitten Sie um die stille Beantwortung der folgenden Frage: **Woran merkt mein Kind, dass ich es lieb habe?**

Modul II Sitzung 6: Gruppenablauf   **G6**

- Ermuntern Sie die Teilnehmerinnen zum Nachdenken über diese Frage aber auch zum gefühlsmäßigen „Erspüren" möglicher Antworten. Die Teilnehmerinnen sollen sich die Antwort(en) einprägen, die ihnen spontan in den Sinn gekommen ist (sind).

- Zum Abschluss der Reflektionsphase instruieren Sie die Rücknahme der Entspannung durch vertieftes Ein- und Ausatmen, Anspannen der Arm- und Beinmuskulatur und Öffnen der Augen. Vorsichtiges Räkeln und Ausschütteln der Arme und Beine sorgen schließlich wieder für ein Gefühl der Wachheit und Frische.

- Geben Sie den Teilnehmerinnen nun Gelegenheit ihre Antwort(en) in knapper Form schriftlich festzuhalten.

- In der Nachbesprechung berichten die Teilnehmerinnen, wie es ihnen mit der Übung ergangen ist und wie sie die Entspannungsphase erlebt haben. Dann stellen sie ihre Antwort(en) auf die Frage vor. Sie als Gruppenleitung geben den Teilnehmerinnen für ihre Einfälle unterstützendes und wertschätzendes Feedback und lassen ein nicht-wertendes Gespräch darüber zu, welche mütterlichen Signale besonders geeignet sind, um dem Kind zu zeigen, dass es geliebt wird.

Zusammenfassung der Information I6 „Bindung ist lebenswichtig"

Verteilen Sie jetzt an die Teilnehmerinnen die Unterlagen für die heutige Sitzung und referieren Sie die zentralen Inhalte des Textes I6. Hierzu sollten Sie sich vor der Sitzung mit diesem Text und mit Ihrem Text T6 vertraut gemacht haben. Wie ausführlich Sie die Präsentation gestalten und welche Inhalte Sie besonders hervorheben wollen, bleibt Ihnen überlassen. Bieten Sie den Teilnehmerinnen zudem die Gelegenheit zu Rückfragen und empfehlen Sie den Müttern den Text zu Hause noch einmal gründlich zu lesen.

Übung 2: „Schwierigkeiten im Umgang mit den Bedürfnissen meines Kindes"

Material	Flipchart
Methode	Diskussion in Kleingruppen

Modul II Sitzung 6: Gruppenablauf **G6**

Form	Kleingruppenübung mit anschließender Besprechung in der Großgruppe
Ziel	Unterschiedliche Bedürfnisse (nach Bindung und nach Erkundung der Umwelt) des Kindes besser verstehen und diesen gerecht werden. Eigene Haltungen zu diesen Bedürfnissen erkennen und einen angemessenen Weg finden, um eventuelle Bedürfniskonflikte zu lösen.
Zeit	Ca. 20 Minuten

Vorgehensweise/Anleitung:

- Diese Übung dient einer vertieften Auseinandersetzung mit den zwei zentralen Bedürfnissen des Kindes, die auch im Informationsteil dieser Sitzung schon vorgestellt wurden. Einerseits handelt es sich um das kindliche Bedürfnis nach **Bindung**, also nach einem Gefühl von Sicherheit und Schutz im Kontakt mit der engsten Bezugsperson (d. h. der Mutter). Andererseits handelt es sich um das Bedürfnis nach **Erforschung und Erkundung der Umwelt**, das zur Befriedigung der natürlichen Neugier des Kindes dient. Wenn das Kind diesem Bedürfnis folgt und sich zeitweise von der Mutter trennt, tritt das Bindungsbedürfnis in den Hintergrund und die Bezugsperson wird dann als „sichere Basis" benötigt, zu der das Kind im Bedarfsfall zurückkehren kann.

- Erfahrungsgemäß fällt es Bezugspersonen unterschiedlich leicht diesen beiden Bedürfnissen gerecht zu werden. So tun sich z. B. belastete Mütter, die viel mit eigenen Problemen zu tun haben, oft eher schwer damit den Bindungsbedürfnissen ihres Kindes gerecht zu werden. Ängstliche Mütter hingegen, die sehr besorgt sind, dass ihrem Kind etwas zustoßen könnte, haben eher Schwierigkeiten dem Erkundungsbedürfnis ihres Kindes zu entsprechen.

- Bitten Sie die Teilnehmerinnen darum sich in zwei Gruppen aufzuteilen. Jede Gruppe sollte aus mindestens drei Mitgliedern bestehen. Es ist ratsam die Fragestellungen vor der Gruppenbildung zu nennen, da die Teilnehmerinnen dann die Möglichkeit haben die Gruppe zu wählen, deren Fragestellung ihnen persönlich bedeutsamer erscheint.

- **Gruppe A** diskutiert die Frage: „Warum fällt es mir manchmal schwer, dem Bedürfnis meines Kindes nach Bindung und Nähe gerecht zu werden?"

- **Gruppe B** diskutiert die Frage: „Warum fällt es mir manchmal schwer, dem Bedürfnis meines Kindes nach Erkundung und Trennung gerecht zu werden?"

- Der Zeitrahmen der Kleingruppendiskussion beträgt ca. 10-15 Minuten, einige zentrale Diskussionsergebnisse sollen schriftlich festgehalten werden.

Modul II Sitzung 6: Gruppenablauf   **G6**

- Anschließend treffen sich alle Teilnehmerinnen wieder in der Großgruppe und die beiden Gruppen stellen ihre Ergebnisse vor. Die Gruppenleitung hält wichtige Punkte an der Flipchart fest und ermuntert zudem in einfühlsamer Weise alle Teilnehmerinnen dazu sich am Gruppengespräch zu beteiligen. Sie achtet zudem auf wertschätzende Rückmeldungen. Sehr schweigsame Gruppenmitglieder können freundlich ermutigt werden sich auch zu äußern.

- Nachdem die Schwierigkeiten im Umgang mit diesen zwei sehr wichtigen kindlichen Bedürfnissen herausgearbeitet worden sind, bietet es sich an gemeinsam zu überlegen, was es leichter machen könnte den Bedürfnissen des Kindes nachzukommen. Dies könnte z. B. die Erkenntnis sein, dass Kinder sich umso besser entwickeln, je mehr ihnen die Möglichkeit geboten wird beide besprochenen Bedürfnisse auszuleben. Wer ganz eng an eine Person gebunden ist, aber nichts von der Umwelt weiß und wer sich in der Umwelt bestens auskennt, aber keine engen Beziehungen hat, wird auch im späteren Leben wahrscheinlich entsprechend einseitig orientiert sein und damit einen wichtigen Teil des Lebens versäumen.

- Seien Sie als Gruppenleitung zudem kreativ im Entwickeln von Strategien, die es den Teilnehmerinnen in den von ihnen erarbeiteten Punkten erleichtern könnten ihre Schwierigkeiten zu überwinden.

- Einer sehr ängstlichen Mutter, der es schwer fällt dem Erkundungsbedürfnis ihres Kindes gerecht zu werden, helfen möglicherweise Strategien der Selbstberuhigung oder ein anderer Blick auf den Erkundungsdrang. Statt darüber enttäuscht zu sein, dass das Kind schon wieder „auf Achse gehen" möchte, könnte sie sich auch an der entwicklungsförderlichen Seite dieses Tatendranges bzw. Wissensdurstes freuen.

- Bei Schwierigkeiten mit den Bindungsbedürfnissen des Kindes ist vielleicht das Einfühlen in die Perspektive des Kindes hilfreich – wie wäre einem selbst zumute, wenn man sich schutzlos fühlte und dann von einer wichtigen Schutz gebenden Person zurückgewiesen würde? (Diesen Punkt sollten Sie besonders einfühlsam und nicht vorwurfsvoll vorbringen.)

Rollenspiel: „Männliche und weibliche Bedürfnisse"

Material	Es wird kein gesondertes Material benötigt.
Methode	Dialog
Ziel	Wahrnehmen und Ausdrücken unterschiedlicher Bedürfnisse

 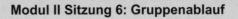

Modul II Sitzung 6: Gruppenablauf **G6**

	Erkennen von geschlechtsabhängigen Bedürfnisunterschieden
Zeit	Ca. 5-10 Minuten

Vorgehensweise/Anleitung:

- Erklären Sie den Teilnehmerinnen einleitend, dass es in der heutigen Sitzung bisher um Bedürfnisse ging, die mehr oder weniger stark ausgeprägt jedes Kind bzw. jeder Mensch hat, da es sich bei den Bedürfnissen nach Bindung und nach Erkundung um menschliche Grundbedürfnisse handelt.

- Nun soll der Blick mehr auf Bedürfnisunterschiede zwischen verschiedenen Menschen gelenkt werden. Menschen unterscheiden sich zum Teil sehr stark in ihren Bedürfnissen, z. B. abhängig von ihrem Alter, von ihrer Lebenssituation und auch abhängig von ihrem Geschlecht. Natürlich sind die Grenzen fließend und es gibt viele Mädchen mit „typischen Jungenbedürfnissen" und viele Jungen mit „typischen Mädchenbedürfnissen".

- In dieser Übung soll jedoch einmal ein wenig in die „Klischeekiste" gegriffen werden, um zu verdeutlichen, dass Mädchen und Jungen bzw. Frauen und Männer zumindest im Durchschnitt auch unterschiedliche Bedürfnisschwerpunkte haben. Um dieses Thema anschaulicher zu machen, startet die Gruppenleitung mit einem Rollenspiel:

- Hierzu sitzen sich beide Gruppenleiter gegenüber.

- Gruppenleiterin A eröffnet das Gespräch mit der Frage: „Also, lass uns doch mal anschauen, wie das bei dir so ist – hast du eigentlich ‚typische Männerbedürfnisse'?"

- Gruppenleiter B geht auf diese Frage ein. Zum einen auf einer eher handlungsbezogenen Ebene (z. B. Fußballübertragungen anschauen, sich im Straßenverkehr mit anderen Autofahrern gelegentlich „Wettrennen" liefern, sich mit Freunden zum Sport oder Skatspiel treffen – begeben Sie sich vorab am besten auf die Suche nach typischem „Männerverhalten" in Ihrem eigenen Leben). Zum anderen aber auch auf einer abstrakteren Ebene (z. B. Bedürfnis nach Wettbewerb oder Dominanz, Verantwortungsübernahme, Stärke oder Ähnlichem).

- Anschließend werden die Rollen getauscht und Gruppenleiterin A berichtet von ihren „typisch weiblichen" Bedürfnissen (handlungsbezogen etwa Bedürfnis nach Schönheitspflege, Kaffeetrinken mit Freundinnen, Lektüre von Liebesromanen etc., allgemeiner z. B. nach sozialem Zusammenhalt, emotionaler Nähe und Harmonie).

- Versuchen Sie diesen Dialog locker und mit einer Prise Humor zu gestalten.

Modul II Sitzung 6: Gruppenablauf   **G6**

- Natürlich kann es sein, dass hinter den genannten Bedürfnissen tendenziell bei beiden Geschlechtern ähnliche Motive stecken, z. B. das Bedürfnis nach Bestätigung durch andere oder nach einer Entwicklung eigener Potenziale und Fähigkeiten. Ob und inwieweit Sie in Ihrem Dialog auf diese nächsthöhere Abstraktionsebene eingehen, stimmen Sie am besten auf Ihre Gruppe ab. Der Schwerpunkt dieses Themenabschnittes liegt auf geschlechtsabhängigen Bedürfnisunterschieden. Ein zu starkes Hervorheben der mit diesem Thema verbundenen Streitfragen (z. B. ob solche Geschlechtsunterschiede anlage- oder umweltbedingt sind) könnte abhängig vom Kreis der Teilnehmerinnen auch zu weit führen.

Übung 3: „Typisch Mädchen, typisch Junge"

Material	Karteikarten und Stifte, evtl. Flipchart
Methode	Gegenseitiger Austausch und Diskussion
Form	Kleingruppenübung
Ziel	Erkennen und Benennen von geschlechtsspezifischen kindlichen Bedürfnissen
Zeit	Ca. 15-20 Minuten

Vorgehensweise:

- Die Teilnehmerinnen bilden zwei Gruppen:

  Gruppe A beschäftigt sich mit „typischen Mädchenbedürfnissen".

  Gruppe B beschäftigt sich mit „typischen Jungenbedürfnissen".

  Sinnvoll dürfte es für die Gruppenbildung sein, wenn z. B. die Mitglieder der „Mädchengruppe" selbst eine Tochter haben.

- Weisen Sie nochmals darauf hin, dass es bei der Übung um typische Bedürfnisse gehen soll, es ist also z. B. nicht wichtig, ob einem dieses Bedürfnis auch persönlich zusagt oder nicht.

- Beide Gruppen erhalten dann einen Stapel Karteikarten und erstellen eine Sammlung entsprechender Bedürfnisse. Für jedes Bedürfnis ist eine neue Karte zu verwenden.

 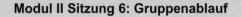

Modul II Sitzung 6: Gruppenablauf   **G6**

- Nach knapp 10 Minuten treffen sich beide Kleingruppen wieder.

- Gruppe A beginnt und stellt ihre Ergebnisse vor. Die Karten können hierbei der Reihe nach auf den Boden gelegt oder an der Flipchart platziert werden. Danach ist Gruppe B an der Reihe.

- Moderieren Sie als Gruppenleitung in einfühlsamer Weise die Nachbesprechung und achten Sie auf einen angemessenen Umgang mit Bewertungen. Bei Gelegenheit können Sie auf Überschneidungen zwischen den Bedürfnissen bei Mädchen und Jungen hinweisen.

- Besprechen Sie weiterhin, ob Mädchen und Jungen ihre Bedürfnisse auch in unterschiedlicher Form ausdrücken, wenn man z. B. Sprache, Mimik, Gestik und Verhalten berücksichtigt.

- Erfahrungsgemäß wissen viele Mütter auf „theoretischer" Ebene recht genau, welche unterschiedlichen Bedürfnisse Mädchen und Jungen haben und welche Unterschiede es im Ausdruck dieser Bedürfnisse gibt. Schwierigkeiten bestehen hingegen häufig im Umgang mit diesen Bedürfnissen, vor allem mit „typischen Jungenbedürfnissen", die oft als zu „aggressiv" wahrgenommen oder sogar als unerwünscht unterdrückt werden. Dass auch Mädchen ein Bedürfnis danach haben ihre Körperkraft zu erfahren, sich im Wettkampf mit anderen zu messen und Stärke und Überlegenheit zu erleben, ist dabei unbenommen. Bei Jungen sind solche Bedürfnisse allerdings tendenziell stärker ausgeprägt. Manche Mütter macht dies hilflos, manche erleben diese Bedürfnisse als „böse" oder fühlen sich durch sie in unangenehmer Weise an andere Menschen (z. B. an den Vater des Kindes) erinnert.

- Überlegen Sie deshalb in der Gruppe gemeinsam, welche Möglichkeiten es gibt, um auch diesen kindlichen Bedürfnissen gerecht zu werden. Denkbar sind etwa „wildere" Spiele wie Kissenschlachten oder Kämpfe mit „Waffen", die nicht wirklich weh tun (z. B. mit Wasserpistolen oder mit Schwertern aus Schaumgummi). Auch sportliche Aktivitäten, vor allem Mannschaftssportarten, stehen bei vielen Kindern hoch im Kurs. Neben Ausdauer, Kraft und Körperbeherrschung werden dort auch wichtige soziale Lernerfahrungen möglich, z. B. Zusammenhalt in der Gruppe, das Erfahren eigener Leistungsfähigkeit, aber auch eigener Leistungsgrenzen usw. Verdeutlichen Sie als Gruppenleitung also den Teilnehmerinnen, dass es Kindern gut tut, wenn sie auch diese Bedürfnisse ausleben dürfen. Denn Schwierigkeiten entstehen in der Regel eher, wenn Kindern kein „Ventil" gelassen wird, um auch ihre lebhafteren Seiten auszuprobieren. Solange Eltern ihre Kinder dabei fürsorglich begleiten und ein Auge darauf haben, dass niemand sich ernsthaft weh tut, besteht kein Anlass zur Sorge.

Modul II Sitzung 6: Gruppenablauf G6

Erläuterung der Wochenübung W6 „Der kleine rosa Elefant" und „Woran merkst du, dass ich dich lieb habe?"

Die Gruppenleitung verteilt die Arbeitsunterlagen für die Wochenübung (Arbeitsblätter, Geschichte und Erläuterungen) an die Teilnehmerinnen. Die Wochenübung wird anschließend kurz vorbesprochen, wobei auch Gelegenheit zu Rückfragen bestehen sollte. Hierzu gehen Sie die Arbeitsunterlagen am besten Schritt für Schritt durch.

Wichtig ist, dass die Wochenübung zu dieser Sitzung aus zwei Teilen besteht. Einem Übungsteil („Der kleine rosa Elefant"), der für alle Teilnehmerinnen und ihre Kinder vorgesehen ist. Und einem zweiten Übungsteil, der nur für die Teilnehmerinnen vorgesehen ist, deren PALME-Kind mindestens fünf Jahre alt ist („Woran merkst du, dass ich dich lieb habe?"). Erklären Sie den Teilnehmerinnen, dass diese Altersbeschränkung deshalb notwendig ist, weil jüngere Kinder noch nicht dazu in der Lage sind sich in die Sichtweise einer anderen Person hineinzuversetzen. Wenn man ein sehr junges Kind beispielsweise fragt, was eine andere Person wohl denkt oder fühlt, dann kann es zur Beantwortung dieser Frage nur von seinen eigenen Gedanken und Gefühlen ausgehen und sich gar nicht vorstellen, dass eine andere Person dies anders sehen oder erleben könnte. Deshalb ist es nicht sinnvoll, den zweiten Teil der Wochenübung mit einem Kind durchzuführen, das jünger ist als fünf Jahre.

Vorbereitung auf Sitzung 7 „Einfühlung in das Erleben des Kindes"

Kündigen Sie den Teilnehmerinnen zum Abschluss der heutigen Sitzung bitte an, dass in der folgenden Sitzung das Thema „Einfühlung in das Erleben des Kindes" im Mittelpunkt stehen wird.

Ein wichtiger Bestandteil dieser Sitzung wird die Frage sein, woran man erkennen kann, wie jemand sich gerade fühlt. Um die Auseinandersetzung mit dieser Frage zu fördern, sollten die Teilnehmerinnen sich zur Vorbereitung auf das nächste Gruppentreffen auf die Suche nach Bildern machen, in denen Kinder Gefühle zeigen, und diese Bilder zur folgenden Sitzung mitbringen. Das können Fotografien des eigenen Kindes sein, aber auch Fotografien aus Zeitschriften oder Zeitungen. Fotografien des eigenen Kindes haben dabei den Vorteil, dass die Teilnehmerinnen bei diesen Bildern wahrscheinlich sicherer wissen, welches Gefühl oder welche Gefühle während der Aufnahme am stärksten ausgeprägt waren.

Damit die Aufnahmen eine möglichst breite Gefühlspalette abdecken, wäre es schön, wenn die Teilnehmerinnen nicht nur nach Bildern Ausschau halten, in denen sich Gefühle wie Freude, Heiterkeit und Stolz zeigen, die die meisten Menschen als sehr angenehm erleben. Auch Fotografien, in denen sich eher „unerwünschte" Gefühle wie Angst, Scham, Wut, Trauer, Enttäuschung usw. zeigen, sind ausdrücklich mit angesprochen. Wenn jede Teilnehmerin sich darum bemüht Bilder für mehrere verschiedene Gefühle mitzubringen, dann dürfte in der nächsten Sitzung eine ausreichend große Auswahl zustande kommen.

 **Modul II Sitzung 6: Wochenübung**   **W6**

Arbeitsblatt zur Wochenübung W6 „Der kleine rosa Elefant"

Material: Sie benötigen für die Übung kein spezielles Material – nur dieses Arbeitsblatt, die Geschichte „Der kleine rosa Elefant" und die abschließenden Erläuterungen.

Zeitbedarf: Ca. 40 Minuten (einschließlich Vorbereitungszeit). Wählen Sie wie bei den Wochenübungen üblich einen Zeitpunkt, der es Ihnen erlaubt, die Übung in einer ruhigen und angenehmen Stimmung durchzuführen.

Sinn der Übung: Die Geschichte „Der kleine rosa Elefant" setzt sich in einer kindgerechten Weise mit den Themen Trennung, Verlust und Trauerbewältigung auseinander. Indem Sie sie Ihrem Kind vorlesen und anschließend mit ihm besprechen, erfahren Sie, wie Ihr Kind über diese Themen denkt und können mit ihm ins Gespräch darüber kommen, wie man besser mit solchen schwierigen Erfahrungen zurechtkommen kann. Die Geschichte und die Erläuterungen greifen das Thema Bindung auf, das Ihnen aus der Gruppensitzung bereits vertraut ist und das auch in zukünftigen Sitzung noch häufiger im Mittelpunkt stehen wird.

Übungsanleitung: Am günstigsten ist es, wenn Sie sich zunächst selbst die Geschichte und die danach folgenden Erläuterungen in Ruhe durchlesen. Vielleicht überlegen Sie dabei schon, worüber Sie nach dem Vorlesen mit Ihrem Kind sprechen wollen. Sie können z. B. fragen, was ihm an der Geschichte gut gefallen hat, Sie können darüber sprechen, was es auf den Bildern zu sehen gibt, ob es traurig fand, was dem kleinen Elefanten zugestoßen ist und wie es der kleine Elefant geschafft hat, dass es ihm am Ende wieder besser ging.

Vielleicht bietet es sich auch an mit Ihrem Kind zu besprechen, ob es denn Ähnliches selbst schon einmal erlebt hat und was es damals gemacht hat, damit es nicht mehr traurig war (oder was es in der Zukunft machen könnte, damit es nicht mehr traurig ist). Die Erläuterungen, die Sie bitte nicht vorlesen, werden Ihnen vermutlich weitere Anregungen für Gesprächsstoff liefern. Überfordern Sie jedoch Ihr Kind nicht durch ein zu langes oder zu anstrengendes Gespräch. Seien Sie also einfühlsam dafür, wann Ihr Kind genug hat. Achten Sie außerdem darauf, welche Gefühle das intensive Zusammensein mit Ihrem Kind und die Geschichte in Ihnen weckt.

Die Geschichte beginnt auf der nächsten Seite. Wir wünschen Ihnen viel Vergnügen beim Vorlesen und beim Zusammensein mit Ihrem Kind!

 **Modul II Sitzung 6: Wochenübung**   **W6**

Der kleine rosa Elefant

In Afrika lebte einmal eine große Elefantenherde. Hier lebte auch ein kleiner Elefant mit seinen Eltern. Das besondere an ihm war, dass er rosa war.

Er hieß Benno. Er war ein sehr fröhlicher kleiner Elefant und alle mochten ihn gerne. Der kleine rosa Elefant hatte einen allerbesten Freund, mit dem er oft spielte. Für Benno war es ein ganz besonderer Elefant und er hieß Freddi. Freddi hatte rote Punkte überall auf seiner Haut.

Die beiden kleinen Elefanten hatten schon viel miteinander erlebt. Sie hatten zusammen herumgetobt und mit Wasser gespritzt, sie waren durch den Wald gelaufen und faul im Schatten gelegen.

Sie verstanden sich so gut, dass sie oft gar nicht miteinander sprechen mussten. Sie sahen sich nur an und wussten, was der andere wollte.

Eines Tages sagte Freddis Mutter: „Wir ziehen nun mit unseren Verwandten in eine andere Richtung weiter. Kinder, Ihr müsst Abschied voneinander nehmen." Die beiden kleinen Elefanten waren sehr betrübt, weil sie so aneinander hingen. Zum Abschied winkten sie sich mit ihren Rüsseln zu.

Der kleine rosa Elefant wurde sehr traurig, so sehr, dass er keine Lust mehr zum Spielen hatte. Das Essen schmeckte ihm nicht mehr, er rannte nicht mehr und spritzte nicht mehr mit Wasser. Alles kam ihm grau und leer vor ohne Freddi. Und manchmal war er wütend auf Freddis Mutter, die Freddi mitgenommen hatte.

„Spiel doch etwas schönes, dann denkst Du nicht daran", sagte ein Elefant aus der Herde.
„Reiß Dich zusammen", sagte ein anderer Elefant, als der rosa Elefant weinte.
„Das ist doch nicht so schlimm, das passiert doch jedem einmal", sagte ein dritter.
Und ein vierter sagte: „Such Dir doch einen neuen Freund."

 **Modul II Sitzung 6: Wochenübung** **W6**

Alle machten sich große Sorgen um Benno.

Der kleine Elefant versuchte zu spielen, versuchte lustig zu sein, versuchte zu rennen, versuchte alles zu vergessen, aber nichts gelang ihm.

Von Tag zu Tag wurde er trauriger. Eines Tages, als Benno besonders traurig war, beschloss er, zur Eule Heureka zu gehen. Die Eule war alt und weise und bei allen Tieren der Gegend bekannt. Manchmal gingen die Elefanten zu ihr, wenn sie einen Rat brauchten. Solange der kleine rosa Elefant denken konnte, saß Heureka jeden Abend bei Sonnenuntergang auf demselben Baum und hörte zu, was die Tiere ihr erzählten.

Der kleine Elefant machte sich auf den Weg: durch einen großen Wald, über Wiesen, an einem See entlang und noch einmal durch einen Wald. Drei Tage, sieben Stunden und hundert Schritte war er unterwegs, bis er bei der Eule ankam. Die Eule Heureka hörte sich den Kummer des kleinen Elefanten an. Sie überlegte eine Weile, legte den Kopf ein wenig schief und sagte:

 **Modul II Sitzung 6: Wochenübung** **W6**

„Drei Dinge kannst Du tun. Erstens, wenn Du traurig bist, dann weine, egal was die anderen dazu sagen. Mit dem Weinen ist es nämlich wie bei einer dunklen, dicken Regenwolke. Wenn sie sich ausgeregnet hat, ist sie wieder leicht und weiß.

Zweitens: Erzähle jemandem, den Du lieb hast, von Deinem großen Kummer.

Und drittens, gib Deinem Freund einen Platz in Deinem Herzen, so wird er in Deiner Erinnerung immer bei Dir sein."

„Und dann", fügte Heureka hinzu, „ist da noch die Zeit , die Dir helfen wird. Sie wird etwas von Deinem Kummer mit sich nehmen, während sie vergeht."

„Danke", sagte Benno. Dann machte er sich auf den Heimweg und fühlte sich schon ein wenig besser.

Zu Hause angekommen, ließ der kleine rosa Elefant seiner Traurigkeit freien Lauf. Er weinte drei Tage lang und noch eine Stunde. Und weil Elefanten große Tränen haben, stand er in einer richtigen Tränenpfütze.

Dann atmete er tief ein und aus und fühlte sich etwas leichter ums Herz.

Als nächstes ging der kleine Elefant zu seiner Mutter und erzählte ihr ganz ausführlich von seinem großen Kummer und wie sehr er Freddi vermisste. Die Mutter sagte: „Das ist wirklich traurig, wenn man den allerbesten Freund verliert." Und dann legte sie ihren Rüssel um den kleinen Elefanten. Benno kuschelte sich an seine Mutter, und es ging ihm noch ein Stück besser.

Modul II Sitzung 6: Wochenübung **W6**

Am Nachmittag legte sich der kleine rosa Elefant unter einen schattigen Baum und suchte nach einem Platz für Freddi in seinem Herzen.

Dann atmete Benno tief durch und es ging ihm schon viel besser.

Aus: „Wie der kleine Elefant einmal sehr traurig war und wie es ihm wieder gut ging" von Monika Weitze. Illustriert von Eric Battut. © by bohem press, Zürich.
Mit freundlicher Genehmigung des Verlags.

 **Modul II Sitzung 6: Wochenübung** **W6**

Erläuterungen zur Geschichte

Die Geschichte vom kleinem rosa Elefanten handelt vom **Verlust einer geliebten Person und dem anschließenden Trauerprozess**. Verluste treten oft überraschend ein und treffen uns mitten im prallen Leben: Wenn wir lieben, spielen, lernen und uns gut fühlen. Auf einen Schlag ist dann alles anders.

Auch Kinder können von allen möglichen Verlusten getroffen werden. Wenn sie durch Umzug oder Schicksalsschläge ihre gewohnte Umgebung verlieren, wenn sie ihre Freunde zurücklassen müssen, wenn sie den Verlust oder die Trennung von geliebten Tieren oder Familienmitgliedern erleben. Die Geschichte vom kleinen rosa Elefanten kann in solchen Situationen hilfreich sein, denn sie **zeigt Ihrem Kind, welche Möglichkeiten es gibt mit dieser Trauer umzugehen**. Sie verdeutlicht in einer für Kinder verständlichen Weise, dass es durch ein sicheres Bindungsverhalten möglich ist, den Verlust einer geliebten Person und den anschließenden Trauerprozess gut zu bewältigen.

Geschichten eignen sich besonders gut, um Kindern Anregungen zum Umgang mit sensiblen Themen wie Abschied und Verlust zu vermitteln, weil sie spielerisch und phantasievoll neue Handlungsmöglichkeiten und Sichtweisen aufzeigen können. Sie rühren ihre Leser und Zuhörer einerseits durch die in ihnen angesprochenen Themen an, andererseits erlauben sie ihnen aber auch, Abstand zu halten: Verlust und Trauer erlebt nicht ein kleines Kind in Europa, sondern ein rosa Elefant im fernen Afrika.

Man kann sich also davon angesprochen fühlen, wie es dem kleinen Elefanten ergeht, der etwas erlebt, was man selbst auch schon erlebt hat – den Verlust eines Freundes oder eines geliebten Menschen. Außerdem kann man beim Zuhören erfahren, wie es in der Geschichte – vielleicht ganz anders als im eigenen Leben – weitergeht und welche Lösungen und Möglichkeiten es gibt, um das Ereignis zu verarbeiten.

Die Geschichte vom kleine rosa Elefanten zeigt **typische Begleiterscheinungen der Trauer: Gefühle von Traurigkeit, Leere und Wut und den Verlust von Neugier, Spielfreude und Lebenslust**. Manchmal ziehen sich Kinder dann auch von Gleichaltrigen und von Vertrauenspersonen innerhalb der Familie zurück.

Wenig hilfreiche Formen der Trauerbewältigung werden durch die Vorschläge der anderen Elefanten in der Herde dargestellt: **Ablenkung, Unterdrückung der Gefühle, Herabspielen der Bedeutung der Gefühle oder Vermeidung des Themas**. All dies sind übrigens Formen der Gefühlsverarbeitung, die man häufig beim unsicheren Bindungsmuster und bei uneinfühlsamen Gesprächspartnern findet.

Die Vorschläge der einfühlsamen Eule Heureka verdeutlichen hingegen verschiedene **günstige Handlungsmöglichkeiten** zur Bewältigung der Trauer. Die **Gefühle** des kleinen Elefanten werden dabei **nicht in Frage gestellt, sondern anerkannt**. Dies ist eine Form feinfühligen elterlichen Verhaltens. Der kleine Elefant kann sich also verstanden fühlen. Außerdem lernt er, dass das, was er erlebt, ein **normaler Teil des Lebens** ist (ähnlich wie eine dunkle Regenwolke). Er erfährt, **dass Trauer ein Prozess ist** (wie auch das „Ausregnen" der Wolke) und dass es **Hoffnung für**

Modul II Sitzung 6: Wochenübung   **W6**

die Zukunft gibt (denn auch die Wolke ist nach dem Regen wieder „leicht und weiß").

Die Eule empfiehlt ihm außerdem noch einige Verhaltensweisen, die sich einem sicheren Bindungsmuster zuordnen lassen: seine **Gefühle offen auszudrücken** und die **Nähe einer vertrauten Person zu suchen**, dieser Person seinen **Kummer mitzuteilen und bei ihr Trost zu suchen**. Und schließlich die **vergangene Beziehung trotz der Trauer wertzuschätzen**, indem der Freund einen **festen Platz im Herzen** bekommt. Der kleine Elefant kann und darf so seine Gefühle weiter spüren und die Erinnerung an die Vergangenheit trotz des schmerzvollen Verlustes behalten. **All dies sind Zeichen einer sicheren Bindung.** In der Geschichte werden also die wichtigsten Schritte der Umsetzung einer sicheren Bindungsstrategie ausführlich gezeigt. Somit kann der kleine rosa Elefant Ihrem Kind als Modell zeigen, wie seine Mutter ein sicherer Hafen sein kann, in dem es Trost und Verständnis erfährt.

Modul II Sitzung 6: Wochenübung   **W6**

Arbeitsblatt zur Wochenübung W6 „Woran merkst du, dass ich dich lieb habe?"

Im Gegensatz zum ersten Teil der Wochenübung („Der kleine rosa Elefant"), die für alle Teilnehmerinnen und ihre Kinder bestimmt ist, richtet sich dieser zweite Teil der Wochenübung nur an Teilnehmerinnen, deren PALME-Kind mindestens fünf Jahre alt ist. Das liegt daran, dass die Durchführung dieser Teilübung von den Kindern eine Übernahme der Sichtweise ihrer Mütter verlangt, also ein Einfühlen in ihr Denken, Fühlen und Handeln. Kinder unter fünf Jahren sind zu einer solchen Übernahme der Sichtweise einer anderen Person jedoch auf Grund ihres geistigen Entwicklungsstandes noch nicht in der Lage und profitieren deshalb von dieser Übung nicht.

Die Übung ist eine Abwandlung der während der Gruppensitzung behandelten Frage „Woran merkt mein Kind, dass ich es lieb habe?". Sie haben sich dabei selbst schon mit der Frage beschäftigt, wodurch Sie Ihrem Kind zeigen, wie wichtig es für Sie ist und wie lieb Sie es haben. Auch interessant ist es, Ihrer eigenen Einschätzung die Einfälle Ihres Kindes gegenüberzustellen. Wahrscheinlich werden Sie erleben, dass die Antworten Ihres Kindes ganz anders ausfallen als die Antworten, die Ihnen selbst eingefallen sind. Das ist überhaupt nicht schlimm, im Gegenteil: Es verdeutlicht gut, dass es gar nicht so leicht ist sich in den anderen hineinzuversetzen. Deshalb ist es sinnvoll, sich über seine unterschiedlichen Positionen auszutauschen. Wenn die Antworten Ihres Kindes Ihren eigenen Einfällen sehr ähnlich sind, ist das aber natürlich auch kein Nachteil.

Diese Übung ermöglicht es Ihnen zudem in der Zukunft noch besser auf die Bedürfnisse Ihres Kindes einzugehen. Wenn Sie genauer wissen, welche Ihrer Eigenschaften und Verhaltensweisen Ihr Kind als Anhaltspunkt dafür ansieht, dass Sie es besonders lieb haben, dann ist es für Sie demnächst leichter diese Seiten zu zeigen, wenn Sie Ihrem Kind wieder einmal deutlich machen möchten, wie sehr Sie es schätzen. Und das ist eine Erfahrung, die Kinder eigentlich gar nicht oft genug machen können!

Für den Verlauf der Übung ist es günstig, wenn Sie einen Zeitpunkt wählen, zu dem zu Hause eine ruhige und entspannte Stimmung herrscht und Ihr Kind sich in Ruhe seine Antwort überlegen kann. Vielleicht wählen Sie sogar einen Moment, in dem Sie beide sich besonders nah sind (z. B. beim Kuscheln auf dem Sofa).

Stellen Sie also in einem ruhigen Moment, den Sie für geeignet halten, die Frage: „Sag' mal, woran merkst Du eigentlich, dass ich dich lieb habe?" und legen Sie dann erst einmal eine Pause ein und warten ab, was passiert.

Viele Kinder haben spontan eine Antwort zur Hand, die Sie bitte nicht kritisch bewerten, sondern liebevoll wie ein Geschenk annehmen. Es kann auch sein, dass Ihr Kind längere Zeit braucht, um auf diese Frage zu antworten, über die es vielleicht noch nie nachgedacht hat. Drängen Sie Ihr Kind nicht, sondern versuchen Sie es eventuell zu einem späteren Zeitpunkt erneut. Machen Sie Ihrem Kind auch deutlich, dass es gern von sich aus später auf die Frage zurückkommen kann, wenn ihm noch etwas einfällt.

 **Modul II Sitzung 6: Wochenübung**   **W6**

Notieren Sie schließlich, wenn Sie allein sind, auf diesem Arbeitsblatt, was Ihrem Kind eingefallen ist. Wenn Sie mögen, können Sie zusätzlich Notizen dazu machen, was Ihnen bei dieser Übung aufgefallen ist und welche Gefühle die Übung in Ihnen ausgelöst hat. Bringen Sie Ihre Notizen bitte zur nächsten Sitzung mit.

Noch eine Anmerkung zum Schluss: Sie können die Übung erweitern, indem auch Ihr Kind Ihnen die Frage stellt. Gehen Sie dann offen und ehrlich darauf ein, an welchen Punkten Ihr Kind aus Ihrer Sicht Ihre Zuneigung zu ihm erkennen kann.

So hat mein Kind auf die Frage „Woran merkst du, dass ich dich lieb habe?" reagiert:

_____

_____

_____

_____

Das hat diese Übung in mir ausgelöst:

_____

_____

_____

_____

Modul II Sitzung 7: Übersicht   **Ü7**

Thema	**Kinder und Gefühle**
Fragen	• Welche Gefühle hat mein Kind? • Was fühlt mein Kind und woran erkenne ich das?
Ziele	• Gefühle des Kindes wahrnehmen • Gefühle des Kindes verstehen • Die unterschiedlichen Gefühle von Jungen und Mädchen wahrnehmen und verstehen
Ablauf	1. Blitzlicht und Anwesenheitsbogen 2. Bearbeitung der Wochenübung W6 „Der kleine rosa Elefant" und „Woran merkst du, dass ich dich lieb habe?" 3. Vorstellung von Sitzungsthema und Sitzungsablauf 4. Übungen: • Rollenspiel, Gruppenleitung: „Gefühlspantomime" • Übung 1, Großgruppe: „Gefühlspantomime" • Übung 2, Großgruppe: „Feedback zur Gefühlspantomime" 5. Zusammenfassung der Information I7 „Kinder und Gefühle" 6. Übung 3, Kleingruppe: „Woran erkenne ich, wie ein Kind sich fühlt?" 7. Erläuterung der Wochenübung W7 „Das Gefühlsspiel"
Arbeitsmaterial Gruppenleiter	• Theoretische Einführung T7 „Kinder und Gefühle" • Anleitung zum Gruppenablauf G7 • Anwesenheitsbogen A7
Arbeitsmaterial Mütter	• Infoblatt I7 • Arbeitsblatt zur Wochenübung W7
Didaktisches Material	• PALME-Gefühlskarten D7 • Vorlage zu Übung 3

 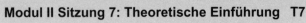

Modul II Sitzung 7: Theoretische Einführung   T7

Kinder und Gefühle

Nach der Behandlung der kindlichen Bedürfnisse rücken nun die mit diesen Bedürfnissen einhergehenden kindlichen Gefühle in den Mittelpunkt der Betrachtung und begleiten uns durch das Modul II. Dabei soll gemeinsam mit den Eltern ein entwicklungsförderlicher Umgang mit den kindlichen Gefühlen eingeübt werden. Ziel ist es, die Eltern zu einem einfühlsamen und offenen Umgang mit den Gefühlen ihres Kindes anzuleiten.

Wie schon im Rahmen des ersten Moduls besprochen, verfügt ein Kind fast schon von Geburt an über die fünf Basisaffekte Angst, Wut, Ekel, Freude und Trauer. Diese Affekte stellen die zentralen Grundemotionen im Leben eines jeden Menschen dar. Mit zunehmendem Alter entwickelt das Kind zudem komplexere, sozial gelernte Emotionen wie Stolz, Scham, Schuld, Neid und Eifersucht. Der Umgang mit Emotionen und die Entwicklung von emotionalen Fertigkeiten stellt nun eine **wichtige Entwicklungsaufgabe in der frühen Kindheit dar, bei welcher Eltern eine ganz entscheidende Rolle spielen (vgl. Infotext 3)**. Die Art und Weise, wie Kinder ihre Gefühle wahrnehmen und wie sie mit ihnen umgehen, hat einen bestimmenden Einfluss auf ihre Persönlichkeitsentwicklung und die Beziehung zu anderen Menschen.

Wieso sind Emotionen so wichtig? Sie begleiten und bestimmen unsere gesamte Existenz. Alles, was wir erleben, ist für uns mit verschiedenen Emotionen verbunden. Somit sind Emotionen zum einen der Motor für menschliches Verhalten, zum anderen stellen sie aber auch die Grundlage von sozialen Interaktionen dar und haben daher eine **wichtige Funktion im zwischenmenschlichen Bereich**. Emotionen stellen Signale an die Umwelt dar, denn sie verdeutlichen anderen Menschen, was jemand gerade braucht. So wissen wir etwa, dass jemand Trost benötigt, wenn wir seine Traurigkeit erkennen, oder Schutz, wenn er sich ängstigt. Die meisten Eltern wünschen ihren Kindern uneingeschränkte Lebensfreude und hoffen, ihnen „unangenehme" Gefühle wie Angst, Wut und Trauer ersparen zu können. Lebensfreude ist jedoch nur erfahrbar im Kontrast zu anderen Gefühlen, genauso wie Licht und Schatten zusammengehören. **Alle Emotionen sind in Ordnung, so wie sie sind, und jedes Gefühl hat „Rederecht" im Parlament der Gefühle.** Wenn man sich zutraut, sie zu leben, und ihnen Raum gibt, trägt dies zu einem intensiveren Lebensgefühl bei.

Unterstützung und Förderung der kindlichen Gefühle

Da die emotionale Entwicklung eines Kindes einen grundlegenden Einfluss auf die weitere Entwicklung seines Lebens hat, ist es wichtig, Kinder frühzeitig in der Entwicklung ihrer emotionalen Fertigkeiten zu stärken. Gerade das Kindergartenalter stellt ein „Zeitfenster" dar, das den Erwerb von emotionalen Fähigkeiten besonders leicht ermöglicht. Da sich die emotionale Kompetenz von Kleinkindern besonders in der Interaktion mit ihren Bezugspersonen entwickelt, ist es wichtig, die Eltern zur Förderung der emotionalen Fähigkeiten ihres Kindes anzuregen. Hierzu gehört neben einem intensiven Austausch von Gefühlen auch die Unterstützung in der Wahrnehmung und Benennung der kindlichen Gefühle sowie die Vermittlung von

Modul II Sitzung 7: Theoretische Einführung T7

angemessenen Regulationsstrategien. Es ist wichtig, dass Eltern ihre Aufmerksamkeit auf die kindlichen Gefühle im Alltag lenken, diese Gefühle differenziert betrachten und angemessen darauf reagieren. Wenn Eltern die Gefühle ihres Kindes besser verstehen, dann kann auch das Kind seine Gefühle besser einordnen und lernt, sich z.B. auch selber zu beruhigen. Eltern können also die emotionale Entwicklung ihrer Kinder fördern oder hemmen:

Eltern fördern die emotionale Entwicklung, indem

- sie sich ihrer eigenen Gefühle und der Gefühle ihres Kindes bewusst sind, auch wenn diese nicht intensiv erlebt oder gezeigt werden.
- sie die Gefühle ihres Kindes erkennen und anerkennen und ihrem Kind nicht mit Ablehnung oder Vorwürfen begegnen. (Es gibt keine richtigen oder falschen Gefühle!)
- sie differenziert über Gefühle reden können, ihrem Kind helfen die unterschiedliche Gefühle zu benennen und es ermuntern, seine Gefühle offen auszudrücken.
- sie ihrem Kind helfen, mit belastenden Gefühlen umzugehen, mit ihm über diese Gefühle sprechen und ihm Strategien im Umgang mit Gefühlen vermitteln.
- sie ein positives Familienklima schaffen, in dem viele offene Familiengespräche über Emotionen und emotionale Ereignisse stattfinden.

Eltern hemmen die emotionale Entwicklung, indem

- sie versuchen, belastende Emotionen ihres Kinde möglichst schnell zu beenden.
- sie bestimmte Gefühle (z.B. Ärger) des Kindes bestrafen, verleugnen oder ignorieren.
- sie ihr Kind ablenken, wenn es belastende Emotionen erlebt (z.B. durch Essen, Geschenke).
- sie ihrem Kind nicht bei der Problemlösung helfen.
- sie ein Familienklima schaffen, in welchem es nur wenig Offenheit im Umgang mit Gefühlen gibt, Kommunikation über Emotionen vermieden wird und die Toleranzschwelle für „negative" Emotionen gering ist.

Durch ein solches Verhalten bekommen Kinder den Eindruck, dass manche ihrer Gefühle (und deshalb auch sie selber) nicht in Ordnung sind und deshalb nicht geäußert werden sollten. Sie lernen zudem, dass sie Konflikte vermeiden können, indem sie sich bei Problemen ihren Eltern gegenüber verschließen und ihre Gefühle zu schnell unterdrücken. Dies kann später bei ihnen zu „Gefühlen" wie Selbstfremdheit oder auch Beziehungsstörungen mit anderen führen.

Modul II Sitzung 7: Theoretische Einführung   T7

Umgang mit belastenden Gefühlen

Gefühle wie Angst, Trauer oder Wut werden als weniger angenehm empfunden als ein Gefühl wie Freude. Es sind dennoch wesentliche Gefühle, die eine wichtige Signal-, Warn- und Überlebensfunktion haben. Deshalb ist es wichtig, sich mit diesen Gefühlen zu befassen und sie als Teil unseres Lebens zu erkennen.

Viele Menschen bewerten diese Gefühle als negativ und versuchen, sie soweit wie möglich zu verdrängen, zu vermeiden oder zu verleugnen. Manche Eltern berichten zudem, dass sie es schwierig finden, damit umzugehen, wenn ihre Kinder Trauer, Angst oder Wut erleben. Vielleicht haben sie selbst Probleme damit, ihre eigenen belastenden Emotionen wahrzunehmen und auszudrücken. Umso schwerer fällt ihnen dann ein angemessener Umgang mit den belastenden Gefühlen ihrer Kinder und eine einfühlsame Unterstützung in der Gefühlsregulation. Viele Eltern vermitteln ihren Kindern dann genau das, was sie selber früher gelernt haben, und es fallen Sätze wie „Reiß dich mal zusammen", „Das ist doch nicht so schlimm" oder „Ein Indianer kennt keinen Schmerz".

Kinder und Angst

Kinder erleben viel Neues und Unbekanntes in ihrer Welt. Nur wenig ist vertraut und selbstverständlich und jede neue Herausforderung oder Aufgabe können auch etwas Gefährliches sein. Aus diesem Grund ist es nur natürlich, dass es Phasen gibt, in denen Kinder Angst haben und Unterstützung suchen. Schließlich ist Angst das Gefühl, dass uns vor Ungewissem, potentiell Bedrohlichem warnt und uns so vor Gefahren schützt.

Angst hinzufallen, Angst vor dem Baden, Angst vorm Einschlafen, Angst vor Dunkelheit, Angst vor wilden Tieren, Angst vor Gespenstern ... kindliche Ängste treten in Erscheinung und verschwinden wieder. In manchen Altersstufen sind sie normal und werden erst problematisch, wenn sie allzu viel Bedeutung gewinnen und das Kind in seinem Leben behindern.

Umgang mit der kindlichen Angst ⇒ Verständnis und Schutz

Erwachsene versuchen zumeist, mit Ängsten rational umzugehen und sich zu vergewissern, welche Ängste real und welche unbegründet sind. Hier ist es wichtig zu berücksichtigen, dass Kinder eine ganz andere Art zu denken haben und dass deshalb in ihrem Leben auch noch andere „irrationale" Ängste und Phantasien Platz haben (wie z. B. das Monster unterm Bett). Deshalb sollten Eltern bedenken, dass die Angst ihres Kindes immer einen Grund hat, auch wenn dieser für sie undurchsichtig erscheint. Leider neigen manche Erwachsene dazu, kindliche Ängste abzuwerten. „Du brauchst doch keine Angst zu haben" gehört zu den Sätzen, die Kinder am häufigsten hören. Wird ihre Angst jedoch in dieser Weise abgewertet und für überflüssig erklärt, können Kinder lernen: Meine Angst ist falsch – meine Gefühle sind falsch – ich bin falsch.

Modul II Sitzung 7: Theoretische Einführung T7

Im Umgang mit kindlicher Angst sind folgende Punkte wichtig:

1. Annehmen
Anstelle des Beschwichtigens und Übergehens sollte die kindliche Angst respektiert, wahrgenommen und akzeptiert werden. Es geht nicht darum, ob sie falsch oder richtig ist. Sie ist da. Es gibt immer einen Grund, wieso ein Kind Angst hat, auch wenn es diesen selber nicht weiß. Kein Kind hat Spaß daran, ängstlich zu sein. Akzeptanz könnte sich z.B. darin zeigen, dass Eltern erzählen, dass sie früher einmal selber als Kind auch Ängste hatten.

2. Klären
Ängste sind oftmals diffus und nicht greifbar. Indem man sie konkretisiert und somit greifbar macht, können sie besser bewältigt werden. Dabei steht konkretisieren für eine differenzierte und konkrete Betrachtung der Ängste. Eltern sollten ihre Kinder durch Neuformulierungen und Fragen auf der Suche nach dem Grund der Angst begleiten und ihnen helfen, ihrer Angst einen symbolischen Ausdruck zu verleihen. Hierdurch lernen Kinder, ihre Angst nicht zu vermeiden, sondern sie sich genauer anzuschauen. Wenn ein Kind nachts Angst hat, hilft es wenig zu sagen „Du brauchst keine Angst zu haben". Stattdessen kann man sich zu dem Kind setzen und ihm helfen, seine Angst zu klären („Was siehst du denn, dass dir Angst macht? Was hörst du?"). Vielleicht hat das Kind Angst vor einem großen Schatten an der Wand und gemeinsam kann entdeckt werden, dass der Schatten von der Kleidung auf dem Stuhl kommt.

3. Begleiten
Zur Bewältigung ihrer Angst brauchen Kinder besonders die Begleitung und das Verständnis der Eltern. Manchmal können das erläuternde Erklärungen sein, manchmal sind konkrete Hilfen wichtig. Wenn ein Kind z.B. vorm ersten Schultag Angst hat, dann kann vorher gemeinsam das Schulgebäude besucht oder ein erster Kontakt zur Lehrerin aufgenommen werden.

4. Vertrauen
„Du schaffst das" – Kinder brauchen das Vertrauen ihrer Eltern bei der Bewältigung von Herausforderungen. Dadurch, dass ihre Eltern an sie und ihre Fähigkeiten glauben, lernen sie durch ihre Ängste hindurchzugehen. Dafür ist es wichtig, dass Eltern das Selbstvertrauen der Kinder stärken und ihnen Erfolgserlebnisse ermöglichen, die unabhängig von der aktuellen Angst sind. Hilfreich können auch Symbole wie ein kleiner Plastikritter sein oder Angstspiele, bei denen Eltern die Angst spielen und sich von Ihrem Kind besiegen lassen.

Kinder und Trauer

Kinder haben viele Anlässe, bei denen sie loslassen müssen und traurig sind. Sei es der Abschied vom Kindergarten oder der Umzug der besten Freundin. Ein über längere Zeit trauriges Kind versetzt seine Eltern oft besonders stark in Sorge. Gerade wenn es Eltern selbst nicht so gut geht, kann es eine zusätzliche Belastung sein, zu sehen, dass auch ihr Kind leidet. Dennoch ist es eine große Leistung, wenn Eltern es schaffen, diese Traurigkeit zu erkennen und auszusprechen. Sie verdient Anerkennung. Sie spricht auch für eine gute Beziehung zwischen Kind und Eltern, denn Kinder versuchen oft mit viel Aufwand ihre Traurigkeit und ihren Kummer vor

Modul II Sitzung 7: Theoretische Einführung   T7

den Eltern zu verbergen, um diese nicht noch mehr in Sorge zu versetzen. Zeigt ein Kind den Eltern seine Traurigkeit, dann spricht das eher dafür, dass es den Eltern vertraut und die Beziehung als stark genug erlebt, um diese Zeit der Belastung auszuhalten.

Umgang mit der kindlichen Trauer ⇒ Trost und Gegenwart

Deshalb sollten Eltern die Traurigkeit ihres Kindes ernst nehmen und nicht mit schnellen „Trostpflastern" versorgen. Viele Erwachsene können die Trauer und den Schmerz von Kindern nur schlecht aushalten und versuchen, von der Trauer abzulenken. Ein kleines tröstendes Geschenk, ein Eis oder ein Ausflug ins Schwimmbad muntern zwar vorübergehend auf und lenken ab. Sie bleiben jedoch längerfristig wirkungslos, wenn nicht tröstende Gespräche oder gemeinsame Zeit hinzukommen, in denen der Kummer des Kindes feinfühlig „zwischen den Zeilen" angesprochen wird.

Für einen feinfühligen, emotionsfördernden Umgang mit der Trauer eines Kindes ist Folgendes wichtig:

1. Wahrnehmung und Benennung
Zunächst ist es zunächst wichtig, dass man dem Kind Zeit gibt, seinen Gefühlen freien Lauf zu lassen und zu weinen. In einer Spielsituation, in welcher ein Kind seinem Lieblingsbären den Arm abreißt könnte man sagen: „Aua, das ist aber traurig, dass dem Bären der Arm fehlt, oder?"

2. Teilnahme
Gleichzeitig kann man dem Kind durch bestätigende Sätze vermitteln, dass man es verstanden hat und seine Trauer ernst nimmt: „Es ist in Ordnung, wenn du weinst, weil du so traurig bist. Ich wäre auch traurig".

3. Angemessenes, tröstendes Handeln
Zudem ist es wichtig, dass Kinder die Gegenwart der Eltern wahrnehmen und spüren, dass diese sie in der Bewältigung unterstützen: „Wein dich ruhig aus. Wir können ja gleich mal gemeinsam überlegen, wie wir dem Bären wieder zu einem neuen Arm verhelfen."

Kinder und Wut

Auch kindliche Wutgefühle sind bei den Erziehenden oftmals nicht gern gesehen. Vielmehr wünschen sich die meisten Eltern „friedliche" und „freundliche" Kinder, die nicht wütend herumtoben oder trotzig sind. Jedoch können Kinder nur schwer selbstbewusst und durchsetzungsfähig werden, wenn sie nicht auch mal wütend oder trotzig sein können.

Umgang mit kindlicher Wut ⇒ Grenzen ziehen und einen Rahmen bieten

Genau wie die anderen Gefühle hat also auch die kindliche Wut ihren Grund und bedarf der Akzeptanz. Dabei bedeutet eine Akzeptanz von wütenden Gefühlen nicht, dass sich Eltern in solchen Momenten alles gefallen lassen sollen und sich treten,

Modul II Sitzung 7: Theoretische Einführung   T7

schlagen, kneifen oder sogar beißen lassen. Eltern tun ihren Kindern keinen Gefallen, wenn sie solche Verhaltensweisen zulassen. Hier ist es vielmehr wichtig, Grenzen zu ziehen und den Kindern einen Rahmen zu bieten, in dem sie ihrer Wut ein Ventil verschaffen. Für einen feinfühligen, emotionsfördernden Umgang mit der Trauer eines Kindes ist Folgendes wichtig:

1. Annehmen
Auch hier gilt der Grundsatz „Alle Gefühle sind erlaubt, aber nicht alle Handlungen". So könnten Eltern ihrem Kind beispielsweise bei einem akuten Wutanfall vermitteln: „Deine Wut ist wichtig und wird akzeptiert, aber es ist nicht in Ordnung, wenn du aus deiner Wut heraus ein anderes Kind schlägst."

2. Grenzen setzen
Wenn Wut in Gewalthandlungen umschlägt ist es wichtig, dass Eltern klar und deutlich vermitteln: „Ich will das nicht". Dabei sollten sie ihrem Kind zeigen, wie ernst es ihnen ist, und dies durch die eigene Körperhaltung und eine erhobene und feste Stimme ausdrücken, ohne dabei das Kind anzuschreien.

3. Zeit geben zur Beruhigung
Manchmal brauchen starke Gefühle wie Wut ihre Zeit, bis sie sich wieder abgekühlt haben und ein Gespräch darüber möglich ist. In solchen Fällen ist es besser zu warten, bis ein klärendes Gespräch stattfinden kann. In dem Moment heftiger Wut geht es zunächst darum, dass Eltern sich und ihr Kind schützen und es nicht zulassen, dass sich bei ihrem Kind destruktive Verhaltensweisen verfestigen.

4. Ein Beziehungsangebot machen
Wenn das Kind sich beruhigt hat, können Eltern ihm ein **deutliches Beziehungsangebot** in Form eines Gesprächs gemacht werden („Was war denn da los? Wollen wir mal darüber sprechen? – Jetzt bin ich nur für dich da!"). Wichtig ist, dass ein Kind spürt, dass seine Eltern es nicht verlassen, auch wenn es nicht gerade freundlich war.

5. Auf die eigene Wut achten
Zudem sollten Eltern, auch wenn sie selber sehr wütend sind, eine Ausdrucksform finden, die nicht destruktiv ist für ihr Kind. Sie sollten ihr Kind weder schlagen noch beschimpfen; da sie mit solchen Verhaltensweisen nur ein Modell für aggressives Verhalten wären. Wie sollen Kinder lernen, sich anders zu verhalten, wenn die Hauptbezugspersonen es ihnen nicht vormachen? Hier kann es wichtig sein, dass Eltern in schwierigen Situationen kurz Distanz zwischen sich und ihrem Kind schaffen, damit sich das Geschehen entspannen kann.

6. Einen geschützten Rahmen bieten
Eltern sollten ihren Kindern zudem einen geschützten Rahmen zur Verfügung stellen, in dem es seine Wut loswerden kann. Hierfür kann es hilfreich sein, gemeinsam neue Möglichkeiten zu entdecken, mit Wut und der damit einhergehenden Energie umzugehen. Wut kann man z.B. bei folgenden Möglichkeiten herauslassen: um die Wette schreien, Zeitungen zerreißen, Knete kneten, eine wilde Kissenschlacht veranstalten ...

Modul II Sitzung 7: Infoblatt für Mütter   I7

Kinder und Gefühle

Erinnern Sie sich noch an Sitzung 3? – Damals ging es unter anderem um das Wahrnehmen, Unterscheiden und Benennen Ihrer eigenen Gefühle. Im Infoblatt zur damaligen Sitzung wurden die fünf **Basisaffekte** Angst, Wut, Ekel, Freude und Trauer vorgestellt, über die jeder Mensch von Geburt an verfügt. Sie werden auch als **Grundgefühle** bezeichnet. Wie Sie vielleicht noch wissen, erfüllen diese Grundgefühle verschiedene, sehr wichtige Funktionen. Sie leisten einen Beitrag zur **Sicherung unseres Überlebens**, indem wir etwa in einer bedrohlichen Situation oder angesichts eines bedrohlichen Gegners Angst verspüren, die eine schnelle Fluchtreaktion begünstigt, oder indem wir beim Essen einer verdorbenen Speise Ekel verspüren und diese dann rasch wieder ausspucken. Die Grundgefühle (und übrigens auch noch viele andere Gefühle wie Sorge, Scham oder Eifersucht, die nicht zu den Grundgefühlen zählen), haben außerdem wichtige **Funktionen im zwischenmenschlichen Bereich**. Sie steuern mit, ob wir uns einer anderen Person eher annähern oder ob wir uns von ihr eher zurückziehen werden. Und sie sind auch Signale an die Umwelt, denn sie verdeutlichen anderen Menschen, was jemand gerade braucht. So wissen wir etwa, dass jemand Trost benötigt, wenn wir seine Traurigkeit erkennen.

Drei dieser Grundgefühle, nämlich **Angst, Wut und Trauer**, sollen jetzt noch einmal genauer unter die Lupe genommen werden, weil sie sehr viel mit der **Verarbeitung von Trennungen** zu tun haben. Viele Eltern berichten, dass sie es schwierig finden, damit umzugehen, wenn ihre Kinder Angst, Wut oder Trauer erleben. Bei alleinerziehenden Eltern sind zudem einige besondere Punkte zu berücksichtigen. Deshalb soll sich dieser Text vor allem darauf konzentrieren, wie und warum Kinder diese Gefühle erleben, woran man sie erkennen kann und welche Möglichkeiten es gibt, seinem Kind im Umgang mit diesen Gefühlen zu helfen.

Auf eine Trennung der Eltern reagieren Kinder sehr häufig mit Angst – Angst vor möglichen weiteren Verlusten und Trennungen. Aus ihrer Sicht haben sie oft einen Menschen verloren, der für ihr eigenes Leben und für ihr Selbstwertgefühl wichtig ist, und sie können sich nicht sicher sein, ob sich etwas Ähnliches nicht wiederholen wird.

Kinder gehen mit dieser Angst ganz unterschiedlich um. Und manchmal sind Kinder verunsichert und ängstlich, ohne dass das nach außen hin so wirkt. Sie wenden verschiedene Verhaltensweisen an, die ihnen über die Angst hinweg helfen sollen, die aber letztlich die Probleme nicht lösen. Sie beginnen z. B. die **Situation zu beschönigen** und vermitteln den Eindruck, dass sie froh darüber sind, den einen Elternteil nicht mehr um sich zu haben. Oder sie benehmen sich so, **als hätten sie die Trennung der Eltern kaum bemerkt,** und erwähnen den zweiten Elternteil nicht mehr – fast so, als hätte es ihn nie gegeben. Kinder haben oft feine Antennen dafür, wie es ihrer Umwelt geht, und merken z. B., wenn das Elternteil, mit dem sie nach der Trennung weiterhin zusammenleben, unter der Situation leidet. Dann kann es vorkommen, dass sie sich fürsorglich um den mit ihnen zusammen lebenden Elternteil **kümmern** und ihn zu **trösten** versuchen, sie dabei jedoch ihre eigenen Bedürfnisse stark zurückhalten. Sie wirken **wie besonders brave Kinder**, die niemandem zur Last fallen wollen. Vielleicht spürt ein Kind sogar, dass der mit ihnen

Modul II Sitzung 7: Infoblatt für Mütter

lebende Elternteil froher wäre, wenn es zu dem anderen Elternteil keinen Kontakt mehr hätte, und verzichtet deshalb darauf, deutlich zu machen, wie wichtig ihm auch der andere Elternteil wäre.

Dennoch bahnt sich die Angst oft ihren Weg und drückt sich dann unter Umständen in ganz anderen Lebensbereichen aus. Wenn ein Kind z. B. übermäßig ängstlich im Dunkeln ist, sich allein sehr schnell ängstigt, auch nur schwer im eigenen Bett schlafen kann und sich kaum traut, mit anderen Menschen in Kontakt zu treten, dann kann sich – speziell bei einem Kind, dessen Eltern sich getrennt haben – dahinter **Trennungsangst** verbergen. Auch Konzentrationsstörungen beim Spielen, ein starkes Anklammern an Bezugspersonen, häufiges Einnässen, Alpträume und Einschlafschwierigkeiten können Hinweise hierauf sein.

Solche Anzeichen können sich noch verstärken, wenn das Kind die **Beziehung zum erziehenden Elternteil auch noch als bedroht oder fraglich erlebt**. Das kann nicht nur in Momenten tatsächlicher Trennung passieren (z. B. zu Beginn der Kindergartenzeit, wenn ein Kind noch nicht genügend Sicherheit entwickelt hat, dass es seine Bezugsperson in einigen Stunden auf jeden Fall wiedersehen wird). Es kann auch dadurch ausgelöst werden, dass es dem erziehenden Elternteil längere Zeit nicht gut geht oder dass er niedergeschlagen und sehr stark mit sich selbst beschäftigt ist. Dann kann das Kind **auch ohne räumliche Trennung** den Eindruck haben, dass seine bei ihm verbliebene Bezugsperson sich immer mehr von ihm entfernt.

Was in den Phasen zugespitzter Trennungsängste auch passieren kann, ist, dass die oben beschriebenen **Bewältigungsversuche** nicht mehr ausreichen. Dann kommen zur Angst oft noch Gefühle von Wut und Trauer hinzu. Insofern sind **Wut und Trauer als Zeichen der Überforderung** zu sehen, denen ein Scheitern der Angstbewältigung zu Grunde liegt. Auch wenn natürlich sowohl Wut als auch Trauer bei Mädchen und Jungen vorkommen, so neigen im Durchschnitt Jungen eher zu einer wütenden als zu einer traurigen Reaktion, geraten z. B. oft in Auseinandersetzungen mit Spielkameraden, haben regelrechte Wutanfälle oder gehen zerstörerisch mit ihrem Spielzeug um. Mädchen hingegen reagieren eher traurig als wütend, wirken still und niedergeschlagen, ziehen sich zurück, weichen Blickkontakten aus und verhalten sich weniger kontaktfreudig. Traurigkeit geht zudem oft mit Verhaltensweisen einher, die einen gewissen Trost spenden und die schnell eine angenehmere Stimmung aufkommen lassen. Wenn man etwas Wichtiges verloren hat, dann scheint es hilfreich, in irgendeiner Weise wieder „aufzutanken", z. B. indem man sich oft mit besonders gut schmeckendem Essen „belohnt". Wenn Kinder traurig sind, können sie sich auch wieder Verhaltensweisen angewöhnen, die man eigentlich eher bei einer jüngeren Altersstufe erwarten würde, z. B. Daumenlutschen oder Nägelkauen.

Was können Eltern tun, um ihre Kinder in der Bewältigung von Angst, Wut und Trauer zu unterstützen?

Wie bei anderen schwierigen Erziehungssituationen ist auch hier eine **einfühlsame Haltung** sehr hilfreich, um wirklich verstehen zu können, was in Ihrem Kind vor sich geht. Mehr zum Thema Einfühlungsvermögen werden Sie auch noch in den nächsten beiden Sitzungen erfahren.

 **Modul II Sitzung 7: Infoblatt für Mütter** I7

Machen Sie sich also klar, dass letztlich hinter vielen Verhaltensauffälligkeiten von Kindern die Angst des Kindes vor erneutem Verlassenwerden und vor Hilflosigkeit steht. Selbst wenn Ihr Kind böse auf Sie zu sein scheint, ist es Ihnen nicht wirklich böse gesinnt. **Sie als Mutter sind die wichtigste Person für Ihr Kind.** Die Wut des Kindes bezieht sich meistens nur auf die ängstigenden, im Erleben des Kindes „bösen" Seiten ihrer Beziehung zu ihm, wenn es z. B. Streit in der Familie gibt oder wenn Sie so mit anderen Dingen beschäftigt sind, dass Sie kaum genügend Energie haben, sich eingehend mit ihm zu beschäftigen.

Wenn Sie erkannt haben, dass Ihr Kind gerade ängstlich, wütend oder traurig ist, dann sollten Sie ihm das auch vermitteln und ihm sagen, dass Sie z. B. seine Traurigkeit sehen und sich dann erkundigen, ob Ihr Eindruck stimmt. Durch das **Erkennen und Anerkennen der jeweiligen Gefühle** vermitteln Sie Ihrem Kind eine wichtige Bestätigung. Wischen Eltern beispielsweise die Traurigkeit Ihres Kindes immer rasch durch betont gute Laune beiseite, können Kinder auf Dauer verwirrt werden und lernen, dass man traurige Gefühle am besten gar nicht zulässt, sondern sofort etwas gegen sie unternimmt. Dabei gehören auch traurige Gefühle zum Leben aller Menschen und verdienen Aufmerksamkeit. Nachdem Sie die Traurigkeit Ihres Kindes erkannt haben, könnten Sie es deshalb z. B. fragen, was es so traurig gemacht hat und ob es etwas gibt, womit Sie ihm helfen könnten. Es tut Kindern sehr gut, wenn ein anderer Mensch ihre Gefühle – auch ihre negativen Gefühle – richtig wahrnimmt und gelten lässt, ohne dass sie gleich Angst bekommen müssen dadurch ihre Bezugsperson „in ein Loch zu stürzen".

Im **Umgang mit Ängsten** (z. B. wenn Ihr Kind häufig in Ihrem Bett übernachten möchte, weil es sich in seinem eigenen Bett zu sehr fürchtet) hilft es meistens nichts, wenn Sie auf einer „erwachsenen" Ebene erklären, dass man vor einer bestimmten Situation (z. B. vor dem „Monster unter dem Bett") doch keine Angst haben müsse, da ja alles nur eingebildet sei. Besser ist es, wenn Sie Ihr Kind zunächst vor allem trösten, es in den Arm nehmen und ihm so **Sicherheit und Geborgenheit vermitteln**. Im nächsten Schritt können Sie dann gemeinsam überlegen, was jetzt hilfreich wäre. Oft hilft eine **„Gewöhnungstechnik"**, bei der man das, was Angst macht, in mehrere kleine Schritte unterteilt und so „erledigt". Zunächst könnten Sie etwa Ihr Kind in sein eigenes Bett legen und sich an den Rand des Bettes setzen, bis es ruhig ist. Dann könnten Sie ein Stück weiter entfernt sitzen, schließlich vor seinem Zimmer bei geöffneter Zimmertür usw. Sie können Ihr Kind auch selbst fragen, ob Sie noch ein Stückchen weiter weg können. Unterstützend wirkt es hierbei **jeden auch noch so kleinen Schritt in die richtige Richtung am nächsten Morgen zu loben** und besonders hervorzuheben. So merkt Ihr Kind, dass es auf dem richtigen Weg ist.

Ein guter Weg, um die Angst vor weiteren Verlusterlebnissen möglichst klein zu halten, besteht darin, für **weitere enge Bezugspersonen** im Leben Ihres Kindes zu sorgen wie z. B. durch regelmäßigen, engen Kontakt mit der Großmutter, mit einem Onkel oder mit einem nahen Freund der Familie. Denn wenn Kinder sich von mehreren Menschen getragen fühlen, ist ihr Erleben von Hilflosigkeit nicht gleich so umfassend, wenn der Kontakt zu einer dieser Bezugsperson ihnen einmal unsicher erscheint.

 **Modul II Sitzung 7: Infoblatt für Mütter** I7

Bei **wütenden** Kindern kann es manchmal ziemlich schwer fallen sich daran zu erinnern, dass die lautstarke Wutattacke letztlich ein **Ausdruck von Hilflosigkeit und von Angst** ist. Wenn es für Ihr Kind oder für andere gefährlich wird, müssen Sie **Grenzen setzen** und dafür sorgen, dass niemand zu Schaden kommt. Ebenso wichtig ist aber bald danach zu **erklären, warum Sie eingeschritten sind**: Weil Sie gut auf Ihr Kind und auf andere Menschen aufpassen, damit keiner sich weh tut. Machen Sie Ihrem Kind ein **deutliches Beziehungsangebot** in Form eines Gesprächs („Was war denn da los? Wollen wir mal darüber sprechen? – Jetzt bin ich nur für dich da!") oder spielen Sie etwas zusammen, so dass Ihr Kind spürt, dass Sie für es da sind und es sich auf Sie verlassen kann, auch wenn sein Benehmen nicht gerade freundlich war. Bedenken Sie: Wut als Ausdruck von Angst kann durch anschließende Bestrafung nicht verringert werden, denn Strafe verstärkt eher noch die Befürchtungen Sie als wichtigste Bezugsperson sehr verärgert zu haben und deshalb vielleicht auch endgültig zu verlieren.

Ein über längere Zeit **trauriges** Kind versetzt seine Eltern oft besonders stark in Sorge. Gerade wenn es Ihnen selbst nicht so gut geht, kann es eine zusätzliche Belastung sein sich einzugestehen, dass nicht nur Sie leiden, sondern auch noch Ihr Kind. Dennoch ist es eine große Leistung, wenn Eltern es schaffen diese Traurigkeit zu erkennen und auszusprechen. Sie verdient Anerkennung. Sie spricht auch für eine gute Beziehung zwischen Kind und Eltern, denn Kinder versuchen oft mit viel Aufwand ihre Traurigkeit und ihren Kummer vor den Eltern zu verbergen, um diese nicht in Sorge zu versetzen. **Zeigt ein Kind den Eltern seine Traurigkeit, dann spricht das eher dafür, dass es den Eltern vertraut und die Beziehung als stark genug erlebt, um diese Zeit der Belastung auszuhalten.**

Deshalb sollten Eltern die Traurigkeit ihres Kindes ernst nehmen und nicht mit schnellen Trostpflastern versorgen. Ein kleines tröstendes Geschenk, das Lieblingsessen des Kindes oder ein Ausflug ins Schwimmbad muntern vorübergehend auf und lenken ab. Sie bleiben jedoch längerfristig wirkungslos, wenn nicht **tröstende Gespräche oder gemeinsame Zeit im Spiel** hinzukommen, in denen der Kummer des Kindes feinfühlig angesprochen wird. Lassen Sie sich Zeit um herauszufinden, wie Sie Ihrem Kind wirklich helfen können und handeln Sie erst dann. Wichtig ist allerdings auch das Problem nicht zu stark in den Vordergrund zu rücken und „aufzublähen". Die richtige Reihenfolge in schwierigen Situationen ist also immer:
1. Tief Luft holen und erst mal nichts tun.
2. Erspüren und Fühlen („Wie geht es meinem Kind? Wie geht es mir?")
3. Denkpause („Wie könnte eine Lösung aussehen?)
4. Erst dann – und möglichst in Ruhe – vielleicht handeln.

Falls Sie einmal feststellen, dass Sie selbst es nicht schaffen die „Gefühlsprobleme" Ihres Kindes gemeinsam mit ihm zu lösen, dann ist es auch eine gute Idee andere Leute einzubeziehen und sich Hilfe zu holen. Besprechen Sie sich mit einer Freundin, wenden Sie sich an eine Elternberatungsstelle oder an einen Erzieher oder eine Erzieherin Ihres Vertrauens, nutzen Sie Ihre PALME-Gruppe, um neue Anregungen zu bekommen. Manchmal kann Kindererziehung eine Herausforderung sein. Dann ist es gut, wenn man dieser Herausforderung nicht allein gegenübersteht.

Modul II Sitzung 7: Gruppenablauf   **G7**

Blitzlicht und Anwesenheitsbogen

Wie kommen Sie heute hier an? Wie geht es Ihnen?

Bearbeitung der Wochenübung W6 „Der kleine rosa Elefant" und „Woran merkst du, dass ich dich lieb habe?"

In der letzten Woche haben Sie Ihrem Kind die Geschichte **„Der kleine rosa Elefant"** vorgelesen und hinterher miteinander über diese Geschichte gesprochen. Dabei sind Sie vielleicht über die Themen Trennung, Verlust und Trauerbewältigung ins Gespräch gekommen.

Haben Sie sich gemeinsam die Bilder zur Geschichte angesehen? Was hat Ihr Kind zu den Bildern erzählt? Welcher Abschnitt war für Ihr Kind der wichtigste? Wollte es später, dass Sie die Geschichte noch einmal vorlesen?

Wie ging es Ihnen bei dieser Übung? Hat Ihr Kind von eigenen Erfahrungen mit den Themen Trennung, Verlust und Trauerbewältigung berichtet? Hatte es Ideen, wie man sich dann am besten helfen kann?

Und hat Sie selbst diese Geschichte berührt?

Wenn Ihr Kind mindestens fünf Jahre alt ist, dann bestand Ihre Wochenübung dieses Mal noch aus einem zweiten Teil. Dieser Teil war eine Ergänzung zu einer Übung aus der letzten Sitzung, in der Sie sich überlegt haben, woran Ihr Kind aus Ihrer Sicht merken könnte, dass Sie es lieb haben. Zu Hause haben nun auch Sie Ihrem Kind diese Frage gestellt: **„Woran merkst du, dass ich dich lieb habe?"**

Wie hat Ihr Kind auf diese Frage reagiert? Hat Ihr Kind Ihnen gleich eine Antwort gegeben oder ist es erst später auf die Frage zurückgekommen? Hat Ihr Kind so geantwortet, wie Sie das erwartet hätten? Haben Sie vielleicht Hinweise darauf bekommen, wodurch Sie Ihrem Kind zukünftig noch deutlicher machen können, wie viel es Ihnen bedeutet? Und was hat seine Antwort in Ihnen ausgelöst?

Bieten Sie den Teilnehmerinnen nach Besprechung der Wochenübung zudem die Möglichkeit, noch offen gebliebene Fragen zum Infoteil I6 zu klären.

Vorstellung von Sitzungsthema und Sitzungsablauf

Verwenden Sie die Übersicht Ü7, um den Teilnehmerinnen einen kurzen Überblick über das Programm der heutigen Sitzung zu geben.

Modul II Sitzung 7: Gruppenablauf G7

Rollenspiel: „Gefühlspantomime"

Material	PALME-Gefühlskarten (siehe D7); Tennisball, kleine Stoffpalme oder ähnlicher Wurfgegenstand
Methode	Ratespiel, Pantomime
Ziel	Gefühle wahrnehmen, differenzieren und benennen
Zeit	Ca. 5 Minuten

Vorgehensweise/Anleitung:

- Dieses Rollenspiel dient der Veranschaulichung der nachfolgenden Übung.

- Beide Gruppenleiter sitzen sich in einiger Entfernung gegenüber. Der Stapel mit den PALME-Gefühlskarten liegt zwischen ihnen auf dem Boden. Ein Gruppenleiter hat den Wurfgegenstand in der Hand und wirft ihn dem anderen Gruppenleiter zu. (Dies verdeutlicht bereits, wie in der nachfolgenden Übung für die Teilnehmerinnen die Wechsel der Spielpartner erfolgen werden.)

- Der Gruppenleiter, der dem anderen den Wurfgegenstand zugeworfen hat, ist der darstellende Gruppenleiter, der Gruppenleiter, der den Wurfgegenstand gefangen hat, ist der ratende Gruppenleiter. Der darstellende Gruppenleiter zieht nun die erste PALME-Gefühlskarte und versucht dieses Gefühl pantomimisch wiederzugeben. Körpersprache und Gesichtsausdruck sollten deutlich sein, aber nicht überdeutlich. Am besten stellen Sie in diesem Rollenspiel beide je einen der fünf Basisaffekte Angst, Wut, Ekel, Freude und Trauer dar, da die Mütter mit diesen schon vertraut sind.

- Der andere Gruppenleiter versucht das dargestellte Gefühl zu erraten. Lassen Sie ruhig einige Sekunden verstreichen, bevor Sie die Lösung aussprechen, damit der Darsteller Zeit hat das Gefühl in prägnanter Weise vorzustellen. Danach erfolgt ein Rollentausch, bei dem es mit der nächsten Karte weitergeht.

- Nachdem beide Gruppenleiter je ein Gefühl dargestellt haben, geben Sie einander in dialogischer Form ein kurzes Feedback. Dabei beschreibt der jeweilige Darsteller, wie es ihm beim Spielen des Gefühls ergangen ist und ob es ihm leicht oder schwer gefallen ist das Gefühl auszudrücken. Der jeweilige „Ratekandidat" beschreibt, woran er das Gefühl erkannt hat.

Modul II Sitzung 7: Gruppenablauf **G7**

Übung 1: „Gefühlspantomime"

Material	PALME-Gefühlskarten (siehe D7); Tennisball, kleine Stoffpalme oder ähnlicher Wurfgegenstand
Methode	Ratespiel, Pantomime
Form	Großgruppe
Ziel	Gefühle wahrnehmen, differenzieren und benennen
Zeit	Ca. 15 Minuten

Vorgehensweise/Anleitung:

- Diese Übung gestaltet sich analog zum Rollenspiel. Erklären Sie einleitend, dass die Gefühle mehr oder weniger einfach darzustellen sind, denn es werden zum einen die fünf Basisaffekte Angst, Freude, Wut, Ekel und Trauer vorkommen, die den Teilnehmerinnen schon aus einer früheren Sitzung vertraut sind. Zum anderen werden aber auch viele komplexere Gefühle wie Verachtung und Schadenfreude vorkommen, die im sozialen Miteinander eine große Rolle spielen. Um diese Gefühle pantomimisch darzustellen, braucht man zum Teil Mitspieler, auf die man das Gefühl beziehen kann, auf die man also z. B. verächtlich herabblickt oder schadenfroh mit dem Finger zeigt. Die Teilnehmerinnen sollten hierzu auf die Gruppenleitung zurückgreifen und nicht auf andere Teilnehmerinnen. Wenn es einer Teilnehmerin nicht gelingt das dargestellte Gefühl zu erraten, können Sie auch den Rest der Gruppe einbeziehen.

- Da es sich um ein Ratespiel handelt, ist natürlich wichtig, dass bei der Übergabe des Kartenstapels darauf geachtet wird, dass das nächste darzustellende Gefühl nur von der jeweiligen Darstellerin gesehen wird.

- Um das Spiel nicht zu schwierig zu gestalten, sollte die Gruppenleitung vor Beginn des Spiels einmal alle vorkommenden Gefühle nennen. Achten Sie aber darauf, dass Sie die Gefühle nicht in der Reihenfolge nennen, die sie im Stapel der PALME-Gefühlskarten haben.

- Vor Spielbeginn (und gegebenenfalls während des Spiels) ermuntern Sie die Teilnehmerinnen außerdem noch freundlich zu „vollem Körpereinsatz", die pantomimische Darbietung darf also ruhig ein bisschen überzeichnet und dramatisch sein.

Modul II Sitzung 7: Gruppenablauf G7

- Platzieren Sie den Stapel mit den PALME-Gefühlskarten so, dass er für alle Teilnehmerinnen gut erreichbar ist, beispielsweise auf dem Boden in der Mitte Ihres Stuhlkreises. Nun wird eine „mutige" Freiwillige gesucht, die Lust hat als Erste ein Gefühl darzustellen. Sie bekommt den Wurfgegenstand, entscheidet sich selbst für eine Spielpartnerin und bekundet ihre Entscheidung, indem sie dieser Teilnehmerin den Wurfgegenstand zuwirft. Danach zieht sie eine Karte vom Stapel der Gefühlskarten und versucht das darauf abgedruckte Gefühl pantomimisch darzustellen. Nachdem das Gefühl erraten wurde (evtl. mit Unterstützung der Gruppe), ist es an der Spielpartnerin der ersten Teilnehmerin, das nächste Gefühl darzustellen. Dazu zieht sie die nächste Karte vom Stapel, entscheidet sich für eine neue Spielpartnerin usw.

- In dieser Weise setzt sich das Spiel fort, bis alle PALME-Gefühlskarten einmal an der Reihe waren.

- Achten Sie als Gruppenleitung auf eine möglichst spielerische Gestaltung der Situation, damit kein Leistungsdruck aufkommt. Auch wenn viele der zu erratenden Gefühle häufig „unerwünschte" Gefühle sind, ist es trotzdem im Sinne des Spiels, wenn die Teilnehmerinnen Spielfreude und Spaß erleben.

- Wenn Sie zeitlich im Rahmen liegen und das Spiel bisher gut funktioniert hat, dann können Sie noch eine weitere Runde mit einer etwas abweichenden Spielanleitung spielen – vorher müssen die Karten natürlich neu gemischt werden. In der zweiten Runde geht es darum die Gefühle jeweils nur ganz dezent anzudeuten, also z. B. bei Traurigkeit nur leicht die Mundwinkel herabzuziehen. Die Darstellung sollte in etwa dem Ausdruck einer Person nahe kommen, die das entsprechende Gefühl zwar intensiv verspürt, sich dies aber nicht so stark anmerken lassen möchte. Führen Sie den Teilnehmerinnen den Unterschied am besten erst einmal selbst vor.

Übung 2: „Feedback zur Gefühlspantomime"

Material	Flipchart
Methode	Brainstorming
Form	Gruppenübung
Ziel	Gefühle wahrnehmen, differenzieren und benennen
Zeit	Ca. 10 Minuten

 **Modul II Sitzung 7: Gruppenablauf**   **G7**

Vorgehensweise/Anleitung:

- Dieses Brainstorming dient als Feedback zur Übung 2 und orientiert sich an dem Feedback, das Sie als Gruppenleitung sich am Ende Ihres Rollenspiels gegeben haben.

- Folgende Fragen sind in Form eines Brainstormings an der Flipchart zu bearbeiten:

  1. Zur **Darstellung** der Gefühle:

     Wie ist es Ihnen beim Darstellen der Gefühle ergangen? Ist es Ihnen leicht oder schwer gefallen sich in die Gefühle hineinzuversetzen? Hat die Darstellung der Gefühle in Ihnen etwas ausgelöst (z. B. Erinnerungen oder andere Gefühle)?

  2. Zum **Erraten** der Gefühle:

     War es eher eine einfache oder eher eine schwierige Aufgabe die Gefühle zu erraten? Woran konnten Sie die Gefühle erkennen? Hätten Sie gedacht, dass das Erraten Ihnen so leicht (bzw. schwer) fällt?

  3. Zur **Gesamtübung**:

     Was können Sie aus dieser Übung für Ihren eigenen Umgang mit Gefühlen oder für den Kontakt mit Ihrem Kind ableiten? (Beispielsweise, dass manche Gefühle nicht so leicht zu erkennen sind und man deshalb den feinfühligen Umgang mit ihnen üben sollte; dass es Freude machen kann seine Gefühle deutlich auszudrücken und sie so für sein Gegenüber nachvollziehbar zu machen; dass es wichtig ist beim anderen nachzufragen, ob die Wahrnehmung des Gefühlsausdrucks stimmt – denn wie das Spiel wahrscheinlich gezeigt hat, liegt man manchmal mit seiner Einschätzung auch daneben.)

- Falls Sie auch die Abwandlung der Übung durchgeführt haben, beziehen Sie in die Feedbackrunde bitte auch Unterschiede im Erleben zwischen den beiden Varianten ein und die Frage, welche Gefühle sich auch in abgeschwächter Form gut haben darstellen und erkennen lassen. Interessant ist auch die Frage, wozu es wichtig sein könnte sich zu verdeutlichen, wie unterschiedlich intensiv Gefühle ausgedrückt werden können.

- Tragen Sie als Gruppenleitung in diesem Gespräch wie üblich zu einem bewertungsfreien und wohlwollenden Klima bei, in dem möglichst alle Teilnehmerinnen sich zum Feedback eingeladen fühlen.

Modul II Sitzung 7: Gruppenablauf   G7

Zusammenfassung der Information I7

Verteilen Sie jetzt an die Teilnehmerinnen die Unterlagen für die heutige Sitzung und referieren Sie die zentralen Inhalte des Textes I7. Hierzu sollten Sie sich vor der Sitzung mit diesem Text vertraut gemacht haben. Im Unterschied zu den sonstigen Sitzungen gibt es in dieser Sitzung keine gesonderte „Theoretische Einführung" für Sie als Gruppenleitung. Stattdessen machen Sie sich bitte wie auf der Seite T7 erläutert im Vorfeld des Gruppentreffens selbst Gedanken darüber, anhand welcher Anzeichen man erkennen kann, ob ein Kind sich ängstlich, wütend oder traurig fühlt und welche Möglichkeiten es für Eltern gibt, um mit diesen Gefühlen bei ihrem Kind angemessen umzugehen. Optimal wäre es, wenn beide Gruppenleiter sich vor der Sitzung ein wenig Zeit nehmen, um sich über ihre Überlegungen auszutauschen. Wie ausführlich Sie dann die Präsentation gestalten und welche Inhalte Sie besonders hervorheben wollen, bleibt Ihnen überlassen. Bieten Sie den Teilnehmerinnen zudem die Gelegenheit zu Rückfragen und empfehlen Sie den Müttern den Text zu Hause noch einmal gründlich zu lesen.

Übung 3: „Woran erkenne ich, wie ein Kind sich fühlt?"

Material	Flipchart; von den Teilnehmerinnen mitgebrachte Fotos, die unterschiedliche Gefühle bei Kindern zeigen
Methode	Brainstorming, Reflektion und Diskussion
Form	Großgruppenübung
Ziel	Gefühle des Kindes wahrnehmen, verstehen und benennen Merkmale eines einfühlsamen und eines uneinfühlsamen Umgangs mit kindlichen Gefühlen Unterschiedliche Gefühle von Jungen und Mädchen
Zeit	Ca. 30 Minuten

Vorgehensweise/Anleitung:

- Nachdem in den bisherigen Übungen der heutigen Sitzung der Ausdruck und das differenzierende Erkennen von Gefühlen im Allgemeinen (also unabhängig vom Alter) im Vordergrund stand, verlagert sich der Schwerpunkt in dieser Übung stärker auf das Wahrnehmen, Verstehen und Benennen von Gefühlen

Modul II Sitzung 7: Gruppenablauf **G7**

bei Kindern sowie darauf, wie ein mehr oder weniger einfühlsamer Umgang mit Gefühlen aussieht. Als Einstieg hierzu bietet es sich an, in der Gruppe zu besprechen, inwieweit sich die Gefühlswelt von Kindern von der Gefühlswelt Erwachsener unterscheidet. (Sie können z. B. auf Unterschiede in der Art des Ausdrucks von Gefühlen abheben oder auf unterschiedlich gute Fähigkeiten zur Steuerung der eigenen Gefühle. Weisen Sie eventuell darauf hin, dass sich auch Erwachsene in diesen Bereichen zum Teil stark voneinander unterscheiden.)

- Halten Sie wesentliche Punkte des Gespräches an der Flipchart fest und schaffen Sie wie bei sonstigen Gruppengesprächen in der Ihnen vertrauten Wiese eine bewertungsfreie Gesprächsatmosphäre, die alle Mütter dazu einlädt sich einzubringen. Eher zurückhaltende Mütter können Sie in freundlicher Weise direkt ansprechen und um ihre Meinung bitten.

- Nach der einleitenden Besprechung einiger Besonderheiten der kindlichen Gefühlswelt soll im nächsten Übungsabschnitt erarbeitet werden, wie sich die Basisaffekte Angst, Wut, Freude und Trauer bei Kindern im Gesichtsausdruck, körpersprachlich und im Verhalten äußern, wie ein einfühlsamer elterlicher Umgang mit diesen Gefühlen aussehen könnte und welche elterlichen Reaktionen auf diese Gefühle eher nicht zu empfehlen sind (die Übung verzichtet auf eine genauere Auseinandersetzung mit dem Basisaffekt Ekel). Erläutern Sie, dass es wichtig ist „Gefühls-Signale" im Gesichtsausdruck, in der Körpersprache und im Verhalten eines Menschen richtig wahrnehmen zu können, denn sowohl bei Kindern als auch bei Erwachsenen gelangt man in der Regel zu einem viel vollständigeren und auch treffenderen Eindruck der Gefühlslage einer anderen Person, wenn man nicht nur darauf achtet, was jemand sagt, sondern auch wie er es sagt, wie er dabei aussieht, wie er sich dabei verhält usw.

- Um all dies mit den Teilnehmerinnen genauer diskutieren zu können, finden Sie im Didaktischen Material zu dieser Sitzung eine Tabelle mit den entsprechenden Informationen für die genannten vier Affekte. In der Sitzung (wenn es sich für Sie zeitlich einrichten lässt: vor der Sitzung) sollten Sie die Tabelle auf der Flipchart skizzieren, dabei jedoch lediglich die Randbeschriftungen eintragen. Die Aufgabe der Teilnehmerinnen besteht dann darin, die jeweiligen „Gefühls-Signale" und die unterschiedlichen Arten des Umgangs mit diesen Gefühlen gemeinsam zu erarbeiten. Da die hier abgedruckte Tabelle keinen Anspruch auf Vollständigkeit erheben kann, ist das Ziel dieser Übung nicht, dass Sie am Ende eine Tabelle erhalten, die der Vorlage vollkommen gleicht. Sie sollten aber gegebenenfalls die Vorschläge der Teilnehmerinnen ergänzen.

- Ein guter Weg zur zusätzlichen Veranschaulichung der Informationssammlung liegt in der Verwendung der Fotos, die die Teilnehmerinnen für die heutige Sitzung mitgebracht haben. Bitten Sie hierzu die Teilnehmerinnen zunächst darum die mitgebrachten Bilder so auszulegen, dass alle eine gute Sicht auf

Modul II Sitzung 7: Gruppenablauf   **G7**

die Bilder haben. Versuchen Sie dann die Bilder den verschiedenen Basisaffekten zuzuordnen – auf welchen Bildern sieht man ein Kind, das traurig ist, auf welchen Bildern sieht man ein Kind, das sich freut? Wahrscheinlich gibt es auch eine ganze Reihe von Bildern, die nicht zu einem der Beispielaffekte passen. Welche Gefühle sind dort zu sehen? Und woraus lässt sich dies erschließen?

- Zum Abschluss der Übung ist es interessant die Fotografien, auf denen Mädchen zu sehen sind, zu vergleichen mit den Fotografien, auf denen Jungen zu sehen sind. Lassen sich Unterschiede feststellen, etwa in der Art oder Deutlichkeit des Gefühlsausdrucks? Sind auf den Bildern bestimmte Gefühle bei Mädchen oder Jungen gehäuft bzw. nur selten oder gar nicht zu sehen? Und fallen Ihnen losgelöst von den Bildern beim Vergleich der Gefühlswelten von Mädchen und Jungen eher Unterschiede oder eher Gemeinsamkeiten ein? Können Sie Ihre Einschätzung näher erklären?

Erläuterung der Wochenübung W7 „Das Gefühlsspiel"

Die Gruppenleitung verteilt die Arbeitsunterlagen für die Wochenübung an die Teilnehmerinnen. Die Wochenübung wird anschließend kurz vorbesprochen, wobei auch Gelegenheit zu Rückfragen bestehen sollte. Hierzu können Sie die Arbeitsunterlagen Schritt für Schritt durchgehen, so dass sich die Teilnehmerinnen auch schon mit dem Spielmaterial vertraut machen können

Weisen Sie zudem vor allem darauf hin, dass die Wochenübung sich auf wenige Gefühle beschränkt und dass statt der PALME-Gefühlskarten aus der Gruppensitzung andere Gefühlskarten verwendet werden, auf denen die Gefühle nicht begrifflich genannt, sondern bildhaft dargestellt sind, um ein kindgerechtes Spiel zu ermöglichen.

 **Modul II Sitzung 7: Didaktisches Material**   D7

PALME-Gefühlskarten

Schneiden Sie bitte vor der Gruppensitzung diese Begriffe aus und kleben Sie je einen Begriff auf eine Karteikarte. Die Karteikarten benötigen Sie während der Gruppensitzung für ein Rollenspiel und für die Übung 1 (siehe Gruppenablauf).

Ekel	Freude
Verachtung	Stolz
Misstrauen	Angst
Schuld	Heiterkeit
Verbitterung	Sorge

Modul II Sitzung 7: Didaktisches Material   D7

PALME-Gefühlskarten

Scham	Schadenfreude
Kummer	Neid
Zorn	Traurigkeit
Hass	Verzweiflung
Wut	Enttäuschung

Modul II Sitzung 7: Didaktisches Material D7

Tabelle zu Übung 3

Gefühl	Mimischer Ausdruck	Körpersprache	Verhalten	Einfühlsame Reaktion	Uneinfühlsame Reaktion
Angst	Augenbrauen hochgezogen, weit geöffnete Augen, geöffneter Mund, zurückgezogene Lippen	„Rückwärtsgang", z. B. Zurücklehnen des Oberkörpers, Erstarren, Abwehrbewegung mit Armen/Händen, „Zusammenzucken"	Flucht oder Suche nach Schutz, Anklammern, sich verstecken	Schutz geben, Sicherheit vermitteln	Sich über die Angst des Kindes lustig machen, vom Kind verlangen mit der Angst „vernünftig" umzugehen („Monster gibt es doch gar nicht!")
Wut	Zusammenziehen der Augenbrauen, Zornesfalte, in Falten gelegte Stirn	Erhöhung der Körperspannung, z. B. Ballen der Fäuste, mit dem Fuß aufstampfen	Laut werden, z. B. herumschreien, Drohgebärden, „Kampfhandlungen" (z. B. Gegenstände zerstören)	Die Wut zulassen, aber Grenzen setzen (alle Gefühle sind erlaubt, aber nicht jede Verhaltensweise), Möglichkeiten anbieten zum Ausdruck der Wut	Selbst aggressiv auf die Wut des Kindes reagieren (Modellfunktion), die Wut des Kindes unterdrücken, bei Grenzüberschreitungen nicht eingreifen
Freude	Hochgezogene Mundwinkel (evtl. Zähne sichtbar), oberer Teil der Wangen nach oben geschoben, „strahlende" Augen	Zugewandte und entspannte Körperhaltung	Lächeln bzw. Lachen, gesteigerte Aktivität (bis hin zu Luftsprüngen, vor Freude tanzen etc.), erhöhte Mitteilungsbereitschaft	An der Freude teilhaben, sich mitfreuen und die Freude verstärken	Die Freude ignorieren, die Freude ausbremsen, sobald es ein wenig lauter wird
Trauer	Augenbrauen nach oben und innen gebogen, Mundwinkel nach unten, Kinnmuskel hoch geschoben	Gekrümmter Rücken, hängende Schultern, insgesamt wenig Körperspannung	Weinen, Rückzugsverhalten	Der Trauer Raum geben (das Weinen zulassen), Unterstützung der Suche nach Bewältigungsmöglichkeiten	Vorschnell über die Trauer hinwegtrösten und aufmuntern, Einsatz von „billigen Tröstern" (Süßigkeiten, Geschenke usw.)

 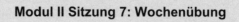

Modul II Sitzung 7: Wochenübung   W7

Arbeitsblatt zur Wochenübung W7 „Das Gefühlsspiel"

Material: Sie benötigen für diese Übung lediglich die zehn nach der Übungsanleitung abgebildeten Gefühlskarten. Diese Karten stehen für eine ganze Reihe unterschiedlicher Gefühle: Angst, Freude, Wut, Ekel und Trauer. Fünf Karten zeigen beispielhaft, wie sich die jeweiligen Gefühle in der Körpersprache und im Gesichtsausdruck äußern, fünf weitere Karten beschränken sich auf die Abbildung eines für die Gefühle typischen Gesichtsausdruckes.

Zeitbedarf: Spieldauer nach Belieben.

Sinn der Übung: Sie und Ihr Kind spielen ein Quiz, in dem es darum geht, pantomimisch ausgedrückte Gefühle zu erraten. Hierdurch wird die Wahrnehmung Ihres Kindes für den Ausdruck und das Erkennen unterschiedlicher Gefühle geschärft. Im Unterschied zur letzten Gruppensitzung bezieht sich diese Wochenübung lediglich auf die fünf Grundgefühle Angst, Freude, Wut, Ekel und Trauer, die Ihnen schon aus der Sitzung 3 vertraut sind. Diese Grundgefühle sind insofern kindgerecht, als dass sie vergleichsweise eindeutig zu erkennen und auszudrücken sind und dass auch schon jüngere Kinder über eigene Erfahrungen mit diesen Gefühlen verfügen. Vermutlich werden Sie darüber erstaunt sein, wie gut es Ihrem Kind auch ohne Worte gelingt die Gefühle darzustellen bzw. zu erkennen, welches Gefühl Sie gerade darstellen.

Übungsanleitung: Für das Spiel können Sie entweder die beiden folgenden Seiten in der vorliegenden Form verwenden oder Sie ermuntern vor dem eigentlichen Spiel Ihr Kind dazu die Karten auszuschneiden und nach seinem Geschmack auszumalen. Durch diese eingehendere Beschäftigung mit den Karten kann Ihr Kind zu einer intensiveren Auseinandersetzung mit den auf den Karten dargestellten Gefühlen angeregt werden.

In einer ersten Spielrunde verwenden Sie bitte die fünf Karten, die die Gesamtfiguren zeigen. Legen Sie hierzu die ausgeschnittenen und ausgemalten Karten oder die komplette Seite auf einer Unterlage aus. Nun kann es losgehen: Sie und Ihr Kind entscheiden sich abwechselnd jeweils für eine Karte, ohne dem anderen die Entscheidung vorab zu verraten. Danach versuchen Sie bitte das jeweilige Gefühl entsprechend den Anregungen auf den Gefühlskarten körpersprachlich und mimisch auszudrücken, d. h. nur durch den Einsatz Ihres Körpers und Ihres Gesichtsausdrucks, jedoch ohne zu sprechen. Der andere versucht zu erraten, um welches Gefühl es sich handelt und zeigt auf die Karte, um die es seiner Meinung nach gerade geht. Wenn Sie mögen, können Sie die verschiedenen Gefühle auch mehrfach darstellen und sich im Verlauf der Spielrunde stärker von den Vorlagen lösen. Überlegen Sie sich also bitte, auf welche andere Weise sich z. B. Freude und Traurigkeit pantomimisch darstellen lassen und probieren Sie aus, ob die Gefühle auch dann noch gut zu erkennen sind.

In der nächsten Spielrunde verwenden Sie bitte die fünf Karten, auf denen nur die Gesichter zu sehen sind. Das Vorgehen entspricht dabei dem der ersten Spielrunde. Auch hier können Sie im Verlauf der Spielrunde dazu übergehen, sich stärker von den Kartenvorschlägen zu lösen.

 **Modul II Sitzung 7: Wochenübung**   **W7**

Zum Abschluss der Übung besprechen Sie bitte mit Ihrem Kind, inwieweit es die verschiedenen Gefühle aus seinem eigenen Leben kennt, worüber es sich z. B. zuletzt gefreut und wovor es sich gefürchtet hat. Achten Sie bei diesem Gespräch wie auch während des gesamten Spiels auf die Gefühle, die das intensive Zusammensein mit Ihrem Kind in Ihnen weckt.

 **Modul II Sitzung 7: Wochenübung**   **W7**

ANGST

TRAUER

FREUDE

EKEL

WUT

 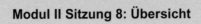

Modul II Sitzung 8: Übersicht   **Ü8**

Thema	Einfühlsames Zuhören
Fragen	• Wie höre ich meinem Kind einfühlsam zu? • Wie spreche ich mit meinem Kind?
Ziele	• Erwerb der Fähigkeit zu kindgerechter Kommunikation • Erlernen von einfühlsamem Zuhören
Ablauf	1. Blitzlicht und Anwesenheitsbogen 2. Bearbeitung der Wochenübung W7 „Das Gefühlsspiel" 3. Vorstellung von Sitzungsthema und Sitzungsablauf 4. Übungen: • Übung 1, Kleingruppe: „Die vier Etappen (1., 2. und 3. Teil) • Übung 2, Großgruppe Brainstorming: „Einfühlsames Zuhören" 5. Zusammenfassung der Information I8 „Einfühlsames Zuhören" 6. Übungen: • Rollenspiel, Gruppenleitung: „Einfühlsames Zuhören" • Übung 3, Kleingruppe: „Die vier Etappen" (4. Teil) 7. Erläuterung der Wochenübung W8 „Einfühlsames Zuhören im Alltag" 8. PALME-Ausflug
Arbeitsmaterial Gruppenleiter	• Theoretische Einführung T8 „Einfühlsames Zuhören" • Anleitung zum Gruppenablauf G8 • Anwesenheitsbogen A8
Arbeitsmaterial Mütter	• Infoblatt I8 • Arbeitsmaterialien zur Wochenübung W8
Didaktisches Material	• PALME-Etappenkarten D8

Modul II Sitzung 8: Theoretische Einführung   T8

Einfühlsames Zuhören

Einfühlsames Zuhören ist eine wichtige Voraussetzung für eine gelungene Kommunikation. Wenn man jemandem einfühlsam zuhören möchte, dann gehört dazu, dass man sich nicht nur auf den Inhalt des Gesagten konzentriert, sondern sich während eines Gesprächs auch darum bemüht, die Gefühle des Gegenübers zu erkennen und zu verstehen. Anders ausgedrückt: Man versucht darauf zu achten, **welche Gefühle hinter den Inhalten stecken**. Dies erlebt der andere meistens als Ausdruck aufmerksamer Wertschätzung.

Das kann mehr oder weniger schwierig sein, denn Gefühle werden nicht immer deutlich gezeigt. Zudem können das, was der andere inhaltlich äußert, und die dahinter liegenden Gefühle auch weit auseinanderliegen (z. B. wenn jemand freundlich mit uns spricht, uns aber tatsächlich ablehnt oder nicht ernst nimmt). Und schließlich können die Gefühle auch deshalb schwierig zu erkennen sein, weil beim Sprecher möglicherweise gleichzeitig mehrere verschiedene, vielleicht sogar widersprüchliche Gefühle bestehen.

Wenn man sich den Austausch in einem Gespräch genauer anschaut, dann ist ganz wichtig zu unterscheiden zwischen dem, was jemand sagt bzw. zu sagen beabsichtigt und dem, was bei seinem Gegenüber ankommt. Die vom „**Sender**" übermittelte Nachricht muss also keineswegs mit der vom „**Empfänger**" aufgenommenen Nachricht übereinstimmen. Hinzu kommt, dass man in der Kommunikationsforschung von vier verschiedenen Aspekten jeder Mitteilung ausgeht – und in all diesen Aspekten können auf dem Weg vom Sender zum Empfänger **Missverständnisse** entstehen.

Die **vier Aspekte der Kommunikation** sind:

1. **Sachaspekt**
   Dieser Aspekt bezieht sich auf die Inhalte bzw. Sachinformationen, die der Sprecher dem Zuhörer vermitteln will.

2. **Beziehungsaspekt**
   Hierüber drückt der Sprecher aus, in welcher Beziehung er und sein Gegenüber aus seiner Sicht stehen (z. B. ob er sich dem Zuhörer eher überlegen oder eher unterlegen fühlt).

3. **Selbstoffenbarungsaspekt**
   Ein Sprecher teilt mit jeder Äußerung immer auch etwas über sich mit, also z. B. über einen Teil seines Selbstbildes oder über sein momentanes Befinden.

4. **Appellaspekt**
   Der Appellaspekt bezieht sich auf das, was der Sender beim Empfänger mit seiner Nachricht auslösen möchte, etwa eine unterstützende oder tröstende Reaktion. Diesem Aspekt liegt die Annahme zu Grunde, dass Menschen sich nicht „einfach so" äußern, sondern in ihrer Kommunikation stets (bewusst oder unbewusst) eigene Ziele verfolgen.

 **Modul II Sitzung 8: Theoretische Einführung   T8**

Man kann nun jede „Kommunikationseinheit" (das kann ein langer Monolog sein oder auch nur eine kurze Äußerung wie ein Gruß oder sogar nur eine nonverbale Mitteilung wie ein Kopfschütteln) auf diesen vier Ebenen betrachten.

Hier noch einmal ein **Beispiel** zur Verdeutlichung. Stellen Sie sich folgende Situation vor: Eine Frau und ihr Mann sind mit dem Wagen unterwegs. Sie sitzt am Steuer, er ist Beifahrer.

Der Mann (Sender der Nachricht) sagt zur Frau (Empfängerin der Nachricht):
„Du, da vorne ist grün!"
Seine Frau entgegnet:
„Fährst du oder fahre ich?"

1. Die reine **Sachinformation**, die sich dieser Äußerung entnehmen lässt, lautet: „Die Ampel ist grün."

2. Der **Beziehungsaspekt** lässt sich oft am **Tonfall** oder an **nonverbalen Merkmalen** der Nachricht oder auch an der **Art der Formulierung** erkennen. Empfänger haben für diesen Aspekt der Nachricht in der Regel ein besonders empfindliches Ohr. In der schriftlichen Form fallen natürlich die nonverbalen Hinweise weg. Aber es lässt sich vermuten, dass der Mann seiner Frau nicht so recht zutraut, den Wagen optimal zu fahren und sich in der Beziehung dazu berufen fühlt, Ratschläge für korrektes Autofahren zu erteilen. Dies lässt sich auch aus der Antwort der Ehefrau ableiten. Ihre gereizt wirkende Nachfrage richtet sich nicht gegen den Sachinhalt der Botschaft ihres Mannes, sondern direkt gegen die auf der Beziehungsebene empfangene Botschaft.

3. Auf der Ebene der **Selbstoffenbarung** teilt der Sprecher vielleicht ungefähr Folgendes mit: „Ich bin innerlich wach und beobachte als Beifahrer meiner Frau den Verkehr lieber mit. Ich habe es eilig und möchte meine Zeit nicht an roten Ampeln vergeuden. Ich weiß, wie man richtig Auto fährt."

4. In unserem Beispiel könnte der **Appell** des Beifahrers an die Fahrerin vielleicht so lauten: „Gib ein bisschen Gas, dann schaffen wir es noch bei grün!"

Was sich an dem Beispiel auch erkennen lässt ist, dass man in den seltensten Fällen sicher sagen kann, worin genau die Mitteilungen des Sprechers auf den vier Ebenen bestehen. Man kann Anhaltspunkte für oder gegen eine bestimmte „Sendeabsicht" sammeln, aber zweifelsfrei beurteilen lässt sich diese nicht. Am ehesten sind zweifelsfreie Aussagen noch auf der Inhaltsebene möglich (so auch in unserem Beispiel), aber sobald die Inhalte komplexer werden, sieht es auch auf dieser Ebene häufig weniger eindeutig aus.

 **Modul II Sitzung 8: Theoretische Einführung   T8**

Was kann man tun, damit zwischen Sender und Empfänger möglichst wenig Missverständnisse entstehen und eine gelungene Verständigung gefördert wird?

Entscheidend für „erfolgreiche" Kommunikation ist in der Regel die innere und äußere Haltung, mit der man seinem Gesprächspartner begegnet. Als besonders hilfreich haben sich diese Punkte herausgestellt:

- **Echtheit** oder **Kongruenz mit sich selbst**
  Sie liegt dann vor, wenn bei einem Sprecher inneres Erleben (d. h., was er selbst fühlt), Bewusstsein (d. h., was er vom anderen mitbekommt) und Kommunikation (d. h., was er mitteilt) im Einklang stehen. Es geht also darum dem anderen gegenüber „echt" zu sein, anstatt sich zu verstellen. Nicht gemeint ist damit jedoch rücksichtslose Offenheit um jeden Preis, die auch taktlos wirken kann.

- Vollständiges und bedingungsfreies **Akzeptieren**
  Dies zeigt sich darin, dass man seinem Kommunikationspartner mit einer offenen und wertschätzenden Haltung gegenübertritt und ihn mit seinen Gedanken, Gefühlen und Verhaltensweisen so annimmt, wie er ist. Dazu gehört auch, sich mit Bewertungen (insbesondere Entwertungen), schnellen Urteilen und Ratschlägen zurückzuhalten und ein freundliches, warmes Gesprächsklima zu schaffen.

- **Empathie**, d. h. aufmerksames und genaues **einfühlendes Verstehen**
  Hier geht es darum, das innere Erleben und die Gefühle des anderen in der Bedeutung, die sie für ihn selbst (und nicht für mich) haben, richtig zu erfassen. Dazu gehört auch, dem Gegenüber dieses Verständnis verbal und nonverbal mitzuteilen.

Wahrscheinlich sind Ihnen als Gruppenleitung diese Punkte ohnehin vertraut. Auch in den Anleitungstexten zu den Übungen finden sich immer mal wieder Abschnitte, die die Anwendung dieser drei Aspekte in Erinnerung rufen. Sie empfehlen sich jedoch ganz allgemein, nicht nur in Gruppenzusammenhängen. Und gerade für Mütter kleiner Kinder ist es wichtig, dass sie ihren Kindern einfühlsam und aufmerksam zuhören, sie in Gesprächen anschauen und wertschätzend auf deren Gefühle achten. Kleine Kinder haben noch nicht gelernt mit ihren Gefühlen angemessen umzugehen, sie also zutreffend wahrzunehmen, auszudrücken und zu regulieren. Dazu benötigen sie die Hilfe und das Vorbild erwachsener Bezugspersonen, insbesondere der Mutter.

Ein konkretes Beispiel für einfühlsames Zuhören

Stellen Sie sich die Situation vor, dass eine Mutter ihren Sohn aus dem Kindergarten abholen möchte und sie ihn trotzig und ganz allein in einer Ecke stehend antrifft. Er sagt zu ihr:

„*Steffi ist total doof. Die spielt jetzt nur noch mit Marie. Aber ich habe eh keine Lust mehr auf die. Die ist mir zu doof!*"

Modul II Sitzung 8: Theoretische Einführung   T8

Dem Inhalt nach wirken diese Sätze so, als sei der Junge ziemlich wütend. Und vermutlich verspürt er in dieser Situation in der Tat auch Wut.

Beachtet man jedoch zusätzlich nonverbale Merkmale (Blick, Mimik, Gestik) und Merkmale wie Tonfall, Stimmlage, Sprechgeschwindigkeit usw., dann fallen einem häufig weitere Dinge auf. Vielleicht hat seine Stimme beim Sprechen etwas gezittert und er hatte ganz traurige Augen? Aus dieser Perspektive stellt man fest, dass er **nicht nur wütend, sondern auch verletzt und traurig** ist.

Einfühlsames Zuhören bestünde in diesem Fall darin, den Jungen dazu zu **ermutigen weiter zu erzählen**, ihm eine **Möglichkeit zum Erspüren seiner Gefühle zu geben** und ihm dann **tröstend zu vermitteln, dass man seine Gefühle versteht**. Wichtig ist dabei, dass man den anderen auch wirklich korrekt verstanden hat, denn es geht beim einfühlsamen Zuhören viel weniger um die eigene Meinung als um die Position des anderen. Am besten vergewissert man sich deshalb bei Bedarf ruhig häufiger, dass man den emotionalen Gehalt einer Äußerung richtig erfasst hat.

Eine denkbare einfühlsame Reaktion der Mutter in dieser Situation wäre z. B.:

„Ich glaube, dass dich das ganz schön wütend, aber auch traurig macht. So etwas tut ja auch weh, wenn die Freundin plötzlich anders zu einem ist. – Ist das so? – Erzähl' mal, was war denn da genau los?"

Auf diese Weise würde die Mutter ihren Sohn dazu ermutigen sich selbst auszudrücken und gleichzeitig vermitteln, dass sie Verständnis für seine Gefühle hat.

Weniger einfühlsam wäre hingegen die folgende Reaktion:

„Ach, was willst du denn mit der? Das ist doch nicht so schlimm. Selbst schuld, wenn die so doof ist! Dann spielst du jetzt halt mit anderen Kindern. Das macht doch nichts. Komm jetzt endlich!"

Mit dieser Reaktion würde die Mutter die Gefühle ihres Sohnes herunterspielen, ihre eigene Meinung und ihre eigenen Bedürfnisse in den Vordergrund stellen. Statt ein Gespräch über die gefühlsmäßige Bedeutung des Ereignisses für ihren Sohn in Gang zu bringen, würde durch ihre rasche bewertende Einordnung so ein Gespräch vermutlich nicht mehr zustande kommen. Es ist zweifelhaft, ob die Mutter dem Sohn und ihrer Beziehung zu ihm damit einen Gefallen tut.

Es könnte übrigens sein, dass gerade Jungen eher dazu erzogen werden, Gefühlen der Traurigkeit und der Kränkung weniger Raum zu geben und Eltern insofern eine Tendenz dazu haben hier besonders uneinfühlsam zu reagieren. Das mag zum Teil einem gesellschaftlichen Rollenbild entsprechen. Dieser Kommunikationsstil könnte aber auch den Weg bahnen für bei Jungen häufiger als bei Mädchen auffallende aggressive Verhaltensweisen. Denn das Verhalten der Mutter in dem oben stehenden Negativbeispiel bekräftigt die wütende Gefühlsseite („... wenn die so doof ist!"), lässt jedoch die auch spürbare Traurigkeit außer acht.

 **Modul II Sitzung 8: Theoretische Einführung T8**

Zusammenfassung: Worauf kommt es beim einfühlsamen Zuhören konkret an?

- Nicht nur auf den **Inhalt** der Worte des Gegenübers achten, sondern auch auf die begleitenden **Gefühle**.

- **Sich vergewissern**, ob man die Gefühle des anderen und die Lage insgesamt **richtig verstanden** hat.

- **Verständnis zeigen** und deutlich machen, dass man sich vorstellen kann, wie dem anderen zumute ist (das kann man aussprechen, aber auch durch ein Kopfnicken oder durch „spiegelnde" Gesichtsmimik ausdrücken).

- Die **Gefühle** des anderen **akzeptieren**, auch wenn sie anders sind als die eigenen Gefühle.

Was kann man noch tun, um einfühlsam zuzuhören?

- Sich **genügend Zeit** nehmen, um dem anderem aufmerksam zuzuhören.

- Dazu gehört auch: **Nicht unterbrechen**, um rasch die eigene Meinung kundzutun.

- Sich **nicht** von Dritten im Gespräch **unterbrechen lassen**.

- Im Gespräch immer mal wieder **Blickkontakt** mit dem anderen suchen (Was zeigen seine Augen?).

- Eventuell kurz die Augen schließen und nur auf die **Stimme** des anderen achten (Was verrät mir der Klang der Stimme über seine Gefühle?)

- Trotz allem auch den **persönlichen Bereich des Gegenübers respektieren**. Einfühlsames Gesprächsverhalten zeigt sich nicht darin, dem Gegenüber um jeden Preis ein Geheimnis entlocken zu wollen.

- Sich in die Lage des Gesprächspartners versetzen und **versuchen nachzuempfinden**, was man in derselben Situation und unter denselben Umständen fühlen würde.

 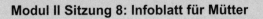

Modul II Sitzung 8: Infoblatt für Mütter**I8**

Einfühlsames Zuhören

Damit Eltern wissen, wie es ihrem Kind geht und was es macht, ist es wichtig, dass sie sich mit ihrem Kind einfühlsam unterhalten. Zwar erzählt nicht jedes Kind gern und gleich viel von sich und die meisten Kinder haben „verschwiegene Phasen", dennoch sollte jedes Kind regelmäßig die Gelegenheit haben, mit einem Erwachsenen zu sprechen.

Dabei bedeutet Sprechen nicht alles. Auch das „Einfühlsame Zuhören" ist eine wichtige Voraussetzung für eine gelungene Kommunikation. Doch was genau bedeutet „Einfühlsames Zuhören"? Wenn man jemandem einfühlsam zuhören möchte, dann gehört dazu, dass man sich nicht nur auf die mitgeteilten Inhalte und Tatsachen konzentriert, sondern sich auch darum bemüht, die Gefühle des Gegenübers zu erkennen und nachzuvollziehen. Anders ausgedrückt: **Man versucht darauf zu achten, welche Gefühle hinter den gesprochenen Worten stecken.**

Manchmal fällt das leicht, manchmal ist es jedoch schwieriger. Das kann verschiedene Gründe haben. So unterscheiden sich z. B. Menschen darin, wie **temperamentvoll** sie im Ausdruck ihrer Gefühle sind: Vielen sieht man auf den ersten Blick an, wenn sie sich freuen oder wenn sie sich ärgern. Andere hingegen verziehen keine Mine und es ist kaum zu erkennen, wie sie sich fühlen. Dann kann es vorkommen, dass bei Menschen mehrere Gefühle gleichzeitig vorhanden sind – vielleicht sogar **widersprüchliche** Gefühle. Auch in diesem Fall ist es für andere Menschen schwieriger sich in die Person einzufühlen. Und schließlich kann es sein, dass jemand sich verstellt, um seine wahren Gefühle vor anderen zu **verbergen** – auch das ist natürlich schwieriger zu erkennen.

Gespräche, in denen sich die Gesprächspartner um einfühlsames Zuhören bemühen, werden trotz dieser Schwierigkeiten meistens dennoch erfolgreicher und für beide Seiten zufriedenstellender verlaufen als Gespräche, in denen die Beteiligten wenig einfühlsam miteinander umgehen. Denn wer einfühlsam zuhört, **zeigt dem anderen sein Interesse und seine Wertschätzung.** Das beeinflusst das ganze Gesprächsklima auf sehr positive Weise.

Vor allem für Kinder ist es wichtig, dass ihre Bezugspersonen versuchen, möglichst einfühlsam im Kontakt mit ihnen zu sein – also auch beim Zuhören. Denn sie haben noch wenig Erfahrung im Umgang mit ihren Gefühlen und sind noch nicht so gut wie Erwachsene dazu in der Lage, ihre Gefühle genau zu erkennen, mitzuteilen und zu steuern (sich also z. B. selbst wieder zu beruhigen, wenn sie traurig sind). Sie brauchen deshalb jemanden, der ihnen hilft all dies zu lernen und der ihnen dabei ein gutes Vorbild ist. **Hierdurch können Sie Ihrem Kind helfen, sich später einmal selbst zu einem einfühlsamen Gesprächspartner zu entwickeln.**

Dafür ist es wichtig zu berücksichtigen, dass jeder Satz mehrere verschiedene **Informationsarten** enthält. Manchmal sagt der Sprecher etwas, der Zuhörer versteht jedoch etwas ganz anderes und es entstehen **Missverständnisse**. Wenn man sich Gespräche genauer anschaut, dann ist also wichtig zu unterscheiden zwischen dem, **was jemand sagt** und dem, **was** bei seinem Gegenüber **ankommt**. Lassen Sie uns als Beispiel einmal einen ganz herkömmlichen Satz anschauen wie etwa: „Du hast

Modul II Sitzung 8: Infoblatt für Mütter I8

aber heute einen bunten Pullover an!" Der Sprecher möchte damit vielleicht ausdrücken, dass ihm der Pullover gut gefällt, gerade weil er so bunt ist. Der Zuhörer hingegen versteht den Satz ganz anders und denkt sich: „Der wollte mir damit bestimmt sagen, dass ihm der Pullover nicht gefällt. Ich glaube den Pullover werde ich lieber nicht mehr anziehen. Eigentlich schade, ich fand ihn ganz schön ..."

Welche Informationsarten spielen nun in Gesprächen zwischen dem Sprecher und dem Zuhörer eine Rolle?

- **Die Sachinformation**
  Mit der Sachinformation ist der Inhalt des Satzes gemeint. Der Sprecher sagt beispielsweise: „Der Stift liegt auf dem Tisch." Die Sachinformation in diesem Satz sagt aus, wo der Stift sich befindet, nämlich auf dem Tisch.

- **Die Beziehungsinformation**
  In einem Satz kann der Sprecher auch etwas darüber ausdrücken, wie er die Beziehung zwischen sich und dem Sprecher einschätzt. Oft lässt sich das an der Art der Formulierung erkennen. Je nachdem, ob man z. B. mit einer vertrauten Kollegin („Hey Nicole, kommst du mit in die Kantine?") oder mit einer neuen Kollegin, die man noch nicht so gut kennt, gerne zu Mittag essen würde (Guten Tag, Frau Meier, hätten Sie vielleicht Lust mich zum Mittagessen in die Kantine zu begleiten?"), wählt man eine unterschiedliche Frage und drückt damit etwa im ersten Fall auch aus „Wir kennen uns gut und gehen locker miteinander um." Im zweiten Fall ist die Beziehungsinformation hingegen eher „Wir sind einander sympathisch, aber wir sind noch nicht sehr vertraut miteinander."

- **Die Selbstoffenbarung**
  Selbstoffenbarung bedeutet, dass der Sprecher immer auch etwas über sich, also etwa über sein momentane Stimmung verrät. Die Aussage „Ich kann dir jetzt nach der Arbeit nicht auch noch ein Buch vorlesen." lässt sich so verstehen, dass der Sprecher in diesem Augenblick ziemlich erschöpft und genervt ist.

- **Der Appell**
  In vielen Sätzen steckt außerdem noch ein Aufruf. Der Sprecher möchte mit seiner Nachricht beim Zuhörer eine bestimmte Reaktion auslösen. Man nimmt also an, dass jeder Sprecher auch seine eigenen Ziele verfolgt, wenn er etwas sagt. In dem Satz „Grüner wird's nicht!" könnte z. B. der folgende Appell stecken: „Fahr' endlich etwas schneller (sonst kommen wir noch zu spät ins Kino)!".

Wie sieht einfühlsames Zuhören denn aus?

Stellen Sie sich einmal die Situation vor, dass Sie Ihr Kind nach dem Kindergarten abholen möchten und es trotzig und ganz allein in einer Ecke steht. Es begrüßt Sie mit den folgenden Worten:

„Steffi ist total doof. Die spielt jetzt nur noch mit Marie. Aber ich habe eh keine Lust mehr auf die. Die ist mir zu doof."

 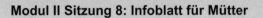

Modul II Sitzung 8: Infoblatt für Mütter   I8

Zunächst wirken diese Sätze so, als sei Ihr Kind sehr wütend. (Vielleicht werden sogar Sie selbst auch schon etwas ärgerlich, weil Ihr Kind zögert mit Ihnen mitzukommen) Und bestimmt ist Ihr Kind auch wütend. Aber manchmal kann man, **wenn man sich das Gesicht und den Blick des anderen anschaut oder wenn man auf seine Stimme oder seine Körperhaltung achtet**, noch mehr „hören". Vielleicht zittert die Stimme und die Augen sind ganz traurig? Wenn man auf so etwas achtet und **sich vom reinem Inhalt der Sätze löst**, kann man eventuell feststellen, dass das Kind auch verletzt und traurig ist. Einfühlsames Zuhören würde in diesem Fall bedeuten, dass man das Kind **ermutigt weiter zu erzählen**, ihm die **Zeit und die Möglichkeit gibt seine Gefühle zu erspüren** und ihm **vermittelt, dass man seine Gefühle versteht**. Wichtig ist dabei natürlich darauf zu achten, dass man den anderen auch wirklich richtig verstanden hat. Denn es geht beim einfühlsamen Zuhören weniger um die eigene Meinung zu einem bestimmten Thema, sondern viel stärker um das Erleben und um die Gefühle des anderen. Also sollte man sich ruhig vergewissern, ob man mit seiner Auffassung der Gefühle des anderen richtig liegt.

Einfühlsam könnten Sie in dieser Situation z. B. so reagieren:

„Ich glaube, dass dich das bestimmt ganz schön wütend, aber vielleicht auch traurig macht. So etwas tut ja auch weh, wenn die Freundin plötzlich anders zu einem ist. – Ist das so? – Erzähl' doch mal, was war denn da los?"

Sie ermutigen dadurch Ihr Kind sich selbst auszudrücken und vermitteln ihm gleichzeitig, dass Sie Verständnis für seine Gefühle haben.

Weniger einfühlsam wäre hingegen die folgende Reaktion:

„Ach, was willst du denn mit der? Das ist doch nicht so schlimm. Selbst schuld, wenn die so doof ist! Dann spielst du jetzt halt mit anderen Kindern. Das macht doch nichts Komm jetzt endlich mit!"

Wahrscheinlich möchte eine Mutter ihr Kind durch so eine Reaktion aufmuntern und auf andere Gedanken bringen. Und sie hat ja recht: Es gibt tatsächlich noch andere Spielkameraden im Kindergarten. Das Problem ist jedoch, dass sie mit einer solchen „erwachsenen" Reaktion die **Gefühle ihres Kindes herunterspielt und ihre eigene Meinung in den Vordergrund stellt**. Ohne Worte signalisiert sie ihrem Kind: „Was mit dir los ist, ist mir jetzt nicht wichtig, ich habe selbst Probleme. Richte dich nach mir und nicht nach deinen eigenen Gefühlen." Das Kind erlebt eine solche Reaktion als entwertende Abwendung und lernt, sich ebenfalls von seinem inneren Erleben abzuwenden. Es hört auf sich zu fühlen, wenn es sich nicht im Erleben der Eltern spiegeln kann und wird dadurch später vielleicht selbst Schwierigkeiten haben, sich in andere einzufühlen. Dabei ist es gerade in einer solchen enttäuschenden Situation wichtig, sein verletztes Kind im angemessenen Umgang mit seinen Gefühlen zu unterstützen, zu trösten und ihm zu helfen eine Lösung zu finden. Kindern (und natürlich auch Erwachsenen) tut es gut, wenn sie erleben, dass sich ein anderer Mensch wirklich dafür interessiert, wie es ihnen geht, was für Bedürfnisse und welche eigenen Ideen sie haben, um z. B. einen Streit zu klären.

Modul II Sitzung 8: Infoblatt für Mütter   I8

Einfühlsames Trösten könnte in unserem Beispiel also darin bestehen, dass die Mutter ihr Kind ermutigt offen über seine Gefühle zu sprechen, dass sie ihm aufmerksam zuhört und schließlich gemeinsam mit ihm überlegt, wie es nun weitergehen könnte:

„Ich finde es sehr wichtig, dass du mir gesagt hast, wie wütend und traurig du bist. Was hältst du davon, wenn du morgen Steffi erzählst, dass du traurig darüber bist, wie oft sie nun mit Marie spielt. Dann könntest du sie fragen, ob sie keine Lust mehr hat dich zu treffen. Was meinst du?"

Beim einfühlsamen Trösten kommt es darauf an, dass Sie mit Ihrem Kind zusammen einen Lösungsvorschlag entwickeln, wie es mit der Situation umgehen könnte. Wenn Sie Ihr Kind zum Trost besonders lange fernsehen lassen oder ihm eine Tafel Schokolade geben, dann ist es zwar für den Moment vielleicht beruhigt, aber es ist allein und weiß nicht, wie es mit seinen Gefühlen und der Situation umgehen soll.

Zusammenfassung: Worauf kommt es an, wenn Sie Ihrem Kind einfühlsam zuhören wollen?
Viele der folgenden Punkte werden Sie vielleicht ohnehin schon ganz von selbst häufig anwenden. Der Übersicht halber finden Sie hier aber das Wichtigste zum einfühlsamen Zuhören noch einmal in geballter Form. All diese Punkte gelten übrigens nicht nur für den Kontakt mit Ihrem Kind, sondern sie lassen sich allgemein gut gebrauchen, wenn Sie eine einfühlsame Gesprächspartnerin sein wollen.

- **Achten Sie** nicht nur auf den Inhalt der Worte Ihres Kindes, sondern auch **auf die dahinter liegenden Gefühle**, also wie es etwas sagt und wie es dabei wirkt. Gefühle zeigen sich nicht nur in Worten. Achten Sie deshalb auch auf die hinter den Worten liegende Botschaft, die sich in körpersprachlichen Signalen ausdrückt: in der Mimik, den Händen, Schultern, Beinen oder in der Körperhaltung. Fragen Sie sich, was Ihr Kind gerade fühlt und was seine Körperhaltung und seine Mimik zeigen.

- Zeigen Sie auch durch Ihre eigene **zugewandte Körperhaltung**, dass Sie zuhören. Beenden Sie z.B. die Tätigkeit mit der Sie gerade beschäftigt sind und beugen sich zu Ihrem Kind herunter oder setzen sich zu ihm.

- Stellen Sie sich dabei vor, Sie seien ein **„Spiegel mit Herz"**, der die Worte und Gefühle seines Gegenübers teilnahmsvoll spiegelt. Versuchen Sie die Dinge, die Sie verstanden haben, nochmals mit eigenen Worten zusammenzufassen. Benennen Sie die Gefühle Ihres Kindes und fragen Sie nach, ob Sie sie richtig verstehen („Bist Du jetzt traurig?"). Durch dieses Spiegeln zeigen Sie Ihrem Kind, dass Sie es wahrnehmen und akzeptieren. Denken Sie auch daran, dass häufig mehrere oder sogar scheinbar widersprüchliche Gefühle gleichzeitig vorhanden sind (z. B. kommen Wut und Traurigkeit oder auch Angst und Wut oft gemeinsam vor).

- **Zeigen Sie** Ihrem Kind **Ihr Verständnis** und dass Sie sich vorstellen und nachvollziehen können, wie es ihm geht. Das können Sie ganz direkt so sagen und

Modul II Sitzung 8: Infoblatt für Mütter   I8

unterstützend durch Ihre Gesichtszüge (z. B. einen besorgten und freundlich-mitfühlenden Gesichtsausdruck) oder durch Kopfnicken verdeutlichen ohne gleich zu handeln, selbst aktiv zu werden oder schnelle Ratschläge zu geben. Denken Sie daran: Wie würde das bei Ihnen ankommen, wenn Sie selbst gerade traurig oder verletzt wären und jemand einfach sagen würde: „Alles halb so wild, vergiss es am besten und sieh es mal positiv!"

- Versuchen Sie die **Gefühle** Ihres Kindes aufmerksam **anzunehmen**, auch wenn sie vielleicht anders sind als Ihre eigenen Gefühle – schließlich hat jeder Mensch ein Recht darauf die Dinge auf seine eigene Art zu erleben.

- Einfühlung heißt also nicht seine eigenen Gefühle und Bedürfnisse in das Kind hineinzuverlagern, sondern **offen** und **aufmerksam für das innere Fühlen Ihres Kindes** zu sein.

Was können Sie noch tun, um ein einfühlsames Gesprächsklima zu schaffen?

- Nehmen Sie sich **genügend Zeit** für das Gespräch bzw. bieten Sie Ihrem Kind an später noch einmal auf das Thema zurückzukommen, wenn in der Situation selbst die Zeit nicht reicht.

- **Bitten Sie auch die Geschwisterkinder**, Sie und Ihr Kind **nicht zu stören** oder zu unterbrechen, wenn Sie sich entschieden haben, Ihrem Kind zuzuhören. Die anderen Kinder können zu einem späteren Zeitpunkt Ihre Aufmerksamkeit bekommen.

- Bemühen Sie sich darum Ihr Kind **nicht vorschnell zu unterbrechen**, um rasch die eigene Meinung kundzutun – einfühlsam zuzuhören bedeutet mehr beim anderen als bei sich selbst zu sein.

- Suchen Sie häufiger **Blickkontakt** im Gespräch, um erkennen zu können, welche Gefühle vielleicht aus den Augen Ihres Kindes sprechen.

- Schließen Sie eventuell auch für einen Moment die Augen und konzentrieren sich auf die **Stimme** Ihres Kindes – was verrät Ihnen der Klang der Stimme über seine Gefühle?

- **Versuchen Sie nicht**, die Probleme Ihres Kindes **vorschnell zu lösen**. Es ist ganz natürlich, dass Sie den Wunsch haben, die Probleme Ihres Kindes sofort zu beenden. Aber wir können Probleme und damit zusammenhängende Gefühle nicht immer verschwinden lassen. Vermitteln Sie Ihrem Kind vielmehr Respekt vor seinen Gefühlen.

- **Respektieren Sie** auch den **persönlichen Bereich** Ihres Kindes. Es ist unsinnig, ihm um jeden Preis ein Geheimnis entlocken zu wollen oder es zum Sprechen zu zwingen. Auch ist es nicht notwendig, ständig einfühlsam zuzuhören.

Modul II Sitzung 8: Gruppenablauf   **G8**

Blitzlicht und Anwesenheitsbogen

Wie kommen Sie heute hier an? Wie geht es Ihnen?

Bearbeitung der Wochenübung W7 „Das Gefühlsspiel"

In der letzten Woche hatten Sie die Aufgabe gemeinsam mit Ihrem Kind das Gefühlsspiel zu spielen, in dem es um die mimische und körpersprachliche Darstellung und das Erraten von verschiedenen Gefühlen ging. Anschließend haben Sie mit Ihrem Kind darüber gesprochen, inwieweit es diese Gefühle aus seinem eigenen Leben kennt. Der Sinn des Spiels bestand also auch darin, über das Thema Gefühle ins Gespräch zu kommen und so z. B. festzustellen, dass man ein Gefühl mehr oder weniger stark erleben kann, dass man dasselbe Gefühl ganz unterschiedlich ausdrücken kann und dass Gefühle oft mit bestimmten auslösenden Situationen zusammenhängen.

Wer möchte gern über die Situation berichten?

Welche Unterschiede gab es zwischen der Spielrunde, in der Sie Mimik und Körpersprache eingesetzt haben, und der Spielrunde, in der Sie sich nur der Mimik bedient haben?

Hat Sie die Darstellung von einem der Gefühle selbst besonders berührt?

Bieten Sie den Teilnehmerinnen nach Besprechung der Wochenübung zudem die Möglichkeit, noch offen gebliebene Fragen zum Infoteil I7 zu klären.

Vorstellung von Sitzungsthema und Sitzungsablauf

Verwenden Sie die Übersicht Ü8, um den Teilnehmerinnen einen kurzen Überblick über das Programm der heutigen Sitzung zu geben.

Modul II Sitzung 8: Gruppenablauf   **G8**

Übung 1: „Die vier Etappen" (1., 2. und 3. Teil)

Material	PALME-Etappenkarten (siehe Didaktisches Material D8)
Methode	Kommunikationsspiel
Form	Kleingruppenübung
Ziel	Einüben von einfühlsamem Zuhören
Zeit	Ca. 20 Minuten

Vorgehensweise/Anleitung:

1. Etappe:

- Die Teilnehmerinnen bilden Dreiergruppen und setzen sich jeweils in einem Stuhlkreis zusammen. (Wenn die Teilnehmeranzahl nicht in Dreiergruppen aufgeht, können Sie wahlweise auch eine andere Gruppengröße anbieten.)

- Die Gruppen wählen jeweils eine Berichterstatterin aus, die den Raum verlässt. (Weisen Sie darauf hin, dass im Verlauf der drei Übungen in dieser Sitzung die Rolle der Berichterstatterin wechseln wird.)

- Erst wenn die ausgewählten Berichterstatterinnen den Raum verlassen haben, geht es weiter.

- Die Gruppenleitung verteilt nun an die im Raum Verbliebenen die ersten PALME-Etappenkarten (**„Mir doch egal, was die erzählt!"**) und bittet die Teilnehmerinnen um stilles Lesen der Anweisung. Fragen werden selbstverständlich beantwortet, jedoch in gedämpfter Lautstärke, um nichts nach draußen dringen zu lassen und so die Spannung des Spiels zu erhöhen.

- Betonen Sie (mit humorvoller gespielter Strenge), dass diese Anweisung unbedingt einzuhalten ist!

- Nun verlässt ein Gruppenleiter den Kursraum, um auch die draußen wartenden Berichterstatterinnen über ihre Arbeitsanweisung zu informieren.

- Erklären Sie ihnen, dass ihre Aufgabe einfach darin besteht, den übrigen Teilnehmerinnen der Kleingruppe einige Minuten lang von ihrem letzten Wochenende zu erzählen – was sie unternommen haben, wie es ihrem Kind ging, worüber sie sich besonders gefreut haben, was vielleicht nicht so gut gelaufen ist usw. Ermuntern Sie die Berichterstatterinnen dazu, sich während des Spiels nicht von ihrer Erzählung abbringen zu lassen.

Modul II Sitzung 8: Gruppenablauf   **G8**

- Wenn alle bereit sind, kann das Kommunikationsspiel beginnen.

- Nach ca. 3-4 Minuten endet die 1. Etappe mit einer Feedbackrunde. In dieser sollen vor allem die Berichterstatterinnen im Mittelpunkt stehen und erzählen, wie sie sich während der Übung gefühlt haben, was ihnen durch den Kopf ging, was sie am liebsten gemacht hätten, was Sie sich gewünscht haben usw. Auch die anderen Teilnehmerinnen erhalten die Gelegenheit zu einer Rückmeldung.

2. Etappe:

- Dieser Übungsabschnitt verläuft analog zum ersten – mit einer neuen Berichterstatterin und einer neuen Arbeitsanweisung an die im Raum verbliebenen Teilnehmerinnen.

- Verteilen Sie also an die im Raum verbleibenden Mütter die nächsten Etappenkarten („**Seinen Senf dazu geben**") und erklären Sie den Berichterstatterinnen, dass ihre Aufgabe darin besteht, einige Minuten lang über das zurückliegende Wochenende oder den letzten Urlaub zu berichten. Wiederum sollten Sie die Berichterstatterinnen dazu anhalten, sich nicht von ihrem Vorhaben eines Berichtes abbringen zu lassen.

- An diese Etappe schließt sich ebenfalls eine Feedbackrunde an, in der die Berichterstatterinnen und auch die anderen Teilnehmerinnen zurückmelden, wie es ihnen während der Übung ergangen ist.

3. Etappe:

- Auch dieser Übungsabschnitt verläuft analog zu den vorherigen. Erneut werden die Rollen getauscht und die im Raum verbleibenden Teilnehmerinnen erhalten die nächsten Etappenkarten („**Halb so schlimm**"). Erklären Sie den draußen wartenden Berichterstatterinnen, dass sie über ein Problem oder eine Schwierigkeit berichten sollen, die sie in der letzten Zeit etwas belastet hat. Es soll sich dabei nicht um ein schwerwiegendes Problem handeln, aber sie sollten nach Möglichkeit emotional beteiligt sein, z.B. sich über einen Nachbarn aufregen, traurig sein, weil eine Freundin sie häufig versetzt hat etc.

- Auch an diese Etappe schließt sich eine Feedbackrunde an, in der die Berichterstatterinnen und die anderen Teilnehmerinnen zurückmelden, wie es ihnen während der Übung ergangen ist.

- Zum Abschluss dieser Übungsphase erarbeiten die Gruppenleiter mit den Teilnehmerinnen, ob sich aus den gerade erlebten Situationen für den Umgang mit dem eigenen Kind Erkenntnisse ableiten lassen. Wie fühlt es sich an, wenn einem Einfühlung verweigert wird, wie geht es jemandem, der einfach vertröstet wird?

Modul II Sitzung 8: Gruppenablauf G8

Übung 2: „Einfühlsames Zuhören"

Material	Flipchart
Methode	Brainstorming
Form	Gruppenübung
Ziel	Erwerb der Fähigkeit zu kindgerechter Kommunikation Erlernen von einfühlsamem Zuhören
Zeit	Ca. 15 Minuten

Vorgehensweise/Anleitung:

- Im Anschluss an die drei Etappen sollen die Teilnehmerinnen gemeinsam erarbeiten, was einfühlsames Zuhören ausmacht und wie Erwachsene es schaffen können, Kindern einfühlsam zuzuhören.

- Dabei kann auch im Kontrast an die vorausgegangen Übungen erarbeitet werden, was einfühlsames Zuhören schwer macht und was vermieden werden sollte.

- Tauschen Sie sich dazu in der Gruppe über diese Fragen aus:

1. Was hätten Sie sich in der Situation des Erzählenden gewünscht? Was ist wichtig, um sich ernst genommen zu fühlen? Was empfanden Sie als unangenehm?

2. Wenn Sie darüber nachdenken, wie Erwachsene mit Kindern sprechen – was fällt Ihnen dabei auf? Was zeichnet Ihrer Meinung nach jemanden aus, der Kindern gut zuhören kann und der gut mit Kindern sprechen kann? Und wann denken Sie über jemanden, dass er nicht weiß, wie man Kindern richtig zuhört und richtig mit ihnen spricht?

3. Denken Sie, dass man Kindern anders zuhören sollte und dass man mit ihnen anders sprechen sollte als mit Erwachsenen? Und wenn ja: Was sollte man anders machen?

- Achten Sie als Gruppenleitung bitte darauf, jetzt möglichst alle Mütter in das Gespräch einzubeziehen und bemühen Sie sich um ein bewertungsfreies Klima. Auch Unwissen und Unsicherheiten sollten von den Müttern artikuliert werden können. Wichtige Punkte halten Sie an der Flipchart fest.

Modul II Sitzung 8: Gruppenablauf   **G8**

Zusammenfassung der Information I8 „Einfühlsames Zuhören"

Verteilen Sie jetzt an die Teilnehmerinnen die Unterlagen für die heutige Sitzung und referieren Sie die zentralen Inhalte des Textes I8. Hierzu sollten Sie sich vor der Sitzung mit diesem Text und mit Ihrem Text T8 vertraut gemacht haben. Wie ausführlich Sie die Präsentation gestalten und welche Inhalte Sie besonders hervorheben wollen, bleibt Ihnen überlassen. Bieten Sie den Teilnehmerinnen zudem die Gelegenheit zu Rückfragen und empfehlen Sie den Müttern den Text zu Hause noch einmal gründlich zu lesen.

Rollenspiel: „Einfühlsames Zuhören"

Material	Es wird kein gesondertes Material benötigt.
Methode	Kommunikationsspiel
Ziel	Erwerb der Fähigkeit zu kindgerechter Kommunikation Erlernen von einfühlsamem Zuhören
Zeit	Ca. 5 Minuten

Vorgehensweise/Anleitung:

- Beide Gruppenleiter sitzen sich gegenüber. Gruppenleiterin A beginnt von ihrem letzten Wochenende zu berichten. Gruppenleiter B hört ihr einfühlsam zu.

- Bei diesem Rollenspiel achten die beiden Gruppenleiter im deutlichen Kontrast zu den Anweisungen aus den vorangegangenen Übungen auf das Herstellen einer Haltung, die sich durch Echtheit/Kongruenz, Akzeptanz und Empathie auszeichnet (siehe hierzu die Erläuterungen in T8), d. h. der zuhörende Gruppenleiter bemüht sich um einfühlsames Zuhören.

Übung 3: „Die vier Etappen" (4. Teil)

Material	PALME-Etappenkarten (siehe hierzu Didaktisches Material D8)
Methode	Kommunikationsspiel

 **Modul II Sitzung 8: Gruppenablauf**   **G8**

Form	Kleingruppenübung
Ziel	Erwerb der Fähigkeit zu kindgerechter Kommunikation Erlernen von einfühlsamem Zuhören
Zeit	Ca. 15 Minuten

Vorgehensweise:

- Dieser Übungsabschnitt verläuft analog zu den ersten drei Teilen – mit dem großen Unterschied, dass die Teilnehmerinnen jetzt versuchen sollen, einfühlsam zuzuhören. Die Anweisung für die im Raum verbliebenen Teilnehmerinnen lautet jetzt: **„Zuhören und verstehen"**. Der Auftrag an die Berichterstatterinnen besteht darin, einige Minuten lang vom letzten Weihnachtsfest, ihrem letzten Geburtstag oder einem ähnlichen Anlass zu erzählen. – wie sie diesen Tag gemeinsam mit ihrem Kind bzw. ihrer Familie verbracht hat, welche schönen, aber auch welche schwierigen Momente es gab etc.

- Wenn es der zeitliche Rahmen zulässt und die Teilnehmerinnen den Wunsch dazu äußern, können auch hier die Rollen getauscht werden, so dass alle Teilnehmerinnen die Rolle des Erzählers und des einfühlsamen Zuhörers erfahren.

- Nach einigen Minuten schließt sich an die letzte Etappe ebenfalls eine Feedbackrunde an. In dieser Runde sollte auch diskutiert werden, inwieweit die Teilnehmerinnen die letzte Übung als vom ersten Übungsteil unterschiedlich erlebt haben (vor allem in emotionaler Hinsicht) sowie welche Konsequenzen sich aus dieser Etappe für den Umgang mit dem eigenen Kind ergeben könnten.

Erläuterung der Wochenübung W8 „Einfühlsames Zuhören im Alltag"

Die Gruppenleitung verteilt die Unterlagen zur Wochenübung an die Teilnehmerinnen. Die Wochenübung wird anschließend kurz vorbesprochen, wozu Sie am besten gemeinsam das Arbeitsblatt durchgehen. Bieten Sie außerdem Gelegenheit zu Rückfragen.

 **Modul II Sitzung 8: Gruppenablauf** G8

PALME-Ausflug

Eine zusätzliche Wochenübung nach dieser Sitzung stellt der PALME-Ausflug dar, dessen organisatorische Details Sie in Sitzung 5 vorbesprochen haben. Dieser Ausflug soll im Rahmen des Gruppenablaufs der heutigen Sitzung nach Möglichkeit nicht noch einmal ausführlicher zum Thema werden, da die Teilnehmerinnen durch den Ausflug unter anderem zu einer eigenverantwortlichen Gestaltung ihrer Freizeit und zur selbständigen Organisation und Kompromissfindung angeregt werden sollen. Wünschen Sie den Teilnehmerinnen bei der Verabschiedung ein gutes Gelingen des Ausflugs und kündigen Sie an, dass in der nächsten Sitzung Gelegenheit bestehen wird, den Verlauf des Ausfluges zu besprechen.

 **Modul II Sitzung 8: Didaktisches Material   D8**

PALME-Etappenkarten

Zur Vorbereitung der Etappenübung schneiden Sie als Gruppenleitung vor dem Gruppentreffen bitte die Anweisungen aus, so dass sie jeder Kleingruppe für jede Etappe eine Etappenkarte geben können. (Sie werden pro Etappe drei bis vier Karten brauchen, je nach Gruppengröße.)

Die Anweisung zur **1. Etappe** lautet: **„Mir doch egal, was die erzählt!"**

Der Berichterstatterin soll in dieser Phase niemand richtig zuhören. Dies kann etwa so aussehen, dass die „Zuhörerinnen" etwas lesen, aus dem Fenster schauen oder in anderer Weise körpersprachlich ihr fehlendes Interesse ausdrücken, sich zwischendurch angeregt miteinander unterhalten, gähnen usw. **Es geht also darum, der Berichterstatterin <u>nicht</u> zuzuhören und ihr wenig Beachtung zu schenken.**

Die Anweisung zur **1. Etappe** lautet: **„Mir doch egal, was die erzählt!"**

Der Berichterstatterin soll in dieser Phase niemand richtig zuhören. Dies kann etwa so aussehen, dass die „Zuhörerinnen" etwas lesen, aus dem Fenster schauen oder in anderer Weise körpersprachlich ihr fehlendes Interesse ausdrücken, sich zwischendurch angeregt miteinander unterhalten, gähnen usw. **Es geht also darum, der Berichterstatterin <u>nicht</u> zuzuhören und ihr wenig Beachtung zu schenken.**

Die Anweisung zur **1. Etappe** lautet: **„Mir doch egal, was die erzählt!"**

Der Berichterstatterin soll in dieser Phase niemand richtig zuhören. Dies kann etwa so aussehen, dass die „Zuhörerinnen" etwas lesen, aus dem Fenster schauen oder in anderer Weise körpersprachlich ihr fehlendes Interesse ausdrücken, sich zwischendurch angeregt miteinander unterhalten, gähnen usw. **Es geht also darum, der Berichterstatterin <u>nicht</u> zuzuhören und ihr wenig Beachtung zu schenken.**

Die Anweisung zur **1. Etappe** lautet: **„Mir doch egal, was die erzählt!"**

Der Berichterstatterin soll in dieser Phase niemand richtig zuhören. Dies kann etwa so aussehen, dass die „Zuhörerinnen" etwas lesen, aus dem Fenster schauen oder in anderer Weise körpersprachlich ihr fehlendes Interesse ausdrücken, sich zwischendurch angeregt miteinander unterhalten, gähnen usw. **Es geht also darum, der Berichterstatterin <u>nicht</u> zuzuhören und ihr wenig Beachtung zu schenken.**

Modul II Sitzung 8: Didaktisches Material   D8

Die Anweisung zur **2. Etappe** lautet: „**Seinen Senf dazu geben**"

Jetzt hören alle zu, unterbrechen aber, so oft sie Gelegenheit finden, um eigene Eindrücke einzubringen. Beispiel: Die Berichterstatterin beginnt von ihrem Wochenende zu erzählen, woraufhin eine der „Zuhörerinnen" recht bald anfängt, davon zu erzählen, was sie selbst am letzten Wochenende Aufregendes erlebt hat und so der Berichterstatterin kaum Raum für ihre eigene Erzählung lässt. Dies setzt sich während der ganzen Etappe in ähnlicher Weise fort. **Wichtig ist also, die Berichterstatterin immer wieder zu unterbrechen und sie nicht in Ruhe aussprechen zu lassen.**

Die Anweisung zur **2. Etappe** lautet: „**Seinen Senf dazu geben**"

Jetzt hören alle zu, unterbrechen aber, so oft sie Gelegenheit finden, um eigene Eindrücke einzubringen. Beispiel: Die Berichterstatterin beginnt von ihrem Wochenende zu erzählen, woraufhin eine der „Zuhörerinnen" recht bald anfängt, davon zu erzählen, was sie selbst am letzten Wochenende Aufregendes erlebt hat und so der Berichterstatterin kaum Raum für ihre eigene Erzählung lässt. Dies setzt sich während der ganzen Etappe in ähnlicher Weise fort. **Wichtig ist also, die Berichterstatterin immer wieder zu unterbrechen und sie nicht in Ruhe aussprechen zu lassen.**

Die Anweisung zur **2. Etappe** lautet: „**Seinen Senf dazu geben**"

Jetzt hören alle zu, unterbrechen aber, so oft sie Gelegenheit finden, um eigene Eindrücke einzubringen. Beispiel: Die Berichterstatterin beginnt von ihrem Wochenende zu erzählen, woraufhin eine der „Zuhörerinnen" recht bald anfängt, davon zu erzählen, was sie selbst am letzten Wochenende Aufregendes erlebt hat und so der Berichterstatterin kaum Raum für ihre eigene Erzählung lässt. Dies setzt sich während der ganzen Etappe in ähnlicher Weise fort. **Wichtig ist also, die Berichterstatterin immer wieder zu unterbrechen und sie nicht in Ruhe aussprechen zu lassen.**

Die Anweisung zur **2. Etappe** lautet: „**Seinen Senf dazu geben**"

Jetzt hören alle zu, unterbrechen aber, so oft sie Gelegenheit finden, um eigene Eindrücke einzubringen. Beispiel: Die Berichterstatterin beginnt von ihrem Wochenende zu erzählen, woraufhin eine der „Zuhörerinnen" recht bald anfängt, davon zu erzählen, was sie selbst am letzten Wochenende Aufregendes erlebt hat und so der Berichterstatterin kaum Raum für ihre eigene Erzählung lässt. Dies setzt sich während der ganzen Etappe in ähnlicher Weise fort. **Wichtig ist also, die Berichterstatterin immer wieder zu unterbrechen und sie nicht in Ruhe aussprechen zu lassen.**

 **Modul II Sitzung 8: Didaktisches Material**   **D8**

Die Anweisung zur **3. Etappe** lautet: **„Halb so schlimm"**

In dieser Etappe hören die Zuhörerinnen zu, versuchen aber gleichzeitig alles herunter zu spielen und eine schnelle Lösung durch Ratschläge und Beschwichtigungen zu finden. Dabei trösten sie die Berichterstatterin vorschnell, anstatt ihr Raum für ihre Gefühle zu lassen. Sie sagen z.B. Sätze wie: „Ach, das wird schon wieder" oder „Halb so wild". **Hier ist es also wichtig zu zeigen, dass eine schnelle Lösung erreicht werden soll und der Berichterstatterin ihre Gefühle nicht zugestanden werden.**

Die Anweisung zur **3. Etappe** lautet: **„Halb so schlimm"**

In dieser Etappe hören die Zuhörerinnen zu, versuchen aber gleichzeitig alles herunter zu spielen und eine schnelle Lösung durch Ratschläge und Beschwichtigungen zu finden. Dabei trösten sie die Berichterstatterin vorschnell, anstatt ihr Raum für ihre Gefühle zu lassen. Sie sagen z.B. Sätze wie: „Ach, das wird schon wieder" oder „Halb so wild". **Hier ist es also wichtig zu zeigen, dass eine schnelle Lösung erreicht werden soll und der Berichterstatterin ihre Gefühle nicht zugestanden werden.**

Die Anweisung zur **3. Etappe** lautet: **„Halb so schlimm"**

In dieser Etappe hören die Zuhörerinnen zu, versuchen aber gleichzeitig alles herunter zu spielen und eine schnelle Lösung durch Ratschläge und Beschwichtigungen zu finden. Dabei trösten sie die Berichterstatterin vorschnell, anstatt ihr Raum für ihre Gefühle zu lassen. Sie sagen z.B. Sätze wie: „Ach, das wird schon wieder" oder „Halb so wild". **Hier ist es also wichtig zu zeigen, dass eine schnelle Lösung erreicht werden soll und der Berichterstatterin ihre Gefühle nicht zugestanden werden.**

Die Anweisung zur **3. Etappe** lautet: **„Halb so schlimm"**

In dieser Etappe hören die Zuhörerinnen zu, versuchen aber gleichzeitig alles herunter zu spielen und eine schnelle Lösung durch Ratschläge und Beschwichtigungen zu finden. Dabei trösten sie die Berichterstatterin vorschnell, anstatt ihr Raum für ihre Gefühle zu lassen. Sie sagen z.B. Sätze wie: „Ach, das wird schon wieder" oder „Halb so wild". **Hier ist es also wichtig zu zeigen, dass eine schnelle Lösung erreicht werden soll und der Berichterstatterin ihre Gefühle nicht zugestanden werden.**

Modul II Sitzung 8: Didaktisches Material   D8

Die Anweisung zur **4. Etappe** lautet: „**Zuhören und verstehen**"

Der Berichterstatterin hört in dieser Phase jeder einfühlsam und aufmerksam zu. Gelegentlich sollten Sie Fragen stellen, die sich z. B. darauf beziehen, was die Sprecherin bei ihrem Bericht **empfunden** hat („Wie ging es dir dabei?", „Wie war das für dich?" usw.). Zuhören und verstehen bedeutet **der Sprecherin seine ganze Aufmerksamkeit zu schenken, seine eigenen Äußerungen zurückhalten zu können und am Erzählten intensiv Anteil zu nehmen (man kann seine Anteilnahme in Worten oder körpersprachlich ausdrücken, z. B. durch Nachfragen, ob man etwas richtig verstanden hat oder durch eine zugewandte Körperhaltung).**

Die Anweisung zur **4. Etappe** lautet: „**Zuhören und verstehen**"

Der Berichterstatterin hört in dieser Phase jeder einfühlsam und aufmerksam zu. Gelegentlich sollten Sie Fragen stellen, die sich z. B. darauf beziehen, was die Sprecherin bei ihrem Bericht **empfunden** hat („Wie ging es dir dabei?", „Wie war das für dich?" usw.). Zuhören und verstehen bedeutet **der Sprecherin seine ganze Aufmerksamkeit zu schenken, seine eigenen Äußerungen zurückhalten zu können und am Erzählten intensiv Anteil zu nehmen (man kann seine Anteilnahme in Worten oder körpersprachlich ausdrücken, z. B. durch Nachfragen, ob man etwas richtig verstanden hat oder durch eine zugewandte Körperhaltung).**

Die Anweisung zur **4. Etappe** lautet: „**Zuhören und verstehen**"

Der Berichterstatterin hört in dieser Phase jeder einfühlsam und aufmerksam zu. Gelegentlich sollten Sie Fragen stellen, die sich z. B. darauf beziehen, was die Sprecherin bei ihrem Bericht **empfunden** hat („Wie ging es dir dabei?", „Wie war das für dich?" usw.). Zuhören und verstehen bedeutet **der Sprecherin seine ganze Aufmerksamkeit zu schenken, seine eigenen Äußerungen zurückhalten zu können und am Erzählten intensiv Anteil zu nehmen (man kann seine Anteilnahme in Worten oder körpersprachlich ausdrücken, z. B. durch Nachfragen, ob man etwas richtig verstanden hat oder durch eine zugewandte Körperhaltung).**

Die Anweisung zur **4. Etappe** lautet: „**Zuhören und verstehen**"

Der Berichterstatterin hört in dieser Phase jeder einfühlsam und aufmerksam zu. Gelegentlich sollten Sie Fragen stellen, die sich z. B. darauf beziehen, was die Sprecherin bei ihrem Bericht **empfunden** hat („Wie ging es dir dabei?", „Wie war das für dich?" usw.). Zuhören und verstehen bedeutet **der Sprecherin seine ganze Aufmerksamkeit zu schenken, seine eigenen Äußerungen zurückhalten zu können und am Erzählten intensiv Anteil zu nehmen (man kann seine Anteilnahme in Worten oder körpersprachlich ausdrücken, z. B. durch Nachfragen, ob man etwas richtig verstanden hat oder durch eine zugewandte Körperhaltung).**

 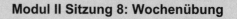

Modul II Sitzung 8: Wochenübung**W8**

Arbeitsblatt zur Wochenübung W8 „Einfühlsames Zuhören im Alltag"

In dieser Gruppensitzung haben Sie sich intensiv mit dem Thema „Einfühlsames Zuhören" auseinandergesetzt und dabei unter anderem auch „am eigenen Leib" erlebt, wie unterschiedlich es sich anfühlt, wenn einem mehr oder weniger einfühlsam zugehört wird. Kinder erleben diese Unterschiede häufig noch stärker, denn sie sind im Umgang mit Gefühlen deutlich ungeübter als Erwachsene. Dadurch sind sie besonders hilflos, wenn sie auf uneinfühlsame Zuhörer treffen, die sich z. B. nicht dafür interessieren, was sie zu sagen haben oder die alle Schwierigkeiten mit einem „Das wird schon wieder!" beiseite wischen und dadurch vermitteln, dass sie mit den Problemen des Kindes am liebsten möglichst wenig zu tun haben möchten. Zudem nimmt dies Kindern die Möglichkeit anhand von guten Vorbildern zu lernen, wie man jemandem auf einfühlsame Weise zuhört und dadurch später selbst zu einem einfühlsamen Zuhörer zu werden.

Die Bedeutung des einfühlsamen Zuhörens ist also kaum zu unterschätzen. Dieses Wissen allein reicht aber natürlich noch nicht aus, um im Alltag tatsächlich zu einem einfühlsamen Zuhörer zu werden. Vielmehr verlangt diese Fähigkeit nach regelmäßigem Üben. Im Infoblatt zu dieser Sitzung finden Sie auf den letzten beiden Seiten viele Anregungen, die Ihnen dabei helfen können zu einer einfühlsameren Zuhörerin zu werden.

Halten Sie in der kommenden Woche am besten nach einer Situation Ausschau, in der Ihr Kind gefühlsmäßig stark beteiligt ist. Eine solche Situation könnte etwa sein, dass Ihr Kind beim Spielen gestürzt ist und sich das Knie aufgeschlagen hat, dass es ein Spielzeug verloren hat, das ihm am Herzen lag oder dass beim Toben in Ihrer Wohnung etwas zu Bruch gegangen ist. Auch ein Konflikt mit einem Spielkameraden aus der Kindertagesstätte (wie in dem Beispiel im Infoblatt) könnte eine solche Situation sein. Es geht also um Situationen, die bei Ihrem Kind zu einem eher unangenehmen Gefühlszustand geführt haben, der sich vielleicht sogar aus mehreren Gefühlen zusammensetzt (z. B. Wut und Trauer oder auch Angst).

Richten Sie es so ein, dass Sie sich ausreichend Zeit zum Zuhören nehmen können und bemühen Sie sich dann vor allem darum zu verstehen, wie es Ihrem Kind geht – ohne Ihrem Kind vorschnell Ihre eigene Meinung zu dem Vorfall darzulegen. Erst wenn Sie sich sicher sind, dass Sie Ihr Kind richtig verstanden haben, sollten Sie gemeinsam überlegen, wie Sie beide mit der Situation umgehen können und Ihrem Kind gegebenenfalls einen Lösungsvorschlag anbieten. Wenn Sie Ihre Erfahrungen aus der Gruppensitzung nutzen und die Anregungen im Infoblatt beherzigen, dann sind die Voraussetzungen dafür gut, dass Ihr Kind sich von Ihnen verstanden und angenommen fühlt. Erwarten Sie dabei allerdings von sich bitte nicht, dass dies auf Anhieb perfekt gelingt. Für viele Menschen, die es z. B. gewohnt sind anderen schnell mit „guten Ratschlägen" beiseite zu stehen, ist die starke Betonung des Einfühlens und Zuhörens recht ungewohnt. Von daher ist es ganz normal, dass man sich anfangs noch unsicher darin fühlt, ob man wirklich einfühlsam war.

 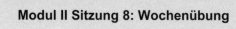

Modul II Sitzung 8: Wochenübung **W8**

Um Ihnen diese Einschätzung zu erleichtern und um das Gespräch und seine Auswirkungen noch etwas genauer zu betrachten, beantworten Sie einen oder zwei Tage nach dem Gespräch bitte in Ruhe die folgenden Fragen. Bringen Sie den Bogen ausgefüllt zur nächsten Gruppensitzung mit.

Beschreiben Sie zunächst kurz die **Situation**, um die es in dem Gespräch mit Ihrem Kind ging:

_____

_____

_____

Welche **Merkmale einfühlsamen Zuhörens** haben Sie versucht umzusetzen? Hierzu können Sie sich auf die Empfehlungen im Infoblatt beziehen. Versuchen Sie möglichst konkret zu beschreiben, wie genau Sie das gemacht haben (also statt „Ich habe auf die Gefühle meines Kindes geachtet" beispielsweise „Ich habe gemerkt, dass mein Sohn ganz traurig geguckt hat, als ich mit ihm geschimpft habe, weil er sein Abendessen nicht aufessen wollte").

_____

_____

_____

_____

_____

Mit welchen der Empfehlungen aus dem Infoblatt hatten Sie **Probleme**? Woran könnte das gelegen haben? Und wie könnten Sie es schaffen das zukünftig anders umzusetzen?

_____

_____

_____

_____

_____

Sind Ihnen am **Verhalten Ihres Kindes** nach dem Gespräch Unterschiede aufgefallen im Vergleich zu ähnlichen Situationen aus der Vergangenheit? **Und wie ging es Ihnen selbst nach dem Gespräch?**

_____

_____

_____

_____

Modul II Sitzung 9: Übersicht   Ü9

Thema	Einfühlsames Handeln
Fragen	• Was ist ein einfühlsamer Umgang mit meinem Kind? • Wie handele ich einfühlsam?
Ziele	• Erlernen von einfühlsamem Handeln

Ablauf	1. Blitzlicht und Anwesenheitsbogen
	2. Bearbeitung der Wochenübung W8 „Einfühlsames Zuhören im Alltag"
	3. Nachbesprechung des PALME-Ausfluges
	4. Vorstellung von Sitzungsthema und Sitzungsablauf
	5. Übungen:
	  • Übung 1, Großgruppe: Brainstorming „Einfühlsames und kindgerechtes Handeln"
	  • Rollenspiel 1, Gruppenleitung: „Uneinfühlsames, mechanisches Handeln"
	  • Übung 2, Paar: „Uneinfühlsames, mechanisches Handeln"
	  • Rollenspiel 2, Gruppenleitung: „Einfühlsames, gefühlvolles Handeln"
	  • Übung 3, Paar: „Einfühlsames, gefühlvolles Handeln"
	6. Zusammenfassung der Information I9 „Kindgerechtes, einfühlsames Handeln: Bindung und Erkundung"
	7. Erläuterung der Wochenübung W9 „Einfühlsames Handeln"

Arbeitsmaterial Gruppenleiter	• Theoretische Einführung T9 „Bindungstheorie und kindgerechtes, einfühlsames Handeln" • Anleitungen zum Gruppenablauf • Anwesenheitsbogen A9
Arbeitsmaterial Mütter	• Infoblatt I9 • Arbeitsblatt zur Wochenübung W9

Modul II Sitzung 9: Theoretische Einführung   T9

Kindgerechtes, einfühlsames Handeln: Bindung und Erkundung

Feinfühliges Handeln

Die Bindungstheorie und die Bedeutung einfühlsamen bzw. feinfühligen Elternverhaltens zur Förderung einer sicheren Bindung des Kindes waren bereits Gegenstand der Sitzung 6. In dieser Sitzung steht eine vertiefte Auseinandersetzung mit dem Themenfeld im Mittelpunkt. Entscheidend ist, dass der Bindungsstil, den das Kind im Laufe der Zeit in der Auseinandersetzung mit seiner Umwelt entwickelt, zum großen Teil davon abhängt, wie feinfühlig seine Bezugspersonen auf seine Bedürfnisse reagieren. **Die Förderung feinfühligen elterlichen Verhaltens ist daher ein Weg, die Entwicklung einer sicheren Bindung zu unterstützen.** Feinfühliges Verhalten zeigt sich dabei nicht nur im tröstenden und Sicherheit vermittelnden Eingehen der Bezugspersonen auf das **Nähe- bzw. Bindungsbedürfnis** der Kinder, sondern auch in der Unterstützung ihres **Erkundungsbedürfnisses**. Die unten abgebildete Grafik „Der sichere Kreis" illustriert, wie die Mutter als wichtigste Bezugsperson das harmonische Wechselspiel beider Bedürfnisse fördern kann.

Der sichere Kreis

Die Grafik zeigt sowohl das kindliche Erkundungsstreben als auch sein Bedürfnis nach Nähe, Schutz und Bindung.

© Cooper, Hoffman, Marvin & Powell
Aus: Scheuerer-Englisch, H., Suess, G. J. & Pfeifer, W. K. P. (2003). Wege zur Sicherheit (S. 27), Gießen: Psychosozial-Verlag.
Mit freundlicher Genehmigung des Verlags.
Für nähere Informationen über das Circle of Security™-Projekt siehe auch www.circleofsecurity.org

 **Modul II Sitzung 9: Theoretische Einführung   T9**

Die **obere Hälfte** des „Kreises der Sicherheit" verdeutlicht das kindliche **Erkundungsbedürfnis**, also das natürliche Bestreben des Kindes sich immer wieder auch von der Mutter weg zu bewegen und seine Umwelt zu erkunden. Dabei erwartet es jedoch trotz der „Weg-von-Bewegung", dass die Mutter:

1. sein Spiel wachsam verfolgt für den Fall, dass es Schutz braucht,
2. ihm bei Bedarf hilft, seine Gefühle oder sein Verhalten zu ordnen und
3. die Aktivitäten und neuen Entdeckungen mit ihm genießt.

Die **untere Hälfte** des „Kreises der Sicherheit" steht für das kindliche **Bindungssystem** und den Wunsch des Kindes, dass seine Mutter es bei dieser „Hin-zu-Bewegung" willkommen heißt, um:

1. es zu beschützen,
2. es zu trösten,
3. ihm zu zeigen, dass sie sich über seine Wiederkehr freut und
4. seine Gefühle und sein Verhalten zu ordnen, wenn es über die Grenzen seiner eigenen Fähigkeiten geraten ist.

Bei einem sicherem Bindungsmuster des Kindes findet in der Regel ein relativ **reibungsloser Wechsel** zwischen den beiden kindlichen Bedürfnissen und den entsprechenden Reaktionen der Mutter statt. Natürlich ist diese enge Abstimmung gelegentlich gestört, denn Interaktionen zwischen zwei Menschen und damit auch zwischen Mutter und Kind können nicht immer störungsfrei ablaufen. Es ist normal, dass es Unterbrechungen gibt, die **„Reparaturen"** erforderlich machen.

Deshalb ist das zentrale Beurteilungskriterium zur Unterscheidung zwischen einer sicheren Bindung und den verschiedenen unsicheren Bindungsstilen auch nicht das Vorhandensein bzw. Nicht-Vorhandensein von Unstimmigkeiten. Viel wichtiger ist, in welchem Ausmaß die Bezugsperson dazu bereit und in der Lage ist, **auftretende Störungen rechtzeitig wahrzunehmen, zu benennen und angemessen auf sie zu reagieren**. „Reparaturarbeiten" nach Abstimmungsschwierigkeiten fallen meistens dann leichter, wenn auf der einen Seite (meistens der Seite des Kindes) möglichst klare Signale ausgesandt werden und auf der anderen Seite (meistens der Seite der Mutter) Verständnis und Antwortbereitschaft für diese Signale bestehen.

Verhalten in Trennungssituationen

Für Kinder bedeutet die Trennung der Eltern in erster Linie den **Verlust einer geliebten Bezugsperson** (in der Regel des Vaters) und eine **Gefährdung von Sicherheit und Geborgenheit** (z. B. bei reaktiver Niedergeschlagenheit der Mutter). Es ist offensichtlich, dass die Trennung der Eltern nicht nur für das Elternpaar, sondern auch für die Kinder des Paares eine Lebenskrise darstellt, die von allen Beteiligten hohe Anpassungsleistungen erfordert. Kinder sind meistens an beide Elternteile gebunden und erleben die in aller Regel aus der Trennung resultierende räumliche, aber auch wachsende emotionale Distanz zu einem Elternteil häufig als schmerzliche Ablehnung. Gerade jüngere Kinder neigen dazu, den Auszug eines

Modul II Sitzung 9: Theoretische Einführung T9

Elternteils auf sich zu beziehen und sich selbst die Schuld an der Entwicklung zu geben, um die Eltern zu schützen.

Dennoch kann es nicht darum gehen, die Beziehung der Eltern auf jeden Fall aufrechtzuerhalten, denn eine Trennung kann auch eine notwendige Reaktion auf bestimmte familiäre Zustände sein (z. B. Drogenkonsum, Vernachlässigung, Gewalt.) **Dann hilft es dem Kind, wenn es um die verlorene Bindungsperson trauern darf, wenn es informiert und beteiligt wird.** Dazu gehört, offen mit ihm über seine Befürchtungen des Verlustes der Eltern zu sprechen. Bei nicht wenigen Kindern entstehen nach der Trennung der Eltern Ängste, auch noch vom zweiten Elternteil verlassen zu werden.

„Billige" Trostformeln oder ein Herunterspielen der leidvollen Situation führen beim Kind nicht wirklich zu einer Beruhigung. Es macht eher die Erfahrung in seinem Kummer und mit seinen Sorgen nicht ernst genommen, sondern abgeschoben zu werden. Es ist also wichtig, **Verständnis für die Gefühle des Kindes** zu zeigen, **ohne jedoch die Realität, also die schwierige oder auch aussichtslose Situation der elterlichen Beziehung, zu beschönigen**. Auch dies ist eine Form von feinfühligem Verhalten. Letztlich geht es bei Feinfühligkeit immer um ein Abwägen von verschiedenen Handlungsmöglichkeiten, das **die jeweilige Situation aller Beteiligten** berücksichtigt. Häufig ist die Erfahrung, dass eine enge Bezugsperson einfühlsam mit ihm umgeht für das Kind wichtiger und beruhigender als hektische Aktivitäten und Ablenkungsversuche. Dies setzt aber auch voraus, dass der alleinerziehende Elternteil Ärger und Sorgen des Kindes ohne zu große eigene Schuldgefühle ertragen kann und gegebenenfalls hierbei Unterstützung erfährt. Wann und in welcher Form beispielsweise ein Kind über bestehende Partnerkonflikte und anstehende Veränderungen in der Familie informiert wird, sollte immer auch vom Alter und Entwicklungsstand des Kindes abhängen. Ein Zuviel an „erwachsener" Sachinformation kann emotional für das Kind genauso überfordernd sein wie mangelnde Beteiligung. Eltern, die hierfür ein sensibles Gespür entwickeln und bereit sind aus Fehlern zu lernen, kommen dem Ziel möglichst großer Feinfühligkeit und damit der Förderung einer sicheren Bindungsbeziehung zum Kind einen großen Schritt näher.

Die Bindungsbeziehungen des Kindes zu anderen Bezugspersonen

Neben der Mutter kann natürlich vor allem der Vater zu einer sicheren Bindung des Kindes beitragen. Das fällt bei getrennten Eltern leichter, wenn die Beziehung der Elternteile nach der Trennung nicht stark durch anhaltende Konflikte und Vorwürfe geprägt ist. Dann kann der Vater für das Kind eine stabile Beziehungsalternative darstellen. Leider ist der Idealfall einer solch „harmonischen" Trennung recht selten.

Es ist umstritten, ob andauernde, schwere Konflikte zwischen den (ehemaligen) Partnern einen schlechteren Einfluss auf Kinder haben als die Trennung der Eltern mit der Folge des Beziehungsabbruches zwischen dem Kind und dem Elternteil, der nicht länger mit dem Kind zusammen lebt (meistens ist dies der Vater). Verallgemeinernde Empfehlungen werden dieser Frage nicht gerecht – dies lässt sich nur im Einzelfall beurteilen, z. B. unter Berücksichtigung des tatsächlichen Ausmaßes des familiären Unfriedens.

 **Modul II Sitzung 9: Theoretische Einführung   T9**

Kinder können **zu verschiedenen Bezugspersonen**, die maßgeblich an ihrer Versorgung und Betreuung beteiligt sind (also durchaus nicht nur zu ihren Eltern, sondern z. B. auch zu Großeltern oder engen Freunden der Familie), eine **unterschiedliche Bindungsbeziehung** aufbauen. Besteht beispielsweise eine unsichere Bindung an die Mutter, dann kann eine zusätzliche sichere Bindungsbeziehung zwischen dem Kind und einer anderen Bezugsperson die nachteiligen Auswirkungen der unsicheren Bindung an die Mutter abmildern oder sogar ausgleichen. Dies sollte in der Entscheidung für oder gegen einen engen Kontakt des Kindes mit dem Vater berücksichtigt werden. Jungen profitieren zudem von einem „anwesenden" Vater in besonderem Maße, da er ihnen als **Rollenvorbild** dienen kann (nähere Informationen hierzu gibt es in einer späteren Sitzung).

Zusammenfassend kann man festhalten, dass Kinder getrennter Eltern in der Regel dann leichter mit der besonderen familiären Situation zurechtkommen werden, wenn die Eltern es schaffen, das **Ende ihrer Partnerbeziehung nicht mit dem Ende ihrer Elternbeziehung gleichzusetzen** und sie die **Ebene des Paarkonfliktes von der lebenslangen jeweiligen Elternverantwortung trennen** können. Es kann also manchmal wichtig sein, dass betroffene Mütter und Väter eigene Interessen und Kränkungen zu Gunsten des Kindes zurücksetzen. Um es noch einmal deutlich zu betonen: **Im Einzelfall kann diese Empfehlung vollkommen unangemessen sein. Zudem handelt es sich um eine persönliche Entscheidung der betroffenen Mütter und Väter, die grundsätzlich zu akzeptieren ist.**

Modul II Sitzung 9: Infoblatt für Mütter I9

Kindgerechtes, einfühlsames Handeln: Bindung und Erkundung

Die kindlichen Bedürfnisse nach Bindung und Erkundung der Umwelt sowie die Feinfühligkeit, die Eltern im Umgang mit diesen unterschiedlichen Bedürfnissen brauchen, waren bereits Gegenstand der Sitzung 6. In diesem Infoblatt soll eine nochmalige, vertiefte Auseinandersetzung damit im Mittelpunkt stehen. **Ein feinfühliger Umgang der Eltern mit ihrem Kind ist eine gute Voraussetzung für die Entwicklung eines sicheren Bindungsmusters.** Und wie Sie ebenfalls aus Sitzung 6 wissen, profitieren Kinder auf ganz unterschiedliche Weise von einem sicheren Bindungsmuster, z. B. entwickeln sicher gebundene Kinder leichter ein größeres Maß an Selbstständigkeit, weil sie wissen, dass sie bei Bedarf von der Mutter Unterstützung erfahren werden und in ihren „sicheren Hafen" zurückkehren können.

Zur Veranschaulichung des **Wechselspiels zwischen dem Bedürfnis Ihres Kindes nach Bindung und Schutz und dem Bedürfnis Ihres Kindes nach Erkundung seiner Umwelt** dient die folgende Abbildung, der „Kreis der Sicherheit".

© Cooper, Hoffman, Marvin & Powell
Aus: Scheuerer-Englisch, H., Suess, G. J. & Pfeifer, W. K. P. (2003). Wege zur Sicherheit (S. 27), Gießen: Psychosozial-Verlag.
Mit freundlicher Genehmigung des Verlags.
Für nähere Informationen über das Circle of Security™-Projekt siehe auch www.circleofsecurity.org

Die **obere Hälfte des Kreises** soll das **Erkundungsbedürfnis** verdeutlichen, also das Bestreben Ihres Kindes, sich mehr oder weniger häufig von Ihnen zu lösen und seine Umwelt zu entdecken. Dabei nutzt es Sie als **sichere Basis**, also als Aus-

 **Modul II Sitzung 9: Infoblatt für Mütter**

gangspunkt für seine Erkundungstouren. Damit es sich mit einem guten Gefühl von Ihnen entfernen kann, erwartet es von Ihnen, dass Sie:

- sein Spiel wachsam beobachten für den Fall, dass es Ihren Schutz braucht,
- ihm bei Bedarf helfen, wenn ihm auf der Entdeckungstour Dinge widerfahren, mit denen es noch nicht allein umgehen kann, und
- sich gemeinsam mit ihm an seinen Aktivitäten und neuen Entdeckungen erfreuen.

Die **untere Hälfte des Kreises** steht für das **Bindungsbedürfnis** Ihres Kindes und verdeutlicht seinen Wunsch, Sie im Bedarfsfall als **sicheren Hafen** anlaufen zu können und von Ihnen bei seiner Rückkehr willkommen geheißen zu werden, damit Sie:

- es beschützen,
- es trösten,
- ihm zeigen, dass Sie sich über seine Wiederkehr freuen und
- ihm bei der Ordnung seiner Gefühle helfen, wenn es an die (oder über die) Grenzen seiner Fähigkeiten geraten ist, weil z. B. etwas passiert ist, über das es sich erschrocken hat oder worüber es traurig ist.

Bei sicher gebundenen Kindern findet in der Regel ein **relativ reibungsloser Wechsel** zwischen den beiden in der Abbildung verdeutlichten Bedürfnissen statt. Mal dient die Mutter als sichere Basis, von der aus sie Entdeckungstouren starten können, mal dient sie als sicherer Hafen, in den sie jederzeit zurückkehren können, wenn sie die Nähe der Mutter brauchen. Beide Verhaltensweisen – das Erkunden wie auch die Rückkehr zur sicheren Bindungsbasis – führen letztendlich dazu, dass das Kind sich zu einer selbständigen und beziehungsfähigen Persönlichkeit entwickeln kann. Sie als Mutter haben in diesem Geschehen eine zentrale Bedeutung und eine große Verantwortung, bei deren Wahrnehmung PALME Sie unterstützen will.

Der Zusammenhang zwischen den unterschiedlichen Bindungsmustern (sichere Bindung im Gegensatz zu unsicherer Bindung) und diesem Wechselspiel ist aber natürlich nicht immer eindeutig: Auch bei einer sicheren Bindung zwischen Mutter und Kind können **Unstimmigkeiten und Unsicherheiten** vorkommen, z. B. möchte das Kind am liebsten noch mit seinen Spielkameraden im Kindergarten bleiben, um das aufregende neue Spielzeug auszuprobieren, die Mutter aber hat einen Termin beim Kinderarzt vereinbart und holt das Kind deshalb eine halbe Stunde früher vom Kindergarten ab als sonst. Oder das Kind fühlt sich einerseits von einer Gruppe etwas älterer Kinder auf dem Spielplatz angezogen, ist jedoch andererseits noch unschlüssig, ob es die Kontaktaufnahme mit diesen Kindern allein wagen möchte. Dann sind Erkundungs- und Bindungsbedürfnis quasi gleichzeitig aktiviert und es erfordert von der Mutter eine besonders ausgeprägte Feinfühligkeit, um angemessen auf das Kind einzugehen.

Das Kennzeichen einer sicheren Bindung ist aber auch gar nicht, dass im Kontakt zwischen erwachsener Bezugsperson und Kind keine Störungen auftreten. Viel bedeutsamer ist, **wie die Bezugsperson mit diesen Störungen umgeht**: Dass sie sich bemüht, auftretende Störungen rechtzeitig zu bemerken und angemessen und feinfühlig auf sie einzugehen. Bindung ist zudem kein fester und unveränderlicher

 **Modul II Sitzung 9: Infoblatt für Mütter**

Zustand. Die Entwicklung eines Kindes hin zu einer sicheren Bindung kann man immer fördern und unterstützen, auch wenn bisher vielleicht viele Schwierigkeiten bestanden haben. Das ist gerade in Krisenzeiten wichtig, wenn sich z. B. durch eine Trennung der Eltern das Bindungsgefüge innerhalb der Familie verändert hat.

Was kann ich konkret tun, um die sichere Bindung meines Kindes zu fördern?

- Versuchen Sie Ihrem Kind **in Situationen, in denen es Angst, Wut oder Trauer verspürt** (z. B. bei Krankheit, Arztbesuchen oder Streit) ein **sicherer Hafen** zu sein. Hierzu ist es je nach Situation gut, wenn Sie Ihr Kind trösten, es auf den Arm nehmen oder ihm eine neue Sichtweise der Dinge ermöglichen. Achten Sie dabei darauf seine Gefühle nicht herunterzuspielen, um die Lage möglichst schnell wieder „in den Griff zu kriegen" und versuchen Sie, Ihr Unterstützungsangebot deutlich zu machen, aber auch nicht aufzudrängen. Manchmal brauchen Kinder eine Weile, bevor sie die Unterstützung der Bezugsperson annehmen können: Dabei sein ist alles!

- **Unterstützen Sie Ihr Kind**, wenn es auf **Erkundungsreise** geht. Helfen Sie ihm erst dann, wenn es wirklich allein nicht weiter kommt. Aber lassen Sie ihm zugleich die Möglichkeit und Freiheit, Neues zu entdecken. So kann es lernen Probleme allein zu bewältigen.

- Schenken Sie Ihrem Kind auch **Aufmerksamkeit**, wenn es allein spielt. Wenden Sie sich dann nicht ab, sondern zeigen Sie ihm zwischendurch immer mal wieder, dass Sie sich für es interessieren und sich an seinem Spiel erfreuen. Wenn Ihr Kind z. B. in seinem Zimmer spielt und Sie anderswo in der Wohnung zu tun haben, schauen Sie zwischendurch ab und zu bei Ihrem Kind vorbei und machen Ihr Interesse deutlich für das, womit es sich gerade beschäftigt.

- Regen Sie Ihr Kind dazu an, Ihnen seine **Gefühle, Bedürfnisse und Sorgen** offen mitzuteilen. Versuchen Sie dabei, sich in seine Sichtweise der Welt hineinzuversetzen. Ihr Kind sollte keinen Druck verspüren sich mitzuteilen, aber auf Ihr offenes Ohr vertrauen können, wenn es den Wunsch danach hat sich auszutauschen.

- Suchen Sie das **Gespräch** mit Ihrem Kind und zeigen Sie ihm so Ihr **Interesse**. Nehmen Sie sich Zeit für Ihr Kind, z. B. für eine Gute-Nacht-Geschichte oder gemeinsames Spielen. Lassen Sie es möglichst nicht stundenlang mit dem Fernseher oder mit dem Computer allein. Medien haben kein Herz für Kinder! Auch wenn sie einen gegenteiligen Eindruck zu erwecken versuchen, können Medien die Bedürfnisse kleiner Kinder nach Beziehungen nicht befriedigen, sondern beeinträchtigen sogar die Beziehungsfähigkeit von Kindern.

- Und schließlich: Versuchen Sie, sich auch fürsorglich und feinfühlig um **Ihre eigenen Bedürfnisse und Wünsche** zu kümmern. Es ist viel leichter für andere gut zu sorgen, wenn man sich auch selbst gut versorgt fühlt. Suchen Sie sich deshalb einen sicheren Hafen, in dem Sie anlegen können, wenn Ihnen danach ist (z. B. Freunde und Bekannte, professionelle Berater usw.).

Modul II Sitzung 9: Infoblatt für Mütter

Weil lange Listen mit vielen guten Hinweisen oft einen gewissen Druck erzeugen, soll an dieser Stelle ein wichtiger Punkt betont werden: Es empfiehlt sich, die oben stehenden **Ratschläge nicht als Vorschriften, sondern als Anregungen** zu verstehen. Niemand ist perfekt – es wird immer Tage geben, an denen fast alles gut gelingt und Tage, an denen nichts zu funktionieren scheint. Versuchen Sie also, das Thema Erziehung entspannt anzugehen, denn auch ein offener Umgang mit eigenen Erziehungsfehlern kann dazu beitragen eine sichere Bindung zu fördern.

Wie kann feinfühliges Elternverhalten nach Trennung der Eltern aussehen?

Für Kinder bedeutet die Trennung der Eltern in der Regel eine größere Entfernung zu einer geliebten Bezugsperson, manchmal sogar deren Verlust. Aus ihrer Sicht ist das **zuvor bestehende und vertraute Ausmaß an Sicherheit und Geborgenheit gefährdet**. Das ist fast immer so – unabhängig davon, wie sehr der künftig weniger (bzw. nicht mehr) anwesende Elternteil tatsächlich Sicherheit und Geborgenheit zu geben versucht hat.

Kinder sind meistens an beide Elternteile gebunden und erleben die Trennung der Eltern oft als **emotionale Ablehnung durch den fortziehenden Elternteil**. Gerade jüngere Kinder neigen dazu, den Auszug eines Elternteils auf sich zu beziehen und sich die Schuld daran zu geben. Wenn sie braver, fröhlicher, tapferer oder in sonst irgendeiner Weise anders und besser gewesen wären, dann wäre es aus ihrer Sicht vielleicht nicht zur Trennung der Eltern gekommen. Kinder nehmen diese „**Trennungsschuld**" häufig aus Liebe und Abhängigkeit auf sich, um die Eltern zu schützen. Beim Kind können auch **Ängste** entstehen, dass es vom zweiten Elternteil ebenfalls verlassen werden wird, wenn es sich nicht ändert oder die Beziehung zum anderen Elternteil behalten möchte. Es steht also in einem schwierigen und für es selbst kaum lösbaren **Gefühlskonflikt**, weil es meist beide Eltern liebt. Das ist für alle Beteiligten eine herausfordernde Situation.

Es ist leichter für Kinder, wenn die Eltern es schaffen, **ihre Trennung als Paar nicht mit der Aufhebung ihrer gemeinsamen Elternschaft gleichzusetzen**. Dann kann z. B. auch ein nur noch gelegentlich anwesender Vater für sein Kind eine stabile Bindungsperson sein. Leider ist der Idealfall einer solch gütlichen Trennung ziemlich selten. Oft ist die Beziehung der Eltern nach der Trennung stark durch Konflikte und gegenseitige Vorwürfe gekennzeichnet.

Deshalb kann es nicht darum gehen, die Beziehung der Eltern auf jeden Fall aufrechtzuerhalten. Eine Trennung (auch eine sehr radikale Trennung, nach der das Kind zu einem Elternteil keinen Kontakt mehr hat) kann eine notwendige Reaktion auf bestimmte familiäre Zustände sein. Zudem haben anhaltende, schwere Konflikte zwischen den Eltern und z. B. Gewalterfahrungen nicht selten einen schlechteren Einfluss auf die Entwicklung eines Kindes als die endgültige Trennung der Eltern.

Hilfreich ist unter diesen Umständen für viele Kinder, wenn sie auf angemessene und altersgerechte Weise **über anstehende Veränderungen informiert** werden und wenn sie **um den verlorenen Elternteil trauern dürfen**. Denn trotz allem, was vorgefallen sein mag, bleibt es im Erleben des Kindes in aller Regel auch traurig,

 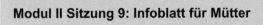

Modul II Sitzung 9: Infoblatt für Mütter I9

wenn eine zuvor nahe Bezugsperson nicht mehr da ist. Kinder profitieren davon, wenn es dem Elternteil, bei dem sie aufwachsen, gelingt, diesem Gefühl Raum zu lassen und zu geben. **Feinfühligkeit besteht also auch in diesem Zusammenhang darin, sich um Verständnis für die Gefühle seines Kindes zu bemühen und nicht in hektische Aktivität zu verfallen. Das sollte allerdings nicht dazu verleiten die Wirklichkeit, also die schwierige bzw. aussichtslose Situation der elterlichen Beziehung, zu beschönigen.**

Modul II Sitzung 9: Gruppenablauf   **G9**

Blitzlicht und Anwesenheitsbogen

Wie kommen Sie heute hier an? Wie geht es Ihnen?

Bearbeitung der Wochenübung W8 „Einfühlsames Zuhören im Alltag"

In der letzten Woche haben Sie sich Zeit dafür genommen, mit Ihrem Kind eine Situation, in der es mit eher unangenehmen Gefühlen zu kämpfen hatte, einfühlsam zu besprechen. Später haben Sie auf dem Arbeitsblatt einige Fragen zu diesem Gespräch beantwortet. Wer mag über seine Erfahrungen in dieser Wochenübung berichten?

Betonen Sie in der Nachbesprechung bei eventuellen Unsicherheiten der Teilnehmerinnen, ob sie die Aufgabe richtig umsetzen konnten, dass eine einfühlsame Gesprächshaltung nicht unbedingt etwas ist, das man sofort „perfekt" umsetzen kann, sondern dass sie sich erst durch wiederholte Einübung immer besser entwickelt. Kinder profitieren auf jeden Fall davon, wenn Eltern in diesem Bemühen nicht vorschnell aufgeben.

Bieten Sie den Teilnehmerinnen nach Besprechung der Wochenübung zudem die Möglichkeit, noch offen gebliebene Fragen zum Infoteil I8 zu klären.

Nachbesprechung des PALME-Ausfluges

Als zusätzliche Aktivität haben Sie in der letzten Woche gemeinsam den PALME-Ausflug unternommen. Wie ist der Ausflug verlaufen? Haben Sie die übrigen Teilnehmerinnen vielleicht von einer anderen Seite kennen gelernt als bisher? Hat Sie etwas angenehm überrascht? Wie war es, mit den Kindern der anderen Teilnehmerinnen zusammen zu sein?

Vorstellung von Sitzungsthema und Sitzungsablauf

Verwenden Sie die Übersicht Ü9, um den Teilnehmerinnen einen kurzen Überblick über das Programm der heutigen Sitzung zu geben.

 **Modul II Sitzung 9: Gruppenablauf**   **G9**

Übung 1: „Einfühlsames und kindgerechtes Handeln"

Material	Flipchart
Methode	Brainstorming
Form	Gruppenübung
Ziel	Erlernen von einfühlsamem Handeln
Zeit	Ca. 5-10 Minuten

Vorgehensweise/Anleitung:

- In der letzten Sitzung ging es um einfühlsame Kommunikation zwischen Mutter und Kind, vor allem um einfühlsames Zuhören. Nun wird der Themenkreis erweitert auf einfühlsames Handeln. Dieses Brainstorming soll als Einstieg in das Thema dienen.

- Besprechen Sie dazu in der Gruppe folgende Fragen und halten Sie wesentliche Punkte an der Flipchart fest:

   1. Was kann ein einfühlsamer Umgang mit dem Kind sein?
   2. Wann ist ein einfühlsamer Umgang mit dem Kind besonders wichtig?
   3. Wie fühle ich mich ein?
   4. Wie handele ich einfühlsam?

- Wie bei jeder Brainstorming-Übung sollte die Gruppenleitung auch dieses Mal auf ein nicht bewertendes Gesprächsklima achten, so dass möglichst alle Teilnehmerinnen dazu ermuntert werden sich in die Diskussion einzubringen.

Rollenspiel 1: „Uneinfühlsames, mechanisches Handeln"

Material	Es wird kein gesondertes Material benötigt.
Methode	Körperübung
Ziel	Erleben der unangenehmen Wirkungen uneinfühlsamen Handelns

Modul II Sitzung 9: Gruppenablauf G9

Zeit	Ca. 5 Minuten

Vorgehensweise/Anleitung:

- Die beiden Gruppenleiter stehen sich gegenüber

- Einer der Gruppenleiter schließt die Augen und winkelt seine Unterarme im 90-Grad-Winkel an, so dass er dem anderen Gruppenleiter seine Arme entgegenstreckt.

- Der führende Gruppenleiter hält die Augen geöffnet und nimmt den „blinden" Gruppenleiter bei den Händen. Diesen führt er nun in uneinfühlsamer Weise und fast etwas ruppig durch den Raum, indem er z. B. abrupte Richtungswechsel vornimmt, plötzliche Stopps einlegt etc.

- Da dies in der folgenden Übung für die Teilnehmerinnen wichtig sein wird, sollte auch dieses Rollenspiel schon für ein bis zwei Minuten durchgehalten werden. Über die zunehmende Dauer intensivieren sich bei beiden Spielpartnern die Gefühle und werden dadurch deutlicher.

- Beide Gruppenleiter erteilen einander ein abschließendes Feedback: Was hast du gespürt? Wie hast du dich während der Übung gefühlt? Gab es Handlungsimpulse? Sind durch die Übung bei dir bestimmte Erinnerungen wach geworden? Vielleicht hat es dem Führenden zwischendurch sogar Spaß gemacht so mit jemandem umzuspringen? Oder war es für ihn belastend jemanden auf diese Weise zu behandeln? Und wie ging es dem Geführten? War es Ärger, Anspannung, Resignation? Bitte geben Sie einander eine echte und persönliche Rückmeldung.

Übung 2: „Uneinfühlsames, mechanisches Handeln"

Material	Es wird kein gesondertes Material benötigt.
Methode	Körperübung
Form	Paarübung
Ziel	Erleben der unangenehmen Wirkungen uneinfühlsamen Handelns
Zeit	Ca. 10 Minuten

 **Modul II Sitzung 9: Gruppenablauf**   **G9**

Vorgehensweise/Anleitung:

- Diese Übung gestaltet sich analog zum vorangegangenen Rollenspiel, d. h. zunächst finden sich die Teilnehmerinnen in Paaren zusammen. Anschließend absolvieren sie in beiden möglichen Kombinationen dieselbe Aufgabe, die zuvor die Rollenspieler demonstriert haben. Es ist wichtig, dass die Teilnehmerinnen die Übung ebenfalls über eine etwas längere Zeitspanne (je ca. ein bis zwei Minuten) durchhalten, da sich dadurch die verunsichernde und irritierende Wirkung des uneinfühlsamen Führens bzw. Geführtwerdens besser entfalten kann.

- Vor dem Rollentausch und am Ende der Übung geben sich die Teilnehmerinnen Feedback darüber, wie sie die Übung erlebt haben, was ihnen währenddessen durch den Kopf ging und wie sie sich gefühlt haben.

Rollenspiel 2: „Einfühlsames, gefühlvolles Handeln"

Material	Es wird kein gesondertes Material benötigt.
Methode	Körperübung
Ziel	Erleben der angenehmen Wirkungen einfühlsamen Handelns
Zeit	Ca. 5 Minuten

Vorgehensweise/Anleitung:

- Dieses Rollenspiel ist eine Variation des ersten Rollenspiels, d. h. die Ausgangsposition ist identisch. In deutlichem Kontrast bemüht sich der führende Gruppenleiter jedoch nun darum, den anderen Gruppenleiter möglichst einfühlsam durch den Raum zu leiten. Er nimmt also Rücksicht auf seine „Blindheit" und lenkt ihn entsprechend vorsichtig und in gemächlichem Tempo. Wenn er bemerkt, dass sein Spielpartner eine kurze Pause benötigt, hält er inne, Richtungswechsel vollzieht er eher „gleitend" usw. Auch hier ist eine Spieldauer von ein bis zwei Minuten zu empfehlen.

- Das Spiel endet mit einer Feedback-Phase, in der beide Gruppenleiter einander Rückmeldung geben über das Erlebte, auch unter Berücksichtigung des Kontrastes zum ersten Rollenspiel.

Modul II Sitzung 9: Gruppenablauf   **G9**

Übung 3: „Einfühlsames, gefühlvolles Handeln"

Material	Es wird kein gesondertes Material benötigt.
Methode	Körperübung
Form	Paarübung
Ziel	Erleben der angenehmen Wirkungen einfühlsamen Handelns
Zeit	Ca. 15-20 Minuten

Vorgehensweise/Anleitung:

- Die Variation des zweiten Rollenspiels nehmen nun auch die Teilnehmerinnen auf und führen in den gleichen Paarkombinationen wie in der Übung 2 die Übungsabwandlung durch. Auch hier sind neben den Phasen des Führens bzw. Geführtwerdens die Feedback-Phasen zentral.

- Neben der vergleichenden Besprechung der Unterschiede zwischen den einfühlsamen und uneinfühlsamen Übungsabschnitten bietet es sich an, auch abschnittübergreifend auf Unterschiede im Erleben zwischen Führen und Geführtwerden einzugehen. Leitfragen hierzu könnten z. B. sein: Fiel es Ihnen leichter zu führen oder geführt zu werden? Woran könnte es liegen, dass es Ihnen schwerer fiel zu führen bzw. sich führen zu lassen?

- Vielleicht tauchen bei der Besprechung dieser Fragen auch Themen wie Vertrauen, Verantwortung und Abhängigkeit auf. Wenn die Zeit ausreicht, ist es möglich diese Themen an einigen Stellen etwas zu vertiefen, also z. B. durch einen Brückenschlag von der Erfahrung in der konkreten Übung hin zu anderen Lebensbereichen, vor allem im Kontakt mit dem Kind. Sie könnten beispielsweise gemeinsam überlegen, unter welchen Bedingungen es leichter fällt einer anderen Person zu vertrauen bzw. was Eltern tun können, damit ihre Kinder ihnen möglichst stark vertrauen können. Da dies viel mit feinfühligem Elternverhalten zu tun hat, lässt sich hierüber der Kreis zum zentralen Thema dieser Sitzung gut wieder schließen.

 **Modul II Sitzung 9: Gruppenablauf**   **G9**

Zusammenfassung der Information I9 „Kindgerechtes, einfühlsames Handeln: Bindung und Erkundung"

Verteilen Sie jetzt an die Teilnehmerinnen die Unterlagen für die heutige Sitzung und referieren Sie die zentralen Inhalte des Textes I9. Hierzu sollten Sie sich vor der Sitzung mit diesem Text und mit Ihrem Text T9 vertraut gemacht haben. Wie ausführlich Sie die Präsentation gestalten und welche Inhalte Sie besonders hervorheben wollen, bleibt Ihnen überlassen. Bieten Sie den Teilnehmerinnen zudem die Gelegenheit zu Rückfragen und empfehlen Sie den Müttern den Text zu Hause noch einmal gründlich zu lesen.

Erläuterung der Wochenübung W9 „Einfühlsames Handeln"

Die Gruppenleitung verteilt die Arbeitsunterlagen für die Wochenübung an die Teilnehmerinnen. Die Wochenübung wird anschließend kurz vorbesprochen, wobei auch Gelegenheit zu Rückfragen bestehen sollte. Hierzu können Sie die Arbeitsunterlagen Schritt für Schritt durchgehen.

Auf Grund des sehr erlebnisorientierte Übungscharakters können Sie die Mütter auch dazu einladen sich von der Wochenübung dieses Mal einfach überraschen zu lassen. Erklären Sie aber auf jeden Fall, dass es sich um zwei verschiedene Übungen handelt, in denen unterschiedliche Arten von Feinfühligkeit wichtig sind. In der einen Übung (der Kindermassage) ist vor allem körperliche Feinfühligkeit gefragt, sie erfordert sozusagen Feinfühligkeit bis in die Fingerspitzen. In der anderen Übung (dem Höhlenbau), geht es um ein feinfühliges Beachten der wechselnden Bedürfnisse nach Bindung und Erkundung der Umwelt beim Kind.

 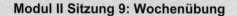

Modul II Sitzung 9: Wochenübung   **W9**

Arbeitsblatt zur Wochenübung W9 „Einfühlsames Handeln"

Diese Wochenübung gliedert sich in zwei Teile. Richten Sie es im Laufe der nächsten Woche bitte so ein, dass Sie beide Übungsteile an zwei verschiedenen Tagen mit Ihrem Kind gemeinsam durchführen. Nachdem Sie beim Gruppentreffen schon verschiedene Erfahrungen mit einfühlsamem Handeln gesammelt haben, können Sie mit den beiden Übungen direkt ausprobieren, wie einfühlsames Handeln bei Ihrem Kind ankommt und wie es Ihnen selbst damit ergeht, wenn Sie Ihrem Kind so begegnen.

1) Kindermassage: „Pizza backen"

Material: Eine Decke, Massageöl

Zeitbedarf: Ca. 20 Minuten

Sinn der Übung: Im stressbeladenen Alltag bleibt meist zu wenig Zeit zum Schmusen und Kuscheln. Versuchen Sie doch trotzdem regelmäßig Kuscheleinheiten einzubauen, z. B. die im Folgenden beschriebene Massage.

Übungsanleitung: In dieser Anleitung finden Sie abwechselnd einen Sprechvorschlag in *kursiver* Schrift und Anweisungen für die entsprechenden Massagegriffe in normaler Schrift. Führen Sie die Massage bitte vor dem nächsten Treffen zu Hause mit Ihrem Kind durch. Ihr Kind liegt dabei entspannt auf dem Bauch, am besten auf einer kuscheligen Decke und mit freiem Oberkörper. Drehen Sie also die Heizung deshalb (falls erforderlich) ein bisschen höher, denn wer friert, der kann sich nicht entspannen. Sorgen Sie für eine angenehme Beleuchtung – mit gedämpftem Licht oder einer Kerze – und dafür, dass Sie während der Massage nicht gestört werden. Konzentrieren Sie sich beide ganz auf die Berührungen und versuchen Sie abgesehen von Ihren jeweiligen Erklärungen zum nächsten Massagegriff nicht miteinander zu sprechen; erst nach der Massage wird es Zeit für eine Nachbesprechung. Für die „Zubereitungsschritte" sollten Sie jeweils ungefähr zwei Minuten einplanen.

Heute war ein schöner Tag. Wir haben viel erlebt und darüber sind wir hungrig geworden. Wie wäre es jetzt mit einer leckeren Pizza? – Als erstes brauchen wir ein Stück Teig und kneten es wunderbar durch ... Es ist wichtig den Teig den Teig gründlich zu kneten, damit sich die Zutaten gut miteinander verbinden ...
„Kneten" Sie mit beiden Händen den Rücken Ihres Kindes durch und üben Sie dabei so viel Druck aus, dass es für Ihr Kind besonders angenehm ist (drücken Sie also nicht zu feste, aber auch nicht zu zaghaft).

Als nächstes muss das Backblech gut mit Öl eingepinselt werden, weil die Pizza beim Backen sonst festklebt ...
Verteilen Sie das Massageöl mit beiden Handflächen gleichmäßig auf dem Rücken Ihres Kindes und massieren Sie es ein. Das kann je nach Ausdauer Ihres Kindes ruhig mehrere Minuten in Anspruch nehmen.

 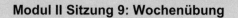

Modul II Sitzung 9: Wochenübung   **W9**

Jetzt können wir den Pizzateig auf dem Backblech ausbreiten ... Ich verteile den Teig so auf dem Blech, dass es ganz bedeckt ist. – Das wird aber eine große Pizza!
Ballen Sie eine Hand locker zur Faust und führen Sie Ihre Hand dann mit langsam „ausstreichenden" Bewegungen von der Mitte des Rückens in verschiedene Richtungen zu den „Rändern" des Rückens.

Nun wird die Pizza belegt. Los geht es mit einer leckeren Tomatensauce, die wir überall auf dem Teig verteilen.
Führen Sie mit der Handfläche in ruhigem Tempo kreisförmige Bewegungen aus. Wie bei den anderen Massageabschnitten ist es auch hier wichtig, dass Sie den Druck so dosieren, dass Ihr Kind sich dabei möglichst wohlfühlt.

Danach belegen wir die Pizza mit Pilzen ...
Berühren Sie mit einem Finger an vielen verschiedenen Stellen den Rücken Ihres Kindes.

Und auch Salamischeiben dürfen auf unserer Superpizza natürlich nicht fehlen ...
Drücken Sie Ihren Handballen behutsam an mehreren Stellen auf den Rücken Ihres Kindes und führen Sie dabei jeweils eine leichte Drehbewegung aus.

Was kommt noch auf die Pizza? – Etwas Paprika würde gut passen. Die müssen wir aber erst noch in kleine Würfel schneiden ...
Bewegen Sie Ihre Handkante vor und zurück, so als würden Sie ein Messer vor- und zurückführen.

Für die richtige Würze brauchen wir jetzt noch ein paar Kräuter – Oregano und Rosmarin ...
„Kneifen" Sie mit Daumen, Zeige- und Mittelfinger ganz vorsichtig den Rücken Ihres Kindes, so als würden Sie ein paar Gewürzprisen verteilen.

Zum krönenden Abschluss wird die Pizza jetzt noch mit geriebenem Käse bestreut ...
Tippen Sie mit allen zehn Fingern sacht mal hier, mal dort auf den Rücken Ihres Kindes.

Nun ist es Zeit zum Backen – also ab mit der leckeren Pizza in den warmen Ofen ...
Legen Sie beide Hände mit der ganzen Handfläche auf den Rücken Ihres Kindes und lassen Sie sie dort mindestens eine Minute lang ruhig liegen. (Durch das Massieren sind Ihre Hände mittlerweile wahrscheinlich sehr gut durchblutet und strahlen eine wohltuende Wärme ab. Sie können Ihre Hände durch kräftiges Aneinanderreiben auch noch zusätzlich anwärmen, bevor Sie sie auf dem Rücken Ihres Kindes ablegen)

Ich glaube es ist soweit: Die Pizza ist fertig. Ich ziehe sie vorsichtig heraus ...
Ziehen Sie Ihre Handinnenflächen ausgehend von den Schultern einmal kräftig den gesamten Rücken hinunter bis zum Po.

Mhmmm ... die Pizza sieht köstlich aus. Wie das duftet!! Das ist wirklich die leckerste Pizza, die ich kenne!
Halten Sie Ihre Nase nah an den Rücken Ihres Kindes und machen Sie „Schnup-

Modul II Sitzung 9: Wochenübung   **W9**

pergeräusche". Statt in die Pizza hineinzubeißen, bieten sich ein paar Küsse auf den Rücken Ihres Kindes an – natürlich nur, wenn Sie Appetit darauf haben!

2) Die sichere Höhle

Material: Diverse Decken, Tücher und Kissen. Eventuell einige größere Kartons. Das Lieblings-Stofftier Ihres Kindes. Einen „Schatz" (siehe Übungsanleitung). Und nach Belieben: Was Ihr Kind braucht, um sich in der Höhle wohl zu fühlen.

Zeitbedarf: Ca. 60 bis 90 Minuten

Sinn der Übung: Sie und Ihr Kind werden Ihre Wohnung einmal von einer ganz anderen Seite erleben: Als „wilden Urwald", in dem zum Glück ein Ort versteckt liegt, an dem man sich sicher und geborgen fühlen kann. Auf diese Weise kann Ihr Kind gemeinsam mit Ihnen sein Erkundungsbedürfnis, aber auch sein Bedürfnis nach Bindung, Geborgenheit und Nähe ausleben.

Übungsanleitung: Bauen Sie in der kommenden Woche gemeinsam mit Ihrem Kind einmal eine Höhle als sicheren Zufluchtsort. Stellen Sie sich dabei gemeinsam mit Ihrem Kind vor, die Wohnung sei ein abenteuerlicher Dschungel – mit ein bisschen Phantasie werden aus den Regalen Berge oder große Bäume, wird aus dem Teppich ein weicher Waldboden und haben sich auf der Garderobe vielleicht ein paar kleine Affen versteckt. Streifen Sie dann zusammen durch Ihre Wohnung und überlegen, wo Sie sich am besten eine „geheime" Höhle bauen könnten. Je versteckter die Höhle liegt, desto besser!

Bauen Sie danach aus all den Decken, Tüchern und Kissen und vielleicht auch Kartons die Höhle. Schön ist es, wenn Sie die Höhle dabei von innen mit Kissen gemütlich auspolstern, damit man sich darin richtig wohlfühlen kann. Sollte Ihr Kind in engen und düsteren Räumen eher ängstlich sein, dann bauen Sie die Höhle lieber nicht zu klein und dunkel.

Wenn Ihr Versteck schließlich fertig ist, können Sie sich einen Rucksack oder eine Tasche packen mit allem, was Sie beide in Ihrer Höhle gebrauchen können: z. B. Taschenlampe, Kekse, etwas zu trinken, Papier und Stifte, um einen Lageplan von der Höhle zu zeichnen, ein schönes Buch zum Vorlesen ... Auf keinen Fall vergessen sollten Sie das Stofftier, denn dies kann in der Höhle gut auf Sie beide aufpassen und wird dort auch auf Sie warten, während Sie sich aus Ihrer Höhle heraus auf einen kleinen Streifzug durch den „gefährlichen Dschungel" Ihrer Wohnung begeben.

Wenn Sie mögen, können Sie beide diesen Streifzug auf allen vieren unternehmen, denn so ist man schließlich besser „getarnt". Und wenn es unterwegs zu „gefährlich" wird, können Sie sich ja zum Glück jederzeit in die Höhle retten! Malen Sie sich in der Fantasie gemeinsam mit Ihrem Kind aus, was Sie während des Ausfluges alles erleben und lassen Sie es auch einmal allein vorauskrabbeln, bevor Sie beide in die Höhle zurückkehren. Sie können (bevor Sie mit dem Höhlenbau beginnen) außerdem irgendwo in der Wohnung einen kleinen „Schatz" verstecken, den Ihr Kind dann während des „Urwaldausfluges" suchen und finden darf. Der „Schatz" könnte das

 **Modul II Sitzung 9: Wochenübung**   **W9**

Foto einer wichtigen Bezugsperson Ihres Kindes sein, z. B. ein Foto der Großmutter oder eines guten Freundes der Familie. Wenn der Kontakt zwischen Ihnen und dem Vater Ihres Kindes bzw. zwischen Ihrem Kind und seinem Vater gut ist, können Sie natürlich auch sein Bild verstecken.

Wenn Sie wieder in der Höhle angekommen sind, machen Sie beide es sich dort so lange bequem, wie es für Ihr Kind angenehm ist. Um nicht gestört zu werden, ist es wahrscheinlich eine gute Idee, wenn Sie während der Übung Ihren Anrufbeantworter einschalten. Genießen Sie die Zeit mit Ihrem Kind und achten Sie auch dieses Mal darauf, welche Gefühle für Ihr Kind und für Sie selbst die Übung in Ihnen auslöst, so dass Sie beim nächsten Mal in der Gruppe darüber erzählen können.

Modul III: Wahrnehmen der Gesamtsituation in der Familie

Matthias Franz und Jörn Güttgemanns

Modul III Sitzung 10: Übersicht   **Ü10**

Thema	Die Bedeutung des Vaters
Fragen	• Wozu braucht mein Kind seinen Vater? • Wie sieht mein eigenes Vaterbild aus? Welche Rolle spielt meine Beziehung zu meinem Vater für mein Männerbild? • Welches Männerbild vermittele ich meinem Kind?
Ziele	• Erkennen der Bedeutung des Vaters für die kindliche Entwicklung • Wahrnehmung und Akzeptanz der geschlechtsspezifischen Bedürfnisse und Wünsche von Jungen und Mädchen im Hinblick auf den Vater • Wahrnehmung der Bedeutung des eigenen Vaterbildes für das Männerbild
Ablauf	1. Blitzlicht und Anwesenheitsbogen 2. Bearbeitung der Wochenübung W9 „Einfühlsames Handeln" 3. Vorstellung von Sitzungsthema und Sitzungsablauf 4. Übungen: • Übung 1, Großgruppe: Brainstorming „Wozu brauchen Kinder Väter?" • Übung 2, Einzel: „Ein Brief an meinen Vater" • Übung 3, Paarübung: „Mein Vaterbild – mein Männerbild" 5. Zusammenfassung der Information I10 „Die körperliche und seelische Entwicklung des Kindes" 6. Erläuterung der Wochenübung W10 „Familienbilder"
Arbeitsmaterial Gruppenleiter	• Theoretische Einführung T10 „Die körperliche und seelische Entwicklung des Kindes" • Anleitung zum Gruppenablauf G10 • Anwesenheitsbogen A10
Arbeitsmaterial Mütter	• Infoblatt I10 • Arbeitsblatt zur Wochenübung W10
Didaktisches Material	• PALME-Briefpapier

Modul III Sitzung 10: Theoretische Einführung   T10

Die körperliche und seelische Entwicklung des Kindes

Nachdem die Teilnehmerinnen sich im ersten Modul mit ihrer **Selbstwahrnehmung** auseinandergesetzt haben und im zweiten Modul vor allem die **Einfühlung in das Erleben des Kindes** im Vordergrund stand, weitet sich in dem mit dieser Sitzung beginnenden dritten Modul der Fokus noch einmal – hin zur **Gesamtsituation in der Familie**. Dazu gehört verstärkt der Blick auf die ehemaligen Partner der Teilnehmerinnen bzw. auf die Väter der PALME-Kinder sowie insgesamt auf das Thema Partnerschaft. Zur Einstimmung in dieses Modul werden die zentralen kindlichen Entwicklungsabschnitte unter besonderer Berücksichtigung der Bedeutung des Vaters für die Entwicklung des Kindes dargestellt.

Gegliedert ist dieser Text nach fünf verschiedenen Altersstufen: **Säuglingsalter, Kleinkindalter, Vorschulalter, Schulkindalter und Pubertät**. Die Altersangaben, die sich jeweils in den Überschriften finden, sind dabei lediglich als orientierende Angaben zu verstehen. Einige Kinder brauchen länger, um bestimmte Entwicklungsschritte zu absolvieren, andere sind ihrer Zeit eher voraus. Zudem können bei einem Kind verschiedene Entwicklungsbereiche unterschiedlich weit entwickelt sein. So kann es z. B. in der motorischen Entwicklung schon dem Entwicklungsstand eines älteren Kindes entsprechen, in der sprachlichen Entwicklung hingegen noch auf dem Entwicklungsstand eines jüngeren Kindes liegen. Deshalb ist es auch in diesem Zusammenhang wieder einmal günstig, wenn Eltern sich darum bemühen, den individuellen Bedürfnissen ihres eigenen Kindes gerecht zu werden und sich nicht starr nach vermeintlich allgemeingültigen Normen richten. Dadurch können Überforderungs- und Unterforderungssituationen vermieden werden, die häufig mit Frustration, Anspannung und Aggressivität oder auch Selbstzweifeln und Rückzugstendenzen bei Kindern (aber auch bei Eltern) einhergehen.

Insgesamt kann man zu den verschiedenen Entwicklungsstufen festhalten, dass in ihnen jeweils **unterschiedliche menschliche Grundbedürfnisse** zum Ausdruck kommen und **unterschiedliche Entwicklungsschritte bzw. so genannte Entwicklungsaufgaben** bewältigt werden müssen. Die Erfahrungen, die das Kind bei der Bewältigung dieser Aufgaben über die verschiedenen Entwicklungsabschnitte hinweg mit seinen Bezugspersonen macht, sind für die Persönlichkeit des Kindes und sein späteres Verhalten als Erwachsener sehr wichtig.

Säuglingsalter (1. Lebensjahr): Die Erfahrung von Sicherheit und Vertrauen

Für den Säugling ist die **starke Abhängigkeit von der engsten Bezugsperson** (meistens der Mutter) das prägende Erlebnis des gesamten ersten Lebensjahres. Je besser die Bedürfnisse des Säuglings nach Zuwendung, Wertschätzung und Versorgung befriedigt werden, desto größer ist das Vertrauen, mit dem das Kind später seiner Umwelt begegnen kann und desto geringer sind später seine Ängste vor Verlust oder Trennung von der Mutter oder vor dem Verlust ihrer Liebe. Die **Erfahrung sich auf jemanden verlassen und ihm vertrauen zu können** ermöglicht es dem Kind, sich auch auf andere Beziehungen einzulassen und erleichtert es ihm später, z. B. im Kindergarten oder in der Schule, Kontakte mit anderen Kindern aufzunehmen und sich allmählich aus der Abhängigkeit von der Mutter zu lösen.

Modul III Sitzung 10: Theoretische Einführung   T10

Entwicklungsförderliche Bedingungen für ihren Säugling schaffen Eltern, wenn sie den Mut haben sich auf das dem Menschen evolutionsbedingt gegebene **intuitive Elternverhalten** zu verlassen, das gut an die Lernbedürfnisse und Kompetenzen des Kindes angepasst ist. Es bezieht sich etwa auf die Überprüfung und Regulierung von Wachheits- und Erregungszuständen, auf die Herstellung von Kommunikationssituationen (z. B. auch über Blickkontakt und Berührungen) und auf eine angemessene Stimulation. Wenn Eltern selbst psychisch sehr belastet sind, dann kann es passieren, dass sie zwischen den Bedürfnissen des Säuglings und ihren eigenen Bedürfnissen nicht mehr so gut unterscheiden können. Unterstützend für die Entwicklung des Säuglings ist außerdem eine **feinfühlige Haltung** der Eltern, die sich z. B. in einer zugewandten und positiven Einstellung zum Kind äußert, in einem unterstützenden emotionalen „Dabeisein" und im stimulierenden Anbieten spielerischer oder emotionaler Anregung. Bedeutsam ist schließlich auch eine kindgerechte Sprechweise, die z. B. anregend, bestätigend oder besänftigend wirkt und wichtige verhaltensregulierende Funktionen erfüllt.

Nach den ersten sechs bis acht Lebensmonaten ist der Säugling dazu in der Lage, andere Personen entweder als fremde oder als ihm schon bekannte eigenständige Menschen zu erkennen und das auch nach außen zu zeigen. Wenn der Säugling in dieser Zeit fremde Personen sieht, beginnt er häufig zu weinen und sucht scheinbar grundlos Schutz bei der Mutter. Diese ängstliche Reaktion bezeichnet man als **Fremdeln**. Zu den Ursachen des Fremdelns existieren bislang nur Vermutungen. Ein möglicher Erklärungsansatz geht davon aus, dass der Säugling mit der ihm vertrautesten Person (also in der Regel der Mutter) ein spezielles vorsprachliches Kommunikationsmuster entwickelt hat. Fremde Personen beherrschen dieses Kommunikationsmuster nicht und stellen somit für den Säugling ein „unlösbares Problem" dar, auf das er mit Verlustängsten und einer Art „Systemzusammenbruch" reagiert. Durch Geduld und eine einfühlsame Haltung der Mutter werden beängstigende und enttäuschende Erfahrungen und Verlassenheitsängste des Kindes verringert. Eine verlässliche Beziehung zum Vater, zu den Großeltern oder auch zu Freunden der Familie erleichtert es dem Kind sich von der Mutter zu lösen und entlastet zudem die Mutter. Hilfreich ist auch, wenn Fremde im Kontakt mit dem Säugling zunächst Abstand von ihm halten und seine Initiative abwarten.

Erst mit Beginn der Sprachentwicklung ab dem Alter von ca. ein bis anderthalb Jahren verfügt der Säugling über die so genannte **Objektkonstanz**, d. h. die Fähigkeit dazu eine Vorstellung von anderen Personen (z. B. der Mutter) aufrechtzuerhalten, auch wenn sie körperlich nicht anwesend bzw. nicht sichtbar sind. Hierdurch nehmen Verlassenheitsängste ab, denn das Kind begreift nun, dass „Objekte" (dazu gehören sowohl Menschen als auch Gegenstände) außerhalb seiner Wahrnehmung nicht aufgehört haben zu existieren, sondern dass sie vorübergehend verschwinden und wieder auftauchen können. Dieser Entwicklungsschritt zeigt sich etwa daran, dass ein Kind anfängt nach einem Gegenstand zu suchen, wenn man ihn vor seinen Augen versteckt.

Bei Kindern im Säuglingsalter, die nicht in einer Zweielternfamilie, sondern bei ihrer Mutter aufwachsen, sind einige Punkte besonders zu berücksichtigen, die sich aus der Abwesenheit bzw. vergleichsweise geringeren Verfügbarkeit des Vaters ergeben. Hierbei sollte man allerdings bedenken, dass auch bei Kindern, die in einer Zwei-

Modul III Sitzung 10: Theoretische Einführung   T10

elternfamilie aufwachsen, Väter im Vergleich zu Müttern in direkten Versorgungs- und Betreuungsfunktionen immer noch eher wenig präsent sind. Die Unterschiede zwischen den beiden familiären Konstellationen (Ein- im Gegensatz zur Zweielternfamilie) werden dadurch zum Teil relativiert.

Die **Bedeutung des Vaters** im ersten Lebensabschnitt des Kindes kann darin liegen die **Mutter im Aufbau einer sicheren Bindung zum Säugling zu unterstützen**, indem er sie entlastet und sich mit dem Kind und dessen Beziehung zur Mutter identifiziert. Erlebt er hingegen beispielsweise das Kind unbewusst als Rivalen um die Liebe der Mutter, dürfte dies in der Regel einen eher ungünstigen Einfluss haben. Der Mutter wird es unter diesen Umständen wahrscheinlich schwerer fallen, eine entspannte und auf das Erleben des Kindes zentrierte emotionale Wahrnehmungs- und Einfühlungsfähigkeit zu entwickeln, von der die weitere Entwicklung des Kindes stark abhängt.

Zudem steuern Väter auch schon in dieser frühen Entwicklungsphase des Kindes eigene Aspekte bei. In Untersuchungen zeigen sie von Anfang an einen von Müttern **unterschiedlichen Interaktionsstil** im Umgang mit ihren Kindern. Sie betonen **motorisch-spielerische** und **stimulativ-explorative** Aspekte in der Beziehung zum Kind, während in der Beziehungsgestaltung der Mütter eher **körperliche Nähe** und die **feinfühlige Beachtung gefühlsmäßiger Prozesse** im Vordergrund stehen. Diese Unterschiede im Interaktionsstil zwischen Müttern und Vätern bleiben in der Regel auch in späteren Entwicklungsabschnitten erhalten (weshalb sie in diesem Text auch nicht für jede Altersstufe erneut erwähnt werden). Aus Sicht der kindlichen Entwicklung erscheint es insofern günstig, wenn Alleinerziehende sich bemühen in ihrem Erziehungsverhalten sowohl die typisch mütterlichen als auch die typisch väterlichen Aspekte umzusetzen bzw. fehlende Elemente auf andere Weise auszugleichen. Die entlastende Funktion des Vaters können beispielsweise auch andere Bezugspersonen wie Großeltern oder Freunde und Freundinnen übernehmen. Ähnliches gilt für die motorisch-spielerischen und stimulativ-explorativen Aspekte.

Kleinkindalter (circa 1 bis 3 Jahre): Die Selbständigkeit des Kindes wächst

Dass die Selbständigkeit eines Kindes wächst, zeigt sich in diesem Alter auf viele verschiedene Weisen. Auf sprachlicher Ebene etwa lernt das Kleinkind sich durch das Wort „nein" von seiner Umwelt abzugrenzen. Die motorische Entwicklung (z. B. Laufen lernen) erlaubt ihm ebenfalls zunehmend, sein wachsendes Bedürfnis nach Selbständigkeit zu verwirklichen. Auch dass das Kind lernt seine Körperfunktionen und Schließmuskel zu kontrollieren, bedeutet einen Zuwachs an Selbständigkeit. Ein weiterer wichtiger Bestandteil dieses Entwicklungsabschnitts ist die so genannte **Trotzphase**. Dem Kind wird langsam deutlicher, dass es eine eigenständige Persönlichkeit ist und es orientiert sich in seinen Handlungen und Einstellungen nicht länger ausschließlich an den Eltern. Entsprechend stark verändert erleben viele Eltern in dieser Phase ihr Kind. Vielleicht weigert es sich plötzlich jeglicher Aufforderung nachzukommen, vielleicht gerät es schon bei kleinsten Anlässen in Rage, vielleicht zeigt es innerhalb kurzer Zeit völlig gegensätzliches Verhalten – gerade noch wollte es getröstet werden, aber kaum kommt die Mutter diesem Wunsch nach, schon stößt es sie wütend zurück.

Modul III Sitzung 10: Theoretische Einführung   T10

Die in der Trotzphase **häufigen Wutanfälle** lassen sich – ähnlich wie oben für das Fremdeln dargestellt – als „Systemzusammenbruch" verstehen. Kleinkinder können Situationen noch nicht vorausschauend planen. Verhindert z. B. das Einschreiten der Mutter, dass das Kind sein Ziel erreicht, so ist es nicht in der Lage sich einen anderen als den ursprünglich eingeschlagenen Weg vorzustellen oder Alternativvorschläge anzunehmen. Es weiß beim Auftauchen unerwarteter Hindernisse oder beim Eintreten unerwünschter Ereignisse folglich überhaupt nicht, wie es sich verhalten soll.

Einerseits erlebt das sich verselbständigende Kleinkind aus der Erfahrung der vorangegangenen Phase des Urvertrauens so etwas wie einen **„Größenwahn"**, in dem es davon ausgeht, dass alles möglich ist, wenn man nur das Bedürfnis danach empfindet (eine gute Versinnbildlichung dieses Zustandes ist z. B. das märchenhafte Prinzip des „Tischlein deck dich"). Andererseits macht es während seiner Ausflüge nun immer wieder die heftige und manchmal schmerzhafte **Erfahrung des Scheiterns**, z. B. wenn es fällt oder ein Ziel nicht allein erreicht. Heftige Wut über diese Kränkung und Desillusionierung ist dann oft die Folge (übrigens nicht anders als bei manchen Erwachsenen, die glauben so etwas wie ein Recht auf Glück zu haben). Und wer könnte besser schuld an dem entstandenen Desaster haben als – natürlich – die allmächtige Mutter, die doch zuvor alles geregelt hat. Deshalb badet die Mutter oft recht überraschend die Wut des Kindes aus – sie ist eben oft noch die wichtigste Anlaufstelle, wenn es eng wird. Wichtig ist, dass die Muter diese Angriffe **nicht auf sich persönlich bezieht** und mit Angriffen verwechselt, die sie vielleicht früher oder als Kind erlitten hat. So eine Verwechslung könnte dazu führen, dass sie auf die Wut des Kindes überreagiert.

Je mehr sich das Kind unter den neuen Bedingungen wachsender Selbständigkeit ausprobieren kann, desto unwichtiger wird das Trotzen als Ausdruck eines kindlichen Abgrenzungsversuches von den Eltern und als Entwicklungsstreben der eigenen Persönlichkeit. Im günstigen Fall erhält das Kind im Verlauf der Trotzphase die Möglichkeit **zu lernen, seine oft heftigen Gefühle und Wünsche nach Selbständigkeit zu akzeptieren, zu kontrollieren und für seine Ziele einzusetzen.** Manche Eltern vermitteln ihren Kindern jedoch, dass sie sich durch Wut und Ärger des Kindes gefährdet fühlen und dass sie deshalb um jeden Preis zu unterdrückende Gefühle seien. Dies kann eher zu einer Verlängerung der Trotzphase beitragen oder dazu führen, dass die Wahrnehmung und der angemessene Ausdruck dieser wichtigen Gefühle und die Entwicklung der Selbständigkeit des Kindes beeinträchtigt werden.

Um einen günstigen Ausgang der Trotzphase zu erzielen, sollten sich Eltern darum bemühen, einerseits den Willen des Kindes nicht zu brechen, ihm andererseits aber auch **Grenzen** (z. B. wenn es gefährlich wird) zu setzen, da diese dem Kind **Sicherheit beim Aufbau seiner eigenen Persönlichkeit** schenken. Denn wenn sich das Kind an bestimmten Regeln orientieren kann, vermindert dies die neben dem Bedürfnis nach der Erkundung seiner Umwelt auch vorhandene Angst des Kindes vor der eigenen Selbständigkeit. Das Kind kann sich dann besser voller Neugier und Selbstbewusstsein der Erforschung seiner Umwelt zuwenden. Das Erforschen der Umwelt ist deshalb so wichtig für die Entwicklung eines Kindes, weil es Lernen und den Erwerb neuer Fähigkeiten ermöglicht.

 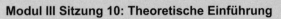

Modul III Sitzung 10: Theoretische Einführung   T10

Die Verselbständigung von der Mutter und die Entwicklung der Fähigkeit sich selbst zu behaupten werden dabei durch eine gute **Beziehung zum Vater oder zu einer anderen Bezugsperson** gefördert. Der Grund hierfür liegt darin, dass die Autonomiebestrebungen des Kindes aufgrund der noch fortbestehenden Abhängigkeit von den stressregulativen Interventionen der Mutter immer wieder auch von Enttäuschungswut und Verlustängsten des Kindes begleitet werden (siehe oben). Die in dieser Phase auftretenden, für das Kind (und für die Eltern) manchmal nur schwer erträglichen, widersprüchlichen aggressiven Gefühlszustände können mit Hilfe eines einfühlsamen Vaters oder einer anderen einfühlsamen Bezugsperson gemildert und aufgefangen werden, wenn er bzw. sie sich dem Kind **als stabile Beziehungsalternative** vermitteln. Wenn sich das Kind ohne Schuldgefühle der Mutter gegenüber dieser Bezugsperson zuwenden darf, wird es wahrscheinlich auch in späteren Beziehungen leichter seine Selbständigkeit wahren können.

Vorschulalter (circa 4 bis 6 Jahre) – Kinder entwickeln und erproben ihre Geschlechterrolle und erkunden Regeln und Grenzen

In dieser Zeit werden Kinder motorisch immer geschickter und nutzen den neu gewonnenen Bewegungsspielraum zur weiteren Erforschung ihrer Umwelt. Erste Freundschaften entwickeln sich und z. B. im Kindergarten lernen sie das gemeinsame Spiel in der Gruppe. In **Rollenspielen** wie „Vater, Mutter, Kind" spielen Kinder häufig selbst erlebte Situationen nach, die für sie besonders wichtig waren oder die sie noch weiter beschäftigen. Für Eltern kann es interessant sein ihr Kind in diesen Rollenspielen zu beobachten, denn hierdurch erhalten sie oft ganz unverfälschte Informationen darüber, wie ihr Kind sich im Kontakt mit anderen Menschen erlebt. So behandeln etwa Puppenmütter oder Puppenväter ihre Puppe häufig so, wie sie das Verhalten von Mutter oder Vater sich selbst gegenüber erleben.

An den Rollenspielen lässt sich zudem erkennen, dass Kinder in dieser Entwicklungsphase beginnen sich ihres Geschlechts und einer Geschlechterrolle bewusster zu werden. Das **Annehmen der Jungen- oder der Mädchenrolle** zeigt sich oft auch in den jeweils bevorzugten Spielen (z. B. mit Puppenspielen bei Mädchen, mit Ritterspielen bei Jungen). Die Vorlieben sind aber natürlich sehr unterschiedlich und es sollte nicht versucht werden sie mit Druck oder Zwang zu verändern. Der Spaß am Herumtoben, Klettern, Schaukeln etc. ist in der Regel bei beiden Geschlechtern verbreitet. Neugierigen kindlichen „Doktorspielen" mit körperlichen Untersuchungen auch der Geschlechtsteile sollte mit Toleranz und Gelassenheit begegnet werden.

Im Vorschulalter beginnen Kinder häufig damit, **Verbote und Regeln der Eltern kritisch zu hinterfragen**, da sie im Kindergarten und bei Freunden anderen als den zu Hause vorherrschenden Sicht- und Verhaltensweisen begegnen. In der Auseinandersetzung mit diesen Regeln entwickelt ein Kind mit der Zeit ein inneres Abbild elterlicher und gesellschaftlicher Wertvorstellungen, d. h. sein **Gewissen**.

Wenn körperliche Auseinandersetzungen zwischen Kindern zu eskalieren drohen oder wenn ein Kind andere Kinder regelmäßig mutwillig ärgert, dann ist es sinnvoll einzuschreiten. Statt das mangelnde Befolgen bestehender Regeln und Normen jedoch bloß zu bestrafen, sollten Eltern dem Kind vor allem die **Bedeutung der**

Modul III Sitzung 10: Theoretische Einführung T10

jeweiligen Regeln in einer für das Kind verständlichen Weise erklären. Die Erklärungen führen oft zuverlässiger zu Verhaltensänderungen beim Kind als Bestrafungen. Und selbst wenn die Bestrafung tatsächlich zu einer Verhaltensänderung führt, dann dürfte das Kind ein bestimmtes Verhalten vor allem aus Angst vor der Strafe unterlassen. Es erhält jedoch in diesem Moment nicht die Gelegenheit ein auf Mitgefühl und Identifikation basierendes Gewissen auszubilden. Deshalb sollten Erwachsene zudem bei Konflikten, die Kinder untereinander austragen, **nicht generell einschreiten**, sobald sich das Verhalten der Kinder nicht mit ihren eigenen moralischen Grundsätzen deckt. Kinder wollen auch selbst erfahren, wie das Gegenüber auf ein bestimmtes Verhalten ihrerseits reagieren wird. Die Ausbildung des Gewissens ist ein Prozess, der auch Zeit und eigene Erfahrungen erfordert.

Zwischen dem vierten und dem sechsten Lebensjahr kommt es bei Kindern in der Regel zur **Ausbildung einer stabilen sexuellen Identität**. Meistens identifiziert sich das Mädchen mit der Mutter und der Junge mit dem Vater. Einer der wichtigsten Entwicklungsschritte dieser Phase ist somit die bleibende Übernahme einer weiblichen oder männlichen Geschlechtsrolle und eine damit verbundene **positive Sicht dieser Rolle**.

Eltern sollten in dieser Phase außerdem darauf achten, dem Kind nicht ihre eigenen Wünsche nach Versorgung und Zuwendung zu übertragen, auch wenn das Kind sich über die ihm dadurch zukommende Verantwortung zu freuen scheint. Stattdessen sollten Kinder auch weiterhin „**Kind sein dürfen**", also überwiegend Fürsorge und Zuwendung empfangen und nicht die umgekehrte Position (d. h. Fürsorge und Zuwendung geben) einnehmen.

Kommt es zwischen den Eltern häufig zu Streitigkeiten oder leben die Eltern getrennt, ist es für das Kind vergleichsweise schwierig, sich ohne eigene **Schuldgefühle** beiden Elternteilen loyal und liebevoll zu nähern. Konflikte sollten deshalb möglichst wenig vor dem Kind ausgetragen werden und man sollte von dem Kind auch nicht verlangen, sich für die Beziehung zu einem Elternteil zu entscheiden. Lebt der Vater von der Familie getrennt, ist es besonders für Jungen wichtig, dennoch **engeren Kontakt zu einer emotional positiven und zuverlässigen männlichen Bezugsperson** zu haben, da dies für ihre Rollenfindung und für die Entwicklung einer stabilen und selbstbewussten sexuellen Identität sehr unterstützend ist. Aber auch für die Entwicklung und Festigung der sexuellen Identität des Mädchens sind in dieser Phase der Entwicklung und Erprobung späterer weiblicher Kompetenzen die **spielerisch-kindgerechte Begleitung und Wertschätzung** durch eine männliche Bezugsperson wie den neuen Freund der Mutter oder einen Großvater von hoher Wichtigkeit. Solche Erfahrungen wirken sich auch auf das spätere, unbewusste Männerbild der Mädchen aus, das in die Partnerwahl einfließt. Zu bedenken ist hierbei schließlich auch, dass in kindlichen Entwicklungsräumen wie im Kindergarten oder in der Grundschule in der Regel Männermangel herrscht, so dass die Abwesenheit von männlichen Bezugspersonen im familiären bzw. privaten Bereich dort in aller Regel nicht ausreichend ausgeglichen werden kann.

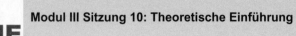

Modul III Sitzung 10: Theoretische Einführung T10

Schulkindalter (ab circa 6 Jahre bis zum Beginn der Pubertät): Kinder lernen soziale und schulische Fertigkeiten

Da sich PALME an Mütter mit Kindern im Vorschulalter richtet, findet sich im Folgenden nur eine knappe Darstellung der beiden nächsten Entwicklungsphasen. Dies soll aber nicht bedeuten, dass die Entwicklung ab dem Schulkindalter weniger wichtig ist oder weniger komplex verläuft.

In dieser Zeit erfährt die **Identifikation mit der eigenen Geschlechterrolle** eine Verfestigung, ohne dass sie auf einen Geschlechtspartner gerichtet ist.

Während der Schulzeit werden **soziale Fertigkeiten und Kenntnisse** erworben sowie mit der **Entwicklung von Begabungen** Weichen für spätere Lebensabschnitte gestellt. Im regelmäßigen Zusammensein mit Altersgenossen z. B. in der Schule oder im Sportverein erwerben Kinder in dieser Zeit Gütemaßstäbe für soziales Verhalten, Gruppenfähigkeit und Leistung. Eigene Vergleiche zwischen Selbst- und Fremdbild sowie Rückmeldungen aus der Gruppe tragen zu einem **differenzierter werdenden Selbstkonzept** der Kinder bei. In diese Zeit fallen außerdem zahlreiche andere Entwicklungsschritte bzw. Entwicklungsaufgaben wie die Aufnahme von Freundschaften, das Arbeiten in der Gruppe, das Erlernen einer disziplinierten und fleißigen Arbeitshaltung, der Erwerb grundlegender Kulturtechniken wie Rechnen, Lesen und Schreiben, das Erlernen des Umgangs mit Geld, die Aufnahme von Hobbys etc.

Typische **Verhaltensprobleme** in dieser Zeit sind etwa Lernschwierigkeiten, Ängste in die Schule zu gehen, Kontaktschwierigkeiten, sozialer Rückzug oder gewalttätige Auseinandersetzungen mit anderen. In dieser Zeit ist es wichtig das Kind „an der langen Leine" fürsorglich zu begleiten.

Pubertät (ab circa 12 Jahre): Kinder reifen zum Erwachsenen heran

Mit der verstärkten Wahrnehmung des sich verändernden eigenen Körpers und sexueller Bedürfnisse sowie der Suche nach der eigenen sozialen Rolle kommt es zu einer endgültigen Ausformung der Geschlechtsidentität.

Die weitere **Ablösung von den Eltern** geht mit einer Verunsicherung des Jugendlichen einher. Halt gewinnt er nun durch die Orientierung an neuen, oft idealisierten Beziehungen innerhalb seiner so genannten **Peer-Gruppe** (d. h. einer Gruppe von Gleichaltrigen). Ein Verlust solcher Beziehungen kann zu krisenhaften Verstimmungen und tiefen Selbstzweifeln führen. Auch mit einer Überschätzung des eigenen Denkens und Handelns versucht der Jugendliche Sicherheit zu gewinnen. **Erste berufliche und sexuelle Erfahrungen** führen schließlich im positiven Fall zu einer Bestätigung und realistischen Einschätzung des Selbstwertes. Die Bedeutung der Familie tritt gegenüber der von Gleichaltrigen zurück und erfordert häufig eine heftige Abgrenzung durch den Jugendlichen. Auch hier ist es wichtig, dem Jugendlichen wieterhin mit Verständnis und unaufdringlicher Fürsorge zu begegnen, selbst wenn dies in den **pubertären Ablösungskämpfen** manchmal schwer fällt. Kinder sind hierfür später ein Leben lang dankbar.

 **Modul III Sitzung 10: Theoretische Einführung   T10**

Ein Schlusswort

Die Beziehungserfahrungen, die ein Kind mit seinen Eltern macht, und die Beziehungsmuster in seiner Familie sind auch in späteren Lebensphasen sehr bedeutsam. So haben die unbewusst verinnerlichten Elternbilder beispielsweise einen Einfluss auf spätere Partnerbilder, auf die Erwartungen, die wir an eine Partnerschaft haben und auch auf die Ängste, mit denen wir in Partnerschaften zu tun haben.

Dass die Beschreibung verschiedener menschlicher Entwicklungsphasen mit der Pubertät endet, soll jedoch keineswegs bedeuten, dass Entwicklung mit dem Eintritt ins Erwachsenenalter aufhört. Entwicklung ist ganz im Gegenteil ein **sich lebenslang fortsetzender Prozess**. Ein Prozess, der immer wieder herausfordernd ist und die Gefahr von Fehlentwicklungen birgt, aber auch ein Prozess, der immer wieder neue Chancen bietet und auch im höheren Lebensalter in viele Richtungen offen ist.

 **Modul III Sitzung 10: Infoblatt für Mütter** I10

Die körperliche und seelische Entwicklung des Kindes

Nachdem Sie sich in den ersten Gruppenstunden mit Ihrer **Selbstwahrnehmung** auseinandergesetzt haben und anschließend vor allem die **Einfühlung in das Erleben Ihres Kindes** im Vordergrund stand, weitet sich nun im dritten Gruppenabschnitt der Blick noch einmal – hin zur **Gesamtsituation in Ihrer Familie.** Dazu gehört auch der Blick auf Ihren ehemaligen Partner bzw. auf den Vater Ihres PALME-Kindes sowie insgesamt auf das Thema Partnerschaft. Zur Einstimmung in dieses Modul werden einige besonders wichtige Entwicklungsabschnitte Ihres Kindes dargestellt.

Gegliedert ist dieser Text nach fünf verschiedenen Altersstufen: **Säuglingsalter, Kleinkindalter, Vorschulalter, Schulkindalter und Pubertät.** Die Altersangaben, die sich in den Überschriften finden, sind dabei als ungefähre Angaben zu verstehen. Einige Kinder brauchen länger, um bestimmte Entwicklungsschritte zu absolvieren, andere sind etwas früher dran. Zudem können bei einem Kind verschiedene Entwicklungsbereiche unterschiedlich weit entwickelt sein. So kann es z. B. in der Entwicklung von Bewegungsabläufen schon dem Entwicklungsstand eines älteren Kindes entsprechen, in der sprachlichen Entwicklung hingegen noch auf dem Entwicklungsstand eines jüngeren Kindes liegen. **Deshalb ist es auch in diesem Zusammenhang wieder einmal günstig, wenn Sie sich darum bemühen, den Bedürfnissen ihres eigenen Kindes gerecht zu werden und sich nicht zu sehr nach vermeintlich allgemeingültigen Empfehlungen richten.** Dadurch können Überforderungen und Unterforderungen vermieden werden, die bei Kindern (aber auch bei Eltern) häufig mit Anspannung oder auch Selbstzweifeln und Rückzug einhergehen.

Insgesamt kann man zu den verschiedenen Entwicklungsstufen festhalten, dass in ihnen jeweils unterschiedliche Entwicklungsaufgaben bewältigt werden. Die Erfahrungen, die Ihr Kind bei der Bewältigung dieser Aufgaben mit Ihnen und seinen weiteren Bezugspersonen macht, sind für die Persönlichkeit Ihres Kindes und sein späteres Verhalten als Erwachsener sehr wichtig.

Säuglingsalter (1. Lebensjahr): Die Erfahrung von Sicherheit und Vertrauen

Für Säuglinge ist die **starke Abhängigkeit von der engsten Bezugsperson** (meistens der Mutter) das prägende Erlebnis des gesamten ersten Lebensjahres. Je besser die Bedürfnisse **des Säuglings** nach Zuwendung, Wertschätzung und Versorgung befriedigt werden, desto größer ist das Vertrauen, mit dem Kinder später ihrer Umwelt begegnen können und desto geringer sind später ihre Ängste vor Verlust oder Trennung von der Mutter oder vor dem Verlust ihrer Liebe. Die **Erfahrung sich auf jemanden verlassen und ihm vertrauen zu können** ermöglicht es dem Kind, sich auch auf andere Beziehungen einzulassen und erleichtert es ihm später, z. B. im Kindergarten oder in der Schule, Beziehungen mit anderen Kindern aufzunehmen und sich allmählich aus der engen Abhängigkeit von der Mutter zu lösen.

Es ist meistens günstig für die Entwicklung des Säuglings, wenn die Eltern den Mut haben sich im Umgang mit ihm auf das **intuitive Elternverhalten** zu verlassen. Im Laufe der menschlichen Entwicklungsgeschichte hat sich dieses Verhalten, das gut

Modul III Sitzung 10: Infoblatt für Mütter   I10

an die Lernbedürfnisse und Fähigkeiten des Kindes angepasst ist, allmählich ausgebildet. Es sorgt dafür, dass Eltern in den allermeisten Fällen „wie von selbst" wissen, was sie tun können, um z. B. ihr Kind zu trösten, wenn es weint, wie sie auf es eingehen müssen, um bei ihm Vertrauen und ein Gefühl von Sicherheit entstehen zu lassen und wie sie insgesamt mit ihm umzugehen haben, damit es sich gut entwickeln kann. Unterstützend für die Entwicklung des Säuglings ist außerdem eine **feinfühlige Haltung** der Eltern, die sich z. B. in einer zugewandten und positiven Einstellung zum Kind äußert, in einem unterstützenden gefühlsmäßigen „Dabeisein" und im spielerischen und alle Sinne anregenden Anbieten von Nahrung, Spielzeug und Alltagsgegenständen. Bedeutsam ist schließlich auch eine kindgerechte Sprechweise, die beispielsweise besänftigend, bestätigend oder ermunternd wirken kann und wichtig ist, um das Verhalten des Kindes zu beeinflussen.

Nach den ersten sechs bis acht Lebensmonaten ist der Säugling dazu in der Lage, andere Personen entweder als fremde oder als ihm schon bekannte eigenständige Menschen zu erkennen und das auch nach außen zu zeigen. Wenn der Säugling in dieser Zeit fremde Personen sieht, beginnt er häufig zu weinen und sucht scheinbar grundlos Schutz bei der Mutter. Diese ängstliche Reaktion bezeichnet man als **Fremdeln**. Zu den Ursachen des Fremdelns gibt es bislang nur Vermutungen. Eine mögliche Erklärung geht davon aus, dass ein Säugling mit der Person, die ihm am vertrautesten ist (also in der Regel mit seiner Mutter) ein besonderes Muster der Verständigung entwickelt, zu dem z. B. eine bestimmte Art des Blickkontakts, bestimmte Berührungen und lautmalerische Äußerungen gehören. Fremde Personen beherrschen dieses Muster der Verständigung nicht und stellen dadurch für den Säugling ein „unlösbares Problem" dar, auf das er mit Verlustängsten reagiert. Durch Geduld und eine einfühlsame Haltung der Mutter in der Zeit des Fremdelns werden beängstigende und enttäuschende Erfahrungen und Verlassenheitsängste des Kindes verringert. Eine verlässliche Beziehung zum Vater, zu den Großeltern oder auch zu Freunden der Familie erleichtert es dem Kind diese Ängste zu bewältigen und entlastet zudem die Mutter. Hilfreich ist auch, wenn Fremde im Kontakt mit dem Säugling zunächst Abstand von ihm halten und seine Reaktion abwarten, bevor sie sich ihm weiter nähern.

Erst mit Beginn der Sprachentwicklung ab dem Alter von circa ein bis anderthalb Jahren verfügt der Säugling über die so genannte **Objektkonstanz**. Das bedeutet die Fähigkeit ein Erinnerungsbild von anderen Personen (z. B. der Mutter) aufrechtzuerhalten, auch wenn sie körperlich nicht anwesend bzw. nicht sichtbar sind. Hierdurch nehmen Verlassenheitsängste ab, denn das Kind begreift nun, dass „Objekte" (dazu gehören sowohl Menschen als auch Gegenstände) außerhalb seiner Wahrnehmung nicht aufgehört haben fortzubestehen, sondern dass sie vorübergehend verschwinden und wieder auftauchen können. Dieser Entwicklungsschritt zeigt sich etwa daran, dass ein Kind anfängt nach einem Gegenstand zu suchen, wenn man ihn vor seinen Augen versteckt.

Bei Kindern im Säuglingsalter, die nicht in einer Zweielternfamilie, sondern bei ihrer Mutter aufwachsen, sind einige Punkte besonders zu berücksichtigen, die sich aus der vergleichsweise selteneren Anwesenheit des Vaters oder auch aus der völligen Abwesenheit des Vaters ergeben. Hierbei sollte man allerdings bedenken, dass auch bei Kindern, die in einer Zweielternfamilie aufwachsen, Väter im Vergleich zu Müttern

 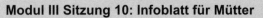

Modul III Sitzung 10: Infoblatt für Mütter   I10

meistens immer noch erheblich weniger in die unmittelbare Versorgung und Betreuung ihres Kindes eingebunden sind. Die Unterschiede zwischen Ein- und Zweielternfamilie werden dadurch zum Teil eingeschränkt.

Die **Bedeutung des Vaters** im ersten Lebensabschnitt des Kindes kann darin liegen die **Mutter im Aufbau einer sicheren Bindung zum Säugling zu unterstützen**, indem er sie entlastet. Erlebt er allerdings das Kind unbewusst als Gegner im „Kampf um die Liebe" der Mutter, dürfte dies einen eher ungünstigen Einfluss haben. Der Mutter wird es unter diesen Umständen wahrscheinlich schwerer fallen, eine entspannte und auf das Gefühlsleben des Kindes gerichtete Wahrnehmungs- und Einfühlungsfähigkeit zu entwickeln. Das ist deshalb von Nachteil, da die weitere Entwicklung des Kindes von diesen Fähigkeiten stark abhängt.

Zudem steuern Väter auch schon in dieser frühen Entwicklungsphase des Kindes eigene Gesichtspunkte bei. Untersuchungen zeigen, dass sie im Umgang mit ihren Kindern von Anfang an auf bestimmte Bereiche mehr wert legen als Mütter. In der Beziehung zum Kind betonen viele Mütter vor allem körperliche Nähe und achten feinfühlig auf die Gefühle ihres Kindes. Väter hingegen rücken eher nach außen gerichtete, **spielerische und bewegungsbezogene Aktivitäten** in den Mittelpunkt und **regen Kinder stärker zur Erkundung ihrer Umwelt und zur Beschäftigung mit „Lernmaterial" an**. „Lernmaterial" kann dabei alles Mögliche sein, denn für kleine Kinder sind schließlich auch Alltagsgegenstände wie ein Ball, eine Haarbürste oder die Fransen eines Teppichs neu und aufregend. Diese Unterschiede zwischen Müttern und Vätern im Umgang mit ihren Kindern bleiben in der Regel auch in späteren Entwicklungsabschnitten erhalten. (Deshalb werden sie in diesem Text auch nicht für jede Altersstufe erneut erwähnt.) Aus diesen Unterschieden ergibt sich, dass es für Kinder, die in Ein-Eltern-Familien aufwachsen, günstig ist, wenn der alleinerziehende Elternteil sich darum bemüht in seinem Erziehungsverhalten sowohl die typisch mütterlichen als auch die typisch väterlichen Gesichtspunkte umzusetzen und fehlende Elemente auf andere Weise auszugleichen. Die entlastende Funktion des Vaters können beispielsweise auch andere Bezugspersonen wie Großeltern oder Freunde übernehmen.

Kleinkindalter (etwa 1 bis 3 Jahre): Die Selbständigkeit des Kindes wächst

Dass die Selbständigkeit Ihres Kindes wächst, zeigt sich in diesem Alter auf viele verschiedene Weisen. Auf sprachlicher Ebene etwa lernt es sich durch das Wort „nein" von seiner Umwelt abzugrenzen. Das Erlernen immer anspruchsvollerer Bewegungsabläufe (z. B. Laufen statt Krabbeln) erlaubt ihm ebenfalls zunehmend, sein wachsendes Bedürfnis nach Selbständigkeit zu verwirklichen. Auch dass Ihr Kind lernt seine Körperfunktionen und Schließmuskel zu kontrollieren, bedeutet einen Zuwachs an Selbständigkeit.

Ein wichtiger Bestandteil dieses Entwicklungsabschnitts ist die so genannte **Trotzphase**. Ihrem Kind wird klar, dass es auch eine eigenständige Persönlichkeit ist und es orientiert sich in seinen Handlungen und Einstellungen nicht länger ausschließlich an Ihnen. Entsprechend stark verändert erleben viele Eltern in dieser Phase ihr Kind. Vielleicht weigert es sich plötzlich jeglicher Aufforderung nachzukommen, vielleicht

Modul III Sitzung 10: Infoblatt für Mütter   I10

gerät es schon bei kleinsten Anlässen in Rage, vielleicht zeigt es innerhalb kurzer Zeit völlig gegensätzliches Verhalten – gerade noch wollte es getröstet werden, aber kaum kommen Sie diesem Wunsch nach, schon stößt es Sie wütend zurück.

Die in der Trotzphase **häufigen Wutanfälle** lassen sich – ähnlich wie oben für das Fremdeln dargestellt – als „Systemzusammenbruch" verstehen. Kleinkinder können Situationen noch nicht vorausschauend planen. Verhindert z. B. Ihr Einschreiten, dass Ihr Kind sein Ziel selbst erreicht, so ist es nicht in der Lage sich einen anderen als den ursprünglich eingeschlagenen Weg vorzustellen oder Ihre Vorschläge anzunehmen, wie es sein Ziel auch anders erreichen könnte – und zeigt seine Wut.

Dazu kommt, dass Kinder in diesem Entwicklungsabschnitt häufiger zwischen kindlichem **„Größenwahn"** und schmerzhaften **Erfahrungen des Scheiterns** hin- und hergeworfen werden. Mit „Größenwahn" ist die Vorstellung vieler Kinder auf dieser Entwicklungsstufe gemeint, dass ihre Bedürfnisse – wie früher – möglichst schnell und umfassend gestillt werden oder auch die Annahme, dass alles möglich ist, wenn man es sich nur vorstellen kann. Die wiederholten Erfahrungen des Scheiterns hingegen ergeben sich daraus, dass Kinder natürlich häufig erleben, dass keineswegs alle Bedürfnisse sofort erfüllt werden können bzw. dass keineswegs alles möglich ist, wenn man es sich nur vorstellen kann. Man kann z. B. auf dem Weg zu einem Ziel hinfallen oder nicht an die Süßigkeiten ganz oben im Schrank herankommen, auch wenn man sich noch so sehr darum bemüht. Heftige Wut über diese Enttäuschungen ist dann oft die Folge (übrigens nicht anders als bei manchen Erwachsenen, die glauben so etwas wie ein Recht auf Glück zu haben). Kinder neigen angesichts dieser für sie frustrierenden Erlebnisse nicht selten dazu, der Mutter („wem sonst?") die Schuld zuzuweisen, denn schließlich hat sie bisher dafür gesorgt, dass alle kindlichen Bedürfnisse rasch und möglichst vollständig erfüllt wurden. Aus Sicht Ihres Kindes sind Sie also die naheliegendsten Anlaufstelle für Situationen, in denen nicht alles nach seinen Wünschen läuft. Wichtig für Sie ist, die dann oft erfolgenden „Angriffe" und Wutanfälle Ihres Kindes **nicht persönlich zu nehmen** oder sie mit Angriffen zu verwechseln, die Sie vielleicht früher einmal, etwa in ihrer eigenen Kindheit, selbst erlitten haben. Derartige Verwechslungen könnten dazu führen, dass Sie auf die Wut und Enttäuschung ihres Kindes zu heftig reagieren, weil Sie sich selbst (wie früher) angegriffen fühlen.

Je mehr Ihr Kind seinen wachsenden Bedürfnissen nach Selbständigkeit nachgehen darf, desto unwichtiger wird sein Trotzen als Ausdruck eines Abgrenzungsversuches und als Entwicklungsstreben seiner eigenen Persönlichkeit. Im günstigen Fall erhält es im Verlauf der Trotzphase die Möglichkeit **zu lernen, seine oft heftigen Gefühle und Wünsche nach Selbständigkeit besser zu steuern** (indem es z. B. erkennt, dass man bis zur Erfüllung eines Wunsches manchmal Geduld braucht). Manche Eltern vermitteln ihren Kindern jedoch, dass sie sich durch Wut und Ärger ihres Kindes gefährdet fühlen und dass es deshalb besser ist diese Gefühle zu unterdrücken. Dies kann eher zu einer Verlängerung der Trotzphase beitragen oder dazu führen, dass die Wahrnehmung und der angemessene Ausdruck dieser wichtigen Gefühle und die Entwicklung der Selbständigkeit des Kindes beeinträchtigt werden.

Um einen günstigen Ausgang der Trotzphase zu erzielen, sollten Sie sich darum bemühen, einerseits den Willen Ihres Kindes nicht zu brechen, ihm andererseits aber

 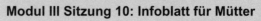

Modul III Sitzung 10: Infoblatt für Mütter   **I10**

auch **Grenzen** zu setzen (z. B. wenn es gefährlich wird). Klare Grenzen schenken Ihrem Kind **Sicherheit beim Aufbau seiner eigenen Persönlichkeit**. Denn wenn sich Ihr Kind an bestimmten Regeln orientieren kann, vermindert dies die neben dem Bedürfnis nach der Erkundung seiner Umwelt auch vorhandene Angst Ihres Kindes vor seiner eigenen Selbständigkeit. Es kann sich dann besser voller Neugier und Selbstbewusstsein der Erforschung seiner Umwelt zuwenden und neue Fähigkeiten erlernen.

Die Verselbständigung von Ihnen und die Entwicklung der Fähigkeit sich selbst zu behaupten werden dabei durch eine gute **Beziehung zum Vater oder zu einer anderen Bezugsperson** gefördert. Der Grund hierfür liegt darin, dass die Wünsche Ihres Kindes nach Selbständigkeit aufgrund seiner noch häufig bestehenden Abhängigkeit von einem beruhigenden Einschreiten Ihrerseits in Situationen, in denen es allein überfordert ist, immer wieder auch von trotziger Enttäuschungswut und Verlustängsten begleitet werden. Die in dieser Phase auftretenden, für Ihr Kind (und für Sie) manchmal nur schwer erträglichen, widersprüchlichen und heftigen Gefühlszustände können mit Hilfe eines einfühlsamen Vaters oder einer anderen einfühlsamen Bezugsperson gemildert und aufgefangen werden, wenn diese für das Kind zuverlässig verfügbar ist. Darf sich Ihr Kind dieser Bezugsperson ohne Schuldgefühle Ihnen gegenüber zuwenden, wird es wahrscheinlich auch in späteren Beziehungen leichter seine Selbständigkeit wahren können.

Vorschulalter (etwa 4 bis 6 Jahre) – Kinder entwickeln und erproben ihre Geschlechterrolle und erkunden Regeln und Grenzen

In dieser Zeit wird Ihr Kind in seinen Bewegungsabläufen immer geschickter und nutzt den neu gewonnenen Bewegungsspielraum zur weiteren Erforschung seiner Umwelt. Erste Freundschaften entwickeln sich und z. B. im Kindergarten lernt es das gemeinsame Spiel in der Gruppe. In **Rollenspielen** wie „Vater, Mutter, Kind" spielt es häufig selbst erlebte Situationen nach, die es besonders wichtig fand oder die es noch weiter beschäftigen. Für Sie als Mutter kann es interessant sein Ihr Kind in diesen Rollenspielen zu beobachten, denn hierdurch erhalten Sie oft ganz unverfälscht einen Eindruck davon, wie Ihr Kind sich im Kontakt mit anderen Menschen erlebt. So behandeln etwa Puppenmütter oder Puppenväter ihre Puppe häufig so, wie sie das Verhalten von Mutter oder Vater sich selbst gegenüber erleben.

An den Rollenspielen lässt sich zudem erkennen, dass Ihr Kind in dieser Entwicklungsphase beginnt sich seines Geschlechts und seiner Geschlechterrolle bewusster zu werden. Das **Annehmen der Jungen- oder der Mädchenrolle** zeigt sich oft auch in den jeweils bevorzugten Spielen (z. B. im Spiel mit Puppen bei Mädchen, in Ritterspielen bei Jungen). Die Vorlieben sind aber natürlich sehr unterschiedlich und es sollte nicht versucht werden sie mit Druck oder Zwang zu verändern. Der Spaß am Herumtoben, Klettern, Schaukeln etc. ist in der Regel bei beiden Geschlechtern verbreitet. Neugierigen kindlichen „Doktorspielen" mit körperlichen Untersuchungen auch der Geschlechtsteile sollten Sie mit Toleranz und Gelassenheit begegnen.

Im Vorschulalter beginnen Kinder häufig damit, **Verbote und Regeln der Eltern kritisch zu hinterfragen**, da sie im Kindergarten und bei Freunden anderen Sicht-

Modul III Sitzung 10: Infoblatt für Mütter   I10

und Verhaltensweisen begegnen. In der Auseinandersetzung mit diesen Regeln entwickelt ein Kind mit der Zeit ein inneres Abbild elterlicher und gesellschaftlicher Wertvorstellungen, d. h. sein **Gewissen**.

Wenn körperliche Auseinandersetzungen zwischen Kindern zu wild und wirklich gefährlich werden oder wenn ein Kind andere Kinder immer wieder mutwillig ärgert, dann ist es sinnvoll einzuschreiten. Statt das mangelnde Befolgen bestehender Regeln und die fehlende Ausrichtung des Verhaltens am „gesellschaftlich üblichen" Verhalten jedoch bloß zu bestrafen, sollten Sie Ihrem Kind vor allem die **Bedeutung der jeweiligen Regeln in einer verständlichen Weise erklären**. Diese Erklärungen führen oft zuverlässiger zu Verhaltensänderungen als Bestrafungen. Und selbst wenn die Bestrafung tatsächlich zu einer Verhaltensänderung führt, dann dürfte Ihr Kind ein bestimmtes Verhalten vor allem aus Angst vor der Strafe unterlassen. Es erhält jedoch in diesem Moment nicht die Gelegenheit ein auf Mitgefühl und Einfühlung in das Gegenüber gründendes Gewissen auszubilden. Deshalb sollten Sie bei Konflikten, die Kinder untereinander austragen, **nicht generell sofort einschreiten**, sobald sich das Verhalten der Kinder nicht mit Ihren eigenen moralischen Grundsätzen deckt. Kinder wollen auch selbst erfahren, wie das Gegenüber auf ein bestimmtes Verhalten ihrerseits reagieren wird. Die Ausbildung des Gewissens ist ein Prozess, der auch Zeit und eigene Erfahrungen erfordert.

Zwischen dem vierten und dem sechsten Lebensjahr kommt es bei Ihrem Kind in der Regel zur **Ausbildung einer stabilen sexuellen Identität**. Meistens nehmen Mädchen sich ihre Mutter zum Vorbild und Jungen ihren Vater. Einer der wichtigsten Entwicklungsschritte dieser Phase ist somit die bleibende Übernahme einer weiblichen oder männlichen Geschlechtsrolle und eine damit verbundene **positive Sicht dieser Rolle**.

Achten Sie in dieser Phase außerdem darauf, Ihrem Kind nicht eventuelle eigene Wünsche nach Versorgung und Zuwendung zu übertragen, auch wenn Ihr Kind sich über die ihm dadurch zukommende Verantwortung zu freuen scheint. Stattdessen sollte Ihr Kind auch weiterhin **„Kind sein dürfen"**, also überwiegend Fürsorge und Zuwendung empfangen und nicht die umgekehrte Position (d. h. Fürsorge und Zuwendung geben) einnehmen.

Für Kinder, die nicht bei beiden, sondern bei einem Elternteil aufwachsen, ist es vergleichsweise schwierig, sich ohne **Schuldgefühle** beiden Elternteilen liebevoll zu nähern. Versuchen Sie deshalb Konflikte mit Ihrem ehemaligen Partner möglichst nicht vor Ihrem Kind auszutragen und verlangen Sie von Ihrem Kind nicht, sich gegen eine Beziehung zu seinem Vater zu entscheiden, wenn nicht sehr ernstzunehmende Gründe (z. B. Gewalterfahrungen) dafür sprechen. Besonders für Jungen, die bei ihren Müttern aufwachsen, ist es wichtig, **engeren Kontakt zu einer gefühlsmäßig positiv besetzten und zuverlässigen männlichen Bezugsperson** zu haben. Dies kann für ihre Rollenfindung und für die Entwicklung einer stabilen und selbstbewussten sexuellen Identität sehr hilfreich sein. Aber auch für die Entwicklung und Festigung der sexuellen Identität des Mädchens sind in dieser Phase der Entwicklung und Erprobung späterer weiblicher Fähigkeiten die **spielerisch-kindgerechte Begleitung und Wertschätzung durch eine männliche Bezugsperson**, beispielsweise auch den neuen Freund der Mutter oder einen Großvater, von hoher

Modul III Sitzung 10: Infoblatt für Mütter   I10

Wichtigkeit. Bedenken Sie hierbei auch, dass in vielen kindlichen Entwicklungsräumen wie im Kindergarten oder in der Grundschule in der Regel Männermangel herrscht, so dass die Abwesenheit von männlichen Bezugspersonen im familiären bzw. privaten Bereich dort in aller Regel nicht ausreichend ausgeglichen werden kann.

Schulkindalter (ab etwa 6 Jahre bis zum Beginn der Pubertät): Kinder lernen soziale und schulische Fertigkeiten

Da sich PALME an Mütter mit Kindern im Vorschulalter richtet, findet sich im Folgenden nur eine eher knappe Darstellung der beiden nächsten Entwicklungsphasen. Dies soll aber nicht bedeuten, dass die Entwicklung ab dem Schulkindalter weniger wichtig wäre oder weniger vielgestaltig verliefe.

In dieser Zeit erfährt die **Übernahme der eigenen Geschlechterrolle** eine Verfestigung, ohne dass sie auf einen Geschlechtspartner gerichtet ist.

Während der Schulzeit werden **soziale Fertigkeiten und Kenntnisse** erworben sowie mit der **Entwicklung von Begabungen** Weichen für spätere Lebensabschnitte gestellt. Im regelmäßigen Zusammensein mit Altersgenossen z. B. in der Schule oder im Sportverein erwirbt Ihr Kind in dieser Zeit wichtige Vorstellungen von sozialem Verhalten, Gruppenfähigkeit, Eigenverantwortlichkeit und Leistung. Vergleiche zwischen sich und anderen und Rückmeldungen aus der Gruppe tragen zu einem genauer werdenden und besser zwischen verschiedenen Persönlichkeitsbereichen unterscheidendem **Selbstbild** Ihres Kindes bei. In diese Zeit fallen außerdem zahlreiche andere Entwicklungsschritte wie die Aufnahme von Freundschaften, das Arbeiten in der Gruppe, das Erlernen einer ordentlichen und fleißigen Arbeitshaltung, das Erlernen grundlegender schulischer Fähigkeiten wie Rechnen, Schreiben und Lesen, das Erlernen des Umgangs mit Geld, die Aufnahme von Hobbys etc.

Typische **Verhaltensprobleme** in dieser Zeit sind etwa Lernschwierigkeiten, Ängste in die Schule zu gehen, Kontaktschwierigkeiten, sozialer Rückzug oder gewalttätige Auseinandersetzungen mit anderen. In dieser Zeit ist es wichtig, dass Sie Ihr Kind fürsorglich „an der langen Leine" begleiten.

Pubertät (ab circa 12 Jahre): Kinder reifen zum Erwachsenen heran

Mit der verstärkten Wahrnehmung des sich verändernden eigenen Körpers und sexueller Bedürfnisse sowie der Suche nach der eigenen sozialen Rolle kommt es zu einer endgültigen Ausformung der weiblichen oder männlichen Identität Ihres Kindes.

Die weitere **Ablösung von den Eltern** geht mit einer Verunsicherung des Jugendlichen einher. Halt gewinnt er nun durch Beziehungen im Freundeskreis, wobei er oft dazu neigt diese Beziehungen zu idealisieren. Ein Verlust solcher Beziehungen kann zu krisenhaften Verstimmungen und tiefen Selbstzweifeln führen. Auch mit einer Überschätzung des eigenen Denkens und Handelns versuchen Jugendliche Sicherheit zu gewinnen. **Erste berufliche und sexuelle Erfahrungen** führen schließlich im

 **Modul III Sitzung 10: Infoblatt für Mütter   I10**

positiven Fall zu einer Bestätigung und realistischen Einschätzung des Selbstwertes. Die Bedeutung der Familie tritt gegenüber der von Gleichaltrigen zurück. Dies bringt häufig eine heftige Abgrenzung durch den Jugendlichen mit sich. Auch hier ist es wichtig, dem Jugendlichen weiterhin mit Verständnis und unaufdringlicher Fürsorge zu begegnen, selbst wenn dies in den **pubertären Ablösungskämpfen** manchmal schwer fällt. Kinder sind hierfür später ein Leben lang dankbar.

Ein Schlusswort

Die Beziehungserfahrungen, die ein Kind mit seinen Eltern macht, und die Beziehungsmuster in seiner Familie sind auch in späteren Lebensphasen sehr bedeutsam. So haben die unbewusst verinnerlichten Elternbilder beispielsweise einen Einfluss auf spätere Partnerbilder, auf die Erwartungen, die wir an eine Partnerschaft haben und auch auf die Ängste, mit denen wir in Partnerschaften zu tun haben.

Dass die Beschreibung verschiedener menschlicher Entwicklungsphasen mit der Pubertät endet, soll jedoch keineswegs bedeuten, dass Entwicklung mit dem Eintritt ins Erwachsenenalter aufhört. Entwicklung ist ganz im Gegenteil ein **sich lebenslang fortsetzender Prozess**. Ein Prozess, der immer wieder herausfordernd ist und die Gefahr von Fehlentwicklungen birgt, aber auch ein Prozess, der immer wieder neue Chancen bietet und auch im höheren Lebensalter in viele Richtungen offen ist.

Modul III Sitzung 10: Gruppenablauf   **G10**

Blitzlicht und Anwesenheitsbogen

Wie kommen Sie heute hier an? Wie geht es Ihnen?

Bearbeitung der Wochenübung W9 „Einfühlsames Handeln"

In der letzten Woche haben Sie gemeinsam mit Ihrem Kind zwei Übungen durchgeführt, die beide Beispiele einfühlsamen Handelns darstellten. Diese Übungen boten Ihnen Gelegenheit zum Ausprobieren dessen, was Sie in der letzten Sitzung über einfühlsames Handeln erfahren haben. Sie konnten dadurch erleben, welche Wirkung es auf Ihr Kind hat, wenn Sie sich in einer besonders einfühlsamen Weise seiner Bedürfnisse nach Bindung und Erkundung der Umwelt annehmen.

Wer möchte darüber berichten, wie das „Pizzabacken" verlaufen ist? Hatten Sie den Eindruck, dass sich Ihr Kind während der Massage wohl gefühlt hat? Und welche Gefühle haben Sie während der Massage bei sich selbst beobachtet?

Im zweiten Teil der Wochenübung verwandelte sich Ihre Wohnung in einen „wilden Urwald", in dem sich aber auch ein sicherer Zufluchtsort verbarg. Woran fand Ihr Kind mehr Gefallen – am Erkunden des Urwaldes oder am Aufenthalt in der gemütlichen Höhle? Haben Sie die Anregung aus der Übung aufgenommen, irgendwo im Urwald einen Schatz zu verstecken? Wer mag davon erzählen?

Bieten Sie den Teilnehmerinnen nach Besprechung der Wochenübung zudem die Möglichkeit, noch offen gebliebenen Fragen zum Infoteil I9 zu klären.

Vorstellung von Sitzungsthema und Sitzungsablauf

Verwenden Sie die Übersicht Ü10, um den Teilnehmerinnen einen kurzen Überblick über das Programm der heutigen Sitzung zu geben.

 **Modul III Sitzung 10: Gruppenablauf   G10**

Übung 1: „Wozu brauchen Kinder Väter?"

Material	Flipchart
Methode	Brainstorming
Form	Großgruppe
Ziel	Erkennen der Bedeutung des Vaters für die kindliche Entwicklung
Zeit	Ca. 10 Minuten

Vorgehensweise/Anleitung:

- Diskutieren Sie als Einstieg in das Thema „Die Bedeutung des Vaters für die Entwicklung des Kindes" folgende Fragen:

    1. Wozu könnte ein Vater wichtig sein? Brauchen Kinder überhaupt Väter?
    2. Auf welche Art und Weise ändert sich der Alltag eines Kindes, wenn der Vater fehlt?
    3. Denken Sie, dass Väter in der Erziehung ihrer Kinder typischerweise auf andere Dinge wert legen als Mütter?
    4. Welches Vaterbild und welches Männerbild möchten Sie Ihrem Kind vermitteln?
    5. Sind für Jungen und Mädchen unterschiedliche Aspekte des Vaters wichtig bzw. vermitteln Väter Söhnen andere Erfahrungen als Töchtern? Inwiefern könnte das bedeutsam sein?

- Die Gruppenleitung sorgt für ein möglichst offenes und bewertungsfreies Diskussionsklima, so dass alle Teilnehmerinnen dazu ermuntert werden sich aktiv in die Diskussion einzubringen.

Übung 2: „Ein Brief an meinen Vater"

Material	PALME-Briefpapier und Schreibzeug

Modul III Sitzung 10: Gruppenablauf   G10

Methode	Entspannung und Reflexion
Form	Einzelübung mit Feedback in der Großgruppe
Ziel	Erkennen der Bedeutung des Vaters für die eigene Entwicklung und für die Entwicklung des Kindes
Zeit	Ca. 25 Minuten

Vorgehensweise/Anleitung:

- Diese Übung beginnt ähnlich wie einige Übungen aus vergangenen Sitzungen mit einer Entspannungsphase. Bevor Sie mit der Entspannungsphase beginnen, erklären Sie den Teilnehmerinnen kurz, dass in dieser Übung die Beschäftigung mit dem eigenen Vater im Mittelpunkt stehen wird. Ermuntern Sie die Teilnehmerinnen dazu, wie bei jeder Übung auch dieses Mal auf eigene Grenzen zu achten und betonen Sie die Möglichkeit sich aus der Übung zurückzuziehen, wenn es einem während der Übung aus irgendwelchen Gründen nicht gut geht.

- Für die Anleitung der Entspannungsphase finden Sie im Folgenden noch einmal den Formulierungsvorschlag aus Übung 1 in Sitzung 6, den Sie gerne nach Ihrem eigenen Belieben abwandeln können:

- *Nehmen Sie eine bequeme Haltung ein. – Wenn Sie mögen, schließen Sie die Augen. – Achten Sie ganz bewusst auf Ihre Atmung. Versuchen Sie nicht Ihren Atemrhythmus absichtlich in die Länge zu ziehen, sondern achten Sie einfach darauf, wie Ihr Atem ein- und ausströmt. – Einströmt und wieder ausströmt (x2). – Lassen Sie Ihre Gedanken vorüberziehen wie Wolken an einem weiten, blauen Himmel. Sie können sie gehen lassen, wie sie kommen. – Es gibt nichts zu erledigen, Sie haben hier und jetzt keine Pflichten, keine Aufgaben. – Genießen Sie es einfach so dazusitzen und sich immer tiefer zu entspannen. – Immer tiefer. – Und tiefer.*

- Wenn Sie den Eindruck haben, dass die Teilnehmerinnen ein wenig zur Ruhe gekommen sind, dann laden Sie sie zu einer gedanklichen Beschäftigung mit Ihrem Vater ein und setzen danach z. B. fort: *Was fällt Ihnen spontan ein, wenn Sie an Ihren Vater denken? Welche Erinnerungen verbinden Sie mit ihm? Gehen Sie in Gedanken einmal Schritt für Schritt soweit in die Vergangenheit zurück, wie Sie mögen und nehmen Sie wahr, was Ihnen einfällt – vor ein paar Monaten – vor einem Jahr – vor zwei Jahren – vor fünf Jahren – vor zehn Jahren – als ich noch ein Kind war – als ich noch ganz klein war. – Gibt es etwas, dass Sie Ihrem Vater schon lange einmal sagen wollten? Stellen Sie sich vor, Sie würden Ihrem Vater einen Brief schreiben und der Brief beginnt mit den Worten: „**Mein Vater – ich wollte Dir schon immer einmal sagen, dass ...**" – Was könnte das sein? (An dieser Stelle können Sie eine etwas*

Modul III Sitzung 10: Gruppenablauf   **G10**

längere Pause zur Reflexion einlegen, die Sie durch einige wenige Instruktionen wie *„Spüren Sie einmal ganz aufmerksam nach ... Was möchten Sie Ihrem Vater mitteilen?"* unterstützen können.) – Der nächste Abschnitt in Ihrem Brief beginnt mit den Worten: **„Als ich noch ein Kind war, habe ich mir von Dir gewünscht, dass ..."** – *Was haben Sie sich gewünscht?* (Auch hier legen Sie bitte wieder eine Reflexionsphase von etwa zwei Minuten ein.)

- Zum Ende der Entspannungsphase instruieren Sie eine Rücknahme der Entspannung, indem Sie z. B. die Teilnehmerinnen darum bitten, mit ihrer Aufmerksamkeit allmählich wieder zurück in die Gruppe zu kommen. Kündigen Sie an, dass Sie dazu langsam rückwärts von zehn bis eins zählen werden und die Teilnehmerinnen sich dabei immer mehr von ihren Gedanken an den Vater lösen sollen. Vertieftes Ein- und Ausatmen, Anspannen der Arm- und Beinmuskulatur und das Öffnen der Augen sowie vorsichtiges Räkeln und Ausschütteln der Arme und Beine bilden den Abschluss der Entspannungsphase.

- Verteilen Sie dann an die Teilnehmerinnen das PALME-Briefpapier, das Sie im Didaktischen Material D10 finden. Ermutigen Sie sie, die Antworten, die ihnen während der Entspannungsphase spontan in den Sinn gekommen sind, schriftlich festzuhalten. Hierfür sollten Sie circa fünf Minuten einplanen, d. h. die Übung nicht zu sehr in die Länge ziehen.

- In der anschließenden Nachbesprechung sollen die Teilnehmerinnen, die dazu Lust haben, Gelegenheit erhalten, über ihre Gedanken an den Vater zu berichten oder auch ihren Brief vorzulesen. Bedenken Sie während der Nachbesprechung, dass manche Teilnehmerinnen möglicherweise keinen Kontakt mehr zu ihren Vätern haben (evtl. sind Väter bereits verstorben) oder dass die Erinnerungen einer Teilnehmerin an ihren Vater auch sehr negativ sein können. Auch dann ist es möglich sich an dieser Übung zu beteiligen – vielleicht haben sogar gerade diese Teilnehmerinnen das Bedürfnis ihren Vätern etwas mitzuteilen. **Auf Grund der möglichen individuellen Besonderheiten ist es wichtig, dass Sie in dieser Nachbesprechung besonders einfühlsam vorgehen.**

- Neben der Wertschätzung, die Sie den Teilnehmerinnen dafür vermitteln, dass sie sich auf diese Übung eingelassen haben (bzw. dass sie dies versucht haben oder dass sie fürsorglich mit sich umgegangen sind, indem sie die Übung nicht zu Ende geführt haben, weil sie sie als belastend erlebt haben) sollten Sie folgende Punkte besprechen

    1. Wie fühlen Sie sich jetzt?

    2. Wie haben Sie diese Übung erlebt? Was war angenehm bei der Erinnerung an den Vater, was war unangenehm? Welches Gefühl war dominant?

Modul III Sitzung 10: Gruppenablauf **G10**

3. Stellen Sie sich vor, Ihr Kind wird später, wenn es erwachsen ist, seinem Vater auch einen Brief schreiben. Was würde es ihm mitteilen? Was hätte es sich von ihm gewünscht? Was könnte ihm gefehlt haben?

4. Gibt es etwas, das Sie tun können, um Ihr Kind (zumindest ein wenig) bei der Erfüllung dieses Wunsches zu unterstützen?

- Zusätzliche Anweisung für die Gruppenleiter:
  Im Falle der Erwähnung positiver Aspekte des Vaterbildes bestärken Sie bitte die Teilnehmerinnen. Im Falle des Verlustes oder des Fehlens wichtiger Seiten des Vaters bestätigen Sie die Trauer. Im Falle von Übergriffen oder Verletzungen durch den Vater stellen Sie das Unrecht klar und betonen Sie die Sicherheit gebende Wirkung der Gruppe, in der diese Dinge aussprechbar werden.

Übung 3: „Mein Vaterbild – mein Männerbild"

Material	Es wird kein gesondertes Material benötigt.
Methode	Diskussion
Form	Paarübung
Ziel	Erkennen möglicher Zusammenhänge zwischen dem Bild vom eigenen Vater und dem Bild von „Männern im Allgemeinen"
Zeit	Ca. 10 Minuten

Vorgehensweise/Anleitung:

- In der vorangegangenen Übung haben sich die Teilnehmerinnen intensiv mit ihrem Vaterbild beschäftigt. Sie sind dabei wahrscheinlich mit besonderen (positiven wie negativen) Eigenschaften ihres Vaters in Kontakt gekommen und auf Punkte aufmerksam geworden, die sie an ihrem Vater geschätzt, aber auch vermisst oder verurteilt haben.

- Erläutern Sie den Teilnehmerinnen, dass das, was Menschen sich von ihren nahen Bezugspersonen wünschen, worauf sie bei ihnen stark achten und was sie bei ihnen besonders leicht vermissen, wenn sie es nicht bekommen, oft in eine ähnliche Richtung geht. Nicht selten hat das mit frühen Erfahrungen zu tun, die Menschen mit ihrer Mutter und ihrem Vater gemacht haben. Daher ist

 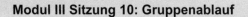

Modul III Sitzung 10: Gruppenablauf   **G10**

es interessant sich einmal damit zu beschäftigen, inwiefern zwischen dem eigenen Vater und dem ehemaligen Partner oder auch den wichtigsten ehemaligen Partnern Gemeinsamkeiten bestehen.

- Hierzu finden sich die Teilnehmerinnen paarweise zusammen und „interviewen" sich gegenseitig unter der Berücksichtigung der Prinzipien des einfühlsamen Zuhörens, die ihnen aus einer früheren Sitzung bereits vertraut sind.

- Die Kernfragen für dieses Gespräch lauten:

    1. Wie war der eigene Vater, wie kann man ihn beschreiben?

    2. Gibt es vielleicht Gemeinsamkeiten zwischen dem Vater und bisherigen Beziehungspartnern?

    3. Welche Eigenschaften davon sehen Sie eher positiv, welche eher negativ? Welche Seite überwiegt?

    4. Oder gibt es eigentlich nur Unterschiede? Auf welche Unterschiede lege ich besonderen Wert?

- Beschließen Sie die Übung mit einer Feedbackrunde in der Großgruppe. Folgende Fragenbereiche sind dabei hilfreich:

    1. Wie ging es Ihnen, während Sie sich über Ihren eigenen Vater ausgetauscht haben? Was war schön, traurig, unangenehm? Was hat Sie wütend gemacht?

    2. Sehen Sie einen Zusammenhang zwischen Ihrem Vaterbild und Ihrem Männerbild? Falls Sie einen solchen Zusammenhang erkannt haben: Wie geht es Ihnen damit?

Zusammenfassung der Information I10 „Die körperliche und seelische Entwicklung des Kindes"

Verteilen Sie jetzt an die Teilnehmerinnen die Unterlagen für die heutige Sitzung und referieren Sie die zentralen Inhalte des Textes I10. Hierzu sollten Sie sich vor der Sitzung mit diesem Text und mit Ihrem Text T10 vertraut gemacht haben. Wie ausführlich Sie die Präsentation gestalten und welche Inhalte Sie besonders hervorheben wollen, bleibt Ihnen überlassen. Bieten Sie den Teilnehmerinnen zudem die Gelegenheit zu Rückfragen und empfehlen Sie den Müttern den Text zu Hause noch einmal gründlich zu lesen.

 **Modul III Sitzung 10: Gruppenablauf**   **G10**

Erläuterung der Wochenübung W10 „Familienbilder"

Die Gruppenleitung verteilt die Arbeitsunterlagen für die Wochenübung an die Teilnehmerinnen. Die Wochenübung wird anschließend kurz vorbesprochen, wobei auch Gelegenheit zu Rückfragen bestehen sollte.

 **Modul III Sitzung 10: Didaktisches Material   D10**

PALME-Briefpapier

Halten Sie auf diesem Bogen bitte fest, was Ihnen vorhin während der Entspannungsphase durch den Kopf gegangen ist, als Sie sich vorgestellt haben, Sie würden einen Brief an Ihren Vater schreiben. Sie können einen zusammenhängenden Text schreiben oder Stichpunkte machen, ganz wie Sie mögen. Wenn der Platz nicht reichen sollte, können Sie gerne auf den Freiflächen fortsetzen. Diesen Brief können Sie im Anschluss an die heutige Sitzung natürlich mit nach Hause nehmen. Vielleicht bewahren Sie ihn dort auf, vielleicht nutzen Sie ihn sogar als Gesprächsanstoß. Sie wissen selbst am besten, was für Sie passend ist.

Mein Vater!
Ich wollte Dir schon immer einmal sagen, dass _____

_____
_____
_____
_____
_____

Als ich noch ein Kind war, habe ich mir von Dir gewünscht, dass _____

_____
_____
_____
_____
_____

Modul III Sitzung 10: Wochenübung **W10**

Arbeitsblatt zur Wochenübung W10 „Familienbilder"

Material: Benötigt werden Zeichenpapier und Buntstifte, Wachsmalstifte oder Wasserfarben.

Zeitbedarf: 30-40 Minuten

Sinn der Übung: Sie und Ihr Kind erstellen jeweils ein Bild Ihrer Familie. Hierdurch erhalten Sie einen Eindruck davon, wie Ihre Familie aus Sicht Ihres Kindes aussieht, wer z. B. aus seiner Sicht mit wem in engerer Beziehung steht, wem es bestimmte Eigenschaften zuschreibt etc. Zudem ergeben sich Möglichkeiten für den Vergleich Ihrer Werke.

Übungsanleitung: Bis zum nächsten Termin führen Sie bitte gemeinsam mit Ihrem Kind die folgende Übung durch. Sagen Sie Ihrem Kind, dass Sie sich freuen würden, wenn Sie beide heute einmal Bilder Ihrer Familie malen würden. Wie diese Bilder im Einzelnen ausschauen sollen, bleibt dabei Ihnen überlassen. Wichtig ist nur, dass Sie jeweils das ganze Blatt benutzen und auch sich selbst nicht vergessen.

Ziehen Sie sich in eine ruhige Ecke Ihrer Wohnung zurück, in der Sie Ihr Bild malen können. Lassen Sie auch Ihrem Kind die nötige Zeit und Ruhe und helfen Sie ihm nur, wenn es Ihre Hilfe von sich aus verlangt. Vervollständigen oder korrigieren Sie das Bild Ihres Kindes nicht. Lassen Sie es möglichst ungestört malen. Wichtig ist nicht, dass Sie möglichst „perfekte" Bilder zustandebringen, sondern dass Sie sich beide beim Zeichnen oder Malen selbst ausdrücken.

Anschließend können Sie gemeinsam Ihre Werke bestaunen. Wahrscheinlich fallen Ihnen dabei einige Dinge auf. Interessant ist z. B., ob Ihr Kind versucht hat, die Größenverhältnisse der Familienmitglieder wirklichkeitsgetreu darzustellen oder ob manche Familienmitglieder übergroß oder nur sehr klein zu sehen sind. Beachtenswert ist auch, welche Personen man als Familienmitglied dazugezählt hat und welche vielleicht nicht dabei sind. Für einige Kinder sind z. B. Haustiere ebenso wichtige Familienmitglieder wie die Großmutter oder das Geschwisterkind.

Loben Sie Ihr Kind für sein Bild und sagen Sie ihm, was Ihnen daran besonders gut gefällt. Lassen Sie es sein Bild einfach beschreiben ohne „Warum?"-Fragen zu stellen. Lassen Sie sich überraschen, welche Geschichten Ihr Kind Ihnen zu seinem Bild erzählt. Sprechen Sie auch über das von Ihnen angefertigte Bild und überlegen Sie miteinander, welche Gemeinsamkeiten und welche Unterschiede es in Ihren Bildern gibt, ohne zu werten, zu loben oder zu kritisieren. Zur nächsten Gruppensitzung bringen Sie bitte Ihre beiden Familienbilder mit.

Modul III Sitzung 11: Übersicht   **Ü11**

Thema	Trennung und die Zeit danach
Fragen	• Wie verlief meine Trennung? • Wie fühle ich mich heute mit der Trennung? • Wie kann ich mir im Trennungsprozess helfen?
Ziele	• Besprechung des eigenen Trennungsprozesses • Wahrnehmung der damit zusammenhängenden Gefühle • Finden und Nutzen von Unterstützung bei der Bewältigung der Trennungsfolgen
Ablauf	1. Blitzlicht und Anwesenheitsbogen 2. Bearbeitung der Wochenübung W10 „Familienbilder" 3. Vorstellung von Sitzungsthema und Sitzungsablauf 4. Übungen: • Rollenspiel, Gruppenleitung: „Familiengeschichte I" • Übung 1, Großgruppe: „Besprechung des Rollenspiels" 5. Zusammenfassung der Information I11 „Trennungen und ihre Folgen" 6. Übung 2; Paarinterview: „Meine Trennung" 7. Erläuterung der Wochenübung W11 „Ein Symbol für meine Trennung"
Arbeitsmaterial Gruppenleiter	• Theoretische Einführung T11 „Trennungen und ihre Folgen" • Anleitung zum Gruppenablauf G11 • Anwesenheitsbogen A11
Arbeitsmaterial Mütter	• Infoblatt I11 • Arbeitsblatt zur Wochenübung W11

Modul III Sitzung 11: Theoretische Einführung   T11

Trennungen und ihre Folgen

Eine Trennung bedeutet für alle Beteiligten eine Vielzahl an **Veränderungen im seelischen, sozialen, finanziellen oder beruflichen Bereich**. Bei einer Trennung trennt man sich zumeist nicht nur vom Partner, sondern auch von einer ganz bestimmten Lebensweise, von Gewohnheiten, Rollen und Selbstbildern. Dabei stehen die Betroffenen vor zwei sich überlappenden Aufgaben:

1. Anpassung an die Auflösung der Zweierbeziehung
2. Aufbau eines neuen Lebensstils

Diese doppelte Aufgabenstellung ist mit einer Reorganisation des Alltags, mit hohen emotionalen Belastungen und oft mit belastenden Veränderungen der eigenen Identität verknüpft. Zudem bringen Trennungen fast immer auch deutlich erkennbare Verschiebungen innerhalb des Bekannten-, Kollegen- und Freundeskreises mit sich. Obwohl jeder Mensch auf diese Veränderungen in einer individuellen Weise reagiert, gibt es dennoch viele **typische Reaktionen und Gefühle in Trennungsprozessen**. Zwischen dem, der die Trennung aktiv veranlasst hat und dem, der verlassen worden ist, bestehen unmittelbar nach der Trennung zwar meistens große Unterschiede im emotionalen Befinden. Aber auch der Partner, der die Trennung aktiv eingeleitet hat, kann dies getan haben, weil er sich zuvor selbst gefühlsmäßig als „verlassen" erlebt hatte, z. B. aufgrund emotionalen Rückzugs oder untreuen Verhaltens des Partners.

Generell ist eine Trennung von einem Partner wie von jeder anderen wichtigen Bezugsperson auch **ein Ereignis, das unsere früh erworbenen Bindungsmuster stark aktiviert**. Während sicher gebundene Menschen bei Trennungen zumeist eine zeitlich begrenzte Trauerreaktion zeigen, neigen unsicher-ambivalent gebundene Menschen zu einer chronischen Niedergeschlagenheit. Unsicher-vermeidend gebundene Menschen hingegen reagieren auf Trennungen häufig nicht mit Trauer, sondern zeigen zahlreiche somatische Symptome wie z. B. Magenschmerzen, erhöhte Ermüdbarkeit, muskuläre Verspannungen usw.

Auch wenn Trennungen heute sehr häufig sind, sollte man nicht vergessen, was für eine enorme Belastung eine Trennung sein kann. Forscher haben eine so genannte „Lebensstressskala" entwickelt, die den Anspruch hat verschiedenste kritische Lebensereignisse nach dem Ausmaß der Belastung zu sortieren, die sie im Durchschnitt auslösen. An der ersten Stelle dieser Skala steht als am stärksten belastendes Ereignis der Tod eines Liebespartners, an zweiter und dritter Stelle folgen Scheidungen und Trennungen vom Liebespartner.

Trennungsphasen

Nach einer Trennung durchlaufen die meisten Menschen bestimmte Phasen des Trennungs- bzw. Trauerprozesses. Es handelt sich dabei zunächst um eine Phase der Verleugnung oder Verdrängung des Geschehens. Es folgen meist eine Phase der starken Emotionen, eine Übergangsphase und schließlich eine Stabilisierungsphase. Diese Phasen werden weiter unten näher vorgestellt. Wichtig an dem Phasenmodell der Trennung ist, dass die einzelnen Stufen auch mehrfach durchlaufen

Modul III Sitzung 11: Theoretische Einführung   T11

werden können, sich also z. B. nach der Übergangsphase noch einmal die Phase der starken Emotionen einstellen kann. Zudem kann die Dauer der einzelnen Phasen bei unterschiedlichen Menschen stark variieren.

Angelehnt ist das Modell der Trennungsphasen an Phasenmodelle, die typische Reaktionen nach dem Tod einer nahestehenden Person abbilden, denn die Trauer nach einer Trennung kann durchaus der Trauer nach dem Tod einer nahestehenden Person ähneln. Insofern ist es auch bei der Bewältigung von Trennungen wichtig **der Trauer Raum zu geben**, um dadurch wirklich Abschied vom Vergangenen nehmen zu können. Sonst besteht die Gefahr, dass man längerfristig unter Selbstvorwürfen oder Wut- und Schuldgefühlen leidet und somit stark der Vergangenheit verhaftet bleibt. Dies kann dazu führen, dass man für notwendige Anpassungsleistungen an die veränderte Situation nicht offen ist.

Phase 1 – Verleugnung und Verdrängung

Diese Phase ist vor allem durch ein Verleugnen und Ignorieren der endgültigen Trennung gekennzeichnet. Selbst wenn der Entschluss zur Trennung gefallen ist, wehren sich die Betroffenen häufig noch gegen diese Wirklichkeit. Das Nicht-wahrhaben-Wollen kann sich dabei sowohl in einer **Flucht in rege Betriebsamkeit** äußern als auch in einem **Zustand innerer Lähmung und Leere**. Ein intensives Gefühl des Betäubtseins stellt sich in der Regel vor allem bei Menschen ein, die von der Trennung sehr unerwartet getroffen wurden. Die Verleugnung der durch die Trennung gegebenen Fakten dient der Abwehr von Ängsten und Verzweiflungsgefühlen und ist **eine gewisse Zeit lang hilfreich und normal**.

Phase 2 – Die starken Emotionen

Kennzeichen dieser Phase sind eine **Vielzahl von zum Teil sogar einander widersprechenden Gefühlen**, die mit großer Intensität erlebt werden. Im Vordergrund stehen nun häufig Trauer, Wut, Verzweiflung, Niedergeschlagenheit, Ängste und Selbstzweifel. Das Spektrum möglicher Gefühle ist jedoch erheblich breiter und kann z. B. auch Euphorie umfassen, wenn nach der Trennung stark auf die neu gewonnene Freiheit und Unabhängigkeit fokussiert wird. Ein anderes sich häufig einstellendes Gefühl ist Schuld, insbesondere bei dem Partner, der aktiv die Entscheidung zur Trennung gefällt hat. Selbst wenn seine Gründe für die Trennung von außen sehr nachvollziehbar erscheinen, entwickeln sich bei ihm häufig dennoch Schuldgefühle, weil er z. B. meint durch die getroffene Entscheidung für den Bruch, der nun durch die Familie geht, verantwortlich zu sein oder auch für das Leid anderer Familienangehöriger.

Das zentrale Gefühl dieser Phase ist jedoch meistens Trauer. **Das Erleben von Trauer hat durchaus positiven Signalcharakter**, denn sie steht für den Beginn der aktiven Auseinandersetzung mit dem belastenden Ereignis und damit für das Einsetzen des **Bewältigungsverhaltens**. Auf Seiten des Verlassenen kann sich die Trauer zunächst in starken Protestreaktionen äußern. Das Aufkommen von Trauer bei demjenigen, der die Trennung aktiver auf den Weg gebracht hat, ist der Trauer des ande-

Modul III Sitzung 11: Theoretische Einführung   T11

ren Partners in der Regel zeitlich vorgelagert. Meistens kommt sie bei Ersterem schon ab dem Zeitpunkt auf, ab dem er sich eingesteht, dass die Beziehung wahrscheinlich nicht mehr zu retten sein wird. Insgesamt hängen Dauer und Intensität des Trauerprozess natürlich stark davon ab, wie eng die Bindung zwischen den beiden Partnern war, wobei manche Menschen z. B. auch nach einer vergleichsweise kurzen Beziehungsdauer bereits ein sehr enges Bindungserleben aufbauen.

Die in Verhalten, Gestik, Mimik und Stimme ausgedrückte Trauer stellt auch ein „artgerechtes" **Signal an die Menschen in der Umgebung** dar, dass die trauernde Person – wie ein kleines, verlassenes Kind – derzeit mit der Bewältigung ihrer Situation überfordert ist und Hilfe braucht.

Zum Trauerprozess gehören eine **zunehmend realistische Rückschau auf die Beziehung** (also eine Rücknahme von Idealisierungen des verlorenen Partners) und ein **Nachdenken über die Gründe für das Scheitern** der Beziehung. Diese Gründe sind allerdings oft nicht wirklich zu klären. Er beinhaltet auch die Auseinandersetzung mit den mit der Trennung verbundenen **Verlusterfahrungen**. Diese Verlusterfahrungen können sich auf verschiedenen Ebenen abspielen. So bedeutet eine Trennung nicht nur den Verlust des Partners, sondern zumeist auch den Verlust gemeinsamer Zukunftspläne, den Verlust der sozialen Rolle des Liebespartners, den Verlust gemeinsamer Freunde und des Paarstatus, oft auch den Verlust sozialer Anerkennung oder finanzieller Spielräume. Auch werden hier frühere Verlusterfahrungen z. B. aus der eigenen Kindheit wieder wirksam und beeinflussen das Erleben der aktuellen Trennung. Diese ganzen Belastungen führen nicht selten auch zu **körperlichen Beschwerden** wie Schlafstörungen, Kopfschmerzen, Konzentrationsschwierigkeiten, Appetitstörungen sowie innerer Unruhe. Insbesondere das erste Jahr nach einer Trennung wird in aller Regel emotional als sehr schwierig empfunden. Dies gilt umso mehr, je stärker vormals vorhandene Hoffnungen durch ernüchternde, der veränderten Realität angepasste Einschätzungen auch der eigenen Möglichkeiten zu ersetzen sind.

Phase 3 – Die Übergangsphase

In dieser Phase zeigen sich **rasch wechselnde, immer wieder auch entgegengesetzte Stimmungen** wie Optimismus und Niedergeschlagenheit, Freude und Resignation. Die zuvor erlebten extremen und mit starkem Leidensdruck einhergehenden Gefühle wie Trauer, Wut und Verzweiflung nehmen jedoch langsam ab. Häufig werden **neue Rollen und Beziehungen aufgebaut** und **neue Verhaltensmuster ausprobiert**. In dieser Phase zeigt sich, dass die Auseinandersetzung mit den Anforderungen, die durch die Trennung entstanden sind, auch zu einer **persönlichen Weiterentwicklung und Reifung** führen kann. Positive Entwicklungen können beispielsweise das bewusste Erleben eigener Stärken und Schwächen im Sinne einer Zunahme der Selbstkenntnis betreffen, einen Zuwachs an Selbstvertrauen und Unabhängigkeit oder auch die Ausbildung neuer Ziele und Werte.

Die Übergangsphase beinhaltet darüber hinaus meistens auch **Veränderungen im Selbstbild**, denn eine Trennung verlangt nach einer Neudefinition des Selbst als „Selbst ohne Partner". Gerade nach langjährigen Partnerschaften ist die eigene Iden-

Modul III Sitzung 11: Theoretische Einführung   T11

tität stark mit der „Beziehungsgestalt" der Partnerschaft verbunden. Freunde, Verwandte, Bekannte oder auch Arbeitskollegen akzeptieren und respektieren die Partner als Teil dieses Paares. Nach der Trennung muss ein großer Teil dieser sozialen Integration neu gefunden werden. Bis sich das Selbstbild wieder stabilisiert hat, können diese Veränderungen für die Betroffnen sehr verunsichernd sein.

Phase 4 – Die Stabilisierungsphase

In dieser Zeit werden die eigene Person und gegebenenfalls die Familie als **neue, wieder „funktionierende" Einheiten erlebt**. Ein **alternatives Lebenskonzept** mit neuen Perspektiven und Möglichkeiten existiert. Alte Muster des Denkens, Fühlens und Handelns wurden modifiziert und an die neue Situation angepasst. Das Selbstbild hat sich den veränderten Bedingungen angepasst und umfasst nun auch das Bewusstsein dafür, dass die Bindung zum früheren Partner abgeschlossen ist. Damit ist eine wichtige Voraussetzung für das eventuelle Eingehen einer neuen partnerschaftlichen Bindung geschaffen.

Wie bereits erwähnt folgen die vier vorgestellten Phasen nicht immer in einer festen Reihenfolge aufeinander, da auch **Rückfälle in frühere Phasen** möglich (und „erlaubt") sind. Prinzipiell können Rückfälle durch viele verschiedene Auslöser bedingt sein. Sie treten mit einer erhöhten Wahrscheinlichkeit auf bei Ereignissen, durch die erneut starke Gefühle für den ehemaligen Partner aktiviert werden, z. B. an Feiertagen, die man stets gemeinsam und in einer bestimmten Weise begangen hat, an Jahrestagen oder auch, wenn der ehemalige Partner eine andere Beziehung eingeht oder erneut heiratet.

Auch wenn das Modell zu dieser Art der Verwendung einzuladen scheint empfiehlt es sich nicht, die Phasendarstellungen als Checklisten zu betrachten, anhand derer man erkennen kann, wie „weit" jemand im Prozess der Trennungsverarbeitung schon vorangekommen ist. Dies wäre eine unzulässige Verkürzung des Modells. Dennoch kann das Wissen um die verschiedenen Phasen wichtig und auch entlastend sein. Viele Menschen versuchen nach einer Trennung besonders stark zu sein, sie reagieren verunsichert auf immer noch oder immer wieder erlebte gefühlsmäßige und körperliche Anzeichen, die dafür sprechen, dass die Trennung noch nicht bewältigt wurde. Man meint sich angesichts der drängend scheinenden Aufgaben und Anforderungen zusammenreißen zu müssen, damit man möglichst schnell alle Pflichten erfüllen kann. **Das Modell verdeutlicht, dass es ganz normal ist, wenn einem dies nur zögerlich und mit wiederholten Rückfällen gelingt – und dass meistens doch auch ein Ende des Abschieds möglich ist, auch wenn die eine oder andere Narbe zurückbleibt.**

Akzeptanz und Ausdruck der Gefühle

Für die Bewältigung der Trennungserfahrung ist die **Akzeptanz der häufig hinter Wut- oder Verachtungsgefühlen bestehenden Trauer** um die gescheiterte Beziehung zentral. Hierbei kann es helfen die heftigen Trauergefühle als normale Reaktion

Modul III Sitzung 11: Theoretische Einführung   T11

zu bewerten. Die Gefühle und Körperreaktionen sind in diesem Augenblick der äußeren Realität eher nicht angemessen. Sie beruhen auf oft auch verdrängten oder unbewussten Erwartungen, Wünschen und Erfahrungen aus der Vergangenheit. Selten werden Menschen so intensiv mit sich selbst und ihrer Geschichte konfrontiert wie während bzw. unmittelbar nach der Trennung von einer primären Bezugsperson. Dies liegt daran, dass zumeist viele Jahre lang Vorstellungen über das gemeinsame zukünftige Leben und die Familiengestaltung gepflegt wurden. Bei vielen Menschen ist die Lebensplanung auf das Zusammenleben in einer idealisierten und ersehnten „heilen" Familie ausgerichtet. Solche Idealvorstellungen werden im Zuge der Trennung an die neuen Lebensumstände und Lebensbedingungen angepasst. Dies unterstreicht noch einmal, wie bedeutsam es in solchen Momenten ist, von sich kein perfektes „Funktionieren" zu verlangen, sondern die momentane Befindlichkeit als natürliche Reaktion auf die auslösenden Ereignisse zu betrachten.

Weiterhin wichtig ist der **Ausdruck der Gefühle**. Viele Menschen haben Angst von ihren intensiven Empfindungen „überrollt" zu werden und die Kontrolle über sich zu verlieren. Häufig wird Trauer mit Schwäche oder unguter Abhängigkeit gleichgesetzt. Man versucht die aufsteigende Trauer nicht zuzulassen, um so zu verhindern, dass man ganz von ihr ergriffen wird. Dabei missachtet man, dass Trauern für die seelische und körperliche Gesunderhaltung angesichts belastender Ereignisse ein elementarer Prozess ist, bei dem etwas z. B. auch bis in die Träume hinein verarbeitet wird. Lässt man seine Trauer auch zu, verleiht man dadurch seiner inneren Bewegung Ausdruck und der Schmerz kann sich langsam lösen. **Verdrängte Trauer** hingegen kann sich auf Dauer in Form von körperlichen Erkrankungen und seelischen Störungen wie Ängsten und Depressivität ihren Weg an die Oberfläche bahnen.

Modul III Sitzung 11: Infoblatt für Mütter   I11

Trennungen und ihre Folgen

Eine Trennung bedeutet für alle Beteiligten eine Vielzahl an **Veränderungen im seelischen, sozialen, finanziellen oder beruflichen Bereich**. Bei einer Trennung trennt man sich zumeist nicht nur vom Partner, sondern auch von einer ganz bestimmten Lebensweise, von Gewohnheiten, Rollen und Selbstbildern.

Menschen reagieren auf diese Veränderungen sehr unterschiedlich. Es gibt allerdings bestimmte Reaktionen, die sehr weit verbreitet sind wie z. B. Gefühle von **Traurigkeit, Verzweiflung und Hilflosigkeit**. Auch die Reaktionen von dem, der den anderen verlassen hat und von dem, der verlassen wurde, müssen gar nicht immer so weit auseinander liegen. Das hängt natürlich vom Einzelfall ab, aber oft verlässt der eine Partner den anderen, weil er von ihm sehr enttäuscht wurde. Eine Frau kann sich beispielsweise dazu entschließen ihren Mann zu verlassen, weil er sich zuvor gefühlsmäßig von ihr stark zurückgezogen hat. Damit hat sie sich vielleicht schon lange bevor sie ihn verlassen hat als die Verlassene erlebt und hat ihre Trauerphase womöglich schon begonnen, bevor sie sich überhaupt dazu entschieden hatte die Beziehung zu beenden. Außerdem hatten beide Seiten zu Beginn der Beziehung bestimmte Vorstellungen und Träume von ihrem gemeinsamen Leben, von denen sie sich nun verabschieden müssen. Das kann ebenfalls für beide Seiten sehr schmerzhaft sein.

Trennungsphasen

Bei einer Trennung durchlaufen die meisten Menschen bestimmte Phasen des Trennungs- bzw. Trauerprozesses. Während dieser Phasen lernen wir Stück für Stück den Verlust anzunehmen und so zu einem neuem Verständnis von uns selbst und von unserer Wirklichkeit zu gelangen. Die Phasen stellen dabei **keinen streng aufeinander folgenden Ablauf** dar, denn man kann z. B. von einer späteren Phase wieder in eine frühere Phase geraten, wenn bestimmte Ereignisse eintreten, die schon überwunden geglaubte Gefühle erneut auslösen. Solche Ereignisse können etwa Feiertage und Jahrestage sein, die man zuvor immer in einer bestimmten Weise gemeinsam verbracht hat oder Ereignisse wie die erneute Heirat des ehemaligen Partners. Statt von verschiedenen Phasen des Trennungsprozesses könnte man deshalb auch von verschiedenen Aspekten des Trennungsprozesses sprechen, also ohne sie in eine bestimmte Reihenfolge zu bringen.

Phase 1 – Das Nicht-wahrhaben-Wollen

Diese Phase ist vor allem durch ein **Verleugnen und Ignorieren der endgültigen Trennung** gekennzeichnet. Selbst wenn der Entschluss zur Trennung gefallen ist, wehren wir uns häufig noch gegen diese Wirklichkeit. Das Nicht-wahrhaben-Wollen kann sich dabei sowohl in einer **Flucht in rege Betriebsamkeit** äußern als auch in einem **Zustand innerer Lähmung und Leere**. Dieser Zustand ist in der Regel umso stärker, je weniger man die Trennung erwartet hat. Die Verleugnung der durch die Trennung gegebenen Fakten dient der Abwehr von Ängsten und Verzweiflungsgefühlen und ist **eine gewisse Zeit lang hilfreich und normal**.

 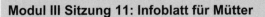

Modul III Sitzung 11: Infoblatt für Mütter   I11

Phase 2 – Die starken Emotionen

Kennzeichen dieser Phase sind eine Vielzahl von **zum Teil sogar einander widersprechenden Gefühlen, die mit großer Intensität erlebt werden**. Im Vordergrund stehen nun häufig Trauer, Wut, Verzweiflung, Niedergeschlagenheit, Ängste und Selbstzweifel. Eine Trennung kann aber auch mit Euphorie einhergehen. Diese Euphorie entsteht aus dem Gefühl von neu gewonnener Unabhängigkeit und Freiheit und wird oft von Schuldgefühlen begleitet, da durch die Trennung ein Bruch der Familie herbeigeführt wurde und andere Familiemitglieder darunter leiden.

Das wesentliche Gefühl dieser Phase ist jedoch meistens **Trauer**. Sie ist besonders wichtig, denn sie zeigt nach der Phase der Verleugnung den **Beginn der aktiven Auseinandersetzung mit dem belastenden Ereignis** und damit den Beginn seiner Bewältigung. Auf Seiten des Verlassenen kann sich die Trauer zunächst in starken Protestreaktionen äußern. Insgesamt werden die Dauer und die Intensität des Trauerprozesses stark davon beeinflusst, wie eng die Bindung zwischen den Partnern war.

Die in Verhalten, Gestik, Mimik und Stimme ausgedrückte Trauer stellt auch ein **„artgerechtes" Signal an die Menschen in der Umgebung** dar, dass die trauernde Person – wie ein kleines verlassenes Kind – derzeit mit der Bewältigung Ihrer Situation überfordert ist und Hilfe braucht.

Zur Trauer gehören auch eine **zunehmend realistische Rückschau auf die Beziehung**, also eine Rücknahme von Idealisierungen des verlorenen Partners, und ein **Nachdenken über die Gründe für das Zerbrechen der Beziehung**, wobei die Gründe oft nicht wirklich zu klären sind. Ebenfalls gefragt ist eine Auseinandersetzung mit den verschiedenen Verlusten, die sich aus der Trennung ergeben. Schließlich zieht eine Trennung nicht nur den Verlust des Partners nach sich, sondern bedeutet meistens auch den Verlust der gemeinsamen Zukunftspläne, den Verlust gemeinsamer Freunde, finanzielle Verluste, manchmal auch den Verlust sozialer Anerkennung usw. Diese ganzen Belastungen führen nicht selten auch zu **körperlichen Beschwerden** wie Schlafstörungen, Konzentrationsschwierigkeiten, Appetitstörungen, Kopfschmerzen sowie innerer Unruhe.

Phase 3 – Die Übergangsphase

In dieser Phase fangen wir an neugierig zu werden auf das, was vor uns liegt. **Wir nehmen unser Leben wieder aktiver in die Hand und sehen eine neue Zukunftsperspektive.** Häufig zeigen sich in dieser Phase **wechselnde Stimmungen** zwischen Optimismus und Niedergeschlagenheit oder zwischen Freude, Neugier und Resignation. Die zuvor erlebten extremen Gefühle wie Trauer, Wut und Verzweiflung nehmen jedoch langsam ab.

Zudem wird jetzt viel experimentiert. **Neue Rollen und Verhaltensmuster** werden ausprobiert und **neue Beziehungen** aufgebaut. Die Auseinandersetzung mit den Anforderungen, die durch die Trennung entstanden sind, kann in dieser Phase zu einer **persönlichen Weiterentwicklung und Reifung** führen. Positive Veränderungen

Modul III Sitzung 11: Infoblatt für Mütter   I11

können dabei das genauere Erkennen eigener Stärken und Schwächen sein, ein Zuwachs an Selbstvertrauen und Unabhängigkeit sowie die Ausbildung neuer Ziele und Werte. Manchmal kann die Veränderung des Selbstkonzeptes allerdings auch sehr verunsichernd sein, wenn wir z. B. Seiten an uns entdecken, die wir überhaupt nicht von uns kennen.

Phase 4 – Die Stabilisierungsphase

In dieser Phase haben wir unser **inneres Gleichgewicht wieder erreicht**. Wir erleben die eigene Person und gegebenenfalls die Familie als neue und gut funktionierende Einheit. Ein **neues Lebenskonzept** mit neuen Wegen und Möglichkeiten besteht. Alte Muster des Denkens, Fühlens und Handelns sind zum Teil abgelegt und durch neue ersetzt worden. Und auch das Selbstbild hat sich an die veränderten Lebensumstände angepasst.

Wie oben schon einmal erwähnt folgen diese vier Phasen nicht unbedingt in einer festen Reihenfolge aufeinander, da es z. B. auch **Rückfälle in eine frühere Phase** geben kann. Auch Jahre nach der Trennung kann z. B. das Gefühl der Lähmung wieder hochkommen, wenn man zufällig erfährt, dass der ehemalige Partner erneut Vater geworden ist. **Aber auch in die andere Richtung folgt die Reihenfolge nicht immer streng der Einteilung in die verschiedenen Phasen.** Die Ahnung einer neuen Sichtweise oder eines anderen, leichteren Lebens kann auch ganz am Anfang des „Trennungsdramas" schon in uns aufblitzen.

Zudem sollten Sie das Modell der vier Phasen nicht als eine sichere Beurteilungsgrundlage betrachten, die Ihnen Auskunft darüber geben kann, wie „weit" Sie im Prozess der Trennungsbewältigung schon vorangeschritten sind. Modelle sind nie perfekte Abbildungen der Wirklichkeit, sondern versuchen sie durch Vereinfachungen zu erklären – und das gelingt immer nur teilweise. Dennoch kann das Wissen um diese Phasen wichtig sein. Viele Menschen versuchen in der Zeit nach der Trennung besonders stark zu sein und sind verunsichert von ihren immer wieder auftretenden Gefühls- und Körperreaktionen. Sie versuchen sich zusammenzureißen, weil sie doch funktionieren müssen und weil viele neue Aufgaben und Anforderungen warten. Damit setzen sie sich jedoch zusätzlich unter Druck, wodurch sich der Schmerz eher noch vergrößern kann.

Welche Bewältigungsschritte können im Trennungsprozess helfen?

Akzeptieren Sie Ihre Gefühle

Hilfreich ist es zunächst einmal die starken Gefühle, die während eines Trennungsprozesses fast immer früher oder später hochkommen, für den Augenblick zu akzeptieren. **Es ist normal, wenn man in so einer belastenden Zeit aus dem Gleichgewicht gerät.** Die Gefühle und Körperreaktionen sind in diesem Augenblick der äußeren Realität eher nicht angemessen. Sie erklären sich aus der Enttäuschung unserer

 **Modul III Sitzung 11: Infoblatt für Mütter   I11**

Erwartungen und Wünschen und vor dem Hintergrund unserer Erfahrungen aus der Vergangenheit.

Selten werden wir so intensiv mit uns selbst und unserer Geschichte konfrontiert wie während der Trennung von einer uns nahestehenden Person. Schließlich haben wir schon von klein an Vorstellungen über unser zukünftiges Lebens und über unsere eigene spätere Familie entwickelt. Manchmal haben wir diese Lebensentwürfe angesichts eigener Verletzungen in der Kindheit auch in scharfem Kontrast zu unserer eigenen Herkunftsfamilie gezeichnet. Insofern handelt es sich oft um Bilder, die wir über einen langen Zeitraum entworfen und die wir uns in schönen Farben ausgemalt haben. Das kann der Traum von der glücklichen Großfamilie mit fünf Kindern gewesen sein oder auch der Wunsch nach trauter Zweisamkeit ganz ohne Kinder. Das Zusammenleben in einer Partnerschaft, in der man seelischen Halt und emotionale Unterstützung erfährt, stellt für viele Menschen ein Ideal dar. Und plötzlich kommt alles ganz anders, man muss sich an neue Lebensumstände anpassen und erlebt, wie das, was bisher galt, nichts mehr wert ist. Dieser Prozess ist fast immer sehr schmerzhaft. Verurteilen Sie sich deshalb nicht, wenn Sie auch lange nach der Trennung nicht so „funktionieren", wie Sie es von sich gewohnt waren. Sie reagieren damit vollkommen normal auf ein einschneidendes Ereignis in Ihrem Leben.

Es ist hilfreich, wenn man sich **erlaubt diese schwierigen Gefühle auszudrücken**. Viele Menschen befürchten, sie würden von ihren intensiven Empfindungen überrollt werden und die Kontrolle über sich verlieren, wenn sie erst einmal damit anfingen ihre Trauer, ihre Wut und Enttäuschung offen zu zeigen. Aber Gefühle, die man zulässt und deren Ausdruck man sich erlaubt, werden auch wieder schwächer und machen dann den **Weg frei für andere Gefühle**, für neuen Lebensmut und Zuversicht. Sie werden auch wieder aufhören können sich zu bedauern oder zu weinen. Fast allen Menschen tut es gut sich auf die Suche nach Möglichkeiten zu machen, wie sie ihren Gefühlen Ausdruck verleihen können. Dabei kann jeder seinen eigenen Stil entwickeln: Manche Menschen schreiben oder malen, andere suchen Gleichgesinnte, mit denen sie sich austauschen können oder treiben Sport, bei dem es auch mal etwas rauer zugehen darf.

Manchmal kann es auch Phasen geben, in denen man sich so kraftlos und niedergeschlagen fühlt, dass man nur noch wenig Sinn in seinem Leben sieht. In solchen Zeiten kann es hilfreich sein, einfach nur für den kommenden Tag zu leben und die Zukunft erst einmal so weit es geht beiseite zu schieben. Einen einzelnen Tag zu überschauen kostet viel weniger Kraft als sich ständig damit auseinander zu setzen, wie denn nun der gesamte „Rest" des Lebens weitergehen soll.

Seien Sie liebevoll mit sich

Gerade wenn man sich einsam und verlassen fühlt und es niemanden gibt, der sich um einen kümmert, ist es wichtig, dass man diese Aufgabe selbst übernimmt. Versuchen Sie, für sich selbst da zu sein, auch wenn viele Anforderungen und Verpflichtungen anstehen. Diese können Sie umso besser wieder bewältigen, wenn Sie **sich selbst Kraft schenken**. Verwöhnen Sie sich auch mit „Kleinigkeiten" und versuchen

Modul III Sitzung 11: Infoblatt für Mütter I11

Sie auf sich zu achten. Behandeln Sie sich selbst ein wenig wie ein krankes Kind, das Sie im Arm halten und dem man Zeit geben muss um wieder gesund zu werden.

Suchen Sie sich zwischenmenschliche Unterstützung

Gerade in Krisenzeiten brauchen Sie die liebevolle, verständnisvolle und zuverlässige **Zuwendung anderer Menschen**. Bei ihnen finden Sie emotionale Unterstützung, praktische Hilfe, oder auch (zumindest vorübergehende) Möglichkeiten zur Kinderbetreuung. Am wichtigsten ist jedoch der **emotionale Halt** von anderen, die Ihnen verständnisvoll begegnen und Ihnen zuhören, ohne zu werten oder genervt zu sein, wenn Sie zum hundertsten Mal dasselbe erzählen. Deshalb sollten Sie lernen, Hilfe von anderen anzunehmen und in dieser Hinsicht „**Nehmerqualitäten**" entwickeln. Hier zeigt sich auch, auf wen Verlass ist und wer bereit ist, Sie in Ihrem geschwächten Zustand ein wenig mitzutragen. Manchmal verändert sich der Freundeskreis sehr stark durch eine Trennung. Sehen Sie dies als Chance an, neue Menschen zu finden, die allein an Ihnen interessiert sind oder die vielleicht schon Ähnliches erlebt haben und Ihnen als ein positives Modell dienen können.

Geben Sie sich Zeit

Es kann sein, dass Sie sich in manchen Momenten kaum wiedererkennen. Vielleicht waren Sie es gewohnt, kaum Fehler zu machen, einen sehr ordentlichen Haushalt zu führen und stark auf Ihr Aussehen zu achten und verhalten sich nun genau gegenteilig. Verurteilen Sie sich nicht dafür, sondern **akzeptieren Sie, dass Sie im Moment anders sind**. Sie sind kein Roboter, sondern ein Mensch, der seine Zeit braucht um sich an die neuen Lebensumstände zu gewöhnen.

Nehmen Sie Abschied

Nehmen Sie Abschied **von der Beziehung und den mit ihr verbundenen Idealen und Hoffnungen**. Versuchen Sie nicht mehr so viel an Ihren ehemaligen Partner zu denken, verweilen Sie weniger in der Vergangenheit, schieben Sie Möglichkeiten der Versöhnung oder der Rache beiseite und versuchen Sie nicht mehr über sein derzeitiges Leben zu fantasieren. Denn sonst bleiben Sie von etwas abhängig, das nicht mehr existiert. Häufig ist es sinnvoll Bilder oder Gegenstände wegzuräumen oder zu „begraben", die uns an den ehemaligen Partner erinnern.

Modul III Sitzung 11: Gruppenablauf   G11

Blitzlicht und Anwesenheitsbogen

Wie kommen Sie heute hier an? Wie geht es Ihnen?

Bearbeitung der Wochenübung W10 „Familienbilder"

In der letzten Woche hatten Sie und Ihr Kind die Aufgabe jeweils ein Familienbild zu malen. Wie ist es Ihrem Kind und Ihnen dabei ergangen?
Wer möchte gern darüber berichten?

Während der Besprechung und Beschreibung der Bilder lenkt die Gruppenleitung die Aufmerksamkeit der Teilnehmerinnen verstärkt auf den Vater bzw. bei einer Auslassung des Vaters auch auf sein Fehlen. Folgende Fragen sollten Sie diskutieren:

1. Welche Gemeinsamkeiten zwischen Ihrem Bild und dem Bild Ihres Kindes sind Ihnen aufgefallen? Und welche Unterschiede?

2. Wurde der Vater von Ihrem Kind oder von Ihnen gezeichnet?

3. Was fällt Ihnen an der Darstellung des Vaters auf? Wie sieht er aus, wo steht er? Wo liegen die Gemeinsamkeiten bzw. Unterschiede in den Darstellungen von Ihnen und Ihrem Kind?

4. Wenn der Vater nicht gezeichnet wurde: Wie empfinden Sie seine Abwesenheit?

Es ist auch hier wichtig, das Gesagte nicht zu werten oder „erzieherisch" zu kommentieren, sondern es stehen zu lassen.

Bieten Sie den Teilnehmerinnen nach der Besprechung der Wochenübung zudem die Möglichkeit, noch offen gebliebene Fragen zum Infoteil I10 zu klären.

Vorstellung von Sitzungsthema und Sitzungsablauf

Lenken Sie von der Darstellung des Vaters auf das Thema der heutigen Sitzung über. Verwenden Sie die Übersicht Ü11, um den Teilnehmerinnen einen kurzen Überblick über das vorliegende Programm zu geben.

Modul III Sitzung 11: Gruppenablauf   **G11**

Rollenspiel: „Familiengeschichte I"

Material	Es wird kein gesondertes Material benötigt.
Methode	Rollenspiel
Ziel	Trennung von Elternverantwortung und Paarkonflikt Wahrnehmung der gemeinsamen Elternverantwortung Identifikation mit dem Wunsch des Kindes nach beiden Elternteilen
Zeit	Ca. 15 Minuten

Vorgehensweise/Anleitung:

- Die Gruppenleiter erklären kurz, dass sie jetzt ein Rollenspiel darstellen möchten und bitten eine der Teilnehmerinnen, an diesem Spiel teilzunehmen. Falls sich dies keine Teilnehmerin zutraut, kann die Gruppenleitung betonen, dass die Teilnehmerin selbst nichts sagen muss, sondern dass sie von den Gruppenleitern geführt wird.

- Bitten Sie die Teilnehmerinnen vor Beginn ausdrücklich um ihre schweigende und ruhige Aufmerksamkeit. Ermuntern Sie sie zudem dazu, sich während des Spiels auf ihre Gefühle einzulassen und zu erspüren, was sie innerlich bewegt. Günstig ist es auch, wenn die Teilnehmerinnen versuchen, die Gesichter der Spielenden aufmerksam zu beobachten.

- Versuchen Sie die Geschichte während des Rollenspiels möglichst lebendig darzustellen und gleichzeitig zu kommentieren. Die Mütter verfolgen die Geschichte aufmerksam. Von eventuell doch auftauchender Unruhe, z. B. Getuschel oder Lachen der Mütter, sollten sich die Gruppenleiter nicht ablenken lassen.

- Es ist wichtig, dass Sie die einzelnen Spielabschnitte nicht zu kurz gestalten. Die emotionale Wirkung der einzelnen Szenen tritt viel deutlicher hervor, wenn Sie nicht bereits nach einigen Sekunden zur nächsten Szene wechseln. Rechnen Sie daher bitte für die Darstellung jeder einzelnen Szene jeweils mit **ein bis zwei Minuten Spielzeit**. Emotionales Unbehagen gehört bei dieser Übung dazu. Das auszuhalten ist für Sie und für die Gruppe wahrscheinlich nicht leicht, aber zur Verdeutlichung des kindlichen Erlebens notwendig.

- Da es in der heutigen Sitzung hauptsächlich um das Thema Trennung geht, sollten die Gruppenleiter den Fokus vor allem auf die Darstellung der Beziehung und der Trennung legen. Einer der beiden Gruppenleiter kommentiert die Szenenfolge mit ruhigen Regieanweisungen:

Modul III Sitzung 11: Gruppenablauf   **G11**

1. *Mutter und Vater lernen sich kennen. Sie umkreisen einander und schauen sich dabei immer wieder in die Augen. Sie verlieben sich ineinander und gehen Hand in Hand.*

2. *Sie werden ein Paar, stehen sich gegenüber, reichen sich beide Hände und halten sie fest. Sie schauen sich lange und schweigend in die Augen. Dann strecken sie ihre Arme aus und legen die Hände auf die Schultern des anderen Partners.*

3. *Das Paar bekommt ein Kind. Die Teilnehmerin, die die Rolle des Kindes innehat, erhebt sich von ihrem Platz im Stuhlkreis und stellt sich zwischen Mutter und Vater, die weiter ihre Hände auf den Schultern des Gegenübers ruhen lassen. Das Kind wendet sich in diesem engen Raum abwechselnd mehrfach Mutter und Vater zu.*

4. *Dann öffnet sich der enge Raum und Vater, Mutter und Kind bilden einen Kreis. Sie halten sich an den Händen fest, gehen im Kreis umher und schauen sich dabei an. Sie sind eine Familie.*

5. *Langsam bauen sich Differenzen zwischen Mutter und Vater auf. Immer häufiger streben sie in entgegengesetzte Richtungen und beachten einander nicht. Alle wirken zunehmend unglücklicher.*
   (Hier können Sie die Dynamik des Trennungsprozesses relativ frei gestalten)

6. *Die Störungen nehmen zu und werden heftiger.*
   Alternative Darstellungsweise:
   Ein Elternteil wird immer passiver, trottet mit, zieht sich zunehmend zurück und beachtet die restlichen Familienmitglieder immer weniger.
   (Lassen Sie sich bei der Entscheidung für eine der beiden Varianten von Ihrem Gefühl für die Trennungsgeschichten der Teilnehmerinnen leiten.)

7. *Die Eltern fassen sich nun nicht mehr an den Händen, so dass der Familienkreis reißt. Zwar halten Vater und Mutter jeweils noch eine Hand des Kindes, aber sie selbst haben ihre Hände voneinander gelöst. Alle drei stehen nun nebeneinander, wobei das Kind in der Mitte steht.*

8. *Das Kind wird immer ängstlicher, versucht zu schlichten und die beiden Elternteile zu beruhigen.*

9. *Mutter und Vater ziehen das Kind zunächst abwechselnd in verschiedene Richtungen, dann ziehen sie das Kind beide gleichzeitig in verschiedene Richtungen. Zwischendurch halten sie noch Blickkontakt zum Kind. Schließlich wenden sie sich vom Kind ab und lösen die Hände von ihm. Die Familienkette reißt auf und das Kind steht allein. Die Eltern schauen sich wütend an.*

Modul III Sitzung 11: Gruppenablauf   **G11**

10. Keiner hält den anderen mehr fest, jeder steht jetzt für sich – die Mutter auf der einen, der Vater auf der anderen Seite. Sie schauen in unterschiedliche Richtungen.

11. Der Blick des Kindes ist auf die Mitte des eben noch vorhandenen Familienkreises gerichtet. Das Kind bleibt allein zurück und ist verzweifelt.

12. Das Kind läuft zur Mutter und dann zum Vater. Es nimmt sie an die Hand und zieht sie zurück in die Mitte. Es versucht die Hände der Eltern wieder zu verbinden, die Hände aber ergreifen sich nicht, sondern stoßen sich ab. Die Eltern wollen nicht. Sie weigern sich. Ein verzweifelter Kampf beginnt und steigert sich immer mehr. Das Kind zieht die Eltern immer wieder zurück in den Kreis.

13. Die Eltern lassen erneut los und gehen wieder auseinander. Das Kind gibt auf. Die Eltern stehen weit entfernt vom Kind auf verschiedenen Seiten das Raumes, das Kind sitzt in der Mitte des Raumes traurig auf dem Boden.

Übung 1: „Besprechung des Rollenspiels"

Material	Es wird kein gesondertes Material benötigt.
Methode	Brainstorming
Form	Gruppenübung
Ziel	Trennung von Elternverantwortung und Paarkonflikt Wahrnehmung der gemeinsamen Elternverantwortung Identifikation mit dem Wunsch des Kindes nach beiden Elternteilen
Zeit	Ca. 25 Minuten

Vorgehensweise/Anleitung:

- Diese Übung dient als Feedback zum Rollenspiel. Dabei können die Gruppenleiter zunächst noch einmal betonen, dass jede Trennung individuell ist und sich das Gesehene auf den ersten Blick von der eigenen Trennung wahrscheinlich unterscheidet. Dennoch gibt es oft Gemeinsamkeiten auf der Ebene der Gefühle, die mit einer Trennung verbunden sind. Bei der Besprechung soll deshalb der Fokus weniger darauf gerichtet werden, inwieweit die eigene Trennung anders verlief als die Darstellung der Trennung im Rollen-

 **Modul III Sitzung 11: Gruppenablauf**   **G11**

spiel. Stattdessen sollen vor allem die Gefühle und Assoziationen der Mütter hinsichtlich des gerade Gesehenen besprochen werden. Zur Unterstützung dieses Prozesses können die Gruppenleiter auch selbst einbringen, wie sie sich während des Rollenspiels gefühlt haben.

- Folgende Fragen können weiterhin hilfreich sein:

    1. Wie geht es Ihnen jetzt? (Besonders sinnvoll ist es, wenn Sie zunächst der Teilnehmerin, die die Rolle des Kindes eingenommen hat, die Möglichkeit bieten zu berichten, wie Sie sich nun fühlt.)
    2. Wie erging es Ihrer Meinung nach dem Kind?
    3. Was haben Sie beim Zusehen gefühlt? Welche Erinnerungen sind in Ihnen eventuell hochgekommen?
    4. Auf welche Rolle haben Sie besonders geachtet? Wie fühlte sich Ihrer Einschätzung nach die Mutter, wie der Vater, wie das Kind?

- Hierbei soll ein bewertungsfreier Austausch angeregt werden, in dem nach Möglichkeit jede Teilnehmerin ausreichend Raum bekommt, um über ihre Gefühle, Gedanken und körperlichen Wahrnehmungen zu sprechen. Wenn das Rollenspiel bei einer Teilnehmerin Schuldgefühle aktiviert hat, weil ihr (vielleicht sogar zum ersten Mal) die Position des Kindes bewusst geworden ist, so sollten Sie als Gruppenleitung diese Teilnehmerin ermutigen über ihre Gefühle in der Gruppen zu sprechen. Distanzierende Äußerungen einzelner Mütter (wie z. B. „das ist unrealistisch", „das ist doch alles nur gespielt") können vorsichtig kommentiert werden. Hierbei kann betont werden, dass es sich um inneres Erleben handelt. Sollte es zu kränkenden oder entwertenden Kommentaren einer Teilnehmerin kommen, so sollte die Gruppe hiervor geschützt werden, um den Prozess der gefühlszentrierten Wahrnehmung nicht zu beschädigen.

Zusammenfassung der Information I11 „Trennungen und ihre Folgen"

Verteilen Sie jetzt an die Teilnehmerinnen die Unterlagen für die heutige Sitzung und referieren Sie die zentralen Inhalte des Textes I11. Hierzu sollten Sie sich vor der Sitzung mit diesem Text und mit dem Text T11 vertraut gemacht haben. Wie ausführlich Sie die Präsentation gestalten und welche Inhalte Sie besonders hervorheben wollen, bleibt Ihnen überlassen. Bieten Sie den Teilnehmerinnen zudem die Gelegenheit zu Rückfragen und empfehlen Sie den Müttern den Text zu Hause noch einmal gründlich zu lesen.

Modul III Sitzung 11: Gruppenablauf   **G11**

Übung 2: „Meine Trennung"

Material	Es wird kein gesondertes Material benötigt.
Methode	Wechselseitiges Interview
Form	Paarübung
Ziel	Wahrnehmung der bestehenden Gefühle hinsichtlich der eigenen Trennung
Zeit	Ca. 20 Minuten

Vorgehensweise/Anleitung:

Bei dieser Übung soll jeder Teilnehmerin in einem Paarinterview die Möglichkeit gegeben werden, die eigene Trennung zu reflektieren. Hierzu ist es günstig, wenn zunächst eine der Teilnehmerinnen in jeder Zweiergruppe in die Rolle einer einfühlsamen Interviewerin schlüpft und nach ungefähr der Hälfte der Zeit die Rollen getauscht werden.

- Falls eine Teilnehmerin mit dem Vater ihres Kindes nie eine feste Partnerschaft hatte, kann es im Rahmen des Paarinterviews sinnvoll sein zu besprechen, ob nicht auch diese Situation zumindest mit der Trennung von bestimmten Lebenszielen und Lebensentwürfen verbunden gewesen ist. Alternativ besteht in diesem Fall aber auch die Möglichkeit, dass das Interview sich auf eine andere bedeutsame Trennung im Leben dieser Teilnehmerin bezieht.

- Geben Sie den Teilnehmerinnen folgende Fragen als Anregung für das Interview mit auf den Weg:

    1. Was an dem Rollenspiel hat dich an deine Trennung erinnert?

    2. Wie ist deine Trennung verlaufen? Hatte sie bestimmte Phasen? Wann wurde das erste Mal an Trennung gedacht und wann ist letztlich der Entschluss zur Trennung gefallen?

    3. Was hat sich durch die Trennung in deinem Leben verändert?

    4. Was hat dir während der Trennung geholfen? Was kann dir jetzt helfen?

- Versuchen Sie als Gruppenleitung die Zeit so einzuteilen, dass am Ende der Sitzung die Möglichkeit für ein Abschluss-Blitzlicht besteht. Die heutigen Gruppeninhalte dürften stark affektmobilisierend gewesen sein – da ist es gut sich

 **Modul III Sitzung 11: Gruppenablauf**   **G11**

vor der Verabschiedung noch einmal zu vergewissern, dass alle die besprochenen Inhalte gut tragen können. Gegebenenfalls sollten Sie überlegen, was eine Teilnehmerin im Anschluss an die Sitzung ganz konkret tun kann, um sich zu entlasten.

Erläuterung der Wochenübung W11 „Ein Symbol für meine Trennung"

Die Gruppenleitung verteilt die Arbeitsunterlagen für die Wochenübung an die Teilnehmerinnen. Die Wochenübung wird anschließend kurz vorbesprochen, wobei auch Gelegenheit zu Rückfragen bestehen sollte.

 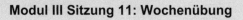

Modul III Sitzung 11: Wochenübung   W11

Arbeitsblatt zur Wochenübung W11 „Ein Symbol für meine Trennung"

Nehmen Sie sich nach der heutigen Sitzung oder im Lauf der kommenden Woche etwas Zeit für sich selbst. Ziehen Sie sich in Ruhe zurück und rufen Sie sich noch einmal Ihre eigene Trennung in Erinnerung.

Wie ging es Ihnen damals?
Was ist geschehen?
Wie geht es Ihnen heute damit?

Überlegen Sie sich dann, was Ihre Trennung bzw. Ihre eigene Situation in dieser Zeit besonders gut widerspiegeln könnte und suchen Sie nach einem Symbol für Ihre Trennung. Sie können hierfür einen konkreten Gegenstand nehmen (z. B. eine Zigarettenpackung, weil Sie damals so viel geraucht haben) oder auch etwas malen oder aufschreiben. Es kann sich dabei um ein positives Symbol handeln (z. B. eine Feder, weil Sie sich befreit fühlten) oder um ein negatives Symbol (z. B. ein zerrissenes Blatt Papier, weil Sie damals das Gefühl hatten in Stücke zerrissen zu werden). Was Sie als Symbol aussuchen, bleibt ganz Ihnen überlassen. Wichtig ist nur, dass es Ihre Gefühle und Ihren eigenen Trennungsprozess gut widerspiegelt. Bitte suchen Sie jedoch nichts aus, das sehr wertvoll oder kostbar ist. Entscheiden Sie sich für etwas, von dem Sie sich auch trennen können.

Bringen Sie diesen Gegenstand bitte nächste Woche zur Gruppe mit.

Notieren Sie zudem hier in einigen Stichworten, warum Sie sich für dieses Symbol entschieden haben:

_____

_____

_____

_____

_____

 **Modul III Sitzung 12: Übersicht** **Ü12**

Thema	Paarkonflikt und Elternverantwortung
Fragen	• Wie kann ich zwischen Elternverantwortung und meinem Partnerkonflikt unterscheiden? • Wie kann ich den Bedürfnissen und Wünschen meines Kindes im Hinblick auf beide Elternteile im Alltag gerecht werden?
Ziele	• Trennung von Elternverantwortung und Paarkonflikt • Wahrnehmung der gemeinsamen Elternverantwortung • Identifikation mit dem Kind im Hinblick auf beide Elternteile
Ablauf	1. Blitzlicht und Anwesenheitsbogen 2. Bearbeitung der Wochenübung W11 „Ein Symbol für meine Trennung" 3. Vorstellung von Sitzungsthema und Sitzungsablauf 4. Übungen: • Rollenspiel, Gruppenleitung: „Familiengeschichte II" • Übung 1, Großgruppe: „Besprechung des Rollenspiels" • Rollenspiel, Gruppenleitung: „Übergabesituation" • Übung 2, Großgruppe: „Besprechung des Rollenspiels" 5. Zusammenfassung der Information I12 „Paarkonflikt und Elternverantwortung" 6. Übung 3, Einzel: „In welchen Bereichen fällt es mir schwer, meinen Partnerkonflikt von meiner Elternverantwortung zu trennen?" 7. Erläuterung der Wochenübung W12 „Mein ehemaliger Partner – der Vater meines Kindes. Einführung eines Talismans für mein Kind"
Arbeitsmaterial Gruppenleiter	• Theoretische Einführung T12 „Paarkonflikt und Elternverantwortung" • Anleitung zum Gruppenablauf G12 • Anwesenheitsbogen A12 • Pappschachtel, Schuhkarton oder Ähnliches
Arbeitsmaterial Mütter	• Infoblatt I12 • Arbeitsblatt zur Wochenübung W12

Modul III Sitzung 12: Theoretische Einführung   T12

Trennung von Paarkonflikt und Elternverantwortung

Das Schuldprinzip, nach dem Ehen früher geschieden wurden, existiert heute nicht mehr. Dennoch gibt es bei Scheidungen und Trennungen nach wie vor sehr häufig gegenseitige Beschuldigungen der ehemaligen Partner, hart umkämpfte Sorgerechtsverhandlungen vor Gericht und andere Streitigkeiten.

Wissenschaftliche Studien belegen, dass dies oft nicht nur zu kurzfristigen Belastungen, Verletzungen und psychischen Problemen führt, sondern sogar noch Jahre nach der Scheidung **Langzeitfolgen** auch für die betroffenen Kinder nach sich ziehen kann. Im vorliegenden Text soll ausgehend von der Frage „Zusammenbleiben um jeden Preis?" kurz auf die Folgen einer Trennung oder Scheidung bei Kindern eingegangen werden. Darauf aufbauend wird ein mögliches Lösungsprinzip für die Gestaltung der Zeit nach dem Ende einer Partnerschaft vorgestellt. Es handelt sich um das Prinzip der Trennung von Paarkonflikt und Elternverantwortung.

Zusammenbleiben um jeden Preis?

Die Folgen einer Trennung der Eltern für die beteiligten Kinder können sehr unterschiedlich sein und hängen von zahlreichen Einflüssen ab. Bei **schweren Partnerschaftskonflikten** (z. B. im Fall von Alkoholmissbrauch oder elterlicher Gewalt) **ist die Trennung der Partner sicherlich der späteren Entwicklung des Kindes dienlicher als die Aufrechterhaltung einer auf Dauer schlimmen und zerstörerischen Beziehung**. In anderen Fällen hingegen können aus einer Trennung der Eltern für deren Kinder verschiedene Entwicklungsbeeinträchtigungen resultieren.

Lange Zeit war die Meinung verbreitet, dass Kinder gut mit der Trennung der Eltern zurechtkämen, solange sich die Eltern gemeinsam auf die Trennung verständigten. Dies hat sich so nicht bewahrheitet. Kinder können auch dann unter einer Trennung ihrer Eltern leiden, wenn beide Elternteile die Trennung für den besten Weg halten. Ein zweiter Mythos war die Vorstellung, dass eine Trennung der Eltern für Kinder allenfalls eine vorübergehende Krise darstelle. Diese Annahme führte dazu, dass sich Hilfsangebote vor allem auf die Zeit kurz vor bzw. nach der Trennung richteten. Heute wissen wir, dass dies manchmal nicht ausreicht und unter Umständen auch **längerfristige Hilfsangebote** benötigt werden.

Bei über längere Zeit anhaltenden Konflikten in einer Partnerschaft wäre es natürlich ideal, wenn es den Partnern in einem offenen Gespräch gelänge, ihre Konflikte und Schwierigkeiten gemeinsam aus dem Weg zu räumen. Diese Gespräche gelingen jedoch vielen Paaren nicht ausreichend gut. Dann besteht eine Möglichkeit darin, professionelle Hilfe in Anspruch zu nehmen und z. B. eine Eheberatungsstelle aufzusuchen. Nicht selten kann aber trotz aller Bemühungen kein Ausgleich gefunden werden. Dann kann es an der Zeit sein, sich zu trennen. Für alle Beteiligten und besonders für Kinder ist es eher ungünstig, wenn sie als Druckmittel benutzt werden, um eine Trennung zu verhindern oder Interessen einer Seite im Streit durchzusetzen.

 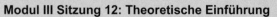

Modul III Sitzung 12: Theoretische Einführung   T12

Mögliche nachteilige Folgen einer Trennung oder Scheidung der Eltern für Kinder

Für alle Familienangehörigen ist die Trennung der Eltern eine dramatische Veränderung, die zahlreiche Anpassungsleistungen auf verschiedenen Ebenen erfordert. Anknüpfend an Sitzung 11, die sich vor allem mit dem Erleben der Trennung aus Sicht der Mütter beschäftigt hat, soll nun kurz auf mögliche Folgen der Trennung für Kinder eingegangen werden. So zeigen Untersuchungen, dass Kinder, deren Eltern sich getrennt haben, sich im Unterschied zu Kindern aus Zweielternfamilien zu Hause, im Kindergarten und in der Schule **sozial schwieriger** verhalten. Sie leiden vergleichsweise häufiger unter **Niedergedrücktheit** und **Lernschwierigkeiten** und haben mehr **Konflikte im Umgang mit Altersgenossen**. Kinder geschiedener oder nach einer Scheidung erneut verheirateter Eltern werden häufiger zur schulpsychologischen Beratung überwiesen und stellen einen verhältnismäßig großen Anteil der Patienten in therapeutischen Einrichtungen. Die Auswirkungen einer stark konflikthaften Trennung der Eltern lassen sich **auch im Jugendalter und im frühen Erwachsenenalter** noch feststellen. Jugendliche und junge Erwachsene, deren Eltern sich getrennt haben, werden im Vergleich zu Jugendlichen bzw. jungen Erwachsenen, deren Eltern nicht getrennt leben, früher sexuell aktiv, haben häufiger Frühschwangerschaften im Teenageralter und haben später eine vergleichsweise hohe Scheidungsrate. Zahlreiche Studien zeigen zudem, dass erwachsene Scheidungskinder **im Durchschnitt mehr psychische Probleme** haben als Erwachsene, deren Eltern sich nicht getrennt haben. Hierbei gilt: Je älter die Kinder zum Zeitpunkt der Trennung sind, umso eher können sie – mit der nötigen Unterstützung – die Trennungsfolgen bewältigen.

Als **Reaktion kurz nach der Trennung** der Eltern können bei Kindern viele verschiedene Symptome auftreten wie z. B. Kopfschmerzen, Bauchweh, Einnässen, Einkoten oder auch aggressives Verhalten. Auf emotionaler Ebene werden durch eine Trennung der Eltern häufig **Ängste, Wut und Traurigkeit, aber auch Schuldgefühle** hervorgerufen. Wie schon im Infoblatt zur Sitzung 7 dargestellt beziehen sich die Ängste der Kinder auf den Verlust des Elternteils, mit dem sie künftig nicht mehr zusammen leben und auch auf die Vorstellung eines drohenden Verlustes des zweiten Elternteils. Kinder können auch Ängste entwickeln, dass Streitigkeiten einen Liebesverlust nach sich ziehen bzw. dass sie insgesamt von ihren Eltern nicht mehr geliebt werden.

Der **zielgerichtete Ausdruck** von Wut und Ärger gegenüber den Eltern in Folge der Scheidung ist Kindern oft nicht möglich. Sie geraten in große innere Konflikte, weil sie den Eltern nicht noch mehr zumuten und sie die Beziehung nicht weiter gefährden wollen, weshalb sie sich häufig besonders brav und „pflegeleicht" zu verhalten versuchen. Eine gestreute und ziellose Aggression der Umwelt gegenüber kann das Ergebnis sein.

Eine **Übernahme der Verantwortung für die Scheidung** bis hin zu massiven Schuldgefühlen findet sich vor allem bei jüngeren Kindern. Speziell wenn die Eltern sich in der Anwesenheit des Kindes oft eskalierend und unbegrenzt streiten, kann dies beim Kind die Vorstellung erwecken, dass es selbst der Anlass der Auseinandersetzungen ist.

Modul III Sitzung 12: Theoretische Einführung   T12

Die spätere Entwicklung des Kindes wird durch eine Trennung besonders dann negativ beeinflusst, wenn die Eltern auch nach der Trennung in anhaltende **persönliche und feindselige Konflikte** verstrickt sind und das Kind hier mit einbezogen wird. Mögliche Folgeprobleme für die Kinder sind dann z. B.:

Loyalitätskonflikte: Kinder entwickeln zu beiden Elternteilen eine intensive Beziehung. Diese Intensität stellt sich in den meisten Fällen auch dann ein, wenn das Kind nur wenig Zeit mit dem Elternteil verbringt. Oft ist es sogar so, dass Kinder einen kaum anwesenden bzw. fehlenden Elternteil **idealisieren, um ihn so wenigstens in der Phantasie zu „besitzen"**. Wenn beide Eltern versuchen, die Liebe des Kindes für sich allein zu gewinnen, bringen sie das Kind in einen Loyalitätskonflikt. Hinter diesem elterlichen Verhalten steht oft der Versuch, den ehemaligen Partner durch den **„Liebesentzug"** des Kindes und die Bevorzugung der eigenen Person zu verletzen. Dadurch bekommt das Kind das Gefühl, es dürfe seine Zuneigung nur gegenüber einem Elternteil ausdrücken. Tatsächlich liebt es jedoch auch den anderen Elternteil und strebt auch mit ihm einen guten Kontakt an. Es fühlt sich, als ob es zwischen Mutter und Vater wählen müsste und dabei einen Elternteil verlieren könnte. Die Beziehungsfähigkeit und die Fähigkeit des Kindes zu vertrauen werden durch solche Konflikte möglicherweise beschädigt.

Probleme in der emotionalen Versorgung – wenn Kinder zur Versorgerperson werden: Wenn ein Kind nach der Trennung der Eltern vorzugsweise zur Mutter hält, weil sie z. B. aus seiner Sicht in der schwächeren Position ist und mehr leidet, dann bestätigt es damit die negativen Gefühle der Mutter gegenüber ihrem ehemaligen Partner. Das Kind erlebt die Mutter im Beziehungskonflikt der Eltern vielleicht als den stärker bedrohten, vernachlässigten oder bedürftigen Elternteil. Fehlt in dieser Situation eine alternative, emotional positiv besetzte Bezugsperson, so findet zwischen Mutter und Kind häufig ein **Rollentausch** statt. Das Kind identifiziert sich mit der als verletzt und bedürftig erlebten Mutter. Die Mutter erfährt durch die Loyalität ihres Kindes Zuwendung und fühlt sich in ihrer Position im Konflikt mit dem Vater gestärkt. Ein **Teufelskreislauf** beginnt, in dem das die Mutter „versorgende" Verhalten des Kindes immer weiter verstärkt wird. Hierbei handelt es sich selbstverständlich nicht um kindgemäßes Verhalten, denn die Eltern sollten für die Geborgenheit und die emotionale Bindungssicherheit des Kindes Sorge tragen, nicht umgekehrt. Widmet sich ein Kind in nicht altersgemäßer Weise der Befriedigung der emotionalen Bedürfnisse eines Elternteils, dann geschieht dies in aller Regel um den Preis des **Verzichts auf eigene emotionale und kognitive Entwicklungsbedürfnisse**. Derartige kindliche Anpassungsprozesse sind umso wahrscheinlicher, je emotional belasteter die beim Kind verbleibende Bindungsperson ist.

Entwicklungsverzögerungen: Um sich emotional angemessen entwickeln zu können, ist es für Kinder günstig, zu beiden Elternteilen Kontakt zu haben. Verzichtet ein Kind aus Liebe zu einem Elternteil auf die **emotionale Zuwendung** des anderen Elternteils, dann kann in der emotionalen Entwicklung dieses Kindes ein Defizit entstehen. Solidarisiert sich beispielsweise ein Junge so stark mit seiner alleinerziehenden Mutter, dass er nur noch in minimalem Kontakt zu seinem Vater steht, dann fehlt ihm eine zentrale **Identifikationsfigur**. Da die Mutter den Vater ablehnt, muss der Sohn befürchten von ihr ebenfalls abgelehnt zu werden, wenn er sich mit ihm identifiziert. Es dürfte ihm auch insgesamt schwerer fallen, sich einen Mann zum Vorbild zu

Modul III Sitzung 12: Theoretische Einführung   T12

nehmen, da die Mutter mit „dem Mann" (also dem Vater) Probleme hat und seinetwegen leidet. Der Junge spürt vielleicht den stillen Vorwurf **„Du bist wie dein Vater"** und möchte der Mutter zuliebe nicht so sein. Gleichzeitig benötigt er den Vater aber auch als Vorbild und Identifikationsfigur. Dieser Zwiespalt ist für betroffene Jungen manchmal kaum auszuhalten. Er kann sich in späteren Beziehungen in einem **negativen Frauenbild** zeigen. Ein Mädchen hat in dieser Familienkonstellation zwar die Möglichkeit der Identifikation mit der Mutter, darf jedoch ihre Wertschätzung für ihren Vater als den ersten und damit besonders wichtigen Vertreter des anderen Geschlechts in ihrem Leben nicht offen ausdrücken. Zudem darf sie die emotionale Bestätigung als weibliches Wesen durch den Vater nicht annehmen.

Was können alleinerziehende Eltern tun, um nach einer Trennung einen guten Kontakt zwischen ihrem Kind und ihrem ehemaligen Partner zu fördern?

Eine innige Beziehung zwischen „Besuchselternteil" und Kind zuzulassen fällt dem alleinerziehenden Elternteil oft nicht leicht. Dies gilt besonders, wenn Groll, Bitterkeit und offene Rechnungen aus der Vergangenheit die Gegenwart belasten oder wenn Besuche des getrennt lebenden Elternteils eher sporadisch ausfallen und zeitlich ungünstig liegen. Dann passiert es dem alleinerziehenden Elternteil mitunter, dass er den ehemaligen Partner wütend abwertet und sich negativ über ihn äußert. Hilfreicher wäre es, wenn er **sich trotz persönlicher Verletzungen oder eventuell bestehender eigener Schuldgefühle negativer Äußerungen und Beschimpfungen über den anderen Elternteil enthielte**. Das Kind sollte weder offen noch verdeckt vor Situationen gestellt werden, in denen es sich zwischen beiden Elternteilen entscheiden muss, denn dies kann das Kind in starke innere Konflikte bringen. **Wenn es dem Elternteil, bei dem das Kind lebt, gelingt, die Besuche des früheren Partners zu akzeptieren, ist viel gewonnen.** Diese akzeptierende und positivere Haltung gegenüber dem anderen Elternteil wird das Kind spüren.

Allen Gefühlen eines Kindes im Zusammenhang mit der Trennung seiner Eltern oder in Bezug auf den nicht länger mit ihm lebenden Elternteil sollte mit viel Verständnis begegnet werden. Wenn das Kind spürt, dass es in Gesprächen, beim Spielen oder Malen alle seine Gedanken und Gefühle ausdrücken darf, wird es seine (Verlust-)Ängste mit der Zeit abbauen können. Zeigt das Kind seine Gedanken und Gefühle nicht nach außen, sollte der alleinerziehende Elternteil das Kind gelegentlich in einfühlsamer Weise dazu ermuntern seine Sorgen auszudrücken. Er drückt dadurch nicht nur sein grundsätzliches Interesse am Wohlbefinden seines Kindes aus, sondern vermittelt auch noch die **wichtige Botschaft, dass alle Gefühle ihre Berechtigung haben**. Dadurch können die Sorgen des Kindes, das alleinerziehende Elternteil durch seine Gefühle nicht noch zusätzlich belasten zu dürfen, reduziert werden. Dürfen Kinder ihre Sorgen und Ängste im Spiel, beim Malen oder im Gespräch ausdrücken, bleiben sie zudem nicht ihren eigenen Vermutungen und Fantasien über weitere, sich aus ihrer Sicht vielleicht anbahnende Katastrophen überlassen.

Da die Trennung ausschließlich von den Eltern zu verantworten ist, sollten sich beide Elternteile darum bemühen, dem Kind eventuelle Schuldgefühle zu nehmen, in denen es sich selbst Verantwortung für die Trennung der Eltern zuschreibt. **Dazu ist es**

Modul III Sitzung 12: Theoretische Einführung   T12

wichtig, dem Kind in Gesprächen immer wieder klar zu machen, dass es zur Trennung der Eltern gekommen ist, weil diese unlösbare Konflikte miteinander hatten und nicht etwa wegen „bösen Verhaltens" des Kindes. Dabei sollte zudem betont werden, dass es keinesfalls Aufgabe des Kindes ist, die Eltern wieder miteinander zu versöhnen, sondern dass möglichst beide Eltern für sich die Beziehung zum Kind halten werden.

Günstig ist für Kinder weiterhin, wenn die Trennung ihrer Eltern nicht gleichbedeutend ist mit der Trennung von anderen Verwandten des nicht mehr mit ihnen lebenden Elternteils (wie z. B. von Großeltern). **Kontakte zwischen Verwandten des ehemaligen Partners und dem gemeinsamen Kind** sind wertvoll, da sie dem Kind ein Gefühl von Sicherheit und Beständigkeit vermitteln und Verlustängste reduzieren können, solange diese Verwandten nicht zur extrem einseitigen Parteinahme neigen

Das Kind sollte nicht zum Ersatzpartner für den ehemaligen Partner werden. **„Erwachsenenkonflikte" besprechen alleinerziehende Eltern deshalb möglichst nicht mit ihrem Kind, sondern mit einem erwachsenen Gesprächspartner.** Dies kann ein Bekannter, eine Freundin oder ein Familienangehöriger sein oder auch ein anderes alleinerziehendes Elternteil, das vielleicht gerade Ähnliches erlebt hat – oder auch die PALME-Gruppe. Dadurch wird verhindert, dass das Kind in eine „Versorgerrolle" gerät, die nicht dem kindlichen Entwicklungsstand entspricht und seiner weiteren emotionalen Entwicklung abträglich ist. Wenn die Belastungen für den alleinerziehenden Elternteil zu groß werden und sie sich in Gesprächen mit Freunden oder Familienangehörigen nicht klären lassen, sollte er sich nicht scheuen professionelle Hilfe in Anspruch zu nehmen und eine Beratungsstelle aufzusuchen. Oft helfen schon wenige Gespräche in neutraler Umgebung, um neue Perspektiven zu entwickeln.

Sowohl bei Mädchen als auch bei Jungen sind die spätere soziale Rollenübernahme und die Entwicklung der Geschlechtsidentität von weiblichen und von männlichen Rollenmodellen abhängig. **Deshalb ist eine positive Identifikation mit erwachsenen weiblichen und männlichen Bezugspersonen für Mädchen und Jungen gleichermaßen wichtig.** Hält eine alleinerziehende Mutter ihrem Sohn hingegen unterschwellig vor, in seinen schlechten Eigenschaften gleiche er dem Vater oder signalisiert sie ihrer Tochter regelmäßig, dass ihr Vater bzw. Männer im Allgemeinen sich vor allem durch schlechte Eigenschaften auszeichnen, dann kann der Prozess der positiven Identifikation nachhaltig gestört werden. Wenn nicht gravierende Schwierigkeiten zu erwarten sind, sollten alleinerziehende Eltern ihren Kindern also den **Kontakt zum anderen Elternteil gönnen, damit diese sich optimal entwickeln können.**

 **Modul III Sitzung 12: Infoblatt für Mütter**   I12

Trennung von Paarkonflikt und Elternverantwortung

Eine Trennung oder Scheidung ist für die ganze Familie eine massive Veränderung, die von allen Beteiligten eine hohe Anpassungsleistung erfordert. Oft ist nicht nur die Kernfamilie, sondern auch die Verwandtschaft insgesamt betroffen. Dabei können insbesondere Kinder sehr unterschiedlich auf die Trennung ihrer Eltern reagieren.

Kurz nach der Trennung können beim Kind als Reaktion auf die Belastung viele verschiedene Symptome auftreten, z. B. körperliche Beschwerden wie Kopfschmerzen, Bauchweh oder dauernde Müdigkeit. Auf gefühlsmäßiger Ebene stellen sich häufig **Angst, Wut, Traurigkeit oder Schuldgefühle** ein. Die Angst ist vor allem darauf gerichtet den Elternteil, der aus der Wohnung auszieht, nicht mehr sehen zu können und ihn zu verlieren. Es können aber auch Ängste aufkommen auch noch den zweiten Elternteil zu verlieren oder die Sorge, dass Streitigkeiten das Ende einer Beziehung ankündigen. **Auch deshalb ist Kindern der Ausdruck von Wut und Ärger gegenüber den Eltern in Bezug auf die Scheidung oft nicht möglich.** Sie geraten in große innere Konflikte, weil sie den Eltern nicht noch mehr zumuten wollen und sie die Beziehung nicht gefährden wollen. Ein Lösungsversuch dieses Konflikts kann das Bemühen der Kinder darum sein sich zu Hause **besonders brav und angepasst zu verhalten**. Draußen hingegen oder im Umgang mit anderen Kindern können sie zu heftiger Wut und Aggression neigen. Zudem fühlen sich insbesondere jüngere Kinder innerlich häufig für die Trennung der Eltern verantwortlich und glauben, dass es vielleicht nicht so weit gekommen wäre, wenn sie sich anders verhalten hätten. Vor allem, wenn die Eltern sich oft in der Anwesenheit des Kindes gestritten haben, kann dies bei ihm den Eindruck erweckt haben, es sei immer wieder der Anlass für Auseinandersetzungen und damit für die Trennung der Eltern gewesen.

Auch auf der **Ebene des Verhaltens** können sich durch die Trennung der Eltern bei einem Kind Veränderungen einstellen, die als Ausdruck seiner Belastung zu sehen sind. Stark anklammerndes Verhalten, Überangepasstheit, aggressive Verhaltensweisen, extreme Rückzugstendenzen oder auch sehr vorzeitiges „Erwachsenwerden" sind entsprechende Beispiele. Manchmal treten auch wieder Verhaltensweisen auf, die eigentlich einer früheren Altersstufe zugehören wie etwa Daumenlutschen oder Einnässen. Meistens handelt es sich dabei um **vorübergehende Probleme**, aber wenn sich die körperlichen Beschwerden, die gefühlsmäßigen Reaktionen und die Besonderheiten im Verhalten nach einer Weile nicht bessern, kann es ratsam sein sich um professionelle Unterstützung zu kümmern.

Wie ein Kind auf die Trennung reagiert, hängt immer von zahlreichen und ganz unterschiedlichen Faktoren ab, z. B. vom Alter der Kinder und ihrem jeweiligen Verhältnis zu den beiden Elternteilen oder auch davon, ob die Trennung plötzlich oder nach einer langen Phase des Streits erfolgte, in der sie sich bereits abzeichnete. Auch Folgen der Trennung wie ein Wechsel des Wohnorts, des Kindergartens usw. beeinflussen, wie ein Kind mit einer Trennung der Eltern zurechtkommt.

Eine Trennung der Eltern stellt genau wie viele andere Ereignisse (z. B. der Eintritt in den Kindergarten, die Geburt eines Geschwisterkindes, ein Wohnortwechsel oder eine Heirat) ein einschneidendes Lebensereignis dar. **Auf solche Lebensereignisse**

 **Modul III Sitzung 12: Infoblatt für Mütter** I12

müssen sich alle Menschen, egal ob jung oder alt, zunächst einmal einstellen. In diesem Sinne sind die oben genannten Symptome, die Kinder als Reaktion auf die Trennung zeigen können, als **„normale" Begleiterscheinungen der erforderlichen Anpassungsleistungen** zu verstehen. Das gilt besonders dann, wenn sie nur vorübergehend auftreten. Man sollte außerdem nicht vergessen, dass sich solche Symptome auch entwickeln können, wenn die Eltern zwar die Partnerschaft aufrechterhalten, die Beziehung aber sehr konflikthaft und schwierig ist. Auch ein wiederholtes „Hin und Her" zwischen Trennung und Zusammenbleiben kann auf Dauer ähnliche Auswirkungen auf das Kind haben.

Wie schon in Sitzung 9 dargelegt ist die Frage „Zusammenbleiben der Kinder wegen – ja oder nein?" nur sehr schwer und wenn überhaupt, dann nur im Einzelfall zu beantworten, weil dies immer von den jeweiligen familiären Bedingungen und Problemen abhängt. Insgesamt liegen die Ursachen für das Auftreten der oben beschriebenen Symptome und Verhaltensauffälligkeiten auch nicht unbedingt in der Trennung „an sich" begründet, sondern meistens eher in der Art, in der mit der Situation umgegangen wird. Deshalb finden Sie am Ende dieses Infoblattes viele Anregungen, die sich darauf beziehen, was Sie als Mutter konkret tun können, um Ihr Kind in dieser Zeit zu unterstützen.

Auch nach einer Trennung bestehen häufig noch Konflikte zwischen den ehemaligen Partnern. Werden diese **Konflikte im Beisein des Kindes oder „mit Hilfe" des Kindes** ausgetragen, kann das sehr negative Auswirkungen auf das Kind haben. Oft versucht ein Elternteil oder auch beide Elternteile die Liebe des Kindes für sich allein zu gewinnen und den ehemaligen Partner gegenüber dem Kind in ein schlechtes Licht zu rücken. So bekommt das Kind z. B. das Gefühl es müsse zur Mutter halten. Das Kind liebt aber beide Eltern. Es fühlt sich, als ob es zwischen Mama und Papa „wählen" müsste.

Oft wird über den anderen Partner geklagt. Sie selbst sind vielleicht durch den anderen verletzt worden. Deshalb empfinden Sie sich möglicherweise als „Verliererin" und „Betrogene". Man erwartet Trost und Anteilnahme von anderen Menschen für das schwere Schicksal, mit dem man zu kämpfen hat. Kinder spüren das. Aus Liebe nehmen sie den Platz eines fürsorglichen Familienmitgliedes ein, das uns Trost spendet und uns in dieser Situation hilft. Dadurch kommt es zum **Rollentausch**: Das Kind tröstet den Erwachsenen. Somit gerät es in die **Rolle des emotionalen Versorgers**. Kinder sind aber gefühlsmäßig und geistig noch nicht in der Lage diesen „Versorgungsaufgaben" gerecht zu werden und sind dadurch überfordert. Erschwerend kommt hinzu, dass ein derartiges Verhalten häufig nicht als solches erkannt wird. Im Gegenteil – verhält sich das Kind brav und angepasst, erhält es dafür häufig sogar ein besonderes Lob. In Wirklichkeit ist es innerlich jedoch einsam und angespannt, so dass es sich nicht wirklich selbst spüren und entfalten kann.

Für eine gesunde Entwicklung von Jungen und Mädchen ist es wichtig, dass sowohl die Mutter als auch der Vater **Vorbilder** sein dürfen. Jungen brauchen ein männliches Vorbild, damit sie sich später selbst in ihrer Rolle als Mann zurechtfinden können. Geht der Vater, werden sie oft unsicher in ihrem sozialen Verhalten. Wird dem Jungen zudem vermittelt, dass der Vater „böse" ist, glaubt er vielleicht, dass er später auch böse wird, wenn er sich wie der Vater verhält oder ihm ähnelt.

Modul III Sitzung 12: Infoblatt für Mütter   I12

Auch Mädchen brauchen in ihrer Kindheit ein männliches Gegenüber und „Vorbild", damit sie später im Erwachsenenalter eine natürliche und unverkrampfte Einstellung zum anderen Geschlecht entwickeln können. Insbesondere im Alter zwischen vier und sechs Jahren und in der Pubertät benötigen Mädchen den Vater, um ihre Wirkung auf Männer in einem behüteten Rahmen „auszuprobieren". Ist keine oder nur eine negativ besetzte männliche Bezugsperson vorhanden, kann es passieren, dass das Mädchen Männern gegenüber eine negative Haltung entwickelt, die manchmal bis in das Erwachsenalter hinein andauert.

Was können Sie tun, um Paarkonflikte von der Elternebene zu trennen?

- Kinder reagieren äußerst unterschiedlich auf eine Trennung der Eltern. Deshalb sollte **allen Gefühlen** in Bezug auf die Trennung, auf den Auszug des einen Elternteils und die veränderte Lebenssituation **Raum gegeben werden**. Bestrafen Sie Ihr Kind nicht wegen seiner Gefühle, sondern bringen Sie ihm **Verständnis** entgegen und schaffen Sie neue **Ausdrucksmöglichkeiten** für seinen Zorn, seine Wut oder seine Schuldgefühle. Vielleicht tut es ihm gut seine Gefühle beim Malen bzw. mit Hilfe von „Wutknete" auszudrücken oder sich beim Fußballspielen im Sportverein auszutoben. Seinen traurigen Gefühlen kann es vielleicht in Rollenspielen mit seinen Puppen oder Stofftieren Raum geben.

- **Verwöhnen Sie Ihr Kind nicht übermäßig**, z. B. um Ihr eigenes schlechtes Gewissen zu beruhigen, das Sie vielleicht haben, weil Sie sich getrennt und Ihrem Kind damit den Vater „weggenommen" haben. Kinder brauchen Grenzen, denn nur innerhalb verbindlicher Grenzen können sie Sicherheit und Geborgenheit erfahren. Dehnen Sie also z. B. nicht die Fernsehzeit aus, auch wenn Ihr Kind argumentiert, dass es „beim Papa aber viel länger fernsehen" dürfe.

- Kinder brauchen besonders viel **Wärme, Sicherheit, Wertschätzung und Liebe**. Geben Sie Ihrem Kind Zärtlichkeit und Zuneigung. Widmen Sie ihm Zeit. Machen Sie Ihrem Kind immer wieder ohne Druck Gesprächsangebote, die das Kind nutzen kann, wenn es will.

- **Feste Routinen im Alltag** helfen Ihrem Kind sich schneller auf die veränderte Situation einzustellen. Versuchen Sie deshalb, im Tagesablauf und in Erziehungsfragen Regelmäßigkeit herzustellen und einzuhalten. Dabei können strukturierte Tages- und Wochenabläufe hilfreich sein.

- Versuchen Sie im Alltag auch die Bedürfnisse Ihres Kindes zu berücksichtigen. Gleichzeitig ist es möglich, dem Kind **altersgerechte Aufgaben im Haushalt** zu übertragen. Dies fördert nicht nur die Selbständigkeit Ihres Kindes, sondern trägt nach einer Anleitungsphase auch zu Ihrer Entlastung bei.

- Verzichten Sie trotz der großen Verantwortung, die Sie als alleinerziehende Mutter haben, nicht auf **Ihre eigenen Bedürfnisse in der Freizeit und auf Erholungspausen**. Damit zeigen Sie dem Kind, dass Sie seine Bedürfnisse und auch Ihre eigenen Bedürfnisse ernst nehmen.

Modul III Sitzung 12: Infoblatt für Mütter I12

- Versuchen Sie, **Besuche und Kontakte zum Vater Ihres Kindes zu erlauben und wenn möglich zu fördern** bzw. das Kind zu unterstützen, z. B. beim Wählen der Telefonnummer.

- Bei nur sporadischen Besuchen des Vaters oder wenn er Besuche immer mal wieder kurzfristig absagt, ist es wichtig, **nicht schlecht über Ihren ehemaligen Partner zu reden oder ihn abzuwerten.** Zudem kommt es dann darauf an, dass Sie einfühlsam und ohne Ihre eigene Wut in den Vordergrund zu stellen auf Ihr Kind eingehen, um herauszufinden, was es in diesen Momenten braucht.

- Bei längeren Kontaktpausen zwischen Kind und Vater können **Fotos oder spontane Anrufe** eine gute Unterstützung für Ihr Kind sein.

- Auch wenn es vielleicht verlockend ist: **Benutzen Sie Ihr Kind nicht, um etwas über das neue Leben oder die neue Beziehung Ihres ehemaligen Partners zu erfahren.**

- Geben Sie **altersgerechte, klare Informationen und konkrete Antworten** auf Fraugen Ihres Kindes.

- Da nicht nur die Eltern wichtige Bezugspersonen für das Kind sind, sondern meistens auch eine Beziehung zur Verwandtschaft beider Elternteile besteht, ist es gut, wenn Sie Ihrem Kind auch nach der Trennung weiterhin **Kontakt zu Verwandten väterlicherseits** (z. B. Großeltern, Tanten und Onkel, Cousinen und Cousins) ermöglichen.

- In Bezug auf **Schuldgefühle Ihres Kindes** wegen der Trennung empfiehlt es sich großen Wert darauf zu legen, das Kind zu **entlasten**. Wenn z. B. Ihr ehemaliger Partner die Belastung und Überforderung wegen des Kindes als Trennungsgrund nennt, versichern Sie Ihrem Kind, dass es nicht die Ursache der Trennung war.

- Brauchen Sie jemanden, mit dem Sie über Ihre eigenen Schwierigkeiten und Probleme reden können, so suchen Sie das Gespräch mit einer Freundin, einer Ihnen nahstehenden (verwandten) Person oder holen Sie sich professionelle Hilfe, z. B. in einer Beratungsstelle. Oft reichen schon ein paar Gespräche in neutraler Umgebung. **Lassen Sie es nicht zu, dass Ihr Kind dauerhaft in die Rolle Ihres Trösters gerät** und sich eher verpflichtet fühlt Ihnen seelischen Beistand zu leisten als sich selbst weiterzuentwickeln.

- Versuchen Sie die **Beziehung zu Ihrem ehemaligen Partner zu klären.**

Bitte verstehen Sie all diese Ratschläge und Hinweise nicht als Befehle. Ungünstig wäre auch, wenn Sie die Empfehlungen als Anklageschrift gegen Ihre eigenen Person und mögliche bisherige Versäumnisse heranzögen. Nach einer Trennung müssen viele Umstellungen bewältigt werden und dann ist es normal, wenn man manchmal gereizt oder sehr emotional reagiert und sich auch einmal ungerecht verhält. **Akzeptieren Sie deshalb auch Ihre „Fehler", Ihre Gefühle und Ihr Verhalten.**

 **Modul III Sitzung 12: Infoblatt für Mütter** I12

Fassen Sie die Ratschläge wie auch sonst im PALME-Programm am besten als **Orientierungshilfe** auf. Das Motto lautet: „Niemand ist perfekt. Aber ich bemühe mich herauszufinden, was für mich und meine Familie das Beste ist, und werde es so gut wie möglich in die Tat umsetzen."

Modul III Sitzung 12: Gruppenablauf   **G12**

Blitzlicht und Anwesenheitsbogen

Wie kommen Sie heute hier an? Wie geht es Ihnen?

Bearbeitung der Wochenübung W11 „Ein Symbol für meine Trennung"

Material: Für die Bearbeitung der Wochenübung benötigen Sie eine Pappschachtel, einen Schuhkarton oder Ähnliches.

In der letzten Woche hatten Sie die Aufgabe nach einem Symbol für Ihre Trennung bzw. Ihre Trennungsphase zu suchen. Dabei hatten Sie ganz freie Wahl, z. B. eine bestimmte Tasse, weil Sie diese an die vielen Gespräche mit einer Freundin während der Trennung erinnert. Vielleicht ist es aber auch ein zerrissenes Papierblatt, weil Sie sich damals zerrissen gefühlt haben. Oder Sie haben sich für eine Feder entschieden, weil Sie sich in der Zeit nach der Trennung leicht und befreit gefühlt haben.

Welches Symbol haben Sie mitgebracht? Ist es Ihnen leicht oder schwer gefallen, einen bedeutsamen Gegenstand für diese Zeit zu finden? Warum war es schwer? Wie war es, sich gedanklich noch einmal so intensiv mit der Trennungszeit auseinander zusetzen? Was hat Sie beim Nachdenken am meisten berührt?

Wenn Sie möchten, können Sie das, was Sie mitgebracht haben, hier in die Schachtel legen. Das könnte ein Zeichen dafür sein, dass Sie im Trennungsprozess noch einmal einen Schritt weiter gehen und Sie sich von dem Symbol und dem, wofür es steht, ein Stück mehr lösen. Wir bieten Ihnen an das Symbol für Sie bis zum Ende der PALME-Gruppensitzungen aufzubewahren. Vielleicht möchten Sie Ihren Gegenstand aber auch selbst aufbewahren oder etwas ganz anderes damit machen. Papierschnipsel kann man ja beispielsweise auch in einen Fluss werfen und ziehen lassen. Das bleibt ganz Ihnen überlassen.

Bieten Sie den Teilnehmerinnen nach der Besprechung der Wochenübung zudem die Möglichkeit, noch offen gebliebene Fragen zum Infoteil I11 zu klären.

Vorstellung von Sitzungsthema und Sitzungsablauf

Verwenden Sie die Übersicht Ü12, um den Teilnehmerinnen einen kurzen Überblick über das Programm der heutigen Sitzung zu geben.

 **Modul III Sitzung 12: Gruppenablauf**   **G12**

Rollenspiel: „Familiengeschichte II"

Material	Es wird kein gesondertes Material benötigt.
Methode	Rollenspiel
Ziel	Trennung von Elternverantwortung und Paarkonflikt Wahrnehmung der gemeinsamen Elternverantwortung Identifikation mit dem Wunsch des Kindes nach beiden Elternteilen
Zeit	Ca. 10 Minuten

Vorgehensweise/Anleitung:

- Vor der Fortsetzung der Familiengeschichte fassen Sie bitte den bisherigen Verlauf der Familiengeschichte noch einmal kurz zusammen.

- Erklären Sie dann, dass auch in der Fortsetzung der Familiengeschichte Sie als Gruppenleiter die Rollen der Mutter und des Vaters übernehmen. Die Rolle des Kindes soll wiederum eine Teilnehmerin übernehmen. Dies kann die Teilnehmerin sein, die schon beim vorigen Mal die Rolle innehatte. Es ist aber auch möglich, dass eine andere Teilnehmerin dieses Mal in die Rolle des Kindes schlüpft.

- Um die emotionale Wirkung der Familiengeschichte zu intensivieren, sollten Sie auch dieses Mal jede Szene ein bis zwei Minuten aushalten.

- Im Folgenden finden Sie die Regieanweisungen und den Text für die Fortsetzung der Familiengeschichte:

1. *Das Spiel beginnt an der Stelle, an der der erste Teil der Familiengeschichte in der letzten Sitzung geendet hat. Ausgangsposition ist also die Situation, in der das Kind verzweifelt versucht Mutter und Vater wieder zusammenzubringen. Die Eltern wehren sich jedoch hartnäckig gegen diese Versuche und gehen schließlich in entgegengesetzte Richtungen auseinander.*

2. *Das Kind gibt nach einer Weile entmutigt auf und setzt sich in der Mitte des Raumes auf den Boden, die Mutter steht weit entfernt vom Kind auf einer Seite des Raumes, der Vater steht ebenso weit entfernt vom Kind auf der anderen Seite des Raumes.*

3. *Nun beginnen die Mutter und der Vater am Kind zu zerren, das dabei auf dem Boden sitzen bleibt. Die Mutter versucht das Kind auf ihre Seite zu*

 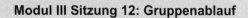

Modul III Sitzung 12: Gruppenablauf **G12**

ziehen, der Vater versucht das Kind auf seine Seite zu ziehen und stampft sehr energisch und beinahe gewalttätig mit dem Fuß auf. Er blickt die Mutter feindselig und zornig an. Die Mutter schaut triumphierend-wütend zurück.

4. Das Kind ist überfordert und seine Ohnmacht wird deutlich spürbar. Es bedeckt seinen Kopf mit den Händen und kauert sich hin, während Mutter und Vater mit verschränkten Armen und vom Kind abgewandt in verschiedene Richtungen schauen. Dies ist die Endposition, die ebenfalls eine Weile ausgehalten wird, damit die Mütter Gelegenheit haben, die Situation auf sich wirken zu lassen. Danach Auflösung.

Übung 1: „Besprechung der Familiengeschichte II"

Material	Flipchart
Methode	Brainstorming
Ziel	Trennung von Elternverantwortung und Paarkonflikt Wahrnehmung der gemeinsamen Elternverantwortung Identifikation mit dem Wunsch des Kindes nach beiden Elternteilen
Zeit	Ca. 10-15 Minuten

Vorgehensweise/Anleitung:

- In der Nachbesprechung des Gesehenen ist es wichtig den Gefühlen der Teilnehmerinnen genügend Raum zu geben. Ermöglichen Sie zunächst der Teilnehmerin, die die Rolle des Kindes innehatte, über das zu berichten, was sie während des Rollenspiels bewegt hat. Diskutieren Sie dann in der Gruppe die folgenden Fragen:

    1. Wie erging es Ihrer Meinung nach den drei Beteiligten?

    2. Wie erging es Ihnen in der Beobachterrolle?

    3. Welche Gefühle sind bei Ihnen aufgetaucht?

    4. Wie geht es Ihnen jetzt?

    5. Fallen Ihnen Situationen aus Ihrem Alltag ein, die Sie an das Gesehene erinnern?

 **Modul III Sitzung 12: Gruppenablauf**   **G12**

- Das Rollenspiel „Familiengeschichte" kann bei den Teilnehmerinnen intensive Emotionen wecken und sie sehr berühren. Deshalb ist bei dieser Nachbesprechung ein verständnisvolles und nicht bewertendes Gesprächsklima besonders wichtig, das darauf abzielt, die Teilnehmerinnen von eventuell aufkommenden Schuldgefühlen zu entlasten.

Rollenspiel: „Übergabesituation"

Material	Es wird kein gesondertes Material benötigt.
Methode	Rollenspiel
Ziel	Trennung von Elternverantwortung und Paarkonflikt Wahrnehmung der gemeinsamen Elternverantwortung in sensiblen Situationen Identifikation mit dem Wunsch des Kindes nach beiden Elternteilen
Zeit	Ca. 5-10 Minuten

Vorgehensweise/Anleitung:

- In diesem Rollenspiel wird eine im Alltag der meisten alleinerziehenden Mütter sich regelmäßig ereignende Situation aufgegriffen, die häufig Konfliktpotenzial birgt: Die Übergabesituation vor oder nach einem Besuch des Kindes beim Vater. Für alle Beteiligten, vor allem aber für die Kinder, können diese Momente eine Belastung darstellen. Das Rollenspiel versucht zunächst beispielhaft aufzuzeigen, was in so einer Situation typischerweise schief laufen kann. In der nachfolgenden Übung 2 wird das Rollenspiel besprochen und unter anderem gemeinsam überlegt, an welchen Stellen vielleicht „Entschärfungsmöglichkeiten" liegen könnten.

- Das Rollenspiel tragen Sie bitte mit verteilten Rollen vor, wobei an mehreren Stellen zusätzlich von beiden Gruppenleitern abwechselnd die Erzählerperspektive eingenommen wird. Wenn sie mögen, können Sie beispielsweise den eskalierenden Streit des Elternpaares auch noch ausführlicher darstellen. Es empfiehlt sich das Rollenspiel im Stehen vorzutragen, um es dynamischer zu gestalten. Es geht hier aber nicht um eine detailreiche szenische Darstellung der Situation. In diesem Rollenspiel wird die Rolle des Kindes nicht besetzt.

    1. **Erzähler (gesprochen von Gruppenleiterin):** *Mutter und Vater sind geschieden. Der Vater lebt seit einem halben Jahr in einer eigenen Woh-*

Modul III Sitzung 12: Gruppenablauf   **G12**

nung. Zwischen beiden Elternteilen besteht gemeinsames Sorgerecht. Der Vater nutzt sein Umgangsrecht und holt sein Kind am Freitag für das Wochenende bei seiner ehemaligen Partnerin ab. Er kommt circa eine Stunde zu spät.

2. Die **Mutter** (Gruppenleiterin) begrüßt den Vater Ihres Kindes mit den Worten: „Du bist schon wieder mal zu spät. Anscheinend ist dir dein Kind überhaupt nicht wichtig."

3. **Vater** (Gruppenleiter): „Dafür geht es Anna bei mir wenigstens gut. Du müsstest Sie mal Sonntag Abend sehen, wenn sie wieder zu dir zurück muss. Da lach' ich ja, dass du dich über eine halbe Stunde aufregst."

4. Die **Mutter** ist deutlich verärgert: „Kein Wunder, wer ist es denn, der sie verwöhnt, sie bis mitten in der Nacht fernsehen lässt, sie mit Süßigkeiten voll stopft und ihr keine Grenzen setzt. So erkauft man sich die Liebe seines Kindes!"

5. **Erzähler (gesprochen vom Gruppenleiter):** Das Kind schaut verwirrt von einem Elternteil zum anderen. Es wirkt irritiert und sieht traurig aus. Seine Hilflosigkeit ist spürbar; seine Gestik und Mimik zeigen es.

6. **Vater:** Ach, das sagt ja die Richtige! Wer erkauft sich denn hier die Liebe? Du bist es doch, die sich jedem Erstbesten an den Hals wirft. Dir ist es doch egal, wie es Anna damit geht!."

7. Die **Mutter** ist verzweifelt: „Das ist doch überhaupt nicht wahr. Was erzählst du hier für Lügen und das vor dem Kind. Und wer hat denn wen verlassen und mich betrogen?"

8. **Vater:** Ach, jetzt geht die alte Leier wieder los. Das muss ich mir jetzt nicht zum hundertsten Male anhören. Komm, Anna, lass uns fahren. Deine Mutter wärmt mal wieder alte Geschichten auf."

9. **Erzähler (gesprochen von Gruppenleiterin):** Die Mutter ist sehr verletzt und gekränkt, sie kann ihre Tränen nicht mehr zurückhalten und beginnt zu weinen. Das Kind ist verzweifelt und will die Mutter trösten.

10. Der **Vater** fordert das Kind erneut zum Gehen auf, er wird ungeduldig: „Jetzt komm schon, Anna!" Das erhöht den Druck beim Kind und bringt es in einen großen innerlichen Konflikt. Es beginnt ebenfalls zu weinen.

11. **Erzähler (gesprochen vom Gruppenleiter):** Der Vater nimmt Anna an die Hand, packt die gepackte Tasche und stürmt mit seiner Tochter zur Tür hinaus. Die Mutter bleibt weinend zurück. Das Kind schaut traurig zurück zur Mutter.

 **Modul III Sitzung 12: Gruppenablauf   G12**

Übung 2: „Besprechung des Rollenspiels"

Material	Flipchart
Methode	Brainstorming
Form	Gruppenübung
Ziel	Wahrnehmung der gemeinsamen Elternverantwortung
Zeit	Ca. 10-15 Minuten

Vorgehensweise/Anleitung:

- Dieses Brainstorming dient der Nachbesprechung des Rollenspiels und soll die Teilnehmerinnen für ihre eigenen Gefühle und die Gefühle ihres Kindes sensibilisieren sowie sie zur Reflexion anregen.

- Bearbeiten Sie dazu folgende Fragen in Form eines Brainstormings an der Flipchart:

  1. Wie ist die Übergabesituation aus Ihrer Sicht verlaufen?

  2. Wenn Sie sich in das Kind während der Übergabe hineinversetzen, was glauben Sie, wie es sich fühlt?

  3. Was ist wichtig in einer sensiblen/heiklen Situation wie der dargestellten Übergabesituation? Worauf sollte man besonders achten?

  4. Wie könnten Sie als Mutter in einer sensiblen/heiklen Situation mit Ihren eigenen Gefühlen umgehen?

  5. Wie sähe eine gute Lösung bei der Übergabe aus? (Die Übergabe dürfte besser laufen, wenn nicht bereits die Begrüßung einen Vorwurf beinhaltete. Hier könnte die Mutter z. B. erst einmal nach dem Grund der Verspätung fragen anstatt ihm zu unterstellen, dass ihm seine Tochter nicht wichtig sei. Die Bereitschaft zum Zuhören wäre jedoch die Voraussetzung. Wenn es sich anbietet, können hier kurz die vier Aspekte einer Nachricht genannt werden und der Hinweis gegeben werde, dass das „Beziehungs-Ohr" viel hellhöriger ist als das „Sach-Ohr". Weiterhin wäre es für eine gute Kommunikation wichtig, Ich-Botschaften zu senden und seine Gefühle anzusprechen. Sie können an dieser Stelle auch die Idee mit dem Talisman aufgreifen; der wie ein Maskottchen bei der Übergabe immer dabei ist und das Kind unterwegs begleitet.)

Modul III Sitzung 12: Gruppenablauf   **G12**

6. Wie kann man dauerhaft **gemeinsam** Elternverantwortung übernehmen und dem Kind das geben, was es von beiden Elternteilen braucht?

- Auch in dieser Nachbesprechung ist ein verständnisvolles Gesprächsklima besonders wichtig. Formulieren die Teilnehmerinnen Schuldgefühle, so sollten Sie als Gruppenleitung versuchen die Mütter zu entlasten. Dabei kann man kurz darauf eingehen, dass Selbstvorwürfe die Situation nur verschlimmern und leicht zu einem Teufelskreislauf führen können. Betonen Sie außerdem, dass es gute Gründe für die Trennung gegeben hat und eine Trennung für alle Beteiligten auch besser sein kann als eine konflikthafte und sehr unglückliche Beziehung.
- Wenn der Dialog sehr intensive Emotionen bei den Teilnehmerinnen auslöst, so sollten Sie sich bemühen den Gedanken und Gefühlen der Mütter den Raum zu geben, den sie Ihrer Meinung nach brauchen.

Zusammenfassung der Information I12 „Paarkonflikt und Elternverantwortung"

Verteilen Sie jetzt an die Teilnehmerinnen die Unterlagen für die heutige Sitzung und referieren Sie die zentralen Inhalte des Textes I12. Hierzu sollten Sie sich vor der Sitzung mit diesem Text und mit Ihrem Text T12 vertraut gemacht haben. Wie ausführlich Sie die Präsentation gestalten und welche Inhalte Sie besonders hervorheben wollen, bleibt Ihnen überlassen. Bieten Sie den Teilnehmerinnen zudem die Gelegenheit zu Rückfragen und empfehlen Sie den Müttern den Text zu Hause noch einmal gründlich zu lesen.

Übung 3: „In welchen Bereichen fällt es mir schwer, meinen Partnerkonflikt von meiner Elternverantwortung zu trennen?"

Material	Es wird kein gesondertes Material benötigt.
Methode	Gedankenreise
Form	Einzelübung und Austausch in der Gruppe
Ziel	Wahrnehmung der gemeinsamen Elternverantwortung
Zeit	Ca. 10-15 Minuten

Modul III Sitzung 12: Gruppenablauf   G12

Vorgehensweise/Anleitung:

- Wenn das vorangegangene Rollenspiel viel Zeit eingenommen hat und Sie den Gefühlen der Mütter besonders viel Raum geben wollen, kann diese Übung aus Zeitgründen auch entfallen.

- Die folgende Gedankenreise können die Teilnehmerinnen für sich nutzen, um zu überlegen, unter welchen Umständen es für sie im Alltag und in der Beziehung zum Vater ihres Kindes schwierig wird bzw. schwierig werden könnte, Paarkonflikt und Elternverantwortung voneinander zu trennen.

- Nach der Gedankenreise soll ein Austausch unter den Teilnehmerinnen stattfinden und die Mütter sind eingeladen von ihrer „schwierigen Situation" bzw. ihren „schwierigen Situationen" zu berichten.

- Jede Mutter hat – wie bei allen anderen Übungen auch – das Recht, die Übung vorzeitig zu beenden. Wichtig ist, dass die Mütter selbst bestimmen, wie tief sie in den emotionalen Prozess einsteigen wollen.

- Die Anleitung, die Sie den Teilnehmerinnen geben, kann wie folgt lauten:

Setzen Sie sich bequem hin und versuchen Sie eine entspannte Haltung einzunehmen. Richten Sie Ihre Aufmerksamkeit nach innen und konzentrieren Sie sich ganz auf Ihren Körper. Wenn Sie möchten, können Sie die Augen schließen, müssen es aber nicht. – Atmen Sie tief ein und aus. – Begeben Sie sich nun auf eine kleine Gedankenreise. Das Ziel dieser Reise ist es, eine Situation zu entdecken, die es Ihnen schwer machen könnte, Ihre Elternverantwortung für Ihr Kind von einem möglichen Paarkonflikt zwischen Ihnen und Ihrem ehemaligen Partner zu trennen. (Kurze Pause)

Ist das vielleicht eine Situation, die so ähnlich ist wie die Übergabesituation, die wir gerade gesehen haben? (Kurze Pause)

Oder eine ganz andere Situation? (Kurze Pause)

Wie sieht diese Situation aus? Was machen Sie, was macht Ihr ehemaliger Partner in dieser Situation? Wo ist Ihr Kind? Versuchen Sie sich die Situation vor Ihrem innere Auge auszumalen und sie sich genau vorzustellen. (Kurze Pause)

Worum geht es in der Situation? Um Macht? Oder um das Wohl des Kindes? (Kurze Pause)

Ist es eine bestimmte Charaktereigenschaft Ihres ehemaligen Partners, die Sie nicht mögen? (Kurze Pause)

Eine bestimmte Aussage, ein bestimmter Satz, sein Tonfall? Seine Mimik oder Gestik? (Kurze Pause)

Modul III Sitzung 12: Gruppenablauf   **G12**

Ist es eine bestimmte Einstellung oder Haltung Ihres ehemaligen Partners, die es Ihnen schwer macht, mit Ihren Gefühlen hinterm Berg zu halten? (Kurze Pause)

Lassen Sie sich noch so viel Zeit wie Sie brauchen, denken Sie Ihre Situation noch zu Ende und kommen dann ganz allmählich wieder hier in den Raum zurück.

- Ermuntern Sie die Mütter, den anderen in der Gruppe zu berichten, welche Situation es war, die Sie während der Gedankenreise gerade vor Augen hatten.

- Ziel ist ein lebendiger Austausch über die Erfahrungen und Probleme der Teilnehmerinnen. Deshalb ist auch hier wieder ein bewertungsfreies Gruppenklima wichtig.

- Wenn die Zeit reicht, ist es eine gute Iden in Zusammenarbeit mit der Gruppe den ein oder anderen Lösungsversuch für die geschilderten schwierigen Situationen zu diskutieren.

Erläuterung der Wochenübung W12 „Mein ehemaliger Partner – der Vater meines Kindes. Einführung eines Talismans für mein Kind"

Die Gruppenleitung verteilt die Arbeitsunterlagen für die Wochenübung an die Teilnehmerinnen Die Wochenübung wird anschließend kurz vorbesprochen, wobei auch Gelegenheit zu Rückfragen bestehen soll.

 **Modul III Sitzung 12: Wochenübung   W12**

Arbeitsblatt zur Wochenübung W12 „Mein ehemaliger Partner – der Vater meines Kindes. Einführung eines Talismans für mein Kind"

Aufgabe 1: In der letzten Sitzung haben Sie sich mit der Trennung von Paarkonflikt und Elternverantwortung beschäftigt. Dabei haben Sie vielleicht festgestellt, dass bestimmte Eigenschaften oder Verhaltensweisen Ihres ehemaligen Partners es Ihnen schwer machen, diese Ebenen zu trennen. Andererseits gibt es vielleicht auch einige Punkte, die für Ihren ehemaligen Partner sprechen bzw. die zumindest dafür sprechen (mehr oder weniger regelmäßig) Kontakt zu ihm zu halten. Die nachfolgende Wochenübung soll Ihnen dabei helfen, sich noch einmal bewusst zu machen, welche konkreten Eigenschaften oder Verhaltensweisen Ihres ehemaligen Partners das sind. Nehmen Sie sich also im Laufe der kommenden Woche etwas Zeit, um die folgenden Fragen zu beantworten. Ihre Überlegungen halten Sie bitte auf diesem Arbeitsblatt fest.

- **Was schätze ich auch heute noch an meinem ehemaligen Partner?**

  _____

  _____

- **Und was an ihm finde ich mies?**

  _____

  _____

Interessant ist in diesem Zusammenhang wahrscheinlich auch, die Meinung Ihres Kindes zu diesem Thema zu hören. Besprechen Sie deshalb in den nächsten Tagen mit ihm die folgenden Punkte. Vielleicht ergibt sich hierfür auch ein Moment, in dem der Vater Ihres Kindes ohnehin schon Gesprächsthema ist.

- **An meinem Papa finde ich gut:**

  _____

  _____

- **An meinem Papa finde ich blöd:**

  _____

  _____

 **Modul III Sitzung 12: Wochenübung**   **W12**

Aufgabe 2: Übergabesituationen, in denen ein Elternteil sein Kind beim anderen Elternteil abholt oder in denen er es zurückbringt, bieten – wie Sie in der zurückliegenden Sitzung gesehen haben – häufig Anlass für Spannungen. Eine Möglichkeit, um diese Situationen für Ihr Kind zu erleichtern, besteht darin, dass es eine Art Talisman erhält (z. B. ein Stofftier, ein Foto oder irgend ein anderer Gegenstand, den es besonders mag), der es in diesen Situationen begleitet. Hierdurch können Sie Ihrem Kind vermitteln, dass Sie die Beziehung zu seinem Vater tolerieren und unterstützen. Ihr Kind gerät dadurch wahrscheinlich weniger in Konflikte, sich zwischen Ihnen und seinem Vater entscheiden zu müssen.

Überlegen Sie deshalb in der kommenden Woche gemeinsam mit Ihrem Kind, welcher Gegenstand oder welches Stofftier das sein könnte und halten Sie Ihre Überlegungen kurz schriftlich fest. Sie können auch notieren, welche Ideen Sie verworfen haben und warum Sie dies getan haben.

Wenn es möglich ist, sprechen Sie bitte mit Ihrem ehemaligen Partner über die Einführung diese Rituals und erklären Sie ihm, warum dieses Ritual für Ihr Kind hilfreich ist. Vielleicht ergibt sich ja sogar schon eine Gelegenheit, bei der Sie dieses neue Ritual ausprobieren können. Falls Ihr Kind schon längst einen bestimmten Gegenstand hat, den es zwischen Ihnen und seinem Vater immer hin- und herträgt, dann kann es trotzdem sinnvoll sein, wenn Sie mit ihrem ehemaligen Partner einmal über die Bedeutung dieses Talismans für Ihr Kind sprechen. Notieren Sie gegebenenfalls, wie das Gespräch mit Ihrem ehemaligen Partner und die Umsetzung des Rituals verlaufen sind.

Modul III Sitzung 13: Übersicht   **Ü13**

Thema	Die Möglichkeit einer neuen Partnerschaft
Fragen	• Wie ist meine eigene Haltung zum Thema Partnerschaft? • Woran kann ich erkennen, dass ein Partner für mich „der Richtige" ist? • Was kann eine Beziehung gefährden?
Ziele	• Erkennen unterschiedlicher Einstellungen zu partnerschaftsbezogenen Themen • Klärung von Erwartungen und Wünschen in Bezug auf Partnerschaft
Ablauf	1. Blitzlicht und Anwesenheitsbogen 2. Bearbeitung der Wochenübung W12 „Mein ehemaliger Partner – der Vater meines Kindes. Einführung eines Talismans für mein Kind" 3. Vorstellung von Sitzungsthema und Sitzungsablauf 4. Übungen: • Übung 1, Großgruppe: „Meine Position zum Thema Partnerschaft" • Übung 2, Großgruppe: „Offene Runde" 5. Zusammenfassung der Information I13 „Ein neuer Partner?" 6. Erläuterung der Wochenübung W13 „Was ist wichtig in einer Partnerschaft?"
Arbeitsmaterial Gruppenleiter	• Theoretische Einführung T13 „Ein neuer Partner?" • Anleitung zum Gruppenablauf G13 • Anwesenheitsbogen A13
Arbeitsmaterial Mütter	• Infoblatt I13 • Arbeitsblatt zur Wochenübung W13

Modul III Sitzung 13: Theoretische Einführung T13

Ein neuer Partner?

Noch vor einigen Jahrzehnten war es in Deutschland die Regel, dass junge Erwachsene irgendwann heirateten und bis an ihr Lebensende mit diesem Ehepartner Tisch und Bett teilten. Natürlich gab es auch früher schon Menschen, die sich für eine andere Lebensform entschieden, aber dies waren „Ausnahmefälle", die in ihrer Umwelt häufig einem gewissen Rechtfertigungsdruck begegneten („Wann wollt ihr denn endlich heiraten?"; „Haben Sie es schon mitbekommen? Die neue Nachbarin ist geschieden. – Das arme Kind!"). Heute hat sich die Situation stark verändert. Zwar entscheidet sich nach wie vor ein sehr großer Anteil der Bevölkerung für die Ehe und viele junge Menschen sehnen sich auch nach genau dieser Lebensform. Aber die **Vielfalt an unterschiedlichen Lebensformen** hat deutlich zugenommen. So hat sich der Anteil der Ehen, die geschieden werden, stark erhöht. Im Jahre 2003 beispielsweise gab es in Deutschland ungefähr 384.000 Eheschließungen und ungefähr 214.000 Scheidungen. Zwanzig Jahre zuvor gab es ähnlich viele Eheschließungen (knapp 370.000), aber nur etwas mehr als 121.000 Scheidungen. Entsprechend gestiegen ist auch die Zahl der Menschen, die zum zweiten oder sogar zum dritten Mal verheiratet sind. Viele Paare leben zudem unverheiratet zusammen oder leben in einer Partnerschaft, ohne sich die Wohnung zu teilen. Es gibt homosexuelle Paare, die in einer eingetragenen Lebenspartnerschaft leben. Die Zahl der Singles wächst. Singles, die unfreiwillig allein und auf der Suche nach einer Partnerschaft sind, aber auch Singles, die keine Partnerschaft anstreben. Zudem gibt es in Deutschland selbst unter sehr eng gefassten Kriterien fast 1,6 Millionen alleinerziehende Elternteile mit Kindern unter 18 Jahren und auch diese Zahl steigt kontinuierlich an.

Angesichts dieser Zahlen kann man die Menschen, die nicht in erster Ehe verheiratet sind, kaum noch als „Ausnahmefälle" bezeichnen. Insgesamt ist **der Entscheidungsspielraum für jeden Einzelnen im Zuge dieser gesellschaftlichen Entwicklungen größer geworden**. Eine schwangere Frau ist heute z. B. nicht mehr vor die Wahl gestellt den Vater ihres Kindes entweder möglichst bald zu heiraten oder wenn sie dies nicht will bzw. die Ehe aus anderen Gründen nicht zustande kommt – damit leben zu müssen von vielen anderen Menschen als „unehrenhafte" Frau angesehen zu werden. Im Gegenteil: Der Respekt, der alleinerziehenden Elternteilen entgegengebracht wird, wächst. Man erkennt heute durchaus, wie gut viele von ihnen die bestehenden Mehrfachbelastungen meistern und wie gut sie ihrer hohen Verantwortung gerecht werden.

Dass die Entscheidungsspielräume größer geworden sind, macht es für jeden Einzelnen allerdings **nicht unbedingt leichter**. Denn nur weil vieles möglich ist, weiß man schließlich noch lange nicht, was für einen selbst das Richtige ist. Allein mit seinem Kind leben? Nach einer neuen Partnerschaft suchen, vielleicht sogar irgendwann noch einmal heiraten? Oder einfach abwarten und sich vom Leben überraschen lassen? Und woran merkt man eigentlich, dass ein neuer Partner „der Richtige" ist? Woran kann man erkennen, dass jemand vielleicht nicht so gut zu einem passt?

All dies sind Fragen, die sehr persönliche Entscheidungen berühren und für die es **keine allgemeingültigen Empfehlungen** geben kann. Vor allem für die beiden letzten Fragen (Wer passt zu mir? Wer passt nicht so gut?) möchte dieser Text jedoch einige Denkanstöße liefern und Forschungsergebnisse vorstellen, aus denen sich ab

Modul III Sitzung 13: Theoretische Einführung T13

leiten lässt, was zumindest **im Durchschnitt** eine Beziehung haltbar macht bzw. was ihrem Fortbestand stark schaden kann. Die Worte „im Durchschnitt" sind besonders wichtig in diesem Satz, denn auch Paare, in denen beide Partner ganz andere Merkmale haben und die ganz anders miteinander umgehen als es „im Durchschnitt" empfohlen wird, können sehr glückliche Paare sein. Und umgekehrt können auch Beziehungen scheitern, in denen die Partner quasi genau nach den Empfehlungen eines Lehrbuchs für Paartherapie miteinander umgehen.

Der Volksmund kennt zwei sich widersprechende Weisheiten, die in diesem Zusammenhang interessant sind. Die eine lautet **„Gegensätze ziehen sich an"**, die andere **„Gleich und gleich gesellt sich gern"**. Viele wissenschaftliche Untersuchungen haben sich darum bemüht herauszufinden, an welchen dieser Sätze man sich halten sollte, um in einer Partnerschaft **langfristig** glücklich zu werden. Die meisten Untersuchungen deuten darauf hin, dass eine höhere Ähnlichkeit der Partner auf Dauer mit einer größeren Zufriedenheit in der Beziehung einhergeht. Dabei geht es um Ähnlichkeit in vielen verschiedenen Bereichen, z. B. um Ähnlichkeit hinsichtlich des Bildungsgrades, der finanziellen Verhältnisse, des kulturellen Hintergrundes und der ethnischen Herkunft, um Ähnlichkeit hinsichtlich allgemeiner Einstellungen und sogar der körperlichen Erscheinung (z. B. der Attraktivität). Auch Persönlichkeitsmerkmale (etwa Gewissenhaftigkeit, Offenheit für neue Erfahrungen, Geselligkeit und Schüchternheit) stimmen bei Paaren, die in langen und zufriedenen Partnerschaften leben, im Durchschnitt eher überein. Die Anziehungskraft von Gegensätzen scheint also vorwiegend von begrenzter Dauer zu sein. Starke Kontraste erhöhen zwar oft die Attraktivität einer neuen Bekanntschaft und machen uns neugierig auf das, was dahintersteckt. Auf längere Sicht führt die anfangs so reizvolle Gegensätzlichkeit jedoch häufig zu Spannungen.

Selbstverständlich gibt es auch viele Paare, bei denen die Partner sehr unterschiedliche bzw. „sich ergänzende" Eigenschaften aufweisen und die eine hohe Zufriedenheit mit ihrer Partnerschaft berichten. Der Schweizer Psychiater Jürg Willi beschreibt in diesem Zusammenhang das Phänomen der Kollusion, d. h. des Zusammenspiels sich ergänzender Persönlichkeitsstrukturen der Partner. Hierzu gehören beispielsweise Paare, in denen ein Partner stärker das Bedürfnis danach hat den anderen zu versorgen und der andere Partner stärker das Bedürfnis danach hat versorgt zu werden. Oder Paare, in denen der eine Partner mehr nach Überlegenheit strebt und bestimmen will, „wo es langgeht", der andere hingegen eher nachgiebig ist und froh, sich um schwierige Entscheidungen nicht kümmern zu müssen. Es gibt auch Paare, in denen ein Partner stark das Bedürfnis danach hat vom anderen bewundert zu werden, d. h. dieser Partner braucht den anderen, um sich seiner „Größe" zu versichern. Der andere Partner hingegen findet Gefallen daran, dem anderen Bewunderung zu zollen und ihm Anerkennung zu vermitteln.

Solche Beziehungen, in denen die Partner sich gegenseitig das geben, was sie jeweils brauchen, können lange gut funktionieren. Schwierig wird es nach dem Modell von Jürg Willi in solchen Partnerschaften allerdings oft, **wenn sich an dieser Form des Gleichgewichtes etwas verändert**. Wenn der „Versorger" auf einmal selbst das Bedürfnis danach hat versorgt zu werden, vielleicht weil er merkt, dass auf Dauer seine Kräfte nicht ausreichen, um immer stark und unterstützend zu sein. Oder wenn der „Versorgte" merkt, dass er sich auf Dauer in dieser Rolle nicht mehr gut fühlt, er

 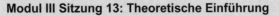

Modul III Sitzung 13: Theoretische Einführung   T13

sich und anderen zeigen möchte, dass auch er leistungsfähig ist und Verantwortung tragen kann. Dann kann die vorher eventuell schon lange bestehende Rollenverteilung aus dem Gleichgewicht geraten und das Paar muss versuchen **ein neues Gleichgewicht zu finden**. Weil die Veränderungswünsche häufig nur bei einem der beiden Partner entstehen und nicht bei beiden zugleich, fällt dies meistens schwer und der zweite Partner „versteht die Welt nicht mehr". („Warum kann es nicht so wietergehen wie bisher?")

Günstiger ist es, wenn die Rollenverteilung in der Partnerschaft nicht zu einseitig festgelegt ist, wenn also z. B. auch der „überlegene und starke" Partner immer mal wieder schwach sein kann bzw. zumindest einzelne Bereiche in der Partnerschaft bestehen, in denen sich das Verhältnis gelegentlich umkehrt. **Mit einem Partner, der das nicht zulassen kann, ist die Wahrscheinlichkeit höher, dass sich auf längere Sicht Schwierigkeiten einstellen.**

Und was ist mit Streit?

Viele Menschen denken, dass es ein schlechtes Zeichen ist, wenn in einer Partnerschaft Streit aufkommt. Zu Beginn einer Liebesbeziehung, in der Phase der ersten Verliebtheit, betrachtet man die Welt und den Partner durch die berühmte „rosafarbene Brille" und es wird meistens kaum gestritten. Das ist ganz normal. **Genauso normal ist es aber auch, dass diese Phase irgendwann vorbei ist und der Beziehungsalltag einkehrt.** Fast immer kommt es dann zu Unstimmigkeiten und auch zu größeren Konflikten. Ob eine Partnerschaft Bestand hat oder nicht, stellt sich in dieser Phase deutlicher heraus. Wenn beide Partner frisch verliebt „auf Wolke sieben schweben", ist es kein Kunststück, dass alles gut läuft. Die **Bewährungsprobe** findet statt, wenn sich die Partner und ihre Beziehung weiterentwickeln und dann notwendigerweise auftretende Konflikte zu bewältigen sind. Dann zeigt sich, ob ein Paar es schafft Kompromisse einzugehen, ob die Partner dazu in der Lage sind in einer lösungsorientierten Weise miteinander zu streiten und ob sie die Streitinhalte von ihren sonstigen Gefühlen füreinander trennen können.

Das Problem sind deshalb nicht die Konflikte an sich. Studien des amerikanischen Psychologen John Gottman konnten zeigen, dass es vielmehr um das **Verhältnis von positivem und negativem Austausch** geht. Manche Paare streiten sich häufig, aber schaffen es die Streitigkeiten durch viele von beiden als positiv erlebte Aspekte (liebevollen Körperkontakt pflegen, miteinander lachen, sich Komplimente machen, sich gegenseitig angenehme Überraschungen bereiten usw.) auszugleichen. Je „verschwenderischer" die Partner mit diesen Verhaltensweisen umgehen, umso besser ist dies meistens für die Beziehung – schließlich sagt man auch, dass Liebe das einzige Gut ist, das sich umso stärker vermehrt, je verschwenderischer man mit ihm umgeht. Gottman geht davon aus, dass das Verhältnis von positivem und negativem Austausch auf lange Sicht mindestens bei 5:1 liegen sollte. Vermutlich empfiehlt es sich jedoch dieses Verhältnis nur als Anhaltspunkt zu betrachten, aus dem sich die sehr plausible Empfehlung ableiten lässt, dass emotional positiv bewerteter Austausch zumindest deutlich stärker als emotional negativ bewerteter Austausch stattfinden sollte, um langfristig eine hohe Zufriedenheit mit der Partnerschaft zu ermöglichen.

 **Modul III Sitzung 13: Theoretische Einführung   T13**

Wichtig ist aber nicht nur das Verhältnis von positivem und negativem Austausch, sondern auch **die Art, in der der negative Austausch abläuft**. Hierzu konnten Forscher zeigen, dass es **vier Alarmsignale** gibt, die darauf hinweisen, dass die Zufriedenheit in der Beziehung und damit eventuell auch der Fortbestand der Beziehung gefährdet ist:

1. Die Partner **kritisieren sich hemmungslos**, nehmen z. B. auf persönliche Tabuthemen keine Rücksicht mehr.

2. Sie **gehen verächtlich miteinander um**, werten sich also auf einer persönlichen Ebene stark ab.

3. Sie **verhalten sich abwehrend**, d. h. sie reagieren auf Kritik nicht mit einer einfühlsamen und um Verständnis bemühten Haltung, sondern sie verfallen in Rechtfertigungen und schießen mit Gegenkritik zurück.

4. Sie **ziehen sich voneinander zurück**, blocken den anderen also ab und lassen ihn „vor eine Wand reden".

Auch wenn nicht beide, sondern nur einer der Partner Verhalten dieser Art an den Tag legt, ist dies als Alarmsignal aufzufassen, denn hemmungslose Kritik, offen ausgedrückte Verachtung, Abwehr und blockadeartiger Rückzug lassen starke Unzufriedenheit mit der Partnerschaft erkennen. Nicht selten kommen Prozesse in Gang, die sich immer weiter aufschaukeln, bis schließlich von den sehr positiven Gefühlen, die ein Paar einst miteinander verband, nicht mehr viel zu erkennen ist. Deshalb ist es gut solche Anzeichen ernst zu nehmen und wieder einen angemesseneren Umgang miteinander einzuüben. Neigt ein Liebespartner stark zu diesen Verhaltensweisen, vielleicht sogar schon recht bald, nachdem man sich kennen gelernt hat, ist es eventuell sinnvoll zu prüfen, inwieweit man sich auf so eine Partnerschaft einlassen möchte.

Modul III Sitzung 13: Infoblatt für Mütter   **I13**

Ein neuer Partner?

Noch vor einigen Jahrzehnten war es in Deutschland die Regel, dass junge Erwachsene irgendwann heirateten und bis an ihr Lebensende mit diesem Ehepartner Tisch und Bett teilten. Natürlich gab es auch früher schon Menschen, die sich für eine andere Lebensform entschieden, aber dies waren „Ausnahmefälle", die in ihrer Umwelt häufig einem gewissen Rechtfertigungsdruck begegneten („Wann wollt ihr denn endlich heiraten?"; „Haben Sie es schon mitbekommen? Die neue Nachbarin ist geschieden. – Das arme Kind!"). Heute hat sich die Situation stark verändert. Zwar entscheidet sich nach wie vor ein sehr großer Anteil der Bevölkerung für die Ehe und viele junge Menschen sehnen sich auch nach genau dieser Lebensform. Aber **die Vielfalt an unterschiedlichen Lebensformen hat deutlich zugenommen**. So hat sich der Anteil der Ehen, die geschieden werden, stark erhöht. Im Jahre 2003 beispielsweise gab es in Deutschland ungefähr 384.000 Eheschließungen und ungefähr 214.000 Scheidungen. Zwanzig Jahre zuvor gab es ähnlich viele Eheschließungen (knapp 370.000), aber nur etwas mehr als 121.000 Scheidungen. Entsprechend gestiegen ist auch die Zahl der Menschen, die zum zweiten oder sogar zum dritten Mal verheiratet sind. Viele Paare leben zudem unverheiratet zusammen oder leben in einer Partnerschaft, ohne sich die Wohnung zu teilen. Es gibt homosexuelle Paare, die in einer eingetragenen Lebenspartnerschaft leben. Die Zahl der Singles wächst. Singles, die unfreiwillig allein und auf der Suche nach einer Partnerschaft sind, aber auch Singles, die keine Partnerschaft anstreben. Und wie Sie schon aus der ersten PALME-Sitzung wissen gibt es in Deutschland derzeit selbst unter sehr eng gefassten Kriterien fast 1,6 Millionen alleinerziehende Elternteile mit Kindern unter 18 Jahren.

Angesichts dieser Zahlen kann man die Menschen, die nicht in erster Ehe verheiratet sind, kaum noch als „Ausnahmefälle" bezeichnen. Insgesamt ist **der Entscheidungsspielraum für jeden Einzelnen ist im Zuge dieser gesellschaftlichen Entwicklungen größer geworden**. Eine schwangere Frau ist heute z. B. nicht mehr vor die Wahl gestellt den Vater ihres Kindes entweder möglichst bald zu heiraten oder – wenn sie dies nicht will bzw. die Ehe aus anderen Gründen nicht zustande kommt – damit leben zu müssen von vielen anderen Menschen als „unehrenhafte" Frau angesehen zu werden. Im Gegenteil: Der Respekt, der alleinerziehenden Elternteilen entgegengebracht wird, wächst. Man erkennt heute durchaus, wie gut viele von ihnen die bestehenden „Mehrfachbelastungen" meistern und wie gut sie ihrer hohen Verantwortung gerecht werden.

Dass die Entscheidungsspielräume größer geworden sind, macht es für jeden Einzelnen allerdings **nicht unbedingt leichter**. Denn nur weil vieles möglich ist, weiß man schließlich noch lange nicht, was für einen selbst das Richtige ist. Allein mit seinem Kind leben? Nach einer neuen Partnerschaft suchen, vielleicht sogar irgendwann noch einmal heiraten? Oder einfach abwarten und sich vom Leben überraschen lassen? Und woran merkt man eigentlich, dass ein neuer Partner „der Richtige" ist? Woran kann man erkennen, dass jemand vielleicht nicht so gut zu einem passt?

All dies sind Fragen, die sehr persönliche Entscheidungen berühren und für die es **keine allgemeingültigen Empfehlungen** geben kann. Vor allem für die beiden letzten Fragen (Wer passt zu mir? Wer passt nicht so gut?) möchte Ihnen dieser Text je-

 **Modul III Sitzung 13: Infoblatt für Mütter   I13**

doch einige Denkanstöße liefern und Forschungsergebnisse vorstellen, aus denen sich ableiten lässt, was zumindest **im Durchschnitt** eine Beziehung haltbar macht bzw. ihrem Fortbestand stark schaden kann. Die Worte „im Durchschnitt" sind besonders wichtig in diesem Satz, denn auch Paare, in denen die beiden Partner ganz andere Merkmale haben und die ganz anders miteinander umgehen als es „im Durchschnitt" empfohlen wird, können sehr glückliche Paare sein. Und umgekehrt können auch Beziehungen scheitern, in denen die Partner quasi genau nach den Empfehlungen eines Lehrbuchs für Paartherapie miteinander umgehen.

Der Volksmund kennt zwei sich widersprechende Weisheiten, die in diesem Zusammenhang interessant sind. Die eine lautet **„Gegensätze ziehen sich an"**, die andere **„Gleich und gleich gesellt sich gern"**. Viele wissenschaftliche Untersuchungen haben sich darum bemüht herauszufinden, an welchen dieser Sätze man sich halten sollte, um in einer Partnerschaft langfristig glücklich zu werden. Die meisten Untersuchungen deuten darauf hin, dass eine höhere Ähnlichkeit der Partner auf Dauer mit einer größeren Zufriedenheit in der Beziehung einhergeht. Dabei geht es um Ähnlichkeit in vielen verschiedenen Bereichen, z. B. um Ähnlichkeit hinsichtlich des Bildungsgrades, der finanziellen Verhältnisse, des kulturellen Hintergrundes und der ethnischen Herkunft, um Ähnlichkeit hinsichtlich allgemeiner Einstellungen und sogar der körperlichen Erscheinung (z. B. der Attraktivität). Auch Persönlichkeitsmerkmale (etwa Gewissenhaftigkeit, Offenheit für neue Erfahrungen, Geselligkeit und Schüchternheit) stimmen bei Paaren, die in langen und zufriedenen Partnerschaften leben, im Durchschnitt eher überein.

Selbstverständlich gibt es auch viele Paare, bei denen die Partner sehr unterschiedliche bzw. **„sich ergänzende" Eigenschaften** aufweisen und die eine hohe Zufriedenheit mit ihrer Partnerschaft berichten. Hierzu gehören beispielsweise Paare, in denen ein Partner stärker das Bedürfnis danach hat den anderen zu versorgen und der andere Partner stärker das Bedürfnis danach hat versorgt zu werden. Oder Paare, in denen der eine Partner mehr nach Überlegenheit strebt und bestimmen will, „wo es langgeht", der andere hingegen eher nachgiebig ist und froh, sich um schwierige Entscheidungen nicht kümmern zu müssen. Es gibt auch Paare, in denen ein Partner stark das Bedürfnis danach hat vom anderen bewundert zu werden, d. h., dieser Partner braucht den anderen, um sich seiner „Größe" zu versichern. Der andere Partner hingegen findet Gefallen daran dem anderen Bewunderung zu zollen und ihm Anerkennung zu vermitteln.

Solche Beziehungen, in denen die Partner sich gegenseitig das geben, was sie jeweils brauchen, können lange gut funktionieren. Schwierig wird es in solchen Partnerschaften allerdings oft, **wenn sich an dieser Form des Gleichgewichtes etwas verändert**. Wenn der „Versorger" auf einmal selbst das Bedürfnis danach hat versorgt zu werden, vielleicht weil er merkt, dass auf Dauer seine Kräfte nicht ausreichen, um immer stark und unterstützend zu sein. Oder wenn der „Versorgte" merkt, dass er sich auf Dauer in dieser Rolle nicht mehr gut fühlt, er sich und anderen zeigen möchte, dass er auch leistungsfähig ist und Verantwortung tragen kann. Dann kann die vorher eventuell schon lange bestehende Rollenverteilung aus dem Gleichgewicht geraten und das Paar muss versuchen **ein neues Gleichgewicht zu finden**. Weil die Veränderungswünsche häufig nur bei einem der beiden Partner entstehen

Modul III Sitzung 13: Infoblatt für Mütter   **I13**

und nicht bei beiden zugleich, fällt dies meistens schwer und der zweite Partner „versteht die Welt nicht mehr". („Warum kann es nicht so weitergehen wie bisher?")

Günstiger ist es, wenn die Rollenverteilung in der Partnerschaft nicht zu einseitig festgelegt ist, wenn also z. B. auch der „überlegene und starke" Partner immer mal wieder schwach sein kann bzw. zumindest einzelne Bereiche in der Partnerschaft bestehen, in denen sich das Verhältnis gelegentlich umkehrt. **Mit einem Partner, der das nicht zulassen kann, ist die Wahrscheinlichkeit höher, dass sich auf längere Sicht Schwierigkeiten einstellen.**

Und was ist mit Streit?

Viele Menschen denken, dass es ein schlechtes Zeichen ist, wenn in einer Partnerschaft Streit aufkommt. Zu Beginn einer Liebesbeziehung, in der Phase der ersten Verliebtheit, betrachtet man die Welt und den Partner durch die berühmte „rosafarbene Brille" und es wird meistens kaum gestritten. Das ist ganz normal. **Genauso normal ist es aber auch, dass diese Phase irgendwann vorbei ist und der Beziehungsalltag einkehrt.** Fast immer kommt es dann zu Unstimmigkeiten und auch zu größeren Konflikten. Ob eine Partnerschaft Bestand hat oder nicht, stellt sich in dieser Phase deutlicher heraus. Wenn beide Partner frisch verliebt „auf Wolke sieben schweben", ist es kein Kunststück, dass alles gut läuft. Die **Bewährungsprobe** findet statt, wenn auch Konflikte zu bewältigen sind. Dann zeigt sich, ob ein Paar es schafft Kompromisse einzugehen, ob die Partner dazu in der Lage sind in einer lösungsorientierten Weise miteinander zu streiten und ob sie die Streitinhalte von ihren sonstigen Gefühlen füreinander trennen können.

Das Problem sind deshalb nicht die Konflikte an sich. Studien konnten zeigen, dass es vielmehr um das **Verhältnis von positivem und negativem Austausch** geht. Manche Paare streiten sich häufig, aber schaffen es, die Streitigkeiten durch viele von beiden als positiv erlebte Aspekte (liebevollen Körperkontakt pflegen, miteinander lachen, sich Komplimente machen, sich gegenseitig angenehme Überraschungen bereiten usw.) auszugleichen. Je „verschwenderischer" die Partner mit diesen Verhaltensweisen umgehen, umso besser ist dies meistens für die Beziehung – schließlich sagt man auch, dass Liebe das einzige Gut ist, das sich umso stärker vermehrt, je verschwenderischer man mit ihm umgeht.

Wichtig ist aber nicht nur das Verhältnis von positivem und negativem Austausch, sondern auch **die Art, in der der negative Austausch abläuft**. Hierzu konnten Forscher zeigen, dass es **vier Alarmsignale** gibt, die darauf hinweisen, dass die Zufriedenheit in der Beziehung und damit eventuell auch der Fortbestand der Beziehung gefährdet ist:

1. Die Partner **kritisieren sich hemmungslos**, nehmen z. B. auf persönliche Tabuthemen keine Rücksicht mehr.

2. Sie **gehen verächtlich miteinander um**, werten sich also auf einer persönlichen Ebene stark ab.

 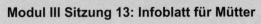

Modul III Sitzung 13: Infoblatt für Mütter

3. Sie **verhalten sich abwehrend**, d. h. sie reagieren auf Kritik nicht mit einer einfühlsamen und um Verständnis bemühten Haltung, sondern sie verfallen in Rechtfertigungen und schießen mit Gegenkritik zurück.

4. Sie **ziehen sich voneinander zurück**, blocken den anderen also ab und lassen ihn „vor eine Wand reden".

Auch wenn nicht beide, sondern nur einer der Partner Verhalten dieser Art an den Tag legt, ist dies als Alarmsignal aufzufassen, denn hemmungslose Kritik, offen ausgedrückte Verachtung, Abwehr und blockadeartiger Rückzug lassen starke Unzufriedenheit mit der Partnerschaft erkennen. Nicht selten kommen Prozesse in Gang, die sich immer weiter aufschaukeln, bis schließlich von den sehr positiven Gefühlen, die ein Paar einst miteinander verband, nicht mehr viel zu erkennen ist. Deshalb ist es gut solche Anzeichen ernst zu nehmen und wieder einen angemesseneren Umgang miteinander einzuüben. Neigt ein Liebespartner stark zu diesen Verhaltensweisen, vielleicht sogar schon recht bald, nachdem man sich kennen gelernt hat, ist es eventuell sinnvoll zu prüfen, inwieweit man sich auf so eine Partnerschaft einlassen möchte.

Alleinerziehende sehen sich beim Thema Partnerschaft zudem häufig einer besonderen Situation gegenüber. Manche Alleinerziehende erleben beispielsweise ihre im Vergleich mit Verheirateten **größere Selbständigkeit** als einen Vorteil. Sie begrüßen es, allein Entscheidungen treffen zu können und keine Rücksicht mehr auf den ehemaligen Partner nehmen zu müssen. Andererseits fühlen sich viele Alleinerziehende jedoch auch **einsam** und sehnen sich nach einem neuen Partner, mit dem sie sich beraten und austauschen können und der wichtige Entscheidungen mit ihnen gemeinsam trägt. Dies hängt möglicherweise auch davon ab, wie lange man schon alleinerziehend ist. Alleinerziehende, die den Trennungsschmerz schon länger überwunden haben, sind eher wieder bereit eine neue Partnerschaft einzugehen als Alleinerziehende, die erst seit kurzem getrennt leben. Sie haben meistens noch kein Bedürfnis nach einer neuen Partnerschaft.

Für eine **Neuorientierung** ist es empfehlenswert, die frühere Partnerschaft und das, was man in ihr gelernt hat, für eine neue Partnerschaft **zu nutzen**. Hier sollte z. B. der früheren Partnerwahl, den eigenen Bedürfnissen an einen Partner und den eigenen Erwartungen in einer Partnerschaft besondere Aufmerksamkeit geschenkt werden. Hilfreiche Fragen hierbei sind beispielsweise: Sind sich meine bisherigen Partner ähnlich? In welcher Hinsicht bestehen diese Ähnlichkeiten? Was war meine Rolle in der letzten Partnerschaft? Welche Bedürfnisse habe ich wirklich an eine Partnerschaft? Und inwiefern habe ich diese Bedürfnisse bisher umsetzen können? Aufbauend auf den Erkenntnissen aus der vergangenen Partnerschaft bzw. aus den vergangenen Partnerschaften können so Anforderungen und Ansprüche an eine neue Partnerschaft, aber auch notwendige Veränderungsschritte für sich selbst definiert werden. Zudem lassen sich hierüber Entwicklungsziele formulieren, die man in einer neuen Beziehung erreichen möchte. Die Chance aus vergangenen Erfahrungen zu lernen, um in einer eventuellen künftigen Partnerschaft beidseitig eine dauerhaftere Zufriedenheit zu erreichen, sollten Sie also nicht ungenutzt lassen.

Modul III Sitzung 13: Gruppenablauf   **G13**

Blitzlicht und Anwesenheitsbogen

Wie kommen Sie heute hier an? Wie geht es Ihnen?

Bearbeitung der Wochenübung W12 „Mein ehemaliger Partner – der Vater meines Kindes. Einführung eines Talismans für mein Kind"

In der letzten Woche haben Sie eine **Pro- und Contra-Liste** zu Ihrem ehemaligen Partner angelegt, in der Sie von Ihnen heute als positiv und negativ erlebte Merkmale Ihres ehemaligen Partners festgehalten haben. So eine Liste kann ein Weg dahin sein, die Möglichkeit der Trennung von Ihren Konflikten als Paar und Ihrer fortbestehenden gemeinsamen Elternverantwortung zu verdeutlichen. Auch mit Ihrem Kind haben Sie anschließend darüber gesprochen, welche Eigenschaften seines Vaters es schätzt und mit welchen es Schwierigkeiten hat.

Im Folgenden finden Sie eine breite Palette an möglichen Fragen, die Sie im Rahmen der Nachbesprechung dieser Wochenübung diskutieren können:

- Wie ging es Ihnen damit sich die unterschiedlichen Eigenschaften Ihres ehemaligen Partners noch einmal vor Augen zu führen? Welche Gefühle kamen hoch?

- Taten Sie sich schwer mit der Übung? Wenn ja, was war schwierig?

- Wie war es für Sie, auch positive Seiten Ihres ehemaligen Partners zu benennen?

- Wie verlief das Gespräch mit Ihrem Kind? Was fand Ihr Kind an seinem Vater gut, was nicht?

- Welche Gemeinsamkeiten mit Ihrer eigenen Sichtweise haben Sie festgestellt, welche Unterschiede?

- Welche Gefühle haben Sie bei Ihrem Kind für seinen Vater wahrgenommen?

- Welche Gefühle kamen in Ihnen auf, als Ihr Kind von seinem Vater sprach? Wie waren Ihre Gefühle, als Ihr Kind geäußert hat, was es an seinem Vater mag? Und wie haben Sie sich gefühlt, als es darüber gesprochen hat, was ihm an seinem Vater nicht gefällt?

Im zweiten Teil der Wochenübung hat Ihr Kind sich – wenn es bislang noch keinen hatte – einen **Talisman** ausgesucht, den es in Übergabesituationen bei sich haben kann. Durch diesen Talisman lassen sich die Übergabesituationen für Ihr Kind entspannter gestalten.
Wie hat Ihr Kind diese Idee aufgenommen? Was hat Ihr Kind sich als Talisman ausgesucht?

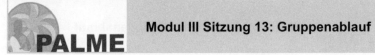 **Modul III Sitzung 13: Gruppenablauf   G13**

Gab es schon die Möglichkeit zu einem Gespräch mit Ihrem ehemaligen Partner über diesen Talisman? Wie ist das Gespräch verlaufen? Wie ging es Ihnen dabei?

Vielleicht hatten Sie sogar schon Gelegenheit die Wirkung des Talismans in einer Übergabesituation auszuprobieren. Haben Sie einen Unterschied zu den sonstigen Übergabesituationen bemerkt? Welchen Eindruck hat Ihr Kind auf Sie gemacht?

Bieten Sie den Teilnehmerinnen nach Besprechung der Wochenübung zudem die Möglichkeit, noch offen gebliebene Fragen zum Infoteil I12 zu klären.

Vorstellung von Sitzungsthema und Sitzungsablauf

Verwenden Sie die Übersicht Ü13, um den Teilnehmerinnen einen kurzen Überblick über das Programm der heutigen Sitzung zu geben.

Modul III Sitzung 13: Gruppenablauf **G13**

Übung 1: „Meine Position zum Thema Partnerschaft"

Material	Zwei Papptafeln (eine beschriftet mit „Pro Partnerschaft", eine mit „Pro Single"); Flipchart
Methode	Großgruppenübung
Form	Argumentation mit Perspektivwechseln, Reflexion
Ziel	Differenziertere Wahrnehmung unterschiedlicher Haltungen zum Thema Partnerschaft Klärung der eigenen Haltung
Zeit	Ca. 20 Minuten

Vorgehensweise/Anleitung:

- Diese Übung dient der Einstimmung in die Auseinandersetzung mit dem Thema Partnerschaft, das in der heutigen Sitzung im Mittelpunkt steht.

- Sie benötigen zwei Stühle, die Sie mit genügend Abstand platzieren sollten, damit sich die Teilnehmerinnen später im Verhältnis zu diesen beiden Stühlen positionieren können (siehe unten). Benennen Sie den einen Stuhl als „Pro Partnerschaft"-Stuhl, den anderen als „Pro Single"-Stuhl und verdeutlichen Sie dies dadurch, dass Sie die entsprechenden „Namensschilder" vor den Stühlen aufstellen.

- Erklären Sie, dass es in dieser Übung einerseits darum geht Argumente für das Eingehen einer neuen Partnerschaft zu sammeln und andererseits für das Leben als Single. Betonen Sie, dass die Argumente der Teilnehmerinnen nicht notwendigerweise ihre eigene Haltung widerspiegeln müssen, sondern dass auch Argumente genannt werden können, die einem vielleicht schon bei anderen Menschen begegnet sind oder die einem spontan einfallen.

- Die Teilnehmerinnen stellen sich hintereinander auf und bilden eine Reihe. Auf Bitten der Gruppenleitung nimmt die erste Mutter z. B. auf dem Stuhl „Pro Partnerschaft" Platz und formuliert ein Argument, warum es sich lohnt, sich auf eine neue Beziehung einzulassen. Anschließend stellt Sie sich wieder am Ende der Reihe an. Nun nimmt die zweite Mutter auf dem „Pro Single"-Stuhl Platz und argumentiert, warum es sich lohnt, als Single zu leben. In abwechselnder Reihenfolge sollen nun von den restlichen Teilnehmerinnen Gründe für die beiden Positionen gefunden werden.

- Halten Sie zudem in der gesamten Übung die Argumente der Teilnehmerinnen in Stichworten an der Flipchart fest.

Modul III Sitzung 13: Gruppenablauf **G13**

- In einem zweiten Durchgang nehmen die Mütter jeweils die entgegengesetzte Position zur ersten Runde ein. Saß eine Mutter also beim ersten Durchgang auf dem Stuhl „Pro Partnerschaft", dann nimmt sie jetzt auf dem Stuhl „Pro Single" Platz.

- Die in der Reihe stehenden Mütter hören den Argumenten jeweils aufmerksam zu und lassen diese auf sich wirken.

- Das Einnehmen der beiden unterschiedlichen Positionen kann beliebig fortgesetzt werden, so lange die Teilnehmerinnen neue Argumente finden und Spaß an der Übung haben.

- Nachdem sich keine Argumente mehr für die beiden Lebensformen finden lassen, werden die Mütter nach einer kurzen Bedenkzeit aufgefordert, sich für die Position zu entscheiden, die ihr aktuelles Erleben am ehesten widerspiegelt. Die Entscheidung soll dadurch deutlich gemacht werden, dass sich die Teilnehmerinnen in einer Weise, die ihnen am passendsten erscheint, zu den beiden Stühlen positionieren. (Ganz dicht an einem der Stühle, zwischen den beiden Stühlen, weit weg von beiden Stühlen usw. Die eigene Haltung kann zusätzlich z. B. auch durch die Blickrichtung oder durch andere körpersprachliche Elemente ausgedrückt werden.)

- In einer Abschlussrunde können folgende Fragen zur Vertiefung der Übung gestellt werden:

  1. Welche Gefühle kamen bei Ihnen hoch, als Sie die Position „Pro Partnerschaft" vertreten haben?

  2. Wie haben Sie sich gefühlt, als Sie die Position „Pro Single" eingenommen haben?

  3. Haben Sie einige der Argumente überrascht, die die anderen Teilnehmerinnen oder die Sie selbst für eine der beiden Positionen gefunden haben? Hat sich dadurch Ihre Sichtweise geändert?

  4. Warum haben Sie sich am Ende für Ihre jeweilige Position entschieden? Was waren Ihre persönlichen Gründe?

  5. Wie ging es Ihnen an diesem Platz? (Hier lässt sich eventuell auch auf die Position der Teilnehmerinnen im Verhältnis zu den Positionen der anderen Teilnehmerinnen eingehen, wenn beispielsweise eine Teilnehmerin sich ganz anders aufgestellt hat als die anderen oder wenn mehrere Teilnehmerinnen sich für eine sehr ähnliche Position entschieden haben.)

Modul III Sitzung 13: Gruppenablauf   **G13**

Übung 2: „Offene Runde"

Material	Es wird kein gesondertes Material benötigt.
Methode	Großgruppenübung
Form	Lösungsorientierte Bearbeitung individueller Anliegen der Teilnehmerinnen
Ziel	Aufgreifen individueller Anliegen rund um das Thema Partnerschaft Gegenseitige Unterstützung der Teilnehmerinnen im Umgang mit diesen Anliegen
Zeit	Ca. 30 Minuten

Vorgehensweise/Anleitung:

- Diese Übung soll in möglichst wenig vorstrukturierter Weise persönliche Anliegen der Teilnehmerinnen aufgreifen und die Teilnehmerinnen in der Klärung dieser Anliegen unterstützen.

- Da das Thema Partnerschaft sehr breit ist und vermutlich ganz unterschiedliche Anliegen bestehen, können Sie als Gruppenleitung den Gesprächsfokus aber auch etwas näher eingrenzen. Denkbare Themenbereiche wären etwa die Fragen „Wo und wie kann ich einen neuen Partner überhaupt kennen lernen?", „Welche besonderen Umstände ergeben sich für mich beim Thema Partnerschaft aus der Tatsache, dass ich alleinerziehend bin?" oder „Was bedeutet eine neue Partnerschaft für mein Kind?"

- Ein Einstieg in diese Übung könnte darin bestehen, zunächst in einer blitzlichtähnlichen Runde festzustellen, welche Anliegen die Teilnehmerinnen haben. Wegen der begrenzten Zeit dürfte es im Anschluss sinnvoll sein, dass sich die Gruppe untereinander verständigt, auf welche Anliegen ausführlicher eingegangen wird.

- Moderieren Sie diese Übung in zurückhaltender Weise und bemühen Sie sich darum, die Teilnehmerinnen miteinander ins Gespräch kommen zu lassen. Achten Sie auf einen respektvollen Umgang der Teilnehmerinnen miteinander und ermuntern Sie eine lösungsorientierte Besprechung der Anliegen. Als unterstützend wird häufig auch die Erfahrung erlebt, dass andere Menschen die eigenen Probleme ebenfalls kennen oder sie gut nachvollziehen können.

Modul III Sitzung 13: Gruppenablauf   G13

Zusammenfassung der Information I13

Verteilen Sie jetzt an die Teilnehmerinnen die Unterlagen für die heutige Sitzung und referieren Sie die zentralen Inhalte des Textes I13. Hierzu sollten Sie sich vor der Sitzung mit diesem Text und mit dem Text T13 vertraut gemacht haben. Wie ausführlich Sie die Präsentation gestalten und welche Inhalte Sie besonders hervorheben wollen, bleibt Ihnen überlassen. Bieten Sie den Teilnehmerinnen zudem die Gelegenheit zu Rückfragen und empfehlen Sie den Müttern den Text zu Hause noch einmal gründlich zu lesen.

Erläuterung der Wochenübung W13 „Was ist wichtig in einer Partnerschaft?"

Die Gruppenleitung verteilt die Arbeitsunterlagen für die Wochenübung an die Teilnehmerinnen. Die Wochenübung wird anschließend kurz vorbesprochen, wobei auch Gelegenheit zu Rückfragen bestehen sollte.

 **Modul III Sitzung 13: Wochenübung**   **W13**

Arbeitsblatt zur Wochenübung W13 „Was ist wichtig in einer Partnerschaft?"

Unabhängig davon, ob Sie zur Zeit in einer Partnerschaft oder auf Partnersuche sind oder ob Sie gar nicht das Bedürfnis nach einer neuen Partnerschaft verspüren, ist es eine gute Idee sich damit auseinander zu setzen, was einem in einer Partnerschaft besonders wichtig ist und was die Gründe dafür sind. Dazu gehört sowohl die Frage, welche Eigenschaften ein neuer Partner für Sie auf jeden Fall besitzen müsste, als auch die Frage, welche Eigenschaften er auf keinen Fall haben dürfte. „Eigenschaften" können dabei alles mögliche sein: Persönlichkeitseigenschaften, Lebensumstände, äußere Merkmale, Einstellungen, Angewohnheiten und vieles mehr. Wenn man Klarheit darüber hat, was aus welchen Gründen für einen selbst beim Thema Partnerschaft entscheidend ist, dann fällt es meistens leichter diese Erkenntnisse auch umzusetzen, also z. B. klare Grenzen zu ziehen, wenn jemand sich so verhält, wie man es auf keinen Fall zu dulden bereit ist oder ganz im Gegenteil sein Interesse zu vermitteln, wenn jemand genau so zu sein scheint, wie man es sich wünscht. Aufschlussreich ist außerdem die Frage, ob es auch aus Sicht Ihres Kindes Eigenschaften eines möglichen neuen Partners von Ihnen geben könnte, die ihm sehr wichtig wären oder mit denen es überhaupt nicht gut zurechtkäme. Hierüber sollten Sie im Rahmen dieser Übung nicht mit Ihrem Kind sprechen, da ein solches Gespräch Ihr Kind verunsichern könnte. Versuchen Sie stattdessen sich in Ihr Kind und seine Bedürfnisse einzufühlen und zu erspüren, wie seine Antworten zu diesen Fragen ausfallen könnten.

Nachdem Sie sich mit diesen Fragen auseinandergesetzt haben, nehmen Sie sich in der kommenden Woche in einem ruhigen Moment etwas Zeit, um die unten abgedruckte Tabelle auszufüllen. Versuchen Sie dabei nur das aufzuschreiben, was Ihnen wirklich wichtig ist, ohne sich in illusionären Idealen à la Hollywood zu verlieren. Wenn der Platz nicht ausreichen sollte, können Sie natürlich auch z. B. auf der Rückseite fortsetzen. Achten Sie bei dieser Übung bitte auch darauf, welche Gefühle bei der Auseinandersetzung mit diesem Thema in Ihnen aufkommen, damit Sie darüber in der nächsten Sitzung berichten können.

Diese Eigenschaften finde ich bei einem Partner unverzichtbar:	Warum ist das so?

Modul III Sitzung 13: Wochenübung   W13

Diese Eigenschaften dürfte ein Partner auf keinen Fall haben:	Warum ist das so?

Diese Eigenschaften eines neuen Partners von mir wären meinem Kind wahrscheinlich sehr wichtig:	Warum ist das so?

Mit diesen Eigenschaften eines neuen Partners käme mein Kind wahrscheinlich gar nicht gut zurecht:	Warum ist das so?

 **Modul III Sitzung 14: Übersicht** Ü14

Thema	Sinn und Gestaltung von Ritualen im Familienalltag
Fragen	• Warum sind Rituale im Alltag sinnvoll? • Welche Rituale gibt es überhaupt?
Ziele	• Erlernen der gemeinsamen Gestaltung von Ritualen • Erweiterung des Repertoires an Ritualen
Ablauf	1. Blitzlicht und Anwesenheitsbogen 2. Bearbeitung der Wochenübung W13 „Was ist wichtig in einer Partnerschaft?" 3. Vorstellung von Sitzungsthema und Sitzungsablauf 4. Übungen: • Rollenspiel, Gruppenleitung: „Rituale" • Übung 1, Großgruppe: Brainstorming „Feedback zum Rollenspiel" 5. Zusammenfassung der Information I14 „Rituale im Familienalltag" 6. Übung 2, Großgruppen-Rollenspiel: „Einführung eines neuen Rituals" 7. Erläuterung der Wochenübung W14 „Rituale in meinem eigenen Leben"
Arbeitsmaterial Gruppenleiter	• Theoretische Einführung T14 „Rituale im Familienalltag" • Anleitung zum Gruppenablauf G14 • Anwesenheitsbogen A14
Arbeitsmaterial Mütter	• Infoblatt I14 • Arbeitsblatt zur Wochenübung W14

Modul III Sitzung 14: Theoretische Einführung   T14

Rituale im Familienalltag

Mit Sitzung 14 nähert sich das Programm dem Modul IV, das stärker als die bisherigen Module auf **praktische Problemlösungen** und **konkrete Verhaltensänderungen** ausgerichtet ist. Im Folgenden werden die Inhalte also konkreter und es geht mehr um den Umgang mit alltäglichen Schwierigkeiten und Problemen. Das Thema „Rituale im Familienalltag" ist also ein Verbindungsstück zwischen Modul III und Modul IV.

Die realistische Planung des Alltags ist hilfreich für einen möglichst konfliktfreien Tagesablauf. Hierbei spielen **wiederkehrende Rituale** eine wichtige Rolle. Sie helfen Kindern, sich stressfreier in das Alltagsleben einzufinden. Außerdem können Sie einen Beitrag leisten zur Vermeidung von Konflikten, da bei festen Ritualen weniger Platz ist für Vermutungen von Willkür und damit weniger Platz für ausufernde Diskussionen. Zudem bestehen Kinder oft auch von sich aus auf einmal gefundenen, hilfreichen Ritualen, denn mit ihnen fühlen sie sich sicher. Das kindliche Einfordern von Ritualen, die Erwachsene vielleicht manchmal als nervende Wiederholung erleben, ist auch ein Test, ob das einmal Etablierte wirklich sicheren Bestand und Gültigkeit hat. Die Sicherheit, die Rituale bieten, unterstützt Kinder darin selbständig Schritte aus dem Vertrauten heraus zu wagen in dem Bewusstsein, dass sie jederzeit in einen sicheren und ihnen vertrauten Hafen zurückkehren können.

Rituale existieren auf verschiedenen Ebenen. **Alltägliche Vorgänge** wie Aufstehen, sich Waschen und Ankleiden oder Essen lassen sich von Ritualen abgrenzen, die für **besondere Anlässe** reserviert sind und die in der Regel von Familien gemeinsam begangen werden. Hierzu gehören freudige Anlässe wie Geburtstage, Kommunions- oder Konfirmationsfeiern und Hochzeiten, aber auch unvermeidbare, traurige Ereignisse wie Abschiede für eine längere Zeit oder Beerdigungen. Schließlich gibt es gesellschaftlich fest im **Jahreslauf** verankerte Rituale wie z. B. zu Ostern, zur Adventszeit und zu Weihnachten, zu Karneval sowie zum Mutter- und Vatertag. Entsprechende Rituale wie das Färben von Ostereiern, das Basteln von Weihnachtsschmuck oder das Auswählen eines Karnevalskostüms haben u. a. die wichtige Funktion die Beteiligten auf den jeweiligen Anlass einzustimmen und dabei zwischenmenschliche Beziehungen aufzubauen und zu festigen.

Auch wenn es vielen Menschen häufig nicht bewusst ist, verfügen sie über **vielfältige Möglichkeiten Rituale zu gestalten und mit Leben zu füllen**. Ob eine Familie beispielsweise das Abendessen stets gemeinsam und ohne dass dabei der Fernseher läuft einnimmt oder ob jeder dann etwas zu sich nimmt, wenn ihm danach ist, ist eine Entscheidung, die eine Familie grundsätzlich selbst treffen und auch selbst verändern kann (unter Berücksichtigung äußerer Rahmenbedingungen wie etwa Arbeitszeiten). Und selbst bei gesellschaftlich nach wie vor fest verankerten Anlässen wie dem Weihnachtsfest gibt es einen breiten Gestaltungsspielraum, in dem z. B. offen ist, welche Bedeutung Weihnachtsgeschenken oder dem gemeinsamen Singen zukommen soll.

Weil es diese Freiheiten gibt, erfordern Rituale Entscheidungen. Um ihre unterstützende Wirkung voll zur Entfaltung zu bringen, macht es Sinn sich um ihre Gestaltung aufmerksam zu kümmern. Denn sonst drohen **„leere" Rituale**, an denen aus bloßer

Modul III Sitzung 14: Theoretische Einführung   T14

Gewohnheit sinnlos festgehalten wird. In der Vergangenheit mögen sie sich einmal als sinnvoll erwiesen haben, in der Gegenwart jedoch können sie wegen veränderter familiärer Bedingungen oder auch wegen eines veränderten Entwicklungsstandes der Beteiligten (v. a. der Kinder) nicht mehr angemessen sein. Eine andere Problematik, die im Hinblick auf Rituale besteht, ist, dass sie zur **Disziplinierung und Bestrafung** herangezogen und missbraucht werden können.

Im Folgenden finden sich nach Tageszeiten geordnet Anregungen für die Gestaltung von Alltagsritualen, d. h. für Situationen, die sehr häufig wiederkehren. Je häufiger und regelmäßiger die Situationen und die mit ihnen verbundenen Rituale wiederkehren, desto stärker können sie den Beteiligten ein Gefühl von **Sicherheit und Vorhersehbarkeit** vermitteln.

Es kann nicht darum gehen, die Gestaltungsvorschläge einfach vollständig zu übernehmen. Vielmehr sollte jeder **auswählen, welche Vorschläge für seinen Alltag und für den Alltag seiner Familie hilfreich sein könnten**. Anfänglich mag es etwas aufwädig sein, neue Rituale einzuführen. Aber schon bald lassen sich die hilfreichen Auswirkungen feststellen, wenn die neuen Rituale allmählich zur Gewohnheit werden. Wichtig für die Übernahme eines Rituals ist immer die **elterliche Vorbildfunktion**.

Morgenrituale

- Es ist schön, wenn Kinder in einer möglichst ruhigen und freundlichen Atmosphäre aufwachen. Deshalb kann man das **Wecken** mit dem Singen eines Liedes, dem Abspielen einer Spieluhrmelodie oder mit angenehmen Berührungen (z. B. über das Haar streicheln) verbinden.

- Um morgendlichem Stress zu entgehen, ist es günstig einen festen Plan für die **Reihenfolge der verschiedenen allmorgendlich anstehenden Aktivitäten** zu entwerfen und diesen Rhythmus beizubehalten. Dies erfordert beispielsweise die Entscheidung, ob das Kind schon gewaschen und angezogen frühstücken oder ob die Reihenfolge anders aussehen soll. Je nach Entwicklungsstand des Kindes kann auch die elterliche Unterstützung beim Waschen, Ankleiden etc. ritualisiert ablaufen, z. B. indem die Mutter die Kleidung für den nächsten Tag stets am Abend zuvor zurechtlegt.

- Ein schönes Ritual sind generell gemeinsame Mahlzeiten, also etwa das **gemeinsame Frühstück**. Beim gemeinsamen Essen behalten Eltern im Blick, was und wie viel Kinder zu sich nehmen. Gemeinsame Mahlzeiten sind außerdem eine gute Gelegenheit für Gespräche und um etwas über die Wünsche, Träume und Ängste des Kindes zu erfahren und gemeinsam den kommenden Tag zu besprechen. Rauchen, Zeitungslektüre, Radio oder Fernsehen bei Tisch entwerten dieses Ritual und erschweren das Erspüren der Beziehung zum Kind.

- Einer der wichtigsten Bereiche für Rituale sind **Verabschiedungsrituale**, etwa nachdem eine Mutter ihr Kind in den Kindergarten gebracht hat. Langwierige Verabschiedungsszenen sind oft vermeidbar, wenn der Abschied herzlich, aber nicht

Modul III Sitzung 14: Theoretische Einführung   T14

zu ausgedehnt gestaltet wird. Das könnte z. B. so aussehen: Die Mutter verabschiedet sich mit einem Lächeln bzw. einem liebevollen Gesichtsausdruck und einem kurzen Körperkontakt wie einer Umarmung oder einem Kuss, winkt dem Kind noch einmal zu und verlässt dann zielstrebig den Kindergarten.

Mittagsrituale

- Das gemeinsame **Tischdecken** oder **Abräumen** des Tisches bzw. andere **altersangemessene Aufgaben**, die ein Kind schon allein oder mit etwas elterlicher Unterstützung ausführen kann, eignen sich gut als Alltagsritual. In solche Aufgaben können Mädchen und Jungen schon früh einbezogen werden. Viele Eltern neigen dazu, recht lange fast alle Aufgaben im Haushalt zu übernehmen, weil sie auf diese Weise schneller erledigt scheinen und Auseinandersetzungen darüber, ob und wann das Kind der Aufgabe wirklich nachkommen soll, aus dem Weg gegangen werden kann. Durch das Übernehmen altersgerechter Aufgaben (etwa Blumengießen, Staubwischen, Wäsche zusammenlegen) erzielen Kinder jedoch wichtige **Erfolgserlebnisse und Anerkennung**. Das Erfolgserlebnis eine neue Aufgabe zu bewältigen und von der Mutter für verantwortungsbewusst genug gehalten zu werden, um diese Aufgabe regelmäßig allein zu erfüllen, hat für Kinder eine andere Qualität als das Erfolgserlebnis sich in einer Diskussion über den richtigen Zeitpunkt zum Tischdecken durchzusetzen mit dem Ergebnis, dass die Mutter selbst den Tisch deckt.

- Solche Rituale können auch noch um eine **soziale Lernkomponente** erweitert werden, indem beispielsweise am Wochenende regelmäßig gemeinsam eingekauft und gekocht wird. Hierdurch werden soziale Fähigkeiten des Kindes gefördert und das Zusammengehörigkeitsgefühl der Beteiligten wird gestärkt.

- Diese Anregungen gelten übrigens **für Jungen wie für Mädchen** gleichermaßen, da diese Tätigkeiten bei beiden Geschlechtern die Bereitschaft zur Verantwortungsübernahme fördern und zur Entwicklung neuer Fertigkeiten beitragen.

Abendrituale

- Es bietet sich an beim Abendessen die gleiche Aufgabenverteilung wie beim Mittagessen zu wählen und das Abendbrot **täglich zur gleichen Zeit** einzunehmen.

- Generell ist es am Abend günstig, wenn die anstehenden Schritte wie Waschen, sich für die Nacht umziehen und das zu Bett Bringen täglich zur gleichen Zeit stattfinden. Aufregende Spontanaktionen, Fernsehen oder wildes Spielen in zeitlicher Nähe zur Schlafenszeit erschweren Kindern oft das Einschlafen. Ausnahmen zu besonderen Anlässen wie Geburtstagen oder Feiertagen sind dabei natürlich erlaubt. Dass bei besonderen Umständen **Ausnahmen** von den gewohnten Ritualen möglich sein müssen, gilt übrigens für alle Rituale. Um ihre nützliche, Sicherheit stiftende Funktion zu erhalten, sollten sie allerdings tatsächlich Ausnahmen bleiben und als solche auch bezeichnet werden. Schon bei der

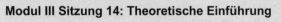

Modul III Sitzung 14: Theoretische Einführung   T14

Einführung neuer Rituale können Eltern sich überlegen, in welchen Situationen ein flexiblerer Umgang mit dem Ritual nötig sein wird.

- Ein schönes abendliches Ritual sind schließlich **Gute-Nacht-Geschichten oder Schlaflieder**. Wichtig ist hierbei eine ruhige und entspannte Atmosphäre, um das Einschlafen des Kindes zu fördern.

Abgesehen davon, dass Rituale für Kinder eine hilfreiche Einrichtung sind, können sie auch Erwachsenen gute Dienste leisten. Rituale sind eine uralte menschliche „Erfindung" mit breitesten Anwendungsmöglichkeiten. Sie können das Zusammenleben erleichtern, Alltagsprobleme lösen und potenzielle Konfliktsituationen durch Konventionen entschärfen. Ein zentraler Vorteil liegt für jeden „Ritualverwender" in ihrer Regelmäßigkeit. Plant man Aktivitäten gleich welcher Art von vornherein **ritualisiert** in seinen Alltag ein, nimmt man sich erfahrungsgemäß eher die Zeit dazu sie auszuüben, als wenn man versucht, sie spontan in seinen Alltag einzubauen. Außerdem ist es für andere in der Regel einfacher auf Bedürfnisse eines Menschen Rücksicht zu nehmen, wenn diese so regelmäßig gelebt werden, dass sie vorhersehbar und „allgemein bekannt" sind.

Wenn einem Kind vertraut ist, dass sich seine Mutter jeden Nachmittag um fünf Uhr mit einer Tasse Tee auf dem Sofa allein eine Viertelstunde Pause gönnt, sie jeden zweiten Tag zu einer bestimmten Uhrzeit ein Entspannungsverfahren wie z. B. Progressive Muskelrelaxation übt oder sie samstags stets ausgiebig mit einer guten Freundin telefoniert, dürfte es ihm leichter fallen das zu akzeptieren, als wenn die Mutter sich die Zeit dafür nur gelegentlich und unregelmäßig „erkämpft". Zwar mag es zunächst manchmal schwierig erscheinen, die notwendige Zeit und Energie aufzubringen, um **Anfangsschwierigkeiten** zu überwinden und sich von der Ausübung der Aktivität etwa durch quengelnde Kinder mit ganz anderen Wünschen nicht abbringen zu lassen. Doch Durchhalten lohnt – gerade in den Bereichen **Stressabbau und Entspannung** profitieren Menschen von Regelmäßigkeit. Um sich in der Ausübung seiner Rituale nicht durch Störungen vorzeitig unterbrechen zu lassen, sollte man **klare Botschaften** vermitteln wie z. B.: „Ich mache das hier erst einmal fertig. Danach kümmere ich mich um dich." Bei fortgesetzten Störungen (außer natürlich in Notsituationen) sollte man konsequent bleiben und die Folgen verdeutlichen, z. B. so: „Es wird leider noch länger dauern, wenn du mich störst, weil ich dann nicht fertig werde. Ich werde das erst beenden und danach zu dir kommen."

Wegen der bereits mehrfach erwähnten Sicherheit schenkenden Auswirkungen von Ritualen sind für Kinder alleinerziehender Eltern **Rituale, in die der zweite Elternteil mit eingebunden ist**, besonders hilfreich. Wenn es die Eltern z. B. trotz Trennung schaffen, ein gemeinsames monatliches Ritual (etwa ein gemeinsames Gespräch über organisatorische Fragen beim Kaffeetrinken) einzuführen, kann das Kind allmählich lernen, Vertrauen in die neue Situation zu entwickeln und es wird spüren, dass seine Angst vor dem völligen Verlust des zweiten Elternteils nicht wahr wird. Auch Anlässe wie der Geburtstag des Kindes oder die Übergabesituation nach Besuchen beim zweiten Elternteil können durch die feste Aufnahme ritualisierter Elemente in den Ereignisablauf (etwa Hin- und Hertragen eines „Talismans" oder eines Stofftieres von einem Elternteil zum anderen durch das Kind im Einverständnis mit beiden Elternteilen) oft kindgerechter gestaltet werden.

 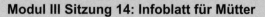

Modul III Sitzung 14: Infoblatt für Mütter   I14

Rituale im Familienalltag

Die realistische Planung des Alltags ist hilfreich für einen möglichst konfliktfreien Tagesablauf. Hierbei spielen **wiederkehrende Rituale** eine wichtige Rolle. Sie helfen Kindern, sich stressfreier in das Alltagsleben einzufinden. Außerdem können sie einen Beitrag leisten zur Vermeidung von Konflikten, da bei festen Ritualen weniger Platz ist für Vermutungen von Willkür und damit weniger Platz für ausufernde Diskussionen. Zudem bestehen Kinder oft auch von sich aus auf einmal gefundenen, hilfreichen Ritualen, denn mit ihnen fühlen sie sich sicher. Wenn Ihr Kind ein ihm bekanntes Ritual einfordert, das Sie selbst vielleicht manchmal schon als nervende Wiederholung erleben und auf das Sie deshalb in diesem Moment gern verzichten würden, kann dies auch ein Test sein, ob das einmal Vertraute wirklich sicheren Bestand und Gültigkeit hat. Denn die Sicherheit, die Rituale bieten, unterstützt Ihr Kind darin selbständig Schritte aus dem Vertrauten heraus zu wagen in dem Bewusstsein, dass es jederzeit in einen sicheren und vertrauten Hafen zurückkehren kann.

Es gibt sehr unterschiedliche Arten von Ritualen. **Alltägliche Vorgänge** wie Aufstehen, sich Waschen und Ankleiden oder Essen lassen sich von Ritualen abgrenzen, die für **besondere Anlässe** reserviert sind und die in der Regel von Familien gemeinsam begangen werden. Hierzu gehören freudige Anlässe wie Geburtstage, Kommunions- oder Konfirmationsfeiern und Hochzeiten, aber auch unvermeidbare, traurige Ereignisse wie Abschiede für eine längere Zeit oder Beerdigungen. Schließlich gibt es gesellschaftlich fest im **Jahreslauf** verankerte Rituale wie z. B. zu Ostern, im Advent und zu Weihnachten, in der Karnevalszeit sowie zu Mutter- und Vatertag. Rituale in diesem Zusammenhang wie etwa das Färben von Ostereiern, das Basteln von Weihnachtsschmuck oder das Auswählen eines Karnevalskostüms haben unter anderem die wichtige Funktion Sie und Ihr Kind auf den jeweiligen Anlass einzustimmen. Außerdem helfen solche Rituale allgemein beim Aufbau und bei der Festigung von zwischenmenschlichen Beziehungen.

Auch wenn es vielen Menschen häufig nicht bewusst ist, verfügen sie über **vielfältige Möglichkeiten Rituale zu gestalten und mit Leben zu füllen**. Ob eine Familie beispielsweise das Abendessen stets gemeinsam und ohne dass dabei der Fernseher läuft einnimmt oder ob jeder dann etwas zu sich nimmt, wenn ihm danach ist, ist eine Entscheidung, die eine Familie grundsätzlich selbst treffen und auch selbst verändern kann (unter Berücksichtigung äußerer Rahmenbedingungen wie Arbeitszeiten usw.). Und selbst bei gesellschaftlich nach wie vor fest verankerten Anlässen wie dem Weihnachtsfest gibt es einen breiten Gestaltungsspielraum, in dem z. B. offen ist, welche Bedeutung in Ihrer Familie Weihnachtsgeschenken oder dem gemeinsamen Singen zukommen soll.

Weil es diese Freiheiten gibt, erfordern Rituale Entscheidungen. Um die unterstützende Wirkung von Ritualen voll zur Entfaltung zu bringen, macht es Sinn sich um ihre Gestaltung aufmerksam zu kümmern. Denn sonst drohen **„leere" Rituale**, in denen z. B. sinnlos an Althergebrachtem festgehalten wird oder an Gewohnheiten, die sich aus nicht mehr nachvollziehbaren Gründen eingeschlichen haben. Vielleicht waren manche dieser Rituale in der Vergangenheit einmal sinnvoll, passen aber wegen neuer familiärer Bedingungen oder auch wegen eines veränderten Entwicklungsstandes einzelner Familienmitglieder nicht mehr. Dann wird es Zeit zum

 **Modul III Sitzung 14: Infoblatt für Mütter   I14**

"Entrümpeln" und zur Entwicklung besser geeigneter Alternativen. Genau genommen geht es also um eine **Mischung aus Veränderungsbereitschaft und Beständigkeit** – denn wenn sich "Rituale" jede Woche verändern, werden sie ihrem Namen nicht länger gerecht. Eine andere Problematik, die im Hinblick auf Rituale besteht, ist, dass sie zur **Disziplinierung und Bestrafung** herangezogen und missbraucht werden können.

Im Folgenden finden Sie nach Tageszeiten geordnet Anregungen für die Gestaltung von Alltagsritualen, d. h. für Situationen, die im Leben einer Familie sehr häufig vorkommen. Je häufiger und regelmäßiger die Situationen und die mit ihnen verbundenen Rituale wiederkehren, desto stärker können sie Ihrem Kind ein Gefühl von **Sicherheit und Vorhersehbarkeit** vermitteln.

Es geht bei unseren Anregungen natürlich nicht darum, diese einfach vollständig zu übernehmen. Vielmehr sollten Sie **auswählen, welche für Ihren Alltag und für den Alltag Ihrer Familie hilfreich sein können**. Anfänglich mag es etwas aufwändig sein, neue Rituale einzuführen. Aber schon bald werden Sie die hilfreichen Auswirkungen feststellen können, wenn die neuen Rituale allmählich zur Gewohnheit werden. Meistens fällt die Einführung eines neuen Rituals einer Familie übrigens leichter, wenn sich die Eltern bemühen den Kindern für das jeweilige neue Ritual **ein gutes Vorbild** zu sein.

Morgenrituale

- Ein guter Start in den Tag ist es, wenn Sie Ihr Kind in einer möglichst ruhigen und freundlichen Atmosphäre wecken. Man kann das **Wecken** beispielsweise mit dem Singen eines Liedes, dem Abspielen einer Spieluhrmelodie oder mit angenehmen Berührungen (z. B. dem Kind über das Haar streicheln) verbinden.

- Um morgendlichem Stress zu entgehen, ist es günstig einen festen Plan für die **Reihenfolge der täglich notwendigen Aktivitäten** zu entwerfen und diesen beizubehalten. Dies erfordert beispielsweise die Entscheidung, ob Ihr Kind schon gewaschen und angezogen am Frühstückstisch sitzen oder ob die Reihenfolge anders aussehen soll. Je nach Entwicklungsstand des Kindes kann auch Ihre Unterstützung beim Waschen, Ankleiden etc. ritualisiert ablaufen, z. B. indem Sie die Kleidung für den nächsten Tag stets am Abend zuvor zurechtlegen.

- Ein schönes Ritual sind generell gemeinsame Mahlzeiten, also etwa das **gemeinsame Frühstück**. Beim gemeinsamen Essen behalten Sie im Blick, was und wie viel Ihr Kind zu sich nimmt. Gemeinsame Mahlzeiten sind außerdem eine gute Gelegenheit für Gespräche und um etwas über die Wünsche, Träume und Ängste Ihres Kindes zu erfahren und gemeinsam den kommenden Tag zu besprechen. Rauchen, Zeitungslektüre, Radio oder Fernsehen bei Tisch entwerten das Ritual und machen es Ihnen schwerer zu erspüren, wie es Ihrem Kind gerade geht.

- Eines der wichtigsten Rituale ist die **Verabschiedung**, etwa nachdem Sie Ihr Kind in den Kindergarten gebracht haben. Langwierige Verabschiedungsszenen sind oft vermeidbar, wenn der Abschied herzlich, aber auch nicht zu lang gestaltet

Modul III Sitzung 14: Infoblatt für Mütter   I14

wird. Das könnte z. B. so aussehen: Sie verabschieden sich stets mit einem Lächeln bzw. einem liebevollen Gesichtsausdruck und einem kurzen Körperkontakt wie einer Umarmung oder einem Kuss, winken Ihrem Kind noch einmal zu und verlassen dann zielstrebig den Kindergarten.

Mittagsrituale

- Das gemeinsame **Tischdecken** oder **Abräumen** des Tisches bzw. andere **altersangemessene Aufgaben**, die Ihr Kind schon allein oder mit etwas Unterstützung ausführen kann, eignen sich ebenfalls gut als Alltagsritual. In solche Aufgaben können Mädchen und Jungen schon früh einbezogen werden. Viele Eltern neigen dazu recht lange fast alle Aufgaben im Haushalt zu übernehmen, weil sie auf diese Weise schneller erledigt scheinen und Auseinandersetzungen darüber, ob und wann das Kind der Aufgabe wirklich nachkommen soll, aus dem Weg gegangen werden kann. Durch das Übernehmen altersgerechter Aufgaben (z. B. Blumengießen, Staubwischen, Wäsche zusammenlegen – Sie müssen Ihrem Kind dabei ja nicht unbedingt Ihre empfindlichsten Pflanzen, Porzellanfiguren und Pullover anvertrauen) erzielen Kinder jedoch wichtige **Erfolgserlebnisse und Anerkennung**. Das Erfolgserlebnis eine neue Aufgabe zu bewältigen und von der Mutter für verantwortungsbewusst genug gehalten zu werden, um diese Aufgabe regelmäßig allein zu erfüllen, ist für Kinder wichtig. Sie wissen es zu schätzen, wenn sie merken, dass man ihnen etwas zutraut. (Es versteht sich von selbst, dass es hier nicht darum geht ein Kind möglichst früh dazu zu bringen alle Arbeiten zu erledigen, die man selbst nicht gerne ausführt.)

- Solche Rituale können auch durch **soziale Lernerfahrungen** ergänzt werden, indem beispielsweise am Wochenende regelmäßig gemeinsam eingekauft und gekocht wird. Hierdurch fördern Sie die sozialen Fähigkeiten Ihres Kindes und stärken Ihr Zusammengehörigkeitsgefühl.

- Diese Anregungen gelten übrigens **für Jungen wie für Mädchen** gleichermaßen, da diese Tätigkeiten bei beiden Geschlechtern die Bereitschaft zur Verantwortungsübernahme fördern und zur Entwicklung neuer Fertigkeiten beitragen.

Abendrituale

- Es bietet sich an beim Abendessen die gleiche Aufgabenverteilung wie beim Mittagessen zu wählen und das Abendbrot **täglich zur gleichen Zeit** einzunehmen.

- Generell ist es am Abend günstig, wenn die anstehenden Schritte wie Waschen, sich für die Nacht umziehen und das zu Bett Bringen täglich zur gleichen Zeit stattfinden. Aufregende Spontanaktionen, Fernsehen oder wildes Spielen kurz vor der Schlafenszeit erschweren Kindern oft das Einschlafen. **Ausnahmen** zu Anlässen wie Geburtstagen oder Feiertagen sind dabei natürlich erlaubt. Dass bei besonderen Umständen Ausnahmen von den gewohnten Ritualen möglich sein müssen, gilt übrigens für alle Rituale. Um ihre Sicherheit stiftende Funktion zu erhalten sollten sie allerdings tatsächlich Ausnahmen bleiben und als solche

 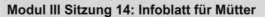

Modul III Sitzung 14: Infoblatt für Mütter   I14

bezeichnet werden. Schon bei der Einführung neuer Rituale können Sie planen, in welchen Situationen ein Abweichen vom gewohnten Ritual nötig sein wird.

- Ein schönes abendliches Ritual sind schließlich **Gute-Nacht-Geschichten oder Schlaflieder**. Wichtig ist hierbei eine ruhige und entspannte Atmosphäre, um das Einschlafen Ihres Kindes zu fördern.

Abgesehen davon, dass Rituale für Kinder eine hilfreiche Einrichtung sind, können sie auch Erwachsenen gute Dienste leisten. Rituale sind eine uralte menschliche „Erfindung" mit sehr breiten Anwendungsmöglichkeiten. Sie können das Zusammenleben erleichtern, Alltagsprobleme lösen und mögliche Konfliktsituationen entschärfen. Ein zentraler Vorteil liegt für jeden „Ritualverwender" in ihrer Regelmäßigkeit. Plant man Aktivitäten gleich welcher Art von vornherein **ritualisiert** in seinen Alltag ein, nimmt man sich erfahrungsgemäß eher die Zeit dazu sie auszuüben, als wenn man versucht, sie spontan in seinen Alltag einzubauen. Außerdem ist es für Ihre Umwelt in der Regel einfacher auf Ihre Bedürfnisse Rücksicht zu nehmen, wenn diese so regelmäßig gelebt werden, dass sie vorhersehbar und „allgemein bekannt" sind.

Wenn Ihrem Kind vertraut ist, dass Sie sich jeden Nachmittag um fünf Uhr mit einer Tasse Tee auf dem Sofa allein eine Viertelstunde Pause gönnen, Sie jeden zweiten Tag zu einer bestimmten Uhrzeit Entspannungsübungen machen oder Sie samstags stets ausgiebig mit einer guten Freundin telefonieren, dürfte es ihm leichter fallen das zu akzeptieren, als wenn Sie sich die Zeit dafür nur gelegentlich und unregelmäßig „erkämpfen". Zwar mag es zunächst manchmal schwierig erscheinen die notwendige Zeit und Energie aufzubringen, um **Anfangsschwierigkeiten** zu überwinden und sich von der Ausübung der Aktivität etwa durch ein quengelndes Kind mit ganz anderen Wünschen nicht abbringen zu lassen. Doch Durchhalten lohnt – gerade in den Bereichen **Stressabbau und Entspannung** profitieren Menschen von Regelmäßigkeit. Um sich in der Ausübung seiner Rituale nicht durch Störungen vorzeitig unterbrechen zu lassen, sollte man **klare Botschaften** vermitteln wie z. B.: „Ich mache das hier erst einmal fertig. Danach kümmere ich mich um dich." Bei fortgesetzten Störungen sollte man konsequent bleiben (außer natürlich in Notsituationen) und die Folgen verdeutlichen, z. B. so: „Es wird leider noch länger dauern, wenn du mich störst, weil ich dann nicht fertig werde. Ich werde das erst beenden und danach zu dir kommen."

Die Sicherheit, die von Ritualen in der Regel ausgeht, lässt sich auch für Situationen nutzen, in die der Vater Ihres Kindes mit eingebunden ist. Wenn Sie als Eltern es trotz Trennung schaffen, z. B. ein gemeinsames monatliches Kaffeetrinken, bei dem Sie organisatorische Fragen besprechen, oder ein anderes (möglichst streitarmes) regelmäßiges Zusammentreffen einzuführen, dann kann Ihr Kind durch diese Regelmäßigkeit und Vorhersehbarkeit spüren, dass seine Angst vor dem vollständigen Verlust des Vaters nicht wahr wird. Auch der Geburtstag Ihres Kindes oder Übergabesituationen nach Besuchen beim Vater können nach bestimmten Ritualen ablaufen. Ein Beispiel dafür ist das Ritual, das auch in der Wochenübung W12 schon einmal angeregt wurde. Zu diesem Ritual gehört, dass Ihr Kind immer einen Talisman, also einen Glücksbringer, ein Stofftier oder etwas ähnliches dabei hat,

 **Modul III Sitzung 14: Infoblatt für Mütter** I14

wenn es seinen Vater besucht, dass es also zwischen Ihnen und Ihrem ehemaligen Partner stets etwas hin- und hertransportiert, das es besonders mag. Insgesamt ist es günstig, wenn Sie mit Ihrem ehemaligen Partner über solche Möglichkeiten sprechen und ihm erklären, wie wichtig Rituale für Kinder sind. Versuchen Sie also unter Berücksichtigung Ihrer eigenen Bedürfnisse und Grenzen, Rituale in Ihren gegenseitigen Kontakt zu integrieren.

Modul III Sitzung 14: Gruppenablauf G14

Blitzlicht und Anwesenheitsbogen

Wie kommen Sie heute hier an? Wie geht es Ihnen?

Bearbeitung der Wochenübung W13 „Was ist wichtig in einer Partnerschaft?"

In der letzten Woche haben Sie sich damit beschäftigt, auf welche Eigenschaften Sie bei einem Partner besonders großen Wert legen und welche Eigenschaften Sie nicht hinzunehmen bereit wären. Außerdem haben Sie sich gedanklich damit beschäftigt, welche Eigenschaften eines möglichen neuen Partners für Ihr Kind sehr wichtig sein könnten und mit welchen es vermutlich nicht gut zurechtkäme. Sowohl für sich selbst als auch für Ihr Kind haben Sie sich zudem Gedanken darüber gemacht, worin die Ursachen für die Wünsche und Abneigungen liegen könnten. Ihre Überlegungen haben Sie anschließend auf dem Arbeitsblatt festgehalten."

Wie ist es Ihnen mit dieser Übung ergangen? Wer möchte seine Überlegungen vorstellen? Gibt es Überschneidungen zwischen Ihren Bedürfnissen und den Bedürfnissen, die Sie bei Ihrem Kind vermuten? Wie sieht es mit Überschneidungen auf der „unerwünschten" Seite aus?

War es für Sie schwieriger Ihre eigene Sichtweise zu erkennen oder sich in Ihr Kind und seine möglichen Antworten hineinzuversetzen?

Was hat diese Übung gefühlsmäßig in Ihnen ausgelöst?

Häufig ist es so, dass man die negativen Eigenschaften eines Partners erst mit der Zeit bemerkt. Gibt es Ihrer Meinung nach eine Möglichkeit diese negativen Seiten schon zeitiger zu bemerken? Und wie könnte ein angemessener Umgang mit diesen Seiten aussehen?

Bieten Sie den Teilnehmerinnen nach Besprechung der Wochenübung zudem die Möglichkeit, noch offen gebliebene Fragen zum Infoteil I13 zu klären.

Vorstellung von Sitzungsthema und Sitzungsablauf

Verwenden Sie die Übersicht Ü14, um den Teilnehmerinnen einen kurzen Überblick über das Programm der heutigen Sitzung zu geben.

 **Modul III Sitzung 14: Gruppenablauf**   **G14**

Rollenspiel: „Rituale"

Material	Es wird kein gesondertes Material benötigt.
Methode	Dialog
Ziel	Erkennen möglicher Vor- und Nachteile von Ritualen Erweiterung des Repertoires an Ritualen
Zeit	Ca. 10 Minuten

Vorgehensweise/Anleitung:

Die beiden Gruppenleiter führen einen Dialog zum Thema Rituale. Durch diesen Dialog sollen den Teilnehmerinnen mögliche Vor- und Nachteile von Ritualen vor Augen geführt und verschiedene Alltagsrituale vorgestellt werden. Ausserdem nehmen sie durch das Rollenspiel im Unbewussten der zuhörenden Gruppe die Modellrolle eines ruhig und lösungsorientiert miteinander sprechenden „Elternpaares" ein.

In der **ersten Dialogphase** diskutieren Sie als Gruppenleitung bitte Fragen, die die Teilnehmerinnen zur Reflexion über den Sinn von Ritualen (vor allem im Familienalltag, eventuell auch in anderen gesellschaftlichen Zusammenhängen wie in der Schule oder am Arbeitsplatz) anregen sollen. Denkbare Fragen sind z. B.:

- Bei manchen Menschen haben Rituale einen schlechten Ruf – woran könnte das liegen? (Monotonie; negative Vorerfahrungen mit elterlichen Erziehungsritualen; Sinnentleertheit von Ritualen, die nur auf Konvention beruhen, aber aktuell nicht mit einem bedeutsamen persönlichem Bezug verbunden sind)

- Wozu können Rituale missbraucht werden? (Disziplinierung)

- Gibt es nicht doch etwas Positives an Ritualen? (Rituale vermitteln eine feste Struktur und dadurch Sicherheit und Vorhersehbarkeit. Sie entschärfen potenzielle soziale Konfliktsituationen und strukturieren heftige Affekte.)

Anschließend gehen Sie in der **zweiten Dialogphase** konkreter auf Ihnen vertraute Rituale und auf Ihre persönliche Bewertung dieser Rituale ein. Diskutieren Sie dazu miteinander folgende Fragen:

- Welche Rituale kennst du eigentlich? (hierzu können Sie sich z. B. an den Texten T14 bzw. I14 orientieren, die Sie gern mit eigenen Ergänzungen anreichern können)

 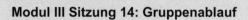

Modul III Sitzung 14: Gruppenablauf   **G14**

- Welche Rituale findest du nützlich? Und welche nicht?

Zum Abschluss des Rollenspiels diskutieren Sie bitte miteinander die Frage, ob sich auch innerhalb der PALME-Gruppe oder seit Bestehen der PALME-Gruppe zu Hause Rituale ausgebildet haben bzw. welche Rituale von Anfang an bestanden haben (z. B. das Blitzlicht). Beziehen Sie hierzu im Gesprächsverlauf die Teilnehmerinnen zunehmend stärker ein.

Übung 1: „Feedback zum Rollenspiel"

Material	Flipchart
Methode	Brainstorming
Form	Gruppenübung
Ziel	Erkennen möglicher Vor- und Nachteile von Ritualen Erweiterung des Repertoires an Ritualen
Zeit	Ca. 15 Minuten

Vorgehensweise/Anleitung:

- Dieses Brainstorming dient als Feedback zum Rollenspiel.

- Folgende Fragen sind in Form eines Brainstormings an der Flipchart zu bearbeiten:

    1. Was ist ein Ritual?
    2. Welche Rituale kennen Sie?
    3. Wozu sind Rituale gut? Und welche Nachteile können sie haben?

- Auch in diesem Brainstorming sollten die Gruppenleiter wieder auf eine konstruktive und möglichst bewertungsfreie Arbeitsatmosphäre achten, damit die Teilnehmerinnen zu eigenen Beiträgen ermutigt werden. Sie dürfen gern aus ihrer Kindheit und von Ritualen erzählen, an die sie sich erinnern können. Fragen Sie z. B. „Wie war das bei Ihnen? Wenn Sie möchten, schildern Sie doch der Gruppe, wie das bei Ihnen zu Hause an Weihnachten oder zum Geburtstag war."

Modul III Sitzung 14: Gruppenablauf **G14**

Zusammenfassung der Information I14 „Rituale im Familienalltag"

Verteilen Sie jetzt an die Teilnehmerinnen die Unterlagen für die heutige Sitzung und referieren Sie die zentralen Inhalte des Textes I14. Hierzu sollten Sie sich vor der Sitzung mit diesem Text und mit Ihrem Text T14 vertraut gemacht haben (wegen des starken Praxisbezuges dieses Themas unterscheiden sich die beiden Texte für diese Sitzung kaum). Wie ausführlich Sie die Präsentation gestalten und welche Inhalte Sie besonders hervorheben wollen, bleibt Ihnen überlassen. Bieten Sie den Teilnehmerinnen zudem die Gelegenheit zu Rückfragen und empfehlen Sie den Müttern den Text zu Hause noch einmal gründlich zu lesen.

Übung 2: „Einführung eines neuen Rituals"

Material	Es wird kein gesondertes Material benötigt.
Methode	Rollenspiel
Form	Großgruppenübung
Ziel	Erlernen der gemeinsamen Gestaltung von Ritualen in der Familie Erweiterung des Repertoires an Ritualen
Zeit	Ca. 10 Minuten

Vorgehensweise/Anleitung:

- Diese Übung beinhaltet ein Rollenspiel vor der gesamten Gruppe, d. h., es werden „mutige" Teilnehmerinnen benötigt, die Lust haben vor der Gruppe zu spielen. Hierzu ist es vielleicht günstig, wenn die Gruppenleitung schon vor der Rolleneinteilung darüber informiert, worin die Aufgabe der Rollenspielerinnen bestehen wird.

- Es sind zwei Rollen zu besetzen: Einerseits die Rolle einer Mutter, die in ihrer Familie ein neues Ritual einführen möchte, andererseits die Rolle eines Kindes, das auf dieses neue Ritual keine Lust hat.

- Wenn sich für die Rolle der Mutter eine Besetzung gefunden hat, kann ihr die Möglichkeit gegeben werden sich eine Rollenspielpartnerin (d. h. „ihr Kind") auszusuchen.

Modul III Sitzung 14: Gruppenablauf **G14**

- Das Ritual, das die Mutter gerne für sich und ihr Kind einführen würde, ist eine feste tägliche „Spielzeit", dass also Mutter und Kind beispielsweise jeden Tag um siebzehn Uhr eine halbe Stunde gemeinsam spielen. Bislang gab es für gemeinsames Spielen keine regelmäßige Zeit und die Mutter hat den Eindruck, dass gemeinsames Spielen deshalb bisher oft zu kurz gekommen ist. Sie hat daraufhin ein neues Spiel vorbereitet oder gekauft und freut sich auf die gemeinsame Aktion.

- Das Kind hingegen hat scheinbar überhaupt keine Lust auf diese neue Idee seiner Mutter, findet das Spiel schon vorab langweilig und möchte lieber fernsehen.

- Genauere Anweisungen für das Spiel werden nicht gegeben. Es wird lediglich betont, dass Mutter und Kind sich um Echtheit bemühen, d. h. möglichst realistisch spielen sollen. (Eher nicht realistisch wäre z. B. ein Spielverlauf, in dem das Kind sofort einlenkt und den Fernseher ausschaltet). Insbesondere gibt es keine Anweisung dafür, wie die Situation beendet werden bzw. zu welchem Ergebnis man kommen soll. Den Rollenspielern wird stattdessen die Anweisung gegeben, dass sie das Spiel dann beenden, wenn es für sie beide passend erscheint.

- Kommentieren Sie als Gruppenleitung nach dem Rollenspiel das Spielverhalten der beiden Darstellerinnen wertschätzend und heben Sie positive Aspekte besonders hervor (z. B. den hohen Grad an Wirklichkeitstreue oder darstellerischem Mut, das Einfühlungsvermögen oder die Ausdauer der Mutter etc.).

- Je nachdem wie der Spieldurchgang verlaufen ist, kann auch ein zweiter Durchgang angemessen sein. Verlief beispielsweise die Situation konflikthaft, machte die Mutter einen hilflosen Eindruck oder blieben am Ende Zweifel, inwieweit das neue Ritual in der Zukunft Bestand hat, dann könnte für den zweiten Durchgang an die Bedeutung einer einfühlsamen Haltung der Mutter erinnert werden. Hierbei könnte sich die Mutter darum bemühen die Ideen und Wünsche des Kindes verstärkt einzubeziehen, um so vielleicht zu einem Kompromiss zu gelangen, mit dem beide Seiten zufrieden sind.

- In diesen Durchgang könnte auch die Vermutung einbezogen werden, dass das Kind eigentlich gar nicht fernsehen will, jedoch dem Angebot der Mutter nicht so recht traut und denkt, es falle ihr vielleicht zur Last, weil sie eigentlich lieber etwas anderes tun wolle.

- Wenn die Darstellerinnen des ersten Durchganges Lust zum Weiterspielen haben, können sie für den zweiten Durchgang in ihren Rollen verbleiben. Der zweite Durchgang kann aber auch von anderen Teilnehmerinnen übernommen werden.

Modul III Sitzung 14: Gruppenablauf   **G14**

- Zusätzliche Anweisung für die Gruppenleiter:
  Lassen Sie den Akteuren Freiraum und unterstützen Sie sie in ihrer Kreativität und Spiellust. Dennoch sollten Sie das Rollenspiel natürlich aufmerksam begleiten und dort, wo es nötig ist, Unterstützung geben bzw. einschreiten für den Fall, dass das Spiel in irgend einer Weise zu eskalieren droht.

Erläuterung der Wochenübung W14 „Rituale in meinem eigenen Leben"

Die Gruppenleitung verteilt die Arbeitsunterlagen für die Wochenübung an die Teilnehmerinnen. Die Wochenübung wird anschließend kurz vorbesprochen, wobei auch Gelegenheit zu Rückfragen bestehen sollte.

Modul III Sitzung 14: Wochenübung   W14

Arbeitsblatt zur Wochenübung W14 „Rituale in meinem eigenen Leben"

Bitte nehmen Sie sich in der kommenden Woche an ein oder zwei Tagen genügend Zeit, um die folgenden Fragen zu beantworten. Sie können auch am ersten Tag alle Fraugen beantworten und dann später noch einmal überlegen, ob Ihnen Ergänzungen einfallen.

Welche Rituale aus meiner Herkunftsfamilie fallen mir ein?	Was empfinde ich, wenn ich heute daran denke?

Welche Rituale gibt es in meiner jetzigen Familie?	Wie geht es mir mit diesen Ritualen?

 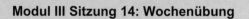

Modul III Sitzung 14: Wochenübung　　**W14**

Zur vertiefenden Übung versuchen Sie bitte in der nächsten Woche gemeinsam mit Ihrem Kind ein neues Ritual einzuführen. Diese Übung soll jedoch nicht zu einem Machtkampf führen. Verfolgen Sie die Einführung des Rituals also nicht mit zu viel Nachdruck. Anregungen für ein geeignetes Ritual finden Sie beispielsweise im Infoblatt. Nachdem Sie und Ihr Kind das Ritual, für das Sie sich entschieden haben, einige Male erprobt haben, beantworten Sie noch die folgenden Fragen:

1. Worin besteht das neue Ritual?

_____

_____

_____

2. Wie habe ich mein Kind auf das neue Ritual vorbereitet? Musste ich Überzeugungsarbeit leisten oder war mein Kind rasch bereit das neue Ritual auszuprobieren?

_____

_____

_____

3. Hat das Ritual bisher irgendwelche Folgen nach sich gezogen? Was ist mit diesem Ritual anders als ohne es?

_____

_____

_____

_____

4. Was ist vielleicht nicht so gut gelaufen? Gibt es etwas, das Sie bei der Einführung eines weiteren Rituals anders machen würden?

_____

_____

_____

_____

Modul IV: Suchen und Finden von neuen Lösungen im Alltag

Daniela Rentsch, Tanja Buddenberg und Matthias Franz

# Modul IV Sitzung 15: Übersicht Ü15

Thema	Umgang mit Regeln im familiären Alltag
Fragen	• Wozu dienen Regeln? • Wie führe ich neue Regeln ein? • Wie schaffe ich es, die Regeln dauerhaft einzuhalten?
Ziele	• Einführen von neuen Regeln • Bewusstsein schaffen für Schwierigkeiten im Umgang mit Regeln und Erarbeiten von Lösungsmöglichkeiten
Ablauf	1. Blitzlicht und Anwesenheitsbogen 2. Bearbeitung der Wochenübung W14 „Rituale in meinem eigenen Leben" 3. Vorstellung von Sitzungsthema und Sitzungsablauf 4. Übung 1, Großgruppe: Brainstorming „Meine Haltung zu Erziehungsregeln" 5. Zusammenfassung der Information I15 „Erziehungsfragen und Alltagsprobleme – die Bedeutung von Regeln" 6. Übungen: • Übung 2, Kleingruppe: „Wie erkläre ich den Sinn von Regeln?" • Übung 3, Rollenspiel: „Sprung in der Schallplatte" 7. Erläuterung der Wochenübung W15 „Vorbild sein"
Arbeitsmaterial Gruppenleiter	• Theoretische Einführung T15 „Erziehungsfragen und Alltagsprobleme – die Bedeutung von Regeln" • Anleitung zum Gruppenablauf G15 • Anwesenheitsbogen A15
Arbeitsmaterial Mütter	• Infoblatt I15 • Arbeitsblatt zur Wochenübung W15
Didaktisches Material	• Arbeitsblatt zu Übung 2

Modul IV Sitzung 15: Theoretische Einführung   T15

Erziehungsfragen und Alltagsprobleme – die Bedeutung von Regeln

Die meisten Eltern legen in der Erziehung ihrer Kinder Wert darauf, dass ihre Kinder im Entwicklungsverlauf ein möglichst großes Maß an Selbständigkeit und Eigenverantwortlichkeit erreichen. Das Erreichen dieser Entwicklungsziele kann einerseits dadurch gefördert werden, dass den Kindern Freiräume für eigene Lernerfahrungen eingeräumt werden. Andererseits lassen sich diese Entwicklungsziele – auch wenn es auf den ersten Blick vielleicht so wirkt, als würde dies einem selbständigen und eigenverantwortlichen Verhalten des Kindes entgegenstehen – durch **klare und für das Kind berechenbare Regeln** fördern. Man kann sich solche Regeln als **Wegweiser** für Kinder durch ihr Leben vorstellen, ohne die sie Grenzen des Erlaubten und des Verbotenen täglich neu austesten müssten. Insofern haben Regeln einiges mit Ritualen gemeinsam, die Gegenstand der vorherigen Sitzung waren.

Regeln setzen an dem Punkt ein, an dem Rituale nicht mehr greifen. Sie sind eindeutiger formuliert und verlangen nach mehr Konsequenz in der Handhabung als Rituale, damit sie ihre hilfreichen Auswirkungen auf das Zusammenleben einer Familie entfalten können (wie z. B. die Gestaltung reibungsloser Alltagsabläufe, in denen nicht immer wieder aufs Neue ausgehandelt werden muss, wie bestimmte Dinge am besten ablaufen könnten). Allerdings gilt natürlich auch für verbindliche Regeln die Einschränkung, dass in Notsituationen **Ausnahmen** möglich sein müssen. Sonst besteht bei Regeln genau wie bei Ritualen die Gefahr, dass sie zum Selbstzweck werden. Wenn etwa ein Kind unter Übelkeit leidet, dann ist es nicht sinnvoll auf der Einhaltung der Regel zu bestehen, all das aufzuessen, was man sich auf den Teller gelegt hat, denn hierdurch könnten sich die Beschwerden vielleicht sogar noch verschlimmern. Nachvollziehbar werden solche Ausnahmen für Kinder, wenn man ihnen eine **verständliche Begründung** liefert, warum in diesem besonderen Fall eine üblicherweise geltende Regel nicht zur Anwendung kommt.

Fehlen klare Regeln, wechselt das Erziehungsverhalten einer Bezugsperson immer mal wieder in für das Kind unvorhersehbarer Weise oder legen verschiedene Bezugspersonen des Kindes ganz unterschiedliches Erziehungsverhalten an den Tag, entstehen bei Kindern häufig Unsicherheit und Stress. Deshalb ist es sowohl für zusammen als auch für getrennt lebende Elternteile ratsam, wenn sie versuchen, sich in ihrem Erziehungsverhalten (etwa im Hinblick auf Regeln, Erlaubnisse, Verbote, Erziehungsziele usw.) abzusprechen und sich dem Kind gegenüber möglichst berechenbar und beständig zu verhalten. Konflikte zwischen den Eltern im Zusammenhang mit Erziehungsfragen verunsichern Kinder und können sie zudem in Loyalitätskonflikte bringen. Deshalb ist es ratsam, dass Eltern entsprechende Unstimmigkeiten nicht in Anwesenheit ihrer Kinder besprechen. Auch für alleinerziehende Mütter sind Absprachen mit dem ehemaligen Partner über die Erziehung eines gemeinsamen Kindes nicht verzichtbar, weil der Vater auch nach einer Trennung der Eltern für Kinder eine bedeutsame Bezugsperson bleibt. Zudem ist eine **einheitliche Linie im Umgang mit Regeln** wichtig, da es umso leichter fällt bestimmte Regeln dauerhaft einzuhalten, je mehr sie zur Gewohnheit werden.

 **Modul IV Sitzung 15: Theoretische Einführung T15**

Eindeutiges Erziehungsverhalten und das richtige Nein

Die Einhaltung von Regeln wird im Alltag entscheidend davon abhängen, wie **konsequent** sie befolgt werden und in welcher Form sie eingeführt werden. Wenn dies gut gelingt, dann lassen sich viele Stresssituationen vermeiden. Die meisten Kinder benötigen einen klaren Rahmen, innerhalb dessen sie wissen, welches Verhalten akzeptabel ist und welches nicht. Und damit dieser Rahmen auch stabil ist, sollten Eltern von wenigen Ausnahmen abgesehen an einem einmal ausgesprochenen „Nein" auch festhalten. Gibt etwa eine Mutter dem Drängen ihres Kindes nach Süßigkeiten an der Supermarktkasse nach, dann wird das Kind wahrscheinlich bei künftigen Gelegenheiten wieder versuchen sie umzustimmen. Auch die psychologische Forschung hat sich mit diesem Thema beschäftigt und festgestellt, dass Menschen ab dem Zeitpunkt, ab dem ihnen eine bestimmte Belohnung oder erhoffte Konsequenz (in diesem Beispiel: Süßigkeiten) überhaupt nicht mehr zuteil wird, an einem bestimmten Verhalten (in diesem Beispiel: Betteln um Süßigkeiten) besonders ausdauernd festhalten, wenn dieses Verhalten gelegentlich zum erwünschten Erfolg geführt hat. Dies gilt auch im Vergleich mit Belohnungen, die nicht nur gelegentlich, sondern ganz regelmäßig eingetreten sind. In unserem Beispiel würde dies bedeuten, dass das Kind in der Kassenschlange gerade dann eine starke Ausdauer im Betteln um Süßigkeiten entwickeln wird, wenn es sich ab und zu mit seinem Anliegen durchsetzt.

Wichtig ist beim klaren Nein neben der Konsequenz noch ein weiterer Punkt. Dem Kind sollten die Gründe für das Verbot **in einer verständlichen Weise erklärt** werden, damit es Folgendes lernt: **Eltern sprechen Erlaubnisse und Verbote nicht willkürlich aus oder aus Boshaftigkeit oder weil sie ihr Kind nicht lieb haben aus, sondern weil es dafür einen ganz bestimmten und nachvollziehbaren Grund gibt.** Zu beachten ist bei dieser wie bei den meisten Erziehungsregeln, dass sie natürlich nicht stets perfekt funktioniert. Auch wenn z. B. eine Mutter in der Situation im Supermarkt immer ganz konsequent reagiert, wird ihr Kind vermutlich trotzdem manchmal in der Kassenschlange in der Hoffnung auf Süßigkeiten zu quengeln beginnen. Die Wahrscheinlichkeit, dass es zu einem Konflikt kommt und der Verlauf des Konfliktes lassen sich jedoch durch ein **freundliches, aber eindeutiges Nein** beeinflussen – und es macht sicherlich einen Unterschied, ob ein Kind regelmäßig einen längeren Tobsuchtsanfall bekommt oder ob es nur gelegentlich ein paar Minuten schlecht gelaunt ist, wenn man ihm keine Süßigkeiten kauft.

Umgang mit Regeln am Beispiel des Fernsehens

Im Alltag einer Familie bietet der Fernseher nicht selten Anlass für Konflikte. Häufig gibt es zwischen Eltern und Kindern Uneinigkeit darüber, wie lange und zu welcher Uhrzeit ferngesehen werden darf. Auch welche Sendungen für ein Kind in einem bestimmten Alter geeignet sind, ist ein verbreitetes Streitthema. Und schließlich haben die Familienmitglieder oft zur gleichen Zeit unterschiedliche Programmwünsche, so dass auch umstritten ist, wer die Auswahl des Programms wie oft treffen darf. Angesichts dieser **großen Menge an Konfliktpotenzial** soll das Thema Fernsehkonsum in diesem Kapitel als Beispiel für den Umgang mit Regeln dienen.

Modul IV Sitzung 15: Theoretische Einführung   T15

An dieser Stelle scheint es zunächst angebracht, einige **allgemeine Empfehlungen zum Fernsehkonsum bei Kindern** vorzustellen, die sich aus der Forschung ableiten lassen. Grundsätzlich lässt sich festhalten, dass der Fernseher für Kinder kein geeigneter „Babysitter" ist. Besonders Kinder vor dem vierten Lebensjahr haben vor dem Fernseher eigentlich nichts verloren. Der Fernseher ist nicht „interaktiv", er antwortet und reagiert nicht „artgerecht" auf Aktivitäten und soziale Bedürfnisse des Kindes. Weiterhin sind auch für ältere Kinder Sendungen ungeeignet, in denen gewalttätige oder stark sexuell getönte Szenen vorkommen sowie sehr schnell geschnittene Programme mit rasch wechselnden Bildern (also beispielsweise auch Videoclips im Musikfernsehen). Die Gründe hierfür liegen in einer Überforderung der Kinder, sie werden zum Teil nervös oder aggressiv und ahmen Verhaltensweisen nach, die für ihr Alter noch nicht angemessen sind. Nicht zuletzt leiden durch sehr „platte" Sendungen sprachliches Ausdrucksvermögen und Kreativität der Kinder.

Andererseits erscheint es auch nicht angebracht und im Übrigen auch unrealistisch Kindern das Fernsehen generell zu untersagen. In einer Welt, in der Kompetenz im Umgang mit vielen verschiedenen Medien immer wichtiger wird, kann es vielleicht sogar einen Entwicklungsnachteil darstellen, wenn Kindern das Erlernen des Umgangs mit einem der wichtigsten Medien völlig verwehrt bleibt. Und auch andere Gründe sprechen für das Fernsehen. Sie lassen sich weniger wissenschaftlich erhärten, aber sind wahrscheinlich den meisten Eltern vertraut. Denn es kann auch als entlastend erlebt werden, wenn die Kinder eine halbe Stunde gebannt „Die Sendung mit der Maus" schauen und die Mutter Zeit hat in Ruhe ein Telefonat zu führen. Ein von Kindern gern angeführtes Argument besteht darin, dass z. B. ihre Spielkameraden eine bestimmte Sendung sehen dürfen, die sie selbst deshalb auch gerne anschauen würden. Es kommt auf den Einzelfall an, wie weit Eltern sich solchen Argumenten beugen wollen, aber ein Kind, das über Sendungen, die „alle anderen" sehen durften, nie mitreden kann, hat innerhalb seiner Bezugsgruppe vermutlich gelegentlich einen schweren Stand.

Was also tun? Welche Regeln können helfen, um all den unterschiedlichen Argumenten, von denen hier nur ein kleiner Auszug vorgestellt werden kann, gerecht zu werden? Auf keinen Fall sollte ein Kind einen eigenen Fernsehapparat in seinem Zimmer zur Verfügung haben, denn dadurch ist es für Eltern kaum noch möglich zu steuern, was und wie viel das Kind sich anschaut. Eltern sollten stattdessen so oft wie möglich versuchen, ihr Kind **beim Anschauen seines Wunschprogramms zu begleiten**, das Programm also mit ihm gemeinsam ansehen oder in der Nähe anwesend sein. So haben Eltern und Kinder die Gelegenheit sich über die Inhalte auszutauschen und Dinge, die das Kind nicht verstanden hat und die es vielleicht verunsichert oder geängstigt haben, miteinander zu besprechen. So eine Nachbesprechung ist vor allem sinnvoll, wenn das Programm für das Kind aufregend war und wenn es kurz bevor es zu Bett geht noch ferngesehen hat. Weiterhin ist eine sorgfältige **Vorauswahl der Sendungen** ratsam. Gut geeignet sind „Sesamstraße", „Löwenzahn", „Sandmännchen", „Die Sendung mit der Maus", „Wissen macht Ah!" und ähnliche Programme. Viele andere zwar auch speziell für Kinder produzierte Sendungen sind sehr stark darauf ausgerichtet, das Kaufverhalten der Kinder bzw. Eltern zu beeinflussen – durch Werbeunterbrechungen während des Programms oder auch durch die Gestaltung der Sendungen selbst. Solche Programme wecken bei Kindern natürlich viele Wünsche, was zu langen Diskussionen führen kann.

 **Modul IV Sitzung 15: Theoretische Einführung   T15**

Eltern sollten sich also die Fernbedienung nicht aus der Hand nehmen lassen. Wenn die vorab vereinbarte Sendung beendet ist, sollte der Fernseher ausgeschaltet werden. Denn auch das gehört sicherlich zu einem kompetenten Medienumgang dazu: abschalten können.

Was kann man aus dem Beispiel allgemein über Regeln lernen?

- Die inhaltlichen Anwendungsbereiche von Regeln sind oft sehr komplex. Einfach klingenden Empfehlungen liegen also meistens sehr vielschichtige Sachverhalte zu Grunde. Eltern sollten sich deshalb vor der Einführung neuer Regeln über mögliche **günstige und ungünstige Folgen**, die die Einführung einer Regel nach sich ziehen kann, gut informieren und dann **bewusst eine Entscheidung treffen**.

- Weil es viele Bereiche gibt, in denen es für Eltern gar nicht so leicht ist zu entscheiden, welchem Erziehungsweg sie den Vorzug geben möchten, ist es gut, wenn Eltern Regeln einführen und aufrechterhalten, **von deren Bedeutsamkeit und Sinnhaftigkeit sie selbst überzeugt sind**. Dann fällt es ihnen leichter ihren Kindern mit gutem Beispiel voranzugehen und die vorteilhaften Auswirkungen der jeweiligen Regel aufzuzeigen. **Lernen am guten Vorbild** ist sehr wirkungsvoll, um Kinder auch auf einen guten Weg zu bringen.

- Mit einer soliden Informationsbasis als Grundlage der Einführung und Aufrechterhaltung von Regeln fällt es Eltern zudem leichter, ihren Kindern den **Sinn dieser Regeln in einer für die Kinder nachvollziehbaren Weise zu vermitteln**. Wenn die inhaltlichen Details einem Kind nicht plausibel zu vermitteln sind, kann die Begründung einer Regel aber auch einmal etwa so lauten: „Ich habe dich sehr lieb und ich mache mir Sorgen um dich, wenn du dich in dieser bestimmten Weise verhältst. Ich kenne mich damit aus und weiß, dass das nicht gut für dich ist. Deshalb erlaube ich es dir nicht."

- Fürsorgliches Elternverhalten bedeutet auch, in der **Umsetzung von Regeln nicht zu nachgiebig** zu sein. Dies mag manchen Eltern hart oder auch anstrengend erscheinen, aber letztlich tun sie sich und ihren Kindern keinen Gefallen damit, wenn die Ausnahmen von den Regeln zur Gewohnheit werden. In der Folge zu vieler Ausnahmen wird es meistens sehr schwierig, das Einhalten der jeweiligen Regeln überhaupt noch durchzusetzen. Zudem fehlt Kindern dann ein wichtiger Bestandteil des Halt gebenden Rahmens, innerhalb dessen sie sich sicher und geborgen fühlen können. Dieser Rahmen setzt sich im Übrigen natürlich nicht nur aus verschiedenen Regeln, sondern auch aus gemeinsamen Ritualen und einer insgesamt liebevollen und annehmenden Grundhaltung dem Kind gegenüber zusammen – **Regeln allein reichen nicht aus, um in einem umfassenden Sinn Geborgenheit zu vermitteln**.

Modul IV Sitzung 15: Infoblatt für Mütter   I15

Erziehungsfragen und Alltagsprobleme – die Bedeutung von Regeln

Viele Eltern wünschen sich, dass ihre Kinder zu Menschen heranwachsen, die möglichst selbständig und eigenverantwortlich handeln, denken und fühlen. Um diese Ziele zu fördern ist es gut, wenn Eltern ihren Kindern Freiräume für eigene Lernerfahrungen gewähren. Es gibt aber noch etwas anderes, das zur Förderung dieser Ziele beitragen kann und auf das man in diesem Zusammenhang im ersten Moment vielleicht nicht kommt. Es handelt sich um **klare und für das Kind berechenbare Regeln**. Man kann sich Regeln als **Wegweiser** für Kinder durch ihr Leben vorstellen, ohne die sie Grenzen des Erlaubten und des Verbotenen täglich neu austesten müssten. Insofern haben Regeln einiges mit Ritualen gemeinsam, die Gegenstand der vorherigen Sitzung waren.

Regeln setzen an dem Punkt ein, an dem Rituale nicht mehr greifen. Sie sind eindeutiger formuliert und verlangen nach mehr Beständigkeit in der Handhabung als Rituale, damit sie ihre hilfreichen Auswirkungen auf das Zusammenleben einer Familie entfalten können (z. B. die Gestaltung reibungsloser Alltagsabläufe, in denen nicht immer wieder aufs Neue ausgehandelt werden muss, wie bestimmte Dinge am besten ablaufen könnten). Allerdings gilt natürlich auch für verbindliche Regeln die Einschränkung, dass in Notsituationen **Ausnahmen** möglich sein müssen. Sonst besteht bei Regeln genau wie bei Ritualen die Gefahr, dass sie zum Selbstzweck werden. Wenn Sie etwa in Ihrer Familie die Regel vereinbart haben, dass jeder das aufessen sollte, was er sich selbst auf den Teller gelegt hat und Ihr Kind während des Essens plötzlich unter Übelkeit leidet, dann ist es nicht sinnvoll auf der Einhaltung der Regel zu bestehen, denn hierdurch könnten sich die Beschwerden Ihres Kindes sogar noch verschlimmern. Wichtig ist bei solchen Ausnahmen, dass Sie Ihrem Kind am besten noch in der Situation **in einer verständlichen Weise erklären, warum in diesem besonderen Fall die üblicherweise geltende Regel nicht zur Anwendung kommt**.

Gibt es in einer Familie keine klaren Regeln, wechselt Ihr Erziehungsverhalten immer mal wieder in einer Weise, die Ihr Kind nicht vorhersehen kann, oder legen andere Bezugspersonen Ihres Kindes ein ganz anderes Erziehungsverhalten an den Tag als Sie, dann können bei Ihrem Kind Unsicherheit und Stress entstehen. Eine **einheitliche Linie im Umgang mit Regeln** ist hingegen vorteilhaft, denn es fällt umso leichter bestimmte Regeln dauerhaft einzuhalten, je mehr sie zur **Gewohnheit** werden. Zudem ist es ratsam, wenn Sie versuchen sich Ihrem Kind gegenüber möglichst berechenbar und beständig zu verhalten und wenn Sie sich darum bemühen Ihr Erziehungsverhalten (etwa im Hinblick auf Regeln, Erlaubnisse, Verbote, Erziehungsziele usw.) mit anderen Bezugspersonen Ihres Kindes abzustimmen. Das gilt auch für den Vater Ihres Kindes. Konflikte zwischen den Eltern im Zusammenhang mit Erziehungsfragen verunsichern Kinder und können sie zudem in Loyalitätskonflikte bringen. Deshalb ist es ratsam, Unstimmigkeiten in Erziehungsfragen nicht in Anwesenheit Ihres Kindes zu besprechen.

Modul IV Sitzung 15: Infoblatt für Mütter   I15

Eindeutiges Erziehungsverhalten und das richtige Nein

Wie sehr Ihr Kind sich an die in Ihrer Familie geltenden Regeln hält, hängt entscheidend mit davon ab, **in welcher Form Sie neue Regeln einführen und wie konsequent Sie dann mit ihnen umgehen.** Wenn Ihnen beides gut gelingt, dann lassen sich viele Stresssituationen vermeiden. Die meisten Kinder benötigen einen klaren Rahmen, innerhalb dessen sie wissen, welches Verhalten akzeptabel ist und welches nicht. Damit dieser Rahmen auch stabil ist, sollten Eltern von wenigen Ausnahmen abgesehen **an einem einmal ausgesprochenen „Nein" auch festhalten.** Geben Sie etwa dem Drängen Ihres Kindes nach Süßigkeiten an der Supermarktkasse nach, dann wird Ihr Kind wahrscheinlich bei künftigen Gelegenheiten wieder versuchen Sie umzustimmen. Auch die psychologische Forschung hat sich mit diesem Thema beschäftigt und festgestellt, dass Menschen ab dem Zeitpunkt, ab dem ihnen eine bestimmte Belohnung (in diesem Beispiel: Süßigkeiten) überhaupt nicht mehr gegeben wird, an einem bestimmten Verhalten (in diesem Beispiel: Betteln um Süßigkeiten) besonders ausdauernd festhalten, wenn dieses Verhalten vorher gelegentlich zum erwünschten Erfolg geführt hat. Dies gilt auch im Vergleich mit dem Fall, dass Sie Ihrem Kind vorher nicht nur manchmal nachgegeben haben, sondern ihm seinen Wunsch jedes Mal erfüllt haben. In unserem Beispiel würde dies bedeuten, dass Ihr Kind in der Kassenschlange gerade dann eine besonders starke Ausauer im Betteln um Süßigkeiten entwickeln wird, wenn Sie ab und zu seinem Wunsch doch nachgeben.

Wichtig ist beim klaren Nein neben der Konsequenz noch ein weiterer Punkt, der auch für die Einführung neuer Regeln wichtig ist: Versuchen Sie immer, Ihrem Kind die Gründe für eine Regel oder für ein Verbot **in einer verständlichen Weise zu erklären,** damit es Folgendes lernt: **Sie sprechen Regeln und Verbote oder auch Erlaubnisse nicht nach Lust und Laune aus, nicht aus Boshaftigkeit und auch nicht, weil Sie Ihr Kind nicht lieb haben, sondern weil es für die jeweilige Regel einen ganz bestimmten und nachvollziehbaren Grund gibt.** Zu beachten ist bei dieser wie bei den meisten Erziehungsregeln allerdings, dass sie natürlich nicht immer perfekt funktioniert. Auch wenn Sie z. B. in der Situation im Supermarkt immer ganz konsequent reagieren, wird Ihr Kind vermutlich trotzdem manchmal in der Kassenschlange in der Hoffnung auf Süßigkeiten zu quengeln beginnen. Die Wahrscheinlichkeit, dass es zu einem längeren Streit um das Thema kommt und der Verlauf eines eventuellen Streites lassen sich jedoch durch ein **freundliches, aber klares und eindeutiges Nein** erheblich beeinflussen. Es macht einen Unterschied, ob Ihr Kind regelmäßig einen längeren Tobsuchtsanfall bekommt, wenn Sie ihm keine Süßigkeiten kaufen, oder ob es nur ein paar Minuten lang schlecht gelaunt ist.

Umgang mit Regeln am Beispiel des Fernsehens

Gehört Ihre Familie vielleicht auch zu den Familien, in denen der Fernseher regelmäßig Anlass für Auseinandersetzungen ist? – Es gibt aber auch tatsächlich viele Punkte, über die man bei diesem Thema geteilter Meinung sein kann. So gibt es zwischen Eltern und Kindern häufig Uneinigkeit darüber, wie lange und zu welcher Uhrzeit ferngesehen werden darf. Auch welche Sendungen für ein Kind in einem bestimmten Alter geeignet sind, ist ein verbreitetes Streitthema. Und schließlich haben

Modul IV Sitzung 15: Infoblatt für Mütter

die einzelnen Familienmitglieder oft zur gleichen Zeit unterschiedliche Programmwünsche, so dass auch umstritten ist, wer wie oft über die Auswahl des Programms entscheiden darf. Angesichts dieser **großen Menge an Konfliktstoff** soll das Thema Fernsehkonsum in diesem Kapitel als Beispiel für den Umgang mit Regeln dienen.

An dieser Stelle möchten wir Ihnen zunächst einige **allgemeine Empfehlungen zum Fernsehkonsum bei Kindern** vorstellen, die sich in der umfangreichen Forschung auf diesem Gebiet ergeben haben. Grundsätzlich lässt sich festhalten, dass der Fernseher für Kinder kein geeigneter „Babysitter" ist. Besonders Kinder vor dem vierten Lebensjahr haben vor dem Fernseher eigentlich nichts verloren. Der Fernseher ist nicht „interaktiv", er antwortet und reagiert nicht „artgerecht" auf Aktivitäten und soziale Bedürfnisse des Kindes. Weiterhin sind auch für ältere Kinder Sendungen ungeeignet, in denen gewalttätige oder stark sexuell getönte Szenen vorkommen sowie sehr schnell geschnittene Programme mit rasch wechselnden Bildern (also beispielsweise auch Videoclips im Musikfernsehen). Die Gründe hierfür liegen in einer Überforderung der Kinder. Sie werden zum Teil nervös oder aggressiv und ahmen Verhaltensweisen nach, die für ihr Alter noch nicht angemessen sind. Nicht zuletzt leiden durch sehr „platte" Sendungen das sprachliche Ausdrucksvermögen und die Kreativität Ihres Kindes.

Andererseits ist es wahrscheinlich nicht der Weisheit letzter Schluss und im Übrigen auch nicht realistisch , wenn Sie Ihrem Kind das Fernsehen einfach vollkommen untersagen. In einer Welt, in der der angemessene Umgang mit vielen verschiedenen Medien einen immer wichtigeren Platz einnimmt, hat es auch seinen Sinn, wenn Kinder **Gelegenheit erhalten, den verantwortlichen Umgang mit einem der wichtigsten Medien zu erlernen**. Andere Gründe, die für das Fernsehen sprechen, kommen weniger aus der Wissenschaft, sind aber den meisten Eltern gut vertraut. Denn es kann auch sehr entlastend sein, wenn Ihr Kind eine halbe Stunde gebannt „Die Sendung mit der Maus" schaut und Sie währenddessen Zeit haben in Ruhe ein Telefonat zu führen. Ein von Kindern gern angeführtes Argument besteht darin, dass z. B. ihre Spielkameraden eine bestimmte Sendung sehen dürfen, die sie selbst deshalb auch gern anschauen würden. Es kommt auf den Einzelfall an, wie weit Sie sich solchen Argumenten beugen wollen. Viele Eltern reagieren mit einem Satz wie z. B. „Wir handhaben das aber anders." Auch wenn die Mehrheit etwas in einer bestimmten Weise tut, muss es schließlich nicht der beste Weg sein. Dabei vernachlässigen sie jedoch, dass ein Kind, das über Sendungen, die „alle anderen" sehen durften, nie mitreden kann, es innerhalb seiner Bezugsgruppe vermutlich manchmal nicht leicht hat.

Was also tun? Welche Regeln können helfen, um all den unterschiedlichen Argumenten rund um das Thema Fernsehkonsum, von denen hier nur ein kleiner Auszug vorgestellt werden konnte, gerecht zu werden? Auf keinen Fall sollte Ihr Kind einen eigenen Fernsehapparat in seinem Zimmer zur Verfügung haben, denn dadurch ist es für Sie kaum noch möglich zu steuern, was und wie viel Ihr Kind sich anschaut. Stattdessen sollten Sie so oft wie möglich versuchen, Ihr Kind **beim Anschauen seines Wunschprogramms zu begleiten**, das Programm also mit ihm gemeinsam ansehen oder sich in seiner Nähe aufhalten. So haben Sie und Ihr Kind die Gelegenheit sich über die Sendung auszutauschen und Dinge, die es nicht verstanden hat und die es vielleicht verunsichert oder geängstigt haben, miteinander zu besprechen.

Modul IV Sitzung 15: Infoblatt für Mütter   I15

So eine Nachbesprechung ist vor allem sinnvoll, wenn Sie merken, dass ein Programm für Ihr Kind zu „aufregend" war und wenn es kurz bevor es zu Bett geht noch ferngesehen hat. Weiterhin ist eine **sorgfältige Vorauswahl der Sendungen** ratsam. Gut geeignet sind „Sesamstraße", „Löwenzahn", „Sandmännchen", „Die Sendung mit der Maus", „Wissen macht Ah!" und ähnliche Programme. Viele andere zwar auch speziell für Kinder produzierte Sendungen sind sehr stark darauf ausgerichtet, das Kaufverhalten der Zuschauer zu beeinflussen – durch Werbeunterbrechungen während des Programms oder auch durch die Gestaltung der Sendungen selbst. Solche Programme wecken bei Kindern natürlich viele Wünsche, was zu langen Diskussionen führen kann. **Lassen Sie sich also die Fernbedienung nicht aus der Hand nehmen.** Wenn die vorab vereinbarte Sendung beendet ist, sollte der Fernseher ausgeschaltet werden. Denn auch das gehört ganz bestimmt zu einem klugen Umgang mit dem Fernseher: abschalten können.

Was können Sie aus dem Beispiel allgemein über Regeln lernen?

- Die Inhalte, auf die Regeln sich beziehen (z. B. Fernsehkonsum, Ernährung, Umgang mit anderen Menschen, Tischmanieren), sind oft sehr vielschichtig. Einfach klingenden Empfehlungen liegen meistens umfangreiche Überlegungen zu Grunde. Deshalb ist es sinnvoll, wenn Sie sich vor der Einführung einer neuen Regel über die **möglichen Folgen**, die die Einführung der Regel nach sich ziehen kann, **gut informieren und dann bewusst eine Entscheidung treffen.**

- Weil es viele Bereiche gibt, in denen es für Eltern gar nicht so leicht ist zu entscheiden, welcher Regelung sie den Vorzug geben möchten, ist es gut, wenn Eltern Regeln einführen und aufrechterhalten, **von deren Wichtigkeit und von deren Sinn sie selbst überzeugt sind**. Dann wird es Ihnen zudem leichter fallen, Ihrem Kind mit gutem Beispiel voranzugehen und die vorteilhaften Auswirkungen der jeweiligen Regel aufzuzeigen. **Lernen am guten Vorbild** ist sehr wirkungsvoll, um Kinder auch auf einen guten Weg zu bringen.

- Mit einer guten Informationsgrundlage (Was ist der Zweck der Regel, welche positiven Folgen hat sie? Welche möglichen Nachteile der Regel nehme ich aus welchen Gründen in Kauf?) fällt es Eltern zudem leichter, ihren Kindern den **Sinn der jeweiligen Regeln in einer Weise zu vermitteln, die für die Kinder ihrem Alter entsprechend nachvollziehbar ist**. Wenn die inhaltlichen Einzelheiten einem Kind, z. B weil es noch sehr jung ist, nicht verständlich zu vermitteln sind, kann die Begründung einer Regel aber auch einmal etwa so lauten: „Ich habe dich sehr lieb und ich mache mir Sorgen um dich, wenn du dich in dieser bestimmten Weise verhältst. Ich kenne mich damit aus und weiß, dass das nicht gut für dich ist. Deshalb erlaube ich es dir nicht."

- Fürsorgliches Elternverhalten bedeutet auch, in der **Umsetzung von Regeln nicht zu nachgiebig** zu sein. Dies mag manchen Eltern hart und anstrengend erscheinen, aber letztlich tun Sie sich und Ihrem Kind keinen Gefallen damit, wenn die Ausnahmen von den Regeln zur Gewohnheit werden. In der Folge zu vieler Ausnahmen wird es meistens sehr schwierig, das Einhalten der jeweiligen Regeln überhaupt noch durchzusetzen. Zudem fehlt Ihrem Kind dann ein wichtiger

Modul IV Sitzung 15: Infoblatt für Mütter I15

Bestandteil des Halt gebenden Rahmens, innerhalb dessen es sich sicher und geborgen fühlen kann. Im Umgang mit Regeln sollten Sie aber natürlich nicht vergessen, dass sich der Rahmen nicht nur aus einem klaren Regelwerk zusammensetzt, sondern auch aus gemeinsamen Ritualen und einer insgesamt liebevollen und annehmenden Grundhaltung. Regeln sind **nur ein wichtiger Baustein** des Rahmens. Sie allein **reichen nicht aus, um einem Kind in einem umfassenden Sinn das Gefühl von Geborgenheit zu vermitteln.**

Modul IV Sitzung 15: Gruppenablauf   **G15**

Blitzlicht und Anwesenheitsbogen

Wie kommen Sie heute hier an? Wie geht es Ihnen?

Bearbeitung der Wochenübung W14 „Rituale in meinem eigenen Leben"

In der letzten Wochenübung haben Sie sich zunächst mit Ritualen aus Ihrer eigenen Herkunftsfamilie beschäftigt und damit, was Sie heute empfinden, wenn Sie sich an diese erinnern. Zudem haben Sie sich Gedanken darüber gemacht, welche Rituale in Ihrer jetzigen Familie bestehen und all dies auf dem Arbeitsblatt festgehalten.

Schließlich haben Sie versucht, gemeinsam mit Ihrem Kind ein neues Ritual einzuführen. Rituale schaffen eine besondere Form der Bindung zwischen Ihnen und Ihrem Kind und können einen Beitrag dazu leisten, den Alltag strukturierter zu gestalten. Durch die Einführung des neuen Rituals hatten Sie Gelegenheit selbst herauszufinden, ob sich diese erwünschten Auswirkungen einstellen.

Wer möchte gern über seine Erfahrungen bei dieser Wochenübung berichten?

Bieten Sie den Teilnehmerinnen nach Besprechung der Wochenübung zudem die Möglichkeit, noch offen gebliebene Fragen zum Infoteil I14 zu klären.

Vorstellung von Sitzungsthema und Sitzungsablauf

Verwenden Sie die Übersicht Ü15, um den Teilnehmerinnen einen kurzen Überblick über das Programm der heutigen Sitzung zu geben.

 **Modul IV Sitzung 15: Gruppenablauf**   **G15**

Übung 1: „Meine Haltung zu Erziehungsregeln"

Material	Flipchart
Methode	Brainstorming
Form	Gruppenübung
Ziel	Klärung der eigenen Haltung gegenüber Erziehungsregeln Erkennen der möglichen Vor- und Nachteile von Erziehungsregeln
Zeit	Ca. 15 Minuten

Vorgehensweise/Anleitung:

- Dieses Brainstorming dient als Einstieg in das Thema „Umgang mit Regeln im familiären Alltag"

- Folgende Fragen sind in Form eines Brainstormings an der Flipchart zu bearbeiten:

1. Wozu sind Regeln überhaupt da? Welche Funktionen erfüllen sie im zwischenmenschlichen Zusammenleben? (Einige wichtige Stichworte in diesem Zusammenhang sind etwa: Umgang mit Gefahren, Interessensausgleich, Aggressionsbindung, Stressverminderung, Konfliktbeseitigung)

2. Was sind Ihrer Meinung nach die Vorteile von festen Regeln in der Erziehung für Ihr Kind? Gibt es auch Vorteile für Sie selbst bzw. für das Zusammenleben insgesamt?

3. Welche möglichen Nachteile und vielleicht sogar Gefahren könnten Ihrer Meinung nach von Erziehungsregeln ausgehen? Was kann man tun, um diese Nachteile und Gefahren zu vermeiden?

4. Können Sie einige Regeln nennen, die in Ihrer Familie gelten? Wie formuliert man eine Regel am besten, damit sie besonders wirkungsvoll ist?

- Moderieren Sie als Gruppenleitung dieses Brainstorming in einer wertschätzenden Weise und achten Sie darauf alle Teilnehmerinnen zu ermuntern, sich in die Diskussion einzubringen. Zentrale Punkte halten Sie bitte an der Flipchart fest.

Modul IV Sitzung 15: Gruppenablauf   G15

Zusammenfassung der Information I15 „Erziehungsfragen und Alltagsprobleme – die Bedeutung von Regeln"

Verteilen Sie jetzt an die Teilnehmerinnen die Kopien des Textes I15 und referieren Sie die zentralen Inhalte. Hierzu sollten Sie sich vor der Sitzung mit diesem Text und mit Ihrem Text T15 vertraut gemacht haben. Wie ausführlich Sie die Präsentation gestalten und welche Inhalte Sie besonders hervorheben wollen, bleibt Ihnen überlassen. Bieten Sie den Teilnehmerinnen zudem die Gelegenheit zu Rückfragen und empfehlen Sie den Müttern den Text zu Hause noch einmal gründlich zu lesen.

Übung 2: „Wie erkläre ich den Sinn von Regeln?"

Material	Papier, Stifte; Didaktisches Material D15
Methode	Diskussion
Form	Kleingruppenübung
Ziel	Regeln für Kinder nachvollziehbar formulieren Steigerung der Wirksamkeit von Regeln im Erziehungsalltag
Zeit	Ca. 20 Minuten

Vorgehensweise/Anleitung:

- Erklären Sie zur Vorbereitung dieser Übung einleitend Folgendes: Es gibt sehr unterschiedliche Möglichkeiten die Einhaltung von Regeln zu unterstützen. Eltern können ihrem Kind mit gutem Beispiel vorangehen und das Einhalten einer Regel selbst vorleben. Man kann sehr konsequent darauf achten, ob die Regel wirklich eingehalten wird und Strafen ankündigen bzw. einsetzen für den Fall, dass die Regel nicht eingehalten wird. Wichtig dabei ist übrigens, dass eine Strafe stets in einem angemessenen Verhältnis zum Ausmaß des Regelübertritts stehen und möglichst unmittelbar erfolgen sollte, damit für das Kind nachvollziehbar ist, worauf die Strafe sich bezieht. Wenn man beispielsweise in der Familie die Regel „Nimm niemand anderem etwas weg, was er nicht freiwillig hergeben möchte!" aufgestellt hat und sein Kind auf dem Spielplatz einem anderen Kind dennoch ohne dessen Einverständnis ein Spielzeug wegnimmt, dann ist es ungünstig, wenn man ihm z. B. erst einige Stunden später nach dem Abendessen den Nachtisch vorenthält. Viel besser wäre es, unmittelbar nach dem Vorfall eine Strafe zu verabreichen (z. B. den Spielplatz deutlich früher als geplant zu verlassen). Für Strafen gilt zudem immer: Körperliche

 **Modul IV Sitzung 15: Gruppenablauf**   **G15**

Züchtigung jeder Art, Anschreien oder Demütigungen des Kindes sind tabu! Eltern können ihrem Kind auch in einer Art Experiment demonstrieren, welche Folgen es haben kann, wenn eine bestimmte Regel nicht eingehalten wird, was also z. B. passieren kann, wenn man an elektrischen Geräten herumspielt. In diesen Demonstrationen sollen die möglichen Folgen natürlich nur in möglichst eindrücklicher Weise vorgespielt und nicht tatsächlich herbeigeführt werden. Eine weitere sehr sinnvolle Möglichkeit die Einhaltung von Regeln zu unterstützen besteht darin, seinem Kind den Sinn der jeweiligen Regel sprachlich in einer Weise zu vermitteln, die es gut nachvollziehen kann. Wenn das Kind begreift, zu welchem Zweck eine bestimmte Regel existiert, dann erhöht dies stark die Wahrscheinlichkeit, dass die Regel auch eingehalten wird. – Oft fällt es jedoch gar nicht so leicht, eine Regel dem Alter und den Verständnismöglichkeiten eines Kindes gemäß zu erklären. Die folgende Kleingruppenarbeit soll dazu dienen, hierfür nach Lösungen zu suchen und sich über eigene Erfahrungen auszutauschen. Bitten Sie dazu die Teilnehmerinnen sich in Kleingruppen zu zweit oder zu dritt zusammenzufinden.

- Im Didaktischen Material zu dieser Gruppenübung findet sich ein Arbeitsblatt mit zwölf beispielhaften Regeln, auf die viele Eltern in der Kindererziehung Wert legen.

- Die Aufgabe der Kleingruppen besteht darin, aus diesen Regeln fünf auszuwählen, die ihnen persönlich besonders bedeutsam erscheinen, und für diese nach kindgerechten Erklärungen und Begründungen zu suchen. Die Antworten sollten stichpunktartig auf dem **Arbeitsblatt** festgehalten werden. Hierbei ist es gut möglich, dass Teilnehmerinnen bei ihren Kindern mit der Einhaltung verschiedener Regeln keine Schwierigkeiten haben. Es dürfte für alle Teilnehmerinnen interessant zu erfahren sein, wie die jeweiligen Teilnehmerinnen es geschafft haben, dass die Einhaltung dieser Regel so gut funktioniert. Deshalb sollten in den Kleingruppen sowohl einige Regeln bearbeitet werden, die allen Teilnehmerinnen Schwierigkeiten bereiten, als auch Regeln, deren Umsetzung besser gelingt.

- In der anschließenden Nachbesprechung in der Großgruppe sollen die Vorschläge der Teilnehmerinnen vorgestellt werden. Bekräftigen Sie als Gruppenleitung vor allem die Vorschläge, die am Erleben des Kindes ansetzen und in denen es angeregt wird, sich in die Folgen eines Regelübertritts einzufühlen. Ermuntern Sie die Teilnehmerinnen zudem, die in der Übung entstandenen Ideen im Alltag auszuprobieren.

 **Modul IV Sitzung 15: Gruppenablauf**   **G15**

Übung 3: „Sprung in der Schallplatte"

Material	Es wird kein gesondertes Material benötigt.
Methode	Rollenspiel
Form	Paarweise Rollenspiele in der Großgruppe
Ziel	Konsequenz im Umgang mit Regeln einüben
Zeit	Ca. 15 Minuten

Vorgehensweise/Anleitung:

- Zum Verständnis der Übung sind folgende Informationen wichtig: Auch wenn Eltern sich sehr darum bemühen, ihren Kindern den Sinn bestimmter Regeln begreiflich zu machen, wird dieses Bemühen immer wieder an Grenzen stoßen. Möglicherweise ist dies auch in der vorangegangenen Übung deutlich geworden. Welche Möglichkeiten bestehen, wenn Eltern dennoch Wert darauf legen, dass eine bestimmte Regel eingehalten wird?

- Eine Alternative zu bei Kindern häufig sehr beliebten, ausgedehnten Diskussionen über den Sinn und Unsinn von Regeln ist die „Sprung in der Schallplatte"-Technik. Die Anwendung dieser Technik folgt dem einfachen Prinzip, immer wieder aufs Neue freundlich, aber bestimmt eine verbindliche Aussage zu wiederholen, die je nach Zusammenhang unterschiedlich ausfallen kann. Reagiert ein Kind etwa auf Erklärungen zum Zweck einer Regel immer wieder mit der Frage „Und warum?", dann kann man leicht in Erklärungsnot geraten. Ein hilfreicher Ausweg aus Frage-Antwort-Spielen, die zu keinem Fortschritt in der Einhaltung einer Regel führen, kann etwa in dem Satz „Weil ich es möchte" bestehen oder auch in Abwandlungen wie „Du sollst das so machen, weil ich mir das wünsche und weil ich weiß, dass das so richtig ist." Eine weitere Variation ist auch im Infoteil dieser Sitzung aufgetaucht: „Ich habe dich sehr lieb und ich mache mir Sorgen um dich, wenn du dich in dieser bestimmten Weise verhältst. Ich kenne mich damit aus und weiß, dass das nicht gut für dich ist. Deshalb erlaube ich es dir nicht." Im „Dauergebrauch" der „Sprung-in-der-Schallplatte"-Technik bewährt sich in der Regel eine Kurzform am besten.

- Wie sich das ausführliche Erklären einer Regel im Unterschied zum wiederholten „Weil ich es möchte" anfühlt, sollen die beiden Rollenspiele in dieser Übung verdeutlichen.

Modul IV Sitzung 15: Gruppenablauf   **G15**

- Für den ersten Durchgang werden zwei Spielerinnen gebraucht, von denen eine die Rolle der Mutter und eine die Rolle ihres Kindes übernimmt. Die Mutter möchte für ihr Kind die Regel „Öffne niemandem die Tür, wenn ich nicht da bin" einführen. Instruieren Sie die Spielerinnen bitte so, dass das Kind immer weiter nachfragt, warum es sich an diese Regel halten soll. Die Mutter möchte ihrem Kind möglichst gut den Sinn dieser Regel erklären.

- Besprechen Sie nach dem Rollenspiel, wie es den beiden Spielerinnen ergangen ist. Hat die Mutter den Eindruck, dass ihr Kind die Regel verstanden hat und sich an die Regel halten wird? Und teilt das Kind die Einschätzung der Mutter? Beziehen Sie auch die anderen Teilnehmerinnen, die das Geschehen aufmerksam beobachtet haben, in die Nachbesprechung ein.

- Für den zweiten Durchgang werden zwei neue Rollenspielerinnen benötigt. Auch nun hat das Kind die Aufgabe, wiederholt nachzufragen, warum und wozu die Regel wichtig ist. Die Mutter wendet dieses Mal hingegen die „Sprung-in-der-Schallplatte"-Technik an.

- Auch an diesen Durchgang schließt sich eine Nachbesprechung mit vergleichbarem Fokus an. Welcher Variante geben die einzelnen Teilnehmerinnen den Vorzug? Unter welchen Umständen scheint das eine Vorgehen sinnvoll, unter welchen das andere?

Erläuterung der Wochenübung W15 „Vorbild sein"

Die Gruppenleitung verteilt die Arbeitsunterlagen für die Wochenübung an die Teilnehmerinnen. Die Wochenübung wird anschließend kurz vorbesprochen, wobei auch Gelegenheit zu Rückfragen bestehen sollte.

Modul IV Sitzung 15: Didaktisches Material   D15

Arbeitsblatt zu Übung 2

Auf diesem Arbeitsblatt finden Sie zwölf Regeln, die in der Erziehung Ihres Kindes für Sie eine mehr oder weniger große Bedeutung haben werden. Wählen Sie in der Kleingruppe aus diesen Regeln fünf Regeln aus, die Sie für besonders wichtig halten, und suchen Sie nach möglichen Erklärungen, die Sie Ihrem Kind geben können, damit es die Bedeutung der jeweiligen Regel besser versteht. Hierdurch wird es Ihrem Kind leichter fallen sich an die Regel zu halten. Notieren Sie auf der folgenden Seite bitte stichpunktartig die Ergebnisse Ihrer Überlegungen.

1. Schlag niemanden, sondern sag, was du willst.

2. Überquer die Straße nur dann, wenn die Ampel grünes Licht zeigt.

3. Hör auch zu, wenn andere reden.

4. Spiel nicht mit dem Herd und fass keine Steckdosen an.

5. Wenn ein anderes Kind dich bittet deine Süßigkeiten mit ihm zu teilen, dann gib ihm etwas ab.

6. Wenn du nicht mehr spielen möchtest, dann räum die Spielsachen selbst weg.

7. Geh nie mit Fremden mit.

8. Bedank dich, wenn dir jemand etwas schenkt.

9. Wasch dir vor dem Essen die Hände.

10. Nimm nicht einfach etwas weg, das dir nicht gehört.

11. Sag anderen „Guten Tag" und „Auf Wiedersehen".

12. Sag deiner Mutter oder deinem Vater, wenn dir jemand etwas angetan hat.

Modul IV Sitzung 15: Didaktisches Material   D15

Erklärung zu Regel Nr. ___:

_____

_____

Erklärung zu Regel Nr. ___:

_____

_____

Erklärung zu Regel Nr. ___:

_____

_____

Erklärung zu Regel Nr. ___:

_____

_____

Erklärung zu Regel Nr. ___:

_____

_____

 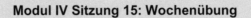

Modul IV Sitzung 15: Wochenübung   **W15**

Arbeitsblatt zur Wochenübung W15 „Vorbild sein"

In der vergangenen Sitzung wurde unter anderem erarbeitet, dass Sie Ihr Kind in der Einhaltung von Regeln auch unterstützen können, indem Sie ihm mit gutem Beispiel vorangehen. Das funktioniert in den unterschiedlichsten Bereichen: Ob Ihr Kind sich von Ihnen abschaut, wie man mit Messer und Gabel isst, wie man einen Streit klärt oder wie man jemandem zeigt, dass man ihn mag, all diese Lernziele können sich über den Weg der Nachahmung von Vorbildern verwirklichen. Natürlich kommen auch noch andere Wege hinzu, z. B. wenn Sie Ihr Kind gezielt für Lernfortschritte loben. Dennoch verdient das Lernen am Vorbild besondere Beachtung. Das gilt auch, weil sich Kinder von ihrer Umwelt nicht nur Verhaltensweisen abschauen, die wünschenswert sind, sondern auch Verhaltensweisen, die zu Schwierigkeiten führen können.

Deshalb soll diese Wochenübung den Blick auf Ihre eigenen Verhaltensweisen lenken, die verhindern können, dass Ihr Kind bestimmte Regeln einhält. Wenn eine Mutter z. B. ihrem Kind vermitteln möchte, dass es nicht ständig zwischen verschiedenen Fernsehkanälen hin- und herschalten soll, sie selbst dies jedoch häufig tut, dann kann man sich leicht vorstellen, wie gut das Kind sich an diese Regel halten wird. Ähnliche Dinge passieren in fast allen Familien. Zum Teil ist das nachvollziehbar, denn Erwachsene wissen im Gegensatz zu Kindern hoffentlich, was sie tun, wenn sie am Herd „herumspielen". In anderen Fällen geschieht dies jedoch aus Unbedachtheit. Es kann auch ein Hinweis darauf sein, dass die Bezugspersonen des Kindes vom Sinn der Regel selbst nicht wirklich überzeugt sind. Dann bedarf diese Regel vielleicht einer Überprüfung.

Für die Bearbeitung der folgenden Fragen wählen Sie bitte eine Regel in Ihrer Familie aus, an die Sie sich selbst „vorbildlich" halten und eine Regel, deren Beachtung Ihnen manchmal selbst schwer fällt.

An diese Regel kann ich mich selbst leicht halten:

_____

Welche Gefühle verbinden Sie mit dieser Regel?

_____

_____

An diese Regel halte ich mich manchmal nicht:

_____

Modul IV Sitzung 15: Wochenübung   **W15**

Welche Gefühle verbinden Sie mit der Regel, an die Sie sich nicht so gut halten können?

_____

_____

Achten Sie zudem bitte darauf, wie Ihr Kind sich in diesen beiden Bereichen verhält: Wie geht Ihr Kind mit der Regel um, die Sie selbst gut einhalten können?

_____

_____

Wie geht Ihr Kind mit der Regel um, an die Sie sich selbst nicht immer halten?

_____

_____

Besteht eventuell ein Zusammenhang zwischen Ihrem Verhalten und dem Verhalten Ihres Kindes?

_____

_____

_____

Modul IV Sitzung 16: Übersicht   **Ü16**

Thema	Konflikte
Fragen	• Welche Konflikte habe ich? • Wie kann ich mit starken Gefühlen wie Ärger oder Zorn umgehen? • Welche Möglichkeiten der Konfliktlösung gibt es?
Ziele	• Erlernen und Erweitern von Möglichkeiten der Konfliktlösung im Alltag • Umgang mit starken Gefühlen wie Ärger oder Zorn

Ablauf	1. Blitzlicht und Anwesenheitsbogen
	2. Bearbeitung der Wochenübung W15 „Vorbild sein"
	3. Vorstellung von Sitzungsthema und Sitzungsablauf
	4. Zusammenfassung der Information I16 „Konflikte im Alltag gemeinsam lösen"
	5. Übungen:
	  • Übung 1, Einzel: „Mein aktueller Hauptkonflikt"
	  • Übung 2, Großgruppe: „Wege der Konfliktlösung I"
	6. Erläuterung der Wochenübung W16 „Ein Konflikt aus meiner Vergangenheit"

Arbeitsmaterial Gruppenleiter	• Theoretische Einführung T16 „Konflikte im Alltag gemeinsam lösen" • Anleitung zum Gruppenablauf G16 • Anwesenheitsbogen A16
Arbeitsmaterial Mütter	• Infoblatt I16 • Arbeitsblatt zur Wochenübung W16

Modul IV Sitzung 16: Theoretische Einführung   T16

Konflikte im Alltag gemeinsam lösen

Konflikte und Streitigkeiten im Alltag lassen sich nicht vermeiden, weder in der Familie, noch im Freundeskreis oder im Berufsleben. Konflikte ergeben sich da, wo sich Menschen (in Beziehungen) weiter entwickeln und sich die Entwicklungsgeschwindigkeiten unterscheiden. So gesehen könnte man Konflikte in Beziehungen auch als „Wachstumsschmerzen" ansehen. Umso entscheidender ist es, mit Konflikten so umzugehen, dass sich keiner der Beteiligten ungerecht behandelt fühlen muss und der Konflikt für alle Seiten möglichst zufrieden stellend gelöst wird. **Eine gute Konfliktlösung kann sogar einen Beitrag dazu leisten, eine Beziehung zu festigen.** Besonders bei Konflikten zwischen Eltern und Kindern ist dies wichtig.

Bewährt hat sich deshalb ein **bindungsorientiertes Vorgehen**, bei dem Eltern sich darum bemühen trotz ihres inhaltlich vom Erleben des Kindes abweichenden Standpunktes jederzeit den emotionalen Kontakt zu halten, den „Gefühlsfaden" also nicht reißen zu lassen oder ihn gar zu zerschneiden. Wie kann dies in der Praxis aussehen?

Hierzu gehört zunächst **Feinfühligkeit beim Erkennen eines Konfliktes**: Worum geht es überhaupt? Was genau macht mich unzufrieden, ärgerlich oder wütend? Das genau zu erfassen fällt nicht immer leicht, ein deutliches Erkennen und Benennen des Konfliktes ist für die weiteren Schritte der Konfliktlösung aber sehr hilfreich. Wenn nötig lässt sich der Benennung des Konfliktgegenstandes beispielsweise durch ein Gespräch mit einer Vertrauensperson auf die Spur kommen oder auch durch Notizen, in denen man für sich versucht, den Konflikt genauer einzugrenzen: Was ist aus meiner Sicht der Ist-Zustand? Wie würde mein Kind sein Erleben beschreiben? Und was ist aus meiner Sicht und aus der Sicht meines Kindes die Lösung? Welche Gemeinsamkeiten und Unterschiede gibt es in unseren Positionen? Hierdurch wird aus einer ziemlich unbestimmten Aussage wie „Ich bin oft richtig genervt von meiner Tochter!" oder „Mein Sohn kostet mich unglaublich viel Kraft!" ein **konkretes Problem**, z. B. „Meine Tochter geht selten zur vereinbarten Zeit zu Bett, sondern versucht oft, die Schlafenszeit hinauszuschieben. Morgens kommt sie dann kaum in die Gänge." Oder auch: „Es strengt mich an, dass mir mein Sohn bei Gesprächen mit Bekannten immer wieder ins Wort fällt."

Neben der inhaltlichen Benennung des Konfliktes hilft es, **eigene Bedürfnisse, Gedanken und Gefühle** zu registrieren. Ohne diese zu berücksichtigen bleibt die Benennung des Konfliktes unvollständig. Um bei einem der oben erwähnten Beispiele zu bleiben: Was könnte die Mutter der Tochter, die allabendlich nur schwer den Weg ins Bett findet, am Verhalten ihrer Tochter so stören? Zum einen möchte sie natürlich sicherstellen, dass ihre Tochter genügend Schlaf bekommt, was für die gesunde körperliche und geistige Entwicklung eines Kindes sehr wichtig ist. Auf gefühlsmäßiger Ebene belastet es sie aber vielleicht auch, dass sie sich ihrer Tochter gegenüber hilflos fühlt, wenn diese sich nicht an Vereinbarungen hält. Vielleicht wünscht sie sich auch, abends mehr Zeit für sich zu haben, in der sie sich entspannen kann statt mit ihrer Tochter regelmäßig in Streit über die Schlafenszeit zu geraten. Oder sie befürchtet, dass man sie im Kindergarten für eine „schlechte" Mutter halten könnte, weil ihre Tochter oft übermüdet wirkt. Erst wenn man diese Gesichtspunkte mit berücksichtigt, erfasst man den Konflikt vollständig.

Modul IV Sitzung 16: Theoretische Einführung**T16**

Der nächste Schritt zur Konfliktlösung beinhaltet bei einem bindungsorientierten Vorgehen die Frage: **Wie sieht der Konflikt wohl aus Sicht meines Kindes aus – was fühlt es, worum geht es ihm wirklich, was würde es sagen?** Hier ist Einfühlungsvermögen gefragt, um auch die Bedürfnisse, Gedanken und Gefühle des Kindes zu erfassen. Ohne diesen Schritt wird es im Anschluss nicht gelingen einfühlsam zu handeln und dadurch den Konflikt zu lösen. Gefragt ist in dem Beispiel also ein einfühlsames Verstehen der Tochter durch die Mutter. Dazu gehört auch eine Auseinandersetzung mit den Ursachen, die dem Verhalten der Tochter zugrunde liegen könnten, wobei eine wohlwollende, dem Kind gute Absichten unterstellende Haltung günstig ist. Es ist sehr unwahrscheinlich, dass ein Kind beispielsweise nicht zu Bett gehen möchte, weil es dadurch versucht seine Eltern zu ärgern. Bei der Suche nach den Gründen für das Verhalten eines Kindes sollte sein Alter bzw. sein Entwicklungsstand stets mit berücksichtigt werden. Ist es vielleicht sogar sehr verbreitet, dass Kinder den Wunsch haben möglichst lange aufzubleiben? Dass sie noch nicht daran denken, wie sie am nächsten Morgen aus dem Bett kommen werden? Kann man von einem jüngeren Kind erwarten, dass es von sich aus darauf kommt, welche Gefühle sein Verhalten bei der Mutter auslöst und dass auch Erwachsene ein Bedürfnis nach „Zeit für sich" haben?

Nachdem man sich nun (eventuell auch mit Hilfe eigener Erinnerungen) in die Bedürfnisse, Gedanken und Gefühle des Kindes, vielleicht auch in seine verborgenen Trennungsängste eingefühlt hat, ist es sinnvoll sich zu **vergewissern, ob die eigenen Überlegungen zutreffen**. Hier lässt sich direkt nachfragen: „Was ist denn los mit dir …?" Dabei ist einfühlsames und ruhiges Zuhören gefragt, damit das Kind Gelegenheit erhält zu erklären, warum es sich in einer bestimmten Weise verhält. Wie in der Sitzung über einfühlsames Zuhören erarbeitet besteht eine wichtige Technik darin das, was man vom anderen verstanden hat, zusammenfassend wiederzugeben, also z. B. „Du hast also noch gar keine Lust dazu ins Bett zu gehen, sondern möchtest lieber noch weiter spielen oder bei mir bleiben. Stimmt das?"

Wenn dieses **Einverständnis** hergestellt ist, ist ein nächster Schritt, dem anderen auch seine **eigene Position zu verdeutlichen**, also dem Kind in einer altersgerechten Weise die eigenen Bedürfnisse, Gedanken und Gefühle zu vermitteln. Damit ist der Konflikt für beide Seiten durchschaubar, die Mutter kann ihn dann noch einmal klar und deutlich benennen („Du möchtest noch nicht schlafen gehen, weil du noch spielen möchtest. Ich möchte, dass du schlafen gehst, damit du morgen früh nicht so müde bist und damit ich noch in Ruhe mein Buch zu Ende lesen kann.")

Auf dieser Grundlage folgt die entscheidende Frage: **„Was machen wir denn jetzt?"** Es geht also darum zunächst einen **Lösungsvorschlag des Kindes** einzuholen, dabei geduldig zu bleiben und seinen Vorschlag abzuwarten. Um dem Kind seine Wertschätzung auszudrücken, ist es gut sich für den Lösungsvorschlag des Kindes zu bedanken und Verständnis für seine Position zu zeigen. Anschließend kann man gemeinsam besprechen, **welchen Lösungsweg man einschlagen wird und diesen verbindlich vereinbaren**. Dazu ist es nötig, dass sich beide Seiten an diese Vereinbarung halten. Falls keine für beide Seiten annehmbare Lösung in Sicht ist, sollte man **gegebenenfalls die Lösung des Konfliktes vertagen** und **sich nicht in einen Machtkampf verwickeln lassen**, um so ein vielleicht „angeknackstes" Selbstwertgefühl zu stabilisieren. Auch ohne eine Lösung im engeren Sinn auseinan-

 **Modul IV Sitzung 16: Theoretische Einführung   T16**

der zu gehen kann ein annehmbarer Schritt auf dem Weg hin zur Lösung sein. Wichtig ist dabei dem Kind zu signalisieren, dass man für es da ist und Interesse an ihm und an einer gemeinsamen Konfliktlösung hat. Dies kann sich in einer Haltung ausdrücken wie z. B. „Wir werden bestimmt später eine Lösung finden, das Leben geht in der Zwischenzeit ja weiter." Das bedeutet in dem dargestellten Beispiel unter Umständen, dass die Tochter an diesem Abend wieder einmal nicht zur rechten Zeit den Weg ins Bett findet. Da es jedoch ein täglich wiederkehrendes Thema betrifft und die Mutter an einer dauerhaften Veränderung interessiert sein dürfte, ist das nicht so schlimm. Es kann sogar hilfreich sein, wenn die Tochter am nächsten Morgen selbst erlebt, wie unausgeschlafen sie sich noch fühlt. Die Mutter könnte in liebevoller Weise darauf eingehen und mit ihrer Tochter vereinbaren, dass man an diesem Abend eine frühere Schlafenszeit ins Auge fasst. Dann kann die Tochter am folgenden Morgen selbst vergleichen, mit welcher Zeit sie sich wohler und ausgeruhter fühlt.

Manchen Eltern kommt das in verschiedene Einzelschritte unterteilte Vorgehen zur Konfliktlösung anfangs zu theoretisch, schematisch, umständlich und aufwändig vor. Es ist dies jedoch mit dem guten Grund, dass es sich nicht nur um eine inhaltlich für beide Seiten befriedigende Konfliktlösung bemüht, sondern dass es auch die **Qualität der Beziehung** im Auge behält, was gerade für Kinder sehr wichtig ist. Eltern haben eine **Modellfunktion** für ihre Kinder und wenn ein Kind erfährt, dass sich Konflikte auf diese Art lösen lassen, wird es dadurch ermutigt, auch in Konflikten z. B. mit Spielkameraden so vorzugehen statt das „Recht des Stärkeren" anzuwenden. Mit zunehmender Routine in dieser Art der Konfliktlösung läuft sie zudem zunehmend automatisiert ab, so dass sich der erforderliche Aufwand mit der Zeit deutlich verringert.

Konstruktiver Umgang mit Ärger und Zorn

So empfehlenswert das bindungsorientierte Vorgehen zur Konfliktlösung auch ist: Manchmal gibt es Situationen, in denen man sich so sehr geärgert hat, dass einem fast der Kragen platzt oder in denen die Person, über die man sich so geärgert hat, nicht zu einem Gespräch bereit ist. Was also tun, wenn einen z. B. das Verhalten des ehemaligen Partners beim letzten Telefonat extrem wütend gemacht hat? Es ist wichtig, die dabei aufgekommenen Gefühle wahrzunehmen und auszudrücken, denn dies erleichtert es mit ihnen umzugehen. **Alle Gefühle im „Parlament der Gefühle" haben Rederecht und sind erlaubt – nicht aber alle Handlungen.**

Vor allem gilt dies für Handlungen, die:
- anderen weh tun
- uns selbst weh tun
- dazu führen, dass Gegenstände kaputt gehen

Damit es nicht so weit kommt, ist es sinnvoll nach einem **persönlichen Ritual** zu suchen, das einem dabei hilft von Ärger, Wut und Zorn wieder „herunterzukommen". Das kann vieles sein: ein zügiger Spaziergang um den Block, eine Kissenschlacht, ein kleiner „Putzanfall" oder das Backen eines Kuchens, wobei man seine Wut nach Herzenslust am Kuchenteig auslassen kann. Auch einen Stapel alter Zeitungen in

Modul IV Sitzung 16: Theoretische Einführung   T16

kleine Schnipsel zu zerreißen oder sich in die Natur zurückzuziehen, wo man vielleicht sogar mit großer Lautstärke seine Wut herausbrüllen kann, erleben viele Menschen als entlastend. Manchmal kann es auch schon genügen bei aufkommender Wut innezuhalten, tief durchzuatmen und innerlich langsam bis zehn zu zählen oder den Ort des Geschehens für einen Moment zu verlassen. Das Motto kann dabei sein: **Erst fühlen, dann denken und dann – vielleicht – handeln!** Nicht jede Empfehlung ist für jeden geeignet – mit ein wenig Lust am Ausprobieren lässt sich aber sicherlich eine Auswahl wirksamer Maßnahmen zusammenstellen, aus der man bei Bedarf dann rasch die passende auswählen kann.

Ein heikles Thema: Gewalt in der Erziehung

Das wichtigste Ziel der im vorigen Abschnitt vorgeschlagenen Rituale ist es, das intensive Erleben von Ärger und Zorn **von schädlichen oder zerstörerischen Verhaltensweisen** (wie Rauchen, Alkoholkonsum oder Gewalt) **zu entkoppeln**, die einem auf Anhieb vielleicht als erstes einfallen würden, die aber längerfristig gesehen zu viele nachteilige Folgen hätten. Besonders bedeutsam ist in diesem Zusammenhang das schwierige Thema **Gewalt** in der Erziehung. Eltern, die ihre Kinder schlagen, anschreien oder in einer anderen Weise demütigen, setzen sie dadurch in massiver Weise herab, verletzen sie in ihrer Würde und in ihrem Selbstwertgefühl. Gefühle der Ohnmacht, der Hilflosigkeit und des Misstrauens sind die Folge. Zudem wird durch solche Erfahrungen häufig eine Gewaltspirale in Gang gesetzt, denn aus Kindern, die geschlagen werden, entwickeln sich oft wieder schlagende Eltern. Manche Wissenschaftler gehen sogar davon aus, dass Gewalterfahrungen in der Kindheit zu einer **dauerhaften gefühlsmäßigen Verunsicherung** führen können, die es z. B. auch in späteren Beziehungen schwerer macht anderen Menschen zu vertrauen. Viele Kinder entwickeln außerdem aus verletzter Liebe zu ihren Eltern **bleibende Schuldgefühle** und geben sich die Schuld daran, von den Eltern geschlagen worden zu sein, weil sie lieber sich selbst die Schuld an den Schlägen geben als die Eltern zu kritisieren. Aber selbst ohne so weit in die Zukunft zu blicken, entstehen häufig Probleme: Wie lässt sich etwa einem Kind erklären, dass man es als Elternteil zwar selbst schlägt, dass es sich aber gegenüber anderen Kindern, die es drangsalieren, nicht körperlich zur Wehr setzen soll?

Um Kinder besser vor Gewalt zu schützen, hat der Gesetzgeber vor einigen Jahren den so genannten „Züchtigungsparagraphen" im Bürgerlichen Gesetzbuch geändert. Er ist nun überschrieben als **„Gesetz zur Ächtung der Gewalt in der Erziehung"** und legt unter anderem fest: „Kinder haben ein Recht auf gewaltfreie Erziehung. Körperliche Bestrafungen, seelische Verletzungen und andere entwürdigende Maßnahmen sind unzulässig."

Trotz dieser eindeutigen Gesetzeslage gibt es natürlich nach wie vor Eltern, die in der Erziehung ihrer Kinder manchmal so hilflos sind, dass sie sich keinen anderen Rat wissen als ihre Kinder mehr oder weniger häufig auch körperlich zu strafen. In diesem Kapitel gibt es viele Anregungen für Eltern, wie sie mit Konflikten souveräner und gelassener umgehen können, so dass es gar nicht erst zur Ausübung von Gewalt kommt und die Gewaltspirale unterbrochen wird – denn dafür ist es nie zu spät.

Modul IV Sitzung 16: Theoretische Einführung   T16

Was aber können Eltern tun, wenn es schon zu spät ist, sie also einmal die Nerven verloren und ihr Kind geschlagen haben? Manchmal verhalten Kinder sich beispielsweise aus Unwissenheit so leichtsinnig und riskant (ohne sich umzuschauen über die Straße laufen, Turnübungen am Balkongeländer usw.), dass Eltern ihrem Kind im ersten Schreckmoment fast reflexartig einen Klaps erteilen, um ihr Kind vor drohenden Gefahren zu schützen. Dann ist es wichtig, dass Eltern für ihr Verhalten möglichst zeitnah die Verantwortung übernehmen und sich aufrichtig bei ihrem Kind entschuldigen („Das war falsch, dass ich dich geschlagen habe. Es tut mir leid!"). Wenn man erst einmal verstanden hat, wie schädlich die Auswirkungen auch vermeintlich „harmloser Ohrfeigen" für Kinder sein können, sollte einem dies nicht schwer fallen.

Günstig ist es weiterhin, dem Kind eine nachvollziehbare Erklärung für das Fehlverhalten zu geben, also z. B. zu erklären, dass man sehr erschrocken und besorgt war, als man bemerkt hat, wie das Kind versuchte das hohe Regal zu erklimmen und dass einem deshalb die Hand ausgerutscht ist. Sich klar zu seinem Fehlverhalten zu bekennen hat übrigens nichts damit zu tun, sich vor lauter Schuldgefühlen vor seinem Kind „klein zu machen", es um Verzeihung zu bitten und so traurig über die Entgleisung zu sein, dass das Kind sich fast noch dazu aufgefordert fühlt das schlagende Elternteil zu trösten, denn dies würde die Rollenverteilung zwischen Eltern und Kind umkehren.

Bedenken Sie bitte, dass Entschuldigungen und Erklärungen für eigentlich nicht beabsichtigte körperliche Strafen nur dann etwas wiedergutmachen können, wenn es sich bei den Strafen tatsächlich um seltene Ausnahmen handelt. Wenn Ihnen ein paar Mal im Monat „die Hand ausrutscht", dann wird Ihr Kind Ihnen Ihr Bedauern über die Vorfälle nicht abnehmen und sein Vertrauen in Sie bleibt dauerhaft beeinträchtigt. In diesen Fällen ist es ratsam **professionelle Unterstützung** in Anspruch zu nehmen, z. B. bei einer Erziehungsberatungsstelle. Ein leichter Gang ist dies sicherlich nicht, aber im Interesse des Kindes und auch in ihrem eigenen Interesse (wer immer wieder so sehr an seine Grenzen gerät, dass er meint sich nur noch mit Hilfe von Schlägen oder anderen gewalttätigen Maßnahmen durchsetzen zu können, braucht dringend Hilfe!) sollten Eltern davor nicht zurückschrecken. Viel schlimmer als sich ein Problem einzugestehen ist es, nichts dagegen zu unternehmen!

Modul IV Sitzung 16: Infoblatt für Mütter   I16

Konflikte im Alltag gemeinsam lösen

Konflikte und Streitigkeiten im Alltag lassen sich nicht vermeiden, weder in der Familie, noch im Freundeskreis oder im Berufsleben. Konflikte ergeben sich da, wo sich Menschen (in Beziehungen) weiter entwickeln und sich die Entwicklungsgeschwindigkeiten unterscheiden. So gesehen könnte man Konflikte in Beziehungen auch als „Wachstumsschmerzen" ansehen. Umso entscheidender ist es, mit Konflikten so umzugehen, dass sich keiner der Beteiligten ungerecht behandelt fühlen muss und der Konflikt für alle Seiten möglichst zufrieden stellend gelöst wird. **Eine gute Konfliktlösung kann sogar einen Beitrag dazu leisten, eine Beziehung zu festigen**. Besonders bei Konflikten zwischen Eltern und Kindern ist dies wichtig.

Bewährt hat sich deshalb ein **bindungsorientiertes Vorgehen**, bei dem Eltern sich darum bemühen trotz ihres inhaltlich vom Erleben des Kindes abweichenden Standpunktes jederzeit den emotionalen Kontakt zu halten, den „Gefühlsfaden" also nicht reißen zu lassen oder ihn gar zu zerschneiden. Wie kann dies in der Praxis aussehen?

Hierzu gehört zunächst **Feinfühligkeit beim Erkennen eines Konfliktes**: Worum geht es überhaupt? Was genau macht mich unzufrieden, ärgerlich oder wütend? Das genau zu erfassen fällt nicht immer leicht, ein deutliches Erkennen und Benennen des Konfliktes ist für die weiteren Schritte der Konfliktlösung aber sehr hilfreich. Wenn nötig lässt sich der Benennung des Konfliktgegenstandes beispielsweise durch ein Gespräch mit einer Vertrauensperson auf die Spur kommen oder auch durch Notizen, in denen man für sich versucht, den Konflikt genauer einzugrenzen: Was ist aus meiner Sicht der Ist-Zustand? Wie würde mein Kind sein Erleben beschreiben? Und was ist aus meiner Sicht und aus der Sicht meines Kindes die Lösung? Welche Gemeinsamkeiten und Unterschiede gibt es in unseren Positionen? Hierdurch wird aus einer ziemlich unbestimmten Aussage wie „Ich bin oft richtig genervt von meiner Tochter!" oder „Mein Sohn kostet mich unglaublich viel Kraft!" ein **konkretes Problem**, z. B. „Meine Tochter geht selten zur vereinbarten Zeit zu Bett, sondern versucht oft, die Schlafenszeit hinauszuschieben. Morgens kommt sie dann kaum in die Gänge." Oder auch: „Es strengt mich an, dass mir mein Sohn bei Gesprächen mit Bekannten immer wieder ins Wort fällt."

Neben der inhaltlichen Benennung des Konfliktes hilft es, **eigene Bedürfnisse, Gedanken und Gefühle** zu registrieren. Ohne diese zu berücksichtigen bleibt die Benennung des Konfliktes unvollständig. Um bei einem der oben erwähnten Beispiele zu bleiben: Was könnte die Mutter der Tochter, die allabendlich nur schwer den Weg ins Bett findet, am Verhalten ihrer Tochter so stören? Zum einen möchte sie natürlich sicherstellen, dass ihre Tochter genügend Schlaf bekommt, was für die gesunde körperliche und geistige Entwicklung eines Kindes sehr wichtig ist. Auf gefühlsmäßiger Ebene belastet es sie aber vielleicht auch, dass sie sich ihrer Tochter gegenüber hilflos fühlt, wenn diese sich nicht an Vereinbarungen hält. Vielleicht wünscht sie sich auch, abends mehr Zeit für sich zu haben, in der sie sich entspannen kann statt mit ihrer Tochter regelmäßig in Streit über die Schlafenszeit zu geraten. Oder sie befürchtet, dass die Erzieher im Kindergarten sie für eine „schlechte" Mutter halten, weil ihre Tochter oft übermüdet wirkt. Erst wenn man diese Gesichtspunkte mit berücksichtigt, erfasst man den Konflikt vollständig.

 **Modul IV Sitzung 16: Infoblatt für Mütter**   **I16**

Der nächste Schritt zur Konfliktlösung beinhaltet bei einem bindungsorientierten Vorgehen die Frage: **Wie sieht der Konflikt wohl aus Sicht meines Kindes aus – was fühlt es, worum geht es ihm wirklich, was würde es sagen?** Hier ist Einfühlungsvermögen gefragt, um auch die Bedürfnisse, Gedanken und Gefühle des Kindes zu erfassen. Ohne diesen Schritt wird es im Anschluss nicht gelingen einfühlsam zu handeln und dadurch den Konflikt zu lösen. Gefragt ist in dem Beispiel also ein einfühlsames Verstehen der Tochter durch die Mutter. Dazu gehört auch eine Auseinandersetzung mit den Ursachen, die dem Verhalten der Tochter zugrunde liegen könnten, wobei eine wohlwollende, dem Kind gute Absichten unterstellende Haltung günstig ist. Es ist sehr unwahrscheinlich, dass ein Kind beispielsweise nicht zu Bett gehen möchte, weil es dadurch versucht seine Eltern zu ärgern. Bei der Suche nach den Gründen für das Verhalten eines Kindes sollte sein Alter bzw. sein Entwicklungsstand stets mit berücksichtigt werden. Ist es vielleicht sogar sehr verbreitet, dass Kinder den Wunsch haben möglichst lange aufzubleiben? Dass sie noch nicht daran denken, wie sie am nächsten Morgen aus dem Bett kommen werden? Kann man von einem jüngeren Kind erwarten, dass es von sich aus darauf kommt, welche Gefühle sein Verhalten bei der Mutter auslöst und dass auch Erwachsene ein Bedürfnis nach „Zeit für sich" haben?

Nachdem man sich nun (eventuell auch mit Hilfe eigener Erinnerungen) in die Bedürfnisse, Gedanken und Gefühle des Kindes, vielleicht auch in seine verborgenen Trennungsängste eingefühlt hat, ist es sinnvoll sich zu **vergewissern, ob die eigenen Überlegungen zutreffen.** Hier lässt sich direkt nachfragen: „Was ist denn los mit dir …?" Dabei ist einfühlsames und ruhiges Zuhören gefragt, damit das Kind Gelegenheit erhält zu erklären, warum es sich in einer bestimmten Weise verhält. Wie in der Sitzung über einfühlsames Zuhören erarbeitet besteht eine wichtige Technik darin das, was man vom anderen verstanden hat, zusammenfassend wiederzugeben, also z. B. „Du hast also noch gar keine Lust dazu ins Bett zu gehen, sondern möchtest lieber noch weiter spielen oder bei mir bleiben. Stimmt das?"

Wenn dieses **Einverständnis** hergestellt ist, ist ein nächster Schritt, dem anderen auch seine **eigene Position zu verdeutlichen**, also dem Kind in einer altersgerechten Weise die eigenen Bedürfnisse, Gedanken und Gefühle zu vermitteln. Damit ist der Konflikt für beide Seiten durchschaubar, die Mutter kann ihn dann noch einmal klar und deutlich benennen („Du möchtest noch nicht schlafen gehen, weil du noch spielen möchtest. Ich möchte, dass du schlafen gehst, damit du morgen früh nicht so müde bist und damit ich noch in Ruhe mein Buch zu Ende lesen kann.")

Auf dieser Grundlage folgt die entscheidende Frage: **„Was machen wir denn jetzt?"** Es geht also darum zunächst einen **Lösungsvorschlag des Kindes** einzuholen, dabei geduldig zu bleiben und seinen Vorschlag abzuwarten. Um dem Kind seine Wertschätzung auszudrücken, ist es gut sich für den Lösungsvorschlag des Kindes zu bedanken und Verständnis für seine Position zu zeigen. Anschließend kann man gemeinsam besprechen, **welchen Lösungsweg man einschlagen wird und diesen verbindlich vereinbaren.** Dazu ist es nötig, dass sich beide Seiten an diese Vereinbarung halten. Falls keine für beide Seiten annehmbare Lösung in Sicht ist, sollte man **gegebenenfalls die Lösung des Konfliktes vertagen** und **sich nicht in einen Machtkampf verwickeln lassen,** um so ein vielleicht „angeknackstes" Selbstwertgefühl zu stabilisieren. Auch ohne eine Lösung im engeren Sinn auseinan-

Modul IV Sitzung 16: Infoblatt für Mütter   I16

der zu gehen kann ein annehmbarer Schritt auf dem Weg hin zur Lösung sein. Wichtig ist dabei dem Kind zu signalisieren, dass man für es da ist und Interesse an ihm und an einer gemeinsamen Konfliktlösung hat. Dies kann sich in einer Haltung ausdrücken wie z. B. „Wir werden bestimmt später eine Lösung finden, das Leben geht in der Zwischenzeit ja weiter." Das bedeutet in dem dargestellten Beispiel unter Umständen, dass die Tochter an diesem Abend wieder einmal nicht zur rechten Zeit den Weg ins Bett findet. Da es jedoch ein täglich wiederkehrendes Thema betrifft und die Mutter an einer dauerhaften Veränderung interessiert sein dürfte, ist das nicht so schlimm. Es kann sogar hilfreich sein, wenn die Tochter am nächsten Morgen selbst erlebt, wie unausgeschlafen sie sich noch fühlt. Die Mutter könnte in liebevoller Weise darauf eingehen und mit ihrer Tochter vereinbaren, dass man an diesem Abend eine frühere Schlafenszeit ins Auge fasst. Dann kann die Tochter am folgenden Morgen selbst vergleichen, mit welcher Zeit sie sich wohler und ausgeruhter fühlt.

Manchen Eltern kommt das in verschiedene Einzelschritte unterteilte Vorgehen zur Konfliktlösung anfangs zu theoretisch, schematisch, umständlich und aufwändig vor. Es ist dies jedoch mit dem guten Grund, dass es sich nicht nur um eine inhaltlich für beide Seiten befriedigende Konfliktlösung bemüht, sondern dass es auch die **Qualität der Beziehung** im Auge behält, was gerade für Kinder sehr wichtig ist. Eltern haben eine **Modellfunktion** für ihre Kinder und wenn ein Kind erfährt, dass sich Konflikte auf diese Art lösen lassen, wird es dadurch ermutigt, auch in Konflikten z. B. mit Spielkameraden so vorzugehen statt das „Recht des Stärkeren" anzuwenden. Mit zunehmender Routine in dieser Art der Konfliktlösung läuft sie zudem zunehmend automatisiert ab, so dass sich der erforderliche Aufwand mit der Zeit deutlich verringert.

Angemessener Umgang mit Ärger und Zorn

So empfehlenswert das bindungsorientierte Vorgehen zur Konfliktlösung auch ist: Manchmal gibt es Situationen, in denen man sich so sehr geärgert hat, dass einem fast der Kragen platzt oder in denen die Person, über die man sich so geärgert hat, nicht zu einem Gespräch bereit ist. Wutentbrannt hat man beim letzten Telefonat mit dem ehemaligen Partner nach einer halben Stunde den Hörer auf die Gabel geknallt und nun müsste man sich eigentlich mit ihm besprechen, weil das Kind vollkommen übermüdet aus dem Wochenende bei ihm zurückgekehrt ist. Er aber ist wieder einmal nicht zu erreichen und hat alle Telefone ausgestellt. Oder diese Tage, an denen alles schief zu laufen scheint: Man hat verschlafen und muss sich beeilen, um zu einem wichtigen Termin bei der Arbeit nicht zu spät zu kommen. Leider hat an diesem Morgen auch noch die Kaffeemaschine ihren Geist aufgegeben und zu allem Überfluss quengelt das Kind wegen seines kratzigen Pullovers. Wie könnte ein angemessener Umgang mit solchen Situationen aussehen?

Es ist wichtig, die dabei aufgekommenen Gefühle wahrzunehmen und auszudrücken. Denn **alle Gefühle** sind ein wichtiger Bestandteil unseres Lebens und dazu gehören eben nicht nur angenehme Gefühle wie Freude oder Stolz, sondern auch manchmal schwer auszuhaltende Gefühle wie Ärger oder Zorn. Gesteht man sich diese negativen Gefühle nicht ein, dann ist es viel schwieriger mit ihnen umzugehen. Eins sollte man dabei allerdings beachten: **Zwar haben alle Gefühle im „Parlament der Ge-**

Modul IV Sitzung 16: Infoblatt für Mütter   I16

fühle" **Rederecht und sind erlaubt – aber nicht alle Handlungen**. Vor allem gilt dies, wenn Sie mit Ihren Handlungen:
- anderen weh tun (z. B. Ihrem Kind),
- sich selbst weh tun
- oder wenn Gegenstände kaputt gehen.

Damit es nicht so weit kommt, ist es sinnvoll nach einem **persönlichen Ritual** zu suchen, das einem dabei hilft von Ärger, Wut und Zorn wieder „herunterzukommen". Nicht jede der folgenden Empfehlungen ist für jeden geeignet – mit ein wenig Lust am Ausprobieren lässt sich aber sicherlich eine Auswahl wirksamer Maßnahmen zusammenstellen, so dass man bei Bedarf rasch die passende Maßnahme zur Verfügung hat. Hier einige Anregungen:

- Vielen Menschen hilft beim Ablassen des angestauten Dampfes **Bewegung**. Diese darf ruhig kraftvoll sein, denn schließlich gilt es Druck loszuwerden. Vom zügigen Spaziergang um den Block über einen kleinen „Putzanfall" bis hin zum Backen eines Kuchens gibt es dabei viele Möglichkeiten. Wer weiß, vielleicht wird der in einem solchen Moment zubereitete Knetteig sogar besonders geschmeidig?

- Eine vergleichbar entlastende Wirkung kann auch von einer zünftigen **Kissenschlacht** ausgehen. Speziell nach einem Konflikt mit Ihrem Kind kann dies für Sie beide ein guter Weg sein, um wieder einen freien Kopf zu bekommen. Achten Sie dabei allerdings darauf, dass die Kissen keine scharfkantigen Verschlüsse haben, damit sich niemand verletzt. Schlagen Sie gemeinsam auf die Kissen ein und toben Sie durch die Wohnung. Dabei kann man ruhig auch mal laut schreien und sich mit den Kissen bewerfen. Besonders schön an einer solchen Kissenschlacht: Wenn Sie beide schließlich erschöpft sind, können Sie sich aus den Kissen ein kuscheliges Lager bauen.

- Um für Wutattacken gerüstet zu sein, ist es auch eine gute Idee, wenn Sie alte Zeitungen, Papiere usw. nicht zu häufig ins Altpapier bringen. Dadurch eröffnet sich die Möglichkeit die angesammelten **Papiere schnell und kraftvoll in kleine Schnipsel zu zerreißen**. Sie werden überrascht sein, wie viel Wut man mit einem dicken Papierstapel in kurzer Zeit abbauen kann!

- Manchmal kann es auch sehr befreiend sein **seine Wut einfach laut herauszuschreien**. Wenn dies wegen Ihrer Nachbarn nicht möglich ist, können Sie nach einem Platz in der Natur Ausschau halten, z. B. einem kleinen Wald in Ihrer Nähe, an dem Sie ungestört richtig laut werden können. Dies ist etwas, was Sie auch gut gemeinsam mit Ihrem Kind tun können, wenn Sie Streit hatten. Vielleicht bekommen Sie beide sogar Lust darauf neue Schimpfwörter (etwa ausgefallene Tiernamen) zu erfinden? Oder die Wut zu verscheuchen, indem Sie ihr nach dem Herausschreien „hinterherjagen"?

- Noch ein Vorschlag für alle, die nicht so gern Kuchen essen, aber dennoch die beruhigende Wirkung des Knetens ausprobieren möchten: Besorgen Sie sich im Spielwarenhandel ein großes Stück **Knete**, legen Sie Ihre Knetfläche zum Schutz mit einer stabilen Plastikfolie aus und schon kann es losgehen. Knete lässt sich

Modul IV Sitzung 16: Infoblatt für Mütter I16

zerrupfen, man kann auf sie draufhauen und sie mit aller Kraft auf den Tisch knallen. Mit Knete können Sie Ihrer Wut zudem auf kreative Weise Ausdruck verleihen. Überlegen Sie sich, welche Gestalt Ihre Wut haben könnte und kneten Sie eine entsprechende **„Wut-Figur"**. Auch diese Methode ist übrigens nicht nur für Erwachsene geeignet!

- Manchmal helfen bei aufkommender Wut auch noch einfachere Wege: **Halten Sie einen Augenblick inne, atmen Sie tief durch und zählen Sie innerlich langsam bis zehn.** Oder verlassen Sie den Ort des Geschehens für einen Moment, um Abstand zu gewinnen. Ihr Motto dabei: Ich spüre jetzt erst einmal kurz in mich hinein und denke nach. Später kann ich dann – wenn ich will – immer noch handeln.

„Eine Ohrfeige hat noch niemandem geschadet!" – Oder vielleicht doch?

Für welches der im vorigen Abschnitt vorgeschlagenen Rituale Sie auch immer sich entscheiden – ihnen allen ist ein wichtiges Ziel gemeinsam: Es geht um die **Trennung eines intensiven Erlebens von Ärger oder Zorn von schädlichen Verhaltensweisen**, die einem auf Anhieb vielleicht als erstes einfallen würden, die aber längerfristig zu viele nachteilige Folgen hätten. Besonders bedeutsam ist in diesem Zusammenhang das schwierige Thema **Gewalt** in der Erziehung. Eltern, die ihre Kinder schlagen, anschreien oder in einer anderen Weise demütigen, setzen sie dadurch in massiver Weise herab und verletzen sie in ihrer Würde und in ihrem Selbstwertgefühl. Gefühle der Ohnmacht, der Hilflosigkeit und des Misstrauens sind die Folge. Zudem wird durch solche Erfahrungen häufig eine Gewaltspirale in Gang gesetzt, denn aus Kindern, die geschlagen werden, entwickeln sich oft wieder schlagende Eltern. Manche Wissenschaftler gehen sogar davon aus, dass Gewalterfahrungen in der Kindheit zu einer **dauerhaften gefühlsmäßigen Verunsicherung** führen können, die es z. B. auch in späteren Beziehungen schwerer macht anderen Menschen zu vertrauen. Viele Kinder entwickeln außerdem aus verletzter Liebe zu ihren Eltern **bleibende Schuldgefühle** und geben sich die Schuld daran, von den Eltern geschlagen worden zu sein, weil sie lieber sich selbst die Schuld an den Schlägen geben als die Eltern zu kritisieren. Aber selbst ohne so weit in die Zukunft zu blicken, entstehen häufig Probleme: Wie lässt sich etwa einem Kind erklären, dass man es als Elternteil zwar selbst schlägt, dass es sich aber gegenüber anderen Kindern, die es drangsalieren, nicht körperlich zur Wehr setzen soll?

Um Kinder besser vor Gewalt zu schützen, hat der Gesetzgeber vor einigen Jahren den so genannten „Züchtigungsparagraphen" im Bürgerlichen Gesetzbuch geändert. Er ist nun überschrieben als **„Gesetz zur Ächtung der Gewalt in der Erziehung"** und legt unter anderem fest: „Kinder haben ein Recht auf gewaltfreie Erziehung. Körperliche Bestrafungen, seelische Verletzungen und andere entwürdigende Maßnahmen sind unzulässig."

Trotz dieser eindeutigen Gesetzeslage gibt es nach wie vor Eltern, die in der Erziehung ihrer Kinder manchmal so hilflos sind, dass sie sich keinen anderen Rat wissen als ihre Kinder mehr oder weniger häufig auch körperlich zu strafen. In diesem Kapitel gibt es viele Anregungen für Eltern, wie sie mit Konflikten souveräner und gelas-

Modul IV Sitzung 16: Infoblatt für Mütter I16

sener umgehen können, so dass es gar nicht erst zur Ausübung von Gewalt kommt und die Gewaltspirale unterbrochen wird – denn dafür ist es nie zu spät.

Was aber können Eltern tun, wenn es schon zu spät ist, sie also einmal die Nerven verloren und ihr Kind geschlagen haben? Manchmal verhalten Kinder sich beispielsweise aus Unwissenheit so leichtsinnig und riskant (ohne sich umzuschauen über die Straße laufen, Turnübungen am Balkongeländer usw.), dass Eltern ihrem Kind im ersten Schreckmoment fast reflexartig einen Klaps erteilen, um ihr Kind vor drohenden Gefahren zu schützen. **Dann ist es wichtig, dass Eltern für ihr Verhalten möglichst zeitnah die Verantwortung übernehmen und sich aufrichtig bei ihrem Kind entschuldigen** („Das war falsch, dass ich dich geschlagen habe. Es tut mir leid!") Wenn man erst einmal verstanden hat, wie schädlich die Auswirkungen auch vermeintlich „harmloser Ohrfeigen" für Kinder sein können, sollte einem dies nicht schwer fallen.

Günstig ist es weiterhin, dem Kind eine nachvollziehbare **Erklärung** für das Fehlverhalten zu geben, also z. B. zu erklären, dass man sehr erschrocken und besorgt war, als man bemerkt hat, wie das Kind versuchte das hohe Regal zu erklimmen und dass einem deshalb die Hand ausgerutscht ist. Sich klar zu seinem Fehlverhalten zu bekennen hat übrigens nichts damit zu tun, sich vor lauter Schuldgefühlen vor seinem Kind „klein zu machen", es um Verzeihung zu bitten und so traurig über die Entgleisung zu sein, dass das Kind sich fast noch dazu aufgefordert fühlt das schlagende Elternteil zu trösten, denn dies würde die Rollenverteilung zwischen Eltern und Kind umkehren.

Bedenken Sie bitte, dass Entschuldigungen und Erklärungen für eigentlich nicht beabsichtigte körperliche Strafen nur dann etwas wiedergutmachen können, wenn es sich bei den Strafen tatsächlich um seltene Ausnahmen handelt. Wenn Ihnen ein paar Mal im Monat „die Hand ausrutscht", dann wird Ihr Kind Ihnen Ihr Bedauern über die Vorfälle nicht abnehmen und sein Vertrauen in Sie bleibt dauerhaft beeinträchtigt. In diesen Fällen ist es ratsam **professionelle Unterstützung** in Anspruch zu nehmen, z. B. bei einer Erziehungsberatungsstelle. Ein leichter Gang ist dies sicherlich nicht, aber im Interesse des Kindes und auch in ihrem eigenen Interesse (wer immer wieder so sehr an seine Grenzen gerät, dass er meint sich nur noch mit Hilfe von Schlägen oder anderen gewalttätigen Maßnahmen durchsetzen zu können, braucht dringend Hilfe!) sollten Eltern davor nicht zurückschrecken. Viel schlimmer als sich ein Problem einzugestehen ist es, nichts dagegen zu unternehmen!

 **Modul IV Sitzung 16: Gruppenablauf** **G16**

Blitzlicht und Anwesenheitsbogen

Wie kommen Sie heute hier an? Wie geht es Ihnen?

Bearbeitung der Wochenübung W15 „Vorbild sein"

In der letzten Woche haben Sie zwei in Ihrer Familie geltende Regeln ausgewählt: eine Regel, an die Sie sich selbst leicht halten können und eine Regel, deren Einhaltung Ihnen selbst häufiger Schwierigkeiten bereitet. Sie haben sich mit den Gefühlen beschäftigt, die Sie mit diesen Regeln verbinden, und darauf geachtet, wie Ihrem Kind die Einhaltung der beiden Regeln gelingt. Abschließend haben Sie sich damit auseinandergesetzt, ob zwischen Ihrem Verhalten und dem Verhalten Ihres Kindes im Umgang mit den beiden Regeln ein Zusammenhang besteht.

Wer mag sein Arbeitsblatt zu dieser Wochenübung vorstellen?

Was könnte man aus den Beobachtungen ableiten, die Sie gemacht haben?

Falls das Kind sich entsprechend der Mutter verhält (also sowohl Kind als auch Mutter die Regel einhalten beziehungsweise beide die Regel nicht einhalten), können Sie als Gruppenleitung die Bedeutung der mütterlichen Vorbildfunktion unterstreichen. Falls das Kind sich entgegengesetzt verhält, können Sie überlegen, welche Gründe dies haben kann. Wie können Eltern sich „vorbildlich" im Hinblick auf Regeln verhalten, die zwar für Kinder gelten, nicht jedoch für Erwachsene? – Heben Sie hierbei noch einmal auf die Bedeutung von für das Kind nachvollziehbaren Erklärungen für Regeln ab. Zu diesen Erklärungen gehört es auch zu verdeutlichen, warum eine bestimmte Regel für Kinder gilt, nicht jedoch für Erwachsene. Dies lässt sich etwa am Beispiel der Benutzung von Haushaltsgeräten erklären, die für Kinder mit Gefahren verbunden sein können.

Bieten Sie den Teilnehmerinnen nach Besprechung der Wochenübung zudem die Möglichkeit, noch offen gebliebene Fragen zum Infoteil I15 zu klären.

Vorstellung von Sitzungsthema und Sitzungsablauf

Verwenden Sie die Übersicht Ü16, um den Teilnehmerinnen einen kurzen Überblick über das Programm der heutigen Sitzung zu geben.

Modul IV Sitzung 16: Gruppenablauf   G16

Zusammenfassung der Information I16 „Konflikte im Alltag gemeinsam lösen"

Verteilen Sie jetzt an die Teilnehmerinnen die Unterlagen für die heutige Sitzung und referieren Sie die zentralen Inhalte des Textes I16. Hierzu sollten Sie sich vor der Sitzung mit diesem Text und mit Ihrem Text T16 vertraut gemacht haben. Wie ausführlich Sie die Präsentation gestalten und welche Inhalte Sie besonders hervorheben wollen, bleibt Ihnen überlassen. Bieten Sie den Teilnehmerinnen zudem die Gelegenheit zu Rückfragen und empfehlen Sie den Müttern den Text zu Hause noch einmal gründlich zu lesen.

Übung 1: „Mein aktueller Hauptkonflikt"

Material	Papier, Stifte
Methode	Reflektion, evtl. kombiniert mit Entspannungsübung
Form	Einzelübung
Ziel	Erkennen und Benennen eines aktuell bedeutsamen Konfliktes
Zeit	Ca. 10 Minuten

Vorgehensweise/Anleitung:

- Da das Thema Konflikte in der heutigen Sitzung im Mittelpunkt steht und möglichst konkret an eigenen, aktuellen Konflikten der Teilnehmerinnen gearbeitet werden soll, bitten Sie die Teilnehmerinnen zunächst sich einige Minuten lang einen aktuell für sie bedeutsamen Konflikt in der Familie oder im weiteren Umfeld zu vergegenwärtigen.

- Ziel dieser Übung für die Teilnehmerinnen ist es zu überprüfen, ob zur Zeit ein Konflikt anliegt, den sie mit Hilfe der Gruppe bearbeiten möchten. Bei der Auswahl des Konfliktes ist es günstig, wenn die Teilnehmerinnen darauf achten, dass sie sich dazu in der Lage fühlen den Konflikt mit allen wesentlichen Informationen (Wer ist beteiligt? Worum geht es? In welcher Situation ist der Konflikt entstanden? Was ist Ihr Hauptgefühl, wenn Sie an den Konflikt denken?) und möglichst konkret zu beschreiben. Der Konflikt sollte nicht ausschließlich in der Vergangenheit angesiedelt sein, sondern auch mit einer aktuellen Belastung verbunden sein. Abgesehen davon ist den Teilnehmerinnen selbst überlassen, für welches Thema sie sich entscheiden. Mögliche Themen sind

Modul IV Sitzung 16: Gruppenablauf   **G16**

etwa Konflikte in der eigenen Familie bzw. auch in der Herkunftsfamilie, Konflikte mit dem ehemaligen oder mit dem jetzigen Partner, am Arbeitsplatz usw. Die Teilnehmerinnen können entweder ganz für sich darüber nachdenken, welchen Konflikt sie besprechen möchten. Sie als Gruppenleitung können die Reflektionsphase aber auch in eine kurze Entspannungsübung einbetten, die Sie bitte nach Ihrem eigenen Ermessen anleiten. Stellen Sie den Teilnehmerinnen am besten beide Möglichkeiten zur Wahl.

- Im Anschluss an die Reflektionsphase können die Teilnehmerinnen sich einige Notizen zu ihrem Konflikt machen, wenn sie dies wünschen.

Übung 2: „Wege der Konfliktlösung I"

Material	Flipchart
Methode	Problemlösetraining
Form	Großgruppenübung
Ziel	Ideen zur Konfliktbewältigung sammeln Auswahl von Lösungsansätzen Planung konkreter Schritte
Zeit	Ca. 35-40 Minuten

Vorgehensweise/Anleitung:

- Diese Übung bildet den Kern der heutigen Stunde. Sie soll es den Teilnehmerinnen ermöglichen sich der Lösung eines aktuell für sie bedeutsamen Konfliktes anzunähern.

- Da die Zeit begrenzt ist, werden voraussichtlich nicht alle Teilnehmerinnen, die dies wünschen, dazu kommen ihren Konflikt vorzustellen und zu bearbeiten. Wahrscheinlich wird die Zeit sogar nur zur Bearbeitung von zwei Konflikten ausreichen. Stellen Sie den Teilnehmerinnen in Aussicht, dass auch in der nächsten Sitzung noch Raum zur Fortsetzung dieser Übung sein wird, so dass dann noch einige weitere Teilnehmerinnen ihren Konflikt werden bearbeiten können. Wünschenswert wäre es, wenn die Teilnehmerinnen sich untereinander auf eine Reihenfolge einigen bzw. wenn es bei zu vielen Anliegen einigen Teilnehmerinnen gelingt ihr Anliegen zurückzuziehen. Bei mehreren Konflikten ist es ratsam, Konflikte aus unterschiedlichen Belastungsbereichen auszuwählen (z. B. Familie und Beruf). Rechnen Sie als Gruppenleitung zu-

Modul IV Sitzung 16: Gruppenablauf   G16

dem damit, dass bei der Bearbeitung der möglicherweise sowohl für die von ihrem Konflikt berichtende Teilnehmerin als auch für andere Teilnehmerinnen sehr zentralen Themen anfänglich Befangenheit auftreten kann. Das offene Ansprechen eines ungelösten Konfliktes ist immer auch etwas schwierig, weil damit häufig auch das Eingeständnis persönlicher Hilflosigkeit verbunden ist. Auch deshalb kann das „Anlaufen" dieser Übung zunächst etwas mühsam sein. Da sich die Teilnehmerinnen aber inzwischen gut kennen und vertraut miteinander sind, wird die Übung – vielleicht mit etwas Ermutigung durch Sie – bald in Gang kommen.

- Wenn eine Einigung über die Reihenfolge erzielt wurde, dann bitten Sie die Teilnehmerin, deren Konflikt im Mittelpunkt stehen wird, der Gruppe den Konflikt genauer zu erläutern. Ermuntern Sie sie dazu möglichst konkret zu benennen, was sie belastet. Wenn Sie feststellen, dass der Erzählstil sehr weitschweifig ist, sollten Sie als Gruppenleitung vorsichtig steuernd einschreiten. Leitfragen dabei können sein: Wer sind die Beteiligten? Seit wann besteht der Konflikt und wie hat er sich entwickelt? Worin genau besteht die aktuelle Belastung? Warum gelingt es nicht den Konflikt aufzulösen? Bieten Sie anschließend mit Einverständnis der Teilnehmerin, die ihren Konflikt bearbeitet, den anderen Teilnehmerinnen Gelegenheit Verständnisfragen zu stellen.

- In der folgenden Phase geht es um eine möglichst umfangreiche Sammlung von Ideen, die helfen könnten den Konflikt zu lösen. Die Konflikträgerin hört in dieser Phase nur zu und auch die anderen Teilnehmerinnen sollten untereinander ihre Vorschläge nicht bewerten. Ermutigen Sie die Teilnehmerinnen auch zu Vorschlägen, die zunächst unsinnig erscheinen oder sozial eher unangepasst wirken. Gut ist es auch, wenn die Teilnehmerinnen Vorschläge anderer Teilnehmerinnen aufgreifen und weiter entwickeln. Dadurch wird auch unterstrichen, dass es bei der Ideensammlung um eine Leistung der Gruppe geht und nicht um die Leistungen einzelner Teilnehmerinnen. Die Wahrscheinlichkeit einer erfolgreichen Lösungsidee lässt sich erhöhen durch die Aufforderung, so viele Ideen wie möglich auszusprechen.

- Häufig folgt einer ersten Phase, in der viele Vorschläge vorgebracht werden, eine Phase, in der sich das Tempo verlangsamt. Brechen Sie die Ideensammlung dann nicht vorschnell ab, damit keine wichtigen Einfälle verloren gehen. Halten Sie als Gruppenleitung bitte alle Vorschläge stichpunktartig an der Flipchart fest.

- Im nächsten Übungsabschnitt steht die Teilnehmerin, deren Konflikt im Mittelpunkt steht, wieder im Vordergrund. Sie soll nun aus den gesammelten Vorschlägen spontan die Vorschläge auswählen, von denen sie sich besonders angesprochen fühlt und die sie für besonders erfolgsversprechend hält. Damit keine Idee unter den Tisch fällt, sollten danach aber auch alle anderen an der Flipchart notierten Ideen kurz aufgegriffen werden: Was wären nach Einschätzung der Teilnehmerin die kurz- und langfristigen Folgen der Umsetzung des jeweiligen Vorschlages? Kreuzen Sie all die Vorschläge an, die vermutlich mit erwünschten Folgen einhergehen.

Modul IV Sitzung 16: Gruppenablauf   G16

- Um zu konkreten Handlungsschritten zu gelangen, sollte die Konfliktträgerin im Anschluss die als günstig bewerteten Vorschläge auf ihre Durchführbarkeit hin prüfen. Welche Ideen sind realistischerweise umsetzbar und dürften zu einem günstigen Ergebnis führen? Und was ist schließlich zu tun, um die ausgewählten Vorschläge in die Tat umzusetzen? Welche Schritte lassen sich jetzt schon vorausplanen? Vereinbaren sie mit der berichtenden Teilnehmerin einige verbindliche Maßnahmen, die sich innerhalb der nächsten Woche umsetzen lassen. Je konkreter Sie dies tun, desto leichter wird die Umsetzung. Sie können beispielsweise genaue Zeitpunkte vereinbaren und vorbesprechen, mit wem und wo über was zu sprechen ist.

- Ermutigen Sie die Teilnehmerin dazu die Schritte in der nächsten Woche in die Tat umzusetzen und anschließend für sich zu überprüfen, inwieweit diese Schritte sie dem erwünschten Ergebnis näher gebracht haben. Zu dieser Phase der Bewertung kann es auch gehören zu überlegen, an welchen Stellen unvorhergesehene Schwierigkeiten aufgetaucht sind und was in einem nächsten Versuch zu tun wäre, um diese Probleme zu vermeiden.

- Geben Sie der berichtenden Teilnehmerin abschließend Gelegenheit zu einer kurzen Rückmeldung bzw. zum Dank an die übrigen Teilnehmerinnen und setzen Sie die Übung dann dem gleichen Vorgehen folgend mit der Konfliktdarstellung der nächsten Teilnehmerin fort.

Erläuterung der Wochenübung W16 „Ein Konflikt aus meiner Vergangenheit

Die Gruppenleitung verteilt die Arbeitsunterlagen für die Wochenübung an die Teilnehmerinnen. Die Wochenübung wird anschließend kurz vorbesprochen, wobei auch Gelegenheit zu Rückfragen bestehen sollte.

Modul IV Sitzung 16: Wochenübung   W16

Arbeitsblatt zur Wochenübung W16 „Ein Konflikt aus meiner Vergangenheit"

Oft hängt eine gelungene Konfliktlösung entscheidend davon ab, wie brauchbar, vielleicht auch neuartig und originell die Ideen sind, die man als Ansatzpunkte zur Konfliktlösung findet. Wahrscheinlich haben Sie dies auch in der letzten Gruppensitzung festgestellt. Ein guter Weg zum Training dieser Fähigkeit besteht darin, einen Konflikt aus der Vergangenheit noch einmal genauer unter die Lupe zu nehmen und sich zu überlegen, welche anderen – vielleicht auf den ersten Blick auch ein wenig verrückt erscheinenden – Möglichkeiten es gegeben hätte, um den Konflikt aus dem Weg zu räumen.

Dafür sollten Sie einen Konflikt auswählen, an den Sie sich noch möglichst genau erinnern können und mit dessen Lösung Sie in der Rückschau nicht zufrieden sind – irgendwie hätte das besser laufen können! Zu Übungszwecken muss das kein dramatischer Konflikt sein. Vielleicht gibt es eine Situation aus dem letzten Jahr, die Sie noch gut im Kopf haben und die Sie nach wie vor gefühlsmäßig berührt, die Sie also z. B. immer noch ärgerlich oder wütend macht.

In dieser Übung soll es nicht darum gehen die gefundenen Lösungsansätze in die Tat umzusetzen. Wenn Sie später Lust dazu bekommen und sich die Gelegenheit bietet, dann können Sie natürlich auch versuchen das Problem noch einmal neu anzugehen. Im Vordergrund soll aber wirklich die Ideensammlung stehen.

Versuchen Sie dazu zunächst den Konflikt stichpunktartig zu beschreiben und dabei auf folgende Fragen einzugehen:

- Wer war an dem Konflikt beteiligt?

_____

- Wodurch ist der Konflikt entstanden?

_____

_____

- Wie genau hat er sich abgespielt?

_____

_____

Modul IV Sitzung 16: Wochenübung   W16

- Zu welchem Ergebnis hat er geführt?

_____

_____

- Welche Gefühle entstehen in mir, wenn ich heute über den Konflikt nachdenke?

_____

_____

Wenn Sie sich den Konflikt auf diese Weise noch einmal genauer in Erinnerung gerufen haben, dann begeben Sie sich bitte auf die Suche nach anderen Möglichkeiten, die Sie gehabt hätten, um mit dem Konflikt umzugehen. Wichtig ist dabei, dass Sie nicht darüber nachdenken, was die anderen am Konflikt beteiligten Personen anders hätten machen können oder sollen, sondern dass Sie sich wirklich auf Ihr eigenes Verhalten konzentrieren, denn an Ihrem eigenen Verhalten können Sie am wirksamsten ansetzen.

Hier einige Fragen, die Ihnen bei der Suche nach Verhaltensalternativen hilfreich sein können:

- Wenn Sie in dem Konflikt versucht hätten genau das Gegenteil von dem zu tun, was Sie tatsächlich getan haben – was wäre das gewesen?

- Versuchen Sie einmal für einen Moment Ihre gute Erziehung zu vergessen – wie hätte dann Ihr Verhalten ausgesehen?

- Falls eine gute Freundin von Ihnen einmal in eine Situation gerät, die Ihrer damaligen Konfliktsituation entspricht, was würde sie wahrscheinlich tun?

- Stellen Sie sich vor, in der damaligen Begebenheit wäre plötzlich die berühmte „gute Fee" aufgetaucht und hätte Ihnen angeboten, Ihnen bei der Lösung des Konfliktes dadurch zu helfen, dass sie Sie zumindest vorübergehend mit einer Eigenschaft ausstattet, über die Sie bisher nicht verfügt haben. Was wäre das gewesen und wozu hätte sie das befähigt?

- Gibt es etwas, das Sie hätten tun können, damit Sie über die ganze Geschichte heute lachen würden?

- Wenn Sie Regisseurin wären und die Hauptrolle (das sind Sie!) mit Ihrer Lieblingsschauspielerin besetzt hätten – welche Regieanweisung würden Sie ihr geben, um die Szene in einem Happy End ausklingen zu lassen? Und was würden Sie ihr für die Darstellung empfehlen, damit sie noch glaubwürdiger wirkt?

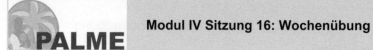

Modul IV Sitzung 16: Wochenübung **W16**

Da diese Übungsanleitung offen lässt, mit was für einem Konflikt Sie sich beschäftigen, passen wahrscheinlich nicht alle Fragen auf Ihren Konflikt. Aber vielleicht sind zumindest zwei oder drei Fragen dabei, die Sie auf eine andere Fährte bringen können. Nehmen Sie sich deshalb ganz in Ruhe einige Minuten Zeit, um sich mit den Fragen auseinanderzusetzen. Schön wäre es, wenn Sie sich dazu die in den Fragen vorgeschlagenen Szenarien innerlich ausmalen und sich einfach davon überraschen lassen, welche Bilder und Ideen in Ihnen entstehen. Da es in dieser Übung wie eingangs bereits erläutert nicht um die Umsetzung Ihrer Einfälle geht, sondern nur um eine Ideensammlung, brechen Sie die „inneren Filme" nicht gleich ab, wenn Sie den Eindruck haben, dass sich das im wirklichen Leben ohnehin niemals so zutragen würde.

Halten Sie abschließend bitte stichpunktartig auf diesem Arbeitsblatt fest, mit welcher Idee Sie sich Sie am stärksten beschäftigt haben und über welche Idee Sie besonders überrascht waren:

_____

_____

_____

_____

_____

_____

Modul IV Sitzung 17: Übersicht Ü17

Thema	Soziale Kompetenz und Konflikte
Fragen	• Was ist soziale Kompetenz? • Wodurch ist selbstsicheres Verhalten in Konflikten gekennzeichnet? • Was kann ich tun, um selbstsicher aufzutreten?
Ziele	• Selbstsicheres Verhalten von selbstunsicherem und aggressivem Verhalten unterscheiden lernen • Erwerb sozialer Kompetenzen bzw. Aufbau von Selbstsicherheit • Erweiterung des Verhaltensrepertoires und des Handlungsspielraums
Ablauf	1. Blitzlicht und Anwesenheitsbogen 2. Bearbeitung der Wochenübung W16 „Ein Konflikt aus meiner Vergangenheit" 3. Vorstellung von Sitzungsthema und Sitzungsablauf 4. Übungen: • Übung 1, Brainstorming: „Merkmale selbstsicheren Konfliktverhaltens" • Übung 2, Großgruppe: „Wege der Konfliktlösung II" 5. Zusammenfassung der Information I17 „Sozial kompetentes Konfliktverhalten" 6. Erläuterung der Wochenübung W17 „Konflikt-Coaching" 7. Vorbesprechung der Abschluss-Sitzung
Arbeitsmaterial Gruppenleiter	• Theoretische Einführung T17 „Sozial kompetentes Konfliktverhalten" • Anleitungen zum Gruppenablauf G17 • Anwesenheitsbogen A17
Arbeitsmaterial Mütter	• Infoblatt I17 • Arbeitsblatt zur Wochenübung W17 „Konflikt-Coaching"

 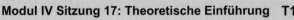

Modul IV Sitzung 17: Theoretische Einführung T17

Soziale Kompetenz

Wie lässt sich soziale Kompetenz definieren?

Allgemein versteht man unter der sozialen Kompetenz einer Person ihre Fähigkeit mit anderen Menschen so umzugehen, dass sie erfolgreich ihre eigenen Ziele erreicht und dabei soziale Regeln und Normen einhält, sich also z. B. höflich und taktvoll verhält. Anders ausgedrückt verfügt jemand dann über eine hohe soziale Kompetenz, wenn er in ganz unterschiedlichen Situationen einen angemessenen Ausgleich zwischen der Anpassung an die äußeren Umstände und der Wahrung seiner eigenen Interessen herzustellen weiß.

Was sind sozial kompetente Verhaltensweisen?

Soziale Kompetenz ist keine stabil bleibende Persönlichkeitseigenschaft wie z. B. Gewissenhaftigkeit oder Geselligkeit, sondern ein Merkmal einer Person, das stark situationsabhängig ist und zudem entscheidend von gesellschaftlichen Normen geprägt wird. Somit gelten je nach Art der Situation ganz unterschiedliche Verhaltensweisen als sozial kompetent. Zudem können von Personen in derselben Situation abhängig vom Kulturkreis, in dem sich die Situation ereignet, sehr unterschiedliche Verhaltensweisen erwartet und damit als sozial kompetent angesehen werden. So ist es z. B. in vielen Ländern üblich bei Begrüßung und Verabschiedung einen gewissen Abstand einzuhalten und sich lediglich die Hände zu schütteln. In anderen Ländern hingegen sind sie typischerweise mit engerem Körperkontakt verbunden. Andere Beispiele für kulturell unterschiedlich gehandhabte Verhaltensbereiche sind etwa der Ausdruck von Gefühlen in der Öffentlichkeit oder die Frage, wie stark Personen abhängig von Geschlecht, Alter, Stand usw. unterschiedlich behandelt werden.

Selbstsicheres, sozial kompetentes Verhalten kann genauso gelernt werden wie andere Fähigkeiten und Fertigkeiten auch. Für Menschen mit stärkeren Einschränkungen der sozialen Kompetenz – z. B. Menschen mit einer ausgeprägten sozialen Angst – wurden sogar spezielle Therapie- und Trainingsprogramme entwickelt, die mit Hilfe von Rollenspielen und über das Lernen am Modell des Therapeuten häufig gute Erfolge erzielen.

Voraussetzung für sozial kompetentes Verhalten

Damit sich jemand in einer Situation sozial kompetent verhalten kann, müssen eine Reihe von Voraussetzungen erfüllt sein: Die Person muss über ein entsprechendes **Repertoire an Wissen und Fertigkeiten** verfügen, um sich angemessen in der Situation verhalten zu können. Das jeweilige Repertoire einer Person bildet sich im Laufe ihrer Entwicklung über Lernerfahrungen mehr oder weniger gut aus. Fehlen ihr etwa in Kindheit und Jugend entsprechende Vorbilder und kommen keine Erfahrungen hinzu, die diesen Nachteil ausgleichen, dann wird es ihr später deutlich schwerer fallen sich sozial kompetent durch das Leben zu bewegen.

Modul IV Sitzung 17: Theoretische Einführung   T17

Eine weitere Voraussetzung dafür, dass sich jemand in einer bestimmten Situation sozial kompetent verhält, besteht in der **angemessenen Wahrnehmung der Situation**, die ihn dann dazu befähigt **zutreffend einzuschätzen, welche konkreten Verhaltensweisen aus dem gesamten, ihm zur Verfügung stehenden Repertoire der jeweiligen Lage am ehesten entsprechen könnten**. Eine sozial kompetente Person beherrscht also die Fähigkeit in einer bestimmten Situation rasch bedeutsame **Hinweise** zu erkennen, die ihr darüber Aufschluss geben, was z. B. das Gegenüber für eine angemessene Reaktion hielte und welches Verhalten sie den eigenen Zielen näher brächte.

Die Person muss schließlich auch noch die **Fähigkeit besitzen, das angemessene Verhalten unter den jeweiligen Bedingungen der konkreten Situation auch anzuwenden** (sich also etwa trauen das Verhalten zu zeigen).

Sozial inkompetentes Verhalten

Sozial inkompetentes Verhalten liegt vor, wenn jemandem die Kompromissbildung aus Verwirklichung der eigenen Ziele und Situationsanpassung nicht oder nur unvollkommen gelingt. Menschen, die sich selbst eher als sozial inkompetent wahrnehmen, neigen häufig dazu die Situationen schüchtern oder ängstlich zu vermeiden, in denen sie befürchten sich nicht sozial kompetent verhalten zu können. Dies trägt dazu bei ihre Problematik aufrechtzuerhalten. Denn ohne sich der Situation überhaupt zu stellen, besteht nicht die Möglichkeit ein angemesseneres Verhalten für den Umgang mit der jeweiligen Situation einzuüben. Natürlich reicht allein ein Aufsuchen der Situation nicht aus, um die Kompetenzdefizite zu überwinden, aber die Situation nicht länger zu vermeiden ist so etwas die Grundvoraussetzung, um eine bessere Bewältigung der Situation erlernen zu können. Da Menschen es häufig als sehr schambesetzt erleben, wenn anderen ihre soziale Inkompetenz auffällt, besteht eine andere verbreitete Art des Umgangs mit sozialen Situationen – vor allem, wenn ein Vermeiden nicht möglich ist – in überbetont forschem oder auch aggressivem Verhalten. Dies kann häufig als Versuch gewertet werden, die eigene Unsicherheit vor der Umwelt zu verbergen. Aggressives Verhalten unterscheidet sich klar von sozial kompetentem oder auch selbstsicherem Verhalten, da es zwar möglicherweise zur Durchsetzung eigener Interessen führt, jedoch fast immer eine Missachtung gesellschaftlicher Normen und Erwartungen darstellt. Andere Beispiele für sozial inkompetentes Verhaltens sind „linkisches" Auftreten, Meinungslosigkeit und Entscheidungsunfähigkeit sowie häufige Entschuldigungen für vermeintlich begangene Fehler.

Wie kommt sozial kompetentes bzw. sozial inkompetentes Verhalten zustande?

Ein guter Ausgangspunkt zum Verständnis des am Ende gezeigten Verhaltens einer Person ist eine beliebige Alltagssituation, d. h. eine Situation, in der mindestens zwei Personen miteinander handeln. Diese Situation nimmt jede Person in ihrer eigenen Weise wahr und verarbeitet sie nachdenkend und gefühlsmäßig weiter. An die Verarbeitung und Bewertung schließen sich zumeist bei beiden Personen typische Verhaltensweisen oder auch umfassendere Verhaltensmuster an. Das jeweilige Verhalten kann dabei den Erwartungen der Beteiligten mehr oder weniger gut entsprechen.

 **Modul IV Sitzung 17: Theoretische Einführung T17**

In diesem sehr schematischen Modell lassen sich verschiedene Punkte ausmachen, an denen sich entscheidet, in welchem Maße das Verhalten der Beteiligten sozial kompetent ausfallen wird. Bedeutsam für die Entstehung sozial inkompetenten Verhaltens können sein:

1. Die **Merkmale der Situation**, die so beschaffen sein können, dass für einen oder mehrere der Beteiligten eine situationsbedingte Überforderung vorliegt.

2. Die **gedankliche Verarbeitung** der Situation (hierzu gehören z. B. die Wahrnehmung und die gedankliche Einordnung der Situation), die der Situation mehr oder weniger angemessen ausfallen kann.

3. Die **gefühlsmäßige Bewertung** der Situation, die ebenfalls der Situation mehr oder weniger angemessen ausfallen kann.

4. Eventuell bestehende **Verhaltensdefizite** (wenn jemand z. B. noch nie einen offiziellen Empfang besucht hat, wird er vielleicht unsicher sein, wie man sich bei diesem Anlass korrekt zu verhalten hat, welche Kleidung man tragen sollte usw.).

5. Eventuell ungünstige **Verhaltenskonsequenzen** des Gegenübers, die unsere Erwartungen in ähnlichen Situationen in der Zukunft mit beeinflussen. Wenn jemand z. B. einmal einem Bekannten einen Wunsch abgeschlagen hat und dieser Bekannte ihn danach sehr unfreundlich behandelt hat, dann könnte er daraus die sozial inkompetente Schlussfolgerung ableiten, dass man besser niemandem einen Wunsch abschlägt, wenn man im Kontakt mit ihm keine Schwierigkeiten bekommen möchte.

Zu 1. Situationsbedingte Überforderung

Hier bestehen keine Defizite bei einer Person, vielmehr ist eine tatsächliche und „objektive" Überforderung gemeint. An folgendem Bild lassen sich beide Sichtweisen verdeutlichen: Ein schwer beladenes Kamel in einer Karawane bricht zusammen. Liegt es daran, dass das Kamel zu schwach oder daran, dass die Last zu schwer ist?

Zu 2. Ungünstige gedankliche Verarbeitung

Eine ungünstige gedankliche Verarbeitung kann sich aus Wahrnehmungsverzerrungen entwickeln. Diesen Verzerrungen können z. B. negative Erfahrungen oder negative Erwartungen wie „Ich werde immer benachteiligt" zu Grunde liegen, unzureichende Fähigkeiten zur angemessenen Einordnung und Bewertung der Situation oder auch eine negative Selbstwahrnehmung. Menschen mit einer negativen Selbstwahrnehmung achten häufig viel mehr auf sich selbst als auf die äußeren Umstände. Dadurch fällt es ihnen schwerer die Lage richtig einzuschätzen, denn sie sind ja mit ihrer Aufmerksamkeit vor allem bei sich selbst. Auch die häufig gar nicht bewusste negative Vorwegnahme von Ereignissen, d. h. das Vorhersehen von Misserfolgen („Ich werde bestimmt das Falsche tun oder sagen") kann die kognitive Verarbeitung ungünstig beeinflussen.

Modul IV Sitzung 17: Theoretische Einführung   T17

Zu 3. Ungünstige gefühlsmäßige Bewertung

Unsere Gedanken und Gefühle hängen eng zusammen und beeinflussen sich wechselseitig. Das zeigt sich z. B. bei Angst in Situationen mit anderen Menschen. Diese Angst wird häufig als sehr unangenehm erlebt, vor allem wenn sie mit starken körperlichen Anzeichen wie Erröten, Zittern oder Schwitzen einhergeht. Eine gedankliche Bewertung dieser Symptome im Sinne einer „Katastrophe" („Alle bekommen meine Unsicherheit mit, was sollen die nur von mir denken?") kann in einen teufelskreisartigen Aufschaukelungsprozess münden, denn diese gedankliche Bewertung geht in der Regel mit verstärkter körperlicher Erregung einher, wodurch sich die genannten körperlichen Anzeichen der Angst häufig weiter verstärken. Die gedankliche Bewertung dieser verstärkten körperlichen Symptome („Das wird immer schlimmer, wie soll ich diese Situation nur überstehen?") kann einen weiteren Erregungsanstieg nach sich ziehen. Wichtig zu verstehen ist, dass für viele sozial unsichere Menschen das Problem weniger in den Ängsten selbst besteht als in der Befürchtung, andere Menschen könnten ihnen ihre Angst anmerken. Versuche der Kontrolle der sichtbaren Angstsymptome mittels intensiver Selbstbeobachtung und Symptomunterdrückung führen typischerweise zu einer Verschlimmerung der Probleme.

Zu 4. Verhaltensdefizite

Hier ist vor allem der bereits dargestellte Aspekt der Vermeidung zu nennen. Sozial unsichere Menschen begeben sich oft erst gar nicht in bestimmte Situationen, sondern versuchen mit großem Aufwand diese Situationen zu vermeiden. Anderen fehlt die Fähigkeit, verschiedene Verhaltensweisen aufeinander abzustimmen bzw. sie situationsgerecht zu kombinieren. Hierzu gehört beispielsweise die Abstimmung von sprachlichen und nichtsprachlichen Verhaltensanteilen. Weiterhin bedeutsam ist ein nicht selten zu beobachtendes Umschlagen in ein übermäßig forsches bis aggressives Auftreten, das häufig als Versuch die Unsicherheit zu überspielen gesehen werden kann, aber natürlich auch temperamentbedingt einen bevorzugten Platz im Verhalten einer Person einnehmen kann.

Zu 5. Ungünstige Verhaltenskonsequenzen

Je nachdem, ob ein gezeigtes Verhalten belohnt oder bestraft wurde (d. h. zu Erfolg oder Misserfolg geführt hat), kann sozial inkompetentes Verhalten auch durch die Konsequenzen früheren Verhaltes ausgelöst oder aufrechterhalten werden. Gelingt es einer unsicher auftretenden Person z. B. nicht, beim Arbeitsamt ihre Wünsche zu äußern bzw. sich durchzusetzen, wird sie ihr Scheitern in dieser Situation womöglich als Beleg ihrer allgemeinen sozialen Inkompetenz deuten, was zur Aufrechterhaltung ihrer Verhaltensdefizite beitragen kann.

Soziale Kompetenz und seelische Beschwerden (Depression)

Soziale Kompetenzprobleme und psychische Störungen hängen eng zusammen. Zum einen können starke Schwächen der sozialen Kompetenz die Entstehung einer

Modul IV Sitzung 17: Theoretische Einführung   T17

psychischen Störung mit verursachen. Gelingt es z. B. jemandem kaum sich gegenüber der Umwelt durchzusetzen, eigene Ansprüche zu verwirklichen und zu anderen Menschen Kontakte zu knüpfen, dann kann dies eine zunehmende Bedrücktheit oder eine depressive Entwicklung begünstigen. Umgekehrt führen psychische Störungen häufig zu Schwierigkeiten im sozialen Bereich bzw. zu sozialen Kompetenzdefiziten – wer mit massiven seelischen Beeinträchtigungen zu kämpfen hat, wird sich zahlreichen sozialen Alltagssituationen nicht gewachsen fühlen und zudem häufig einer ihm anscheinend irritiert bis herablassend begegnenden Umwelt ausgesetzt sein. Zudem konnten viele wissenschaftliche Studien zeigen, dass soziale Kompetenzprobleme die Bewältigung von psychischen Störungen erschweren. Diese drei Gesichtspunkte spielen besonders beim Störungsbild der Depression eine wesentliche Rolle. So werden soziale Kompetenzdefizite in einigen Erklärungsmodellen der Depression sogar als die entscheidende Ursache für die Aufrechterhaltung einer Depression angesehen. Gut belegt ist schließlich auch, dass eine hohe soziale Kompetenz einen Schutzfaktor darstellt, der eine depressive Entwicklung z. B. im Zusammenhang mit einem belastenden Lebensereignis wie dem Verlust eines nahen Angehörigen, einer Trennung oder dem Verlust des Arbeitsplatzes weniger wahrscheinlich macht.

Dass depressive Menschen verglichen mit gesunden Menschen eine geringere soziale Kompetenz aufweisen, lässt sich deutlich anhand des typischen Beziehungsverhaltens Depressiver erkennen. Auffällig sind bei Depressiven im Vergleich mit Gesunden unter anderem folgende Merkmale:

- Sie sprechen weniger
- Sie sprechen langsamer
- Sie brauchen mehr Zeit zum Antworten
- Sie machen längere Sprechpausen
- Sie sind weniger eindeutig in ihren Absichten
- Sie sind schwerer zu verstehen
- Sie benutzen kaum Gesten und reagieren mimische wenig spontan auf das Gegenüber bzw. haben allgemein eine wenig lebhafte Mimik und Körpersprache
- Sie halten weniger Augenkontakt
- Sie lächeln weniger

Depressive Stimmung geht mit vermindertem Vertrauen in die eigenen sozialen Fähigkeiten und geringerem Wohlbefinden beim Zusammensein mit anderen einher. Ein guter Ansatzpunkt, um depressive Zustände zu bessern ist deshalb ein Training der sozialen Kompetenz.

Modul IV Sitzung 17: Infoblatt für Mütter   I17

Sozial kompetentes Konfliktverhalten

Definition: Soziale Kompetenz

Allgemein versteht man unter sozialer Kompetenz die Fähigkeit mit anderen Personen so in Kontakt zu treten und sich mit ihnen so zu unterhalten, dass man dabei einerseits seine eigenen Ziele erreicht, andererseits aber gesellschaftliche Umgangsregeln einhält. Jemand der sich zwar mit seinen Interessen immer durchsetzt, dabei aber andere oft herablassend und verletzend behandelt, verhält sich also genauso wenig sozial kompetent wie jemand, der zwar sehr gut darin ist alle gesellschaftlichen Umgangsformen einzuhalten, der sich aber oft entgegen seinen eigenen Interessen an die Vorgaben anderer Menschen anpasst. Besonders wichtig ist soziale Kompetenz in zwischenmenschlichen Konflikten, denn in Konflikten geht es häufig um die Suche nach einem Ausgleich zwischen den Interessen der verschiedenen Parteien. Das gilt nicht nur bei Konflikten zwischen Menschen, die sich sehr nahe stehen (z. B. in der Verwandtschaft oder unter Freunden), sondern sogar auch in Konflikten zwischen Menschen, die keinerlei persönliche Beziehung miteinander haben (z. B. im Straßenverkehr, in Behördenangelegenheiten usw.).

Was sind sozial kompetente Verhaltensweisen?

Je nach Situation kann sozial kompetentes Verhalten sehr unterschiedlich aussehen. Das heißt auch, dass das gleiche Verhalten in zwei verschiedenen Situationen einmal sozial hoch kompetent sein kann, einmal jedoch vollkommen unangemessen. Dabei spielen gesellschaftliche Normen eine große Rolle; denn sie legen fest, welches Verhalten in einer bestimmten Situation angemessen ist und welches nicht. Anders ausgedrückt: Die Normen bestimmen, „was sich gehört" und „was sich nicht gehört". So gibt es z. B. Kulturen, in denen es üblich ist, bei Begrüßungen und Verabschiedungen einen gewissen Abstand einzuhalten und sich lediglich die Hände zu geben oder sich voreinander kurz zu verbeugen. In anderen Kulturen hingegen sind diese Situationen mit viel engerem Körperkontakt wie z. B. einer Umarmung und Küssen verbunden. Solche Unterschiede finden sich in vielen Verhaltensbereichen (z. B. auch im Umgang von jungen und alten Menschen, im Umgang der Geschlechter oder im Hinblick auf Tischsitten und Esskultur). Oft hängen diese Unterschiede damit zusammen, wie stark es in einer Kultur üblich ist seine Gefühle eher offen zu zeigen bzw. sie eher für sich zu behalten.

Wie kommt sozial kompetentes bzw. sozial inkompetentes Verhalten zustande?

Diese Frage lässt sich gut mit Hilfe eines Beispiels beantworten. Stellen Sie sich vor, dass Sie sich gerade eine neue Bluse gekauft haben und zu Hause nach dem Auspacken feststellen, dass die Bluse am Rücken ein Loch hat. Sie sagen zu sich: „Das ist doch wieder mal typisch, ich bin einfach ein Pechvogel! Das glauben die mir nie, dass das Loch schon im Laden drin war. Wieder 30 Euro im Eimer!" Diese Art des Selbstgesprächs nennt man **negative Selbstbotschaft**. Solche negativen Selbstbotschaften sind mit **typischen gefühlsmäßigen Bewertungen** verbunden, etwa mit Hoffnungslosigkeit, Resignation und Angst. In der Folge wird eine aktive Lösung der

Modul IV Sitzung 17: Infoblatt für Mütter   I17

Situation verhindert, die Sie in das Geschäft führen würde und die die Rückerstattung des Kaufpreises zum Ziel hätte. Die wahrscheinliche Folge der negativen Selbstbotschaft und der gefühlsmäßigen Bewertung sieht so aus: Sie bleiben zu Hause und unternehmen nichts. Vielleicht denken Sie sogar später: „Ist ja nicht so schlimm, ich wollte die Bluse ohnehin am liebsten unter einem Pullover tragen. Dann sieht man das Loch ja gar nicht." Oder: „So ist es ja immer mit mir. Ich kenne das gar nicht anders."

Welcher Weg würde nun zu einem sozial kompetenten Verhalten führen? Dieses Mal starten Sie mit einer **positiven Selbstbotschaft**. Sie sagen zu sich: „Die Bluse muss ich sofort wieder zurückbringen. Es ist schließlich mein gutes Recht, für mein Geld auch etwas Anständiges zu bekommen!" Diese Art der Selbstbotschaft kann eher mit einem **Gefühl** der Zuversicht und Entschlossenheit einhergehen und dazu führen, dass Sie so bald wie möglich das Geschäft aufsuchen und die Bluse umtauschen.

Beim Zustandekommen von sozial kompetentem bzw. von sozial inkompetentem Verhalten spielen also Ihre Wahrnehmung, Ihre Gedanken und Ihre Bewertung der Situation, die sich in der Art Ihrer **Selbstbotschaften** ausdrücken, sowie auch Ihre damit einhergehenden **Gefühle** eine entscheidende Rolle. Wichtig sind außerdem noch **Verhaltensfertigkeiten** und die **Folgen**, die das von Ihnen gezeigte Verhalten hat. In unserem Beispiel würde dazu das Wissen gehören, wie man am besten vorgeht, wenn man etwas umtauschen möchte (also nicht zu zaghaft im Sinne von „Ich weiß auch nicht, vielleicht habe ich das Loch ja versehentlich selbst verursacht ..." und nicht zu aggressiv im Sinne von „Was ist das hier denn für ein unmögliches Geschäft, wo einem so etwas angedreht wird ...!") Das Ergebnis des eigenen Verhaltens entscheidet schließlich mit darüber, wie Sie an künftige, vergleichbare Situationen herangehen werden. Wenn die Verkäuferin sich etwa nicht zum Umtausch bereit erklärt und Sie herablassend behandelt oder viel Aufhebens um den Umtausch macht, dann könnte Sie das bei der nächsten Reklamation vielleicht von einer berechtigten Durchsetzung Ihrer Interessen abhalten.

Was kann ich tun, um mich in Konflikten sozial geschickt zu verhalten?

Viele Menschen verfügen über ein ausreichend hohes Maß an sozialer Kompetenz und verstehen es, sich in Konflikten mit ihren Interessen und Wünschen durchzusetzen, ohne dabei ständig durch ein übermäßig forderndes oder unhöfliches Verhalten „anzuecken". Hierbei ist auch zu beachten, dass selbstsicheres und sozial kompetentes Verhalten erlernbar und trainierbar sind und unser Ausmaß an sozialer Kompetenz deshalb viel mit den Erfahrungen zu tun hat, die wir in unserem Leben im Umgang mit einer bestimmten Situation schon gemacht haben. Insofern sind Alleinerziehende, die in der Regel besonders viele Rollenanforderungen zugleich erfüllen, in diesem Punkt oft im Vorteil, denn sie treffen in ihrem Alltag auf vergleichsweise viele Situationen, in denen ihnen sozial kompetentes Verhalten abverlangt wird. Diese erhöhten Anforderungen gehen oft mit einer breiter gestreuten sozialen Kompetenz einher.

Andererseits: Wer ist schon perfekt? Die meisten Menschen haben bei genauerer Betrachtung auch einige Schwierigkeiten im Umgang mit Konflikten. Es ist keine

Modul IV Sitzung 17: Infoblatt für Mütter   I17

Schande, wenn es einem zum Beispiel schwer fällt in Konflikten immer sachlich zu bleiben, wenn man sich an manche Auseinandersetzungen nicht so richtig herantraut oder wenn man sich eingesteht, dass es einem im Kontakt mit einigen Menschen doch recht schwer fällt seine eigenen Interessen zu vertreten. Und deshalb kann es nicht schaden, wenn man sich darum bemüht seine soziale Kompetenz weiter zu steigern. Hierzu gilt genau wie bei anderen Fähigkeiten: Übung macht den Meister! Es ist zwar oft verlockend einem Konflikt aus dem Weg zu gehen und die Anstrengung zu vermeiden, die seine Lösung wahrscheinlich kosten wird. Leider haben jedoch viele Konflikte die Eigenschaft, sich „von allein" nicht aufzulösen, sondern in ihrer Dringlichkeit oder Stärke sogar noch zuzunehmen.

Daher ist es gut sich Gedanken darüber zu machen, worauf es ankommt, wenn man Konflikte sozial kompetent lösen möchte. Die sozial kompetente Lösung eines Konfliktes führt im Idealfall zu einer Lösung, die nicht allzu weit von den eigenen Vorstellungen entfernt ist, ohne dass man seine Mitmenschen in der Klärungsphase in einer Weise behandelt, in der man selbst nicht behandelt werden möchte.

Hier deshalb einige Empfehlungen, die Ihnen helfen können mit Konflikten künftig gelassener und sicherer umzugehen. Sollten Sie feststellen, dass Sie die Vorschläge in Ihrem Alltag bereits überwiegend umsetzen, so seien Sie bitte nicht allzu enttäuscht, dass Sie in diesem Infoblatt nur wenig Neues erfahren. Vielleicht steckt im Erkennen Ihrer sozialen Fertigkeiten ja sogar ein Anlass zur Freude.

- **Sprechen Sie klar, laut und deutlich**
  Wer leise und zaghaft spricht, wird oft nicht gehört. Manche Menschen erheben mehrfach die Stimme und setzen zum Sprechen an, ohne dass jemand sie beachtet. Das liegt oft an einer zu zaghaften Sprechweise. Dann können sich leicht negative Gedanken einstellen wie z. B. „Nie hört mir jemand zu. Jetzt habe ich es schon dreimal versucht, es nützt ja sowieso nichts." Diese negativen Gedanken münden leicht in einem Teufelskreislauf, denn in der nächsten Gesprächssituation versucht man vielleicht erst gar nicht mehr, in einer Runde mehrerer Menschen etwas zu sagen. Wer dagegen gelernt hat mit einer klaren, lauten und deutlichen Stimme aufzutreten, drückt Bestimmtheit aus. Nutzen Sie also Ihre Stimme, um sich Gehör und Aufmerksamkeit zu verschaffen.

- **Wählen Sie eindeutige und klare Formulierungen**
  Ein „Herumreden um den heißen Brei" ist ebenfalls ein Anzeichen von Unsicherheit. Dazu gehören z. B. auch Füllwörter wie „äh" oder „hm". Sie stören den Redefluss und erschweren das Zuhören, so dass beim Zuhörer die Gefahr des „Abschaltens" besteht. Wer selbstsicher auftritt, kommt schnell auf den Punkt und äußert das, was er wirklich kommunizieren will. Sagen Sie bei Wünschen immer zuerst kurz und klar, was Sie wollen und dann warum Sie es wollen. Entschuldigen Sie sich nicht, wenn Sie eine berechtigte Forderung stellen. Versuchen Sie stets, Ihre Gefühle in der jeweiligen Situation wahrzunehmen und diese Ihrem Gesprächspartner mitzuteilen. Dadurch erhält Ihr Zuhörer die Gelegenheit, Sie besser zu verstehen.

 Modul IV Sitzung 17: Infoblatt für Mütter   I17

- **Senden Sie Ich-Botschaften und äußern Sie Gefühle**
Insbesondere bei Konflikten und wenn Sie an einer anderen Person Kritik üben wollen ist es wichtig, dass Sie die andere Person nicht direkt mit Entwertungen oder Vorwürfen angreifen („Es reicht mir jetzt mit deiner Faulheit, nie spülst du!"), da sich Konflikte hierdurch schnell zuspitzen. Senden Sie besser Ich-Botschaften, durch die Sie ausdrücken, was das Verhalten Ihres Gegenübers in Ihnen auslöst. („Ich bin unzufrieden damit, dass du selten spülst und ich sehr häufig. Das macht mich traurig und ärgerlich. Ich wünsche mir, dass wir daran etwas ändern und schlage vor, dass wir uns künftig abwechseln. Was hältst du davon?) Sie haben immer ein Recht auf Ihre Gefühle und darauf Sie zu äußern. Sie haben auch immer das Recht dazu, sich alles zu wünschen, was Sie wollen. Diese Rechte gelten selbstverständlich für alle Beteiligten. Was niemand hat, ist das Recht darauf, all seine Wünsche erfüllt zu bekommen (von kleinen Babys einmal abgesehen!). Zumindest haben durch diese Art des Umgangs mit Konflikten und Kritik beide Seiten die Gelegenheit, besser zu verstehen, worum es dem anderen wirklich geht. Oft schafft dies eine gute Voraussetzung für eine Lösung des Konfliktes, mit der beide Seiten leben können.

- **Setzen Sie Gestik und Mimik ein**
Schon ein Lächeln und ein freundlicher Blickkontakt können die Kontaktaufnahme mit anderen Menschen enorm erleichtern. Blicken Sie verlegen zu Boden, hat niemand die Chance, Ihnen in die Augen zu sehen. Dadurch liegt für andere die Hürde, mit Ihnen ein Gespräch anzufangen, sehr hoch. Auch eine entspannte, aber aufrechte Körperhaltung vermittelt positive nonverbale Signale und unterstützt sie in Ihrem selbstsicheren Auftreten.

- **Bleiben Sie bei Kritik sachlich und ruhig**
Selbst wenn Ihr Gegenüber mit einer sehr kritischen und verletzenden Art Aggressionen regelrecht herauszufordern scheint, ist es wichtig, dass Sie sachlich und ruhig bleiben. Halten Sie also sprachlich nicht gleich ähnlich aggressiv dagegen, sondern versuchen Sie das, was Sie von der Botschaft Ihres Gegenübers verstanden haben, erst noch einmal in Ihren eigenen Worten zusammenzufassen, um sich zu vergewissern, ob Sie ihn richtig verstanden haben. Ungünstig sind weiterhin verallgemeinernde „Du-Bemerkungen" nach dem Motto „Du bist immer so …!" Versuchen Sie lieber, den Konflikt anhand eines konkreten Beispiels bzw. in der konkreten Situation zu lösen. Sinnvoll kann auch sein, Verständnis für die Haltung des anderen zu äußern, wenn Sie merken, dass Sie sich in seiner Lage vermutlich ähnlich verhalten würden. Damit geben Sie sich keine Blöße, sondern beweisen Einfühlungsvermögen. Wenn Sie etwas nicht verstehen, fragen Sie nach und versuchen Sie wirklich zuzuhören. Lenkt Ihr Gesprächspartner ein, äußern Sie Ihre Freude darüber. Deuten Sie Einlenken weder bei sich noch bei Ihrem Gegenüber als persönliche Schwäche.

Modul IV Sitzung 17: Gruppenablauf G17

Blitzlicht und Anwesenheitsbogen

Wie kommen Sie heute hier an? Wie geht es Ihnen?

Bearbeitung der Wochenübung W16 „Ein Konflikt aus meiner Vergangenheit"

In der letzten Wochenübung haben Sie sich mit einem vergangenen Konflikt beschäftigt. Sie haben sich zunächst noch einmal vor Augen geführt, wie genau der Konflikt sich damals abgespielt hat und dann mit Hilfe einiger Fragen nach anderen Möglichkeiten gesucht, wie Sie damals mit dem Konflikt hätten umgehen können. Dabei haben Sie versucht sich verschiedene Verhaltensalternativen möglichst bildhaft vorzustellen. Anschließend haben Sie auf dem Arbeitsblatt festgehalten, mit welcher Ihrer Ideen Sie sich besonders stark beschäftigt haben und welche Idee für Sie besonders unerwartet war.

Ein gewisser zeitlicher Abstand zu einem Konflikt erlaubt einem häufig diesen aus einem anderen Blickwinkel zu betrachten. Das liegt zum einen daran, dass Sie sich in der Zwischenzeit weiter entwickelt und an Erfahrungen hinzugewonnen haben. Zum anderen sind Sie – auch wenn der Konflikt Sie nach wie vor sehr berührt – nicht mehr in der unmittelbaren Situation und haben es deshalb in der Regel mit weniger intensiven Gefühlen zu tun als damals: Das Leben ist weiter gegangen.

Im Nachhinein ist es natürlich nicht möglich die damalige Situation ungeschehen zu machen oder sie neu aufzurollen ohne dass die Vergangenheit noch einen Einfluss hätte. Dennoch kann einem die erneute gedankliche Auseinandersetzung in zukünftigen Konfliktsituationen dabei helfen mehr Handlungsspielraum und vielleicht auch mehr Mut für unkonventionelle Lösungen zu gewinnen, die einem sonst auf Anhieb eher nicht einfallen.

Wer mag von seinen Erfahrungen berichten?

Folgende Fragen können in der Nachbesprechung nützlich sein:

- War bei den vorgeschlagenen Fragen zur Unterstützung Ihrer Suche nach Verhaltensalternative eine Frage dabei, die Ihnen eine andere Sichtweise eröffnet hat? Inwieweit könnte Ihnen diese Frage auch in anderen Situationen hilfreich sein?

- Falls Ihnen ein paar „verrückte" Ideen durch den Kopf gegangen sind: Wie ging es Ihnen damit? (Betonen Sie bitte, dass in der Vorstellung alles – also auch Dinge, die nicht den üblichen gesellschaftlichen Normen entsprechen – erlaubt ist. Wichtig ist dabei der Unterschied zwischen Denken und Handeln: Dass man über eine bestimmte Sache nachgedacht hat, erhöht nicht die Wahrscheinlichkeit dafür diesen Gedanken in die Tat umzusetzen. Sich z. B. angesichts eines unkon-

Modul IV Sitzung 17: Gruppenablauf **G17**

ventionellen Einfalls ein wenig zu „erschrecken" spricht gerade dafür, dass man strenge moralische Maßstäbe hat und dass diese sehr zuverlässig funktionieren.)

- Auch wenn Ihnen Ihre Ideen ziemlich absurd oder unrealistisch vorgekommen sind, könnte es sein, dass sie trotzdem einen kleinen Anteil enthalten, von dem Sie in zukünftigen Konfliktsituationen profitieren könnten. Beinahe so, als würden Ihre Ideen Sie auf etwas aufmerksam machen wollen, was Sie bisher nicht in Erwägung gezogen haben. Was könnte das sein? Eventuell gibt es sogar eine Art Thema, das sich durch mehrere Ihrer Einfälle zog?

- Sie haben auch notiert, welche Idee Sie am meisten überrascht hat. Worin genau lag das Überraschungsmoment? Inwieweit hat diese Idee dazu beigetragen, dass sich Ihre gefühlsmäßige Haltung zu dem Konflikt geändert hat?

- Hat die Wochenübung möglicherweise dazu geführt, dass Sie sich für die Zukunft etwas vorgenommen haben?

- Im Anschluss an die Nachbesprechung der Wochenübung sollten Sie den Teilnehmerinnen, die in der letzten Sitzung einen aktuellen Konflikt besprochen haben, Gelegenheit dazu geben davon zu berichten, was aus den angedachten Lösungsansätzen geworden ist. Gehen Sie bitte einfühlsam und wertschätzend auf die Erfahrungen der Teilnehmerinnen ein und verstärken Sie die Umsetzung von Lösungsversuchen. Nicht nur eingetretene Erfolge verdienen eine Bekräftigung, sondern auch der Mut das Problem überhaupt anzugehen. Falls ein Vorhaben nicht umgesetzt werden konnte, bietet es sich an kurz gemeinsam mit der Gruppe zu überlegen, welche Teilschritte eventuell geändert werden könnten, um es leichter zu machen den Konflikt anzugehen. Ermuntern Sie die Teilnehmerinnen zudem dazu, die in der letzten Stunde erarbeitete Form der systematischen Konfliktlösung häufiger in Ihrem Alltag auszuprobieren.

- Bieten Sie den Teilnehmerinnen nach Besprechung der Wochenübung zudem die Möglichkeit, noch offen gebliebene Fragen zum Infoteil I16 zu klären.

Vorstellung von Sitzungsthema und Sitzungsablauf

Verwenden Sie die Übersicht Ü17, um den Teilnehmerinnen einen kurzen Überblick über das Programm der heutigen Sitzung zu geben.

Modul IV Sitzung 17: Gruppenablauf **G17**

Übung 1: „Merkmale selbstsicheren Konfliktverhaltens"

Material	Flipchart
Methode	Brainstorming
Form	Großgruppenübung
Ziel	Erarbeitung selbstsicherer Konfliktlösestrategien Abgrenzung von selbstunsicherem und aggressivem Konfliktverhalten
Zeit	Ca. 10-15 Minuten

Vorgehensweise/Anleitung:

- In Fortführung der letzten Sitzung, die sich auch schon mit dem Thema Konfliktlösung auseinandergesetzt hat, soll dieses Brainstorming den Blick gezielt auf selbstsichere Strategien der Konfliktlösung lenken. Erklären Sie hierzu, dass ein selbstsicheres Auftreten in Konfliktsituationen einen wichtigen Beitrag zur Erreichung der eigenen Ziele leisten kann. Wer sich z. B. gar nicht erst traut seine eigenen Vorstellungen deutlich zu machen und Forderungen zu stellen, der wird es schwer haben seine Ziele zu erreichen.

- Selbstsicheres Konfliktverhalten unterscheidet sich aber auch deutlich von aggressivem Konfliktverhalten. Denn in den meisten Situationen führt ein aggressives Auftreten zwar für den Moment vielleicht dazu, dass man seine eigenen Interessen durchsetzen kann. Aggressive Verhaltensweisen bergen jedoch zum einen die Gefahr, dass sich die Aggression in einer Art Spirale immer weiter aufschaukelt, wenn das Gegenüber ebenfalls aggressiv reagiert. Zum anderen ergeben sich aus aggressiven Verhaltensweisen meistens ungünstige Folgen für die Beziehung zwischen den Konfliktpartnern. Solange die eigenen Ziele nicht rein auf der Sachebene angesiedelt sind, zahlt man deshalb einen hohen Preis für die rücksichtslose Durchsetzung eigener Interessen. Zudem dürfte es auch auf der Sachebene in späteren Konflikten zunehmend schwerer fallen zu einer Lösung gelangen, die den eigenen Vorstellungen entspricht, weil andere Beteiligte zunehmend weniger dazu bereit sein werden von ihrer Position abzurücken, wenn sie sich immer als diejenigen erleben, die den Kürzeren ziehen.

- Diskutieren Sie zunächst, welche Merkmale aus Sicht der Teilnehmerinnen ein selbstsicheres Konfliktverhalten kennzeichnen, und erarbeiten Sie dann im Unterschied dazu, wodurch sich unsicheres und aggressives Verhalten in Konflikten auszeichnet. Zur Strukturierung dieses Brainstormings ist es wahrscheinlich hilfreich, wenn Sie an der Flipchart das im Folgenden abgebildete

 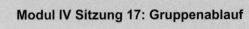

Modul IV Sitzung 17: Gruppenablauf G17

Raster aufzeichnen und die Randbeschriftung vorgeben. Im Diskussionsverlauf versuchen Sie also in der Gruppe, die hier grau unterlegten Felder zu füllen. Sie können aber auch eine weniger vorstrukturierte Form wählen und lediglich die drei unterschiedlichen Verhaltensstile vorgeben, d. h. die Teilnehmerinnen machen sich dann ohne weitere Vorgaben auf die Suche nach den entsprechenden Verhaltensmerkmalen.

	selbstsicher	unsicher	aggressiv
Stimme	laut, klar, deutlich	leise, zaghaft	brüllend, schreiend
Formulierung	eindeutig	umständlich, vage, unklar	drohend, beleidigend
Inhalt	präzise Begründung, Ausdrücken eigener Bedürfnisse, Benutzung von „ich", Gefühle werden kommuniziert	überflüssige Erklärungen, Verleugnung eigener Bedürfnisse, Benutzung von „man", Gefühle werden indirekt oder gar nicht ausgedrückt	keine Begründung und Erklärung, Drohungen, Beleidigungen, Kompromisslosigkeit, Rechte anderer werden ignoriert
Gestik/Mimik	Blickkontakt, den Inhalt unterstreichend, lebhaft, entspannte Körperhaltung	kaum vorhanden oder verkrampft, kein Blickkontakt	unkontrolliert, drohend, wild gestikulierend, kein Blickkontakt oder Anstarren/Fixieren des anderen

- Um die Erarbeitung der verschiedenen Stile aufzulockern, bietet es sich in dieser Übung zudem an mit Beispielen zu arbeiten. Hierzu können entweder Sie als Gruppenleitung anhand eines Anliegens (z. B. den Nachbarn darüber informieren, dass man sich durch die Lautstärke seiner Musik gestört fühlt, beim Essengehen die Bedienung darüber informieren, dass das Essen kalt ist oder einen Raucher am Nebentisch darauf hinweisen, dass der Rauch eine Belästigung darstellt) demonstrieren, wie ein selbstsicherer, ein unsicherer und ein aggressiver Umgang mit diesen Situationen aussehen könnte. Oder sie ermuntern die Teilnehmerinnen dazu anhand der genannten Beispielsituationen kurz spielerisch zu verdeutlichen, wie z. B. eine den Nachbarn beleidigende Beschwerde, eine sehr umständliche Reklamation im Restaurant oder eine allzu zaghafte Kritik des Rauchers am Nebentisch aussehen könnten. Überzeichnungen des unsicheren und des aggressiven Stils sind dabei natürlich erlaubt, denn sie machen die Unterschiede zum selbstsicheren Auftreten besonders deutlich.

- Achten Sie darauf diese Übung nicht zu sehr auszudehnen, damit genug Zeit für die folgende Übung bleibt.

Modul IV Sitzung 17: Gruppenablauf   G17

Übung 2: „Wege der Konfliktlösung II"

Material	Flipchart
Methode	Problemlösetraining
Form	Großgruppenübung
Ziel	Ideen zur Konfliktbewältigung sammeln Auswahl von Lösungsansätzen Planung konkreter Schritte
Zeit	Ca. 35-40 Minuten

Vorgehensweise/Anleitung:

- Diese Übung setzt die Übung der vorhergehenden Sitzung fort. Wenn die Teilnehmerinnen nicht schon beim letzten Mal eine Einigung über die Reihenfolge erzielt haben, in der die Bearbeitung der Konflikte fortgesetzt werden soll, steht die Besprechung dieser Frage am Anfang. Aber auch bei bereits in der letzten Sitzung abgestimmter Reihenfolge kann es angemessen sein, noch einmal sicherzustellen, dass die Teilnehmerinnen mit der Vereinbarung nach wie vor zufrieden sind.Ansonsten gelten auch in der Fortsetzung der Übung die Instruktionen des ersten Teils, die Sie hier zur leichteren Handhabung noch einmal aufgeführt finden. Rechnen Sie also wiederum damit, dass bei der Bearbeitung der möglicherweise sowohl für die von ihrem Konflikt berichtende Teilnehmerin als auch für andere Teilnehmerinnen sehr zentralen Themen anfänglich Befangenheit auftreten kann. Das offene Ansprechen eines ungelösten Konfliktes ist immer auch etwas schwierig, weil damit häufig auch das Eingeständnis persönlicher Hilflosigkeit verbunden ist. Auch deshalb kann das „Anlaufen" dieser Übung zunächst etwas mühsam sein. Da sich die Teilnehmerinnen aber inzwischen gut kennen und vertraut miteinander sind, wird die Übung – vielleicht mit etwas Ermutigung durch Sie – bald in Gang kommen.

- Wie schon aus der vorigen Sitzung vertraut beginnt die Übung auch dieses Mal mit der genaueren Erläuterung des ersten zu bearbeitenden Konfliktes. Ermuntern Sie die berichtende Teilnehmerin dazu möglichst konkret zu benennen, was sie belastet. Wenn Sie feststellen, dass der Erzählstil sehr weitschweifig ist, sollten Sie als Gruppenleitung vorsichtig steuernd einschreiten. Leitfragen dabei können sein: Wer sind die Beteiligten? Seit wann besteht der Konflikt und wie hat er sich entwickelt? Worin genau besteht die aktuelle Belastung? Warum gelingt es nicht den Konflikt aufzulösen? Bieten Sie anschließend mit Einverständnis der Teilnehmerin, die ihren Konflikt bearbeitet, den anderen Teilnehmerinnen Gelegenheit Verständnisfragen zu stellen.

 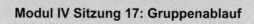

Modul IV Sitzung 17: Gruppenablauf   **G17**

- In der folgenden Phase geht es genau wie in der letzten Sitzung um eine möglichst umfangreiche Sammlung von Ideen, die helfen könnten den Konflikt zu lösen. Die Konfliktträgerin hört in dieser Phase nur zu und auch die anderen Teilnehmerinnen sollten untereinander ihre Vorschläge nicht bewerten. Ermutigen Sie die Teilnehmerinnen auch zu Vorschlägen, die zunächst unsinnig erscheinen oder sozial eher unangepasst wirken. Gut ist es auch, wenn die Teilnehmerinnen Vorschläge anderer Teilnehmerinnen aufgreifen und weiter entwickeln. Dadurch wird auch unterstrichen, dass es bei der Ideensammlung um eine Leistung der Gruppe geht und nicht um die Leistungen einzelner Teilnehmerinnen. Die Wahrscheinlichkeit einer erfolgreichen Lösungsidee lässt sich erhöhen durch die Aufforderung, so viele Ideen wie möglich auszusprechen. Häufig folgt einer ersten Phase, in der viele Vorschläge vorgebracht werden, eine Phase, in der sich das Tempo verlangsamt. Brechen Sie die Ideensammlung dann nicht vorschnell ab, damit keine wichtigen Einfälle verloren gehen. Halten Sie als Gruppenleitung bitte alle Vorschläge stichpunktartig an der Flipchart fest.

- Im nächsten Übungsabschnitt steht die Teilnehmerin, deren Konflikt im Mittelpunkt steht, wieder im Vordergrund. Sie soll nun aus den gesammelten Vorschlägen spontan die Vorschläge auswählen, von denen sie sich besonders angesprochen fühlt und die sie für besonders erfolgversprechend hält. Damit keine Idee unter den Tisch fällt, sollten danach aber auch alle anderen an der Flipchart notierten Ideen kurz aufgegriffen werden: Was wären nach Einschätzung der Teilnehmerin die kurz- und langfristigen Folgen der Umsetzung des jeweiligen Vorschlages? Kreuzen Sie all die Vorschläge an, die vermutlich mit erwünschten Folgen einhergehen.

- Um zu konkreten Handlungsschritten zu gelangen, sollte die Konfliktträgerin im Anschluss die als günstig bewerteten Vorschläge auf ihre Durchführbarkeit hin prüfen. Welche Ideen sind realistischerweise umsetzbar und dürften zu einem günstigen Ergebnis führen? Und was ist schließlich zu tun, um die ausgewählten Vorschläge in die Tat umzusetzen? Welche Schritte lassen sich jetzt schon vorausplanen? Vereinbaren Sie mit der berichtenden Teilnehmerin einige verbindliche Maßnahmen, die sich innerhalb der nächsten Woche umsetzen lassen. Je konkreter Sie dies tun, desto leichter wird die Umsetzung. Sie können beispielsweise genaue Zeitpunkte vereinbaren und vorbesprechen, mit wem und wo über was zu sprechen ist.

- Ermutigen Sie die Teilnehmerin dazu die Schritte in der nächsten Woche in die Tat umzusetzen und anschließend für sich zu überprüfen, inwieweit diese Schritte sie dem erwünschten Ergebnis näher gebracht haben. Zu dieser Phase der Bewertung kann es auch gehören zu überlegen, an welchen Stellen unvorhergesehene Schwierigkeiten aufgetaucht sind und was in einem nächsten Versuch zu tun wäre, um diese Probleme zu vermeiden.

- Geben Sie der berichtenden Teilnehmerin abschließend Gelegenheit zu einer kurzen Rückmeldung bzw. zum Dank an die übrigen Teilnehmerinnen und setzen Sie die Übung dann dem gleichen Vorgehen folgend mit der Konfliktdarstellung der nächsten Teilnehmerin fort.

Modul IV Sitzung 17: Gruppenablauf — G17

Zusammenfassung der Information I17 „Sozial kompetentes Konfliktverhalten"

Verteilen Sie jetzt an die Teilnehmerinnen die Kopien des Textes I17 und referieren Sie die zentralen Inhalte. Hierzu sollten Sie sich vor der Sitzung mit diesem Text und mit Ihrem Text T17 vertraut gemacht haben. Wie ausführlich Sie die Präsentation gestalten und welche Inhalte Sie besonders hervorheben wollen, bleibt Ihnen überlassen. Bieten Sie den Teilnehmerinnen zudem die Gelegenheit zu Rückfragen und empfehlen Sie den Müttern den Text zu Hause noch einmal gründlich zu lesen.

Erläuterung der Wochenübung W17 „Konflikt-Coaching"

Die Gruppenleitung verteilt die Arbeitsunterlagen für die Wochenübung an die Teilnehmerinnen. Die Wochenübung wird anschließend kurz vorbesprochen, wobei auch Gelegenheit zu Rückfragen bestehen sollte.

Vorbesprechung der Abschluss-Sitzung

In wenigen Wochen endet das PALME-Programm. Erklären Sie den Teilnehmerinnen, dass in der letzten Sitzung eine Rückschau auf das Programm und das Abschiednehmen im Vordergrund stehen werden. Um das Ende der PALME-Gruppe auch für die Kinder der Teilnehmerinnen deutlicher zu machen, regen Sie bitte an, dass ähnlich wie beim vorweihnachtlichen „Wichteln" jede Teilnehmerin für das Kind einer anderen Teilnehmerin ein kleines Geschenk (z. B. ein Bilderbuch, Buntstifte oder ein anderes kleines Spielzeug) in die letzte Sitzung mitbringt. Wichtig an den Geschenken ist vor allem ihr symbolischer Wert, d. h. der Kostenaufwand sollte sich in engen Grenzen halten. Die Geschenke können die Teilnehmerinnen dann zu Hause nach der letzten Gruppensitzung ihren Kindern überreichen.

Um festzulegen, wer für welches Kind ein Geschenk besorgt, bietet es sich an, wenn jede Teilnehmerin den Namen ihres PALME-Kindes und sein Alter auf einen Zettel schreibt und nach Einsammeln der Zettel durch die Gruppenleitung blind einen der Zettel zieht. Zu beachten ist dabei, dass die Teilnehmerinnen, die ihren eigenen Zettel gezogen haben, erneut ziehen dürfen.

Wenn die Gruppe dies wünscht, lässt sich das „Wichteln" auch auf die anderen Kinder der Teilnehmerinnen ausdehnen. Dazu schreibt jede Teilnehmerin Namen und Alter all ihrer Kinder auf einen Zettel. Zu bedenken ist dabei allerdings, dass sich in dieser Variante der finanzielle Aufwand für einzelne Teilnehmerinnen erhöhen kann.

 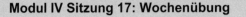

Modul IV Sitzung 17: Wochenübung   W17

Arbeitsblatt zur Wochenübung W17 „Konflikt-Coaching"

Nachdem in den letzten beiden Sitzungen Ihre Konflikte und deren möglichst geschickte Lösung im Vordergrund standen, möchte diese Wochenübung einen Konflikt Ihres Kindes in den Mittelpunkt rücken. Ziel ist, dass Sie Ihre Erfahrungen aus den letzten beiden Sitzungen nutzen, um Ihrem Kind durch ein „Konflikt-Coaching" einen besseren Umgang mit einer Situation zu ermöglichen, in der bislang Schwierigkeiten aufgetreten sind. Der Begriff Coaching stammt eigentlich aus dem Arbeitsleben und steht dort meistens für so etwas wie die professionelle Beratung und Begleitung eines Mitarbeiters mit dem Ziel einer besseren Bewältigung seiner Arbeitsanforderungen. In einem übertragenen Sinn kann man jedoch überall dort von Coaching sprechen, wo jemand versucht, einer anderen Person durch einfühlsames Zuhören und die Anwendung seines Wissens und seiner Erfahrungen bei der Lösung eines Problems zu helfen. Schlüpfen Sie also diese Woche einmal in die Rolle eines „Coachs" – also einer Beraterin – für Ihr Kind!

Material: Da diese Übung einen spielerischen Ansatz verfolgt, brauchen Sie „Stellvertreter" für die an den Konflikt beteiligten Personen. Hierzu können Sie z. B. Stofftiere, Handpuppen oder sonstige Spielfiguren Ihres Kindes verwenden. Wenn Sie gern zeichnen oder malen, können Sie den Konflikt auch bildhaft darstellen – in diesem Fall brauchen Sie Papier und Stifte bzw. Farben.

Zeitbedarf: Circa 30 Minuten.

Sinn der Übung: Durch diese Übung vertiefen Sie Ihre eigenen Fähigkeiten der Konfliktlösung und helfen zugleich Ihrem Kind dabei, besser mit einer bislang schwierigen Situation zurechtzukommen. Das Ausprobieren kreativer Formen der Konfliktbewältigung kann in künftigen Konfliktsituationen eine Modellwirkung entfalten.

Übungsanleitung: Normalerweise entscheidet beim Coaching nicht der Coach darüber, welches Thema behandelt wird. Damit Sie sich jedoch für diese Übung nicht auf den Zufall verlassen und abwarten müssen, dass Ihr Kind von sich aus Ihre Unterstützung bei der Lösung eines Konfliktes erfragt, soll es in dieser Übung so sein, dass Sie ein Thema auswählen, das Ihnen geeignet erscheint. Das kann ein Konflikt sein, von dem Sie wissen, dass er Ihr Kind schon seit einer Weile beschäftigt – vielleicht gibt es immer mal wieder Streitigkeiten zwischen Ihrem Kind und einem seiner Spielkameraden in der Kindertagesstätte oder anderswo. Vielleicht ist Ihnen auch aufgefallen, dass es Situationen gibt, in denen Ihr Kind sehr wütend wird und in denen es sich selbst kaum wieder beruhigen kann. Oder Situationen, in denen Sie feststellen, dass Ihr Kind gern eine bestimmte Sache tun würde, ihm dazu aber der rechte Mut fehlt. Jedes Kind ist unterschiedlich und deshalb sind auch die denkbaren Themen, die Sie in dieser Übung ansprechen können, ganz unterschiedlich. Wenn Ihnen auch mit ein wenig Überlegung kein entsprechendes Thema einfällt, dann versuchen Sie einmal, in den kommenden Tagen verstärkt darauf zu achten, womit Ihr Kind gerade Schwierigkeiten hat.

Nachdem Sie sich für ein Thema entschieden haben, suchen Sie in einem ruhigen Moment, in dem Sie und Ihr Kind ausreichend Zeit haben, das Gespräch mit Ihrem Kind. Bieten Sie ihm Ihre Unterstützung an, indem Sie ihm sagen: „Mir ist in der

Modul IV Sitzung 17: Wochenübung — W17

letzten Zeit aufgefallen, dass du ..." (hier nennen Sie den jeweiligen Konflikt, z. B. „... und Lea öfters Streit habt" / „... du ab und zu ganz schön wütend auf deinen Bruder bist" / „... du dich manchmal nicht so richtig traust dich zu wehren, wenn jemand anders gemein zu dir ist.") Wollen wir da mal drüber sprechen?"

Wenn Sie Ihrem Kind das Thema nicht vorgeben möchten, dann besteht übrigens auch die Möglichkeit, dass Sie in einem geeigneten Moment z. B. folgende Frage stellen: „Gibt es eigentlich etwas, das dich gerade bedrückt oder dass dir Kummer bereitet und über das wir mal sprechen sollen?"

Warten Sie danach die Reaktion Ihres Kindes ab. Es geht nicht darum Ihr Kind zu einem Gespräch überreden. Falls es eher ablehnend reagiert, können Sie ihm z. B. anbieten: „Wenn du es dir anders überlegst und darüber sprechen möchtest (bzw. dir doch noch etwas einfällt), dann sag' mir einfach Bescheid. Was hältst du davon?" Geht Ihr Kind jetzt oder später auf Ihr Angebot ein, dann versuchen Sie zunächst noch mehr darüber zu erfahren, was genau ihm Kummer bereitet und wie es sich fühlt. Bleiben Sie dabei einfühlsam bei Ihrem Kind. Wichtig für Ihr Kind ist, dass Sie seine Position erfühlen und verstehen. Mit eigenen Bewertungen sollten Sie sich – auch wenn es Ihnen vielleicht etwas schwer fällt – möglichst zurückhalten.

Wenn Sie meinen, das Erleben Ihres Kindes einigermaßen gut verstanden zu haben, dann versuchen Sie es aus Ihrer Sicht so zusammenzufassen, wie Sie das im Laufe des Programms schon verschiedentlich geübt haben. Vergessen Sie nicht, sich zu erkundigen, ob Ihre Sicht der Dinge so auch zutrifft.

Schlagen Sie dann etwas vor, das Sie beide den Konflikt einmal aus einem anderen Blickwinkel betrachten lässt. Sie könnten z. B. sagen: „Weißt du was? Ich glaube es könnte dir helfen, wenn wir das Problem einfach mal aufmalen (bzw. mit deinen Kasperlefiguren oder mit deinen Stofftieren/Puppen nachspielen). Wollen wir das mal ausprobieren?" In der Gestaltung dieses Übungsteils sind Sie frei. Versuchen Sie zu erspüren, welche Variante Ihrem Kind am ehesten liegt und achten Sie darauf, dass weniger Sie selbst „die Arbeit tun" als vielmehr Ihr Kind. Ermuntern Sie Ihr Kind beispielsweise im Rollenspiel zu Rollenwechseln, so dass es nicht nur die eigene Position vertritt, sondern zumindest teilweise auch die der anderen Beteiligten. Sie können diese Rollenwechsel unterstützen, indem Sie zusätzlich Stühle oder Kissen verwenden, die für die einzelnen Personen stehen. Je nach Rolle wird also auf einem unterschiedlichen Stuhl oder Kissen Platz genommen. Falls Sie sich für eine bildhafte Darstellung entscheiden, sollte Ihr Kind auch selbst etwas zu Papier bringen. Ihre unterstützende Begleitung des Prozesses ist aber natürlich auf jeden Fall gefragt.

Nach der Bearbeitung dieses Übungsteils, die den Konflikt noch erheblich anschaulicher machen dürfte, geht es nun um die symbolische Entwicklung möglicher Lösungen. Auch diese Phase sollten Sie spielerisch bzw. bildhaft umsetzen. Fragen Sie Ihr Kind etwa: „Wollen wir auch einmal spielen (bzw. malen), wie es sein müsste, damit du keine Probleme mehr damit hast? Wie sähe das aus?" Auch in diesem Teil sollten Sie Ihr Kind begleiten, ohne dabei eigene Vorstellungen in den Vordergrund zu drängen.

Modul IV Sitzung 17: Wochenübung   **W17**

Halten Sie zu einem späteren Zeitpunkt bitte fest, was Ihnen an der Übung, die Sie gemeinsam mit Ihrem Kind durchgeführt haben, besonders wichtig erscheint. Bringen Sie diese Notizen und wenn Sie mögen auch das, was Sie gemalt haben oder die Figuren, die Sie für das Rollenspiel verwendet haben, mit zum nächsten Gruppentreffen.

Meine Notizen zur Wochenübung:

_____

_____

_____

_____

_____

_____

_____

_____

Modul IV Sitzung 18: Übersicht Ü18

Thema	Umgang mit Stress und Stressabbau
Fragen	<ul><li>Was ist Stress? Was sind die drei Stress-Ebenen?</li><li>In welchen Situationen bin ich gestresst?</li><li>Welche stressverstärkenden Einstellungen habe ich?</li><li>Wobei entspanne ich mich?</li><li>Wie sehen meine persönlichen Stress-Bereiche aus?</li></ul>
Ziele	<ul><li>Erkennen von Stressauslösern</li><li>Veränderung stressverstärkender Einstellungen</li><li>Erlernen von Entspannung</li></ul>
Ablauf	1. Blitzlicht und Anwesenheitsbogen 2. Bearbeitung der Wochenübung W17 „Konflikt-Coaching" 3. Vorstellung von Sitzungsthema und Sitzungsablauf 4. Übung 1, Großgruppe: „Meine persönlichen Stressoren" 5. Zusammenfassung der Information I18 „Stress und Stressbewältigung" 6. Rollenspiel, Gruppenleitung: „Der Einfluss von Gedanken" 7. Übung 2, Kleingruppen: „Stressverstärkende und stressmildernde Gedanken" 8. Erläuterung der Wochenübung W18 „Ich denke mich gestresst – ich denke mich entspannt." und „Entspannungstraining"
Arbeitsmaterial Gruppenleiter	<ul><li>Theoretische Einführung T18 „Stress und Stressbewältigung"</li><li>Anleitung zum Gruppenablauf G18</li><li>Anwesenheitsbogen A18</li></ul>
Arbeitsmaterial Mütter	<ul><li>Infoblatt I18</li><li>Arbeitsblatt zur Wochenübung W18</li></ul>
Didaktisches Material	<ul><li>Didaktisches Material D18</li></ul>

 **Modul IV Sitzung 18: Theoretische Einführung T18**

Stress und Stressbewältigung

Was ist Stress?

Stress wird häufig als Krankheit unserer Zeit bezeichnet. Die Aussage „Ich bin gestresst" ist eine oft gehörte Antwort auf die Frage nach dem Befinden. Dabei wird Stress allzu oft als ein „äußeres Übel" (miss-)verstanden, dem der einzelne Mensch wenig entgegenzusetzen hat. Stress gehört jedoch zum Leben und kann sogar zusätzliche **Energien zur besseren Bewältigung herausfordernder Situationen** bereitstellen. Problematisch wird Stress lediglich dann, wenn er zum unkontrollierbaren, belastenden **Dauerzustand** wird und wenn Stressphasen nicht in einem angemessenen Verhältnis zu Phasen der Entspannung stehen. Wie dieses Verhältnis beschaffen sein sollte, damit Stress nicht zu belastend wird und sogar krank macht, ist allgemein übrigens gar nicht so einfach zu beantworten. Menschen unterscheiden sich stark darin, wie robust sie gegenüber Stress sind und auch bei jedem einzelnen Menschen gibt es Phasen, in denen er Stress besser und schlechter gewachsen ist. Aber selbst bei Dauerbelastungen gibt es zahlreiche Möglichkeiten zur Stressbewältigung. Um einen Überblick über die verschiedenen Ansatzpunkte der Stressbewältigung zu erlangen, soll hier zunächst das Modell der Stress-Ebenen vorgestellt werden.

Das Modell der Stress-Ebenen

Das Modell der Stress-Ebenen unterscheidet drei Ebenen des Stressgeschehens:

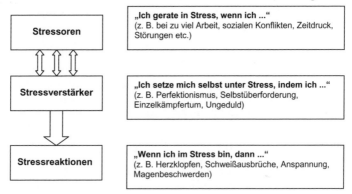

1. Stressoren („Ich gerate in Stress, wenn ich ...")

Als Stressoren werden alle **äußeren Anforderungssituationen und Belastungsfaktoren** bezeichnet, in deren Folge es zu Stressreaktionen kommen kann. Stressoren können dabei unterschiedlicher Art sein, wie z. B. zu viel Arbeit, hohe Leistungsanforderungen und Zeitdruck, aber auch soziale Konflikte, Trennungssituationen etc. Man kann verschiedene Klassen von Stressoren unterscheiden:

Modul IV Sitzung 18: Theoretische Einführung   T18

- Physikalische Stressoren (z. B. Lärm, Hitze, Kälte, Nässe)
- Körperliche Stressoren (z. B. Verletzungen, Schmerz, Hunger, Behinderung)
- Leistungsstressoren (z. B. Zeitdruck, Überforderung, Unterforderung, Prüfungen)
- Soziale Stressoren (z. B. Konkurrenz, Isolation, zwischenmenschliche Konflikte, Trennungen)

2. Stressverstärker („Ich setzte mich selbst unter Stress, indem ich ...")

Hierzu gehören die persönlichen **Motive und Einstellungen eines Menschen, mit denen er an möglicherweise belastende Situationen herangeht**. Diese oft auch unbewussten Einstellungen entscheiden mit darüber, ob und wie stark in einer Situation Stress empfunden wird. Sie stellen das **Bindeglied zwischen den äußeren Belastungssituationen und den Stressreaktionen** dar und werden deshalb auch als Stressverstärker bezeichnet. Natürlich gibt es Ereignisse, die von fast jedem Menschen als stressreich erlebt werden, wie z. B. eine Trennung oder der Verlust des Arbeitsplatzes. Bei vielen anderen Ereignissen jedoch bestimmen nicht die Ereignisse an sich, ob man gestresst ist oder nicht, sondern die Art der eigenen **Bewertung dieser Ereignisse**. So kann jemand eine berufliche Beförderung als stressig und unangenehm empfinden, jemand anders mit einem vergleichbaren Ausbildungsstand diese Veränderung hingegen als positive Chance erleben etwas Neues zu lernen und seine Fähigkeiten zu erweitern. Verschiedene Menschen reagieren also auf identische Situationen (z. B. einen unauffindbareren Schlüssel, einen Streit mit der Nachbarin) in sehr unterschiedlicher Weise.

Typische stressverstärkende Einstellungen und Haltungen sind z. B. **Perfektionismus, Ungeduld, Kontrollbedürfnisse** („Ich kümmere mich lieber selbst darum, bevor die anderen es falsch machen"), **unangemessene Versorgungswünsche, Einzelkämpfertum** oder die **Unfähigkeit, eigene Leistungsgrenzen zu akzeptieren**. Für viele Menschen ist vor allem die Kontrolle über ihre Umwelt ein zentrales Thema. Sie sind bestrebt, möglichst alles in ihrer Umgebung selbst unter Kontrolle zu haben. Deshalb kümmern sie sich um alles allein, sind schlechte Teamarbeiter und geben nur ungern Aufgaben ab. Für diese Menschen ist es oft eine Katastrophe, wenn die Umstände oder andere Menschen sich nicht so entwickeln bzw. wenn sie nicht so „funktionieren", wie sie das ihrer Meinung nach tun sollten. Eine solche Störung ihrer Pläne bedeutet für sie einen verunsichernden Kontrollverlust. Betrachtet man manche „stressreiche" Situation vor diesem Hintergrund, so wird verständlich, wieso für eine Mutter der misslungene Kuchen beim Kindergeburtstag eine Katastrophe darstellt, während die andere darüber lachen kann.

3. Stressreaktionen („Wenn ich gestresst bin, dann ...")

Stressreaktionen sind die **körperlichen und seelischen Antworten auf Belastungen und Anforderungen**. Sie zeigen sich auf mehreren Ebenen:

- **Körperliche Ebene:** Auf dieser Ebene kommt es zu einer körperlichen Aktivierung und Energiemobilisierung, was z. B. an einem schnelleren Herzschlag, schnellerer Atmung und Muskelanspannungen deutlich spürbar ist. Man spricht

Modul IV Sitzung 18: Theoretische Einführung T18

dabei von einer Alarmreaktion des Körpers, die den Menschen kampf- oder fluchtbereit macht. **Kurzfristig** kann diese Bereitstellung von Energie hilfreich sein. **Langfristig** kann sie jedoch, gerade wenn die frei gewordenen Energien nicht genutzt werden, zu Erschöpfungszuständen und negativen gesundheitlichen Folgen führen (z. B. Muskelverspannungen, Magenbeschwerden, Rücken- und Kopfschmerzen, Schlafstörungen).

- **Verhaltensebene:** Diese Ebene bezieht sich auf offen sichtbare Verhaltensweisen einer Personen. Typische Stressverhaltensmuster sind z. B. hastiges und ungeduldiges Verhalten (schnelles Sprechen, Unterbrechungen anderer Personen), Betäubungsverhalten (Rauchen, Essen, Alkohol, Medikamente) sowie ein konfliktträchtiger Umgang mit anderen Menschen (gereiztes, aggressives Verhalten). Viele Menschen versuchen unter Stress, mehrere Sachen gleichzeitig zu erledigen, legen keine Pausen mehr ein und vernachlässigen soziale Kontakte und Hobbys.

- **Bewertungsebene:** Hier geht es um die Gedanken und Gefühle, die bei einer Person durch die Konfrontation mit Stressoren und durch ihre Bewertungsmuster dieser Stressoren ausgelöst werden. Häufige Gefühle sind dabei z. B. innere Unruhe, Nervosität, Unzufriedenheit, Ärger, Angst und Hilflosigkeit. Gedanklich zeigen sich oft Selbstvorwürfe, Perfektionismus, Grübeleien, Leere im Kopf oder Denkblockaden.

Die Einteilung des Stressgeschehens in äußere Stressoren, innere Stressverstärker und Stressreaktionen ist wichtig. Denn da das Stressgeschehen sich auf diesen drei verschiedenen Ebenen abspielt, ergeben sich auch für die Stressbewältigung drei unterschiedliche Ansatzpunkte.

Stressbewältigung

Die Idee klingt vielleicht verlockend, aber **auch das beste Anti-Stress-Programm kann Stress nicht vollkommen abbauen oder verhindern**. Dieses Ziel lässt sich nicht erreichen, da es im Leben eines jeden Menschen immer wieder neue Anforderungen gibt, die es zu bewältigen gilt. Was sich hingegen erreichen lässt, sind eine **deutliche Verringerung der Stressbelastung** und ein **angemessener Umgang mit Stress**.

Dabei kann Stress nicht nur auf einem, sondern auf mehreren Wegen reduziert werden. Dies hat den wesentlichen Vorteil, dass jeder Mensch seinen individuellen Fähigkeiten und der jeweiligen Situation entsprechend ganz persönliche Bewältigungsstrategien für Stress entwickeln kann. Im Folgenden sollen die einzelnen Möglichkeiten zur Stressbewältigung genauer beschrieben werden:

1. Ansatzpunkt: Stressoren

Dieser Weg setzt an den äußeren Stressoren an und zielt auf ihre Veränderung bzw. Beseitigung ab. Dabei kann entweder eine **Veränderung einer aktuell bestehen-**

Modul IV Sitzung 18: Theoretische Einführung T18

den **Belastungssituation** angestrebt werden (z. B. Umverteilung von Haushaltspflichten bei Überforderung durch den Haushalt), die Stressbewältigung kann sich aber auch **präventiv** auf zukünftige Ereignisse und Belastungen richten (etwa Freunde fragen, ob sie bei der anstehenden Geburtstagfeier des Kindes mit der Organisation helfen können).

Dies kann viele Formen annehmen:

- **Suche nach Informationen** (z. B. einen Kollegen um Ratschläge bitten)

- **Delegieren von Arbeitsaufgaben** (z. B. Verteilung der Hausarbeit auf verschiedene Personen)

- **Veränderung der persönlichen Zeitplanung**, etwa durch Führen eines Terminkalenders zur besseren Terminübersicht oder durch das gezielte Einplanen von Ruhepausen in den Tagesablauf

- **Erweiterung der eigenen Fähigkeiten**, z. B. durch den Besuch von Fortbildungsveranstaltungen

- **Training der sozialen Kompetenz**, beispielsweise der Fähigkeit anderen Menschen Grenzen zu setzen und unberechtigte Forderungen abzulehnen (z. B. „nein" sagen, wenn Kollegen fragen, ob man für sie eine Aufgabe erledigen könne)

- Genaue **Einteilung und Vorstrukturierung von Arbeitsaufgaben**

- **Einholen sozialer Unterstützung** (z. B. Freunde, Bekannte und Verwandte fragen, ob sie einem bei bestimmten Aufgaben helfen können; Aufbau und Pflege eines sozialen Netzwerkes)

- Klärung und bei Bedarf Neubestimmung von **persönlichen und beruflichen Prioritäten**

2. Ansatzpunkt: Stressverstärker

Diese Form der Stressbewältigung setzt an den persönlichen Stressverstärkern an. Sie zielt also nicht auf die direkte Veränderung einer stressreichen Umgebung ab, sondern vielmehr auf eine **Veränderung von eigenen Einstellungen und Bewertungen**. Dabei können nicht nur eigene Fähigkeiten anders bewertet werden, sondern auch Normen, Werte und Ziele wie z. B. perfektionistische Leistungsansprüche, übersteigerte Kontrollbedürfnisse oder eine hilflose Grundhaltung. Es geht nicht um die bloße Empfehlung „positiven Denkens", denn es gibt viele Ereignisse im Leben, bei denen es nicht angemessen ist sich nur auf das Positive zu konzentrieren und bei denen Sätze wie „Kopf hoch, das wird schon wieder" nicht weiterhelfen, sondern schaden. Stattdessen ist das Ziel, sich eigene **stressfördernde Einstellungen und Grundannahmen** wie z. B. „Ich muss das allein schaffen" oder „Es ist eine Katastrophe, wenn mir das nicht gelingt" zu vergegenwärtigen und zu hinterfragen, ob

Modul IV Sitzung 18: Theoretische Einführung   T18

diese Gedanken zutreffen bzw. ob sie die Wirklichkeit am treffendsten widerspiegeln. Eine Veränderung solcher stressfördernder, gedanklicher Bewertungen könnte z. B. folgendermaßen aussehen:

- Überprüfung von eigenen **Leistungsansprüchen** („Ich versuche es gut zu machen" statt „Ich muss das perfekt machen")

- Einsicht in eigene **Leistungsgrenzen** (z. B. „Ich kann mir auch Hilfe holen" statt „Ich muss das allein schaffen")

- Bewertung von **Schwierigkeiten als Herausforderung**, nicht als Bedrohung

- **Weniger Identifikation mit Alltagspflichten**, um mehr Distanz zu diesen zu erreichen (z. B. das Selbstwertgefühl nicht zu sehr auf das Führen eines „perfekten Haushalts" stützen, sondern auch andere Qualitäten in den Blick nehmen und entwickeln)

- **Prioritäten** setzen, um den Blick auf das Wesentliche zu richten

- Aufmerksamkeit gezielt auf **Positives, Erfreuliches und Gelungenes** lenken

- **Loslassen von unangenehmen Gefühlen**, um nicht zu lange an vergangenen Kränkungen und an Ärger zu verhaften

- Anpassung an die Realität und **Annahme der Realität**, um starre Vorstellungen über sich selbst und über andere Menschen abzubauen

- Dankbarkeit auch für scheinbar kleine Dinge im eigenen Leben, die gut funktionieren, statt neidischer Vergleiche mit anderen

3. Ansatzpunkt: Stressreaktionen

Auf dieser Ebene setzt die Stressbewältigung an der **Regulierung und Kontrolle der körperlichen und seelischen Stressreaktionen** an. Dazu gehören Versuche, unangenehme und häufig mit Stress einhergehende Gefühle wie Angst, Ärger, Schuld und Neid, das Erleben von Kränkungen sowie eventuelle, quälende Spannungszustände günstig zu beeinflussen. Neben der Verringerung negativer Gefühle können dabei zugleich auch positive Gefühlszustände wie Freude oder Stolz angestrebt werden. Auch hier kann zwischen verschiedenen Arten der Bewältigung unterschieden werden. Zum einen gibt es Verhaltensweisen, die auf die **Dämpfung einer akuten Stressreaktion** abzielen und die eine kurzfristig spürbare Erleichterung und Entspannung bewirken. Zum anderen gibt es **längerfristige Strategien**, die eher der regelmäßigen und länger anhaltenden Erholung und Entspannung dienen. **Dabei gibt es nicht nur förderliche, sondern auch sehr ungesunde „Bewältigungsstrategien".** Viele Menschen versuchen gerade in stressreichen Situationen mit Hilfe von ungesunden Verhaltensweisen (z. B. Rauchen, Alkoholkonsum, übermäßiger Verzehr von Fast Food, Fernsehen) ihr Stresserleben zu dämpfen. Dies führt jedoch nur zu einer **weiteren Belastung des unter der Stressbelastung ohnehin schon**

 **Modul IV Sitzung 18: Theoretische Einführung T18**

leidenden Körpers. Als hilfreich und nebenwirkungsfrei haben sich hingegen die folgenden Wege der Stressbewältigung erwiesen:

Beispiele für kurzfristig wirksame Stressbewältigung

- Abreagieren durch **körperliche Aktivität**

- **Ablenkung** von der Situation

- Nutzen **zwischenmenschlicher Unterstützung**

- Entlastung durch **angemessene Gefühlsäußerungen**

- Techniken der **Kurzentspannung** (z. B. Atemtechniken)

- **Sich selbst etwas Gutes tun** (z. B. Spaziergang, ein Bad nehmen etc.)

Beispiele für langfristig wirksame Stressbewältigung

- Regelmäßige **Entspannungsübungen**

- Ein **Hobby** betreiben

- **Freundschaften und soziale Kontakte** pflegen

- Regelmäßig (ein- oder zweimal pro Woche) **Sport** treiben

- **Gesunde Lebensweise** (Ernährung, Verzicht auf selbstschädigende Drogen)

Es gibt viele Möglichkeiten, um das Erleben von Stress zu verringern. **Dabei kann man nicht allgemein sagen, welche Möglichkeit in welcher Situation die beste ist.** Zu unterschiedlich sind die jeweiligen Situationen und die betroffenen Personen mit ihren unterschiedlichen Werten, Zielen und Fähigkeiten. Wichtig ist eine **Flexibilität im Handeln**, die sich an den jeweiligen **Situationsmerkmalen**, an den überdauernden **Fähigkeiten** der Person und an ihren **momentanen Bedürfnissen** orientiert. Dies zusammengenommen kann es ermöglichen, in belastenden Situationen eine große Anzahl an Bewältigungsstrategien zur Verfügung zu haben und dann die im Hinblick auf die jeweilige Situation optimale Maßnahme auszuwählen und einzusetzen. Das kann in einem Fall eine direkte Handlung zur Beseitigung eines Stressors sein (z. B. Wechsel des Arbeitsplatzes), während in einem anderem Fall die Abschwächung der Stressreaktion (z. B. ein langer Waldlauf nach einem stressigen Arbeitstag) vorteilhafter ist. Ein erster hilfreicher Schritt in Richtung einer besseren Stressbewältigung kann darin bestehen, sich mit den Bewältigungsstrategien auseinander zu setzen, die man bisher genutzt hat, und sich Gedanken zu machen über eventuell notwendige, zusätzliche Strategien. So könnte jemandem, der sich bisher meistens über eher körperliche Methoden erholt hat (z. B. nach einem stressigen

Modul IV Sitzung 18: Theoretische Einführung   T18

Tag abends in die Sauna gehen), auffallen, dass er bisher kaum an den Stressoren selbst oder an seinen gedanklichen Bewertungen dieser Stressoren angesetzt hat. Um ein **persönliches „Anti-Stress-Programm"** zu entwickeln ist es also wichtig, sich mit seinen **bestehenden Stressbelastungen** zu beschäftigen und die eigenen **„Stress-Bereiche"** ausfindig zu machen. Dabei können folgende Fragen hilfreich sein:

1. Was sind meine typischen Stressoren?

2. Mit welchen Einstellungen begegne ich diesen?

3. Wie reagiere ich in Belastungssituationen?

Geht's auch ohne Rauch?

Ein Text über Stress und Stressbewältigung wäre nicht vollständig, ohne noch einmal ausführlicher auf das Thema Rauchen einzugehen. Da der Anteil regelmäßiger Raucherinnen unter den alleinerziehenden Müttern fast doppelt so hoch ist wie in der Gruppe der verheirateten Mütter (46 % der alleinerziehenden, aber nur 24 % der verheirateten Mütter rauchen regelmäßig), gilt dies im Rahmen von PALME sogar in besonderem Maße.

Raucher berichten häufig, dass das Rauchen sie entspanne und dass sie sich nach dem Rauchen einer Zigarette gelassener und weniger angespannt fühlen als vorher. Dieser Eindruck ist in gewisser Weise zutreffend, denn Nikotin wirkt direkt im Gehirn und hat in höherer Dosierung nachweisbar beruhigende und entspannende Effekte. Diese halten jedoch nur sehr kurzfristig an. Relativ rasch folgen **Entzugssymptome, die dann selbst als Stress wahrgenommen werden** und erneut den Griff zur Zigarette provozieren. Dadurch entsteht ein **Teufelskreis**, in dem der jeweils durch die kurze Abstinenzphase zwischen zwei Zigaretten ausgelöste Stress mit der nächsten Zigarette „bekämpft" wird. Das scheinbar beruhigende Entspannungsgefühl beim Rauchen einer Zigarette beruht also eigentlich nur auf der Unterdrückung der Symptome des Nikotinentzuges. Äußerer Stress hingegen wird nicht entspannter erlebt.

Auch in wissenschaftlichen Untersuchungen konnte bestätigt werden, dass Raucher im Durchschnitt über ein stärkeres Stresserleben berichten als Nichtraucher. **Der Entspannungszustand des Rauchers nach dem Konsum einer Zigarette entspricht daher dem Normalzustand des Nichtrauchers und wird vom Raucher lediglich im Vergleich zu den Entzugssymptomen als Zustand größerer Entspannung wahrgenommen.** Zusätzlich zu den bekannten schädlichen Auswirkungen des Rauchens auf die Raucher selbst (Raucher sterben im Durchschnitt zehn Jahre früher als lebenslange Nichtraucher) und auf ihre Umwelt (besonders passiv rauchende Kinder sind gefährdet, da sie auf die schädlichen Auswirkungen des Tabakrauchs viel empfindlicher reagieren als Erwachsene) ergibt sich damit ein weiteres Argument gegen das Rauchen, das im Zusammenhang mit dem Thema dieser Sitzung besonders wichtig ist – Rauchen hat eben nicht die erhofften Stress mildernden Effekte, sondern verstärkt im Gegenteil die Stressbelastung.

 **Modul IV Sitzung 18: Theoretische Einführung   T18**

Was also tun? Es ist sicher kein leichter Schritt von der Nikotinsucht loszukommen, zumal Raucher von der sehr finanzstarken Tabakindustrie fast überall mit irreführenden Werbebotschaften konfrontiert werden. Wem jedoch seine Gesundheit und die Gesundheit seiner Familie am Herzen liegt und wer zudem noch nach einer wirkungsvollen Methode des Stressabbaus sucht, für den gibt es eigentlich keine Alternative zum Ausstieg aus der Tabaksucht. Hilfreich können z. B. Raucherentwöhnungskurse sein, die mittlerweile von vielen Krankenkassen bezuschusst werden und recht gute Erfolgsraten verzeichnen. Auch Nikotinpflaster können den Schritt in ein rauchfreies Leben deutlich erleichtern.

Aber auch ohne diese Formen professioneller Hilfe lässt sich eine Menge tun, um den Absprung wirklich zu schaffen. Gut ist es z. B. sich einmal ganz in Ruhe damit auseinanderzusetzen, warum man aufhören möchte und die Argumente dann schriftlich festzuhalten. Auch eine schriftliche Auseinandersetzung mit den beiden Fragen „Was habe ich davon, wenn ich rauche?" und „Was habe ich davon, wenn ich nicht rauche?" kann für mehr Klarheit sorgen und die Motivation zur Tabakabstinenz erhöhen. Diese Notizen kann man zudem bei sich tragen und hervorholen, wenn man den Zwang zur Zigarette verspürt.

Falls man nicht mit einem „eisernen Willen" gesegnet ist, gibt es zudem eine ganz Reihe an unterstützenden Maßnahmen, die man ergreifen kann, um es nicht beim guten Vorsatz eines rauchfreien Lebens zu belassen. So empfiehlt es sich alle Rauchutensilien wie Aschenbecher, Feuerzeuge usw. wegzuräumen bzw. sogar sich ganz von ihnen zu trennen. Auch sollte man seine Umwelt mit einbeziehen und möglichst viele nahestehende Menschen über diesen wichtigen Schritt informieren. Man kann z. B. auch mit einer Vertrauensperson (am besten natürlich mit jemandem, der es schon geschafft hat dem Nikotin abzuschwören) vereinbaren, dass man sie bei einem drohenden Rückfall anruft und sich mit ihr bespricht. Hierdurch wird die Schwelle für ein erneutes Abrutschen in die Sucht deutlich erhöht. Ganz besonders wichtig ist es zudem sich für die zahlreichen Rituale, die Raucher sich im Laufe der Zeit oft angewöhnt haben (die Zigarette nach dem Essen, die Zigarette am Telefon, die Zigarettenpause bei der Arbeit usw.), Alternativen zu überlegen, die einen ausreichend hohen Anreizwert besitzen. Wer z. B. als Raucher bei der Arbeit ab und zu kleine Pausen eingelegt hat und nun aufhören möchte zu rauchen, der sollte zusätzlich zu den Zigaretten nicht auch auf die Pausen verzichten, sondern besser nach einem anderen Pausenritual Ausschau halten.

Falls man es nicht schafft ganz vom Nikotin loszukommen (und den meisten Menschen fällt es leichter ganz aufzuhören als den Nikotinkonsum dauerhaft stark einzuschränken), kann man eine gewisse Schadensbegrenzung dadurch erreichen, dass man zumindest nicht mehr in der Gegenwart von Nichtrauchern raucht. Deutschland tut sich im Vergleich zu vielen anderen Ländern mit dem Schutz der Nichtraucher immer noch sehr schwer. Aber auch ohne entsprechende Gesetze sind sicherlich die allermeisten Nichtraucher – und besonders Kinder – dankbar, wenn sie keiner Rauchbelästigung ausgesetzt werden.

 **Modul IV Sitzung 18: Infoblatt für Mütter   I18**

Stress und Stressbewältigung

Was ist Stress?

Fast alle Menschen kennen Situationen in denen sie sich gestresst fühlen, in denen sie überlastet, hektisch, gereizt oder nervös sind. Ebenso wie jeder Mensch auf Stress unterschiedlich reagiert, hat auch jeder Mensch seine eigenen, typischen Stresssituationen. Dabei wird Stress häufig als ein „äußeres Übel" empfunden, das einem widerfährt, und dem man wenig entgegenzusetzen hat. **Stress ist jedoch nicht nur etwas, das einem von außen zustößt sondern beinhaltet verschiedene, zum Teil auch in der eigenen Person liegende Bereiche.** An jedem dieser Bereiche kann man ansetzen, wenn man Stress abbauen und besser bewältigen möchte.

Die drei Stress-Bereiche

Es wird zwischen diesen drei Stress-Bereichen unterschieden:

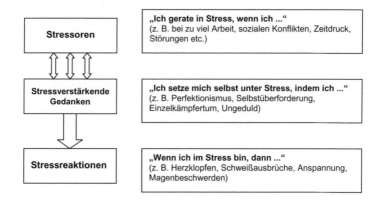

1. Stressoren („Ich gerate in Stress, wenn ich ...")

Als Stressoren werden die **äußeren Ursachen von Stress** bezeichnet; also alle äusseren Anforderungen, Aufgaben und Belastungen, die uns stressen können. Stressoren können dabei unterschiedlicher Art sein, wie z. B. zu viel Arbeit, zu hohe Leistungsanforderungen und Zeitdruck, aber auch zwischenmenschliche Konflikte, Trennungen etc. Man kann folgende Arten von Stressoren unterscheiden:

- Umweltstressoren (z. B. Lärm, Hitze, Kälte, Nässe)
- Körperliche Stressoren (z. B. Verletzungen, Schmerz, Hunger, Behinderung)
- Leistungsstressoren (z. B. Zeitdruck, Überforderung, Unterforderung, Prüfungen)
- Zwischenmenschliche Stressoren (z. B. Konkurrenz, Vereinsamung, Konflikte, Trennungen)

Modul IV Sitzung 18: Infoblatt für Mütter   **I18**

2. Stressverstärkende Gedanken („Ich setze mich selbst unter Stress, indem ich ...")

Hierzu gehören die **inneren Motive und Einstellungen eines Menschen**, mit denen er an eventuell belastende Situationen herangeht. Diese oft auch unbewussten Einstellungen entscheiden mit darüber, ob und wie stark in einer bestimmten Situation Stress empfunden wird. Sie werden deshalb auch als **Stressverstärker** bezeichnet. Jemand, der sich selbst wenig zutraut (Einstellung: „Ich kann das eh nicht!") empfindet eine neue Aufgabe wahrscheinlich als stressiger als jemand, der neue Anforderungen als Chance und Herausforderung bewertet (Einstellung: „Das habe ich zwar noch nie gemacht, aber ich finde es interessant und glaube, dass ich dabei etwas Neues lernen kann. Irgendwie werde ich das hinbekommen!"). Natürlich gibt es Ereignisse, die von fast jedem Menschen als stressreich erlebt werden, etwa eine Trennung oder der Verlust des Arbeitsplatzes. **Bei vielen anderen Ereignissen jedoch bestimmt nicht das Ereignis selbst, ob man gestresst ist oder nicht, sondern die eigenen Bewertungen dieses Ereignisses.** So kann eine Person einen neuen Aufgabenbereich als stressig und unangenehm empfinden, eine andere Person, die dafür fachlich gar nicht besser ausgebildet ist, diese Veränderung hingegen als Chance bewerten etwas zu lernen und ihre Fähigkeiten auszubauen. Verschiedene Menschen können somit auf dieselbe Situation (z. B. einen unauffindbaren Schlüssel oder einen Streit mit der Nachbarin) in sehr unterschiedlicher Weise reagieren. Ob eine Situation als Stressor bewertet wird, hängt somit auch von den eigenen Einstellungen ab.

Typische stressverstärkende Einstellungen sind z. B. **Perfektionismus, Ungeduld, der Wunsch alles zu kontrollieren** („Ich kümmere mich lieber selbst darum, bevor die anderen es falsch machen"), **Einzelkämpfertum** und die **Unfähigkeit, eigene Leistungsgrenzen zu akzeptieren.**

3. Stressreaktionen („Wenn ich im Stress bin, dann ...")

Stressreaktionen sind die **körperlichen und seelischen Antworten auf Belastungen und Anforderungen**. Sie zeigen sich auf drei verschiedenen Ebenen:

- **Körperliche Ebene:** Auf der Ebene des Körpers kommt es zumeist zu einer Aktivierung und zur Bereitstellung von Energie, was z. B. an einem schnellerem Herzschlag, an beschleunigter Atmung und an Muskelanspannungen deutlich spürbar ist. Man spricht dabei von einer Alarmreaktion des Körpers, die den Menschen kampf- oder fluchtbereit macht. **Kurzfristig** kann diese Energiebereitstellung hilfreich sein. **Langfristig** können jedoch, gerade wenn die frei gewordenen Energien nicht genutzt werden, Erschöpfungszustände und negative gesundheitliche Folgen wie Kopf- und Rückenschmerzen, Magenbeschwerden, Schlafstörungen oder Muskelverspannungen entstehen.

- **Verhaltensebene:** Sie bezieht sich auf die offen sichtbaren Verhaltensweisen der betreffenden Personen. Typische Stressverhaltensweisen sind z. B. hastiges und ungeduldiges Verhalten (schnelles Sprechen, Unterbrechen anderer Menschen), Betäubungsverhalten (Rauchen, Essen, Alkohol, Medikamente) sowie ein kon-

Modul IV Sitzung 18: Infoblatt für Mütter   I18

fliktträchtiger Umgang mit anderen Menschen (gereiztes, aggressives Verhalten). Viele Menschen versuchen unter Stress mehrere Sachen gleichzeitig zu erledigen, legen keine Pausen mehr ein und vernachlässigen Freunde und Hobbys.

- **Bewertungsebene:** Durch Stress werden häufig auch bestimmte Gefühle ausgelöst wie z. B. innere Unruhe, Nervosität, Unzufriedenheit, Ärger, Angst und Hilflosigkeit. Gedanklich zeigen sich oft Selbstvorwürfe, Grübeleien, Leere im Kopf oder Denkblockaden.

Die Einteilung des Stressgeschehens in drei Bereiche (Stressoren, stressverstärkende Gedanken und Stressreaktionen) soll verdeutlichen, dass man nicht nur an den äußeren Umständen etwas ändern kann, sondern dass es verschiedene Möglichkeiten der Stressbewältigung gibt.

Stressbewältigung

Es gibt eine Vielzahl an Möglichkeiten den eigenen Stress zu verringern. Dies hat den wesentlichen Vorteil, dass sich jeder seine eigenen Strategien des Stressabbaus aussuchen kann, angepasst an seine Fähigkeiten und an die jeweilige Situation. Eine wirksame Stressbewältigung kann über die folgenden Punkte erreicht werden.

1. Stressoren als Ansatzpunkt durch Veränderung der Umweltbedingungen

Hierbei soll eine Stressverringerung durch eine Veränderung der jeweiligen äußeren Belastungen und Anforderungen erreicht werden. Eine Veränderung der Umwelt kann durch viele Maßnahmen erreicht werden:

- **Informationen einholen** (z. B. auf einem Amt nachfragen, wenn man ein Formular nicht versteht)

- **Arbeitsaufgaben anders verteilen** (z. B. Hausarbeit auf verschiedene Personen verteilen)

- Veränderung der persönlichen **Zeitplanung** (z. B. regelmäßiger Gebrauch eines Terminkalenders zur besseren Übersicht über anstehende Verpflichtungen; Einplanen von Ruhepausen in den Tagesablauf)

- Besuch von **Fortbildungsveranstaltungen** (z. B. Besuch eines Computerkurses bei Überforderung mit bestimmten PC-Programmen am Arbeitsplatz)

- **Forderungen anderer Personen auf angemessene Weise ablehnen** (z. B. freundlich, aber unmissverständlich und beharrlich „nein" sagen, wenn Kollegen anfragen, ob man für sie eine Aufgabe erledigen könne)

- Einholen **zwischenmenschlicher Unterstützung**, Aufbau eines unterstützenden Netzwerkes (z. B. Freunde und Bekannte fragen, ob sie einem bei bestimmten Aufgaben helfen können)

 **Modul IV Sitzung 18: Infoblatt für Mütter**   **I18**

- Gezielte **Aufteilung von Arbeitsaufgaben** in übersichtliche Einheiten (z. B. den Frühjahrsputz in überschaubare Teilaufgaben zerlegen)

- **Aufwertung von persönlichen und beruflichen Zielen** (z. B. regelmäßiger Besuch eines Sportkurses mit einer Freundin; an diesen Tagen Anforderungen an „perfekten Haushalt" herunterschrauben)

2. Stressverstärkende Gedanken als Ansatzpunkt durch Veränderung der in ihnen enthaltenen stressverschärfenden Bewertungen

Hierbei versuchen Sie, das Ausmaß Ihres Stresserlebens durch die Veränderung eigener stressverstärkender Einstellungen und Bewertungen zu verringern. Damit ist aber nicht so etwas gemeint wie „Sehen Sie einfach alles mehr von der positiven Seite!" Es gibt viele Ereignisse im Leben, bei denen es nicht angemessen ist, sich nur auf das Positive zu konzentrieren und bei denen Sätze wie „Kopf hoch, das wird schon wieder" nicht weiterhelfen, sondern schaden. Stattdessen ist das Ziel, sich eigene **stressfördernde Einstellungen und Grundannahmen** wie z. B. „Ich muss das allein schaffen" oder „Es ist eine Katastrophe, wenn mir das nicht gelingt" zu vergegenwärtigen und zu hinterfragen, ob diese Gedanken zutreffen bzw. ob sie die Wirklichkeit am treffendsten widerspiegeln.

Eine Veränderung solcher stressfördernder Gedanken und Bewertungen könnte z. B. folgende Schritte umfassen:

- Überprüfung eigener **Leistungsansprüche** (z. B. „Ich versuche es gut zu machen" statt „Ich muss das perfekt machen")

- Einsicht in die **Grenzen der eigenen Leistungsfähigkeit** (z. B. „Ich kann mir auch Hilfe holen" statt „Ich muss das allein schaffen")

- Bewertung von **Schwierigkeiten als Herausforderung**, nicht als Bedrohung (etwa „Ich versuche das jetzt einmal, vielleicht kann ich da auch etwas lernen" statt „Das kann ich noch nicht, darin werde ich bestimmt versagen")

- **Abstand aufbauen zu Alltagsverpflichtungen** und das eigene Selbstbild weniger von der Erfüllung dieser Pflichten abhängig machen (z. B. „Die Küche muss nicht jeden Tag blitzblank sein. Ich bin keine schlechte Hausfrau, wenn es einen Tag mal etwas unordentlich aussieht" statt „Ich kann erst dann mit mir zufrieden sein, wenn ich meinen Haushalt vollkommen im Griff habe")

- Den Blick auf das Wesentliche richten und **entscheiden, was Ihnen wirklich wichtig ist** (z. B. „Mir ist es wichtiger, meine Freundinnen regelmäßig zu treffen als die ganze Wäsche immer so schnell wie möglich zu bügeln")

- Gedanken gezielt auf **Positives, Erfreuliches und Gelungenes** lenken (z. B. „Heute konnte ich mich endlich mal wieder entspannen und habe etwas Kraft getankt" statt „Jetzt hab ich mal wieder gar nichts geschafft")

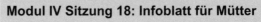

Modul IV Sitzung 18: Infoblatt für Mütter   **I18**

- **Unangenehme Gefühle loslassen**, nicht zu lange an alten Verletzungen hängen bleiben („Ich rege mich jetzt nicht mehr jeden Tag über das Verhalten meines ehemaligen Partners auf. Das stresst mich nur und bringt mich nicht weiter")

- **Abbau von starren Vorstellungen über sich selbst und über andere Menschen**, um sich dadurch besser an die Wirklichkeit anzupassen und sie besser annehmen zu können („Dann läuft halt jetzt alles anders, als ich gedacht habe. Ich werde mich schon daran gewöhnen" statt „Das darf nicht so sein. Das muss so laufen, wie ich mir das vorgestellt habe")

3. Stressreaktionen als Ansatzpunkt durch Förderung des Entspannungsvermögens

Sie können Ihr Stresserleben auch verringern, indem Sie die mit belastenden Gefühlen häufig verbundene **körperliche Anspannung abbauen** und Ihre Fähigkeiten sich zu entspannen besser entwickeln. Sie streben dabei eine Milderung von Stressreaktionen wie Angst, Ärger, Schuld, Neid und Kränkungsgefühlen an und zielen auf eine Milderung der mit diesen Gefühlen oft einhergehenden, quälenden Spannungszustände ab. Gleichzeitig streben Sie dabei angenehme Gefühlszustände wie z. B. Freude oder Stolz an. Auch hier kann zwischen verschiedenen Bewältigungsstrategien unterschieden werden. Zum einen kann man **akute Stressreaktionen dämpfen** und dadurch kurzfristig Erleichterung und Entspannung bewirken. Zum anderen gibt es **längerfristige Strategien**, die für regelmäßige und anhaltende Erholung und Entspannung sorgen sollen. Dabei gibt es leider nicht nur förderliche, sondern auch **sehr ungesunde Bewältigungsstrategien**. Viele Menschen versuchen gerade in stressreichen Zeiten mit ungesunden Verhaltensweisen (z. B. Rauchen, Alkoholkonsum, übermäßiger Verzehr von Fast Food, Fernsehen) den Stress zu dämpfen. Dies führt jedoch nur zu einer **weiteren Belastung des unter der Stressbelastung ohnehin schon leidenden Körpers**. Als hilfreich und nebenwirkungsfrei haben sich hingegen die folgenden Wege der Stressbewältigung erwiesen:

Beispiele für kurzfristig wirksame Strategien der Stressbewältigung

- Abreagieren durch **körperliche Aktivität** (z. B. eine kurze Runde an der frischen Luft, wenn man sich zu sehr aufregt)

- **Ablenkung** von der Situation (z. B. durch Musik, leichte Lektüre, entspannende Erinnerungen)

- **Zwischenmenschliche Unterstützung** nutzen (z. B. entlastende Gespräche führen, sich Trost und Ermutigung durch andere verschaffen)

- Entlastung durch die **angemessene Äußerung eigener Gefühle**

- **Kurzentspannung** (z. B. wenige Minuten die Augen schließen und sich auf die Atmung konzentrieren)

 **Modul IV Sitzung 18: Infoblatt für Mütter** I18

- **Sich selbst etwas Gutes tun** (ganz nach Ihren eigenen Vorlieben, z. B. spazieren gehen, ein Bad nehmen, etwas Leckeres kochen)

Beispiele für eher langfristig wirksame Strategien der Stressbewältigung

- Regelmäßige **Entspannungsübungen**
- Ein **Hobby** betreiben, **Freundschaften und soziale Kontakte** pflegen
- Regelmäßig (ein- oder zweimal pro Woche) **Sport** treiben
- **Gesunde Lebensweise** (z. B. durch ausgewogene Ernährung und Verzicht auf selbstschädigende Drogen)

Insgesamt gibt es eine sehr breite Palette an Möglichkeiten, um das Erleben von Stress zu verringern. **Dabei kann man nicht allgemein sagen, welche Möglichkeit in welcher Situation die beste ist.** Zu unterschiedlich sind die jeweiligen Situationen und zu unterschiedlich sind vor allem auch die betroffenen Personen mit ihren persönlichen Werten, Zielen und Fähigkeiten. Wenn Sie z. B. immer auf die Unterstützung einer anderen Person angewiesen sind, um sich von ihrem Stress zu erleichtern, dann kann es schwierig werden, wenn einmal niemand Zeit hat. Dann ist es gut, wenn Sie noch andere Wege kennen und beherrschen, um sich Entlastung zu verschaffen. Wesentliches Ziel ist damit eine **Flexibilität im Umgang mit den verschiedenen Möglichkeiten der Stressbewältigung**, die sich an den jeweiligen **Situationsmerkmalen**, an Ihren eigenen **Fähigkeiten** und an Ihren jeweils aktuellen **Bedürfnissen** orientiert. Dies wird es Ihnen ermöglichen, für belastende Situationen eine große Anzahl an Bewältigungsmöglichkeiten zur Verfügung zu haben und dann die für den speziellen Fall beste Möglichkeit auszuwählen und einzusetzen. Das kann in einem Fall eine direkte Handlung zur Beseitigung eines Stressors sein (z. B. Wechsel des Arbeitsplatzes), während in einem anderem Fall ein Ansetzen an der Stressreaktion (z. B. ein langer Waldlauf nach einem stressigen Arbeitstag) vorteilhafter ist. Ein erster hilfreicher Schritt in Richtung einer besseren Stressbewältigung kann darin bestehen, sich mit den Bewältigungsmöglichkeiten auseinander zu setzen, die man bisher genutzt hat, und sich Gedanken zu machen über eventuell notwendige, zusätzliche Möglichkeiten. So könnte jemandem, der sich bisher meistens über eher körperliche Methoden erholt hat (z. B. nach einem stressigen Tag abends in die Sauna gehen), auffallen, dass er bisher kaum an den Stressoren selbst oder an seinen gedanklichen Bewertungen dieser Stressoren angesetzt hat. Um ein **persönliches „Anti-Stress-Programm"** zu entwickeln ist es also wichtig, sich mit seinen **bestehenden Stressbelastungen** zu beschäftigen und die eigenen **„Stress-Bereiche"** ausfindig zu machen. Dabei können folgende Fragen hilfreich sein:

1. Was sind meine typischen Stressoren?
2. Mit welchen Einstellungen begegne ich diesen?
3. Wie reagiere ich in Belastungssituationen?

Modul IV Sitzung 18: Infoblatt für Mütter   **I18**

Geht's auch ohne Rauch?

Ein Infotext über Stress und Stressbewältigung wäre nicht vollständig, ohne noch einmal ausführlicher auf das Thema Rauchen einzugehen. Im Rahmen eines Präventionsprojektes für Alleinerziehende gilt dies sogar in besonderem Maße, da der Anteil regelmäßiger Raucherinnen unter alleinerziehenden Müttern vergleichsweise hoch ist (46 % der alleinerziehenden, aber nur 24 % der verheirateten Mütter rauchen regelmäßig).

Raucher berichten häufig, dass das Rauchen sie entspannt und dass sie sich nach dem Rauchen einer Zigarette gelassener und weniger angespannt fühlen als vorher. Dieser Eindruck ist in gewisser Weise zutreffend, denn Nikotin wirkt direkt im Gehirn und hat in höherer Dosierung nachweisbar eine beruhigende und entspannende Wirkung. Diese Wirkung hält jedoch nur sehr kurzfristig an. Relativ rasch folgen dann **Entzugssymptome, die als Stress wahrgenommen werden** und erneut den Griff zur Zigarette provozieren. Dadurch entsteht ein **Teufelskreislauf**, in dem der jeweils durch die kurze Abstinenzphase zwischen zwei Zigaretten ausgelöste Stress mit der nächsten Zigarette „bekämpft" wird.

Auch in wissenschaftlichen Untersuchungen konnte bestätigt werden, dass Raucher im Durchschnitt über ein stärkeres Stresserleben berichten als Nichtraucher. **Der Entspannungszustand des Rauchers nach dem Konsum einer Zigarette entspricht daher dem Normalzustand des Nichtrauchers und wird vom Raucher lediglich im Vergleich zu den Entzugssymptomen als Zustand größerer Entspannung wahrgenommen.** Zusätzlich zu den bekannten schädlichen Auswirkungen des Rauchens auf die Raucher selbst (Raucher sterben im Durchschnitt zehn Jahre früher als lebenslange Nichtraucher) und auf ihre Umwelt (besonders passiv rauchende Kinder sind gefährdet, da sie auf die schädlichen Auswirkungen des Tabakrauchs viel empfindlicher reagieren als Erwachsene) ergibt sich damit ein weiteres Argument gegen das Rauchen, das im Zusammenhang mit dem Thema dieser Sitzung besonders wichtig ist – Rauchen hat eben nicht die erhofften Stress mildernden Effekte, sondern verstärkt im Gegenteil die Stressbelastung.

Was also tun? Es ist sicher kein leichter Schritt von der Nikotinsucht loszukommen, zumal Raucher von der sehr finanzstarken Tabakindustrie fast überall mit Werbebotschaften konfrontiert werden. Wem jedoch seine Gesundheit und die Gesundheit seiner Familie am Herzen liegt und wer zudem noch nach einer wirkungsvollen Methode des Stressabbaus sucht, für den gibt es eigentlich keine Alternative zum Ausstieg aus der Sucht. Hilfreich können Raucherentwöhnungskurse sein, die mittlerweile von vielen Krankenkassen bezuschusst oder sogar ganz bezahlt werden und die recht gute Erfolgsraten verzeichnen. Auch Nikotinpflaster können den Schritt in ein rauchfreies Leben deutlich erleichtern.

Aber auch ohne diese Formen professioneller Hilfe lässt sich eine Menge tun, um den Absprung wirklich zu schaffen. Gut ist es z. B. sich einmal ganz in Ruhe damit auseinanderzusetzen, warum man aufhören möchte und die Argumente dann schriftlich festzuhalten. Auch eine schriftliche Auseinandersetzung mit den beiden Fragen „Was habe ich davon, wenn ich rauche?" und „Was habe ich davon, wenn ich nicht rauche?" kann für Klarheit sorgen und die Motivation zur Tabakabstinenz erhöhen.

Modul IV Sitzung 18: Infoblatt für Mütter I18

Falls man nicht mit einem „eisernen Willen" gesegnet ist, gibt es zudem eine ganze Reihe an unterstützenden Maßnahmen, die man ergreifen kann, um es nicht beim guten Vorsatz eines rauchfreien Lebens zu belassen. So empfiehlt es sich alle Rauchutensilien wie Aschenbecher, Feuerzeuge usw. wegzuräumen bzw. sogar sich ganz von ihnen zu trennen. Auch sollte man seine Umwelt mit einbeziehen und möglichst viele nahestehende Menschen über diese wichtigen Schritt informieren. Man kann z. B. auch mit einer Vertrauensperson (am besten natürlich mit jemandem, der es schon geschafft hat dem Nikotin abzuschwören) vereinbaren, dass man sie bei einem drohenden Rückfall anruft und sich mit ihr bespricht. Hierdurch wird die Schwelle für ein erneutes Abrutschen in die Sucht deutlich erhöht. Ganz besonders wichtig ist es zudem, sich für die zahlreichen Rituale, die man sich als Raucher im Laufe der Zeit oft angewöhnt hat (die Zigarette nach dem Essen, die Zigarette am Telefon, die Zigarettenpause bei der Arbeit usw.), andere Möglichkeiten zu überlegen, die auch als „kleine Belohnung" wahrgenommen werden. Wer z. B. als Raucher ab und zu kleine Pausen bei der Arbeit eingelegt hat und nun aufhören möchte zu rauchen, der sollte (wenn der Arbeitsplatz das zulässt) mit den Zigaretten nicht gleich auch die Pausen abschaffen. Vielleicht gewöhnt man sich statt der nur vermeintlich erholsamen Zigarette ein anderes Ritual an. Selbst nur ein paar Minuten aus dem Fenster zu schauen oder in Ruhe ein Glas Wasser zu trinken kann Sie wieder frischer an die Arbeit gehen lassen und eine angenehme Kurzunterbrechung darstellen. Und das garantiert ohne anschließende Entzugssymptome!

Falls man es nicht schafft ganz vom Nikotin loszukommen (und den meisten Menschen fällt es leichter ganz aufzuhören als den Nikotinkonsum dauerhaft stark einzuschränken), kann man eine gewisse Schadensbegrenzung dadurch erreichen, dass man zumindest nicht mehr in der Gegenwart von Nichtrauchern raucht. Deutschland tut sich im Vergleich zu vielen anderen Ländern mit dem Schutz der Nichtraucher immer noch sehr schwer. Aber auch ohne entsprechende Gesetze sind sicherlich die allermeisten Nichtraucher dankbar, wenn sie keiner Rauchbelästigung ausgesetzt werden.

 **Modul IV Sitzung 18: Gruppenablauf**   **G18**

Blitzlicht und Anwesenheitsbogen

Wie kommen Sie heute hier an? Wie geht es Ihnen?

Bearbeitung der Wochenübung W17 „Konflikt-Coaching"

In der letzten Woche haben Sie für Ihr Kind die Rolle eines Konflikt-Coachs übernommen und es kreativ bei der Bearbeitung einer schwierigen Situation unterstützt.

Wie ist es Ihnen beiden bei der Übung ergangen? Für welche Coaching-Technik (etwa bildhafte Darstellung oder Rollenspiel mit Stofftieren) haben Sie sich entschieden?

Welche Gefühle sind in Ihnen entstanden, als Sie sich gemeinsam mit Ihrem Kind so intensiv mit einer Situation auseinandergesetzt haben, die ihm Schwierigkeiten bereitet?

Was an der Übung war wichtig für Sie? Was war aus Ihrer Sicht wichtig für Ihr Kind?

Bieten Sie den Teilnehmerinnen nach Besprechung der Wochenübung zudem die Möglichkeit, noch offen gebliebene Fragen zum Infoteil I17 zu klären.

Vorstellung von Sitzungsthema und Sitzungsablauf

Verwenden Sie die Übersicht Ü18, um den Teilnehmerinnen einen kurzen Überblick über das Programm der heutigen Sitzung zu geben.

 **Modul IV Sitzung 18: Gruppenablauf   G18**

Übung 1: „Meine persönlichen Stressoren"

Material	Flipchart und Stifte
Methode	Brainstorming
Form	Gruppendiskussion
Ziel	Erkennen persönlicher Stressoren
Zeit	Ca. 15 Minuten

Vorgehensweise/Anleitung:

- Diese Übung dient als Einstieg in das Thema „Stress und Stressbewältigung". Sie soll den Blick für eigene Stressoren schärfen und der Gesamtgruppe einen Eindruck davon vermitteln, wie vielfältig Stressoren sein können.

- Notieren Sie bitte für diese Übung die Überschriften „Ich bin gestresst, wenn ..." und „Was mich stresst:" an der Flipchart. Um die Unterschiedlichkeit möglicher Stressoren hervorzuheben, könnten Sie z. B. wie folgt einleiten: *Heutzutage antworten viele Menschen auf die Frage „Wie geht es dir?" mit dem Satz „Ich bin gestresst". Dabei bedeutet Stress für jeden Menschen etwas anderes. Was den einen aufregt oder sehr belastet, muss der andere noch lange nicht als Stress empfinden. Jeder Mensch hat sein eigenes Erleben und damit auch sein eigenes Erleben von Stress und Stressauslösern. Jeder Mensch hat deshalb auch seinen eigenen, ganz persönlichen Stress.*

- Hilfreiche Fragen für die Diskussion können sein:

  1. Was bedeutet denn Stress für Sie persönlich?

  2. In welchen Situationen fühlen Sie sich gestresst?

  3. Welche Ereignisse belasten Sie?

  4. Wann fühlen Sie sich überfordert?

- Ziel ist hierbei, die Teilnehmerinnen für ihre eigenen Stressoren zu sensibilisieren. Dabei sollten Sie die Teilnehmerinnen dazu auffordern, nicht nur allgemeine Aussagen zu treffen wie z. B. „Ich bin gestresst, wenn ich keine Zeit habe", sondern die Situationen möglichst genau zu schildern. Als wichtige Grundregel für das Zusammentragen der Informationen in dieser Übung kann der Grundsatz „Jeder hat seinen eigenen Stress" gelten. Die Teilnehmerinnen

Modul IV Sitzung 18: Gruppenablauf   **G18**

sollen also den Stress der anderen nicht bewerten bzw. entwerten („Wie kann man sich über so etwas nur aufregen?"). Auch geht es nicht darum, vorschnell Ratschläge zu erteilen.

- Achten Sie darauf die Übung zeitlich nicht zu sehr auszudehnen. Es ist nicht notwendig, sämtliche Stressoren erschöpfend und ausführlich zu erfassen. Vielmehr soll in kurzen Stichpunkten festgehalten werden, was die Teilnehmerinnen stresst und dadurch vermittelt werden, dass es Stressoren unterschiedlichster Art gibt.

Zusammenfassung der Information I18 „Stress und Stressbewältigung"

Verteilen Sie jetzt an die Teilnehmerinnen die Unterlagen für die heutige Sitzung und referieren Sie die zentralen Inhalte des Textes I18. Hierzu sollten Sie sich vor der Sitzung mit diesem Text und mit dem Text T18 vertraut gemacht haben. Empfehlenswert ist es, wenn Sie die Abbildung zum Zusammenhang der drei verschiedenen Stress-Ebenen an der Flipchart aufzeichnen, da sich viele der Informationen aus dem Text T18 anhand dieser Abbildung gut erläutern lassen. Zudem können Sie mit ihrer Hilfe leicht an die in Übung 1 bereits erarbeiteten persönlichen Stressoren der Teilnehmerinnen anknüpfen, indem Sie sie den verschiedenen Ebenen zuordnen. Vermutlich werden die meisten Antworten dem Bereich der äußeren Stressoren entstammen und weniger den beiden anderen Bereichen.

Betonen Sie besonders, dass auf jeder der drei Ebenen Stressbewältigungsmöglichkeiten bestehen, dass jedoch viele Menschen dazu neigen, nur an den Stressoren oder an den Stressreaktionen etwas verändern zu wollen. Heben Sie daher hervor, dass gerade eigene Gedanken und Bewertungen sehr stressverstärkend sein können und dass sich auch diese Sitzung vor allem auf stressverstärkende Gedanken und mögliche Alternativen konzentriert. Leiten Sie so zum nachfolgenden Rollenspiel über.

Rollenspiel: „Der Einfluss von Gedanken"

Material	Schere, Papier
Methode	Rollenspiel
Ziel	Wahrnehmung stressverstärkender Gedanken
Zeit	Ca. 5-10 Minuten

 **Modul IV Sitzung 18: Gruppenablauf**   **G18**

Vorgehensweise/Anleitung:

- Die beiden Gruppenleiter führen ein Rollenspiel vor, um den Müttern die Wirkung von stressverstärkenden und stressmildernden Gedanken darzustellen. Hierfür übernimmt z. B. die Gruppenleiterin die Rolle der Darstellerin und der Gruppenleiter formuliert die stressverstärkenden bzw. die stressmildernden Gedanken.

- Das Rollenspiel sollte sich einer Situation bedienen, die vielen der Teilnehmerinnen aus ihrem Alltag vertraut ist. Gut spielerisch umsetzbar ist etwa das Basteln eines Fensterbildes für die Dekoration einer Feier im Kindergarten. Wenn Ihnen eine andere Situation geeigneter erscheint, können Sie als Gruppenleitung hier gern auch variieren.

- In diesem Rollenspiel findet kein Rollentausch statt – ein Gruppenleiter übernimmt den handelnden, der andere den gedanklichen Part. Diese feste Aufteilung verdeutlicht zum einen den Punkt, dass die Gedanken auch etwas „Gemachtes" sind, das sich nicht zwangsläufig aus der gespielten Aufgabenstellung ergibt. Zum anderen zeigt sie, dass es sich in beiden Spielvarianten um dieselbe Person mit denselben Fähigkeiten und Fertigkeiten handelt (das heißt etwa für den Vorschlag des Bastelns einer Fensterdekoration, dass dem Darsteller sowohl bei den stressverstärkenden als auch bei den stressmildernden Gedanken die Bastelarbeit nicht perfekt gelingt, er z. B. mehrfach mehr Papier abschneidet, als er wollte).

- Der bastelnde Gruppenleiter erläutert eingangs kurz die Situation (z. B. Vorbereitung der Dekoration für das Kindergartenfest: *„Ich bin im Elternrat des Kindergartens und wir haben beschlossen ein großes Sommerfest zu feiern. Dabei habe ich mich für die Erstellung der Dekoration gemeldet und soll diese bis morgen fertig stellen"*).

- Der andere Gruppenleiter begleitet die Pantomime mit Kommentaren, die den Gedanken des Bastlers Ausdruck verleihen. Beginnen Sie im ersten Durchgang mit den **stressverstärkenden** Gedanken. Diese könnten wie von einem „Saboteur" folgendermaßen formuliert werden:

- *Jetzt sitze ich hier und habe eigentlich gar keine Zeit mehr. – Wieso habe ich mich dafür eigentlich gemeldet? – Immer muss ich alles machen! Dabei kann ich das doch gar nicht richtig. – Aber sonst kümmert sich ja bestimmt keiner darum. – Wie sieht das denn bitte aus ... Ich bin so ungeschickt im Basteln! Da werde ich ja zum Gespött der anderen. – Und die Deko vom letzten Sommerfest war so toll. – Ich bin einfach unfähig! Die anderen können das viel besser. – Jetzt streng dich doch mal an. So kann man das doch nicht abgeben. – Ich habe so etwas noch nie gekonnt ...*

- Wichtig ist, dass der Sprecher genügend lange Pausen einlegt, damit die stressverstärkende Wirkung der Gedanken allmählich immer deutlicher wird.

Modul IV Sitzung 18: Gruppenablauf G18

Wenn Sie Abwandlungen des Textes oder Ergänzungen vornehmen, dann achten Sie darauf, nicht zu sehr zu überzeichnen. Die Gedanken sollen zwar sehr einseitig, aber dennoch nicht so extrem sein, dass die Teilnehmerinnen sich in ihnen gar nicht mehr wiedererkennen können und sich dann lachend distanzieren.

- Der bastelnde Gruppenleiter sollte die geäußerten Gedanken in Gestik und Mimik verdeutlichen.

- Nach einigen Minuten unterbrechen Sie das Spiel und starten die Situation noch einmal von vorn. Der bastelnde Gruppenleiter nimmt also einen neuen Bogen Papier zur Hand und steht vor der gleichen Aufgabenstellung. Dieses Mal begleitet der andere Gruppenleiter ihn jedoch mit Kommentaren, die für mögliche **stressmildernde** Gedanken in einer solchen Situation stehen. Die stressmildernden Kommentare können dabei wie folgt lauten:

- *Na ja, so richtig weiß ich jetzt nicht, wie man ein Fensterbild überhaupt macht, aber ich werde das schon irgendwie schaffen. – Muss jetzt ja nicht perfekt sein. – Oh, das ist ein bisschen schief geworden, aber um das zu merken, müsste man schon mit dem Lineal nachmessen. – Außerdem gibt es sowieso viel Spannenderes auf dem Sommerfest zu sehen. – Das nimmt ja ganz schön Zeit in Anspruch. Aber ich mache jetzt einfach eins nach dem anderen. – Ich habe schließlich auch nur zwei Hände. Und wenn nicht so viel Deko da ist, dann ist das auch nicht so schlimm. – Oder ich frage einfach nachher noch meine Nachbarin, ob sie nicht Lust hat mir zu helfen. – Oh, das sieht aber jetzt komisch aus. Na ja, ich kann mir auch mal einen Fehler leisten. Halb so schlimm ...*

- Hilfreiche Fragen für die anschließende Nachbesprechung der beiden Rollenspiele mit den Teilnehmerinnen sind beispielsweise:

    1. Wie ging es Ihnen als Beobachterin der beiden Rollenspiele? Woran haben Sie gedacht? Welche Gefühle kamen auf?

    2. Kennen sie solche Situationen? Kennen Sie solche Gedanken?

    3. Kennen Sie noch weitere stressverstärkende Gedanken?

    4. Wer könnte sich vielleicht hinter dem negativen „Saboteur" verbergen?

Übung 3: „Stressverstärkende und stressmildernde Gedanken"	
Material	Papier, Mal-/Zeichenstifte, Didaktisches Material D18

Modul IV Sitzung 18: Gruppenablauf G18

Methode	Rollenspiel
Form	Kleingruppenübung
Ziel	Verdeutlichung der unterschiedlichen Auswirkungen stressmildernder bzw. stressverschärfender Gedanken
Zeit	Ca. 15-20 Minuten

Vorhergehensweise/Anleitung:

- Die folgende Rollenspielübung bietet den Teilnehmerinnen die Gelegenheit, die Wirkung stressverstärkender und stressmildernder Gedanken auf gefühlsmäßiger Ebene selbst zu erleben.

- Hierzu bilden die Teilnehmerinnen Dreiergruppen. Die Teilnehmerinnen sollten zudem die Listen mit stressverstärkenden und stressmildernden Gedanken bereithalten, die sich im Didaktischen Material dieser Sitzung befinden.

- Jede Teilnehmerin soll im Verlauf der Übung jede der drei Rollen (Malen/ Zeichnen; Kommentieren; Beobachten) einmal übernehmen. Zum Start der Übung übernimmt je Kleingruppe eine Teilnehmerin die Aufgabe, ein Bild zu malen oder zu zeichnen, während eine zweite Teilnehmerin das Malen mit stressverstärkenden Gedanken kommentiert und eine dritte Teilnehmerin die Beobachterposition einnimmt. Was für ein Bild sie malt bzw. zeichnet, bleibt der jeweiligen Teilnehmerin selbst überlassen. Die Aufgabe ist damit absichtlich so angelegt, dass keine ergebnisorientierten Bewertungsmaßstäbe im Sinne „richtiger" bzw. „falscher" Bildlösungen anwendbar sind.

- Die kommentierenden Teilnehmerinnen können zum einen auf die Liste stressverstärkender Gedanken im Didaktischen Material D18 zurückgreifen. Ermuntern Sie sie zum anderen aber auch, spontan stressverstärkende Gedanken einzubringen, die ihnen selbst in den Sinn kommen.

- Das könnte z. B. folgendermaßen aussehen: *„Was malst du denn da? Das kann man ja gar nicht erkennen. Andere können viel besser zeichnen als du! Du hast ja überhaupt kein Talent ..."*

- Nach einer kurzen Pause, in der die malende Teilnehmerin das Gesagte auf sich wirken lassen kann, wird die Übung fortgesetzt. Es wird weiter gemalt und die zuvor beobachtenden Teilnehmerinnen kommentieren nun das Zeichnen/ Malen mit stressmildernden Gedanken; die zuvor kommentierenden Teilnehmerinnen beobachten den Prozess.

- Auch hier kann eine Mischung aus der Liste im Didaktischen Material und eigenen Einfällen der kommentierenden Teilnehmerinnen zum Tragen kommen.

Modul IV Sitzung 18: Gruppenablauf   **G18**

- Das könnte sich z. B. wie folgt anhören: „Das bekommst du schon hin", „Alles halb so schwierig", „Niemand ist perfekt." „Ich lasse mich nicht aus der Ruhe bringen" usw.

- In dieser Übung ist insbesondere bei den stressverstärkenden Gedanken wichtig, dass die malende Teilnehmerin sich auch schützen darf. Vereinbaren Sie am besten ein Stopp-Zeichen, das sie einsetzen kann, wenn es ihr zu viel wird.

- Danach sollten die Rollen getauscht werden, so dass jede Mutter einmal die Wirkung der stressverstärkenden und der stressmildernden Gedanken erfahren kann.

- Wenn alle Teilnehmerinnen in den Kleingruppen die Wirkung der unterschiedlichen Gedanken erfahren haben, kommen sie wieder in der Großgruppe zusammen. Regen Sie einen Erfahrungsaustausch an, in dem vor allem die Erfahrungen in der „Malrolle" im Vordergrund stehen sollten. Wenn die Zeit ausreicht, können auch die Erfahrungen in den anderen Rollen ausführlicher reflektiert werden.

- Geeignete Fragen zur **Nachbesprechung der „Malrolle"** sind etwa:
  1. Wie ist es Ihnen mit der Übung ergangen?
  2. Wie war es für Sie, sich den stressverstärkenden Gedanken auszusetzen? Haben Sie Stress erlebt? Woran haben Sie das bemerkt?
  3. Hat sich Ihr Erleben bei den stressmildernden Gedanken verändert? Wenn ja, in welcher Form?

- Und zur **Nachbesprechung der kommentierenden bzw. beobachtenden Rolle:**

  1. Wie ging es Ihnen in der Rolle der „stressverstärkenden Gedanken"?

  2. Wie ging es Ihnen in der Rolle der „stressmildernden Gedanken"?

  3. Welche der Rollen war Ihnen vertrauter?

  4. Sind in der Übung Sätze aufgetaucht, die Ihnen selbst gut bekannt sind, vielleicht auch gerade in Ihrer Situation als alleinerziehende Mutter?

Erläuterung der Wochenübung W18 „Ich denke mich gestresst – ich denke mich entspannt." und „Entspannungstraining"

Die Gruppenleitung verteilt die Arbeitsunterlagen für die Wochenübung an die Teilnehmerinnen. Die Wochenübung wird anschließend kurz vorbesprochen, wobei auch Gelegenheit zu Rückfragen bestehen sollte.

 **Modul IV Sitzung 18: Gruppenablauf** **G18**

Die Wochenübung gliedert sich in zwei Teile. Ein Teil knüpft an die Inhalte zur gedanklichen Stress-Ebene an, die bereits Gegenstand der Sitzung waren. Im zweiten Teil können die Teilnehmerinnen ein Entspannungstraining kennen lernen, das eher an der Ebene der Stressreaktionen ansetzt. Aus zeitlichen Gründen ist es nicht möglich, diesem Verfahren im Rahmen der Sitzungen selbst mehr Raum zu geben. Die Progressive Muskelrelaxation erfordert in der Regel ein längeres Training und regelmäßiges häusliches Üben, was im Rahmen von PALME nicht zu gewährleisten ist. Dieser Teil der Wochenübung vermittelt zumindest einen guten Einblick in die Prinzipien der Technik.

 Modul IV Sitzung 18: Didaktisches Material D18

Liste stressverstärkender Gedanken

1. Am besten mache ich alles selbst.
2. Ich halte das nicht aus.
3. Es ist eine Katastrophe, wenn es anders läuft, als ich es geplant habe.
4. Das muss jetzt aber klappen.
5. Ich werde versagen.
6. Das schaffe ich nie.
7. Es ist nicht akzeptabel, wenn ich das nicht mache.
8. Ich muss das jetzt machen.
9. Es ist wichtig, dass ich alles unter Kontrolle habe.
10. Ich muss für die anderen da sein.
11. Es ist schrecklich, wenn andere mich kritisieren.
12. Ich muss von allen gemocht werden.
13. Ich darf die anderen nicht enttäuschen.
14. Man muss sich zu 100 % auf mich verlassen können.
15. Ich muss das auch allein schaffen.
16. Ich darf mir keine Blöße geben.
17. Es ist schrecklich, wenn andere auf mich böse sind.
18. Es ist schrecklich auf andere angewiesen zu sein.
19. Es ist ganz fürchterlich, wenn ich nicht weiß, was auf mich zukommt.
20. Ich muss mir zu 100 % sicher sein, wenn ich Entscheidungen treffen.

Typisch für stresserzeugende Einstellungen sind auch die folgenden Begriffe:

Müssen, z. B. „Ich muss es machen" statt „Ich kann es machen", „Ich möchte es machen" oder „Ich werde es machen".

Immer, z. B. „Das passiert mir immer" statt „Das passiert mir ab und zu".

Nie, z. B. „Das schaffe ich nie" statt „Das schaffe ich häufig nicht, aber manchmal klappt es auch".

Alle, z. B. „Alle anderen können das" statt „Manche können das, manche nicht. Ich kann andere Dinge".

Modul IV Sitzung 18: Didaktisches Material   D18

Liste stressmildernder Gedanken

1. Andere können auch nicht alles.
2. Ich gebe jetzt auch mal Verantwortung ab.
3. Ich muss nicht immer alles perfekt machen.
4. Ich kann es nicht allen recht machen.
5. Auch ein Misserfolg oder eine Kritik können mir nützen.
6. Ich konzentriere mich nur auf meine Aufgabe.
7. Ich mache das gut.
8. Es gibt Schlimmeres.
9. Ich werde es überstehen.
10. Eins nach dem Anderem.
11. Ich konzentriere mich nur auf das Wichtigste.
12. Erst einmal tief durchatmen und entspannen.
13. Ich setze mich jetzt nicht unter Druck.
14. Ich habe auch nur zwei Hände.
15. Ich kann mir auch einen Fehler leisten.
16. Aufregung nützt mir nicht viel.
17. Ich nehme es nicht so wichtig.
18. Lass das Grübeln, das bringt nichts.
19. Die Suppe wird nur halb so heiß gegessen, wie sie gekocht wird.
20. Ich verschaffe mir erst einen Überblick.
21. Ruhe bewahren, nichts überstürzen.
22. Ich werde es schon schaffen.
23. Ich weiß, dass ich es kann.
24. Ich mache mich jetzt nicht verrückt.
25. Müssen muss ich nichts.

Typisch für stressmildernde Gedanken ist zudem:

Sie lenken die Aufmerksamkeit weg von Verallgemeinerungen und zielen auf eine wirklichkeitsgetreuere Sicht der jeweiligen Situation.

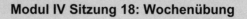

Modul IV Sitzung 18: Wochenübung   W18

Arbeitsblatt zur Wochenübung W18: „Ich denke mich gestresst – ich denke mich entspannt."

In der letzten Sitzung haben Sie sich genauer mit dem Einfluss unserer Gedanken und Bewertungen auf unser Stressempfinden beschäftigt. Natürlich können typische Gedanken nicht von heute auf morgen verändert werden. Dennoch kann es hilfreich sein, sich die eigenen stressverstärkenden Gedanken bewusst zu machen. Deshalb sollten Sie in der kommenden Woche einmal auf Situationen achten, in denen Sie sich gestresst fühlen. Halten Sie dann einen Augenblick inne und achten Sie auf Ihre Gedanken in der jeweiligen Situation. Was sagen Sie in diesem Moment zu sich selbst? Vielleicht treiben Sie sich zu mehr Leistung an („Jetzt reiß dich mal zusammen"), verlangen ein perfektes Ergebnis von sich („Das ist noch nicht gut genug") oder vergleichen sich mit anderen („Die anderen können das besser"). Merken Sie sich diesen Gedanken und die jeweilige Situation und notieren Sie später, wenn Sie etwas mehr Zeit haben, beides auf dem nachfolgenden Arbeitsblatt. Überlegen Sie sich, welcher Gedanke Sie in dieser Situation vielleicht weniger gestresst, sondern vielmehr beruhigt hätte. Stellen Sie sich die Situation erneut vor, diesmal jedoch mit dem stressmildernden Gedanken. Bemerken Sie einen Unterschied?

Nach einigen Tagen werden Sie vermutlich eine ganze Reihe von stressverstärkenden und stressmildernden Gedanken ausfindig gemacht haben. Ist Ihnen vielleicht einer der Gedanken wiederholt aufgefallen? Fühlt sich ein Gedanke besonders angenehm und passend an? Entscheiden Sie sich für Ihren eigenen stressmildernden „Lieblingsgedanken". Versuchen Sie, sich diesen in künftigen stressreichen Situationen bewusst in Erinnerung zu rufen. Halten Sie zudem auch nach dem für Sie typischen stressverstärkenden Gedanken Ausschau. Achten Sie darauf, in welchen Situationen Sie diesen zu sich sagen und versuchen Sie ihn durch den stressmildernden Gedanken zu ersetzen.

Modul IV Sitzung 18: Wochenübung   W18

Wochentag	Situation	Stressverstärkende Gedanken	Stressmildernde Gedanken

Mein ganz persönlicher stressmildernder Lieblingsgedanke:

_____

Modul IV Sitzung 18: Wochenübung   **W18**

Arbeitsblatt zur Wochenübung W18 „Entspannungstraining"

Das Entspannungstraining nach Jacobson, die sogenannte Progressive Muskelrelaxation (PMR), geht davon aus, dass sich Stress und geistige Anspannung auch im Körper, vor allem in den Muskeln festsetzen. Entsprechend nimmt Jacobson in der Umkehrung an, dass körperliche Entspannung auch zu geistiger Entspannung beiträgt. In vielen Studien konnte gezeigt werden, dass diese Selbstentspannungsübung tatsächlich sehr wirksam ist bei der Bewältigung von Stresssymptomen wie z. B. Kopfschmerzen, Schlafstörungen und Nackenschmerzen. Das Grundprinzip der Methode ist sehr einfach und praktisch anzuwenden: Einzelne Muskelgruppen werden zunächst angespannt, die Spannung wird kurz gehalten und anschließend mit einem tiefen Ausatmen wieder gelöst. Über diesen Weg kann eine Entspannung des gesamten Körpers erreicht werden.

Material: Wolldecke oder Gymnastikmatte, bequeme Kleidung

Zeitbedarf: Je Übungseinheit ca. 30 Minuten.

Sinn der Übung: Lernen Sie eines der „klassischen" Entspannungsverfahren kennen und finden Sie heraus, ob es für Sie dazu geeignet ist, ein Gefühl der Entspannung zu erreichen.

Übungsanleitung: Bitte führen Sie bis zum nächsten Termin die folgende Übung zu Hause durch. Wenn Sie es einrichten können, versuchen Sie am besten die PMR wiederholt zu trainieren, da sich dadurch der Übungsablauf mit jedem Durchgang besser einprägen kann und Sie sich wahrscheinlich zunehmend besser entspannen können. Es ist günstig, wenn Sie sich nach der Reihenfolge unserer Anleitung richten, aber falls Sie sich die Reihenfolge nicht ganz genau einprägen können oder Sie einige Körperpartien überspringen möchten, ist das auch nicht schlimm. Für das Training sollten Sie einen Ort wählen, an dem Sie möglichst ungestört sind. Es empfiehlt sich lockere Kleidung zu tragen, die Sie nicht einengt.

Sie können die Übungen in Rückenlage oder in einer bequemen, sitzenden Haltung durchführen. Liegend gelingt es vielen Menschen eine noch tiefere Entspannung zu erreichen als im Sitzen, weshalb Sie das Üben im Liegen bevorzugen sollten. Breiten Sie dazu Ihre Decke oder Matte auf dem Boden aus und legen Sie sich in bequemer Rückenlage hin, die Arme legen Sie neben Ihrem Körper ab. Die Beine liegen ausgestreckt auf der Unterlage, die Zehenspitzen lassen Sie locker nach außen fallen. Wenn Sie sich im Liegen nicht wohlfühlen, können Sie aber auch im Sitzen üben. Wählen Sie einen Stuhl oder einen nicht zu weichen Sessel mit hoher Lehne, so dass Sie Rücken und Kopf anlehnen können. Die Arme liegen auf den Armlehnen oder auf Ihren Oberschenkeln. Die Füße stellen Sie bequem auf den Boden.

Unabhängig davon ob Sie im Liegen oder im Sitzen üben, sollten Sie während der gesamten Übung die Augen schließen. Spannen Sie dann nacheinander die einzelnen Muskelpartien Ihres Körpers an. Verkrampfen Sie die Muskeln aber nicht, es geht nur um **eine leichte, eben spürbare Anspannung der Muskulatur**. Konzentrieren Sie sich auf die Spannung und halten Sie sie jeweils für 5-7 Sekunden. Lösen Sie die Anspannung mit einem tiefen Ausatmen. Spüren Sie die Entspannung und

 **Modul IV Sitzung 18: Wochenübung**   **W18**

Wärme, die sich in der jeweiligen Muskelgruppe ausbreitet. Bleiben Sie in dieser Entspannung für ca. 30 Sekunden und versuchen Sie sie durch tiefes und ruhiges Atmen weiter zu verstärken. Da sich dieser Wechsel aus einigen Sekunden Anspannung und einer längeren Entspannungsphase stets wiederholt, wird dies unten im Einzelnen nicht aufgeführt.

Noch eine wichtige Anmerkung: Sie sollten zwar versuchen sich auf die jeweilige Muskulatur zu konzentrieren. Vielen Menschen fällt es jedoch vor allem am Anfang schwer mit den Gedanken nicht abzuschweifen. Das ist nicht schlimm. Als hilfreich wird oft folgendes Bild empfunden: Stellen Sie sich vor, Ihre Gedanken wären wie Wolken, die Sie vorüberziehen lassen, um mit Ihrer Aufmerksamkeit immer wieder hin zu dem Kontrast zwischen dem Gefühl der Anspannung und dem Gefühl der Entspannung in der jeweiligen Muskelgruppe zurückzukehren.

Reihenfolge, in der Sie die Muskelpartien an- bzw. entspannen:

1. Die Hände locker zur Faust schließen, Muskulatur der **Hände** leicht anspannen ... und wieder entspannen. (2 x)

2. Die Arme mit geöffneten Händen anwinkeln, die Muskulatur der **Oberarme** anspannen ... und locker lassen. (2 x)

3. Nun wandern Sie mit Ihrer Aufmerksamkeit hin zu Ihrem Kopf. Spannen Sie zunächst die Stirnmuskulatur an, indem Sie die **Stirn** leicht nach oben ziehen und in Falten legen ... und wieder lockern.

4. Die Augenmuskulatur anspannen, indem Sie Ihre **Augen** leicht zusammendrücken ... und die Spannung zurücknehmen, die Augen dabei geschlossen halten. Die Muskulatur um Ihre Augen herum wird wieder ganz weich.

5. Die Nase leicht rümpfen, so dass die Muskulatur Ihres **Nasen- und Wangenbereichs** angespannt ist ... und wieder entspannen.

6. Die **Lippen** so zusammenpressen, als wollten Sie einen Schmollmund machen ... und die Spannung wieder lösen, die Muskulatur um Ihren Mund wird wieder weich und entspannt.

7. Pressen Sie nun Ihre Zähne etwas aufeinander, so dass Sie eine leichte Anspannung der **Kiefermuskulatur** spüren ... und locker lassen.

8. Drehen Sie Ihren Kopf ganz langsam ein wenig nach rechts und nach unten, bis Sie eine leichte Dehnung in Ihrer **Halsmuskulatur** spüren ... dann drehen Sie Ihren Kopf genauso langsam wieder zurück in die Ausgangslage.

9. Dasselbe zur linken Seite ... und wieder zurück.

10. Spannen Sie Ihre **Nackenmuskulatur** an, indem Sie das Kinn langsam ein Stück weit in Richtung Brust führen ... und den Kopf vorsichtig wieder in die Ausgangsposition führen.

Modul IV Sitzung 18: Wochenübung   **W18**

11. Die Schulterspitzen etwas nach hinten ziehen, so dass sich eine leichte Spannung in der **Schultermuskulatur** bemerkbar macht ... und wieder locker lassen.

12. Anschließend die **Rückenmuskulatur** anspannen, indem Sie ein leichtes Hohlkreuz machen ... und entspannen.

13. Ziehen Sie leicht Ihren Bauch ein, hierdurch wird die **Bauchmuskulatur** angespannt ... und die Anspannung lösen.

14. Das Gesäß leicht zusammendrücken, so dass sich eine Spannung in der **Gesäßmuskulatur** einstellt ... und wieder locker lassen.

15. Die **Oberschenkelmuskulatur** in beiden Beinen leicht anspannen ... und locker lassen. (2 x)

16. Die **Wadenmuskulatur** in beiden Beinen leicht anspannen, indem Sie die Füße etwas in Richtung Schienbein anziehen ... und wieder lockern. (2 x)

17. Die Muskulatur der **Füße** dadurch leicht anspannen, dass Sie die Zehen etwas nach oben krümmen ... und wieder entspannen. (2 x)

Verweilen Sie abschließend noch ein wenig in Ihrer Position, halten Sie die Augen weiterhin geschlossen und spüren Sie der Entspannung im ganzen Körper nach. Wenn Sie möchten, können Sie Ihre Aufmerksamkeit auf Ihren Atem lenken. Beobachten Sie Ihren Atem ganz ohne ihn zu verändern. Sie brauchen nichts zu tun als Ihrem Ein- und Ausatmen mit Ihren Gedanken zu folgen.

Zum Abschluss der Übung beginnen Sie zuerst langsam Ihre Hände und Füße zu bewegen. Räkeln und strecken Sie sich dann, so als wollten Sie morgens aufstehen. Räkeln Sie sich so lange, bis Sie sich wieder wach und frisch fühlen. Erst dann öffnen Sie die Augen. Die Übung ist beendet. Achten Sie bitte darauf, wie es Ihnen bei der Übung ergangen ist und ob sich ein Gefühl der Entspannung einstellt. Überlegen Sie bitte auch, ob etwas nicht so gut geklappt hat und woran dies gelegen haben könnte bzw. wie Sie dafür sorgen könnten, dass das Problem nicht weiter besteht.

Noch ein Tipp: Wenn Sie Lust haben sich intensiver mit der PMR zu beschäftigen, dann lohnt sich für Sie vielleicht auch die Anschaffung einer PMR-CD. Im Handel sind verschiedene Varianten erhältlich, auf denen Sie – untermalt von entspannender Musik – von einem PMR-Trainer durch die verschiedenen Trainingsabschnitte geführt werden. Kostenfrei erhältlich sind solche Aufnahmen auch bei einigen Krankenkassen.

Modul IV Sitzung 19: Übersicht Ü19

Thema	**Genuss und Wohlbefinden**
Fragen	• Was sind Genuss und Wohlbefinden für mich persönlich? • Wie kann ich mir im Alltag etwas Gutes tun?
Ziele	• Entwicklung der Genussfähigkeit • Vermittlung einer Wissensbasis über genussvolles Erleben • Schulung der Sinne
Ablauf	1. Blitzlicht und Anwesenheitsbogen 2. Bearbeitung der Wochenübung W18 „Ich denke mich gestresst – ich denke mich entspannt." und „Entspannungstraining" 3. Vorstellung von Sitzungsthema und Sitzungsablauf 4. Übung 1, Paarübung: Brainstorming „Genuss und Wohlbefinden" 5. Zusammenfassung der Information I19 „Genießen – aber wie?" 6. Übung 2, Großgruppe: „Praktisches Genusstraining" 7. Erläuterung der Wochenübung W19 „Genuss im Alltag"
Arbeitsmaterial Gruppenleiter	• Theoretische Einführung T19 „Genießen – aber wie?" • Anleitung zum Gruppenablauf G19 • Anwesenheitsbogen A19
Arbeitsmaterial Mütter	• Infoblatt I19 • Arbeitsblatt zur Wochenübung W19

Modul IV Sitzung 19: Theoretische Einführung   T19

Genießen – aber wie?

Die Beanspruchungs-Erholungsbilanz

Dieser Informationsteil beschäftigt sich mit der Suche nach **Ausgleichsmöglichkeiten für Alltagsbelastungen** und mit dem **Aufbau von angenehmen, erholsamen Tätigkeiten**. Angesichts der vielfältigen Verpflichtungen im Alltag alleinerziehender Mütter ist für sie die Herstellung einer ausgeglichenen Beanspruchungs-Erholungsbilanz besonders wichtig. Aber auch ganz allgemein gilt, dass jeder Mensch ausreichend lange und intensive Erholungsphasen braucht, wenn er seine körperliche und geistige Leistungsfähigkeit dauerhaft erhalten möchte. Die Sehnsucht danach ist bei den meisten Menschen vorhanden, die Erfüllung der Bedürfnisse nach Entspannung und Erholung wird jedoch von vielen auf die lange Bank geschoben (z. B. „Wenn die Kinder erst einmal erwachsen sind ...").

Häufig werden mit zunehmenden Anforderungen z. B. im Berufsleben oder in der Kindererziehung Freizeitaktivitäten und Hobbys stark zurückgeschraubt oder ganz aufgegeben, soziale Kontakte eingeschränkt und eigene Interessen vernachlässigt. Dies ist auf den ersten Blick oft verständlich und solange es sich nur um kurzfristige Belastungsspitzen handelt, kann dies durchaus eine angemessene Strategie darstellen. Häufig handelt es sich jedoch um **länger andauernde Belastungen**, bei denen eine andauernde Selbsteinschränkung in einen fatalen Teufelskreis münden kann. Denn fehlende Erholungsmöglichkeiten führen auf Dauer zu einer **Abnahme der Widerstandskräfte** gegenüber Belastungen, so dass das Belastungsgefühl zunimmt. Nicht selten werden dann z. B. aus zeitlichen Gründen oder wegen fehlender Energie für vermeintlich verzichtbare Aktivitäten soziale Kontakte eingeschränkt, die hilfreiche praktische und emotionale Unterstützung bieten könnten. Der zunehmende soziale Rückzug und das Fehlen von positiven Erfahrungen können das **Auftreten depressiver Stimmungen begünstigen**. Depressive Menschen neigen wiederum dazu, bestehende Belastungen als eher groß, ihre eigenen Bewältigungsfähigkeiten hingegen als eher gering einzuschätzen. Dies kann zu einem **gesteigerten Stresserleben** und zu **weiteren gesundheitlichen Einschränkungen** führen.

Günstig ist es deshalb, diesen Teufelskreis möglichst frühzeitig zu unterbrechen und positive Gefühle z. B. durch Genuss bringende Aktivitäten zu fördern. Damit ist natürlich nicht gemeint, dass man sich so viele positive Unternehmungen wie möglich „verordnet" und in **„Freizeitstress"** verfällt. Viele Menschen neigen dazu, ihre Freizeit mit vielfältigen Aktivitäten zu überfüllen und erleben dabei keine wirkliche Erholung. Wird die Freizeitgestaltung stark von Aspekten wie Leistungsstreben, Perfektionismus und Ungeduld bestimmt (z. B. bei übergroßem sportlichen Ehrgeiz oder sehr anspruchsvollen Bewertungsmaßstäben in der Ausübung kreativer Hobbys, die Fehler als „Katastrophe" erscheinen lassen), dann bleibt kaum Raum für innere Ruhe und Muße. Die Freizeit stellt so keine „Gegenwelt" der Erholung zu den Verpflichtungen des Alltags dar, sondern eher eine **Verdopplung des Anforderungskatalogs**. Genusserleben entwickelt sich unter diesen Bedingungen in der Regel nicht.

Modul IV Sitzung 19: Theoretische Einführung   T19

Was ist Genuss?

Genuss und Genießen oder auch der Begriff Wellness sind in den letzten Jahren zu regelrechten Modewörtern geworden. Schaut man sich an, womit in den Medien und besonders in der Werbung Genuss in Verbindung gebracht wird, kann man leicht den Eindruck gewinnen, dass Genuss sich vor allem einstellt, wenn man sich etwas Teures leistet – ein neues Parfum, einen Besuch bei der Kosmetikerin, einen Kurzurlaub usw. Oft verschaffen solche Einkäufe und Erlebnisse auch tatsächlich ein Gefühl der Zufriedenheit. Bringt man Genuss jedoch ausschließlich mit möglichst kostspieligen Unternehmungen in Verbindung, ergibt sich daraus für die meisten Menschen die Folge, dass sie sich in ihrem Alltag nur selten genussvolle Erlebnisse verschaffen können. Deshalb ist es gut sich vor Augen zu führen, dass **genussvolle Erlebnisse keineswegs nur an die Investition großer Geldsummen gekoppelt sind**. Ganz unabhängig von den aufgewendeten Kosten kann man Genuss auch als etwas verstehen, das sich vor allem durch die folgenden drei Merkmale auszeichnet:

Genuss hat etwas Lustvolles. Dies lässt sich daraus schließen, dass genussvolle Erlebnisse häufig zu einem Abbau von innerer Anspannung führen und wichtige Bedürfnisse befriedigen.

Genuss ist sinnesbezogen. Unsere fünf Sinne (Seh-, Hör-, Geruchs-, Geschmacks- und Tastsinn) ermöglichen uns ganz bestimmte und unverwechselbare genussvolle Erlebnisse.

Genuss hat nicht nur eine gefühlsmäßige, sondern auch eine eher gedankliche Seite. Denn auch wenn Genuss in der Regel eng mit Gefühlen verknüpft ist (z. B. mit Freude und Heiterkeit, vielleicht aber auch mit Schuldgefühlen, etwa weil man meint sich Genuss nicht gönnen zu dürfen), erfordert er unsere bewusste Aufmerksamkeit. Ohne diese bemerken wir vielleicht, dass wir uns in einem angenehmen Gefühlszustand befinden, aber kommen nicht zu der bewussten Erkenntnis: „Ich genieße gerade ... das Gefühl des Windes auf meiner Haut ... den Duft von frischem Brot in der Bäckerei ... das Vogelgezwitscher vor meinem Fenster." Durch die **bewusste Aufmerksamkeitszuwendung** hin zur Wahrnehmung positiver Sinneseindrücke können wir die Wahrscheinlichkeit steigern, dass Genusserleben in unserem Alltag eine bedeutsame Rolle spielt. Gelingt es uns die Aufmerksamkeit auf diese positiven Eindrücke zu konzentrieren, erlaubt uns dies zudem störende Gedanken und Gefühle auszublenden. Wichtig ist auch, dass sich Genuss bringende Aktivitäten häufig recht gut planen und vorbereiten lassen. Hierdurch können wir leichter vermeiden, in den auf der vorhergehenden Seite beschriebenen Teufelskreis zu geraten.

Im Folgenden finden Sie einige als Denkanstöße gedachte Überlegungen zum Thema Genuss, die in identischer Form den zentralen Bestandteil des Infoblattes für die Teilnehmerinnen in dieser Sitzung bilden. Da Genuss immer auch eine sehr persönliche Seite hat, gibt es keine allgemeingültigen Regeln, durch die Menschen plötzlich zu „Genussexperten" werden. Dennoch versuchen unsere Denkanstöße dazu beizutragen, dass genussvolle Momente im Leben der Teilnehmerinnen künftig einen (noch) größeren Stellenwert einnehmen.

Modul IV Sitzung 19: Theoretische Einführung   T19

1. Gönnen Sie sich Genuss

Viele Menschen haben **Hemmungen** davor sich selbst etwas Gutes zu tun – sie bekommen ein schlechtes Gewissen, schämen sich oder fühlen sich egoistisch, wenn sie sich „eigennützig" und genussorientiert zeigen. Sie verhalten sich damit so **als stünden ihnen Genuss und Lebensfreude nicht zu**. Oft hängt dies mit einem ausgeprägten Leistungsdenken und „Genussverboten" zusammen, die man vielleicht schon früh im Laufe seines Lebens gelernt hat. Hier kann es hilfreich sein, sich **unnötig gewordene Genussverbote** bewusst zu machen und ihre Gültigkeit zu hinterfragen. Es ist unsere persönliche Entscheidung, wie streng wir uns etwa an das Sprichwort „Erst die Arbeit, dann das Vergnügen" halten wollen. Wieso sollte es nicht auch erlaubt sein sich erst eine kleine Freude zu gönnen, um dann frisch gestärkt ans Werk zu gehen oder während einer längeren Arbeit mehrere kleine Wohlfühl-Pausen einzulegen? Das Ziel ist schließlich nicht ungezügelte Genusssucht, die ohnehin nur sehr wenigen Menschen möglich ist und die diesen im Übrigen auf Dauer oft nicht gut bekommt (z. B. weil sie den Preis zahlen sich wenig produktiv und leistungsfähig zu fühlen oder sich der Belohnungseffekt zuvor genussvoller Aktivitäten abschwächt, wenn den genussvollen Momenten keine Anforderungen gegenüberstehen). Vielmehr geht es um das Akzeptieren von Genuss als **etwas, das in sich sinnvoll ist**, da er unser Wohlbefinden steigert und damit eine wichtige Kraftquelle ist, die es uns überhaupt erst ermöglicht, uns den Herausforderungen des Alltags immer wieder aufs Neue zu stellen. Seelische Gesundheit lässt sich nicht nur an Leistungsfähigkeit und Produktivität erkennen, sondern auch an Genussfähigkeit. Ein guter Weg in einen genussfreudigeren Alltag kann darin bestehen **sich schrittweise zunächst kleine und dann zunehmend größere Genussmomente zuzugestehen**, um so herauszufinden, welche Mischung aus Pflichterfüllung und Genuss uns persönlich am besten bekommt.

2. Schaffen Sie sich Vorfreude

Seine Berechtigung hat das Sprichwort „Erst die Arbeit, dann das Vergnügen" allerdings aus einem anderen Blickwinkel – denn manchmal erfordern genussvolle Aktivitäten im Vorfeld einen gewissen Arbeits- und Planungsaufwand. Gerade wenn man viele Verpflichtungen unter einen Hut bringen muss und wenig Zeit hat, dann ist es nicht günstig sich im Hinblick auf genussvolle Erlebnisse allein auf den Zufall zu verlassen. Denn dies führt manchmal dazu, dass zwischen den Genuss bringenden Erlebnissen längere genussarme „Durststrecken" zu überbrücken sind. Geschickter ist es daher, in seinen Alltag **gezielt angenehme Erlebnisse einzuplanen**. Dazu gehört es, die erforderliche Zeit freizuhalten, je nach Aktivität entsprechende Vorbereitungen zu treffen, gegebenenfalls Verabredungen zu vereinbaren usw. Diese manchmal anstrengend erscheinenden organisatorischen Vorkehrungen haben den angenehmen **Nebeneffekt, dass man sich schon während der Vorbereitungszeit auf das bevorstehende angenehme Ereignis freuen kann**.

3. Lassen Sie sich Zeit zum Genießen

Wenn man einen stressreichen Alltag voller Termine und Verpflichtungen zu bewälti-

 **Modul IV Sitzung 19: Theoretische Einführung T19**

gen hat, dann hat es viele Vorteile, wenn man in der Lage ist seine Angelegenheiten schnell und effizient zu erledigen. Wer in der gleichen Zeit mehr schafft als andere, gilt häufig sogar als besonders erfolgreich. Entsprechend schwer fällt es vielen Menschen, gelegentlich den Fuß vom Gas zu nehmen und eine langsamere Gangart einzuschlagen. Genussvolles Erleben stellt sich unter Zeitdruck jedoch eher selten ein. Das Erleben von Genuss spiegelt einen positiven Gefühlszustand wider und **die Entfaltung positiver Gefühlszustände bedarf in der Regel einer längeren Zeitspanne**. „Negative" Emotionen wie Angst und Wut sind uns hingegen häufig viel schneller präsent. Dies hängt auch mit der entwicklungsgeschichtlichen Bedeutung unserer Gefühle zusammen, über die Sie bereits in einem früheren Kapitel viel erfahren haben: „Negative" Gefühle besitzen oft eine Warn- oder Alarmfunktion, in deren Folge uns z. B. rasch Energie zur Verfügung steht, um vor einem bedrohlichen Gegner zu flüchten bzw. den Kampf mit ihm aufzunehmen oder um ein Objekt, vor dem wir uns ekeln, rasch wieder von uns zu stoßen. Dies bedeutet letztlich: Genuss gelingt nicht unter Zeitdruck.

4. Genießen Sie bewusst

Mit einer „Entschleunigung" des Tempos ist zudem häufig ein weiterer Punkt verknüpft, der ebenfalls genussvolles Erleben fördern kann: eine bewusste Hinwendung ihrer Aufmerksamkeit auf die Tätigkeit, die Sie gerade ausführen oder auf das Schöne in Ihrer Umgebung – ohne dass Sie sich nebenbei noch auf zwei oder drei andere Dinge zu konzentrieren versuchen. Denken Sie beispielsweise an den Unterschied zwischen einer abgehetzten Gangart und einem gemächlichen Schlendern. Wenn Sie spät dran sind und sich beeilen müssen, damit Sie gerade noch rechtzeitig einen Arzttermin einhalten können, dann sind Sie in Gedanken vielleicht schon bei diesem Termin und dabei, was Sie auf dem Heimweg noch alles erledigen müssen. Dass gerade der Himmel ein schönes Blau aufweist und die Natur aus dem Winterschlaf erwacht, nehmen Sie allenfalls nebenbei wahr. Wenn Sie hingegen Zeit und Muße haben und gemütlich eine Runde durch den Park drehen, entdecken Sie auf einmal, dass schon die ersten Gänseblümchen die Wiese zieren und die Schwalben aus ihrem Winterquartier zurückgekehrt sind.

Das soll nicht bedeuten, dass der normale „Alltagstrott" schlecht wäre – er hat allerdings mit bewusstem Genuss nicht zu tun. Um Genusserleben zu ermöglichen bzw. zu steigern empfiehlt es sich, **andere Tätigkeiten zu unterbrechen und sich auf eine einzelne Tätigkeit oder ein bestimmtes Erlebnis zu konzentrieren**. Die gleichzeitige Ausführung mehrerer Tätigkeiten spart zwar Zeit, kostet aber gleichzeitig ein hohes Maß an Aufmerksamkeit und Kraft. Auch verstellt die ständige Beschäftigung mit zukünftigen Aufgaben oder zurückliegenden Ereignissen den Blick auf den angenehmen Augenblick – Genuss findet in der Gegenwart statt.

5. Weniger ist manchmal mehr

Ein häufiges Missverständnis liegt darin, dass derjenige mehr Genuss verspürt, der mehr konsumiert. Für Genuss ist jedoch **die Qualität entscheidend und nicht die Menge**. Ein Zuviel auch des liebsten Genussmittels wirkt auf Dauer nur übersätti-

Modul IV Sitzung 19: Theoretische Einführung   T19

gend und langweilig, ganz abgesehen von möglichen gesundheitlichen Folgen, wenn etwa die Genussmittel Alkohol und Süßigkeiten im Spiel sind. Um auch auf Dauer intensiv zu genießen, empfiehlt es sich die aufgenommenen Sinneseindrücke einge hend auf sich wirken lassen. Das geht auch mit geringen Dosen. Bei dieser **freiwilligen Selbstbeschränkung** geht es nicht um Geiz oder falsche Bescheidenheit. Richtet man sich nach dieser Empfehlung, kann man sich schließlich ab und zu auch das bevorzugte Genussmittel in besonders guter Qualität gönnen.

6. Achten Sie auch auf Kleinigkeiten

Genuss muss nicht zwangsläufig etwas Außerordentliches sein – manche Menschen versäumen das kleine Glück, während sie vergeblich auf das große Glück warten. Deshalb ist es wichtig, Genuss bringende Augenblicke auch im ganz normalen Alltag zu entdecken, in kleinen Begebenheiten und bei alltäglichen Verrichtungen. Wer im Alltag für diese offen ist, wird eine Vielzahl von Quellen angenehmer Erlebnisse entdecken. Es wäre viel zu schade, wenn die Freude des Genießens nur wenigen aussergewöhnlichen Situationen vorbehalten bliebe. Vielmehr kann man sich Zugang zu vielen unerwarteten Genüssen verschaffen, wenn man **alltägliche Dinge einmal aus einem nicht zweckbestimmten Blickwinkel auf ihre Genusstauglichkeit hin unter die Lupe nimmt**. Wenn jemand z. B. gern Tee trinkt und sich jeden Nachmittag eine Kanne Tee zubereitet oder wenn jemand auf die belebende Wirkung von morgendlichen Wechselduschen schwört, dann ist es schön diese regelmäßig wiederkehrenden Ereignisse als positive und Genuss bringende Ereignisse wahrzunehmen und nicht einfach als Selbstverständlichkeiten, die keine Beachtung verdienen. Die positive Wirkung dieser Alltäglichkeiten auf das Wohlbefinden kann man dadurch deutlich steigern.

7. Genießen Sie mit allen Sinnen

Da Genießen viel mit der bewussten Wahrnehmung unterschiedlicher Sinneseindrücke zu tun hat, hängt unsere Genussfähigkeit eng mit unserem **Wahrnehmungsvermögen** zusammen. Durch Erfahrungsbildung und damit zusammenhängende Lernerfahrungen können wir unser Wahrnehmungsvermögen (zumindest in gewissen Grenzen) trainieren und so z. B. **auch kleine Unterschiede zwischen verschiedenen Sinneseindrücken besser schätzen lernen**. Fein unterscheidende und sensibel reagierende Sinne befähigen uns z. B. dazu ein bestimmtes Musikstück oder den typischen Geschmack von Lebensmitteln, etwa verschiedener Apfel- oder Käsesorten, auf besondere Weise zu erleben und wertzuschätzen. Deshalb ist es eine gute Übung, die eigenen Sinne immer mal wieder bewusst zu schärfen. Im Alltag messen wir der visuellen Wahrnehmung häufig besondere Bedeutung zu. Aber wie steht es mit dem Riechen, Schmecken oder Tasten? Denken Sie z. B. an den unterschiedlichen Duft verschiedener Rosensorten oder die vielfältigen Geschmacksnuancen unterschiedlicher Gewürze. Hier bieten sich fast unerschöpfliche Möglichkeiten für immer wieder neue, angenehme Erlebnisse. Eine Grundvoraussetzung dafür, dass man sich an diesen feinen Unterschieden wirklich erfreuen kann, sind natürlich empfindsame Sinnesorgane. Zwar hängt es auch von unserer Veranlagung ab, ob wir beispielsweise eine besonders feine Nase haben oder nicht. Andererseits spielt

Modul IV Sitzung 19: Theoretische Einführung T19

auch unser Verhalten eine große Rolle und manchmal hilft dann selbst die beste „Genuss-Schule" nicht weiter. So ist schon lange bekannt, dass die Empfindlichkeit der Geschmacks- und Geruchswahrnehmung von Rauchern deutlich geringer ist als die von Nichtrauchern. Der missverstandene „Rauchgenuss" führt für Raucher somit dazu, dass sie sich (und oft auch ihre nähere Umwelt) tatsächlich um eine wichtige Genussquelle bringen. Es überrascht deshalb nicht, dass schon viele ehemalige Raucher nach dem Absprung von ihrer Sucht erstaunt festgestellt haben, „wie gut auf einmal alles riecht und schmeckt!"

8. Genuss kann man auch teilen

Viele genussbringende Aktivitäten lassen sich mit anderen teilen, ohne dass sich dadurch der Genuss schmälert – im Gegenteil, oft gewinnen sie dadurch eine andere Qualität, bei der zur erholsamen und entspannenden Seite beispielsweise noch eine gesellige Seite hinzukommt. Zwar ist es wunderbar sich für eine Weile allein mit einem spannenden Buch zurückzuziehen oder Musik zu hören. Was aber spricht dagegen, sich beispielsweise ab und zu mit einer Freundin oder einigen Bekannten zu treffen und sich gegenseitig etwas vorzulesen, das einem in der letzten Zeit gut gefallen hat? Oder sich neue Lieblingsmusik vorzuspielen und dazu vielleicht sogar zu Hause zusammen zu tanzen? Auch Entdeckungstouren rund um unsere Wahrnehmung (z. B. eine Verkostung unterschiedlicher Apfelsorten) gestalten sich gemeinsam mit anderen oft noch interessanter. Dabei bietet es sich an, dass jeder eine kleine Auswahl unterschiedlicher Proben (z. B. zum Schmecken, Fühlen oder Riechen) beisteuert und man sich über die unterschiedlichen Eindrücke und Vorlieben austauscht. An solchen Aktivitäten haben übrigens nicht nur Erwachsene Freude!

9. Zwingen Sie sich nicht zum Genuss

So angenehm es in der Regel auch ist, wenn genussbringende Aktivitäten im Leben einen großen Stellenwert einnehmen – manchmal sind sie von eher untergeordneter Bedeutung. Vielleicht weil man zufrieden mit seinem Alltag ist und Freude daran hat allen Anforderungen gewachsen zu sein, ohne dass viel Platz für ausgedehnte Genusserfahrungen bliebe. Vielleicht aber auch, weil man sich erschöpft oder niedergeschlagen fühlt und sich zu den Dingen, die einem sonst viel gegeben haben, gerade überhaupt nicht aufraffen kann. Dann ist es nicht günstig sich noch zusätzlich dafür zu verurteilen, dass man sich so „gehen lässt". Genussvolle Aktivitäten sollten nicht als Pflichtprogramm missverstanden werden. Zu den vielfältigen Wahlmöglichkeiten rund ums Genießen gehört eben auch die Möglichkeit vorübergehend auf entsprechende Aktivitäten zu verzichten. In so einer Zeit besteht ein perfektes Wochenende möglicherweise aus ausgiebigem Faulenzen auf dem Sofa ganz ohne den Anspruch auf Genusserlebnisse. Gewiss ließe sich aus so einem Wochenende „mehr" machen – aber muss das sein?

10. Genuss ist persönlich

Was jemandem Freude und Genuss bereitet ist eine sehr persönliche Angelegenheit

Modul IV Sitzung 19: Theoretische Einführung   T19

und **stellt für jeden etwas anderes dar**. Der eine liebt es vielleicht sich abends in der warmen Badewanne mit einem duftenden Badezusatz zu entspannen, der andere bricht schon beim Gedanken an ein heißes Bad in Schweiß aus oder findet es äußerst langweilig in der Badewanne herumzuliegen.

Von daher ist es sogar wahrscheinlich, dass nicht alle Inhalte der vergangenen Seiten auf alle Leser passen. Dies unterstreicht noch einmal, wie wichtig es ist durch Ausprobieren herauszufinden, **was einem gut tut und wann es einem gut tut** . Sich einen frischen Kaffee aufzubrühen erleben viele Menschen z. B. morgens als Genuss, abends hingegen halten sie sich vom Koffein fern, damit sie gut einschlafen können. Zum Glück hält die Welt für jeden eine Fülle unterschiedlicher, Genuss bringender Dinge und Gegebenheiten bereit. Es macht Spaß diese kennen zu lernen und herauszufinden, was einem gut tut. Dazu gehört ergänzend auch das Wissen darum, was einem nicht gut und unter welchen Umständen einem etwas nicht gut tut. Hat man diese Dinge einmal herausgefunden, so bedeutet das aber nicht, dass sich daran nichts mehr ändern, einem z. B. dieselbe Schokoladensorte immer schmecken bzw. sie in jeder Situation gleich gut schmecken wird. Wenn etwas Genuss bringen soll, muss es also auch **zum Befinden des Genießers passen**.

Modul IV Sitzung 19: Infoblatt für Mütter   **I19**

Genießen – aber wie?

„Heute Abend mache ich mal etwas Schönes nur für mich!" – Wann haben Sie sich das letzte Mal genau dies vorgenommen und es dann schließlich doch nicht getan?

Viele Mütter fühlen sich von Stress und zahlreichen Alltagsanforderungen förmlich überrollt. Zudem benötigen sie sehr viel Kraft, um die im Familienleben regelmäßig auftretenden Zeiten der Belastung (z. B. die Erkrankung eines Familienmitgliedes, finanzielle Sorgen, Streitigkeiten zwischen verschiedenen Familienmitgliedern usw.) zu meistern. **Diese Kraft muss an anderen Stellen immer wieder „nachgetankt" werden.** Für alleinerziehende Mütter, die häufig besonderen Anforderungen ausgesetzt sind, z. B. wenn zu Erziehung, Haushalt und Beruf auch noch wiederkehrende Auseinandersetzungen mit dem ehemaligen Partner und Ähnliches mehr hinzukommen, gilt dies in besonderem Maße.

Ein Problem besteht darin, dass viele Menschen gerade in Zeiten der Belastung – also in Zeiten, in denen es auf ein Haushalten mit den eigenen Kräften besonders ankommt – Freizeitaktivitäten in Form von Hobbys, Sport oder Entspannung aufgeben, ihre sozialen Kontakte einschränken und die Wahrnehmung eigener Interessen stark herunterschrauben. Das ist zwar verständlich, kann aber langfristig dazu führen, dass Ausgleich, Erholung und Lebensfreude zu kurz kommen. Eine häufige Folge ist, dass diese Menschen zunehmend anfälliger für Stress und weniger belastbar werden und dass sie dann selbst auf kleinere Probleme eher gereizt, hektisch oder nervös reagieren.

Deshalb ist es sehr wichtig, ganz bewusst den Dingen mehr Raum zu schenken, die uns Freude machen, bei denen wir uns wohlfühlen und bei denen wir uns erholen können. Es gibt Ausnahmesituationen, in denen kurzfristig überhaupt kein Freiraum für angenehme Erlebnisse mehr besteht. Diese Situationen lassen sich leider kaum vermeiden. Im normalen Alltag hingegen finden sich bei genauer Betrachtung meistens viele ungenutzte Möglichkeiten für mehr Genuss und Lebensfreude, die dazu beitragen können unser Wohlbefinden deutlich zu verbessern.

Diese positiven, genussvollen Seiten des Lebens können eine wichtige Kraftquelle sein. Probieren Sie es einfach so oft wie möglich aus, es lohnt sich! Als Anregung finden Sie nachfolgend einige Informationen, in denen das Thema Genuss aus unterschiedlichen Blickwinkeln näher beleuchtet wird.

1. Gönnen Sie sich Genuss

Viele Menschen haben **Hemmungen** davor sich selbst etwas Gutes zu tun – sie bekommen ein schlechtes Gewissen, schämen sich oder fühlen sich egoistisch, wenn sie sich „eigennützig" und genussorientiert zeigen. Sie verhalten sich damit so **als stünden ihnen Genuss und Lebensfreude nicht zu.** Oft hängt dies mit einem ausgeprägten Leistungsdenken und „Genussverboten" zusammen, die man vielleicht schon früh im Laufe seines Lebens gelernt hat. Hier kann es hilfreich sein, sich **unnötig gewordene Genussverbote** bewusst zu machen und ihre Gültigkeit zu hinterfragen. Es ist unsere persönliche Entscheidung, wie streng wir uns etwa an das

437

 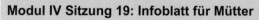

Modul IV Sitzung 19: Infoblatt für Mütter

Sprichwort „Erst die Arbeit, dann das Vergnügen" halten wollen. Wieso sollte es nicht auch erlaubt sein sich erst eine kleine Freude zu gönnen, um dann frisch gestärkt ans Werk zu gehen oder während einer längeren Arbeit mehrere kleine Wohlfühl-Pausen einzulegen? Das Ziel ist schließlich nicht ungezügelte Genusssucht, die ohnehin nur sehr wenigen Menschen möglich ist und die diesen im Übrigen auf Dauer oft nicht gut bekommt (z. B. weil sie den Preis zahlen sich wenig produktiv und leistungsfähig zu fühlen oder sich der Belohnungseffekt zuvor genussvoller Aktivitäten abschwächt, wenn den genussvollen Momenten keine Anforderungen gegenüberstehen). Vielmehr geht es um das Akzeptieren von Genuss als **etwas, das in sich sinnvoll ist**, da er unser Wohlbefinden steigert und damit eine wichtige Kraftquelle ist, die es uns überhaupt erst ermöglicht, uns den Herausforderungen des Alltags immer wieder aufs Neue zu stellen. Seelische Gesundheit lässt sich nicht nur an Leistungsfähigkeit und Produktivität erkennen, sondern auch an Genussfähigkeit. Ein guter Weg in einen genussfreudigeren Alltag kann darin bestehen **sich schrittweise zunächst kleine und dann zunehmend größere Genussmomente zuzugestehen**, um so herauszufinden, welche Mischung aus Pflichterfüllung und Genuss uns persönlich am besten bekommt.

2. Schaffen Sie sich Vorfreude

Seine Berechtigung hat das Sprichwort „Erst die Arbeit, dann das Vergnügen" allerdings aus einem anderen Blickwinkel – denn manchmal erfordern genussvolle Aktivitäten im Vorfeld einen gewissen Arbeits- und Planungsaufwand. Gerade wenn man viele Verpflichtungen unter einen Hut bringen muss und wenig Zeit hat, dann ist es nicht günstig sich im Hinblick auf genussvolle Erlebnisse allein auf den Zufall zu verlassen. Denn dies führt manchmal dazu, dass zwischen den Genuss bringenden Erlebnissen längere genussarme „Durststrecken" zu überbrücken sind. Geschickter ist es daher, in seinen Alltag **gezielt angenehme Erlebnisse einzuplanen**. Dazu gehört es, die erforderliche Zeit freizuhalten, je nach Aktivität entsprechende Vorbereitungen zu treffen, gegebenenfalls Verabredungen zu vereinbaren usw. Diese manchmal anstrengend erscheinenden organisatorischen Vorkehrungen haben den angenehmen **Nebeneffekt, dass man sich schon während der Vorbereitungszeit auf das bevorstehende angenehme Ereignis freuen kann.**

3. Lassen Sie sich Zeit zum Genießen

Wenn man einen stressreichen Alltag voller Termine und Verpflichtungen zu bewältigen hat, dann hat es viele Vorteile, wenn man in der Lage ist seine Angelegenheiten schnell und effizient zu erledigen. Wer in der gleichen Zeit mehr schafft als andere, gilt häufig sogar als besonders erfolgreich. Entsprechend schwer fällt es vielen Menschen, gelegentlich den Fuß vom Gas zu nehmen und eine langsamere Gangart einzuschlagen. Genussvolles Erleben stellt sich unter Zeitdruck jedoch eher selten ein. Das Erleben von Genuss spiegelt einen positiven Gefühlszustand wider und **die Entfaltung positiver Gefühlszustände bedarf in der Regel einer längeren Zeitspanne**. „Negative" Emotionen wie Angst und Wut sind uns hingegen häufig viel schneller präsent. Dies hängt auch mit der entwicklungsgeschichtlichen Bedeutung unserer Gefühle zusammen, über die Sie bereits in einem früheren Kapitel viel erfahren

 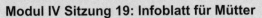

haben: „Negative" Gefühle besitzen oft eine Warn- oder Alarmfunktion, in deren Folge uns z. B. rasch Energie zur Verfügung steht, um vor einem bedrohlichen Gegner zu flüchten bzw. den Kampf mit ihm aufzunehmen oder um ein Objekt, vor dem wir uns ekeln, rasch wieder von uns zu stoßen. Dies bedeutet letztlich: Genuss gelingt nicht unter Zeitdruck.

4. Genießen Sie bewusst

Mit einer „Entschleunigung" des Tempos ist zudem häufig ein weiterer Punkt verknüpft, der ebenfalls genussvolles Erleben fördern kann: eine bewusste Hinwendung ihrer Aufmerksamkeit auf die Tätigkeit, die Sie gerade ausführen oder auf das Schöne in Ihrer Umgebung – ohne dass Sie sich nebenbei noch auf zwei oder drei andere Dinge zu konzentrieren versuchen. Denken Sie beispielsweise an den Unterschied zwischen einer abgehetzten Gangart und einem gemächlichen Schlendern. Wenn Sie spät dran sind und sich beeilen müssen, damit Sie gerade noch rechtzeitig einen Arzttermin einhalten können, dann sind Sie in Gedanken vielleicht schon bei diesem Termin und dabei, was Sie auf dem Heimweg noch alles erledigen müssen. Dass gerade der Himmel ein schönes Blau aufweist und die Natur aus dem Winterschlaf erwacht, nehmen Sie allenfalls nebenbei wahr. Wenn Sie hingegen Zeit und Muße haben und gemütlich eine Runde durch den Park drehen, entdecken Sie auf einmal, dass schon die ersten Gänseblümchen die Wiese zieren und die Schwalben aus ihrem Winterquartier zurückgekehrt sind.

Das soll nicht bedeuten, dass der normale „Alltagstrott" schlecht wäre – er hat allerdings mit bewusstem Genuss nicht zu tun. Um Genusserleben zu ermöglichen bzw. zu steigern empfiehlt es sich, **andere Tätigkeiten zu unterbrechen und sich auf eine einzelne Tätigkeit oder ein bestimmtes Erlebnis zu konzentrieren**. Die gleichzeitige Ausführung mehrerer Tätigkeiten spart zwar Zeit, kostet aber gleichzeitig ein hohes Maß an Aufmerksamkeit und Kraft. Auch verstellt die ständige Beschäftigung mit zukünftigen Aufgaben oder zurückliegenden Ereignissen den Blick auf den angenehmen Augenblick – Genuss findet in der Gegenwart statt.

5. Weniger ist manchmal mehr

Ein häufiges Missverständnis liegt darin, dass derjenige mehr Genuss verspürt, der mehr konsumiert. Für Genuss ist jedoch **die Qualität entscheidend und nicht die Menge**. Ein Zuviel auch des liebsten Genussmittels wirkt auf Dauer nur übersättigend und langweilig, ganz abgesehen von möglichen gesundheitlichen Folgen, wenn etwa die Genussmittel Alkohol und Süßigkeiten im Spiel sind. Um auch auf Dauer intensiv zu genießen, empfiehlt es sich die aufgenommenen Sinneseindrücke eingehend auf sich wirken lassen. Das geht auch mit geringen Dosen. Bei dieser **freiwilligen Selbstbeschränkung** geht es nicht um Geiz oder falsche Bescheidenheit. Richtet man sich nach dieser Empfehlung, kann man sich schließlich ab und zu auch das bevorzugte Genussmittel in besonders guter Qualität gönnen.

Modul IV Sitzung 19: Infoblatt für Mütter

6. Achten Sie auch auf Kleinigkeiten

Genuss muss nicht zwangsläufig etwas Außerordentliches sein – manche Menschen versäumen das kleine Glück, während sie vergeblich auf das große Glück warten. Deshalb ist es wichtig, Genuss bringende Augenblicke auch im ganz normalen Alltag zu entdecken, in kleinen Begebenheiten und bei alltäglichen Verrichtungen. Wer im Alltag für diese offen ist, wird eine Vielzahl von Quellen angenehmer Erlebnisse entdecken. Es wäre viel zu schade, wenn die Freude des Genießens nur wenigen außergewöhnlichen Situationen vorbehalten bliebe. Vielmehr kann man sich Zugang zu vielen unerwarteten Genüssen verschaffen, wenn man **alltägliche Dinge einmal aus einem nicht zweckbestimmten Blickwinkel auf ihre Genusstauglichkeit hin unter die Lupe nimmt.** Wenn jemand z. B. gern Tee trinkt und sich jeden Nachmittag eine Kanne Tee zubereitet oder wenn jemand auf die belebende Wirkung von morgendlichen Wechselduschen schwört, dann ist es schön diese regelmäßig wiederkehrenden Ereignisse als positive und Genuss bringende Ereignisse wahrzunehmen und nicht einfach als Selbstverständlichkeiten, die keine Beachtung verdienen. Die positive Wirkung dieser Alltäglichkeiten auf das Wohlbefinden kann man dadurch deutlich steigern.

7. Genießen Sie mit allen Sinnen

Da Genießen viel mit der bewussten Wahrnehmung unterschiedlicher Sinneseindrücke zu tun hat, hängt unsere Genussfähigkeit eng mit unserem **Wahrnehmungsvermögen** zusammen. Durch Erfahrungsbildung und damit zusammenhängende Lernerfahrungen können wir unser Wahrnehmungsvermögen (zumindest in gewissen Grenzen) trainieren und so z. B. **auch kleine Unterschiede zwischen verschiedenen Sinneseindrücken besser schätzen lernen.** Fein unterscheidende und sensibel reagierende Sinne befähigen uns z. B. dazu ein bestimmtes Musikstück oder den typischen Geschmack von Lebensmitteln, etwa verschiedener Apfel- oder Käsesorten, auf besondere Weise zu erleben und wertzuschätzen. Deshalb ist es eine gute Übung, die eigenen Sinne immer mal wieder bewusst zu schärfen. Im Alltag messen wir der visuellen Wahrnehmung häufig besondere Bedeutung zu. Aber wie steht es mit dem Riechen, Schmecken oder Tasten? Denken Sie z. B. an den unterschiedlichen Duft verschiedener Rosensorten oder die vielfältigen Geschmacksnuancen unterschiedlicher Gewürze. Hier bieten sich fast unerschöpfliche Möglichkeiten für immer wieder neue, angenehme Erlebnisse. Eine Grundvoraussetzung dafür, dass man sich an diesen feinen Unterschieden wirklich erfreuen kann, sind natürlich empfindsame Sinnesorgane. Zwar hängt es auch von unserer Veranlagung ab, ob wir beispielsweise eine besonders feine Nase haben oder nicht. Andererseits spielt auch unser Verhalten eine große Rolle und manchmal hilft dann selbst die beste „Genuss-Schule" nicht weiter. So ist schon lange bekannt, dass die Empfindlichkeit der Geschmacks- und Geruchswahrnehmung von Rauchern deutlich geringer ist als die von Nichtrauchern. Der missverstandene „Rauchgenuss" führt für Raucher somit dazu, dass sie sich (und oft auch ihre nähere Umwelt) tatsächlich um eine wichtige Genussquelle bringen. Es überrascht deshalb nicht, dass schon viele ehemalige Raucher nach dem Absprung von ihrer Sucht erstaunt festgestellt haben, „wie gut auf einmal alles riecht und schmeckt!"

Modul IV Sitzung 19: Infoblatt für Mütter I19

8. Genuss kann man auch teilen

Viele genussbringende Aktivitäten lassen sich mit anderen teilen, ohne dass sich dadurch der Genuss schmälert – im Gegenteil, oft gewinnen sie dadurch eine andere Qualität, bei der zur erholsamen und entspannenden Seite beispielsweise noch eine gesellige Seite hinzukommt. Zwar ist es wunderbar sich für eine Weile allein mit einem spannenden Buch zurückzuziehen oder Musik zu hören. Was aber spricht dagegen, sich beispielsweise ab und zu mit einer Freundin oder einigen Bekannten zu treffen und sich gegenseitig etwas vorzulesen, das einem in der letzten Zeit gut gefallen hat? Oder sich neue Lieblingsmusik vorzuspielen und dazu vielleicht sogar zu Hause zusammen zu tanzen? Auch Entdeckungstouren rund um unsere Wahrnehmung (z. B. eine Verkostung unterschiedlicher Apfelsorten) gestalten sich gemeinsam mit anderen oft noch interessanter. Dabei bietet es sich an, dass jeder eine kleine Auswahl unterschiedlicher Proben (z. B. zum Schmecken, Fühlen oder Riechen) beisteuert und man sich über die unterschiedlichen Eindrücke und Vorlieben austauscht. An solchen Aktivitäten haben übrigens nicht nur Erwachsene Freude!

9. Zwingen Sie sich nicht zum Genuss

So angenehm es in der Regel auch ist, wenn genussbringende Aktivitäten im Leben einen großen Stellenwert einnehmen – manchmal sind sie von eher untergeordneter Bedeutung. Vielleicht weil man zufrieden mit seinem Alltag ist und Freude daran hat allen Anforderungen gewachsen zu sein, ohne dass viel Platz für ausgedehnte Genusserfahrungen bliebe. Vielleicht aber auch, weil man sich erschöpft oder niedergeschlagen fühlt und sich zu den Dingen, die einem sonst viel gegeben haben, gerade überhaupt nicht aufraffen kann. Dann ist es nicht günstig sich noch zusätzlich dafür zu verurteilen, dass man sich so „gehen lässt". Genussvolle Aktivitäten sollten nicht als Pflichtprogramm missverstanden werden. Zu den vielfältigen Wahlmöglichkeiten rund ums Genießen gehört eben auch die Möglichkeit vorübergehend auf entsprechende Aktivitäten zu verzichten. In so einer Zeit besteht ein perfektes Wochenende möglicherweise aus ausgiebigem Faulenzen auf dem Sofa ganz ohne den Anspruch auf Genusserlebnisse. Gewiss ließe sich aus so einem Wochenende „mehr" machen – aber muss das sein?

10. Genuss ist persönlich

Was jemandem Freude und Genuss bereitet ist eine sehr persönliche Angelegenheit und **stellt für jeden etwas anderes dar**. Der eine liebt es vielleicht sich abends in der warmen Badewanne mit einem duftenden Badezusatz zu entspannen, der andere bricht schon beim Gedanken an ein heißes Bad in Schweiß aus oder findet es äußerst langweilig in der Badewanne herumzuliegen.

Von daher ist es sogar wahrscheinlich, dass nicht alle Inhalte der vergangenen Seiten auf alle Leser passen. Dies unterstreicht noch einmal, wie wichtig es ist durch Ausprobieren herauszufinden, **was einem gut tut und wann es einem gut tut**. Sich einen frischen Kaffee aufzubrühen erleben viele Menschen z. B. morgens als Genuss, abends hingegen halten sie sich vom Koffein fern, damit sie gut einschlafen

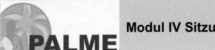 **Modul IV Sitzung 19: Infoblatt für Mütter** I19

können. Zum Glück hält die Welt für jeden eine Fülle unterschiedlicher, Genuss bringender Dinge und Gegebenheiten bereit. Es macht Spaß diese kennen zu lernen und herauszufinden, was einem gut tut. Dazu gehört ergänzend auch das Wissen darum, was einem nicht gut und unter welchen Umständen einem etwas nicht gut tut. Hat man diese Dinge einmal herausgefunden, so bedeutet das aber nicht, dass sich daran nichts mehr ändern, einem z. B. dieselbe Schokoladensorte immer schmecken bzw. sie in jeder Situation gleich gut schmecken wird. Wenn etwas Genuss bringen soll, muss es also auch **zum Befinden des Genießers passen**.

 **Modul IV Sitzung 19: Gruppenablauf**   **G19**

Blitzlicht und Anwesenheitsbogen

Wie kommen Sie heute hier an? Wie geht es Ihnen?

Bearbeitung der Wochenübung W18 „Ich denke mich gestresst – ich denke mich entspannt." und „Entspannungstraining"

In der letzten Woche haben Sie auf Situationen geachtet, in denen Sie sich gestresst gefühlt haben, und auf stressverstärkende Gedanken, die Ihnen in diesen Situationen aufgefallen sind. Anschließend haben Sie überlegt, welche stressmildernden Gedanken Ihnen in den Situationen helfen könnten sich weniger gestresst zu fühlen. Hierzu haben Sie auch ein Arbeitsblatt ausgefüllt.

Wer möchte über seine Erfahrungen berichten?
War es eher leicht oder eher schwer nachzuvollziehen, welche stressverstärkenden Gedanken Ihnen in den Situationen durch den Kopf gegangen sind?
Und wie sind Sie mit der Suche nach stressmildernden Gedanken zurechtgekommen? Konnten Sie einen stressmildernden Gedanken finden, der für Sie besonders hilfreich ist?

Im zweiten Teil der Wochenübung haben Sie das Entspannungstraining der „Progressiven Muskelrelaxation" kennen gelernt.

Wie ist es Ihnen bei der Muskelentspannung ergangen? Konnten Sie das Training nutzen, um sich zu entspannen? Sind Schwierigkeiten bei dem Training aufgetreten? Falls Sie mehrfach Gelegenheit hatten, das Training anzuwenden: Ist es Ihnen durch das wiederholte Üben im Verlauf der Woche zunehmend besser gelungen sich zu entspannen?

Bieten Sie den Teilnehmerinnen nach Besprechung der Wochenübung zudem die Möglichkeit, noch offen gebliebene Fragen zum Infoteil I18 zu klären.

Vorstellung von Sitzungsthema und Sitzungsablauf

Verwenden Sie die Übersicht Ü19, um den Teilnehmerinnen einen kurzen Überblick über das Programm der heutigen Sitzung zu geben.

 **Modul IV Sitzung 19: Gruppenablauf**   **G19**

Übung 1: „Genuss und Wohlbefinden"

Material	Es wird kein gesondertes Material benötigt.
Methode	Brainstorming
Form	Paarübung mit Fortsetzung in der Großgruppe
Ziel	Sensibilisierung für Genusserlebnisse im Alltag
Zeit	Ca. 10-15 Minuten

Vorgehensweise/Anleitung:

- Für den **1. Übungsabschnitt** finden sich die Teilnehmerinnen in Paaren zusammen.

- Die Übung beginnt mit einer Reflexionsphase über angenehme Erlebnisse in der vergangenen Woche. Hierzu sollten die Teilnehmerinnen eine entspannte Körperhaltung einnehmen, wenn möglich die Augen schließen und den Instruktionen der Gruppenleitung folgen. Sie als Gruppenleitung moderieren zunächst eine kurze Entspannungssequenz (z. B. Beobachtung des ganz von selbst ein- und ausströmenden Atems, Vorbeiziehenlassen von störenden Gedanken etc.) und leiten dann über zur Erinnerung angenehmer Erlebnisse aus der vergangenen Woche. Um diesen auf die Spur zu kommen, können folgende Fragen hilfreich sein, die Sie mit ausreichend langen Pausen an die Teilnehmerinnen richten:

  Was war in der letzten Woche besonders angenehm für Sie?

  Was haben Sie erlebt, das Ihnen gut getan hat?

  Was haben Sie genossen?

  Wann haben Sie sich wohl gefühlt?

- Die Gruppenleiter sollten zudem verdeutlichen, dass es weniger um spektakuläre Erlebnisse geht, bei denen man sich etwas Teures geleistet hat, sondern eher um Alltagserfahrungen und um Erfahrungen, bei denen die Sinne in angenehmer Weise angeregt worden sind. Als Beispiele können Sie z. B. anbieten: einen Waldspaziergang auf weichem Waldboden und mit dem harzigen Duft der Nadelbäume; die nachmittägliche Pause bei einer Tasse Tee; die Autofahrt, während der plötzlich ein altes Lieblingslied im Radio lief usw.

 **Modul IV Sitzung 19: Gruppenablauf** G19

- Im Anschluss an die Reflexionsphase besteht Gelegenheit zum paarweisen Austausch. Dabei sollten die Teilnehmerinnen versuchen ihre Erinnerungen möglichst anschaulich und unter Berücksichtigung aller jeweils beteiligten Sinne (Sehen, Hören, Riechen, Schmecken, Fühlen/Tasten) zu schildern, damit die Zuhörerinnen einen lebendigen Eindruck des genussvollen Empfindens erhalten. Ermutigen Sie die Teilnehmerinnen auch zur Schilderung scheinbar „kleiner", unscheinbarer Erlebnisse.

- Der **2. Übungsabschnitt** findet im Plenum statt. Der Fokus verschiebt sich von genussvollen Erfahrungen aus der zurückliegenden Woche zu allgemeineren Aspekten genussvollen Erlebens. In diesem Abschnitt können Sie als Gruppenleitung sich auch mit eigenen Erfahrungen und Anregungen einbringen. Sammeln Sie die Einfälle der Teilnehmerinnen zu folgenden Fragen:

Wie würden sie jemandem, der überhaupt keine Vorstellung davon hat, erklären, was Genuss eigentlich ist?

Unter welchen Voraussetzungen fällt es leichter Genuss zu erleben, unter welchen Bedingungen ist es eher schwierig? (Hier können Sie die Bedeutung finanzieller Voraussetzungen und großer zeitlicher Kapazitäten für das Erleben von Genuss kritisch hinterfragen.)

Zusammenfassung der Information I19 „Genuss – aber wie?"

Verteilen Sie jetzt an die Teilnehmerinnen die Unterlagen für die heutige Sitzung und referieren Sie die zentralen Inhalte des Textes I19. Hierzu sollten Sie sich vor der Sitzung mit diesem Text und mit dem Text T19 vertraut gemacht haben. Wie ausführlich Sie die Präsentation gestalten und welche Inhalte Sie besonders hervorheben wollen, bleibt Ihnen überlassen. Bieten Sie den Teilnehmerinnen zudem die Gelegenheit zu Rückfragen und empfehlen Sie den Müttern den Text zu Hause noch einmal gründlich zu lesen.

Sinnvoll dürfte es sein, unsere zehn „Denkanstöße" einzeln vorzustellen und ausführlich zu besprechen. Erarbeiten Sie zudem mit den Teilnehmerinnen für jede Empfehlung Beispiele aus dem eigenen Erleben.

Übung 2: „Praktisches Genusstraining"

Material	Eine ausführliche Darstellung des Materials findet sich in der Anleitung

Modul IV Sitzung 19: Gruppenablauf   **G19**

Methode	Konzentrierte Beschäftigung mit verschiedenen Duftproben
Form	Praktische Übung
Ziel	Sensibilität für Genusserleben vergrößern Differenzierung der Sinneswahrnehmung am Beispiel des Geruchssinnes
Zeit	Ca. 25 Minuten

Vorgehensweise/Anleitung:

- Für diese Übung werden eine Reihe wohlriechender Aromen benötigt, die den Teilnehmerinnen aus ihrem Alltag mehr oder weniger vertraut sein werden. Es geht nicht um exotisches Material, sondern etwa um verschiedene Früchte, Gewürze, Kräuter, Blüten etc. Besorgen Sie als Gruppenleitung vor der Sitzung bitte eine entsprechende Auswahl. Verzichten Sie dabei nach Möglichkeit auf Duftproben wie Parfums oder Seifen, die einen sehr intensiven Geruch haben und deshalb die Wahrnehmung nachfolgender Aromen beeinträchtigen können. Eine große Auswahl an Kräutern und Gewürzen halten übrigens die meisten Apotheken bereit, wo sie auch kleine Mengen günstig erwerben können. Die Präsentation der Duftproben in der Sitzung kann in Schraubgläsern, in kleinen Schüsseln oder Ähnlichem erfolgen. Eine mögliche Auswahl könnte umfassen: Kaffee, Tee, Honig, Lavendel, Zitronenschale, Rosmarin, Thymian, Rosenblüten, frisches Gras, einen Tannenzweig usw. Sie können auch Material einbeziehen, das in diesem Zusammenhang eher ungewöhnlich wirkt wie z. B. Schuhcreme, ein wenig feuchte Erde, ein Stück neues Leder. Ziel ist nicht die Teilnehmerinnen mit einer extrem großen Auswahl zu „erschlagen", aber zumindest ein recht breites Spektrum unterschiedlicher Gerüche abzudecken.

- Bevor die Auseinandersetzung mit diesen unterschiedlichen Gerüchen an der Reihe ist, beginnen Sie jedoch mit einer einheitlichen Probe für alle Teilnehmerinnen, wozu Sie bitte je nach Jahreszeit für jede Teilnehmerin ein Stück Obst (z. B. einen Apfel, eine Orange oder eine Erdbeere) mitbringen. Wählen Sie beim Einkauf Früchte mit einem möglichst intensiven Duft aus, die Sie bis zur Gruppensitzung am besten in einem fest verschlossenen Behälter aufbewahren. Erst im zweiten Übungsteil präsentieren Sie dann die Auswahl verschiedener Aromen.

- **1. Übungsteil:**
Teilen Sie an jede Teilnehmerin einen Apfel oder ein anderes Stück Obst aus. Die Aufgabe für die Teilnehmerinnen besteht darin ihre Aufmerksamkeit ausschließlich auf den Geruch der Frucht zu lenken. Lassen Sie währenddessen nochmals einige Inhalte aus dem Infoblatt einfließen, z. B.: „Lassen Sie sich

 **Modul IV Sitzung 19: Gruppenablauf** G19

Zeit ... Genießen Sie auf Ihre eigene Art (vielleicht wollen einige die Augen schließen, andere nicht) ... Erlauben Sie sich den Genuss." Regen Sie die Teilnehmerinnen außerdem zu Assoziationen und Erinnerungsbildern an, z. B. durch die Fragen: „Erinnert Sie dieser Geruch an etwas? ... Was verbinden Sie mit ihm?"

Brechen Sie diesen Übungsteil nicht zu schnell ab, zwei bis drei Minuten intensiver und stiller Beschäftigung mit dem Duft sollten Sie anstreben. Besprechen Sie anschließend die Eindrücke, Assoziationen und Erinnerungen und versuchen Sie dabei alle Teilnehmerinnen in das Gespräch einzubeziehen. Dabei wird wahrscheinlich die Vielzahl unterschiedlicher Erlebensweisen sehr deutlich.

- **2. Übungsteil:**
Nun erweitert sich der Wahrnehmungsfokus auf die breitere Auswahl an Geruchsstoffen. Platzieren Sie hierzu die vorbereiteten Duftproben auf einem Tisch oder auf einer Decke in der Mitte der Gruppe, so dass sie für alle Teilnehmerinnen gut zugänglich sind. Laden Sie dann die Teilnehmerinnen dazu ein, nacheinander verschiedene Gegenstände auszuwählen, die für sie wahrscheinlich mit angenehmen Empfindungen verbunden sein werden. Dabei sollten die Mütter ähnlich wie im ersten Übungsteil darauf achten, welche Eindrücke in ihnen entstehen und versuchen sich auf diese genussorientierte Übung ganz bewusst einzulassen. Wichtig ist hier vor allem die Empfehlung „Genieße lieber wenig, aber richtig.", da ein zu schnelles Wechseln zwischen verschiedenen Aromastoffen überfordernd sein kann. Zum Abschluss der Übungsphase sollten die Teilnehmerinnen sich entscheiden, welche Duftprobe ihr jeweiliger Favorit ist.

- **3. Übungsteil:**
Den Abschluss des Genusstrainings bildet ein Austausch über die Erfahrungen während des zweiten Übungsabschnittes, der nach Belieben entweder in Kleingruppen oder in der Großgruppe erfolgen kann. Dabei sollte besonders darauf eingegangen werden, welche Empfindungen in der Auseinandersetzung mit den Geruchsproben ausgelöst worden sind und welche Erinnerungen und Assoziationen sich eingestellt haben. Überlegen Sie auch, welche Abwandlungen dieser Übung für zu Hause denkbar sind (z. B. mit einer anderen Auswahl an Aromen, bezogen auf den Geschmack statt auf den Geruch, in reduzierter Form als „Entdeckungsreise" mit seinem Kind usw.)

Erläuterung der Wochenübung W19 „Genuss im Alltag"

Die Gruppenleitung verteilt die Arbeitsunterlagen für die Wochenübung an die Teilnehmerinnen. Die Wochenübung wird anschließend kurz vorbesprochen, wobei auch Gelegenheit zu Rückfragen bestehen sollte.

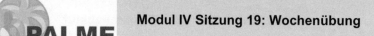

Modul IV Sitzung 19: Wochenübung — W19

Arbeitsblatt zur Wochenübung W19 „Genuss im Alltag"

Material: Sie benötigen für diese Übung lediglich die vorliegenden Arbeitsunterlagen.

Zeitbedarf: Wenige Minuten täglich.

Sinn der Übung: Sie lernen darauf zu achten, welche genussbringenden Aktivitäten und Erlebnisse Ihr Alltag bereithält, und gelangen so zu größerer Wertschätzung dieser Ereignisse. Vielleicht führt die bewusste tägliche Beschäftigung mit dem Thema Genuss auch zur Entwicklung ganz neuer Aktivitäten, die Ihnen Genuss verschaffen und Freude bereiten.

Übungsanleitung: Achten Sie in der kommenden Wochen doch einmal ganz bewusst auf schöne Dinge in Ihrem Alltag. Auf Dinge, die Ihnen Freude machen, die Sie als angenehm empfinden und die Sie genießen können – auch wenn man sie im Alltag manchmal erst richtig entdecken muss. Bedenken Sie dabei die Empfehlungen, die in der Gruppe besprochen worden sind. Hilfreich kann auch die „Liste positiver Aktivitäten" sein, die Sie am Ende dieser Arbeitsunterlagen finden.

Im Mittelpunkt sollen nicht außergewöhnliche Erlebnisse wie ein langer Ausflug oder ein Theaterbesuch stehen – wenn Sie ohnehin eine entsprechende Aktivität geplant haben, können Sie diese aber natürlich mit in Ihre Aufzeichnungen aufnehmen. Vielmehr ist es das Ziel dieser Übung Ihren Blick für ganz alltägliche, kleine Freuden zu schärfen, die nur darauf warten, von uns entdeckt zu werden: das angenehme Gefühl auf der Haut nach der morgendlichen Dusche, der herrliche Duft frisch gemahlenem Kaffees, der beeindruckende Sonnenuntergang, das fröhliche Kinderlachen nebenan, der frische Wind, als Sie das Haus verlassen haben usw. Nehmen Sie sich bitte jeden Abend einige Minuten Zeit, um noch einmal nachzuspüren, was Sie an diesem Tag besonders genossen oder als angenehm empfunden haben.

Tragen Sie diese Erlebnisse bitte anschließend in die folgende Tabelle ein und bringen Sie sie zur nächsten Gruppensitzung mit, damit Sie über Ihre Erfahrungen berichten können. Nach Bedarf können Sie diesen Bogen selbstverständlich auch erweitern.

Wochentag	Heute war angenehm ...

 **Modul IV Sitzung 19: Wochenübung** W19

Als weitere Übungsanregung finden Sie nachfolgend eine „**Liste positiver Aktivitäten**". Diese Liste ist bewusst allgemein gehalten. Nutzen Sie die Liste, um sich für jeden Punkt einige konkrete Aktivitäten zu überlegen, die für Sie persönlich zu dem jeweiligen Stichpunkt passen und die Sie als angenehm und Genuss bringend erleben. Viele Menschen entdecken hierdurch Aktivitäten (wieder), die sie sehr schätzen, die sie jedoch nur selten oder gar nicht unternehmen. Vielleicht stellt dies für Sie sogar einen Anlass dar, um sich künftig verstärkt um diese bislang vernachlässigten Aktivitäten zu bemühen?

1. Etwas Angenehmes planen _____
2. Sich zu Hause vergnügen _____
3. Seiner Gesundheit etwas Gutes tun _____
4. Sich schön machen _____
5. Eine Arbeit gut machen _____
6. Mal über die Stränge schlagen _____
7. Großzügig sein _____
8. An etwas dranbleiben _____
9. Kontakte pflegen _____
10. Zuneigung zeigen _____

Modul IV Sitzung 20: Übersicht   **Ü20**

Thema	**Rückblick und Abschied von PALME**
Fragen	• Was war mir wichtig und was möchte ich mitnehmen? • Wie bewerte ich im Rückblick das Erlebte? • Wie kann ich Abschied nehmen?
Ziele	• Situationsgerecht Abschied nehmen • Vorsatzbildung
Ablauf	1. Blitzlicht und Anwesenheitsbogen 2. Bearbeitung der Wochenübung W19 „Genuss im Alltag" 3. Vorstellung von Sitzungsthema und Sitzungsablauf 4. Rückgabe von Trennungssymbolen aus der Wochenübung W11 5. Übungen: • Übung 1, Großgruppe: „Rückschau auf PALME – Teil I" • Übung 2, Großgruppe: „Rückschau auf PALME – Teil II" 6. Zusammenfassung der Information I20 „Abschiede und Trennungen" 7. Abschlussblitzlicht, Übergabe der Geschenke für die Kinder der Teilnehmerinnen und Verabschiedung
Arbeitsmaterial Gruppenleiter	• Theoretische Einführung T20 „Abschiede und Trennungen" • Anleitung zum Gruppenablauf G20 • Anwesenheitsbogen A20
Arbeitsmaterial Mütter	• Infoblatt I20 „Abschiede und Trennungen"

Modul IV Sitzung 20: Theoretische Einführung   T20

Abschiede und Trennungen

Die letzte Sitzung des PALME-Programms ist eine gute Gelegenheit, um sich noch einmal mit der Bedeutung von Verabschiedungen und Trennungen auseinanderzusetzen. Sowohl Verabschiedungen als auch Trennungen haben etwas mit Verlust zu tun. Dieser Verlust kann vorübergehend oder dauerhaft sein. Er kann uns überraschend treffen oder sich schon länger angekündigt haben. Und dann gibt es auch Situationen, in denen die Abschiednahme oder die Trennung von einer anderen Person, von einer alten Gewohnheit oder von einem Ort mit Erleichterung oder sogar mit Freude verbunden ist.

Oft hängt es von der Situation ab, welche Reaktion auf den Abschied oder auf die Trennung erfolgt. Wenn wir uns z. B. in unserer alten Wohnung schon lange nicht mehr wohl gefühlt haben, dann fällt uns der Abschied von ihr nicht schwer. Auch wenn die Wohnung vielleicht mit vielen Erinnerungen verknüpft ist, so sind wir voller Vorfreude auf die neue, größere und schönere Wohnung und werden allenfalls ein wenig wehmütig, wenn wir zum letzten Mal die Wohnungstür hinter uns ins Schloss ziehen. Ist der Umzug hingegen zwingend notwendig geworden, weil sich z. B. unsere finanziellen Verhältnisse verschlechtert haben und wir in eine preiswertere Wohnung umziehen müssen oder weil wir aus beruflichen Gründen aus der alten Heimat in die Ferne ziehen müssen, dann kann der Umzug in die neue Wohnung eine große seelische Belastung darstellen.

Wie wir mit Abschieden und Trennungen umgehen, hat jedoch nicht nur mit der jeweiligen Situation zu tun, sondern häufig auch mit unserer eigenen Lebensgeschichte und damit, welche Verlusterfahrungen wir in der Vergangenheit bereits sammeln mussten und wie wir damals, vielleicht sogar als kleines Kind, mit diesen Erfahrungen zurecht gekommen sind.

So gibt es z. B. Menschen, die es sich irgendwann angewöhnt haben, das Gewesene zu entwerten, wenn es ans Abschiednehmen geht. Diese Haltung kann eine Art Schutzstrategie sein, um den Trennungsschmerz besser aushalten zu können, indem man sich z. B. sagt: „So toll war das alles ohnehin nicht – deshalb ist es halb so schlimm, dass es jetzt vorbei ist. Vielleicht ist es sogar besser so!" Insofern ist diese gar nicht so seltene Haltung sogar gut nachvollziehbar, da man sich mit ihrer Hilfe vorübergehend vor einer Welle der Trauer und der Niedergeschlagenheit schützen kann, bis man genügend Kraft hat, um auch die schmerzhaften Aspekte der Trennung zuzulassen. Ungünstig ist es jedoch, wenn man diesen Weg sehr häufig wählt bzw. quasi „von selbst" dauerhaft in diese Haltung hineinrutscht. Wer nachträglich das Gewesene immer nur kritisch beleuchtet und entwertet, der wird es schwerer haben, auf Dauer irgendwo anzukommen.

In eine ähnliche Richtung kann es gehen, wenn man nach der Verabschiedung oder nach der Trennung die Vergangenheit verleugnet und sich von allem, was gewesen ist, distanziert. Wer Erfahrungen aus früheren Lebensabschnitten nicht bewahrt, der hat kaum die Möglichkeit, aus diesen gesammelten Lebenserfahrungen etwas mitzunehmen und hat manchmal auch wenig beständige Kontakte, weil er Beziehungen vielleicht vorschnell endgültig kappt, wenn die Beziehung nicht mehr seinen Vorstellungen entspricht.

Modul IV Sitzung 20: Theoretische Einführung   T20

Andere Menschen reagieren auf Abschiede und Trennungen mit sehr heftigen Gefühlen und Verhaltensweisen. Die Reaktionen können bis hin zu Depressionen oder zum Gebrauch von Suchtmitteln reichen. Wer sich selbst für das Zustandekommen der Trennung verantwortlich fühlt, reagiert unter Umständen auch mit starken Schuldgefühlen auf die Ereignisse und verspürt vielleicht die Tendenz, sich dafür in irgendeiner Weise zu „bestrafen" (z. B. durch fahrlässiges Verhalten, bei dem man die eigene Gesundheit, finanzielle Sicherheit oder sonstige Dinge aufs Spiel setzt). Wenn man bemerkt, dass eine solche Entwicklung eingesetzt hat, dann ist es sinnvoll, wenn man sich nicht scheut, professionelle Unterstützung einzuholen. Zwar haben viele Menschen immer noch Vorbehalte, sich und anderen einzugestehen, dass sie allein nicht mehr weiter wissen. Dies ist jedoch keine Schande, im Gegenteil. Es kann sogar ein Beweis der Stärke sein, wenn man den Mut hat zuzugeben, dass man Hilfe braucht.

Am Ende der PALME-Gruppe sind solch heftige Reaktionen sicherlich nicht zu erwarten. Dennoch ist es kein kleiner Schritt, wenn man nach zwanzig Sitzungen, die sich über einige Monate erstreckt haben, auseinandergeht und weiß, dass man sich in dieser Zusammensetzung nicht mehr wiedersehen wird. In deutlich abgeschwächter Form können sich daher nach der heutigen Sitzung die beschriebenen Reaktionen einstellen. Es kann sinnvoll sein, sich in den kommenden Tagen selbst ein wenig aus dieser Perspektive zu beobachten und sich zu fragen, womit die eigenen Reaktionen auf diesen Abschied zu tun haben könnten. Wann habe ich mich ähnlich gefühlt? Seit wann habe ich es mir angewöhnt so auf das Ende einer Beziehung oder eines Lebensabschnittes zu reagieren? Ist es sinnvoll, dass ich diese Art der Reaktion beibehalte? Oder stehen mir heute vielleicht andere Möglichkeiten zur Verfügung? Wie so häufig entsteht durch das Erkennen solcher Zusammenhänge die Chance auf die Veränderung bestehender Einstellungen und Verhaltensmuster. Durch ein Experimentieren mit diesen möglichen Veränderungen lässt sich am besten zwischen alten und neuen Gewohnheiten vergleichen und somit herausfinden, womit man sich wohler fühlt.

Modul IV Sitzung 20: Infoblatt für Mütter   **I20**

Abschiede und Trennungen

Die letzte Sitzung des PALME-Programms ist eine gute Gelegenheit, um sich noch einmal mit der Bedeutung von Verabschiedungen und Trennungen auseinanderzusetzen. Sowohl Verabschiedungen als auch Trennungen haben etwas mit Verlust zu tun. Dieser Verlust kann vorübergehend oder dauerhaft sein. Er kann uns überraschend treffen oder sich schon länger angekündigt haben. Und dann gibt es auch Situationen, in denen die Abschiednahme oder die Trennung von einer anderen Person, von einer alten Gewohnheit oder von einem Ort mit Erleichterung oder sogar mit Freude verbunden ist.

Oft hängt es von der Situation ab, welche Reaktion auf den Abschied oder auf die Trennung erfolgt. Wenn wir uns z. B. in unserer alten Wohnung schon lange nicht mehr wohl gefühlt haben, dann fällt uns der Abschied von ihr nicht schwer. Auch wenn die Wohnung vielleicht mit vielen Erinnerungen verknüpft ist, so sind wir voller Vorfreude auf die neue, größere und schönere Wohnung und werden allenfalls ein wenig wehmütig, wenn wir zum letzten Mal die Wohnungstür hinter uns ins Schloss ziehen. Ist der Umzug hingegen zwingend notwendig geworden, weil sich z. B. unsere finanziellen Verhältnisse verschlechtert haben und wir in eine preiswertere Wohnung umziehen müssen oder weil wir aus beruflichen Gründen aus der alten Heimat in die Ferne ziehen müssen, dann kann der Umzug in die neue Wohnung eine große seelische Belastung darstellen.

Wie wir mit Abschieden und Trennungen umgehen, hat jedoch nicht nur mit der jeweiligen Situation zu tun, sondern häufig auch mit unserer eigenen Lebensgeschichte und damit, welche Verlusterfahrungen wir in der Vergangenheit bereits sammeln mussten und wie wir damals, vielleicht sogar als kleines Kind, mit diesen Erfahrungen zurecht gekommen sind.

So gibt es z. B. Menschen, die es sich irgendwann angewöhnt haben, das Gewesene zu entwerten, wenn es ans Abschiednehmen geht. Diese Haltung kann eine Art Schutzstrategie sein, um den Trennungsschmerz besser aushalten zu können, indem man sich z. B. sagt: „So toll war das alles ohnehin nicht – deshalb ist es halb so schlimm, dass es jetzt vorbei ist. Vielleicht ist es sogar besser so!" Insofern ist diese gar nicht so seltene Haltung sogar gut nachvollziehbar, da man sich mit ihrer Hilfe vorübergehend vor einer Welle der Trauer und der Niedergeschlagenheit schützen kann, bis man genügend Kraft hat, um auch die schmerzhaften Aspekte der Trennung zuzulassen. Ungünstig ist es jedoch, wenn man diesen Weg sehr häufig wählt bzw. quasi „von selbst" dauerhaft in diese Haltung hineinrutscht. Wer nachträglich das Gewesene immer nur kritisch beleuchtet und entwertet, der wird es schwerer haben, auf Dauer irgendwo anzukommen.

In eine ähnliche Richtung kann es gehen, wenn man nach der Verabschiedung oder nach der Trennung die Vergangenheit verleugnet und sich von allem, was gewesen ist, distanziert. Wer Erfahrungen aus früheren Lebensabschnitten nicht bewahrt, der hat kaum die Möglichkeit, aus diesen gesammelten Lebenserfahrungen etwas mitzunehmen und hat manchmal auch wenig beständige Kontakte, weil er Beziehungen vielleicht vorschnell endgültig kappt, wenn die Beziehung nicht mehr seinen Vorstellungen entspricht.

Modul IV Sitzung 20: Infoblatt für Mütter**I20**

Andere Menschen reagieren auf Abschiede und Trennungen mit sehr heftigen Gefühlen und Verhaltensweisen. Die Reaktionen können bis hin zu Depressionen oder zum Gebrauch von Suchtmitteln reichen. Wer sich selbst für das Zustandekommen der Trennung verantwortlich fühlt, reagiert unter Umständen auch mit starken Schuldgefühlen auf die Ereignisse und verspürt vielleicht die Tendenz, sich dafür in irgendeiner Weise zu „bestrafen" (z. B. durch fahrlässiges Verhalten, bei dem man die eigene Gesundheit, finanzielle Sicherheit oder sonstige Dinge aufs Spiel setzt). Wenn man bemerkt, dass eine solche Entwicklung eingesetzt hat, dann ist es sinnvoll, wenn man sich nicht scheut, professionelle Unterstützung einzuholen. Zwar haben viele Menschen immer noch Vorbehalte, sich und anderen einzugestehen, dass sie allein nicht mehr weiter wissen. Dies ist jedoch keine Schande, im Gegenteil. Es kann sogar ein Beweis der Stärke sein, wenn man den Mut hat zuzugeben, dass man Hilfe braucht.

Am Ende der PALME-Gruppe sind solch heftige Reaktionen sicherlich nicht zu erwarten. Dennoch ist es kein kleiner Schritt, wenn man nach zwanzig Sitzungen, die sich über einige Monate erstreckt haben, auseinandergeht und weiß, dass man sich in dieser Zusammensetzung nicht mehr wiedersehen wird. In deutlich abgeschwächter Form können sich daher nach der heutigen Sitzung die beschriebenen Reaktionen einstellen. Es kann sinnvoll sein, sich in den kommenden Tagen selbst ein wenig aus dieser Perspektive zu beobachten und sich zu fragen, womit die eigenen Reaktionen auf diesen Abschied zu tun haben könnten. Wann habe ich mich ähnlich gefühlt? Seit wann habe ich es mir angewöhnt so auf das Ende einer Beziehung oder eines Lebensabschnittes zu reagieren? Ist es sinnvoll, dass ich diese Art der Reaktion beibehalte? Oder stehen mir heute vielleicht andere Möglichkeiten zur Verfügung? Wie so häufig entsteht durch das Erkennen solcher Zusammenhänge die Chance auf die Veränderung bestehender Einstellungen und Verhaltensmuster. Durch ein Experimentieren mit diesen möglichen Veränderungen lässt sich am besten zwischen alten und neuen Gewohnheiten vergleichen und somit herausfinden, womit man sich wohler fühlt.

 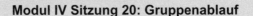

Modul IV Sitzung 20: Gruppenablauf   **G20**

Blitzlicht und Anwesenheitsbogen

Wie kommen Sie heute hier an? Wie geht es Ihnen?

Bearbeitung der Wochenübung W19 „Genuss im Alltag"

In der letzten Woche haben Sie in Ihrem Alltag Ausschau gehalten nach Momenten und Aktivitäten, die für Sie mit Genuss verbunden sind. Häufig übersieht man die wohltuende Wirkung ganz alltäglicher Begebenheiten und nimmt sie als selbstverständlich hin. Durch eine größere Wertschätzung dieser Begebenheiten erschließt man sich eine wichtige Quelle für mehr Lebensfreude. Vielleicht sind Ihnen aber auch ganz neue, für Sie mit Genuss verbundene Aktivitäten eingefallen, die Sie künftig in Ihren Alltag einbauen wollen? Um Sie bei der Suche nach diesen Aktivitäten zu unterstützen, haben Sie sich zudem mit der „Liste positiver Aktivitäten" auseinandergesetzt.

Wer möchte über seine Erfahrungen berichten? Was war Ihr „Glanzlicht" der vergangenen Woche? Haben Sie die Möglichkeit dazu, dieses häufiger zum Bestandteil Ihres Alltags zu werden zu lassen? War die „Liste positiver Aktivitäten" für Sie hilfreich?

Oder ist es Ihnen eher schwer gefallen, etwas zu finden, das Sie genießen konnten? Woran könnte das gelegen haben? Was könnte Ihnen helfen, damit Ihnen dies künftig leichter fällt? (Betonen Sie als Gruppenleitung, dass viele Menschen Phasen kennen, in denen ihnen nichts mehr Freude zu machen scheint. Erklären Sie, dass es zwar nachvollziehbar, aber ungünstig ist darauf so zu reagieren, dass man sein Aktivitätsniveau sehr zurückschraubt. Vor allem, wenn man genussvolle Aktivitäten schon länger vernachlässigt hat, ist es ganz wichtig diese wieder zu einem Bestandteil seines Lebens werden zu lassen, da man nur dann die Gelegenheit erhält, wieder nachvollziehen zu können, warum sie einem früher so viel bedeutet haben. Die Freude kommt dann oft mit dem Tun.)

Bieten Sie den Teilnehmerinnen nach Besprechung der Wochenübung zudem die Möglichkeit, noch offen gebliebene Fragen zum Infoteil I19 zu klären.

Vorstellung von Sitzungsthema und Sitzungsablauf

Verwenden Sie die Übersicht Ü20, um den Teilnehmerinnen einen kurzen Überblick über das Programm der heutigen Sitzung zu geben.

 **Modul IV Sitzung 20: Gruppenablauf   G20**

Rückgabe von Trennungssymbolen aus der Wochenübung W11

Da heute das letzte PALME-Gruppentreffen stattfindet, sollten Sie den Teilnehmerinnen in dieser Sitzung die Gegenstände wieder aushändigen, die sie Ihnen nach Durchführung der Wochenübung W11 „Ein Symbol für meine Trennung" gegebenenfalls zur vorübergehenden Aufbewahrung übergeben haben. Diese Übergabe können Sie zum Anlass nehmen, um kurz miteinander zu überlegen, wie es nun mit den „Trennungssymbolen" weitergehen soll. Hat sich der Symbolwert des Gegenstandes in der Zwischenzeit vielleicht verändert?

Übung 1: „Rückschau auf PALME – Teil I"

Material	Es wird kein gesondertes Material benötigt.
Methode	Gedankenreise und Reflexion
Ziel	Abschied situationsgerecht gestalten Neubeginn vorbereiten
Zeit	Ca. 15-20 Minuten

Vorgehensweise/Anleitung:

- Diese Übung soll der Rückschau und der Bilanzierung der Erfahrungen innerhalb der PALME-Gruppe dienen. Ziel ist, dass jede Mutter sich noch einmal die zurückliegenden Wochen und das, was Sie in der PALME-Gruppe erlebt hat, in Erinnerung ruft. Die folgende Gedankenreise dient der Auffrischung all dieser Erinnerungen. Für die Anleitung der Gedankenreise können Sie z. B. auf den folgenden Formulierungsvorschlag zurückgreifen, wobei es wichtig ist, dass Sie ausreichend lange Pausen einbauen, damit die Teilnehmerinnen ganz in Ruhe Zeit haben, in ihre Erinnerungen abzutauchen:

- *Nehmen Sie eine bequeme Haltung ein. Wenn Sie wollen, können Sie die Augen schließen, um sich besser entspannen zu können. Atmen Sie einige Male tief ein und aus und spüren Sie, wie Sie hier sind. Wie Ihre Füße Kontakt mit dem Boden haben. Wie Sie fest und sicher auf Ihrem Stuhl sitzen. Wie Sie immer tiefer und tiefer entspannen.*

  Wir machen nun eine kleine Gedankenreise und gehen in Gedanken zurück zur ersten Sitzung von PALME. Vielleicht erinnern Sie sich: Das Jahr hatte gerade erst begonnen, draußen war es kalt und die Dunkelheit brach viel früher herein als jetzt. (Bitte hier auf die jeweilige Jahreszeit abstimmen.)

 **Modul IV Sitzung 20: Gruppenablauf** **G20**

Wenn Sie sich zurück erinnern – mit welchem Gefühl sind Sie damals in die erste PALME-Sitzung gekommen?
Wie erging es Ihnen in der ersten Gruppenstunde?

Wie erging es Ihnen in den darauffolgenden Sitzungen?

An welche Sitzungen können Sie sich spontan erinnern? Was war so besonders an diesen Sitzungen?
Welche Wochenübungen haben bei Ihnen einen bleibenden Eindruck hinterlassen?

An was erinnern Sie sich gern zurück?

Welche Erinnerungen sind weniger schön für Sie?

Und was hat sich im Laufe der Stunden für Sie alles verändert?

Vielleicht gab es auch einen für Sie persönlich besonders entscheidenden Punkt? Wie haben Sie sich an diesem Punkt gefühlt?

Lassen Sie Ihre Erinnerungen noch einen Moment auf sich wirken und kommen Sie dann mit Ihrer Aufmerksamkeit allmählich wieder in unsere Runde zurück.

- Nach der Gedankenreise können die Teilnehmerinnen in der Großgruppe über die Erinnerungen berichten, die ihnen besonders wichtig sind.

- Zur Strukturierung dieser Feedback-Phase können folgende Fragen nützlich sein:

  Was war Ihnen besonders wichtig?
  Wovon haben Sie am meisten profitiert?
  Was hat Ihnen an PALME gut gefallen?
  Was hat Ihnen weniger gut gefallen?
  Haben Sie etwas vermisst?

- Es ist möglich, dass in dieser Übung auch Sorgen der Teilnehmerinnen über die Zeit nach der Gruppe hochkommen. Nehmen Sie diese Sorgen wertschätzend zur Kenntnis, aber versuchen Sie den Schwerpunkt auf eine Ermutigung der Teilnehmerinnen zu lenken und betonen Sie die Fortschritte, die während der vergangenen Monate in Gang gekommen sind. Diese Fortschritte werden anhalten.

Sollten Teilnehmerinnen bedrückt darüber sein, dass ihnen der Zusammenhalt, der sich im Laufe des Kurses entwickelt hat, fehlen wird, dann regen Sie an, dass das Ende des Programms nicht das Ende regelmäßiger Treffen bedeuten muss. In einer Selbsthilfegruppe könnten Teilnehmerinnen aus ver-

 **Modul IV Sitzung 20: Gruppenablauf**   **G20**

schiedenen PALME-Kursen zusammenkommen und sich nach ihren Wünschen miteinander austauschen. Wenn Sie als Gruppenleitung den Eindruck haben, dass ein entsprechender Bedarf besteht, stellen Sie bitte in Aussicht, dass Sie sich um die Organisation und möglichst auch um die Moderation eines ersten Treffens kümmern werden.

Möglicherweise besteht bei einigen Teilnehmerinnen der Wunsch nach Aufnahme einer Psychotherapie. In diesem Zusammenhang sollten sie darauf hinweisen, dass Beratungsstellen und Psychotherapeuten- oder Ärztekammern bei der Suche nach einem Psychotherapieplatz eine hilfreiche Informationsquelle sein können.

Übung 2: „Rückschau auf PALME – Teil II"

Material	Notizen aus Sitzung 1, Übung 2: „Meine Erwartungen und Befürchtungen im Hinblick auf das PALME-Programm"; Flipchart
Methode	Gruppengespräch
Ziel	Rückschau auf Erwartungen und Befürchtungen der Teilnehmerinnen zu Beginn des Programms Einordnung dieser Erwartungen und Befürchtungen unter Berücksichtigung des tatsächlichen Programmverlaufs
Zeit	Ca. 15 Minuten

Vorgehensweise/Anleitung:

- In Übung 2 des ersten PALME-Gruppentreffens haben die Teilnehmerinnen sich mit ihren Erwartungen und Befürchtungen im Hinblick auf PALME auseinandergesetzt und diese auf Klebezetteln notiert. Am Ende des Programms ist es interessant, sich noch einmal mit diesen Erwartungen und Befürchtungen zu beschäftigen. Befestigen Sie dazu die Klebezettel erneut an der Flipchart.

- Vermutlich können viele Teilnehmerinnen sich noch gut daran erinnern, welche der auf den Zetteln festgehaltenen Erwartungen und Befürchtungen von ihnen selbst stammen. Aber auch, wenn man vielleicht gar nicht mehr genau weiß, welche Teilnehmerin welchen Zettel geschrieben, kann es aufschlussreich sein die damaligen Notizen mit dem tatsächlichen Gruppenverlauf zu vergleichen.

Modul IV Sitzung 20: Gruppenablauf **G20**

- Leitfragen für die Nachbesprechung der anfänglichen **Erwartungen** können sein:

  Welche Ihrer Erwartungen haben sich erfüllt, welche nicht?

  Was war hilfreich dafür, dass sich eine bestimmte Erwartung erfüllt hat? Wem oder welchen Umständen verdanken Sie dies? (Falls eine Teilnehmerin hier ihren eigenen Anteil an der Erfüllung dieser Erwartung vernachlässigt, bietet es sich an, ihn ihr in freundlichen Worten in Erinnerung zu rufen.)

  Woran könnte es liegen, dass sich eine bestimmte Erwartung nicht erfüllt hat? Wie geht es Ihnen mit dieser unerfüllten Erwartung?

- Leitfragen für die Nachbesprechung der anfänglichen **Befürchtungen** können sein:

  Was hat dazu geführt, dass Sie trotz Ihrer anfänglichen Befürchtungen den Mut aufbringen konnten in der Gruppe zu verbleiben?

  Gibt es Befürchtungen, die sich als unbegründet herausgestellt haben? Gibt es Befürchtungen, die sich bewahrheitet haben?

  Gibt es vielleicht eine anfängliche Befürchtung, die sich zwar genau genommen bewahrheitet hat, deren Eintreten sich dann aber als weniger schlimm, vielleicht sogar als hilfreich erwiesen hat? Wie ist es zu dieser Entwicklung gekommen? Hat diese Entwicklung für Sie auch außerhalb der PALME-Gruppe eine Bedeutung?

Zusammenfassung der Information I20 „Abschiede und Trennungen"

Verteilen Sie jetzt an die Teilnehmerinnen die Kopien des Textes I20 und referieren Sie die zentralen Inhalte. Dieser Text ist identisch mit Ihrem Text T20. Wie ausführlich Sie die Präsentation gestalten und welche Inhalte Sie besonders hervorheben wollen, bleibt Ihnen überlassen. Bieten Sie den Teilnehmerinnen zudem die Gelegenheit zu Rückfragen und empfehlen Sie den Müttern den Text zu Hause noch einmal gründlich zu lesen.

Übung 3: Feedback an die Gruppenleiter

Material	Es wird kein gesondertes Material benötigt.

Modul IV Sitzung 20: Gruppenablauf   **G20**

Methode	Feedbackrunde
Ziel	Strukturierung des Abschieds und Bilanzierung
Zeit	Ca. 15 Minuten

Vorgehensweise/Anleitung:

- Laden Sie die Teilnehmerinnen nun dazu ein, Ihnen zu Ihrer Tätigkeit als Gruppenleiter Rückmeldung zu geben.

- Hierbei können die Teilnehmerinnen z. B. zunächst auf Sie beide einzeln eingehen und dann etwas zur Art Ihrer Zusammenarbeit sagen.

- Wichtig ist, dass es jeder Teilnehmerin selbst überlassen bleiben soll, ob Sie eine Rückmeldung abgeben möchte oder nicht.

- Wenn alle Teilnehmerinnen, die dies wünschen, sich geäußert haben, dann sollten auch Sie der Gruppe ein Feedback geben. Ob Sie dieses Feedback an die Gruppe im Ganzen oder an jede Teilnehmerin persönlich richten mögen, ist Ihre Entscheidung. Nicht nur da dies die letzte gemeinsame Sitzung ist, ist es besonders wichtig, dass Ihre Rückmeldung einfühlsam und wertschätzend ist und dass sie positive Entwicklungen angemessen würdigt.

Übung 4: „Abschiedswünsche"

Material	Briefumschläge, Karteikarten, Stifte
Methode	Kreativtechniken
Ziel	Abschied nehmen
Zeit	Ca. 20 Minuten

Vorgehensweise/Anleitung:

- Die letzte Übung des PALME-Programms soll allen Teilnehmerinnen (und wenn Sie dies wünschen auch Ihnen als Gruppenleitung) die Möglichkeit bieten, sich voneinander mit guten Wünschen und freundlichen Worten zu verabschieden.

Modul IV Sitzung 20: Gruppenablauf   **G20**

- Hierzu sollten Sie vor der Sitzung für jede Teilnehmerin einen Briefumschlag mit ihrem Namen beschriften. Legen Sie diese Umschläge, einen Stapel mit Karteikarten und Filzschreiber auf einem Tisch aus.

- Die Aufgabe der Teilnehmerinnen ist es dann, sich ausgerüstet mit Karteikarten und Stiften einige Minuten Zeit zu nehmen und in Ruhe zu überlegen, welche persönlichen Wünsche und positiven Rückmeldungen sie den anderen Teilnehmerinnen mit auf den Weg geben möchten. So könnte eine Teilnehmerin einer anderen Teilnehmerin z. B. die Rückmeldung geben, dass sie an ihr ihr ansteckendes Lachen mag oder ihr und ihrem Kind wünschen, dass sie die zu Beginn der PALME-Gruppe noch bestehenden Probleme mit dem Zubettgehen des Kindes weiterhin so gut in den Griff bekommen. Dabei sollte sich jede Teilnehmerin darum bemühen, für jede andere Teilnehmerin mindestens einen Einfall aufzuschreiben oder auch mit Hilfe einer kleinen Zeichnung (z. B. einer Sonne oder einem Herz) auf einer Karteikarte festzuhalten. Wer mag, kann aber natürlich auch mehrere Einfälle festhalten, denn gute Wünsche kann man schließlich nicht genug mit auf den Weg bekommen.

- Stellen Sie es jeder Teilnehmerin frei, ob sie ihre Abschiedswünsche anonym oder mit ihrem Namen versehen übergeben möchte.

- Ermuntern Sie die Teilnehmerinnen dazu, in ihre Überlegungen auch die PALME-Kinder einzubeziehen.

- Wichtig ist außerdem, den anderen wirklich nur Positives mit auf den Weg zu geben – erklären Sie, dass die meisten Menschen ohnehin sehr kritisch mit sich selbst umgehen und dass es deshalb in diesem Fall nicht nötig ist, auch noch von außen Kritik zu äußern. Zudem können kritische Rückmeldungen und Missverständnisse nicht mehr nachbesprochen und aus dem Weg geräumt werden, da dies die letzte Stunde ist.

- Nachdem alle Teilnehmerinnen ihre Aufzeichnungen abgeschlossen haben, werden die Karteikarten in den Briefumschlägen verstaut. Bitten Sie die Teilnehmerinnen, ihre Geduld noch ein wenig zu zügeln und erst zu Hause nachzuschauen, was die anderen ihnen mitgegeben haben. Die Notizen sollen also im Rahmen der Sitzung nicht mehr nachbesprochen werden.

Abschlussblitzlicht, Übergabe der Geschenke für die Kinder der Teilnehmerinnen und Verabschiedung

Wie gehen Sie heute nach Hause? Haben Sie heute noch etwas Schönes vor? – Versuchen Sie den Tag ganz entspannt zu verbringen. – Wir wünschen Ihnen zu Hause viel Freude bei der Lektüre Ihrer Abschiedswünsche!

 **Modul IV Sitzung 20: Gruppenablauf** **G20**

Die Gruppe wird beschlossen durch die Übergabe der PALME-Geschenke für die Kinder der Teilnehmerinnen. Bitten Sie die Teilnehmerinnen darum, zu Hause ihrem Kind das Geschenk zu überreichen (bzw. ihren Kindern die Geschenke) und bei dieser Gelegenheit zu erklären, dass das Geschenk von einer anderen Mutter stammt, die ebenfalls nicht mehr mit dem Vater ihres Kindes zusammenlebt. Die Teilnehmerinnen sollten ihren Kindern zudem erzählen, dass die Gruppe nun beendet ist und dass alle Mütter, die an der Gruppe teilgenommen haben, bei den gemeinsamen Treffen häufig an ihre Kinder gedacht haben. Wer mag, kann seinem Kind auch erzählen, dass er froh ist an der Gruppe teilgenommen zu haben.

Literatur

Folgen von Scheidung und Trennung für Kinder:

Amato, P. R. (2000). The consequences of divorce for adults and children. Journal of Marriage and the Family, 62, 1269-1287.

Franz, M. (2005). Langzeitfolgen von Trennung und Scheidung. In U. T. Egle et al. (Hrsg.) Sexueller Missbrauch, Misshandlung, Vernachlässigung. 3. Aufl. (116-128). Stuttgart: Schattauer.

Franz, M., Lieberz, K., Schmitz, N., Schepank, H. (1999). Wenn der Vater fehlt. Epidemiologische Befunde zur Bedeutung früher Abwesenheit für die psychische Gesundheit im späteren Leben. Zeitschrift für Psychosomatische Medizin und Psychotherapie, 45(3), 260-278.

Hagen C., Kurth B.-M. (2007). Gesundheit von Kindern alleinerziehender Mütter. Aus Politik und Zeitgeschichte 42, 25-31.

Hetherington, E. M., Stanley-Hagan, M. (1999). The adjustment of children with divorced parents: A risk and resiliency perspective. Journal of Child Psychology and Psychiatry, 40(1), 129-140.

Hölling, H., Erhart, M., Ravens-Sieberer, U., Schlack, R. (2007). Verhaltensauffälligkeiten bei Kindern und Jugendlichen. Erste Ergebnisse aus dem Kinder- und Jugendgesundheitssurvey (KiGGS). Bundesgesundheitsblatt-Gesundheitsforschung-Gesundheitsschutz, 50(5/6), 784-793.

Huss, M., Lehmkuhl, U. (1997). Folgen von Trennung und Scheidung – Eine Literaturübersicht. In G. Lehmkuhl, U. Lehmkuhl (Hrsg.), Scheidung – Trennung – Kindeswohl (S. 13-25). Weinheim: Deutscher Studien Verlag.

Huth, S., Großmann, H., Schallhöfer, P. (1996). Alleinerziehen in Ost und West, eine familiale Lebensform mit Risiken. Levithian, 3, 412-431.

Kitson, G. C., Morgan, L.A. (1990). The multiple consequences of divorce: A decade review. Journal of Marriage and the Family, 52(4), 913-925.

Lehmkuhl, U., Huss, M. (1997). Psychische Folgen von Trennung und Scheidung bei Kindern und Jugendlichen. In G. Lehmkuhl, U. Lehmkuhl (Hrsg.), Scheidung – Trennung – Kindeswohl (S. 26-33). Weinheim: Beltz.

Lengua, L. J., Wolchid, S. A., Sandler, I. N., West, S. G. (2000). The additive and interactive effects of parenting and temperament in predicting adjustment problems of children of divorce. Journal of Clinical Child Psychology, 29(2), 232-244.

Lipman, E. L., Boyle, M. H., Dooley, M. D., Offord, D. R. (2002). Child well-being in single-mother families. Journal of the American Academy of Child and Adolescent Psychiatry, 41(1), 75-82.

McLanahan, S. (1999). Father absence and the welfare of children. In E. M. Hetherington, Coping with divorce, single parenting, and remarriage. A risk and resiliency perspective (117-145). London: Lawrence Erlbaum.

Ringback Weitoft, G. R., Hjern, A., Haglund, B., Rosen, M. (2003). Mortality, severe morbidity, and injury in children living with single parents in Sweden. A population-based study. Lancet, 361, 289-295.

Sadowski, H., Ugarte, B., Kolvin, I., Kaplan, C., Barnes, J. (1999). Early life family disadvantages and major depression in adulthood. British Journal of Psychiatry, 174, 112-120.

Wallerstein, J. S., Lewis, J. M., Blakeslee, S. (2002). Scheidungsfolgen – Die Kinder tragen die Last. Eine Langzeitstudie über 25 Jahre. Münster: Votum.

Literatur

Gesundheitszustand alleinerziehender Mütter:

Brand, D., Hammer, V. (Hrsg.) (2002). Balanceakt Alleinerziehend. Lebenslagen, Lebensformen, Erwerbsarbeit. Wiesbaden: Westdeutscher Verlag.

Cairney, J., Boyle, M., Offord, D.R., Racine, Y. (2003). Stress, social support and depression in single and married mothers. Social Psychiatry and Psychiatric Epidemiology, 38, 442-429.

Curtis, L. J., Pennock, M. (2006). Social assistance, lone parents and health. Canadian Journal of Public Health; 97(3), 4-10.

Franz, M. (2005). Wenn Mütter alleine erziehen. Praxis der Kinderpsychologie und Kinderpsychiatrie, 54(10), 817-832.

Franz, M., Lensche, H. (2003). Alleinerziehend – alleingelassen? Die psychosoziale Beeinträchtigung alleinerziehender Mütter und ihrer Kinder in einer Bevölkerungsstichprobe. Zeitschrift für psychosomatische Medizin, 49, 115-138.

Franz, M., Lensche, H., Schmitz, N. (2003). Psychological distress and socioeconomic status in single mothers and their children in a German city. Social Psychiatry and Psychiatric Epidemiology, 38, 59-68.

Helfferich, C., Hendel-Kramer, A., Klindworth, H. (2003). Gesundheit alleinerziehender Mütter und Väter. Gesundheitsberichterstattung des Bundes, Heft 14, Robert-Koch-Institut.

Helmert, U., Shea, S. (1998). Family status and self-reported health in West Germany. Social- and Preventive Medicine, 43, 124-132.

Higgins, J. W., Young, L., Cunningham, S., Naylor, P. J. (2006). Out of the mainstream. low-income, lone mothers life experiences and perspectives on heart health. Health Promotion Practice, 7(2), 221-233.

Jesse, A. (2000). Wohlbefinden von Frauen in alternativen Lebensformen. Ein Vergleich von allein erziehenden Frauen, Müttern aus Zweielternfamilien und Frauen aus Stieffamilien. Landau: Verlag Empirische Pädagogik.

Jesse, A., Sander, E. (1999). Wohlbefinden und Stressverarbeitungsstrategien bei allein erziehenden und nicht allein erziehenden Frauen. In E. Sander (Hrsg.), Trennung und Scheidung: Die Perspektive betroffener Eltern (S. 54-74). Weinheim: Deutscher Studien Verlag.

Lange, C., Saß, A.-C. (2006). Risikolagen und Gesundheitssituation allein erziehender Frauen. Praxis Klinische Verhaltensmedizin und Rehabilitation, 72, 121-126.

Loxton, D., Mooney, R., Young, A. F. (2006). The psychological health of sole mothers in Australia. The Medicine Journal of Australia, 184(6), 265-268.

Mastekaasa, A. (1994). Marital status, distress, and well-being: An international comparison. Journal of Comparative Family Studies, 25, 183-206.

McLanahan, S. S. (1985). Single mothers and psychological well-being: A test of the stress and vulnerability hypotheses. Research in Community and Mental Health, 5, 253-266.

Rahkonen, O., Laaksonen, M., Karvonen, S. (2005). The contribution of lone parenthood and economic difficulties to smoking. Social Science, Medicine, 61(1), 211-216.

Ringback Weitoft, G. R., Haglund, B., Rosen, M. (2000). Mortality among lone mothers in Sweden. A population study. Lancet, 355, 1215-1219.

Sarfati, D., Scott, K. M. (2001). The health of lone mothers in New Zealand. New Zealand Medical Journal, 114, 257-260.

Siahpush, M. (2004). Why is lone-motherhood so strongly associated with smoking? Australian and New Zealand Journal of Public Health, 28(1), 37-42.

Literatur

Sperlich, S., Collatz, J. (2006). Ein-Elternschaft – eine gesundheitsriskante Lebensform? Reanalyse der Daten aus Vorsorge- und Rehabilitationseinrichtungen für Mütter und ihre Kinder. Praxis Klinische Verhaltensmedizin und Rehabilitation, 19(72), 127-137.

Targosz, S., Bebbington, P., Lewis, G., Brugha, T., Jenkins, R., Farrell, M., Meltzer, H. (2003). Lone mothers, social exclusion and depression. Psychological Medicine, 33, 715-722.

Wang, J. L. (2004). The differences between single and married mothers in the 12-month prevalence of major depressive syndrome, associated factors and mental health service utilization. Social Psychiatry and Psychiatric Epidemiology, 39(1), 26-32.

Mutter-Kind-Bindung und Entwicklungspsychologie:

Bowlby, J. (1995). Elternbindung und Persönlichkeitsentwicklung. Heidelberg: Dexter Verlag.

Franz, M., West-Leuer, B. (Hrsg.) (2008). Bindung, Trauma, Prävention. Gießen: Psychosozial-Verlag.

Gloger-Tippelt, G. (2001). Bindung im Erwachsenenalter. Bern: Verlag Hans Huber.

Grossmann, K. E., Grossmann, K. (2003). Bindung und menschliche Entwicklung. Stuttgart: Klett-Cotta.

Scheuerer-Englisch, H., Suess, G. J., Pfeifer, W.-K. P. (2003). Wege zur Sicherheit. Gießen: Psychosozial-Verlag.

Strauß, B., Buchheim, A., Kächele, H. (2002). Klinische Bindungsforschung. Theorien, Methoden, Ergebnisse. Stuttgart: Schattauer.

Ziegenhain, U., Fries, M., Bütow, B., Derksen, B. (2004). Entwicklungspsychologische Beratung für junge Eltern. Weihheim/München: Juventa.

Praktische Übungen für den Alltag:

Hinsch, R., Pfingsten, U. (2007). Gruppentraining sozialer Kompetenzen GSK: Grundlagen, Durchführung, Anwendungsbeispiele. Weinheim: Beltz Psychologie Verlag Union.

Kaluza, G. (2004). Stressbewältigung. Trainingsmanual zur psychologischen Gesundheitsförderung. Berlin: Springer-Verlag.

Lutz, R. (2000). Beiträge zur Euthymen Therapie. Freiburg i. Br.: Lambertus-Verlag.

Potreck-Rose, F., Jacob, G. (2008). Selbstzuwendung, Selbstakzeptanz, Selbstvertrauen. Psychotherapeutische Interventionen zum Aufbau von Selbstwertgefühl. Stuttgart: Klett-Cotta.

Seyffert, S. (2001). Wohlfühlinseln für Mütter. München: Kösel-Verlag.

Die Autorinnen und Autoren

Prof. Dr. med. Matthias Franz, Facharzt für Psychotherapeutische Medizin, Facharzt für Neurologie und Psychiatrie, Lehranalytiker (DPG, DGPT, DAGG), stellvertretender Direktor des Klinischen Instituts für Psychosomatische Medizin und Psychotherapie am Universitätsklinikum Düsseldorf; Vorsitzender des Instituts für Seelische Gesundheit und Prävention Düsseldorf; Hauptarbeitsgebiete: Häufigkeit, Verlauf, Ursachen und Prävention psychischer/psychosomatischer Erkrankungen, Entwicklung bindungsorientierter präventiver Interventionskonzepte, Alleinerziehende, Affekt-/Emotionsforschung, Gesichtserkennung, Alexithymie.

Tanja Buddenberg ist Diplom-Psychologin und Psychologische Psychotherapeutin in Ausbildung; Hauptarbeitsgebiete: Angewandte Präventionsforschung, Durchführung von Weiterbildungsmaßnahmen, Klinischer Konsildienst, Verhaltenstherapie, Dozentin am Universitätsklinikum Düsseldorf.

Jörn Güttgemanns ist Diplom-Psychologe und Psychologischer Psychotherapeut in Ausbildung. Hauptarbeitsgebiete: Angewandte Präventionsforschung, Durchführung von Weiterbildungsmaßnahmen, Verhaltenstherapie, Systemische Therapie und Beratung.

Stefan Haubold ist Diplom-Psychologe und Kinder- und Jugendlichenpsychotherapeut. Hauptarbeitsgebiete: Angewandte Präventionsforschung, Methodik und statistische Datenanalyse.

Daniela Rentsch ist Diplom-Psychologin und Psychologische Psychotherapeutin in Ausbildung. Hauptarbeitsgebiete: Angewandte Präventionsforschung, Durchführung von Weiterbildungsmaßnahmen, Verhaltenstherapie mit Erwachsenen sowie Kindern und Jugendlichen, Dozentin am Universitätsklinikum Düsseldorf.

Lonja Weihrauch ist Diplom-Psychologin. Hauptarbeitsgebiete: Angewandte Präventionsforschung, Methodik und statistische Datenanalyse.

Wirksame Gewaltprävention

V&R

Arist von Schlippe / Michael Grabbe (Hg.)
Werkstattbuch Elterncoaching
Elterliche Präsenz und gewaltloser Widerstand in der Praxis
2007. 292 Seiten mit 4 Abb. und 6 Tab., kartoniert
ISBN 978-3-525-49109-6

Das Coachingkonzept Haim Omers zu elterlicher Präsenz und gewaltlosem Widerstand wird inzwischen in verschiedenen Zusammenhängen angewandt und etabliert sich. Von der auf Deeskalation bedachten Haltung fühlen sich nicht nur Therapeuten und Berater, sondern auch Eltern angesprochen.

Haim Omer / Arist von Schlippe
Autorität ohne Gewalt
Coaching für Eltern von Kindern mit Verhaltensproblemen. »Elterliche Präsenz« als systemisches Konzept
Vorwort von Reinmar du Bois. 5. Auflage 2006.
214 Seiten, kartoniert. ISBN 978-3-525-01470-7

Sanfte Überzeugungskraft benötigen Eltern in der Erziehung. Vor allem aber müssen sie da sein – elterliche Präsenz, das neue Konzept in der Erziehungsberatung.

Haim Omer / Arist von Schlippe
Autorität durch Beziehung
Die Praxis des gewaltlosen Widerstands in der Erziehung
Mit einem Vorwort von Wilhelm Rotthaus.
3. Auflage 2006. 262 Seiten mit 5 Abb., kartoniert
ISBN 978-3-525-49077-8

Praktische Anleitung für die Wiedergewinnung der elterlichen Präsenz auf Basis des gewaltlosen Widerstands. Diese Art von Autorität macht es möglich, die verloren gegangene Beziehung zum Kind wiederherzustellen.

Marianne Leuzinger-Bohleber / Rolf Haubl / Micha Brumlik (Hg.)
Bindung, Trauma und soziale Gewalt
Psychoanalyse, Sozial- und Neurowissenschaften im Dialog

Schriften des Sigmund-Freud-Instituts. Reihe 2: Psychoanalyse im interdisziplinären Dialog, Band 3.
2006. 295 Seiten mit 5 Abb. und 1 Tab., kartoniert
ISBN 978-3-525-45177-9

Nur durch das Zusammenarbeiten von Experten unterschiedlicher Fachgebiete kann das Phänomen zunehmender Aggressivität und Gewaltbereitschaft bei Kindern in seinen komplexen Ursachen analysiert werden und Prävention erfolgreich sein.

Herbert Scheithauer / Heike Dele Bull
fairplayer.manual
Förderung von sozialen Kompetenzen und Zivilcourage – Prävention von Bullying und Schulgewalt

2008. 159 Seiten mit zahlreichen Abb. und 1 DVD, DIN A4, gebunden
ISBN 978-3-525-49136-2

Gewalt gehört vielerorts zum schulischen Alltag, aber auch auf der Straße und zu Hause findet aggressives Verhalten statt. Umso bedeutender ist Gewaltprävention bei Kindern und Jugendlichen.

Das fairplayer.manual stellt das Handwerkszeug für eine entwicklungspsychologisch und klinisch-psychologisch fundierte Präventionsmaßnahme, um Schulgewalt entgegenzuwirken. Die Materialien sind besonders für 11- bis 15-Jährige geeignet und können in Jugendgruppen oder unterrichtsbegleitend eingesetzt werden.

Vandenhoeck & Ruprecht

Zum Weiterlesen empfohlen

V&R

Christian Hawellek / Arist v. Schlippe (Hg.)
**Entwicklung unterstützen
– Unterstützung entwickeln**
Systemisches Coaching nach dem
Marte-Meo-Modell
2005. 263 Seiten mit 32 Abb. und 8 Tab.,
kartoniert. ISBN 978-3-525-46227-0

Marte meo (lateinisch sinngemäß »auf eigene Faust«) bedeutet soviel wie »aus eigener Kraft etwas erreichen«. Dieses Motto beschreibt die Grundidee des Arbeitsmodells psychosozialer Prävention und Intervention, das Maria Aarts in den Niederlanden entwickelt hat. Es basiert auf der Annahme, dass Eltern über ein breites Repertoire intuitiver Verhaltensweisen verfügen, die es ihnen ermöglichen, die Entwicklung ihrer Kinder auf natürliche Weise zu unterstützen und zu fördern. In der Marte-Meo-Beratung lernen sie, diese Fähigkeiten und Ressourcen zu erkennen, zu nutzen und so die Kommunikationsprozesse mit den Kindern zu verbessern. Videoaufnahmen vom Kind und seinen Beziehungspersonen liefern nicht nur konkrete Hinweise über die individuellen Entwicklungsanforderungen, die ein Kind stellt, sondern auch Informationen über die Art und Wirkung entwicklungsfördernder Kommunikationsweisen von Eltern, Betreuerinnen und Betreuern.

Das Marte-Meo-Konzept wird weltweit in vielen Ländern erfolgreich eingesetzt. Die Beiträge dieses Bandes gewähren Einblicke in seine vielfältigen Anwendungsfelder und die Arbeits- und Forschungsgebiete von Expertinnen und Experten aus sechs Ländern Europas.

»Jedem, der professionell mit Elternarbeit befasst ist, kann dieses Buch von Herzen empfohlen werden.« *Birgit Westermann, Praxis der Kinderpsychologie und Kinderpsychiatrie*

Christoph Möller
JUGEND SUCHT
Ehemals Drogenabhängige berichten
Mit einem Vorwort von Rainer Thomasius und einem Grußwort von Doris Schröder-Köpf.
2., erweiterte Auflage 2007. 108 Seiten, kartoniert. ISBN 978-3-525-49123-2

Drogenabhängigkeit bei Jugendlichen ist ein Thema, das emotionale Reaktionen hervorruft wie Ablehnung, Angst, aber auch Unverständnis. Anliegen dieses Buches ist es, die betroffenen Jugendlichen selbst zu Wort kommen zu lassen, damit sich die Leser besser in ihre Welt hineindenken und -fühlen können. In zehn Interviews blicken Jugendliche nach ihrer Therapie zurück auf das Leben mit Drogen. Die Erzählenden haben in ihrer Vorgeschichte Gewalt, Traumatisierungen, sexuelle Übergriffe, Ablehnung, Verständnislosigkeit, Beziehungsabbrüche erfahren. Diese Lebensgeschichten machen vieles nachvollziehbar und verständlich. Eltern, Lehrer, professionelle Helfer und andere, die mit drogensüchtigen Jugendlichen zu tun haben, können hierdurch Zugang zu ihnen und Verständnis entwickeln.

Inge Seiffge-Krenke
Nach PISA
Stress in der Schule und mit den Eltern
– Bewältigungskompetenz deutscher Jugendlicher im internationalen Vergleich
2006. 186 Seiten mit 11 Abb. und 1 Tab., kartoniert. ISBN 978-3-525-46262-1

Der internationale Vergleich der Bewältigungskompetenz Jugendlicher bei Stress in Schule und Elternhaus macht deutlich, dass wesentliche Rahmenbedingungen für Schulleistungen deutscher Jugendlicher sich von denen in anderen Länder deutlich unterscheiden.

Vandenhoeck & Ruprecht